N. H Schilling

# GWF - Das Gas und Wasserfach

6. Jahrgang

N. H Schilling

**GWF - Das Gas und Wasserfach**
*6. Jahrgang*

ISBN/EAN: 9783741172960

Hergestellt in Europa, USA, Kanada, Australien, Japan

Cover: Foto ©Andreas Hilbeck / pixelio.de

Manufactured and distributed by brebook publishing software (www.brebook.com)

N. H Schilling

# GWF - Das Gas und Wasserfach

# Journal für Gasbeleuchtung

verwandte Beleuchtungsarten.

Organ des Vereins von Gasfachmännern Deutschlands.

Monatschrift

von

N. H. Schilling,
Director der Gasbeleuchtungs-Gesellschaft in München.

Sechster Jahrgang.

Mit 10 lithographirten Tafeln und mehreren Holzschnitten

München, 1863.
Verlag von Rud. Oldenbourg.
Druck von Dr. C. Wolf & Sohn.

# Inhalts-Verzeichniss.

## I. Rundschau.

## II. Correspondenz.



## III. Abhandlungen, Berichte und Notizen.

---

## IV. Gesetze und Verordnungen.



---

## V. Statistische Mittheilungen, Betriebsberichte und Abrechnungen.

## VI. Neue Erfindungen und Patente.



## VII. Inserate.

---

## VIII. Abbildungen.



---

## IX. Beilagen.

Preiscourant von *H. J. Vygen & Comp.* in Duisburg.

Kohlentarif-Karte für Deutschland.

Musterblätter nebst Preisangaben von der Kölnischen Maschinenbau-Actien-Gesellschaft.

Musterblätter von *E. Spreng* in Nürnberg.

Nr. 1. Januar 1863.

# Journal für Gasbeleuchtung

und

verwandte Beleuchtungsarten.

## Organ des Vereins von Gasfachmännern Deutschlands.

**Monatschrift**

von

**N. H. Schilling,**

Director der Gasbeleuchtungs-Gesellschaft in München.

---

**München. Verlag von Rudolph Oldenbourg.**

---

**Abonnements.**

Jährlich 4 Rthlr. 20 Ngr.

Halbjährlich 2 Rthlr. 10 Ngr.

Jeden Monat erscheint ein Heft.

Das Abonnement kann stattfinden bei allen Buchhandlungen und Postämtern Deutschlands und des Auslandes.

**Inserate.**

Der Insertionspreis beträgt:

für eine ganze Octavseite 8 Rthlr. — Ngr.

„ jede achtel „ 1 „ — „

Kleinere Stücktheile als eine Achtelseite können nicht berücksichtigt werden; bei Wiederholung eines Inserates wird nur die Hälfte berechnet, für dieselben jedoch auch die nebenstehende innere Seite des Umschlages benützt.

---

Im Verlage von R. Oldenbourg in München ist erschienen und durch alle Buchhandlungen zu beziehen:

# Die Schule der Mechanik.

**Für den Selbstunterricht,**

besonders des

## praktischen Mechanikers und Handwerkers,

*sowie für den Gebrauch an technischen Lehranstalten*

**gemeinfasslich dargestellt**

und mit Zugrundelegung von Delaunay's „Elementarlehrbuch der theoretischen und angewandten Mechanik" bearbeitet von

**J. Bauschinger,**

*Lehrer an der kgl. Gewerb- und Handelsschule in Fürth.*

**Mit über 600 Holzschnitten.**

klein 8° 7 Lieferungen à 5 Bogen. Preis einer Lieferung 40 kr. oder 12 Ngr.
Preis des vollständigen Werkes fl. 4. 40 kr oder 2 Thlr. 24 Ngr.

Der Bearbeitung des obigen Werkes ist ein französisches Original zu Grunde gelegt, das in den Industrieschulen Frankreichs (den Schulen, in welchen Fabrikanten, die nicht selbst Maschinenbauer sind, ihre Ausbildung erhalten) für den Unterricht in der Mechanik eingeführt ist, und dadurch eine grosse Verbreitung erlangt hat. Das vorliegende, für Deutschland berechnete und durch wesentliche Verbesserungen und Vermehrungen bereicherte Buch hat sich, wie das französische Original, die Aufgabe gestellt, die wissenschaftlichen Lehren der Mechanik und ihre Anwendung auf alle Zweige der Maschinenkunde, von den einfachsten mechanischen Vorrichtungen bis zur complicirtesten Maschine, in gemeinfasslicher, klarer Sprache zu geben, und mathematische Formeln nur dann damit zu verbinden, wo sie zum Verständniss ganz unentbehrlich sind. Das Buch ist zunächst nicht für mathematisch gebildete Mechaniker und Constructeurs bestimmt, wohl aber für Fabrikanten, Architekten, practische Mechaniker, Mühlenbesitzer und die grosse Zahl derjenigen, welche sich mit Mechanik und Maschinenwesen befassen, ohne eine volle mathematische Vorbildung zu besitzen.

Die Einfachheit und klare Verständlichkeit des Vortrages so schwieriger Lehren und ihrer Anwendung auf das practische Leben war nur dadurch möglich, dass dem Worte überall das Bild, die Zeichnung zur Seite steht, und so war es nöthig, dass auf circa 900 Seiten, welche das Buch umfasst, über 600 Holzschnitte gegeben wurden, welche jeden theoretischen Lehrsatz anschaulich machen, jede practische Anwendung in schlagenden Beispielen bildlich darstellen.

Die Ausstattung des Werkes ist elegant und doch so compendiös eingerichtet, dass in dem Einen Bande der Inhalt von zwei starken Octav-Bänden zusammengedrängt ist.

---

Soeben erschien im Verlage von Friedrich Vieweg und Sohn in Braunschweig
(Zu beziehen durch jede Buchhandlung.)

## Handbuch der chemischen Technologie.

Von Dr. P. Bolley.

Professor der technischen Chemie am Schweizerischen Polytechnikum in Zürich.

In Verbindung mit mehren Gelehrten und Technikern bearbeitet. Acht Bände, die meisten in mehr Gruppen zerfallend. Mit Kupfertafeln und in den Text eingedruckten Holzschnitten. gr. 8. Fein Velinpapier. Geh.

Ersten Bandes zweite Gruppe: Das Beleuchtungswesen. Von Prof. Dr. Bolley. Zweite Abtheilung.

Die Gasbeleuchtung aus verschiedenen Materialien. Mit 95 in den Text eingedruckten Holzschnitten. Preis 1 Thlr.

---

## Gesuchte Anstellung.

Ein junger Mann, welcher während seines dreijährigen Aufenthalts auf einer der grössten Gasanstalten des Continents sich in diesem Fache theoretisch und practisch gründliche Kenntnisse erworben hat, sucht eine Anstellung, als Director einer kleineren Gasanstalt. — Näheres wird die verehrliche Redaction dieses Journals gütigst vermitteln.

**Retorten und Steine**
**von feuerfestem Thone in allen Formen und Dimensionen.**

# ALBERT KELLER IN GENT
## BELGIEN.

Diese Fabrikate haben auf allen Gaswerken, wo sie benutzt worden, volle Anerkennung gefunden, und sind die Preise, trotz aller Sorgfalt, welche auf die Anfertigung verwendet wird, sehr vortheilhaft.

---

## Feuerfeste Producte, die nicht dem Schwinden unterworfen sind.

**Th. Boucher,** Fabrikant und Patentinhaber zu St. Ghislain, früher zu Baudour (Belgien).

*Th. Boucher* ist der einzige Fabrikant, welcher feuerfeste Producte dieser Art herstellt, und Inhaber der Medaillen von der allgemeinen Industrie-Ausstellung in London (1851 und 1862), in Paris (1855), sowie auch der Ehren-Medaille I. Classe der „Academie nationale" zu Paris (1856). Seine Anstalt ist die älteste auf dem Continent.

NB. Das Preisgericht der Londoner Ausstellung drückt sich in seinem Bericht folgendermassen aus: „Das Preisgericht hat Herrn *Th. Boucher*, welcher sehr gut verfertigte Retorten ausgestellt hat, eine Preismedaille zuerkannt, da selbe Retorten von ausserordentlicher Dünne, regelmässiger Form, und auf ihrer Oberfläche frei von allen Flecken und Blasen waren." Es heisst weiter: „Die Medaille ist diesem Aussteller in Anerkennung der unzweifelhaften Vorzüge seiner Retorten vor allen anderen derartigen Fabrikaten des Continents ertheilt worden."

---

# JOS. COWEN & C^IE
## Blaydon Burn
## Newcastle on Tyne.

Fabrikanten **feuerfester Chamott-Steine,**
Marke **„Cowen"**,
***Retorten* für Gas-Anstalten und *alle Arten feuerfester Gegenstände* für Hohöfen, Cokesöfen &c. &c.**

*Jos. Cowen & Co.* waren die einzigen Fabrikanten, welche bei der grossen Ausstellung in London im Jahre 1851 mit einer Preis-Medaille für „Gas-Retorten und andere feuerfeste Gegenstände" beehrt wurden.

*Jos. Cowen & Co.* war auch die einzige Firma, welcher bei der Internationalen Ausstellung in London im Jahre 1862 eine Preis-Medaille für „Gas-Retorten, feuerfeste Steine etc., für Vortrefflichkeit der Qualität" zuerkannt wurde; ihre Werke sind die ausgedehntesten ihrer Art in Grossbritannien.

---

Als Betriebsdirigent einer Gasanstalt in einer grösseren Stadt wird ein theoretisch gebildeter und praktisch erfahrener Gasingenieur gesucht. Weitere Nachrichten ertheilt die Expedition dieses Journals.

## Die Chamott-Retorten- und Stein-Fabrik

von

### F. S. OEST'S Wittwe & Comp.

in **Berlin**, Schönhauser-Allee Nr. 128,

erlaubt sich ihre Fabrikate, als Chamott-Retorten zur Gas- und Mineralöl-Bereitung, so wie Chamottsteine in jeder beliebigen Form und Grösse zu empfehlen. Von den gangbarsten Sorten wird Lager gehalten und für solche sowohl als für etwa bestellte Gegenstände die billigsten Preise berechnet. Aufträge werden ohne Verzug effektuirt.

---

Auf Verlangen bescheinige ich hiermit, dass die von **F. S. Oest's Wittwe u. Comp.**, hierselbst, *Schönhauser-Allee Nr. 128*, zu den hiesigen städtischen Gas-Erleuchtungs-Anstalten gelieferten Chamott-Gas-Retorten, sich bisher vorzüglich gut bewähren. Die Oefen mit den dazu gelieferten Chamottsteinen gebauet, *fortlaufend*, meist 2½ bis 3 Jahre im stärksten Feuer ausgehalten haben, so dass ich das Fabrikat zu dem besten zähle, was mir in der Praxis bekannt geworden ist, und solches nach meiner unvorgreiflichen Ansicht mit Recht als vorzüglich gut empfehlen kann.

Berlin, am 31. Januar 1859.

**Kühnell,**
Baumeister und technischer Dirigent
der Berliner Communal-Gaswerke.

---

# J. VON SCHWARZ

in

## Nürnberg,

Inhaber der Preis-Medaillen von der Industrie-Ausstellung in München (1854) und der Allgemeinen Industrie-Ausstellung in London (1862) empfiehlt seine anerkannt dauerhaften, in jeder beliebigen Form verfertigten

# Speckstein-Gasbrenner

zu bedeutend herabgesetzten Preisen, **Argand- und Dumas-Brenner** mit und ohne Messing-Garnituren, von *Schwarz*'sche, von *Bunsen*'sche Röhren und Kochapparate.

---

## Die Gasmesser-Fabrik

von

### Mohrmann & Kühnau,

**Berlin, Brunnenstrasse 136**

empfiehlt den verehrlichen Gasanstalten, ihre gediegenen, aus dem besten Material gefertigten und durchaus gewissenhaft gearbeiteten **Gasmesser**, von bewährter practischer Construction.

(**Strassenlaternen** von Pontenblech, in 4 und 6eckiger Form, bei solider Arbeit zu billigen Preisen.)

**Preis-Courante** stehen jeder Zeit zu Diensten.

---

## Rundschau.

Ein auch in Deutschland bekannter französischer Gasingenieur, Herr *Jeanneney* ist am 17. Nov. v. Js. zu Strassburg gestorben. Derselbe hat sich namentlich durch Erbauung vieler kleinerer Gasanstalten einen geachteten Namen in der Fachwelt erworben, im Jahre 1860 erbaute er auch in der Rheinpfalz die Gasanstalt zu Speyer. Die französischen Fachjournale schreiben ihm das Verdienst zu, den Boghead in Frankreich eingeführt zu haben.

Eine, wie uns scheint, sehr zweckmässige Verbesserung an dem gewöhnlichen Regulator für Exhaustoren hat neuerdings unser im Gebiete der Gasindustrie verdienstvoller Fabrikant, Herr *S. Elster* in Berlin angegebracht, indem er ein Umgangsrohr mit selbstthätigem hydraulischem Verschluss damit verbunden hat. Der Apparat, den er mit dem Namen Bypass-Regulator belegt, ist auf Tafel 1 abgebildet, und wird in dieser Grösse gegenwärtig von Herrn *Elster* für die Münchener Gasanstalt ausgeführt. Er besteht im Wesentlichen aus zwei Theilen, der obere mit dem 4zölligen seitlichen Eingangsrohr *H* enthält die gewöhnliche Regulatorglocke, die mittelst Luftkasten auf bekannte Weise so regulirt ist, dass man einen Unterdruck bis zu — 2 Zoll mit ihr herstellen kann; der untere Theil mit dem im Boden angebrachten Ausgangsrohr *O* enthält den Bypass *E*, und steht überdiess durch das Ventil *A* mit dem oberen Theil in Verbindung. Das seitliche Rohr *D* mit dem Hahn *B* dient zum Füllen und zur Regulirung des Wasserstandes, *C* ist ein Syphon, durch welchen das überflüssige Wasser abfliesst. Die erste Füllung des Apparates geschieht unter Abschluss des Gases; es wird bei geöffnetem Hahne *B* so lange Wasser in das obere Regulatorgefäss gegossen, bis dasselbe anfängt aus dem Syphon *C* auszulaufen. Man erhält die in Fig. 1 dargestellten Verhältnisse, und schliesst dann den Hahn *B*. Sollte später durch Zufall Wasser aus dem Apparate entfernt sein, so wird der Hahn *B* wieder geöffnet, und Wasser nachgefüllt wie früher. Wird die Verbindung des Eingangsrohres *H* mit dem

Exhaustor geöffnet, so herrscht unter der Regulatorglocke *F* derselbe Druck, wie im Saugerohr des Exhaustors, wir wollen also sagen — 2 Zoll (Fig. 2). Bei den gewählten Querschnittsverhältnissen sinkt im oberen Theil der äussere Wasserspiegel um 1¼ Zoll, während der innere um ¼ Zoll steigt; im unteren Theil, wo derjenige Druck, der im Exhaustorausgange stattfindet, und der hier zu 12 Zoll angenommen ist, auf den Wasserspiegel drückt, steigt das Wasser im Bypass um 11½ + 2 Zoll, während der Spiegel im Gefäss um ½ Zoll sinkt. Fördert der Exhaustor momentan mehr als gleichzeitig an Gas producirt wird, so nimmt der Druck unter der Glocke *F* ab, und letztere sinkt etwas herab. Dadurch öffnet sich das Ventil *A* und es strömt aus dem unteren Raume resp. aus dem Ausgangsrohr des Exhaustors so lange Gas zurück, bis der vorgeschriebene Druck von — 2 Zoll im Eingangsrohre des Exhaustors wieder hergestellt ist. Der Druck vor dem Exhaustor wird also innerhalb gewisser geringer Schwankungen constant erhalten. Bleibt durch irgend einen Zufall dagegen der Exhaustor stehen, so wächst alsbald der Druck im Exhaustoreingange fortwährend an, bis schliesslich der Zustand eintritt, der in Fig. 3 dargestellt ist, und der den Bypass zur Function bringt. Der Wasserstand im Bypass sinkt und wenn der Druck im Exhaustoreingange auf 12¾ Zoll gestiegen ist, so ist alles Wasser aus jenem ausgetrieben, und das Gas strömt hindurch, zunächst in den unteren Raum des Regulators und von da in das Ausgangsrohr. Im oberen Theile des Apparats wird der innere Wasserspiegel herabgedrückt, und der äussere bis fast zum oberen Rande gehoben. Das Gas hat also auch für den Fall, dass der Exhaustor stehen bleibt, bei 12¾ Zoll Druck einen ungehinderten Durchgang, und man bedarf einer weiteren Sicherheitsvorrichtung nicht mehr. Herr *Elster* empfiehlt noch, das Ausgangsrohr *G* des Apparates mit dem Hauptrohre zwischen Wascher und Reiniger zu verbinden, so dass das Gas, welches zurückgeholt wird, den Wascher wiederholt passirt.

Durch Herrn *B. W. Thurston*, techn. Director der Gasanstalt in Hamburg, werden wir auf ein Dampf-Ventil für Exhaustor-Maschinen aufmerksam gemacht, welches von *Adamson* erfunden und von der Firma *C. S. Spence* in Leeds fabrizirt wird. Wir haben dasselbe auf Tafel 3 abgebildet und die nöthigen Erläuterungen hinzugefügt; das Spiel des Exhaustor-Regulators, also die auf- und absteigende Bewegung der gewöhnlichen Regulatorglocke, wie man sie auf den meisten Gasanstalten anwendet, wird mittelst eines Balanciers von ungleich langen Armen auf das Ventil übertragen, welches im Wesentlichen aus einem Messingkolben besteht, der die zwei keilförmigen Dampf-Oeffnungen je nach seiner Stellung mehr oder weniger schliesst. Herr *Thurston* bemerkt, dass er bereit ist, die Einführung dieses Ventils, welches in englischen Gasanstalten bereits mit Erfolg angewandt wird, in Deutschland zu vermitteln. Der Preis für das Ventil allein beträgt 27 Thlr. preuss., mit dem Balancier *F* 32 Thlr. frco Hamburg. Der englische Fabrikant liefert es unter dem Namen: *Adamson's improved Patent Throttle-Valve.*

Der Eisenbahn-Ingenieur, Herr *W. Clauss* in Braunschweig hatte die Güte uns mitzutheilen, dass er einen Wagen der dortigen Bahn mit Gas beleuchtet, und dass sich der Versuch in jeder Beziehung glänzend bewährt hat. Die Gasreservoirs, welche aus England bezogen waren, liegen oben auf dem Wagen in kofferförmigen dichten Holzkasten und sind mit gehobelten Holzbrettern belastet. Das Gas, welches der Anstalt des Braunschweiger Bahnhofs entnommen war, hat eine Leuchtkraft von 4 Kerzen pro 1 c' engl. Der Druck an der Flamme betrug höchstens 2 bis 3 Linien. Die Flammen waren in 10zölligen, zum Umklappen eingerichteten, Glaslaternen aufgehängt, und brannten während der schnellsten Fahrt fast so ruhig als beim Stillstand des Wagens. Die Gläser wurden nur wenig warm, die helle Beleuchtung erregt ein angenehmes Gefühl der Behaglichkeit und Wärme. Jeder Brenner consumirt 2 bis 2¼ c' pro Stunde, und das Reservoir reicht für einen Zeitraum von 11 Stunden völlig aus. Die Füllung geschieht direct aus der Leitung unter gewöhnlichem Druck, und erfordert etwa 10 Minuten Zeit. Herr *Clauss* ist mit dem Resultat so zufrieden, dass er eine Beleuchtung des Courirzuges zwischen Cöln und Berlin in Vorschlag gebracht, und das Project bereits ausgearbeitet und vorgelegt hat.

Nachdem in den Pariser Theatern die neue Art der Beleuchtung von der Decke herab (vergleiche Jahrg. 1862 S. 82) nunmehr einige Zeit in Gebrauch gewesen ist, beginnen sich die Ansichten über diese Einrichtung mehr und mehr festzustellen. Als Vorzüge werden von Augenzeugen und Journalen gleichmässig hervorgehoben: der angenehme Effect für das Auge, die Beseitigung der Verbrennungsproducte, die geringere Hitze sowie namentlich der Umstand, dass keinem Theil des Zuschauerraums mehr durch den Luster die Aussicht auf die Bühne genommen wird. Als Schattenseite dagegen macht sich namentlich die grössere Kostspieligkeit geltend. Im Theatre du Cirque, schreibt das Pariser Journal „Le Gaz", brennen 1200 Flammen und verzehren 250 Cubikmeter oder 8830 c' engl. Gas per Stunde also an jedem Theaterabend von 6 Stunden 52980 c' engl. Nach dem früheren System waren für einen Saal von derselben Grösse 120 Brenner mit 15 Cubikmeter oder 530 c' engl. Gasconsum per Stunde ausreichend, wenn zugleich angenommen wird, dass dadurch nur etwa der dritte Theil des gegenwärtigen Beleuchtungseffectes erreicht wurde. Es wäre also die neue Anordnung mehr wie 5 mal so theuer als die frühere — ein Umstand der für die weitere Verbreitung der ersteren allerdings sehr ins Gewicht fallen dürfte. Abgesehen von den angeführten Zahlen liegt der Schluss, dass im Allgemeinen der Gasverbrauch ein bedeutend grösserer sein muss auf der flachen Hand, denn es ist nicht nur der Abstand der Flammen von den zu beleuchtenden Flächen ein weit grösserer als früher, sondern es geht auch eine Menge Licht verloren, die sonst benutzt wurde.

Von dem Hause *E. Bourdon* in Paris war auf der Londoner Industrie-Ausstellung unter anderen Gegenständen auch ein Exhaustor ausgestellt, von dem in „Armangaud's Génie industriel" beistehende, freilich etwas mangelhafte, Skizze wiedergegeben ist. *A* ist ein birnförmiges rundes Gefäss, welches an einer vertikalen Stange aufgehängt ist, und dessen unteres offenes Ende in den mit Wasser gefüllten ringförmigen Becher *C* eintaucht. Die mechanische Vorrichtung, welche dazu dient, das Gefäss in rotirende Bewegung zu setzen, ist aus der Zeichnung ersichtlich. Durch das Rohr *D* und den mittleren Raum in *C* tritt das Gas in das Gefäss *A* ein, wo es mit diesem in kreisende Bewegung gesetzt und in die dem Strome entgegen gesetzte Oeffnung des Rohres *B* hineingedrückt wird. Letzteres Rohr führt das Gas abwärts weiter in die Reinigungsgefässe. Der Apparat ist ein Ventilator, aber — soweit aus der Zeichnung hervorzugehen scheint — ohne Flügel, und es soll die drehende Bewegung des Gases vermuthlich nur durch die Reibung desselben an den Wänden hervorgebracht werden. Ob der Nutzeffect einer solchen Anordnung für praktische Zwecke ausreicht, wagen wir nicht zu entscheiden, jedenfalls ist er ein sehr geringer, und würde die Geschwindigkeit eine grosse sein müssen. Sinnreich ist aber unter allen Umständen der Wasserverschluss, der dem Apparat eine Einfachheit und eine so leichte Bewegung gestattet, dass er — wenn auch in anderer verbesserter Form — für unsere Industrie nicht ganz zu verwerfen sein dürfte.

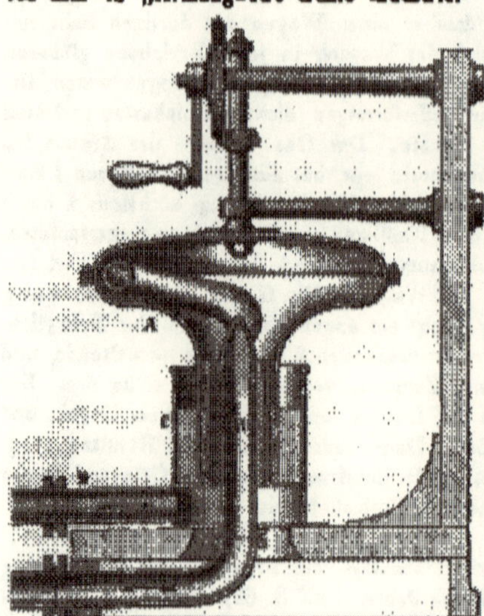

Vor einigen Jahren wurden im Auftrage der französischen Regierung unter Leitung der bekannten Gelehrten *Regnault* und *Dumas* sehr ausgedehnte Versuche über die Darstellung und Benutzung des Steinkohlengases ausgeführt. Soweit dieselben auf die Verbrennung des Gases und auf den Effect der verschiedenen Brenner Bezug haben, ist der Bericht darüber kürzlich von den Mitarbeitern der Commission, den Herren *Audouin* und *Berard* in den „Annales de Chimie et de Physique" 3. Serie Nr. LXV. veröffentlicht worden. Es fehlt uns der Platz um die ganze Arbeit abzudrucken, und müssen wir deshalb auf die Quelle verweisen; aber einige der wesentlichsten Resultate wollen wir doch kurz erwähnen. Da in Paris die *Carcel*'sche Lampe statt der sonst üblichen Normalkerzen als Maassstab für die Lichtstärke dient, so waren die ersten Versuche dahin gerichtet, die Bedingungen für die richtige Benutzung dieser Lampe zu studiren. Die Lampe wurde auf einer Waage in 1 Meter Entfernung vom Photometerschirm aufgestellt (Tafel 2) in gleicher Entfernung ein Argand-Gasbrenner angebracht, und die Gasflamme so regulirt, dass ihre Helligkeit derjenigen der Oelflamme entsprach. Zur Vergleichung der Flammen diente das *Foucauld*'sche Photometer Der Verbrauch an Gas wurde mittelst einer Uhr, der Oelconsum durch die Waage bestimmt. Es ergab sich im Wesentlichen, dass bis zu einem gewissen Punkt der Oelconsum und die Helligkeit der Flamme mit der Höhe des Dochtes wächst, dass das Verhältniss jedoch von diesem Punkt an (10 Millimeter) wieder abnimmt. Aehnlich verhält es sich mit der Stellung des Zugglases. Man vermehrt den Oelconsum und die Leuchtkraft, wenn man die Einschnürung (Verengung) des Glases hinaufschiebt, doch giebt es hier ein für die betreffende Lampe vortheilhaftes Verhältniss, schiebt man das Glas noch höher hinauf, so vermehrt man nur den Consum, während die Leuchtkraft wieder abnimmt. Ein constantes oder nahezu constantes Verhältniss zwischen der Leuchtkraft der Oelflamme und der Gasflamme findet nur bei einem gewissen, bestimmten Oelconsum statt. Will man daher photometrische Versuche mit der *Carcel*'schen Lampe machen, so muss man dieselbe zunächst nahezu auf diesen Consum bringen (in den Versuchen 42 Grammes per Stunde) und den wirklichen Consum auf diesen Normalconsum reduciren. (Vergl. die Instruction für die Controlle des Gases in Paris Jahrgang 1862 S. 28) Weicht der wirkliche Consum um mehr als 2 Grm. auf oder abwärts vom Normalconsum ab, so erhält man falsche Resultate. Von den verschiedenen Gasbrennern wurden zunächst die Schnittbrenner untersucht, und zwar 10 verschiedenene Sorten, bei denen die Weite des Brennkörpers um je 0,5 Mm differirte, und von 4,5 bis 9 Mm. betrug und und wobei jede Sorte wieder 10 einzelne Brenner umfasste, deren Schnittweite von 0,1 Mm. angefangen immer um 0,1 Mm. zunahm. In allen Versuchen wurde die grösste Leuchtkraft mit dem Brenner von 0,7 Mm. Schnittweite erzielt. Derselbe gab bei gleichem Consum die vierfache Leuchtkraft des Brenners mit 0,1 Millimeter Schnittweite und zwar bei einem Druck von 2 bis 3 Mm. In Betreff der Weite des Brennerkörpers stellte sich heraus, dass einem verschiedenen Gasconsum auch ein verschiedener Durchmesser enspricht, bei welchem der Brenner den grössten Nutzeffect gibt und dass man somit bei der Wahl eines Brenners auch die Weite seines Körpers zu berücksichtigen hat. Für einen Consum von 120 Liter (4,2379 c' engl.) soll diese Weite 6 Mm., für 150 Liter (5,2794 c' englisch) 7,5 Millimeter, für 200 bis 250 Liter 8 bis 8½ Millimeter betragen. Von den sogenannten Einloch-Brennern wurden 6 Sorten in die Versuche gezogen, bei denen die Oeffnung von 0,5 bis 3,5 M m. immer um 0,5 M m. zunahm. Jede dieser verschiedenen Sorten ergab für eine gleiche Flammenhöhe nahezu den gleichen Consum. Im Allgemeinen wächst die Leuchtkraft mit der Weite der Oeffnung, und bei derselben Oeffnung mit dem Consum, resp. mit dem Druck, bis die Flamme eine Höhe erreicht, wo sie russt. Nach den Versuchen geben sie das Maximum ihrer Leuchtkraft bei 2 M m. Weite der Oeffnung, 80 Centim. Flammenhöhe und 123 Liter (4,34 c' engl.) Consum pro Stunde. In der Praxis, wo man sie anwendet, um Kerzenflammen nachzuahmen, benutzt man dieselbe Brennersorte am besten mit 10 Centim. Flammenhöhe und 34 Liter (1,2 c' engl.) Consum per Stunde. Die Einloch-Brenner mit weiteren Oeffnungen können nur einen sehr schwachen Druck vertragen, sonst fangen sie zu russen an. Um die Eigenschaften der Zweiloch- oder Fischschwanz-Brenner zu studiren, wurden zwei Einlochbrenner auf beweglichen Röhren angewandt, so dass man die Erzeugungsflammen sowohl einzeln für sich betrachten, als auch gegen einander neigen und so den Zweiloch-Brenner herstellen konnte, wie es die nebenstehende Figur veranschaulicht. Bei den engsten Brenneröffnungen war die Leuchtkraft der vereinigten Flammen nicht wesentlich grösser, als diejenige der beiden einzelnen Erzeugungsflammen zusammengenommen. Bei Anwendung weiterer Oeffnungen trat jedoch die grössere Helligkeit der vereinigten Flammen immer deutlicher hervor, bei den weitesten der angewandten Brenner wurde die Flamme unregelmässig, und nahm die Leuchtkraft im Verhältniss zum Consum aus diesem Grunde wieder ab. Das Maximum der Leuchtkraft fand bei 1,7 bis 2 M m. Brennerweite und einem Consum von 200 Liter (7,06 c' engl.) Consum per Stunde statt. Für einen Consum von 100 bis 150 Liter (3,53 bis 5,29 c' engl.) sind Brenner mit 1,5 M m. Oeffnung anzuwenden. Der vortheilhafteste Druck muss mindestens 3 M m. betragen, also etwas stärker sein, wie bei den Schnittbrennern, ist er schwächer, so erhält man eine unregelmässige oder unstäte Flamme. Jeder Brenner hat seinen Normal-Consum und seinen Normaldruck, wobei er das Maximum seiner Leuchtkraft entwickelt. Das Verhältniss der Leuchtkraft zwischen der Flamme des Zweiloch-Brenners und zwischen seinen beiden einzelnen Erzeugungsflammen ist ein nahezu constantes, man mag den Druck resp. den Consum steigern oder verringern. — Bei der Untersuchung der Argandbrenner wurden 16 verschiedene Arten derselben angewandt, und ergab sich zunächst der Porzellanbrenner von *Bengel* in Paris mit 30 Löchern von 0,6 M m. Durchmesser als derjenige, welcher für die Leuchtkraft der *Carcel*'schen Lampenflamme den geringsten Gasverbrauch 126 Liter = 4,448 c' engl. hatte, während der Consum für dieselbe Leuchtkraft bei den verschiedenen Brennern überhaupt um mehr als 100 Procent schwankte. Die Hauptfactoren, welche den Effect des Argandbrenners bedingen, sind der Durchmesser der Löcher oder des Schnittes, die Anzahl der Löcher, die Vertheilung der Luft und die Höhe des Zugglases. Was die Durchmesser der Löcher betrifft,

so gilt hier wesentlich dasselbe, was von den Lochbrennern gesagt worden ist. Der Lichteffect steigert sich bis zu einem gewissen Grade mit der Weite der Oeffnungen, bis die Flammen russig werden und flackern. Für einen Brenner von *Bengel*, der statt aus Porzellan aus Kupfer hergestellt war, und bei welchem die 30 Löcher (von 0,45 bis 1,35 M m.) jedesmal um 0,1 M. m. erweitert wurden, zeigte sich der grösste Lichteffect bei 0,6 bis 0,8 M m. Weite der Löcher. Dieser Brenner besass keinen Conus. Bei Anwendung des Conus kann man die Löcher 1 bis 1,5 M m. weit machen. Was die Anzahl der Löcher betrifft, so ist es vortheilhaft, dieselbe möglichst gross zu machen. Für Argandbrenner, welche keine Löcher, sondern einen vollständigen Schnitt haben, entspricht das Maximum der Leuchtkraft einer Schnittweite von 0,6 bis 0,7 M m. Ein Zugglas von 25 Centim. Höhe verursachte bei gleicher Leuchtkraft 5 bis 7 pCt. Mehrconsum gegen ein Glas von 20 Centim. Höhe; Zur Ermittelung des Luftstromes welchen ein Argandbrenner braucht, wurde zunächst ein Brenner construirt, bei dem man sowohl den äussern, wie den innern Luftstrom gesondert aus zwei graduirten Gasbehältern zuführen konnte, wie die nebenstehende Figur zeigt. Bei einem gleichen Gasverbrauch variirte die Leuchtkraft im Verhältnisse von 1 zu 2,50 während die Luftzuführung zwischen 1 und 1,47 schwankte. Das Maximum der Leuchtkraft wurde bei 570 Liter äusserem und 125 Liter innerem Luftzufluss auf 107 Liter Gasconsum, also bei einem Verhältniss der Luft zum Gas von 6,5 : 1 erhalten. Die schönste Flamme ergab sich dagegen erst bei 7,5 Liter Luft auf 1 Liter Gas. Die Versuche über den Luftverbrauch wurden noch auf eine zweite Weise durch Messung der Verbrennungsproducte wiederholt. Wir gestehen, dass es uns aus der Beschreibung nicht ganz klar geworden ist, wie man das Verfahren exact ausgeführt hat. Man wandte ein Blechrohr an von 15 Centim. Weite und 80 Centimeter Höhe, von dessen oberem Ende ein Bleirohr abzweigte und in einen Condensator von 20 Liter Inhalt führte. Hinter dem Condensator war eine Gasuhr und hinter dieser schliesslich ein Aspirator, resp. ein mit Gegengewichten bis zum Saugen balancirter Gasbehälter angebracht. Das untere Ende der Blechröhre war durch eine Kupferplatte geschlossen, bis auf eine Oeffnung in der Mitte, in welcher das obere Ende des Zugglases luftdicht befestigt war. Die Resultate zeigen gegen die nach dem ersten Verfahren erhaltenen wesentliche Abweichungen. Während man das erste Mal eine schöne Flamme bei 7,5 Liter Luft auf 1 Liter Gas erhalten hatte, fand man jetzt für dasselbe Gasquantum 10,6 Liter Luft. Weitere Versuche zeigten, dass bei einem und demselben Brenner der Luftverbrauch durchaus nicht mit dem Gasverbrauch proportional steigt und fällt. Bei

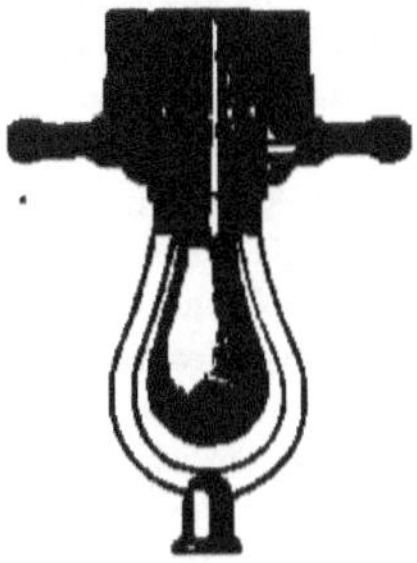

einem Verhältniss des Gasconsums von 1 : 2 war das Verhältniss des Luftverbrauches nur 1 : 1,7. Auch wurde dargethan, dass bei verschiedenen Brennern, wenn man sie auf das Maximum ihrer Leuchtkraft bringt, das Verhältniss des Luftverbrauches ein sehr verschiedenes ist. Dasselbe variirt von 6 bis 12 Liter auf 1 Liter Gas. Auch das Verhältniss zwischen dem äusseren und inneren Luftstrom ist bei verschieden construirten Argandbrennern verschieden. Eine allgemeine Regel über den vortheilhaftesten Luftverbrauch lässt sich somit nicht aufstellen. Schliesslich wurde noch ermittelt, dass das angewandte Gas in 94 Theilen mit 6 Theilen athmosphärischer Luft vermischt nur die halbe Leuchtkraft und in 80 Theilen mit 20 Theilen Luft vermischt gar keine Leuchtkraft mehr hatte. Zur Messung der Brenneröffnungen bediente man sich, je nachdem es Schnitte oder Löcher waren, der nebenstehenden Instrumente. Es liegt eine ungeheuere Arbeit in diesen Versuchen, und es ist von entschiedenem Interesse, den Einzelheiten der Resultate, betreffs deren wir auf den Originalbericht verweisen, zu folgen, aber es ist im Interesse des Faches zugleich auch zu bedauern, dass die Sache nicht von einem umfassenderen Gesichtspunkt aus behandelt worden ist. Wir kennen nicht die Natur des Gases, mit welchem die Versuche angestellt sind, nicht seinen Kohlenstoffgehalt, nicht sein specifisches Gewicht, — die Versuche drehen sich nur um die mechanische Seite der Frage, die chemische wird gar nicht erwähnt. Es fehlen uns die zwei allerwichtigsten Factoren, ohne welche ein eigentliches Verständniss des Gegenstandes gar nicht möglich ist, und zu einem Vergleich für Gas von anderer chemischer und physikalischer Beschaffenheit bietet sich gar kein Anhaltspunkt. Welchen Werth könnten diese Versuche erhalten haben, wenn man verschiedene Gasarten zur Anwendung gebracht, und die Natur dieser Gasarten zugleich vollständig bestimmt hätte. Ein alter Erfahrungssatz aber wird auch durch die Versuche wieder aufs Neue bestätigt, und dieser Satz heisst:

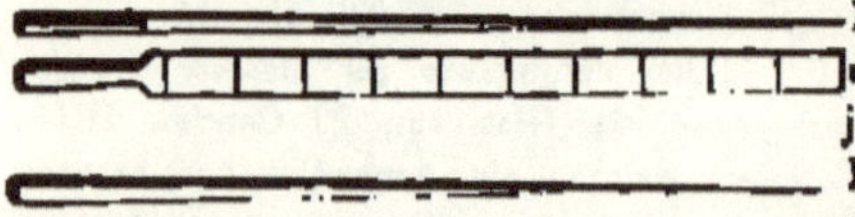

Weiter Brenner, schwacher Druck
Gibt dem Licht den wahren Schmuck!

Der französische Chemiker *Berthelot* entdeckte vor einiger Zeit eine neue Kohlenwasserstoffverbindung im Leuchtgase, das Acetylen $C_4H_2$, ein Gas von 0,92 spec. Gewicht, unangenehmem eigenthümlichem Geruch, welches, wenn auch nur in dem sehr geringen Mengenverhältniss von kaum einigen Zehntausendstel vorhanden, doch sowohl auf den Geruch, als auch auf die leuchtenden Eigenschaften des Gases nicht ohne Einfluss sei. Den Geruch des Gases schreibt Hr. *Berthelot* überhaupt wesentlich folgenden 4 Substanzen zu: dem Acetylen — es genügt, dieses Gas mit Spuren von Schwefelwasserstoffgas zu mischen, um den specifischen Geruch des Steinkohlengases zu erzeugen — dem Schwefelkohlenstoff, dem Benzol und dem

Naphtalin. In Betreff der Leuchtkraft genügt es daran zu erinnern, dass das Acetylen eine procentische Zusammensetzung hat wie das Benzol, von dem bekanntlich eine geringe Menge hinreicht, um die Leuchtkraft des Gases zu erhöhen. Das Acetylen geht auch mit Kupferoxydul eine explosive Verbindung ein, und diese Eigenschaft liess vermuthen, dass der explosive Körper, der schon einige Mal in kupfernen Gasleitungsröhren vorgefunden, und schon früher von Prof. *Böttger* als eine Kupfer-Kohlen-Wasserstoff-Verbindung erkannt worden war (Journ. f. Gasbel. Jahrg. 1860, S. 273), ohne dass es ihm jedoch gelungen war, den Kohlenwasserstoff selbst zu ermitteln, nichts Anderes sei, als die Verbindung des Kupferoxyduls mit dem Acetylen. Neuerdings hat sich der Chemiker *Crova* die Aufgabe gestellt, diesen Gegenstand näher zu untersuchen. Derselbe liess zunächst eine feuchte Mischung von Luft und Acetylen durch eine Glasröhre über glänzende Kupferdrehspäne streichen, und dabei zeigte sich, dass das Metall rasch anlief, irisirende Farben zeigte und endlich schwarz wurde. Da die Veränderung jedoch nur an der Oberfläche Statt fand, so war sie eine beschränkte, und deshalb wandte Herr *Crova* zu dem weiteren Versuche Kupfer an, welches durch Wasserstoff aus Oxyd reducirt worden war. Er brachte eine kleine Quantität davon in zwei Flaschen, welche ein Gemisch von Luft und Acetylen zu gleichen Volumen enthielten, und in deren eine ausserdem noch ein Tropfen Ammoniak gebracht worden war. Beide wurden gut verstopft, mit dem Halse in Wasser getaucht, und zwei Tage sich selbst überlassen. Nach dieser Zeit wurden sie unter Wasser geöffnet, wodurch sich eine Absorption von fast der Hälfte des Gasvolums durch das Eindringen des Wassers bemerkbar machte, und zwar schien dieselbe bei der Flasche mit den Ammoniakdämpfen noch etwas bedeutender zu sein, als bei der andern. Das Kupfer war schwarz geworden; es wurde gewaschen und getrocknet, und es zeigte sich, dass eine beträchtliche Menge von Acetylenkupfer entstanden war. Mit Salzsäure erwärmt, entwickelte es Acetylen und auf eine heisse Metallplatte geworfen, detonirte es noch stärker als die reine Verbindung, ohne Zurücklassung von Kohle. Dies erklärt sich leicht daraus, dass die erhaltene Acetylenverbindung neben einem Ueberschuss von Kupferoxyd gebildet war, welches eine vollständige Verbrennung des Kohlenstoffs und Wasserstoffs bewirkte.

In der polytechnischen Centralhalle macht der Apotheker, Herr *E. Janota* auf eine Anwendung des Naphtalins zum Ausstopfen der Vögel aufmerksam. Während man gewöhnlich zu diesem Zweck eine Mischung von weissem Arsenik und Seife, dann Werg anzuwenden pflegt, wurde versuchsweise Naphthalin genommen, welches bei der Erzeugung von Braunkohlenruss gewonnen worden war. Es wurde in Alkohol gelöst, dann mit einer hinreichenden Quantität Seifenpulver gemischt, so dass ein dünner Brei entstand, und auf die gewöhnliche Weise mit Hinweglassung der arsenigen Säure verfahren. Die Vögel haben sich mehrere Jahre ganz gut und ohne die mindeste Veränderung erhalten.

Das neueste amerikanische Gas-Journal berichtet, dass die Preise des Erdöls in sehr kurzer Zeit um reichlich 100 Prozent gestiegen sind, und zwar von 25 auf 50 Cents per Gallon für rohes, und von 45 auf 95 Cents für raffinirtes Oel. Die gesteigerte Nachfrage, das Versiegen einer Anzahl Brunnen, die Schwierigkeit des Transports, der Mangel an Fässern, und namentlich die Speculation werden als Grund dafür angegeben. Diese Preiserhöhung, fährt dasselbe Journal fort, ist eine Sache von nicht geringer Bedeutung für diejenigen Gasanstalten, welche das Erdöl als Ersatz für Harz (es giebt in Nordamerika noch manche Harzgasanstalten) eingeführt haben, oder mit der Einführung beschäftigt sind. Der künftige Preis des Artikels ist ein noch unlösbares Problem, und man ist nicht im Stande, irgend eine Calculation darauf zu basiren. — In London ist eine Erdöl-Raffinerie abgebrannt; das Feuer soll dadurch entstanden sein, dass eines der Destillationsgefässe undicht war, und das auslaufende Petroleum sich entzündete.

---

## Correspondenz.

Herrn J. A. B. — Hersfeld. *Ihre Anfrage wird durch unser Schreiben bereits erledigt sein. Uebrigens sind wir zu weiterer Auskunft gerne bereit. Der uns gütigst zugesagten Mittheilung sehen wir entgegen.*

Herrn H. B. — Giessen. *Ihre Anfrage ist uns nicht ganz klar. Die Reinigung war früher ungenügend und eine Erweiterung der Apparate dringend geboten. Dass es unter übrigens gleichen Umständen gerathen ist, den Apparaten verhältnissmässig grosse Dimensionen zu geben, ist eine bekannte Thatsache, das Gas muss Zeit haben, mit dem Reinigungsmaterial in Berührung zu bleiben, sonst vollzieht sich der chemische Prozess nur mangelhaft.*

Herrn W. H. — Weimar. *Den von Ihnen angeregten Gegenstand werden wir Ihrem Wunsche gemäss beim Vereinsvorstand zur Sprache bringen; vielleicht nehmen Sie selbst Veranlassung auf der nächsten Versammlung einen Antrag zu stellen.*

Herrn H. R. — Carlsruhe. *Dieselbe Bemerkung, welche Sie über die neue Pariser Theater-Beleuchtung machen, ist uns auch von anderen Seiten bestätigt worden. Schön, aber theuer! — Es wird uns freuen, die Zeichnungen und Beschreibung der von Ihnen eingerichteten Theater-Beleuchtung zu empfangen.*

Herrn W. — Heilbronn. *Jede Gasanstalt hat unzweifelhaft das Recht, den Abonnenten, die ihren Verpflichtungen im Zahlen nicht nachkommen, die fernere Gaslieferung ohne Weiteres zu verweigern.*

Herrn F. — Lippstadt. *Den eingesandten Bericht haben wir aufgenommen. Die Beantwortung Ihrer Anfrage wird Ihnen direct durch die Expedition zugegangen sein.*

## Versuche über einige Beleuchtungsmaterialien; von Dr. Marx in Stuttgart.

(Aus dem württembergischen Gewerbeblatt).

In neuerer Zeit werden von Amerika bedeutende Quantitäten Erdöl in den Handel gebracht, sowohl im rohen als im rectificirten Zustand, und wird das letztere unmittelbar als Leuchtmaterial verkauft, nur war man in der Anwendung desselben Anfangs ängstlich, da von verschiedenen Seiten Brandfälle bekannt wurden, welche durch Erdöl veranlasst worden waren. Es dürfte deshalb nicht uninteressant sein, Versuche, die in diesem Sinne im chemischen Laboratorium der kgl. polytechnischen Schule zu Stuttgart gemacht worden sind, zu veröffentlichen.

Es wurde das rectificirte Erdöl, also Erdöl in dem Zustand, in welchem es als Beleuchtungsmaterial verkauft wird, in Beziehung auf Entzündlichkeit mit den flüchtigen Oelen, Photogen, Schieferöl und Terpenthinöl verglichen. Bei den Versuchen wurden zunächst grössere Mengen der einzelnen Oele in offene Schalen gebracht und durch kurzes Berühren mit einem brennenden Span sie zu entzünden gesucht. Bei der damaligen Lufttemperatur von 14° R. gelang diess beim Schieferöl, die übrigen Oele entzündeten sich bei dieser Temperatur nicht, sie mussten erst erhitzt werden, und zwar das Terpenthinöl bis auf 42° R., wurde es auf 40° R. erhitzt, so fing dasselbe an zu brennen, wenn man sich dem Oel mit dem brennenden Span bis auf einen Zoll Entfernung näherte; das Erdöl und das Photogen verhielten sich bei diesen Versuchen fast ganz gleich, sie liessen sich mit dem brennenden Span erst nach dem Erhitzen auf 50° R. entzünden, bei 54° R. auf einen Zoll Entfernung. Analog diesen Resultaten waren die der freiwilligen Verdunstung. Es wurden nämlich gleiche Mengen der Oele in gleich grossen Glascylindern von 30 Millim. Höhe und 95 Millim. Durchmesser neben einander aufgestellt, wobei nach 41 Stunden die Menge des verdunsteten Erdöls 4,4 Gramme, die des Photogens 4,5 Grm. betrug, das Schieferöl hatte 32,2 Grm von seinem Gewicht verloren, das Terpenthinöl 13,4 Grm.

Aus diesen Versuchen geht hervor, dass das angewendete Schieferöl sich von den versuchten Materialien am leichtesten entzünden lässt, und dass das rectificirte Erdöl nicht feuergefährlicher ist, wie das schon seit längerer Zeit verwendete Photogen, welche beide sich schwieriger entzünden lassen als Terpenthinöl. Die erwähnten häufigeren Brandfälle werden wohl meist durch rohes Erdöl veranlasst worden sein.

Ausser diesen Versuchen wurden noch photometrische Messungen mit verschiedenen Leuchtmaterialien vorgenommen, bei deren Ausführung mir Hr. *Nuschold* wesentlich beistand und deren Resultate ich in Folgendem mittheile:

Zur Vergleichung der verschiedenen Leuchtstoffe diente als Einheit die Flamme einer Stuttgarter Normalwachskerze, wie solche zu den photometrischen Gasuntersuchungen hier angewendet wird. Von diesen Kerzen geben vier aufs Pfund, das in Wirklichkeit 469 Grm. wog und 1 fl. 30 kr. kostet. Der Durchmesser der cylindrischen Kerze misst 22 Millimeter. Die Kerze wurde, wie es bisher bei den photometrischen Gasuntersuchungen üblich ist, mit einer Flammenhöhe von 18 württembergischen Linien oder 51,5 Millimetern gebrannt, dabei beträgt der stündliche Consum 7,75 Grm.

Die bei den Versuchen angewendeten Stearinkerzen waren aus der Fabrik von *Münzing* in Heilbronn; es wurden solche benützt, von denen fünf, und solche, von denen vier im Pfundpacket sind. Das Nettogewicht des Pfunds Fünfer war 481,5 Grm., das der Vierer 479,5 Grm. Die Länge des nahezu cylindrischen Theiles der Fünfer-Kerze betrug 280 Millimeter, Conuslänge 18 Millimeter, oberer Durchmesser der Kerze 20 Millimeter, unterer Durchmesser 22 Millimeter. Die Länge der Vierer-Kerze ohne den Conus war gleich 321 Millimetern, Conuslänge 20 Millimeter, oberer Durchmesser der Kerze 21 Millimeter, unterer Durchmesser 23 Millimeter. Die Fünfer-Kerze brannte ziemlich constant mit einer Flammenhöhe von 18 Linien bei einer stündlichen Consumtion von 9,95 Grm., die Vierer-Kerze dagegen mit etwas niedrigerer Flamme (17 Linien) und consumirte stündlich 9,5 Grm. Das Pfundpacket dieser Stearinkerzen kostet hier im Detail 39 kr.

Ferner wurden Paraffinkerzen verwendet, von welchen vier Kerzen im Halbpfundpacket waren; dieselben wogen 247 Grm. und kosteten 54 kr. Länge einer Kerze ohne Conus 230 Millimeter, Conuslänge 18 Millim., oberer Durchmesser der Kerze 19 Millim., unterer Durchmesser 20 Millim. Sie brannte mit einer Flammenhöhe von 16 Linien und verbrauchte stündlich 7,2 Grm.

Das zur Anwendung gebrachte rectificirte Erdöl hatte ein specifisches Gewicht = 0,808 bei 14½° R.; es wird hier die Maass (1,837 Liter) zu 1 fl. verkauft und diese wiegt 2,96 Pfund.

Das Photogen (sächsisches Braunkohlenöl) wurde etwas schwerer befunden wie das vorige, sein specifisches Gewicht war nämlich 0,810; die Maass desselben wog 2,97 Pfund und kostet dieselbe hier 1 fl. 10 kr.

Das Schieferöl war von Reutlingen, hatte ein specifisches Gewicht = 0,817 bei 14½° R und wog 3,00 Pfd. per Maass, welche im Detail hier mit 1 fl. bezahlt wird

Das Photogen und ebenso das Schieferöl wurden aus Lampen gebrannt, wie sie hier für diese Oele verkauft werden; der platte Docht der Lampen war 11 Millimeter breit und die Flamme verzehrte beim Brennen von Photogen stündlich 14,3 Grm; beim Brennen von Schieferöl 14,5 Grm. Das Erdöl wurde aus einer Erdöllampe von derselben Construction wie die obigen Lampen gebrannt, nur waren die Luftzugöffnungen derselben etwas grösser. Die Dochtbreite war auch = 11 Millim. und die stündliche Consumtion an Erdöl betrug 13,1 Grm.

Für das gewöhnliche Lampenöl (Rüböl) wurde eine Moderatorlampe angewendet, bei welcher der mittlere Durchmesser des Dochtrings 17 Millim.

betrug. Die Lampe verzehrte stündlich 19,9 Grm. Das Pfund Rüböl zu 500 Grm. kostet im Detail 19 kr.

Das Leuchtgas, aus Fledermausbrennern von Speckstein gebrannt, wurde bei einem stündlichen Consum von 4,5 c' engl. bei einem Druck von 21 Millimeter Wassersäule, unmittelbar unter dem Brenner während des Brennens gemessen, und bei einem Druck von 8 Millimetern versucht. Tausend c' engl. kosten 6 fl.

Aus diesen Angaben und aus den angestellten photometrischen Messungen lässt sich nun folgende Tabelle zusammenstellen:

| | Consum per Stunde in Grm. und engl. Kubikfuss. | Diese kosten per Stunde Kreuzer | Sie geben dabei eine Lichtstärke in Kerzen gleich | Demnach kostet das Licht von einer Kerze per Stunde in Kreuzern |
|---|---|---|---|---|
| Stuttgart. Normalwachskerze | 7,75 Grm. | 1,48 | 1.0 | 1.48 |
| Vierer-Stearinkerze | 9.5 „ | 0.77 | 0.9 | 0,85 |
| Fünfer-Stearinkerze | 9.95 „ | 0.81 | 1,0 | 0,81 |
| Paraffinkerze | 7,2 „ | 1,57 | 1,1 | 1,43 |
| amerikanisches Erdöl | 15 1 „ | 0,61 | 3,2 | 0,19 |
| Photogen | 14,3 „ | 0,68 | 3,0 | 0,23 |
| Schieferöl | 14.5 „ | 0 58 | 3,0 | 0,19 |
| Rüböl | 19.9 „ | 0.76 | 2.8 | 0,27 |
| Leuchtgas bei 21 Millim. Druck | 4 5 c' | 1,62 | 6 | 0,27 |
| Leuchtgas bei 8 Millim. Druck | 4,5 „ | 1,62 | 10 | 0 16 |

Deutlich ergibt sich hieraus, dass unter Berücksichtigung der erzielten Lichtmengen das Leuchtgas, wenn es unter günstigen Bedingungen verbrennt, am billigsten ist, dass ihm aber Erdöl und Schieferöl wenig nachstehen, man sogar mit diesen Materialien ein billigeres Licht erzielt als mit Leuchtgas, wenn dasselbe unter einigermassen ungünstigen Verhältnissen verbrannt wird. Das Photogen kommt nach diesen Versuchen schon um 21 Proc. theurer als Erdöl und Schieferöl und das Brennen von Rüböl sogar um 42 Proc.

Es zeigen ferner diese Zahlen, dass das Brennen von Kerzen ziemlich theurer kommt als das Brennen von Oelen und dass die Stearinkerzen unter den verwendeten Kerzen die billigsten sind sowie dass die Paraffinkerzen selbst unter Berücksichtigung der höheren Leuchtkraft des Paraffins nicht billiger zu stehen kommen als die Wachskerzen.

---

## Ueber Verdichtung von Gas- und Wasserröhren mit Korkringen.

Das Bestreben die Dichtung mit Hanfstricken und Blei oder mit Hanfstricken, Kitt und Blei, oder die englische Methode (mit abgedrehten Muffen, Spitzen und Mennigekitt) zu umgehen und eine andere Dichtung zur Anwendung zu bringen, scheint seinen Grund hauptsächlich darin gehabt zu haben, die Verdichtung, wenn nicht besser, so doch billiger und schneller herzustellen; weshalb man einerseits, statt der Muffenverbindung die Flanschenverbindung wählte, um den Verlust an Rohrlänge durch die eingesteckte Spitze auf ein Minimum zu reduciren und andererseits statt der kostspieligen und Zeit raubenden Bleiverdichtung sich nach einem billigeren, möglichst elastischen Medium umsah, welches durch blosses Anziehen von zwei Schrauben einen schnellen, auf allen Seiten gleich zuverlässigen Abschluss gewährte. In Rücksicht der mangelnden Elasticität scheint die, in dem Magnier'schen Werk über Gasbeleuchtung S. 205 aufgeführte Dichtung mit imprägnirten Pappringen weniger Eingang gefunden zu haben, als die Verdichtung mit Ringen von Gummi oder vulkanisirtem Kautschuk, welche bei einem Querschnitt von etwa $\frac{1}{2}$ Zoll □ rheinisch, bis auf $\frac{1}{4}$ Zoll Breite zusammengepresst wurden, und Anfangs einen ausgezeichnet dichten Verschluss gewährten. Der Unterzeichnete lernte diese Verdichtung während seiner Beschäftigung bei städtischen Gaseinrichtungen bei einem belgischen Gasingenieur im Königreich Sachsen im Jahre 1856 zuerst kennen, allerdings mit demjenigen Befremden, welches chemisch technologische Studien, auf dem Gewerbe-Institut und der Universität zu Berlin, einflössen mussten. Der, Anfangs vorzügliche, Erfolg machte schon nach etwa $2\frac{1}{2}$ Monat erheblichen Bedenken Platz, insofern die erste Strecke des Hauptrohrs undicht wurde; die abgenommenen Kautschukringe, welche ich etwa 8 Tage später sah, waren porös und bröckelig. Eine weitere chemische Untersuchung fand indess nur mit ungebrauchten Probestücken statt, welche längere Zeit in einer Flasche mit Schwefelkohlenstoff (Schwefelalkohol) verschlossen und allmählig zersetzt wurden. Die spätere Befragung renommirter Fabrikanten (auf der Leipziger Messe) über die Ursache der Veränderung des Gummis durch das Gas, erregte bei diesen mehr Befremden als Aufschluss. Das Factum stand indess schon vorher fest und es kam, da der Unternehmer jener Gasanstalt nicht mehr zu der bewährten Bleiverdichtung zurückkehren, sondern lieber 60 Thaler zahlen wollte, darauf an, eine andere Dichtung zu finden, welche elastisch, nicht theurer als Gummi sei und dabei durch die, im Gas enthaltenen Theeröle, Schwefelkohlenstoffe etc. nicht angegriffen werde. Das erneute Studium technischer Werke und das Befragen einer wissenschaftlichen Autorität blieben erfolglos. Die Anwendung eines damals sehr angepriesenen Kittes schien, abgesehen davon, dass ein solcher Kitt die Elasticität verlieren wird, auch deshalb nicht rathsam, weil auch dieser Kitt mit Leinöl angemacht worden und noch nicht hinreichend fest stehen dürfte, dass das Leinöl im Kitt so fest verbunden sei, dass es durch die Theeröle und anderen Beimengungen des Gases nicht aufgelöst und der Kitt unbrauchbar werde. Nach längerem Nachsinnen betr. einer anderen Dichtung kam ich auf Schwamm (Badeschwamm) und am 16 April 1857, während des Kaffeekochens, bei Betrachtung der Spiritusflasche, auf Kork. Da dieser, wenn er in grösseren

Stücken zu beschaffen sei, sich eignen dürfte, theilte ich dies meinem damaligen Chef mit. Derselbe schien noch für Gummi eingenommen zu sein, denn die Gummiringe sehen so reinlich und manierlich aus; als ich ihm jedoch auf seine Frage: welche Dichtung würden Sie anwenden, Gummi oder Kork, erwiederte „nun Gummi doch auf keinen Fall, lieber doch Kork, ich aber würde unbedingt Muffen mit Bleidichtung anwenden", da war das Schicksal der Korkdichtung entschieden, resp. dieselbe fand im Jahre 1857 bei mehr als Tausend Dichtungen, bei der Gaseinrichtung in Döbeln in Sachsen, deren Bau ich zu leiten hatte, sowie bei dem Röhrennetz der Privatgasanstalt auf dem Thüringischen Eisenbahnhof zu Leipzig, Anwendung.

Ich hatte empfohlen den Kork vor dem Gebrauch in kochendem Wasser zu brühen, weil er alsdann elastischer werde; da er sich indess ausserordentlich leicht beim Zusammenschrauben der Flanschen zusammenpresste, so wurde dieser Vorschlag nicht angenommen, sondern die Ringe von knapp 1/2" □ Querschnitt wurden auf der äusseren Fläche mit Theer bestrichen, um sie antiseptisch zu machen, und alsdann bis auf 1/4" rheinisch zusammengepresst. Der Erfolg ist nicht überall gleich günstig gewesen, und zwar an denjenigen Stellen nicht, wo die Röhren eine so hohe Lage haben, dass die Zusammenziehung derselben durch die Einwirkung des Frostes nicht mehr unbeachtenswerth ist. Da mir indess kein Fall erinnerlich ist, dass durch die Zusammenziehung der Röhren eine Flansche abgerissen wäre, so sind die Undichtigkeiten wohl lediglich dem Umstand zuzuschreiben, dass der Kork nicht durch Brühen in heissem Wasser elastisch gemacht und dass er andererseits zuviel über seine Elasticitätsgränze zusammengepresst worden ist. Die Elasticitätsgränze des Korkes wird man leicht ermitteln können, indem man einen gebrühten und hierauf getrockneten Korkring zunächst um 1/4 Zoll zusammenpresst und nachsieht, ob er sich nach Aufhebung des Druckes wieder ausdehnt und alsdann den Versuch fortsetzt. Kann man bei dem dichten Gefüge des Korkes, welcher zu solchen Ringen gewählt wird, versichert sein, dass eine Zusammenpressung von 1/16 Zoll einen festen Verschluss gegen den geringen Gasdruck in den Röhren gewährt, so wird die doppelte Zusammenpressung, also von 1/8 Zoll vollständig genügen, um die grössere Fuge, welche durch das Zusammenziehen des Rohrs in der Kälte entsteht, zu schliessen; denn die Zusammenziehung eines 8' langen Rohrs beträgt bei einem Temperaturunterschied von 20° C, welcher doch nur für sehr flach liegende Theile eines Röhrennetzes auftreten kann, nicht ganz 1/16 Zoll oder etwa 2/3 Linien, also bedeutend weniger wie 1/16 Zoll, welche Ausdehnung man der Elasticität des Korkes von 1/2" □ Querschnitt, ohne Versuch zumuthen dürfte. Würde sich an einzelnen flachen Stellen eine Sicherung gegen etwaiges Abreissen der Rohrflanschen bei dem Zusammenziehen in der Kälte als nützlich voraussetzen lassen, so hätte man nur nöthig, nachdem etwa 16 Rohre gelegt sind, die Schrauben der ersten 8 Röhren um etwa 1/16 Zoll nachzulassen und nach dem zwanzigsten Rohr ein Muffrohr einzulegen, oder 2 Rohre mit Spitzen in einer längeren, darüber geschobenen Muffe, mit Hanfstricken und Blei zu dichten.

Was die Preise der Korkringe betrifft, so waren in Sachsen die Ringe von 2¼" rheinisch im lichten Durchmesser zu 1½ Sgr.; die von 2½" rh. zu 2 Sgr.; von 3¼" rh. zu 2½; von 4¼" rh. zu 3 Sgr. zu haben. Die ersteren dienten für Rohre von 1½" rh. lichter Weite; die zweiten für Rohr von 1¾" etc.

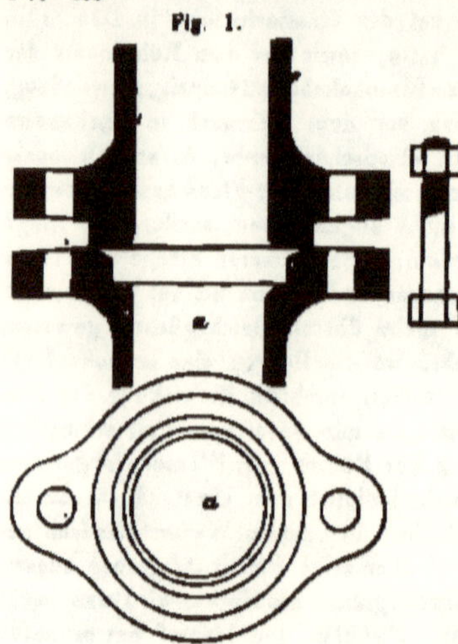


Fig. 1.

Fig. 2

Fig. 1 stellt den Längenschnitt, Fig. 2 die Vorder-Ansicht eines unteren dreizölligen Rohrs für Dichtung mit Gummi und Korkringen dar. Sämmtliche Röhren, auch die von 1½ rheinischen Zoll Weite, waren 9 sächsische oder etwa 8¼ rheinische Fuss lang, reichlich ⅓" stark von der Königin Marienhütte bei Zwickau bezogen.

Obwohl die erwähnte Verdichtung mit Korkringen zunächst nur eine weitere Anwendung für gusseiserne Röhren zu Wasserleitungen verspricht, so habe ich hier doch dieselbe mitgetheilt, weil sie im Interesse der Gasleitungen von mir erfunden, und dadurch interessant ist, dass ein sonst so häufig angewandtes Verschlussmittel, in anderer Form, für Gasdichtung seine Beachtung gefunden hat. Eine grössere Anwendung dürfte dem Kork bei Gasleitungen namentlich dann bevorstehen, wenn man ebenso, wie man von den gusseisernen zu den Chamotteretorten übergegangen ist, auch von den gusseisernen Leitungsröhren mehr und mehr zu thönernen mit Flanschenverbindung überginge, wo alsdann die geringere Elasticität des Korkes im Vergleich zum Gummi, bei der äusserst geringen Längenveränderung thönerner Röhren in der Kälte, ausser Betracht, hingegen die grosse Billigkeit der Korkringe wesentlich in Anschlag käme.

Lippstadt i./W. im December 1862.

T. v. Foerster, Civil-Ingenieur.

---

## Statistische und finanzielle Mittheilungen.

**Brandenburg a. H.** Die hiesige von den Herren Director *Kornhardt* und Regierungsrath *v. Unruh* erbaute Gasanstalt ist am 1. September mit 375 Strassenlaternen und 2500 Privatflammen eröffnet worden.

*Stolp.* Am 15. Oct. wurde die von Herrn Director *Kornhardt* in Stettin erbaute Gasanstalt mit 178 Laternen und 1200 Privatflammen in Betrieb gesetzt.

**Saargemünd** (Sarreguemines). Die Firma *Röchling & Rupp* in Saarbrücken hat mit der hiesigen Stadt einen Beleuchtungs-Vertrag auf die Dauer von 30 Jahren abgeschlossen. Der Preis des Gases für die öffentliche Beleuchtung, städtische Gebäude, sowie für Staatsanstalten ist 25 Centimes pro Cub.-Meter, und für die Privaten 40 Cent. pro M. C. Nach Ablauf der Vertragszeit sind, im Fall kein neues Uebereinkommen über Verlängerung des Vertrages vereinbart wird, die Canalisation und die Laternen Eigenthum der Stadt; das Werk selbst aber hat die Stadt durch Ankauf zu erwerben.

---

## Betriebsresultate der Stettiner Gas-Anstalt im Jahre 1861.

Es sind fabricirt worden 36.819,000 c' pr. und hiefür verausgabt:

| | Rthlr. | Sgr. | Pf. | pro 1000 c' Sgr. | pro 1000 c' Pf. |
|---|---|---|---|---|---|
| 1. Assecuranz, Porti, Reisekosten, Bureauunkosten, Formulare, Schreibmaterialien, Oel und Dochte . . . | 818 | 4 | 5 | — | 7,99 |
| 2. Gehälter, Tantieme u. Gratificationen | 5.117 | 10 | — | 4 | 2,03 |
| 3. Betriebsarbeiterlöhne . . . . . . . | 2,732 | 6 | — | 2 | 2,22 |
| 4. Betriebsunkosten . . . . . . . . | 1,721 | 9 | 11 | 1 | 4,83 |
| 5. Gasreinigung . . . . . . . . . | 383 | 5 | — | — | 3,75 |
| 6. Dampfkesselheizung . . . . . . . | 88 | 20 | — | — | 0,86 |
| 7. Gasöfenheizung . . . . . . . . . | 7,776 | — | — | 6 | 4,03 |
| 8. Gaskohlen 1230 ⅓ Last à 19 Rthlr. 13½ Sgr. . . . . . . . . . . | 24,100 | 18 | 3 | 19 | 7,73 |
| 9. Ofenreparatur . . . . . . . . . | 868 | 10 | 6 | — | 8,08 |
| 10. Alle übrigen Reparaturen . . . | 1,614 | 22 | — | 1 | 5,74 |
| 11. Eigener Gasverbrauch . . . . . | 1,005 | — | — | — | 9,82 |
| 12. Privatflammen-Controlle . . . . | 450 | — | — | — | 4,40 |
| | 46,904 | 16 | 1 | 38 | 2,08 |
| 13. Hierzu Ausgaben für die öffentliche Beleuchtung . . . . . . . | 2,003 | 15 | — | | |
| | 48,908 | 1 | 1 | | |

Die Einnahmen haben betragen

1. Für Gas

| | c' | | Rthlr. | Sgr. | Rthlr. | Sgr | Pf. |
|---|---|---|---|---|---|---|---|
| a) Privatgas nach Gasmessern . | 25,085,205 | à | 2 | 15 | 62,713 | 1 | 6 |
| b) Privatgas nach Tarif 265 Flam. | 1,200,408 | à | 2 | 22 | 3,305 | 21 | 4 |
| c) 152 Stück Privatstrassenlaternen | 1,363,806 | à | 1 | 10 | 1,818 | 12 | 3 |
| d) 647 Stück Stadtlaternen . . | 7,010,956 | à | 1 | 10 | 9,347 | 28 | 3 |
| e) Werkstatt . . . . . . . . | 37,300 | à | 1 | 15 | 93 | 7 | 6 |
| f) Anstaltsbeleuchtung . . . | 402,000 | à | 2 | 15 | 1,005 | — | — |
| g) Beamtenwohnungen . . . | 48,800 | à | 2 | 15 | 122 | — | — |
| | 35,157,475 | | | | 78,405 | 11 | 1 |

Durchschnittsverkaufspreis 2 Rthlr. 6 Sgr. 7 Pf.

Sich ergebender Verlust an Gas 1,061,525 c'.

2. Für Nebenproducte

| | Rthlr. | Sgr. | Pf. |
|---|---|---|---|
| a) für $1755^{3}/_{4}$ Last Coaks à 12 Rthlr. 9 Sgr. . . . . | 21,605 | 4 | 5 |
| b) für $77^{1}/_{2}$ Last Coaksabfall . . . . . . . . . . . . . | 93 | 24 | 3 |
| c) für 1314 Tonnen Theer à 2 Rthlr. 9 Sgr. 7 Pf. . | 3,053 | 14 | 0 |
| d) Diverse Einnahmen für Ammoniakwasser, Chamottabfall | 331 | 11 | 6 |
| | 103,489 | 5 | 9 |

| | | |
|---|---|---|
| Die Einnahmen betragen | 103,489 | Rthlr. 5 Sgr. 9 Pf. |
| Die Ausgaben betragen | 48,908 | „ 1 „ 1 „ |
| daher der Bruttoüberschuss | 54,581 | Rthlr. 4 Sgr. 8 Pf. |

| | |
|---|---|
| Die Zinsen à $4^{1}/_{2}$ pCt des Anlagecapitals betragen . . . . . . . . . . . . . | 12,577 Rthlr. 27 Sgr. 4 Pf. |
| Der Reservefond wird gerechnet mit . . | 5,000 „ — „ — „ |
| | 17,577 Rthlr. 27 Sgr. 4 Pf. |

Nach Abzug dieser Summe von dem oben berechneten Bruttoüberschuss ergibt sich ein Nettoüberschuss von 37,003 Rthl 7 Sgr. 4 Pf. Der Nettoüberschuss der Werkstatt hat ausserdem 2046 Rthlr. 11 Sgr; 10 Pf. betragen, so dass sich im Ganzen 39,049 Rthlr. 19 Sgr. 2 Pf. ergeben.

Obige 17,577 Rthl. 27 Sgr. 4 Pf Zinsen und Reservefond betragen pro 1000 c' fabricirten Gases 14 Sgr. 0,48 Pf.

Die Einnahmen für Nebenproducte betragen zusammen 25,083 Rthlr. 24 Sgr. 8 Pfd. und pro 1000 c' fabricirten Gases 20 Sgr. 5,25 Pf.

Zieht man nun von 38 Sgr. 2,08 Pf. als Summe der sämmtlichen Betriebsausgaben die eben gefundenen 20 Sgr. 5,25 Pf. für gewonnene Producte ab, so ergeben sich die Fabricationskosten pro 1000 c' gleich:

| | | |
|---|---|---|
| | 17 Sgr. | 8,83 Pf. |
| Hierzu die Zinsen und Reservefond mit | 14 „ | 0,48 „ |
| ergibt sich für die Selbstkosten pro 1000 c' | 31 Sgr. | 9,31 Pf. |

Die oben angeführten speciellen Ausgaben von 2003 Rthl. 15 Sgr. für die öffentliche Beleuchtung ergeben auf die verbrauchten 8,374,702 c'. vertheilt pro 1000 c' 7 Sgr. 2,16 Pf. Daher kosten 1000 c' Gas zur öffentlichen Beleuchtung

| | | |
|---|---|---|
| 1. an Selbstkosten | 31 Sgr. | 9,31 Pf. |
| 2. an Unkosten . | 7 Sgr. | 2,16 Pf. |
| | 38 Sgr. | 11,47 Pf. |

Vergütet wird dafür 40 Sgr.

Der Preis für das öffentliche Gas ist vom 1. Januar 1862 ab auf 1 Rthlr., für das Privatgas auf $2^{1}/_{3}$ Rthlr. pro 1000 c' pr. festgesetzt. Die Zunahme der Fabrikation hat bis 1. Dez. d. J. 2,384,000 c' betragen.

Stettin, den 5. Dezember 1862.

*W. Kornhardt.*

## Gasbereitungs-Anstalt in Weimar.

Uebersicht des 6. Betriebsjahres, 1. Juli 1861 bis dahin 1862.
Oeffentliche Flammen 253. Privat-Flammen 1929.

| | Ausgabe: | Thlr. | Sgr. | Pf. |
|---|---|---|---|---|
| 1 | Für Kohlen: 13,791 Berliner Scheffel Zwickauer Kohlen à 8 Sgr. 2,59 Pf. . . . . . . . | 3776 | 24 | 8 |
| 2 | „ Für Coaks zur Feuerung: 7612 Scheff Zwick. Maschinen-Coaks à 5 Sgr. 1,57 Pf.*)<br>1301 Th. 27 Sgr. 8 Pf.<br>1721 Sch. Gas-Coaks à 5 Sgr. 4,60 Pf. 809 „ 23 „ 5 „<br>9333 Sch. . . . . . . . . . . . . . | 1011 | 20 | 8 |
| 3 | „ Reinigungsmaterial (*Laming*'sche Masse) . . | 60 | — | — |
| 4 | „ Lehm zum Verschluss der Retortendeckel . | 9 | 5 | — |
| 5 | „ Reparaturen und Abschreibung der Gas-Oefen**) (420 Th. 5 Sgr. 11 Pf. Reparaturen und 319 Thlr. 6 Sgr. 1 Pf Abschreibung nach Abzug von 59 Thlr. 27 Sgr. — für verkaufte alte Materialien) . . . . . . | 679 | 15 | — |
| 6 | „ Betriebsarbeiter-Löhne . . . . . . . . . | 689 | 26 | — |
| 7 | „ Reparaturen des Rohrsystems, der Gebäude und Hofeinfriedigung . . . . . . . . | 221 | 28 | 1 |
| 8 | „ Instandhaltung der Privat-Gasbeleuchtungs-Einrichtungen . . . . . . . . . . . . | 51 | 15 | 8 |
| 9 | „ Aufwände am Gasometer, Stations-Gaszähler, Reparatur an der Theer- und Ammoniakwasserpumpe . . . . . . . . . . . | 7 | 18 | 5 |
| 10 | „ Reparaturen und 10 pCt. Abschreibung an den Reinigungs-Apparaten und der Dampfheizung im Reinigungshause . . . . . . . . | 220 | 25 | 6 |
| 11 | „ Reparaturen, Oel u. s. w. und 10 pCt. Abschreibung am Dampfkessel, der Dampfmaschine und am Exhaustor . . . . . . | 179 | 10 | 2 |
| 12 | „ 10 pCt. Abschreibung am Druck-Regulator | 16 | 25 | 2 |
| 13 | „ Reparaturen und Ergänzung der kleineren Betriebsgeräthe . . . . . . . . . . . . | 219 | 12 | 6 |
| 14 | „ allgemeine Betriebsunk. (Besen, Nägel etc.) | 3 | 28 | 10 |
| 15 | „ Heizung und Beleuchtung des Bureau's und der Beamten-Wohnungen, Beleuchtung der Maschinenstube, des Ofen- und Reinigungshauses, sowie der Gasometerscala . . . . | 363 | 4 | — |
| | Latus | 8111 | 14 | 8 |

*) Gas-Coaks wird gut abgesetzt und deshalb Maschinen-Coaks zur Gasofenfeuerung gekauft.

**) Die Abschreibung an den Oefen ist in diesem Jahre höher, weil beim Umbau derselben 7" weite Steigröhren und entsprechende Theervorlagen neu beschafft werden sollen.

| | | Thlr. | Sgr. | Pf. |
|---|---|---|---|---|
| | Transport | 8111 | 14 | 8 |
| 16 | Für Steuern (55 Thlr. 21 Sgr. ½ Pf.) und Prämie (66 Thlr. 12 Sgr.) von 30,960 Thlr. Versicherungssumme . . . . . . . . . . . . | 122 | 3 | 1 |
| 17 | „ Bureauaufwand an Schreibmaterialien, Druckkosten, Buchbinderarbeiten, Insertionsgebühren und Portoverläge . . . . . . . . | 90 | 21 | 4 |
| 18 | „ Gehalte und Tantièmen . . . . . . . . . | 1059 | 16 | — |
| 19 | „ Zinsen von 20,000 Thlr. Darlehen à 4½ % | 900 | — | — |
| 20 | „ ausserordentliche Ausgaben als: rückerstatteter 12½ % Rabatt an Consumenten von jährlich wenigstens 500,000 Cubikf. Gasconsum, Reisekosten, Gratificationen etc. . . | 389 | 21 | — |
| | Summa | 10,673 | 16 | 1 |

| | Einnahme. | Thlr. | Sgr. | Pf. |
|---|---|---|---|---|
| 1 | Für verkaufte 4,655,157 Cubikf. Gas à mille 2 Thlr. 18 Sgr. 9 Pf. — 3 Thlr. . . . . . | 13,463 | 5 | 1 |
| 2 | „ 13,044 Berl. Scheff. Coaks à 5 Sgr. 4½ Pf. — 7 Sgr . . . . . . . . . . . . . . | 2536 | 18 | 11 |
| 3 | „ 416 Ctr. 60 Pfund Steinkohlentheer . . . | 217 | 12 | 9 |
| 4 | „ 183 Scheffel klaren Coaksabfall und 19 Wagen Schlacken . . . . . . . . . . . | 32 | 28 | — |
| 5 | „ Gewinn bei Einrichtung von Privat-Gasleitungen . . . . . . . . . . . . . . . | 361 | 25 | — |
| 6 | „ sonstige Einnahmen, als Zinsen von temporär angelegten Geldern, Pachtgeld etc. . . . | 209 | 9 | 2 |
| | Summa | 16,821 | 8 | 11 |

**Vergleichung.**

16,821 Thlr. 8 Sgr. 11 Pf. Summa der Einnahme,
10,673 „ 16 „ 1 „ Summa der Ausgabe,

6,147 Thlr. 22 Sgr. 10 Pf. Summa Reinertrag der Gasanstalt i. J. $18^{61}/_{62}$.

Von diesem Reinertrag wurden 10 pCt. zur statutarischen Bildung eines Reservefonds von 8000 Thlr. mit

614 Thlr. 23 Sgr. 3 Pf. zum Reservefonds-Conto *) und der Ueberschuss an
5532 „ 29 „ 7 „ zum Dividenden-Conto

uts.

genommen. Dem Dividenden-Conto, welches an Vortrag aus vorigem Betriebsjahre mit den im Laufe des Jahres gewonnenen Zinsen einen Bestand von

142 Thlr. 1 Sgr. 4 Pf. nachwies, und sich nach Hinzurechnung obiger
5532 „ 29 „ 7 „ auf

5676 Thlr. — Sgr. 11 Pf. erhöhte, wurden

*) Das Reservefond-Conto wies am 1. Juli 1862 die Sa. von 3048 Thlr. 10 Sgr. 8 Pf. nach, statutarisch sind zur Bildung eines Reservefonds 8000 Thlr. erforderlich und kann derselbe nur zu unvorhergesehenen Ausgaben oder Verbesserung und Erweiterung der Anlage benützt werden.

5600 Thlr. — Sgr. — Pf. zur Zahlung einer 7procentigen Dividende auf das Aktienkapital von 80,000 Thlr. entnommen, und verbleiben mithin noch

75 Thlr. — Sgr. 11 Pf. Uebertrag für's Jahr 18⁶²/₆₃.

Aus Vorstehendem resultiren die **Selbstkosten von 1000 Cubikfuss Gas.**

| | Ueberhaupt für 4,655,157 Cbkf. Gas. | | | Für 1000 Cubikf. Gas. | | |
|---|---|---|---|---|---|---|
| | Thlr | Sgr. | Pf. | Thlr. | Sgr. | Pf. |
| 13,791 Berl. Schffl. Kohlen zur Vergasung 3776 Thlr. 24 Sgr. 8 Pf. | | | | | | |
| Hievon ab die Einnahme für folgende Nebenproducte: | | | | | | |
| für 13,044 Scheffel Coaks 2536 Thlr. 18 Sgr. 11 Pf. | | | | | | |
| für 418 Ctr. 60 Pfund Steinkohlentheer 217 Thlr. 12 Sgr. 9 Pf. | | | | | | |
| für 183 Scheffel Coaksabfall und 19 Wagen Schlacken 32 Thlr. 28 Sgr. — Pf. | | | | | | |
| = 2776 Thlr. 20 Sgr. 8 Pf. | | | | | | |
| Daher | | | | | | |
| 1) Die Selbstkosten des zur Gasfabrikation verwendeten Materials*) | 980 | 20 | — | — | 6 | 4,[illegible] |
| 2) Coaks zur Feuerung: 7612 Schffl Zwick. Maschinen-Coaks = 1301 Thlr. 27 Sgr. 3 Pf. | | | | | | |
| **1721 Scheffel** Gas-Coaks 309 Thlr. 23 Sgr. 5 Pf. | | | | | | |
| 9333 Scheffel Coaks zur Feuerung = | 1611 | 20 | 8 | — | 10 | 4,[illegible] |
| 3) für Reinigungsmaterial | 60 | — | — | — | — | 4,[illegible] |
| 4) für Lehm zum Verschluss der Retorten-Deckel | 9 | 5 | — | — | — | 0,[illegible] |
| 5) für Unterhaltung der Retortenöfen | 639 | 15 | — | — | 4 | 4,[illegible] |
| 6) für Unterhaltung der Apparate, Betriebsgeräthe, Gebäude und Röhrenleitung | 869 | 23 | 8 | — | 5 | 7,[illegible] |
| 7) Instandhaltung der Privat-Gasbeleuchtungs-Einrichtungen | 51 | 15 | 8 | — | — | 3,[illegible] |
| 8) für Arbeitslöhne | 689 | 20 | — | — | 4 | 5,[illegible] |
| An Gasbereitungskosten insbesondere | 4961 | 11 | — | 1 | 1 | 11,[illegible] |
| " Verwaltungskosten | 1635 | 14 | 5 | — | 10 | 6,[illegible] |
| " Zinsen von 20,000 Thlrn Darlehenskapital | 900 | — | — | — | 5 | 9,[illegible] |
| " ausserordentliche Ausgaben | 380 | 21 | — | — | 2 | 6,[illegible] |
| Summa Selbstkosten | 7880 | 16 | 5 | 1 | 20 | 9,[illegible] |

*) Die Selbstkosten haben sich in diesem Jahre höher gestellt wegen der Ungleichheit und geringen Qualität der Gaskohlen, der zahlreichen Leerfeuerung durch geringen Gasometerinhalt bedingt und wegen sehr defecter Retorten.

Weimar, den 1. Dezember 1862.

Der Director der Gasanstalt: *W. Hirsch.*

## IV. Geschäftsbericht der Gasbeleuchtungs-Actiengesellschaft zu Glauchau auf das Betriebsjahr vom 1. Juli 1861 bis 30. Juni 1862.

Der Haupt- und Betriebsrechnung der hiesigen Gasanstalt auf das Jahr 1861/1862 lassen wir auch in diesem Jahre einige den Stand, die Ausdehnung und den Betrieb der Anstalt betreffende kurzgefasste Bemerkungen vorausgehen, und freuen uns berichten zu können, dass auch im verflossenen Betriebsjahr die Benutzung des Gaslichtes in einer Weise in Glauchau zugenommen hat, welche in Verbindung mit einem rationellen Betrieb zu befriedigenden Resultaten führte.

Im verflossenen Betriebsjahre sind sämmtliche eiserne Retorten, die noch im Betriebe waren, durch Chamottretorten ersetzt worden.

Was das Röhrennetz anlangt, so ist dieses von ca. 45,000 Fuss, die es nach letztem Berichte hatte, auf ca. 60,000 Fuss ausgedehnt worden, so dass die gesammte Länge des $1\frac{1}{2}$" bis 8" weiten Hauptrohres ca. 30,800 Fuss und die Länge der Zweigrohre 13,200 Fuss beträgt. Durch diese Erweiterung unseres städtischen Rohrsystems, ist die Zahl der 197 öffentlichen Gaslaternen, die nach vorjährigem Betriebsberichte vorhanden waren in diesem Jahre auf 224, wovon jedoch nur 219 regelmässig im Betriebe sind, gestiegen, während die in demselben Berichte erwähnten 10 grossen und 8 kleinen Oellaternen auf 4 grosse und 3 kleine reducirt werden konnten.

Privatflammen sind jetzt hier 3400 mit 144 Kochern, der Zuwachs im letzten Betriebsjahr beträgt 436 Flammen und 21 Kocher.

Da sonach die Gasconsumtion derart zunimmt, dass ein Gasometer nicht mehr ausreichen dürfte, so sehen wir uns veranlasst, Einleitungen zur Erbauung eines zweiten zu treffen.

Einem längst gefühlten Bedürfnisse wurde durch die Erbauung eines gemauerten Theerbassins entsprochen.

In Betreff der nachstehend aufgestellten Rechnungsübersicht ist noch zu erwähnen, dass in der Betriebsrechnung das Conto, „Reparaturen an Oefen und Retorten" deswegen ziemlich belastet ist, weil Thlr. 1339 5 Ngr. 9 Pf. diesem Conto zur Last, dem Bau dagegen gut geschrieben wurden; dieses musste aus dem Grunde geschehen, weil die jetzt im Betrieb befindlichen Chamottretorten einen Minderwerth haben, als die ursprünglich angeschafften eisernen Retorten.

Glauchau, den 2. September 1862.

**Das Directorium der Gasbeleuchtungs-Actiengesellschaft zu Glauchau.**

Adv. *Th. Golle.* *B. Kuhn.* *A. Lossow.*

## I. Hauptrechnung.

| | Thlr. | Sgr. | Pf. | Thlr. | Sgr. | Pf. |
|---|---|---|---|---|---|---|
| **A. Einnahme.** | | | | | | |
| 1. Actienkapital | | | | 60000 | — | — |
| 2. Erborgtes Capital | | | | 15000 | — | — |
| 3. Eingegangene Beiträge von Neubauten bei Einrichtung der Strassenbeleuchtung | | | | 374 | 11 | — |
| 4. Conventionalstrafen | | | | 17 | 15 | — |
| 5. Miethzinsen | | | | 117 | — | — |
| 6. Gasbeleuchtungs-Gegenstände und Privateinrichtungen | 32938 | 1 | 2 | | | |
| ab Ausgabe | 30708 | 17 | 9 | | | |
| | | | | 2229 | 13 | 3 |
| | | | | 77738 | 9 | 3 |
| **B. Ausgabe.** | | | | | | |
| 1. Grundstück und Gebäude | 25832 | 10 | 7 | | | |
| ab Erlös aus Gegenständen dieses Conto betr. | 112 | 28 | 5 | | | |
| | | | | 25719 | 12 | 2 |
| 2. Zinsen | | | | 46 | 10 | 1 |
| 3. Abgaben und Feuerversicherung | | | | 34 | 20 | 1 |
| 4. Gehalte | | | | 1516 | 15 | — |
| 5. Utensilien | | | | 325 | — | 2 |
| 6. Oefen und Retorten | 6452 | 3 | 6 | | | |
| ab für verkaufte alte Retorten | 262 | 21 | 4 | | | |
| | | | | 6189 | 11 | 2 |
| 7. Unkosten | | | | 2622 | 17 | 6 |
| 8. Maschinen und Apparate | | | | 12034 | 3 | 2 |
| 9. Strassenlaternen | 4027 | 4 | 8 | | | |
| ab für verkaufte Laternen etc. | 386 | 22 | 5 | | | |
| | | | | 3640 | 12 | 3 |
| 10. Rohrsystem | 28842 | 2 | 1 | | | |
| ab für verkaufte Rohre etc. | 1297 | 11 | 3 | | | |
| | | | | 27544 | 20 | 8 |
| | | | | 80523 | 8 | 7 |
| **C. Bilanz.** | | | | | | |
| Ausgabe | 80523 | 8 | 7 | | | |
| Einnahme | 77738 | 9 | 3 | | | |
| Mehrausgabe | | | | 2784 | 29 | 4 |
| Diese Mehrausgabe wird gewährt durch vom Betriebe 1860/61 überwiesene | 300 | — | — | | | |
| " " " 1861/62 extraüberwiesene | 1839 | 5 | 9 | | | |
| " " " 1861/62 überwiesene | 353 | 18 | — | | | |
| " Vorschuss vom Betriebe | 292 | 5 | 5 | | | |
| | 2784 | 29 | 4 | | | |
| Um zu ermitteln, welchen Werth der Bau jetzt hat, wird folgende Rechnung aufgestellt: | | | | | | |
| Ausgabe für den Bau | 80525 | 8 | 7 | | | |
| Noch zu bezahlende Rechnungen | 165 | — | 2 | | | |
| | | | | 80690 | 8 | 9 |
| Davon ab | | | | | | |
| Vom Betriebe zum Abschreiben überlieferte | 1992 | 23 | 9 | | | |
| Betrag der Aussenstände | 86 | 8 | — | | | |
| Betrag der Vorräthe | 1012 | 21 | 6 | | | |
| | | | | 4168 | 23 | 5 |
| | | | | 76521 | 15 | 4 |

## II. Betrieb.

| | Thlr. | Sgr | Pf. | Thlr. | Sgr | Pf. |
|---|---|---|---|---|---|---|
| **A. Einnahme.** | | | | | | |
| 1. Coaks-Verkauf | 318 | — | — | | | |
| Aussenstände | 21 | 19 | 5 | | | |
| Vorrath 888 Scheffel à 4½ Ngr. | 133 | 6 | — | | | |
| | 472 | 25 | 5 | | | |
| ab Aussenstände am 1. Juli 1861 | 84 | 19 | 5 | | | |
| | | | | 388 | 6 | — |
| 2 Theer-Verkauf | 290 | 14 | 6 | | | |
| Aussenstände | 44 | 9 | 7 | | | |
| Vorrath | 43 | 26 | — | | | |
| | 377 | 20 | 3 | | | |
| ab Aussenstände am 1. Juli 1861 | 41 | 12 | 5 | | | |
| | | | | 337 | 7 | 8 |
| 3. Spiritus- und Glycerin-Verkauf | 133 | 26 | 6 | | | |
| Aussenstände | 1 | 9 | 8 | | | |
| | 135 | 6 | 4 | | | |
| ab Aussenstände am 1. Juli 1861 | 6 | 20 | — | | | |
| | | | | 128 | 16 | 4 |
| 4. Kohlenverkauf | | | | 18 | 9 | 5 |
| 5. Schlacken-Verkauf | 6 | 23 | 5 | | | |
| Aussenstände | — | 5 | — | | | |
| | 6 | 28 | 5 | | | |
| ab Aussenstände am 1. Juli 1861 | 2 | 7 | 5 | | | |
| | | | | 4 | 21 | — |
| 6. Miethzinsen | | | | 77 | — | — |
| 7. Gas | 16603 | 6 | 7 | | | |
| Aussenstände | 590 | 11 | 4 | | | |
| | 17193 | 17 | 1 | | | |
| ab Aussenstände am 1. Juli 1861 | 358 | 1 | 5 | | | |
| | | | | 16775 | 15 | 6 |
| 8. Oelbeleuchtung | | | | 93 | 10 | — |
| 9. Wiedererstattete Unkosten | | | | 74 | 23 | 5 |
| 10. Zinsen | 321 | 9 | 4 | | | |
| Aussenstände | 101 | 26 | — | | | |
| | 423 | 5 | 4 | | | |
| ab Aussenstände am 1. Juli 1861 | 232 | 29 | — | | | |
| | | | | 190 | 6 | 4 |
| 11. Fuhrlohn für Theerfässer | 137 | 24 | 5 | | | |
| Aussenstände | 2 | 27 | — | | | |
| | | | | 190 | 21 | 5 |
| 12 Retorteneisen-Verkauf | | | | 42 | 7 | 9 |
| 13. Zurückerstatteter Aufwand für Theerfässer | | | | 31 | 2 | 9 |
| | | | | 18291 | 28 | 5 |
| **B. Ausgabe.** | | | | | | |
| 1. Zinsen | | | | 737 | 4 | 5 |
| 2. Abgabe und Feuerversicherung | 148 | 18 | 3 | | | |
| Noch zu bezahlende Abgaben | 60 | — | — | | | |
| | | | | 208 | 18 | 3 |
| 3. Instandhaltung der öffentlichen Gasbeleuchtung und Wärterlöhne | | | | 382 | 29 | 7 |
| Latus | | | | 1328 | 22 | 5 |

| | Thlr. | Sgr. | Pf. | Thlr. | Sgr. | Pf. |
|---|---|---|---|---|---|---|
| Transport | | | | 1328 | 22 | 5 |
| 4. Unterhaltung der öffentlichen Oelbeleuchtung und Wärterlöhne | 215 | 7 | 5 | | | |
| Vorrath von Oel am 1. Juli 1861 | 3 | 25 | — | | | |
| | 219 | 2 | 5 | | | |
| ab Vorrath am 1. Juli 1862 | 53 | 3 | 5 | | | |
| | | | | 165 | 29 | — |
| 5. Spiritus und Glycerin | | | | 169 | 17 | 3 |
| 6. Gasreinigungsmaterial | | | | 109 | 14 | 5 |
| 7. Gehalte incl. 167 Thlr. 7 Sgr. 9 Pf. Tantième dem Ingenieur | | | | 1207 | 7 | 9 |
| 8. Reparatur an Maschinen und Apparaten | 217 | 6 | — | | | |
| ab am 1. Juli 1861 unbezahlt | 51 | 25 | — | | | |
| | | | | 165 | 11 | — |
| 9. Reparatur an Oefen und Retorten | 2211 | 25 | 4 | | | |
| ab am 1. Juli 1861 unbezahlte Rechnung . . . Rthl. 5. 4 — | | | | | | |
| ab am 1. Juli 1861 zur Anschaffung von Retorten zurückgelegt Rthl. 252. 22. 1. | 257 | 29 | 1 | | | |
| | 1953 | 26 | 3 | | | |
| zurückgelegt zur Anschaffung von Retorten | 200 | — | — | | | |
| | | | | 2153 | 29 | 3 |
| 10. Instandhaltung der Gebäude | | | | 230 | 17 | 4 |
| 11. Reparatur am Rohrsystem | | | | 21 | 3 | 5 |
| 12. Unkosten | | | | 269 | 7 | 9 |
| 13 Arbeitslöhne | | | | 1100 | 8 | 9 |
| 14. Fuhrlohn für Theerfässer | 114 | 4 | 3 | | | |
| Unbezahlte Rechnung | 22 | 20 | — | | | |
| | | | | 136 | 24 | 3 |
| 15. Kohlen | 3074 | 29 | 1 | | | |
| Vorrath am 1. Juli 1861 | 103 | — | — | | | |
| | 3177 | 29 | 1 | | | |
| ab Vorrath am 1. Juli 1862 | 105 | 19 | 3 | | | |
| | | | | 3072 | 9 | 6 |
| 16. Aufwand für Theerfässer | | | | 118 | 21 | 8 |
| 17. Verlust-Conto. Verlust an nicht eingegangenen Gasgeldern | | | | 1 | 21 | 2 |
| | | | | 11220 | 6 | 1 |

## C. Bilanz.

| | Thlr. | Sgr. | Pf. | Thlr. | Sgr. | Pf. |
|---|---|---|---|---|---|---|
| Einnahme | 18291 | 28 | 5 | | | |
| Ausgabe | 11220 | 6 | 1 | | | |
| Einnahme-Ueberschuss | | | | 7071 | 22 | 4 |
| Hiervon sind 5 Proc. dem Bau mit | 353 | 18 | — | | | |
| und 10 Proc. dem Reservefond mit | 707 | 6 | — | | | |
| überwiesen | | | | 1060 | 24 | — |
| Bleiben | | | | 6010 | 28 | 4 |
| Davon kommen zur Vertheilung an die Actionäre 10 pCt. Dividende auf | 60000 | — | — | 6000 | — | — |
| bleibt Vortrag auf neue Rechnung | | | | 10 | 28 | 4 |

| | | Thlr. | Sgr. | Pf. | Thlr. | Sgr. | Pf. |
|---|---|---|---|---|---|---|---|
| Der nach Abzug der dem Bau und dem Reservefond überwiesenen Thlr. 1000. 24. verbleibende Bestand von . . . . . . . . . . | | 6010 | 28 | 4 | | | |
| wozu noch kommt der Betrag der in Ausgabe stehenden und noch zu bezahlenden Abgaben mit | | 56 | — | — | | | |
| der noch zu bezahlenden Fracht für Theerfässer mit | | 22 | 20 | — | | | |
| und der zur Anschaffung von Retorten zurückgelegten . . . . . . . . . . . . | | 200 | — | — | | | |
| zusammen | | | | | 6288 | 18 | 4 |
| wird gewährt mit: | | | | | | | |
| Vorschuss dem Bau, vide Hauptrechnung . . | | 792 | 8 | 5 | | | |
| Aussenstände für Coaks | Thlr. 21. 19. 5. | | | | | | |
| „ „ Theer | „ 44. 9. 7. | | | | | | |
| „ „ Spiritus | „ 1. 9. 8. | | | | | | |
| „ „ Schlacken | „ —. 5. —. | | | | | | |
| „ „ Gas | „ 528. 20. 2. | | | | | | |
| „ „ Zinsen | „ 101. 26. —. | | | | | | |
| „ „ Fuhrlöhne für Theerfässer | „ 2. 27. —. | | | | | | |
| | | 700 | 27 | 2 | | | |
| Vorrath von Coaks | Thlr. 133. 6. —. | | | | | | |
| „ „ Theer | „ 43. 26. —. | | | | | | |
| „ „ Oel | „ 53. 8. 5. | | | | | | |
| „ „ Kohlen | „ 105. 19. 5. | | | | | | |
| | | 336 | 26 | — | | | |
| Baare Casse . . . | | 4461 | 20 | 7 | | | |
| | | 6288 | 18 | 4 | | | |

### III. Reservefond.

| | Thlr. | Sgr. | Pf. | Thl. | Sgr. | Pf. |
|---|---|---|---|---|---|---|
| Betrag desselben am 1. Juli 1861 . . . . . . . | 2178 | 21 | 4 | | | |
| Zinsen vom 1. Juli 1861 bis 1 Juli 1862 à 4 pCt. | 87 | 4 | 5 | | | |
| 10 pCt. vom Gewinn im Betriebsjahr 1861/1862 | 707 | 6 | — | | | |
| | | | | 2973 | 1 | 9 |

---

## Die Gasbeleuchtung in Kiel.

(Betriebsbericht der städtischen Gasanstalt über das Jahr vom 1. April 1861 bis dahin 1862.) *)

Einer verehrlichen Commission für die städtische Gaserleuchtung lege ich hiermit die Resultate des verflossenen Betriebsjahres vor. Da die Gasproduction einen Maassstab giebt für die Ausdehnung und Entwickelung des Geschäftes, so stellt sich diese für die verflossenen Betriebsjahre wie folgt:

| Gasproduction. | $18^{57}/_{58}$ | producirt | 11,332,250 c' |
|---|---|---|---|
| | $18^{58}/_{59}$ | „ | 12.706.140 „ |
| | $18^{59}/_{60}$ | „ | 13,000,000 „ |
| | $18^{60}/_{61}$ | „ | 13,420,910 „ |
| | $18^{61}/_{62}$ | „ | 14.408,930 „ |

*) Anmerkung. Das Gewicht ist 1 Pfd. = 500 Gramm.
Das Maass 1 Hamb. Fuss = 127 Par. Linien.

Es ist also auch im letzten Jahre die Zunahme eine günstige gewesen, da sie ca. 1 Million c' beträgt.

Privatconsum. Der Bedarf der Privatconsumenten hat sich gesteigert wie nachstehend:

| | | | | | |
|---|---|---|---|---|---|
| $18^{57}/_{58}$ | abgegeben | laut | Gaszähler | 7,092,700 | c' |
| $18^{58}/_{59}$ | " | " | " | 8,365,700 | " |
| $18^{59}/_{60}$ | " | " | " | 9,037,500 | " |
| $18^{60}/_{61}$ | " | " | " | 9,117,100 | " |
| $18^{61}/_{62}$ | " | " | " | 9,572,600 | " |

Es würde die Consumtion eine verhältnissmässig grössere noch gewesen sein, wenn nicht der vermehrte Zusatz von Cannel-Kohlen das Gas bedeutend schwerer und besser gemacht hätte. Um hier einen Vergleich zu geben, so sei bemerkt, dass

| | | | | | |
|---|---|---|---|---|---|
| $18^{58}/_{59}$ | der | Cannel-Zusatz | | 2,3% | betrug |
| $18^{59}/_{60}$ | " | " | " | 1,27% | " |
| $18^{60}/_{61}$ | " | " | " | 1,92% | " |
| $18^{61}/_{62}$ | " | " | " | 6,74% | " |

Hierdurch sind allerdings die Selbstkosten des Gases wesentlich erhöht, jedoch ein allgemein befriedigendes Resultat erzielt, welches indirect dennoch im Interesse der Anstalt ist.

Oeffentliche Erleuchtung. Der Bedarf der öffentlichen Erleuchtung hat sich bedeutend vermehrt, da im letzten Jahre 15 Laternen hinzukamen, so dass der Consum sich auf 3,647,748 c' stellte. Es trat aber seit Mitte December eine wesentliche Ersparung dadurch ein, dass die Laternen mit besseren Brennern versehen wurden, welche mit 5 c' Consum pro Stunde soviel Helligkeit geben, wie die früheren mit 7 c'. Durch die früheren Brenner ist auch der bedeutende Verlust für die Monate von April bis September zu erklären, da selbige nominell $4^1/_2$, $5^1/_2$ und $6^1/_2$ c' brannten, wie vorgeschrieben, aber factisch etwa $5^1/_2$, $6^1/_2$ und 7 c' pr. Stunde consumirten. Da nun die Berechnung des Laternenconsums nach dem nominellen Ansatze geschah — bis September —, so resultirte der Verlust um so grösser, und betrug im Juni 15%.

Lichtstärke. Die Lichtstärke des Gases, welche an einem Argand-Brenner mit 6 c' stündlichem Consum geprüft wurde, war gleich $14^1/_2$ bis $16^1/_2$ Wachskerzen. An der Skala des Erdmann'schen Gasprüfers schwankte die Ablesung zwischen 32 und 35 Graden, während das specifische Gewicht 0,38 bis 0,42 betrug.

Kohlen. Die Kohlen, welche zur Entgasung kamen, waren die kokende New-Pelton-main Kohle von Newcastle und die nicht kokenden Cannel-Kohlen: Boghead, Kirkeness und Cowdenbeath. Da im Herbste der gesammte Wintervorrath bezogen wurde, und die New-Pelton-Kohle sehr schlecht ausfiel, so war die Gasgewinnung in den Monaten November bis incl. Februar eine sehr mässige. Die Mine dieser Kohle, welche hier seit Jahren benutzt wird, und welche sehr vortheilhaft für die Cokegewinnung, muss in letzter Zeit schlechte Gänge zur Förderung geliefert haben, denn die Kohle ist staubig und zerfällt auf dem Lager immer mehr, so dass sie hier sich entgas't und in der Retorte eine geringe Ausbeute liefert. Daher in den wichtigsten Betriebsmonaten die geringe Ausbeute von 1430 c' pr. 300 Pfd. Kohlen obgleich ein bedeutender Cannel-Zusatz von mehr als 6% gegeben wurde. Da die Kohle früher mit weit geringerem Cannel-Zusatz durchschnittlich 1625 c' von 300 Pfd. gab, so ist auf jede Tonne Kohlen der Minder-Ertrag circa 195 c' also für die genannten Monate, in denen 5128 Tonnen entgas't wurden, ein Ausfall von 1 Million c'. Dieser Umstand musste unvermeidlich auf den Reingewinn dieses Jahres sehr nachtheilig einwirken, da die Selbstkosten des Gases durch die Kohlen um 14 ß R. M.*) sich höher stellen, als im vorhergehenden Jahre. Es ist daher diese Kohle aufgegeben, und wird in dem beginnenden Betriebsjahre ein Versuch gemacht mit der Pelaw-main Kohle. — Die oben genannte Boghead-Cannel, aus Hamburg bezogen, war zu alt und gab keine sehr zu lobende Ausbeute. Die Cowdenbeath ist nach hiesigen Betriebsresultaten eine minder günstige Zusatzkohle, während die Kirkeness gut und ergiebig ist. Zu den gewöhnlichen Gaskohlen aus Newcastle ist eigentlich immer ein Zusatz von Cannel nothwendig, um die gewünschte Güte des Gases zu erzielen, wenn auch der höhere Einkauf und der geringe Werth ihrer Cokes das Gas etwas vertheuert.

Cokes. Zu den Nebenproducten übergehend bemerke ich, dass die Cokes sich sehr leicht verwerthen liessen, und dass hieraus ein weit höherer Gewinn sich hätte erzielen lassen. Die Tonne zerschlagenen Cokes, welche die städtische Gasanstalt für 1 Thlr.

*) 1 Rthlr. zu 96 Schilling = 22 Sgr. 6 Pf. = 1 fl. 19 kr.

verkaufte, wurde von hiesigen Händlern für 1 Thlr. 32 β abgesetzt. Ferner ist hervorzuheben, dass der Verkauf nach Spintmaass ein sehr unvortheilhafter, obgleich dieses Maass verhältnissmässig um 1 β. theurer bezahlt wird. Denn 16 angemessene Spinte sind mindestens $1\frac{1}{4}$ Tonnen, und werden für $1\frac{1}{8}$ bezahlt. Jedoch für eine communale Anstalt sind dergleichen Opfer, da sie den ärmeren Klassen zu Gute kommen, motivirt. Die New-Pelton-Kohle kokte sehr gut, wie schon bemerkt, denn von 1 Tonne Kohlen (= 300 Pfd.) zog man 1,5 bis 1,6 Tonnen Cokes aus der Retorte. Zum Verkauf gelangten allerdings nur $1_{,[illegible]}$, denn der s. g. Verlust tritt sofort ein, da die Cokes krümeln und an Raummaass verlieren. Werden sie nun zerschlagen, so tritt abermals bedeutender Verlust ein, indem ein Theil als s. g. Cokes-Asche, ein anderer als Cokes-Abfall wegfällt und für geringere Preise verwerthet wird. Es lieferten nämlich $8876_{,[illegible]}$ Tonnen New-Pelton-Kohlen an Cokesproduction:

| | | |
|---|---|---|
| Zum Verkauf zerschlg. Cokes . . . . . | $1760\frac{11}{16}$ | Tonnen |
| desgl. nicht zerschl. „ . . . . . | $4272\frac{3}{16}$ | „ |
| desgl. Abfall . . . . . . . . . . . | $107\frac{5}{16}$ | „ |
| desgl. Asche (Brasse) . . . . . . . | $67\frac{5}{16}$ | „ |
| Zur Unterfeuerung in den Oefen, Dampfkessel und Selbstverbrauch . . . . . | $6994\frac{4}{16}$ | „ |
| Summa = | $13,201\frac{11}{16}$ | Tonnen. |

Da nun 5674 Spinte verkauft wurden, so muss man vorstehende Tonnenzahl um 89 vermehren — nach obiger Bemerkung — und erhält so eine Cokes-Production von $13,290\frac{11}{16}$ Tonnen, also von 1 Tonne $1_{,[illegible]}$ Tonnen Cokes.

Die Cokes der Cannel-Kohlen wurden theils für einen geringeren Preis verkauft (351 Tonnen), theils unter dem Dampfkessel verfeuert (132 Tonnen).

Theer. Die Theerproduction betrug $387_{,[illegible]}$ Tonnen (à 300 Pfd.) und ergaben 100 Pfd. Kohlen $4_{,[illegible]}$ Pfd. Theer. Ein bedeutendes Lager aus dem vorhergehenden Betriebsjahre war ausserdem noch da, nämlich 239 Tonnen. Die Verwerthung hatte Schwierigkeiten und erst bei herabgesetztem Preise wurde der gesammte Vorrath verkauft. Zur Zeit stellt sich der Preis günstiger, und ist für das folgende Jahr ein besserer Ertrag zu erwarten.

Ammoniakwasser. Das Ammoniakwasser wird jetzt abgegeben für 45 Thlr. pro anno an einen Landmann zur Düngung. In der stärksten Betriebszeit wurden in 24 Stunden ca. 90 c' producirt, da die Scrubberwäsche in die Cisterne mit abfliesst.

Oefen und Retorten. Da in dem vorhergehenden Betriebsjahre kein Ofen neu gebaut war, so waren sie theilweise sehr der Ausbesserungen bedürftig, zumal die Theerfeuerung der früheren Jahre nachtheilig auf dieselben eingewirkt. Es wurde der Dreier-Ofen Nr. 1 neu aufgebaut und mit Retorten von Th. Boucher in Belgien versehen. Der Fünfer-Ofen Nr. 2 wurde gegen Ende des Jahres neu gebaut und erhielt ähnliche Retorten.

Zur Unterfeuerung für die Oefen waren auf je 100 Pfd. Kohlen $27_{,[illegible]}$ Pfd. Cokes erforderlich. Berücksichtigt man, dass die Oefen zum Theil abgängig waren, so ist der Betrag nicht zu gross.

Chargirung der Retorten. Die Chargirungszeit ist früher 6stündig gewesen, dann 5stündig mit unbestimmter Glockenzeit, und wurde in diesem Jahre auf 5malige Ladung in 24 Stunden normirt mit fester Glockenzeit. Es wird 5 Mal in der Tagwache und 5 Mal in der Nachtwache gezogen und zwar jedesmal die Hälfte eines Ofens. Die durchschnittliche Destillationszeit beträgt demnach $4_{,[illegible]}$ Stunden. Diese Einrichtung hat sich gut bewährt, denn in dieser Zeit sind New-Castle-Kohlen vollständig entgast. Die durchschnittliche Ladung einer Retorte betrug $151_{,[illegible]}$ Pfd. Kohlen.

| | |
|---|---|
| Eine solche ergab an Gas . . . . . | 765 c' |
| Jede Retorte in 24 Stunden . . . . . | 3860 „ |
| desgl. im Monat . . . . | 115,800 „ |

Apparate. Die Maschine für den Exhaustor wurde ausgeschaltet während der Zeit vom 15. Mai bis 12. August. Selbige war also 277 Tage in Betrieb. —

Die Kesselfeuerung erforderte an Material:

| | | | | |
|---|---|---|---|---|
| $190_{,[illegible]}$ Tonnen | Cokes | an Werth . . . | 152 Rthlr. | 8 β. |
| 182 „ | Cannel-Cokes | „ . . . . | 44 „ | — „ |
| $161_{,[illegible]}$ „ | Cokes-Lese | „ . . . . | 53 „ | 36 „ |
| $8_{,[illegible]}$ „ | Theer | „ . . . . | 14 „ | 29 „ |
| | | | = 264 Rthlr. | 27 β. |

Für die Production während der 277 Tage kommt somit auf je 1000 c' Gas 1[illegible] β für Unterfeuerung des Dampfkessels.

Die Kühl- und Reinigungsapparate betreffend, so wurde der Scrubber mit einer Douche versehen, welche die Füllung — Drains und Cokes — fortwährend feucht erhält und eben in dem Gefässe dem Gase einen Staubregen bietet. Ferner wurde zur Reinigung desselben ein Dampfrohr hingeleitet. Der Condensator wurde mit einer Kaltwasser-Spülung versehen.

Der sogen. Austrocken-Apparat, welcher zwischen den Gasbehältern und dem Regulirungshahne sich befindet, und bisher mit Holzkohlen gefüllt war, wurde mit Aetzkalk in kleinen Stücken beschicht, da die Laming'sche Masse, welche zur Reinigung dient, die Kohlensäure nicht vollständig aus dem Gase entfernt. Ein Uebelstand ist hierbei, dass dieser Apparat unmittelbar vor dem Strassenrohr sich befindet und daher bei dem Einschalten nach der Beschickung unvermeidlich etwas atmosphärische Luft in das Röhrennetz tritt. Dieser Aetzkalk wird, nachdem er kohlensaurer Kalk geworden, in leer gehenden Retorten gebrannt und demnächst zur Laming'schen Masse benutzt.

Reinigungsmasse. Die Reinigungsmasse wurde stark beansprucht, da das Gas dieser Kohlen sehr unrein war, und je Ein c' in Betrieb befindlicher Masse reinigte 1690 c' Gas.

Röhrennetz und öffentliche Laternen. Das Röhrennetz in den Strassen wurde erweitert um folgende Längen:

1) Am Fischerläger ein Röhrenstrang von 152 Fuss und 1 Laterne.
2) Bei der Bahnhofstreppe 57 Fuss Rohr verlegt und 2 Laternen gesetzt, von denen die eine bisher an der Strasse stand.
3) In der Muhliusstrasse 545 Fuss Rohr und 4 neue Candelaber.
4) In der Lerchenstrasse und dem Königswege 1140 Fuss Rohr, 4 Candelaber und 1 Arm.
5) An der neuerbauten Drehbrücke des Eisenbahndammes sind 2 Laternen versetzt und 2 neu errichtet.
6) In der Hafengasse 1 Laterne gesetzt.

Die gesammte Länge des Röhrennetzes beträgt jetzt 54,447 Fuss oder 2[illegible] Meilen.

Selbstkosten des Gases. Aus dem nachstehenden finanziellen Anhange sei hier noch hervorgehoben, dass die Selbstkosten des Gases betragen 1 Rthlr. 60[illegible] β pro mille, während im vorhergehenden Jahre 1 Rthlr. 24[illegible] β.

Brutto-Ertrag. Der Brutto-Ertrag war im verflossenen Jahre:

| | |  |  |
|---|---|---|---|
| 1) | Zinsen für das Anlage-Capital . . . . . . | 5292 Rthlr. | — β |
| 2) | Capitalabtrag . . . . . . . . . . . . . . . | 7650 „ | — „ |
| 3) | Surplus . . . . . . . . . . . . . . . . . | 1276 „ | 36 „ |
| 4) | Mehrkosten der öffentlichen Erleuchtung . | 2766 „ | 49 „ |
| | Summa = | 16,984 Rthlr. | 85 β |

oder 9[illegible] pCt. des angeliehenen Capitals.

## Abrechnung der städtischen Gasanstalt für die Zeit vom 1. April 1861 bis dahin 1862.

### Einnahme.

| | | | Special-Summe | | Haupt-Summe | |
|---|---|---|---|---|---|---|
| | | | Rthlr. | β | Rthlr. | β |
| 1 | An | Cassa-Behalt am Schlusse des vorjährigen Rechnungsjahres | | | 8951 | — |
| 2 | „ | Vergütung für die öffentliche Erleuchtung pro 3,647,748 c' Gas | 4000 | — | | |
| 3 | „ | Gas von den Privatconsumenten laut Gasuhr 9,572,600 c' | 25 526 | 84 | | |
| 4 | „ | Eine Privatlaterne | 10 | — | | |
| 5 | „ | Coke (6032 Ton. 14 Spint) | 6381 | 20 | | |
| 6 | „ | Asche, 67½ Tonnen | 5 | 60 | | |
| 7 | „ | Theer, 117½ Ton. und 101,806 Pfd. | 1148 | 78 | | |
| 8 | „ | Coke-Transport | 48 | 81 | | |
| 9 | „ | diverse Betriebsproducte | 166 | 16 | | |
| | | | | | 36,287 | 51 |
| 10 | „ | Gasuhrenmiethe | 882 | 28 | | |
| 11 | „ | verkaufte Gasuhren | 252 | — | | |
| 12 | „ | neue Gaslichteinrichtungen | 534 | 49 | | |
| 13 | „ | Verlängerungen und Reparaturen der vorhandenen Einrichtungen | 1001 | 18 | | |
| 14 | „ | verkaufte Fittingssachen | 431 | 55 | | |
| | | | | | 3101 | 69 |
| 15 | „ | zufällige Einnahmen | 146 | 4 | | |
| 16 | „ | vorjährige Ausstände | 1007 | 17 | | |
| 17 | „ | zurückbezahlte Capitalien | 6700 | — | | |
| | | | | | 7853 | 21 |
| | | Summa Rthlr. | | | 61.193 | 85 |

### Ausgabe.

| | | | Special-Summe | | Haupt-Summe | |
|---|---|---|---|---|---|---|
| | | | Rthlr. | β | Rthlr. | β |
| | | **A. Ausgaben für den Betrieb** | | | | |
| 1 | Per | Kohlen | 15,520 | 39 | | |
| 2 | „ | Reinigungsmasse | 90 | 78 | | |
| 3 | „ | Arbeitslohn im Werke | 3708 | 72 | | |
| 4 | „ | Laternenwärterlohn | 1100 | — | | |
| 5 | „ | Oel, Dochte und Zündhölzer | 86 | 37 | | |
| 6 | „ | diverse Ausgaben (Lehm, Sand, Theertonnen etc.) | 423 | 27 | | |
| | | | | | 20,929 | 46 |
| | | **B. Ausgaben für Unterhaltung des Werkes.** | | | | |
| 1 | Per | Ofenbau, und was dafür an Material eingegangen | 602 | 39 | | |
| 2 | „ | Reparatur der Geräthe | 330 | 84 | | |
| 3 | „ | Reparatur der öffentl. Laternen | 402 | 06 | | |
| 4 | „ | Reparatur der Apparate | 142 | 32 | | |
| 5 | „ | Reparatur der Gebäude | 401 | 34 | | |
| 6 | „ | diverse Ausgaben | 23 | 72 | | |
| | | | | | 1970 | 16 |
| | | **C. Generalunkosten** | | | | |
| 1 | Per | Gehalte | 2554 | — | | |
| 2 | „ | diverse Lohn | 19 | 62 | | |
| 3 | | Abgaben, Feuerversicherung | 213 | 29 | | |
| 4 | | Drucksachen, Schreibmaterialien | 352 | 21 | | |
| | | Rthlr. | 3139 | 16 | 22,899 | 56 |

## Ausgabe.

| | | Special-Summe Rthlr. | β | Haupt-Summe Rthlr. | β |
|---|---|---|---|---|---|
| | Transport | 3139 | 16 | 22899 | 56 |
| 5 | Per Briefporto, Reisekosten | 51 | 74 | | |
| 6 | „ Zinsen | 5292 | — | | |
| 7 | „ Capitalbetrag | 7650 | — | | |
| 8 | „ diverse Ausgaben | 141 | 13 | | |
| | | | | 16,277 | 87 |
| | **D. Ausgaben für Privatleitungen, Werkstatt und Magazin.** | | | | |
| 1 | Per Arbeitslohn für neue Gaslichteinrichtungen | 161 | 99 | | |
| 2 | „ „ „ Reparaturen an denselben | 51 | 46 | | |
| 3 | „ Gaszähler | 583 | 16 | | |
| 4 | „ Fittingsgegenstände | 727 | 42 | | |
| 5 | „ diverse Ausgaben | 42 | 50 | | |
| | | | | 1569 | 23 |
| | **E. Ausgaben für Neubauten.** | | | | |
| 1 | Per Erweiterung des Strassenrohrs und neue Laternen-Einrichtungen (excl. 548 Rthlr. 73 β für dem Lager entnommenes Material) | 853 | 2 | | |
| | | | | 853 | 2 |
| | **F. Capitalien.** | | | | |
| 1 | Per Temporair belegt | 7100 | — | | |
| 2 | „ Ausstehende Forderungen | 222 | 90 | | |
| 3 | „ Cassa-Behalt am 1. April 1862 | 2271 | 19 | | |
| | | | | 9594 | 13 |
| | Summa Rthlr. | | | 51,103 | 35 |

# General-Bilanz am 31. März 1862.

## Activa.

| | | Rthlr. | β |
|---|---|---|---|
| Werth der Anstalt nach vorigjähriger Rechnung | 148,143 Rthlr. 24½ β | | |
| Dazu für Erweiterung des Strassenrohrs, Vermehrung der Laternen etc. | 1377 „ 75 „ | | |
| | 149,521 Rthlr. 3½ β | | |
| Davon für Entwerthung der Gebäude, des Strassenrohrs etc. | 1000 „ — „ | | |
| | | 148,521 | 3½ |
| An Betriebsproducten laut Inventar | | 278 | 91 |
| „ Kohlenvorrath „ „ | | 4644 | 34 |
| „ Waarenlager „ „ | | 10,427 | 91 |
| „ ausstehenden Forderungen | | 191 | 58 |
| „ Reserve- und Erneuerungsfond | | 15 000 | — |
| „ Zinsenzinsen desselben bis ult. März 1862 | | 1120 | 90 |
| „ temporär belegten Capitalien | | 7100 | — |
| „ Cassa-Conto ult. März 1862 | | 2271 | 19 |
| | Rthlr. | 189,553 | 28½ |

## Passiva.

| | | Rthlr. | β | Rthlr. | β |
|---|---|---|---|---|---|
| Angeliehenes Capital . . . . . . . . . . . . . | | 17,000 | — | | |
| Capitalabtrag bis zum 1. April 1861 . . . . | 9350 Rthlr. | | | | |
| desgl. pro 1861/62 . . . . . . . . . . | 2300 " | | | | |
| desgl., ausserordentlicher . . . . . . . . | 5100 " | | | | |
| | | 17,000 | — | | |
| Mithin Forderung der Stadtcasse am 1. April 1862 . . . . . | | | | 158000 | — |
| Gewinn der Anstalt bis ult. März 1858 . . . . . . . . . | | 1731 | 98¼ | | |
| desgl. der Anstalt im Jahre 1858/59 . . . . . . . . | | 7098 | 47 | | |
| desgl. " " " " 1859/60 . . . . . . . . | | 8610 | 44 | | |
| desgl. " " " " 1860/61 . . . . . . . . | | 10,186 | 55 | | |
| desgl. " " " " 1861/62 . . . . . . . . | | 8926 | 36 | | |
| | | | | 36,553 | 28¼ |
| Rthlr. | | | | 189553 | 28¼ |

## Selbstkosten des fabricirten Gases.

Es waren an Kohlen für die Production 14,408,930 c' Gas erforderlich:

| | | | | | | R. | β |
|---|---|---|---|---|---|---|---|
| New-Pelton-Kohlen | 8876,[illegible] Ton. | à 1 Rthlr. 21,[illegible] β | = | 10,839 Rthlr. | 47 β | | |
| Kirheness-Cannel | 198,[illegible] " | à 2 " 76,[illegible] " | = | 554 " | 55 " | | |
| Boghead-Cannel | 192,[illegible] " | à 3 " 21 " | = | 625 " | 91 " | | |
| Cowdenbeath-Cannel | 140,[illegible] " | à 1 " 59,[illegible] " | = | 227 " | 84 " | | |
| Schottische Cannel | 112,[illegible] " | à 2 " 2,[illegible] " | = | 227 " | 89 " | | |
| also — | 9520,[illegible] Tonnen Kohlen kosten | | = | 12,475 Rthlr. | 78 β. | | |
| Hiervon ab die Einnahme für Nebenproducte: | | | | | | | |
| Für Cokes . . . . . . . | 5435 Rthlr. 65 β | | | | | | |
| " Theer . . . . . . . . | 1148 " 78 " | | | | | | |
| " diverse Betriebsproducte | 166 " 16 " | | | | | | |
| | 6750 Rthlr 63 β | | | | | | |
| Hiovon ab der geringere Werth an Betriebsproducten . . . | 356 " 75 " | | | | | | |
| | | | | 6393 " | 74 " | | |
| | | | | 6082 Rthlr. | 4 β | | |
| Demnach kosten 1000 c' Gas an Kohlen . . . . . . . . . . . . . . | | | | | | — | 40,[illegible] |
| " " " " " Reinigungsmaterial (90 Rthlr. 73 β) . . | | | | | | — | 0,[illegible] |
| " " " " " Arbeitslohn (3708 Rthlr. 72 β) . . . . | | | | | | — | 24,[illegible] |
| " " " " " Unterhaltung der Oefen (602 Rthlr. 82 β . | | | | | | — | 4,[illegible] |
| " " " " " Unterhaltung der öffentlichen Laternen (1605 Rthlr 69 β) . . . . . . | | | | | | — | 10,[illegible] |
| " " " " " Unterhaltung der Apparate, Geräthe, und und Gebäude (881 Rthlr 64 β) . . . | | | | | | — | 5,[illegible] |
| " " " " " Verwaltung und Bureaukosten (2980 Rthlr. 61 β . . . . . . . . . . . . . | | | | | | — | 19,[illegible] |
| " " " " " Abgaben (213 Rthlr. 29 β . . . . . . . | | | | | | — | 1,[illegible] |
| " " " " " Zinsen (6292 Rthlr.) . . . . . . . . . | | | | | | — | 35,[illegible] |
| " " " " " diversen Ausgaben (591 Rthlr. 14 β) . . | | | | | | — | 3,[illegible] |
| Summa Rthlr. | | | | | | 1 | 60,[illegible] β |

## Selbstkosten der öffentlichen Erleuchtung.

| | Rthlr. | β |
|---|---|---|
| Die öffentlichen Laternen haben consumirt 3 647,746 c', also nach den vorstehenden Selbstkosten zu berechnen mit 1 Rthlr. 39,8 β pro mille . . . . . . . . . . . . . . . . . . . | 5160 | 77 |
| Laternenwärterlohn . . . . . . . . . . . . . . . . . . . . | 1100 | — |
| Oel, Dochte und Zündhölzer . . . . . . . . . . . . . . . . | 43 | 18 |
| Reparatur der Laternen u. s. w. . . . . . . . . . . . . . . . | 462 | 50 |
| Mithin gesammte Selbstkosten . . . . . . . . . . . . . . . | 6766 | 49 |
| An Vergütung von der städtischen Casse erhalten . . . . . . . . | 4000 | — |
| Also Mehrkosten der öffentlichen Erleuchtung . . . . . . | 2766 | 49 |

Kiel, 1. Mai 1862.

*H. Speck.*

---

## Ueber den Einfluss der Drahtgitter auf den Heizeffect der Gasflamme;

von Professor *August Vogel.*

(Aus Dinglers pol. Journal.)

Man bedient sich bekanntlich beim Kochen in Glas- oder Porzellangefässen als Schutzmittel gegen die unmittelbare Berührung der Gasflamme eiserner Drahtgitter von engerem oder weiterem Geflechte, ohne welche auch bei der vorsichtigsten Leitung der Heizung das öftere Zerspringen der Glas- oder Porzellangefässe, welche zum Kochen dienen, unvermeidlich sein würde. Diese schützende Zwischenlage eines Drahtgitters muss aber natürlich stets mit einer Abkühlung der Flamme und daher mit einer Verminderung des Heizeffectes derselben verbunden sein, weshalb denn auch wie man sich leicht überzeugen kann, Wasser in einem auf Drahtgitter über der Gaslampe stehenden Kochgefässe langsamer zum Kochen kommt, als wenn das Gefäss sich über der freien Flamme befindet.

Ueber den Verminderungsgrad des Heizeffects durch Drahtgitter sind auf meine Veranlassung im Laboratorium der k. Universität zu München einige directe Versuche angestellt worden, deren Resultate, da sie eine in chemischen Laboratorien täglich vorkommende Manipulation betreffen, hier mitgetheilt werden sollen.

Zu den Versuchen in dieser Richtung wurden zwei Arten von Eisendrahtgittern verschiedenen Geflechtes verwendet, und zwar das eine (A) mit 325 Oeffnungen auf den Quadratzoll, und das andere (B) mit 11000 Oeffnungen auf den Quadratzoll. Diese Angaben stützen sich selbstverständlich nicht auf eigene Messung oder Zählung der Oeffnungen, sondern auf die gefällige Mittheilung der rühmlichst bekannten Drahtwaarenfabrik Kaltenecker und Sohn in München, aus welcher seit langer Zeit schon die im Laboratorium in grosser Menge nothwendigen Drahtgeflechte von entsprechendster Qualität bezogen werden. Die erstere Sorte der Drahtgitter (A) mit 325 Oeffnungen auf den Quadratzoll ist diejenige, welche gewöhnlich zu chemischen Zwecken im Gebrauche steht.

Das Kochen des Wassers geschah in drei ganz gleich grossen getriebenen Messingkesseln von gleicher Metalldicke mittelst drei übereinstimmend regulirter Bunsen'scher Gasbrenner, welche sich von dem Boden der Kochgefässe genau in der nämlichen Entfernung befanden. Jeder der Kessel enthielt 200 Kubik Centim. Wasser und in einem jeden war während der ganzen Dauer des Versuchs ein Thermometer angebracht, so dass sich die Thermometerkugeln gerade unter dem Wasserspiegel befanden. Der eine Kessel stand unmittelbar auf der Flamme auf einem weiten eisernen Ringe, die beiden anderen standen auf den mittelst des Ringes gehaltenen betreffenden Drahtgittern.

Es folgen nun die Zahlenresultate, wie sie die Versuchsreihe ergeben hat.

Temperatur des Wassers am Anfang des Versuchs: 12° C.

| | Ohne Gitter. Celsius'sche Gr. | Gitter A. Celsius'sche Gr. | Gitter B. Celsius'sche Gr. |
|---|---|---|---|
| Nach 1 Minute | 35 | 24 | 22 |
| „ 2 Minuten | 50 | 39 | 34 |
| „ 3 „ | 60 | 51 | 45 |
| „ 4 „ | 77 | 64 | 60 |
| „ 5 „ | 90 | 75 | 65 |
| „ 6 „ | Kochpunct | 84 | 74 |
| „ 7 „ | „ | 92 | 81 |
| „ 8 „ | „ | 96 | 88 |
| „ 10 „ | „ | Kochpunct | 95 |
| „ 11 „ | „ | „ | 99 |
| „ 12 „ | „ | | Kochpunct. |

Man erkennt aus den beiden letzteren Reihen, dass das Gewebe des Drahtgitters, je nachdem es enger oder weiter geflochten ist, auf den Wärmeeffect nicht ohne Einfluss sei.

Weitere Versuche beziehen sich auf die Menge des verdampften Wassers in einer bestimmten Zeit, je nachdem das Kochgefäss über der freien Flamme oder auf einem der beiden Drahtgitter über der Flamme befindlich war. In jedem der drei Kochgefässe wurden 200 Cub.-Centim. Wasser während 15 Minuten in der beschriebenen Weise den drei Flammen ausgesetzt; die Messung der rückständigen Wassermengen geschah, nachdem die Gefässe nach Beendigung des Versuches 15 Minuten der freiwilligen Abkühlung überlassen waren.

Temperatur des Wassers am Anfang des Versuchs: 12° C.

| | Ohne Gitter. Cub.-Centim. | Gitter A. Cubik-Centim. | Gitter B. Cub.-Centimeter. |
|---|---|---|---|
| Nach 15 Minuten | Wasserrückstand 115<br>verdampft. Wasser. 85. | Wasserrückstand 150<br>verdampft. Wasser 50 | Wasserrückstand 161<br>verdampft. Wasser 39 |

Diese Zahlen sind die durchschnittlichen Werthe von drei nahe übereinstimmenden Versuchen.

Setzt man die über der freien Flamme verdampfte Wassermenge = 100, so ergeben sich die über den beiden Drahtgittern verdampften Wassermengen in dem Verhältniss von

100 : 58 : 46

Hieraus folgt, dass der Wärmeeffect einer Gasflamme durch die Zwischenlage eines Drahtgitters wesentlich vermindert werde und dass diese Verminderung mit der Natur des Drahtgeflechtes in gewisser Beziehung stehe.

Es bedarf kaum der Erwähnung, dass die angegebenen Zahlen keinen absoluten, sondern nur einen vergleichenden Werth haben können, indem bei Anwendung anderer Gaslampen, bei grösserer Ausströmungsgeschwindigkeit des Gases u. s. w. natürlich ganz andere Resultate erzielt werden müssten. Ueber das Verhalten der Drahtgitter bei Temperaturen über dem Kochpunct des Wassers wird demnächst in einer weiteren Mittheilung berichtet werden. Es mag hier noch die Bemerkung Platz finden, dass das Kochen des Wassers über der freien Flamme weit unruhiger, d. h. mit stärkerem Blasenwerfen vor sich geht, als bei Anwendung eines Drahtgitters. Zum Abrauchen von Bier oder Milch bei quantitativen Versuchen ist daher stets ein Drahtgitter zu empfehlen, womit bei gehöriger Regulirung der Flamme das Kochen ganz ruhig ohne Gefahr des Uebersteigens stattfindet, während ohne dasselbe ein Ueberschäumen der Flüssigkeiten nur durch sehr häufiges Wegziehen der Lampe verhindert werden kann.

Druck von Dr. C. Wolf & Sohn in München. Eigenthümer: R. Oldenbourg in München.

Nr. 2. Februar 1863.

# Journal für Gasbeleuchtung

und

verwandte Beleuchtungsarten.

## Organ des Vereins von Gasfachmännern Deutschlands.

**Monatschrift**

von

**N. H. Schilling,**

Director der Gasbeleuchtungs-Gesellschaft in München.

München. Verlag von Rudolph Oldenbourg.

**Abonnements.**

Jährlich 4 Rthlr. 20 Ngr.

Halbjährlich 2 Rthlr. 10 Ngr.

Jeden Monat erscheint ein Heft.

Das Abonnement kann stattfinden bei allen Buchhandlungen und Postämtern Deutschlands und des Auslandes.

**Inserate.**

Der Insertionspreis beträgt:

für eine ganze Octavseite 8 Rthlr. — Ngr.

„ jede weitere „ 4 „ — „

Kleinere Bruchtheile als eine Achtelseite können nicht berücksichtigt werden; bei Wiederholung eines Inserates wird nur die Hälfte berechnet, für dieselben jedoch auch die gegenüberstehende innere Seite des Umschlages benützt.

**Retorten und Steine**
von feuerfestem Thone in allen Formen und Dimensionen.

# ALBERT KELLER IN GENT
## BELGIEN.

Diese Fabrikate haben auf allen Gaswerken, wo sie benutzt worden, volle Anerkennung gefunden, und sind die Preise, trotz aller Sorgfalt, welche auf die Anfertigung verwendet wird, sehr vortheilhaft.

---

## Feuerfeste Producte, die nicht dem Schwinden unterworfen sind.

**Th. Boucher,** Fabrikant und Patentinhaber zu St. Ghislain, früher zu Baudour (Belgien).

*Th. Boucher* ist der einzige Fabrikant, welcher feuerfeste Producte dieser Art herstellt, und Inhaber der Medaillen von der allgemeinen Industrie-Ausstellung in London (1851 und 1862), in Paris (1855), sowie auch der Ehren-Medaille I. Classe der „Academie nationale" zu Paris (1856). Seine Anstalt ist die älteste auf dem Continent.

NB. Das Preisgericht der Londoner Ausstellung drückt sich in seinem Bericht folgendermassen aus: „Das Preisgericht hat Herrn *Th. Boucher*, welcher sehr gut verfertigte Retorten ausgestellt hat, eine Preismedaille anerkannt, da selbe Retorten von ausserordentlicher Dünne, regelmässiger Form, und auf ihrer Oberfläche frei von allen Flecken und Blasen waren." Es heisst weiter: „Die Medaille ist diesem Aussteller in Anerkennung der unzweifelhaften Vorzüge seiner Retorten vor allen anderen derartigen Fabrikaten des Continents ertheilt worden."

---

# H. J. Vygen & Comp.

## Fabrikanten feuerfester Producte

zu

## Duisburg a. Rhein

empfehlen den verehrlichen Gasanstalten und Hüttenwerken ihre Retorten, Steine, Ziegel etc. mit Hinweis auf die in Heft 1—3 dieses Journals, Jahrgang 1862 abgedruckten Atteste und unter Zusicherung sorgfältigster Arbeit und billiger Preise. Die Ausdehnung und Einrichtung ihres Etablissements setzt sie in den Stand allen Anforderungen zu entsprechen.

---

## Patentirte neueste Asphaltröhren

zu Gas- und Wasserleitungen etc., welche allen metallenen und andern Röhren, die unter den Boden gelegt werden, vorzuziehen sind, bei weit grösserer Dauerhaftigkeit und bedeutend billigerem Preise wie gusseiserne, sowie weil sie keiner Oxydation unterworfen und sich weder durch Salzlösungen noch Säuren irgendwie verändern und deshalb besonders auch für Säuerlinge und Salzsoolen geeignet sind; ebenso kann Temperaturwechsel und Frost auf dieselben nicht nachtheilig wirken wegen ihrer gewissen Elasticität; ferner

## Schmiedeeiserne Röhren & Verbindungen

Blei-, Guss-, Kupfer-, Messing-, Gummi- und andere Röhren zu den verschiedensten Zwecken und stehen über sämmtliche Röhren detaillirte Preislisten zu Diensten.

J. L. Bahnmayer, in Esslingen am Neckar.

## Chemikalien-Fabrik von F. Z. ZAILLENTHALL jun. in Penzing bei Wien.

Seit Jahren werden viele Versuche mit meinem Fabrikate, genannt „**Fettzucker**“ (reinstes **Glycerin** 28°) gemacht, die zu einem sehr erfreulichen Resultate führten.

Viele Fabriken, Museen, insbesondere mehrere Gasbeleuchtungsanstalten verwenden das reine Glycerin mit grossen Vortheilen.

Es wird nämlich der Gasometer statt mit Alcohol mit meinem Glycerin und über die Hälfte mit Wasser gefüllt, (zusammen pr. 12° Aräometer) und verträgt eine Kälte von 15° ohne zu frieren, was bei den bisherigen in Anwendung gebrachten Mitteln nicht der Fall war; ebenso verdunstet das Glycerin im Sommer nicht, es verhindert jede Oxidation der Gasometer, was bei Alkohol, der bekanntlich mit Wasser gemischt, in Essigsäure übergehen muss, in der Regel stattfindet; auch ist es gut antiseptisch.

Vom grössten Vortheile jedoch ist das von mir erzeugte reine Glycerin für die Gasanstalten; weil das Glycerin über die Hälfte mit Wasser vermengt, auf die Uhren der Gasometer stets gleichartig wirkt.

Einen weitern Vortheil bietet das Glycerin, dass, es billiger als Alcohol ist, und das Eis in den eingefrorenen Röhren ebenso schmilzt, wie bei Anwendung von Alcohol.

Die Bestätigung der Wahrheit meiner Angaben liefert beigesetztes Zeugniss. Geneigten Aufträgen entgegen sehend, zeichnet sich:

*Hochachtungsvoll*

**F. Z. Zaillenthall**, m. p.

Von Seite der gefertigten Anstalt wird Herrn Zaillenthall bestätiget, dass wir von ihm seit dem Jahre 1861 Glycerin zur Füllung der Gasmesser beziehen.

Wien den 27. August 1862.

*pr. k. k. pr. Gasbeleuchtungs-Anstalt der Imp. Cont. Gas-Assosition.*

Im Auftrage des Direktors

Herrn *Bengough.*

Anton *Dudeum* m. p.

---

# ROBERT BEST

**Lampen- & Fittings-Fabrik**

Nro. 10 Ludgate Hill

Birmingham

**Fabrik von schmiedeeisernen Gasröhren**

Great Bridge,

Staffordshire

empfiehlt seine Fabriken für alle zur Gas-Beleuchtung gehörigen Gegenstände. Eiserne Gussröhren und dazu gehörige Verbindungsstücke zeichnen sich besonders durch ihre Güte und billigen Preis aus.

Wegen Zeichnungen sowohl als Preislisten wende man sich an den alleinigen Agenten auf dem Continent

***Carl Kusel,***

16 Grosse Reichenstrasse in Hamburg.

6*

# JOS. COWEN & C^{IE}

**Blaydon Burn**

## Newcastle on Tyne.

Fabrikanten **feuerfester Chamott-Steine,**
Marke **„Cowen".**

***Retorten*** **für Gas-Anstalten und** ***alle Arten feuerfester Gegenstände*** **für Hohöfen, Cokesöfen &c. &c.**

*Jos. Cowen & Co.* waren die einzigen Fabrikanten, welche bei der grossen Ausstellung in London im Jahre 1851 mit einer **Preis-Medaille** für **„Gas-Retorten und andere feuerfeste Gegenstände"** beehrt wurden.

*Jos. Cowen & Co.* war auch die einzige Firma, welcher bei der Internationalen Ausstellung in London im Jahre 1862 eine Preis-Medaille für **„Gas-Retorten, feuerfeste Steine etc., für Vortrefflichkeit der Qualität"** anerkannt wurde; ihre Werke sind die ausgedehntesten ihrer Art in Grossbritannien.

---

## Die Chamott-Retorten- und Stein-Fabrik

von

## F. S. OEST'S Wittwe & Comp.

in **Berlin,** Schönhauser-Allee Nr. 128,

erlaubt sich ihre Fabrikate, als Chamott-Retorten zur Gas- und Mineralöl-Bereitung, so wie Chamottsteine in jeder beliebigen Form und Grösse zu empfehlen. Von den gangbarsten Sorten wird Lager gehalten und für solche sowohl als für etwa bestellte Gegenstände die billigsten Preise berechnet. Aufträge werden ohne Verzug effektuirt.

---

Auf Verlangen bescheinige ich hiermit, dass die von **F. S. Oest's Wittwe u. Comp.,** hierselbst, *Schönhauser-Allee Nr. 128,* an den hiesigen städtischen Gas-Erleuchtungs-Anstalten gelieferten Chamott-Gas-Retorten, sich bisher vorzüglich gut bewähren. Die Oefen mit den dazu gelieferten Chamottsteinen gebauet, fortlaufend, meist 2½ bis 3 Jahre im stärksten Feuer ausgehalten haben, so dass ich das Fabrikat zu den besten zähle, was mir in der Praxis bekannt geworden ist, und solches nach meiner unvergreiflichen Ansicht mit Recht als vorzüglich gut empfehlen kann

Berlin, am 31. Januar 1859.

**Kühnell,**
Baumeister und technischer Dirigent
der Berliner Communal-Gaswerke.

---

## Gesuchte Anstellung.

Ein junger Mann, welcher während seines dreijährigen Aufenthalts auf einer der grössten Gasanstalten des Continents sich in diesem Fache theoretisch und practisch gründliche Kenntnisse erworben hat, sucht eine Anstellung, als Director einer kleineren Gasanstalt. — Näheres wird die verehrliche Redaction dieses Journals gütigst vermitteln.

---

## Rundschau.

Nachdem das amerikanische Erdöl bereits seit längerer Zeit das allgemeine Interesse auf sich gezogen, beginnen nun auch wissenschaftliche

Stimmen sich mehr und mehr über dasselbe auszusprechen, und ist sowohl die Natur, als die Verwendung des merkwürdigen Productes zum Gegenstand vielfacher Untersuchungen und Berichte geworden. In unserem Januarhefte haben wir einen Artikel von Herrn Dr. *Marx* in Stuttgart gebracht, das gegenwärtige Heft enthält einen weiteren Aufsatz von Herrn Dr. *Wiederhold* in Cassel. Beide Berichte geben werthvolle Anhaltspuncte, und bestätigen, soweit sie sich auf die Interessen des practischen Beleuchtungswesens beziehen, im Ganzen die Ansichten, welche bereits wiederholt in diesen Blättern über das Erdöl ausgesprochen worden sind. Was den Leuchtwerth des Erdöls betrifft, so findet Herr Dr. *Marx*, dass das Steinkohlengas bei einem Preise von 6 fl. pro 1000 c' engl und bei einer Lichtstärke von 10 Wachskerzen (4er) Helle für 4¼ c' Consum per Stunde eine um 16 pCt. billigere Beleuchtung giebt, als das Erdöl zum Preise von 1 fl. per Maass oder 20 Kreuzer per Pfd. Ein anderer Beobachter, Herr Rector *Zängerle* in Landau, dessen Resultate in einem Aufsatze „über den Beleuchtungswerth des amerikanischen Erdöls" im „Bayerischen Kunst- und Gewerbeblatt" vor uns liegen, findet freilich dagegen, dass schon bei einem Gaspreise von 5 fl. pro 1000 c' die Gasbeleuchtung um 12 pCt. theurer sei, als das Erdöl, was bei 6 fl. Gaspreis einen Ausfall von 35 pCt. zum Nachtheile der Gasbeleuchtung ergeben würde. Es ist interessant, die Versuche etwas näher anzusehen, und benutzen wir diese Gelegenheit, um überhaupt einige Versuchsresultate, die uns über die Leuchtkraft der verschiedenen Leuchtmaterialien bekannt sind, einmal übersichtlich zusammen zu stellen. Wir besitzen Angaben von Herrn *Th. G. Barlow* in dessen „Journal of Gas Lighting" über die Leuchtkraft der englischen Gasarten im Vergleich zu Spermacetikerzen, von Herrn *S. Elster* in dessen „Beitrag zur Kenntniss der Leuchtkraft der Leuchtmaterialien," Journal für Gasbeleuchtung Jahrg. 1862. S. 384 u. f., von den Herren Prof. *Karmarsch & Heeren* in deren „Techn. Wörterbuch" S. 559, von Herrn *N. H. Schilling* in dessen „Handbuch für Steinkohlengasbeleuchtung" S. 75, und von Herrn *C. Zinken* in dessen Aufsatz über die Leuchtkraft der Destillationsproducte der Braunkohle u. s. w., Journ. f. Gasbel. Jahrg. 1860. S. 140. Nachstehende Tabelle enthält die Aequivalentzahlen für eine gleiche Leuchtkraft, ausgedrückt in Grammen für die festen und flüssigen Beleuchtungsstoffe und in c' engl. für Gas, so gut sich die Angaben überhaupt mit einander vergleichen lassen. So weit die Versuche sich auch auf Wachskerzen erstrecken, ist das Ganze auf die Leuchtkraft von 100 Gramm dieser Kerzen reducirt. Herr *Barlow* hat nur die Spermacetikerzen angewandt, Herr *Elster* hat sowohl das gewöhnliche gelbe Wachs, als auch bestes weisses Wachs genommen, hier haben wir das erstere als 100 angenommen; Herr *Zinken* hat seine Messungen mit einer sehr guten Stearinkerze gemacht, diese haben wir mit 121 Gramm in die Tabelle eingesetzt.

| | *Th. G. Barlow.* | *S. Elster.* | *Prof. Karmarsch & Heeren.* | *Dr. Marx.* | *N. H. Schilling.* | *M. Zängerle.* | *C. Zinken* |
|---|---|---|---|---|---|---|---|
| | Gramm. | Gramm. | Gramm. | Gramm. | Gramm. | Gramm. | Gramm. |
| Talgkerzen . . . | — | 96—104 | 126 | — | 114 | 138 | — |
| Stearinkerzen . . | — | 111 | 119 | 128 | 105 | 128 | 121 |
| Wachskerzen . . | — | 100—140 | 100 | 100 | 100 | — | — |
| Spermacetikerzen . | 95 | 97 | 95 | — | 93 | — | — |
| Paraffinkerzen . . | — | 82 | — | 85 | — | 97 | 90 |
| Rüböl . . . . . | — | 70 | 64—120 | 92 | 73 | 97 | 53 |
| Photogen . . . . | — | 58 | — | 62 | — | — | 64—100 |
| Solaröl . . . . | — | — | — | | — | — | 46—87 |
| Schieferöl . . . | — | — | — | 62 | — | — | — |
| Amerikanisches Erdöl . . . | — | — | — | 61 | — | 53 | — |
| Galizisches Erdöl (Mineralöl) . . | — | — | | — | — | — | 72 |
| Gas aus deutschen und engl. Backkohlen . . . . | 5,8 c' | 5,2 c' | — | 5,8 c' | 5,0 c' | 7,7 c' | — |
| Gas aus Newcastle-Cannelkohlen . | 3,3 „ | — | — | — | — | — | — |
| Gas aus Wigan-Cannelkohlen . | 4,3 „ | — | — | — | — | — | — |
| Gas aus Boghead-kohlen . . . . | 1,8 „ | — | — | — | — | — | — |

Die sehr weiten Grenzen, welche in der dritten Rubrik für das Rüböl angegeben sind, rühren daher, dass die Herren Prof. *Karmarsch und Heeren* sehr verschiedene Lampen zur Anwendung gebracht haben, also auch solche, in denen das Oel auf eine unvortheilhafte Weise zur Verbrennung gelangt ist. Die Versuche, welche sich dieser letztern Grenze nähern, sind für den vorliegenden Zweck nicht maassgebend. Aehnlich verhält es sich mit den Angaben des Herrn *Zinken* über das Photogen und Solaröl. Die angewandten Oele waren von verschiedener Qualität, indem auch die geringeren Sorten mit in die Versuche hineingezogen wurden.

Abgesehen von diesen Verhältnissen liegen die Schwankungen, welche die Versuche zeigen, so ziemlich innerhalb erklärlicher Grenzen, und geben wenigstens ein Bild, wie weit man überhaupt auf derartige Zahlen Werth zu legen hat. Nur gegen die Angabe des Herrn *Zängerle* über die Leuchtkraft des Gases müssen wir protestiren. Während für die der Tabelle zu Grunde gelegte Leuchtkraft von den übrigen Autoren 5,2 bis 5,9 c' Gas angegeben sind, braucht Herr *Zängerle* nicht weniger als 7,7 c' Gas. Entweder das Gas in Landau, was er untersucht hat, muss sehr schlecht gewesen sein, oder er hat es nicht richtig behandelt. Und dass dies letztere der Fall gewesen ist, ersehen wir aus der in seinem Bericht enthaltenen näheren Beschreibung seines Versuches, wo es heisst „das Leuchtgas wurde aus einem Lochbrenner von Graphit unter einem

Drucke von 21 Millimetern verbrannt." Wer in aller Welt brennt denn Gas bei Versuchen unter 21 Millimeter Druck? Dabei wird ja ein wesentlicher Theil der Leuchtkraft, die das Gas besitzt, zerstört. Herr *Zängerle* möge nur in den Versuchen von Herrn Dr. *Marx* nachsehen; dort ist die Leuchtkraft für 4½ c' Gas von 10 Kerzen auf 6 Kerzen herabgedrückt worden, indem man den Druck von 8 Millimetern auf 21 Millimeter steigerte. Die Schlüsse, die Herr *Zängerle* aus seinen Gasversuchen zieht, sind demnach falsch, und die Behauptungen über die Kostspieligkeit der Gasbeleuchtung, zu denen sie ihn führen, fallen in sich selbst zusammen. Wir können bei dieser Gelegenheit die Bemerkung nicht zurückhalten, dass überhaupt die Versuche über die Leuchtkraft des Gases nur selten unter denjenigen Verhältnissen angestellt zu werden pflegen, unter welchen wirklich das Maximum des Nutzeffectes zur Entwickelung gelangt. Man legt viel zu wenig Gewicht auf die Beschaffenheit des Brenners, so wie auf den Druck, und kommt dann sehr häufig zu Resultaten, die weit hinter jenen zurückbleiben, welche man erhalten würde, wenn man die Versuche unter normalen Verhältnissen anstellte. Wir haben schon früher einmal Veranlassung genommen, diesen Punct zu berühren, wo in einem Aufsatze über die Leuchtkraft des Reutlinger Schieferölgases gegenüber dem Steinkohlengase gleichfalls derartig unzulässige Zahlen für die Leuchtkraft des letzteren zu Grunde gelegt waren (Jahrg. 1860. S. 37). Zu enge Brenner und zu hohen Druck kann das Leuchtgas nicht vertragen, ohne dass seine Leuchtkraft darunter leidet, bei vergleichenden Versuchen ist es daher eine unverzeihliche Beeinträchtigung der Gasbeleuchtungs-Interessen, wenn man diese Umstände nicht berücksichtigt, und das Gas unter ungünstigen Verhältnissen verbrennt. Es ist dies um so unverzeiblicher, als bei allen derartigen Versuchen die Bedingungen für die vortheilhafte Verbrennung der Oelarten oder Kerzen fast immer recht wohl in Acht genommen werden. Aus den Versuchen der Herren Prof. *Karmarsch und Heeren* sehen wir für Rüböl bei Anwendung verschiedener Lampen eine Verschiedenheit der Leuchtkraft von fast 100 pCt., aus den Versuchen des Herrn *Zinken* über Photogen und Solaröl sehen wir bei Anwendung verschiedener Sorten dieser Stoffe eine ähnliche Differenz hervorgehen. Keinem Autor, der wie Herr *Zängerle* über den Beleuchtungswerth der verschiedenen Leuchtstoffe mit maassgebenden Zahlen in die Oeffentlichkeit zu treten beabsichtigt, wird es einfallen, schlechte Kerzen oder eine schlechte Sorte Oel zu nehmen, oder letzteres in einer schlechten Lampe zu brennen, im Gegentheil, er wird in dieser Richtung allen Anforderungen Rechnung zu tragen suchen, warum soll denn nicht auch dem Gase Gerechtigkeit widerfahren, warum wird nicht auch das Gas unter denjenigen Verhältnissen verbrannt, die seine Natur verlangt? Ja, warum wird bei solchen Gelegenheiten nicht der Argandbrenner, sondern fast immer nur der offene Brenner benutzt, während man doch keinen Anstand nimmt, das Oel in den vortheilhaftesten Lampen zu verbrennen?

Während wir Vorstehendes schreiben, kommt uns noch ein weiterer Artikel „zur Beleuchtungsfrage" von Herrn Dr. *Rieckher* in Marbach zu Gesichte, in welchem das amerikanische Erdöl mit dem Photogen verglichen, und gefunden wird, dass ersteres unter Zugrundelegung bestimmter Preise, ein Uebergewicht von 40 pCt. über das Photogen besitzt. Wir gestehen, dass wir die Art und Weise, wie dies Resultat erhalten wird, nicht begreifen. Herr Dr. *Rieckher* bringt dreierlei Lampen zur Anwendung, einen Rundbrenner nach österreichischem System und zweierlei Flachbrenner nach amerikanischem System. In diesen drei Brennern wird einmal Petroleum, und das andere Mal Photogén gebrannt, und sämmtliche Flammen werden mit der Flamme der Stuttgarter Normalwachskerze photometrisch verglichen. Es ergiebt sich für:

| | | | | | | |
|---|---|---|---|---|---|---|
| die Stuttgarter Normalwachskerze | | 7,75 | Gramm Consum per Stunde | | 1 Kerze Leuchtkraft | |
| Petroleum Lampe | a) | 27,125 | „ | „ „ „ | 7,16 | „ „ |
| „ | b) | 21,812 | „ | „ „ „ | 6,6 | „ „ |
| „ | c) | 22,475 | „ | „ „ „ | 5,5 | „ „ |
| Photogen Lampe | a) | 32,937 | „ | „ „ „ | 11,58 | „ „ |
| „ | b) | 23,831 | „ | „ „ „ | 7,42 | „ „ |
| „ | c) | 24,025 | „ | „ „ „ | 5,99 | „ „ |

Hienach würde nun die Frage zu beantworten sein: Wie viel brauche ich, um eine gleiche Leuchtkraft herzustellen, Petroleum einerseits und Photogen andererseits?

Petroleum ergiebt im Mittel bei 23,637 Gr. Consum 6,42 Kerzen Leuchtkraft
Photogen „ „ „ „ 26,931 „ „ 8,33 „ „

Der Leuchtkraft von 1 Kerze entsprechen sonach
3,68 Gramm Petroleum
3,23 „ Photogen
oder es haben 100 Pfund Photogen gleiche Leuchtkraft mit
„ 114 „ Petroleum.

Berücksichtigt man, dass wie Herr Dr. *Rieckher* annimmt, Photogen um 10 pCt. theurer ist als Petroleum, so kauft man also 110 Pfd. Erdöl um den gleichen Preis, wie 100 Pfd. Photogen, und es bleibt der Beleuchtungswerth des Erdöls noch um 4 pCt. zurück gegen denjenigen des Photogens.

Herr Dr. *Rieckher* stellt folgende Berechnung auf:

1) Bei gleichen Lampen ist der Consum an Photogen grösser als der von Petroleum; es verhält sich das Petroleum zum Photogen

bei dem Rundbrenner wie 100 : 129
bei dem ersten Flachbrenner wie 100 : 119
bei dem zweiten Flachbrenner wie 100 : 114

im Mittel wie 100 : 120⅔; d. h. um 20⅔ pCt.
ist der Verbrauch an Photogen grösser als der an Petroleum

Es ist uns nicht ersichtlich, wie der Herr Verfasser zu diesen Verhältnisszahlen kommt. Nach unserer Rechnung verhält sich:

27,125 : 32,937 = 100 : 121,4<br>
21,312 : 23,831 = 100 : 111,8<br>
22,475 : 24,025 = 100 : 106,8

und ergiebt sich daraus im Mittel das Verhältniss von 100 : 113⅓, so dass der Verbrauch an Photogen nur um 13⅓ pCt. grösser wäre, als der an Petroleum.

2) Die Lichtintensität des Photogen ist grösser als die des Petroleums, und zwar beträgt das Verhältniss der beiden Brennmaterialien nach Herrn Dr. *Rieckher's* Rechnung

für b: für 100 Petroleum 112,5 Photogen<br>
„ c: „ 100 „ 100,0 „<br>
im Mittel 110,75, d. h. um 10¾ pCt. ist die Lichtintensität des Photogen grösser als die des Petroleums.

Warum wird hier der erste Versuch weggelassen, da er doch bei der Berechnung des Verbrauchs mit berücksichtigt ist? In Wirklichkeit ergiebt sich für a: für 100 Petroleum 161,7 Photogen<br>
„ b: „ 100 „ 112,4 „<br>
„ c: „ 100 „ 108,9 „<br>
im Mittel 100 : 127⅔ d. h. die Lichtintensität ist beim Photogen 27⅔ pCt. grösser als beim Petroleum.

Herr Dr. *Rieckher* sagt weiter:

3) Das wahre Verhältniss des Petroleums gegenüber von Photogen ist demnach:<br>
die gegenwärtige Preisdifferenz für en gros beträgt mindestens 10 pCt.<br>
das grössere Consum von Photogen beträgt . . . . . . . . 20¾ „<br>
30¾ pCt.<br>
hievon wäre abzuziehen eine verminderte Lichtintensität von 10¾ pCt.<br>
Rest 20 pCt.,<br>
so dass also dem Petroleum ein Uebergewicht von 20 pCt. zustehen würde.

Nach unserer Rechnung ergiebt sich:<br>
Die grössere Lichtintensität des Photogen 27⅔ pCt.<br>
Hievon ab:<br>
die Preisdifferenz mit 10 pCt.<br>
der grössere Consum von Photogen 13⅓ „ 23⅓ pCt.<br>
Rest 4⅓ pCt.,<br>
um welche das Photogen gegen das Erdöl im Vortheil bleibt, wie oben.

Beiläufig wollen wir auch noch darauf aufmerksam machen, dass die Versuchs-Resultate des Herrn Dr. *Rieckher* von denen des Herrn Dr. *Marx* wesentlich abweichen. Als Aequivalent für 100 Grammen Wachs findet

Herr Dr. *Rieckher* 48 Gr. Erdöl und 43 Gr. Photogen,
„ Dr. *Marx* 61 „ „ „ 62 „ „

Die Londoner-Patent Commission hat eine kurzgefasste Zusammenstellung aller auf das Gaswesen bezüglichen englischen Patente (bis Ende 1858) — Abridgements of the specifications relating to the production and applications of Gas, *G. E. Eyre* and *W. Spottiswoode*, London — herausgegeben, ein Buch, welches namentlich für die Geschichte unserer Gasindustrie von wesentlichem Interesse ist. Die ersten Patente, die darin aufgeführt sind, beziehen sich auf die Herstellung von „Pech, Theer und Oel aus Steinkohlen", und datiren aus den Jahren 1681, 1694 und 1716. Im Jahre 1742 wurde für die Darstellung eines Oeles zur Heilung von Rheumatismus, Scorbut u. s. w. ein Patent ertheilt. Die Idee, die sich bei der Destillation entwickelnden brennbaren Gase zur Erzeugung einer lebendigen Kraft zu benutzen, tritt zuerst im Jahre 1791 in einem Patent von *J. Barber* auf, wo es heisst: „Die in einer Retorte erzeugten Dämpfe und Gase werden mittelst einer Leitungsröhre in ein Explosionsgefäss geführt, und dort, nachdem sie mit einem Strom athmosphärischer Luft zusammengetroffen, entzündet. Die Wirkung wird dadurch erhöht, dass man zugleich einen Wasserstrom zuführt. Aus dem Mundstück des Explosionsgefässes entwickelt sich ein kräftiger Dampfstrahl, der auf verschiedene Art als bewegende Kraft benutzt werden kann." Denselben Gegenstand verfolgen noch einige weitere Patente aus den neunziger Jahren, bis im Jahre 1804 der bekannte *F. A. Winsor* zum ersten Mal sich die Anwendung des Gases zur Beleuchtung patentiren lässt, indem er in seiner Specification sagt: Das brennbare Gas kann, wenn es gereinigt ist, in kaltem Zustande durch Röhren von Seide, Papier, Thon, Holz oder Metall auf beliebige Entfernung in Häuser, Gärten, Parks und Strassen geleitet werden, um Licht und Wärme zu geben. Es ist auffallend, dass *Murdoch*, der eigentliche Erfinder der Gasbeleuchtung, wenigstens in England, der doch bekanntlich schon im Jahre 1803 die neue Erfindung in der *Watt*'schen Fabrik zu Soho eingeführt hatte, kein Patent nahm, ja dass sein Name auch später in der ganzen Sammlung der Gaspatente nicht ein einziges Mal vorkommt. *Winsor* beschreibt sein Verfahren zur Gasbereitung in folgender Weise: Ein Ofen, Gefäss oder eine Retorte aus Metall, Stein oder Thon ist so construirt, dass mittelst Feuer und Hitze jeglicher roher Brennstoff zu Coke und Holzkohle reduzirt wird, und zwar mit einem geringen oder gar keinem Verbrauch an diesem Brennstoff. Der sich bei der Operation entwickelnde Rauch wird aus dem Stoffe ausgezogen, dann durch kalte Luft oder Wasser in einen Condensator geführt, und untergeht hier, nachdem er gehörig abgekühlt und gereinigt ist, eine natürliche chemische Zersetzung in Theer, Pech, Oel, Säure, Ammoniak und brennbares Gas oder Luft. Diesem Patent des rührigen Mannes folgten in den Jahren 1808 und 1809 noch zwei weitere Patente desselben, die sich auf verschiedene Verbesserungen seines ersten Apparates beziehen, und in denen er das Gas nicht allein von jedem unangenehmen Geruch beim Verbrennen befreien, sondern es sogar heilsam für die Respiration machen will, wenn es gehörig mit athmosphärischer Luft verdünnt wird. Ein wesentliches Hinderniss gegen die rasche Einführung der Gasbeleuchtung war bekanntlich Anfangs der Umstand, dass man es bei den ersten Versuchen in Soho noch nicht verstand, den Schwefel aus dem Gase zu entfernen. Nun wird zwar gesagt, das *Clegg* schon 1806 Kalk in die Gasometergrube brachte, und die dadurch erzeugte Kalkmilch durch eine Rührvorrichtung in Bewegung erhielt, und dass er es war, der im folgenden Jahre, nachdem sich die Unzweckmässigkeit dieses Verfahrens bald herausgestellt hatte, bei Errichtung der Anstalt für das Stonyhurst College in Lancashire den ersten besonderen Kalkmilchapparat aufstellte. Beim Durchblättern der Patente findet sich jedoch sonderbarer Weise der Name *Cleggs* erst im Jahre 1815, ein Patent über Gasreinigung aus dem Jahre 1806 wurde dagegen einem gewissen *E. Heard* ertheilt, in dessen Specification es heisst: Kalk wird entweder mit den Kohlen in die Retorten eingetragen, oder das entwickelte Gas wird in einem besonderen Apparat über erhitzten Kalk geleitet. Auch können sowohl Alkalien oder alkalische Erden, wenn sie von Kohlensäure befreit sind, als Metalle und deren Oxyde, wie Eisen, Mangan, Zink, Kupfer, Blei u. s. w. zur Reinigung verwandt werden. Hier finden wir die ganze Theorie der Gasreinigung, sammt der Anwendung des Eisenoxyds, und der Erhitzung des Kalkes nach *Bowditch* unter einem Namen, der schwerlich vielen Männern unseres Faches bekannt sein dürfte. Das *Clegg*'sche Patent vom Jahre 1815 betrifft den nassen Kalkreinigungsapparat, wie er bis gegen die zwanziger Jahre hin fast ausschliesslich Anwendung gefunden zu haben scheint (*Schillings* Handbuch für Steinkohlengasbeleuchtung S. 154) und die genialsten Erfindungen des grossen Mannes, die nasse Gasuhr (Handbuch S. 228) und den Regulator. Das Jahr 1815 enthält auch noch das erste Patent für Oelgas von *J. Taylor*. Unter den Patenten der nächsten beiden Jahre, die sich schon mehrfach mit Details und einzelnen Verbesserungen beschäftigen, mit Lampen und Lüstern, mit der Ableitung der Verbrennungsproducte, mit der Benutzung von bestehenden Feuerungen in Haushaltungen, Kalköfen u. s. w., mit Verbesserungen in der Construction und Anordnung der Retorten und namentlich auch der Gasbehälter u. A. m., wollen wir hier nur eines Patentes von *R. Phillips* aus dem Jahre 1817 erwähnen, welches den Anfang der trockenen Kalkreinigung zu bezeichnen scheint. Es heisst in der Specification: Ich nehme gutgebrannten Kalk und giesse so viel Wasser hinzu, dass er zunächst zu Staub zerfällt, und dass dann die einzelnen Partikeln wohl leicht an einander hängen, aber der Luft freien Durchzug gestatten. Diese Mischung wird 6 Zoll tief (mehr oder weniger) auf beweglichen durchlöcherten Platten in einem Gefässe ausgebreitet, und das Gefäss selbst durch einen Deckel mit Wasserverschluss geschlossen. Das Jahr 1818 bringt drei Patente, eines von *G. H. Palmer* für ein Reinigungsverfahren, eines von *S. Clegg* für einen dachförmigen, zusammenlegbaren Gasbehälter und ein drittes von *F. Grafton* für eine mit feuerfestem Thon ausgesetzte Retorte. Das Patent von *Palmer* bezieht sich auf die Eisenreinigung, freilich in heissem Zustande, ist aber deshalb merkwürdig, weil es schon von der Regeneration des Materials durch die athmosphärische Luft spricht. Das Reinigungsgefäss, so heisst es in der Specification, wird mit Abfällen von Eisenblech, verzinnten Eisenplatten oder irgend einem Eisenoxyd auf der niedrigsten Stufe der Oxydation, wie gewöhnlichem Thon, Thoneisenstein, Eisenfrischschlacken oder schwarzem Eisenoxyd gefüllt, und dann erhitzt. Wenn das Gas durch das erhitzte Material geht, so wird der Schwefelwasserstoff theilweise zersetzt, und die Reinigung wird vollendet, indem das Gas in eine Cysterne mit kaltem Wasser geleitet wird. Ist das Reinigungsmaterial erschöpft, so braucht man den Apparat nicht auszuleeren, sondern es wird dadurch, dass man Klappen öffnet, der plötzlichen Einwirkung der athmosphärischen Luft ausgesetzt, und da es rothglühend gehalten wird, so wird es wieder regenerirt sein, bevor noch der zweite Apparat völlig ausgenutzt ist. Das Patent von *Grafton* ist der Vorläufer seines wichtigeren Patentes vom Jahre 1820 über die Herstellung der Retorten selbst in einem Stück aus Stourbridge-Thon, welches ihn zum Erfinder der Thonretorten macht. Bemerkenswerth ist noch, dass *Grafton* in seinem älteren Patent sogleich schon mit der Idee auftritt, den Theer in einer Hülfsretorte, die mit Eisenspähnen, Coke oder einem anderen Material gefüllt ist, zu Gas zu destilliren, einer Idee, die in der Folge so Manchen verführt und so viele Geldopfer gefordert hat, ohne jemals zu einer wirklich practischen Bedeutung gelangt zu sein. Aus dem Jahre 1820 stammt auch das Patent *Malams* über die erste trockene Gasuhr. Neben der Einführung der Thonretorten wird bekanntlich *Grafton* auch die Einführung des Exhaustors zugeschrieben. Es findet sich jedoch ein Patent für einen Exhaustor von *S. Broadmeadow* schon aus dem Jahre 1824, während *Graftons* darauf bezügliches Patent vom Jahre 1841 datirt. Die Specification *Broadmeadow's* besagt, dass das Gas mittelst eines Luftsaugapparates (entweder eines Blasebalgs, einer Luftpumpe oder einer anderen Form des Apparats) zwischen den Retorten und dem Gasbehälter aufgestellt, aus den Retorten direct oder indirect gezogen werden soll, um den grossen Verlust an Gas, der sonst Statt findet, zu verhindern. Auch kann, heisst es weiter, mittelst des Apparates zu dem Gase im Gasbehälter etwas athmosphärische Luft, etwa der achte Theil, hineingepumpt werden. Die Luft reinigt das Gas, und kann man sich Retorten mit dünneren Wandungen und anderer Destillationsapparate bedienen, die nicht so vollkommen dicht sind, als es bis daher nöthig war. Dass *Broadmeadow* seine Erfindung wirklich weiter verfolgt haben muss, geht aus dem Umstand hervor, dass er im folgenden Jahr sich wieder ein Patent auf einen Exhaustor geben liess, den er als einen Glockenexhaustor beschreibt. Die ersten Patente für Regulatoren, um den Druck vor den Brennern zu reguliren, die sich später in fast unzähligen Variationen wiederholen, stammen gleichfalls aus den ersten zwanziger Jahren. Unter den Patenten der nächsten Zeit begegnen wir bald wieder dem genialen *Clegg* mit einer Gasuhr anderer Construction, welche ohne Wasser geht; so sinnreich indess die Anordnung war, so war sie doch andererseits wieder zu complicirt, um einen practischen Erfolg erlangen zu können. *S. Crosley*, der nachherige Eigenthümer des *Clegg*'schen Patentrechtes wurde der Erfinder der gegenwärtigen Gasuhrentrommel, die sich namentlich dadurch von der früheren durch *Malam* verbesserten vortheilhaft unterscheidet, dass sie nur sehr wenig Druck zu ihrer Bewegung bedarf, während die *Malam*'sche einen mindestens drei- bis vierfach so starken Druck in Anspruch nahm. Mit dem Jahr 1831 tritt auch der noch lebende bekannte Londoner Gasingenieur *G. Lowe* mit Erfindungen auf. Sie betreffen meistens Verbesserungen, die wie so viele andere, sinnreich erdacht, aber für die practische Ausführung nicht einfach genug sind. Die Carburation des Gases durch flüchtige flüssige Kohlenwasserstoffe (Patent von 1832) und die Benutzung des Theers zur Heizung der Retortenöfen (Patent von 1839) scheinen seine am meisten beachteten Erfindungen zu sein. Der Theer wird jedoch nach der ersten Beschreibung nicht unmittelbar verbrannt, sondern mit Lösche zusammen in einer der Retorten des betreffenden Ofens eingetragen, und die sich dort entwickelnden Dämpfe und Gase werden in das Feuer geleitet. Von den dreissiger Jahren an werden die Patente so zahlreich, und gehen so ins Detail der verschiedenen Apparate und Verfahren ein, dass es eines eingehenderen Studiums bedarf, um ihnen zu folgen. Auffallend ist es, dass während so ziemlich alle möglichen Stoffe zur Darstellung von Gas schon in den Patenten der früheren Jahre Erwähnung finden, so ausser den Oelen und Fetten namentlich auch der Torf, dass das Holz — etwa mit Ausnahme von Sägespähnen — erst im Jahre 1854 zum ersten Male genannt wird, drei Jahre später, nachdem Prof. *Pettenkofer* und Kreisbaurath *Ruland* ihr Patent auf Bereitung von Leuchtgas aus der Pflanzenfaser überhaupt, insbesondere aber aus Holz und Torf, in Bayern genommen hatten, und auch dies erste englische Patent war eine Mittheilung von auswärts, von den Herrn *Koechlin*, *Duchatel* und *Perpigna*. Ein eigentlich englisches Patent für Holzgas ist in der ganzen Zusammenstellung nicht vorhanden.

Als Extrabeilage zu dem gegenwärtigen Hefte bringen wir eine von dem unermüdlichen und verdienstvollen Vorkämpfer des Einpfennig-Tarifes, Herrn Justizrath *Ph. Braun* in Coburg entworfene, und von demselben mit freundlichster Bereitwilligkeit uns zur Verfügung gestellte „Kohlentarif-Karte für Deutschland", auf welcher die Eisenbahnen Deutschlands je nach den zunächst von ihnen zu erstrebenden Frachttarifen mit verschiedenen Farben angegeben, und zugleich auch diejenigen Städte, welche nach dem neuesten Ausweis der Statistik gegenwärtig Gasbeleuchtung haben, hervorgehoben sind. Herr *Braun* bemerkt zu dieser interessanten Karte Folgendes: „Die Karte ist bestimmt, die bekannte Kohlenfracht-Sache ihrem Ziele weiter entgegen zu führen. Als Grundsatz steht die Einführung des Einpfennig-Tarifes ohne Expeditionsgebühr für den Steinkohlentransport fest. Die Verschiedenheit des Münzfusses und der gegenwärtig noch bestehenden Tarifsätze ist jedoch einer raschen und consequenten Durchführung dieses Tarifes zur Zeit noch hinderlich. Die Erfahrung der bisher für den Einpfennig-Tarif stattgehabten Bestrebungen lehrt, dass in einzelnen deutschen Ländern das eigentliche Ziel nur durch Uebergänge in den Frachtsätzen zu erlangen sein wird. Während Norddeutschland, westlich und östlich, mit dem Silberpfennig pro Centner und Meile auf den meisten Eisenbahnen vorangegangen, hat im übrigen Deutschland nur Sachsen für die Richtung von Zwickau nach Süden den $\frac{1}{10}$ Groschen eingeführt, und Bayern für seine Bahnen den Satz auf $1\frac{1}{2}$ süddeutsche Pfennig reducirt. Dass die anderen mitteldeutschen Bahnen dem Beispiele Sachsens folgen, die übrigen südwestdeutschen Staaten aber dem Vorbilde Bayerns nachgehen werden, ist wohl ausser allem Zweifel; eben so sicher ist aber auch anzunehmen, dass vorläufig von keinem dieser beiden Eisenbahn-Complexe der bisher ins Auge gefasste Silberpfennig zur Annahme gelangen wird. Nicht minder steht auch fest, dass für die südöstlichen, die österreichischen, Eisenbahnen schwerlich eine weitere Ermässigung als bis auf 2 Pfg. pro Centner und Meile in der nächsten Zeit zu erreichen sein wird. Von der Ansicht geleitet, dass es in derartigen Fragen immer practischer ist, den zunächst erreichbaren Zielen nachzustreben, ist die vorliegende Karte entworfen worden. Sie gewährt einen Total-Ueberblick über die alsbald durchführbare Gestaltung der Kohlentarif-Frage für die verschiedenen deutschen Länder und soll zugleich das Programm für die weitere Behandlung der Sache in der nächsten Zeit bilden. Soll nun aber das in gegenwärtiger Karte niedergelegte neue Programm für die Kohlentarif-Frage einer raschen, erfolgreichen Durchführung sicher sein, so gilt es, dieselbe von allen Seiten der Industrie, namentlich von Seiten der Gasanstalten, Kohlen- und Eisenwerke, Maschinenfabriken und aller sonstigen Kohlen consumirenden Etablissements, insbesondere aber auch Seitens der Handels- und Gewerbe-Kammern auf das Eifrigste und Unermüdlichste zu unterstützen."

---

## Zur Technologie des amerikanischen Erdöls;
von Dr. *Wiederhold* in Cassel.

(Aus Dinglers pol. Journal.)

Wohl selten ist über einen industriellen Gegenstand die Aufmerksamkeit des Publikums durch zahlreiche Berichte so lange in Spannung erhalten, als es bei dem amerikanischen Erdöl der Fall ist. Es dürfte deshalb wohl die Mittheilung der Versuche, welche ich über dasselbe angestellt habe, von einigem Interesse sein. Im Handel kommen jetzt zwei Producte vor, welche aus amerikanischem Erdöle stammen. Das eine führt den Namen „rectificirtes oder raffinirtes Petroleum," das andere wird unter der Bezeichnung „Naphta" als Surrogat für Terpenthinöl angeboten. Ob das letztere nicht wirklich das rohe Oel selbst, resp. eine gute Qualität desselben, oder ob es ein Fabricat aus dem rohen Oele ist, konnte ich nicht zur Entscheidung bringen. Das rohe Oel soll nämlich wegen seiner angeblich ausserordentlichen Feuergefährlichkeit nicht mehr versendet werden können, und es war auch in Folge davon die Erlangung einer grösseren Quantität „Naphta" mit vielen Schwierigkeiten verbunden. Nach den zerstreuten, theils sehr unvollkommenen Angaben, welche ich in den verschiedenen politischen Blättern fand, stimmen die Eigenschaften des rohen Oels im Ganzen mit denen der Naphta überein, so dass ich mich zu der Ansicht hinneige, die Naphta sei eine gute d. h. farblose Sorte des rohen Oels. Durch einen einfachen Versuch lässt sich rasch und ohne Schwierigkeiten entscheiden, mit welchem von beiden Körpern man es zu thun hat. Zu diesem Ende füllt man ein Probirglas etwa zu $\frac{1}{3}$ mit dem Oel und giesst dann das gleiche Volumen von Wasser, welches man auf 70—80° C. erwärmt hat, darauf. Aus der Naphta entwickelt sich in diesem Falle ein Gas, welches, wenn man an die Mündung des Glases eine Flamme bringt, sich entzündet. Bei dem raffinirten Petroleum tritt diese Erscheinung nicht ein.

### Die Naphta.

Eigenschaften. Die Naphta ist wasserhell, leicht beweglich wie Aether, von 0,715 spec. Gewichts. Sie riecht nicht unangenehm ätherisch, und verdunstet an der Luft, wobei eine merkliche Temperaturerniedrigung eintritt. Bei 60° C. beginnt das Oel zu sieden. Concentrirte Schwefelsäure bringt in demselben zuerst eine hellgelbe Färbung hervor, die bald dunkelroth und schliesslich schwarzbraun wird. Dabei erhitzt sich die Naphta so stark, dass sie ins Sieden geräth. Rauchende Salpetersäure greift das Oel ebenfalls stark an. Unter beträchtlicher Wärmeentwickelung färbt sich das Oel, welches in einer getrennten Schicht über der Salpetersäure schwimmt, grün, und es scheiden sich sowohl auf der Oberfläche als am Boden des Gläschens gelbrothe Tropfen ab. Die oben schwimmenden riechen nach Bittermandelöl und enthalten oder bestehen jedenfalls aus Nitrobenzol. Man muss bei Anstellung des Versuchs die Einwirkung durch Einstellen des Gläschens in kaltes Wasser mässigen, weil sonst eine zu starke Gasentwickelung eintritt, welche den Inhalt des Gefässes herausschleudert. Verdünnte Salpetersäure, Salzsäure, Königswasser und Alkalien in wässeriger Lösung üben keinen sichtbaren Einfluss. — Jod wird von dem Oele mit rother Farbe gelöst, Brom dagegen unter explosionsartiger Erscheinung sofort entfärbt. Nach 24stündigem Stehen scheidet sich ein missfarbiger Körper ab. Es entwickelt sich bei diesem Processe ferner ein Gas, welches mit schön grüner Farbe verbrennt. Chlor wird unter Wärmeentwickelung absorbirt und es bildet sich auch hier eine gasförmige Verbindung, die mit einer grüngesäumten Flamme brennt. Leitet man Stickoxydgas durch kleine Mengen des Oels, so färbt es sich schön grün. Angesteckt verbrennt das Gas mit einer Flamme, welche einen breiten grünen Mantel und einen purpur-violetten Kern besitzt. Diese Flammen dürften sich besonders gut zu spectral-analytischen Untersuchungen eignen. Leitet man aus einem Gasometer reines Wasserstoffgas über das Oel, welches man passend in eine Kugelröhre, wie sie zur Bestimmung des Ammoniaks bei der organischen Elementaranalyse dient, bringt, und zwar in der Art, dass das Gas nicht einmal durch das Oel, sondern nur über seine Oberfläche zu streichen braucht, so verbrennt das Wasserstoffgas mit stark leuchtender Flamme. Ja, ich habe gefunden, dass selbst atmosphärische Luft, in derselben Weise über die Naphta geleitet, eine schön leuchtende Flamme gibt. Mit Wasser ist das Oel nicht mischbar, ebensowenig mit Methylalkohol, dagegen leicht und vollständig mit absolutem Alkohol, Terpenthinöl, Schwefelkohlenstoff und altem Petroleum. In käuflichem Aether entsteht eine leichte Trübung, wahrscheinlich durch einen geringen Wassergehalt bedingt. Aus gleichen Ursachen tritt mit Weingeist eine nur theilweise Mischung ein. Schwefel wird von dem Oele nur in sehr geringer Menge gelöst, ebenso Phosphor; aus einer Auflösung des letzteren in Schwefelkohlenstoff schlägt es den Phosphor in weissen Flocken nieder. Aetherische Oele werden von der Naphta leicht gelöst, ebenso fette Oele, als Rüböl, Leinöl und Leinölfirniss, Olivenöl, Mohnöl, Nussöl, Mandelöl; Fischthran und Cocosöl, Talg, Stearinsäure, Margarinsäure, Palmöl, Wallrath, Wachs und Paraffin lösen sich nicht so leicht in der Kälte, dagegen rasch und vollständig bei Anwendung von Wärme. Von Harzen wird der Kautschuk erweicht, quillt auf und löst sich dann ebenso wie bei der Behandlung mit Schwefelkohlenstoff. Asphalt und venetianischer Terpentin werden gut gelöst, namentlich in der Wärme. Schwerer löslich erscheinen Colophonium, Mastix, Dammar und Pech. Nur sehr unbedeutend oder gar nicht werden gelöst: Bernstein, Copal, Körnerlack und Schellack. Was die Zusammensetzung des Oeles betrifft, so ist dasselbe jedenfalls ein Gemisch der verschiedenartigsten Körper. Die obenerwähnte Bildung von Nitrobenzol lässt auf einen Gehalt von Benzin schliessen; derselbe ist jedenfalls unbedeutend. Bei einer fractionirten Destillation ergab sich als Durchschnitt von mehreren Bestimmungen, dass die Naphta enthält:

48,6 Proc. Oele, welche bei Temperaturen bis 100° C. destilliren, von 0,70 spec. Gew.

45,7 Proc. Oele, welche bei Temperaturen bis 200° C. destilliren, von 0,73 spec. Gew., und

5,7 Proc. Oele, die einen über 200° C. liegenden Siedepunkt und ein spec. Gewicht von 0,80 besitzen.

Verdampft man das Oel zur Trockne, so bleibt ein unbedeutender kohliger Rückstand. Die Eigenschaften des ersten sowohl als des zweiten Destillats stimmen, was Reactionen, Löslichkeit und Mischbarkeit mit den oben erwähnten Körpern betrifft, im Wesentlichen mit denen der Naphta überein. Das erste Destillat, für welches ich seiner Flüchtigkeit wegen den Namen Erdöläther vorschlage und in der Folge gebrauchen werde, ist jedenfalls das interessanteste Product des amerikanischen Petroleums. Die erwähnten Erscheinungen beim Durchleiten von Gasen zeigen sich, wie zu erwarten war, bei dem Erdöläther in viel grösserem Maasse als bei der rohen Naphta.

Anwendungen. Gestützt auf die mitgetheilten Eigenschaften dürfte sich die Naphta und die durch fractionirte Destillation aus ihr abgeschiedenen Körper zu folgenden Verwendungen eignen:

1) Als Leuchtmaterial kann die Naphta auf keiner der gebräuchlichen Lampen gebrannt werden, weil sie wegen ihres Gehalts an sehr flüchtigen Substanzen zu feuergefährlich ist. Am allerwenigsten der Erdöläther. Dagegen ist das zweite Destillat ein ausgezeichnetes Photogen, welches auf den geeigneten Lampen mit vorzüglicher Helligkeit und auch sparsam brennt. Sein Geruch ist viel angenehmer, als der des gewöhnlichen Photogens. Man könnte es passend als Erdölphotogen bezeichnen. Von dem dritten Destillat, oder vielmehr dem Rückstand welcher die Körper enthält, deren Siedepunkt über 200° C. liegt, gilt das unten vom „raffinirten Petroleum" Gesagte, mit dem es in seinen Eigenschaften im Allgemeinen identisch ist.

2) Um der an sich farblosen Wasserstoffgasflamme, selbst der atmosphärischen Luft, Leuchtkraft zu ertheilen, sowie zur Anreicherung des aus schlechten Materialien hergestellten Leuchtgases, besitzt der Erdöläther eine Leistungsfähigkeit, wie sie keiner der in dieser Richtung bisher vorgeschlagenen Substanzen gleichkommen dürfte. Es ist sogar nicht unwahrscheinlich, dass es gelingen könnte, die betreffenden sogenannten Carbonisirungsapparate in den Leuchtgasfabriken aufzustellen, während dieselben bisher in der möglichsten Nähe der Brenner in die Gasleitung eingeschaltet werden sollten.

3) Der Erdöläther kann in vielen Fällen das Terpentinöl ersetzen. Die Naphta leistet das nicht, weil sie nicht vollständig und rasch genug verdunstet. Der Erdöläther mischt sich dagegen leicht, z. B. mit Leinölfirniss und verdunstet vollständig. Mit denjenigen Harzen, welche der Erdöläther auflöst, deren Zahl aber, wie oben angegeben, nicht gross ist, lassen sich gute Firnisse bereiten.

4) Statt des Schwefelkohlenstoffs kann der Erdöläther zur Extraction von fetten Oelen aus Samen benutzt werden. Ich habe Rübsamen gestossen und in einem Kölbchen mit Erdöläther digerirt. Die Flüssigkeit färbte sich rasch goldgelb, nach Verlauf von 12 Stunden wurde filtrirt und das Filtrat zur Verjagung des Erdöläthers im Wasserbad verdampft. Ich überzeugte mich, dass eine ziemlich beträchtliche Menge von Oel in Lösung gegangen war. Da bei diesem Präparate eine Reihe von Bedenken, welche man beim Schwefelkohlenstoff hatte, namentlich in Bezug auf Geruch und vollständige Entfernbarkeit desselben, wegfallen, so wären wohl Versuche im Grossen hier am Orte.

5) Zur Darstellung der sogenannten löslichen Gewürze. Ich habe Pfeffer in derselben Weise wie Rübsamen behandelt und das Filtrat über Kochsalz verdunstet. Nach vollständiger Entfernung des Erdöläthers hatte das Salz den stechenden Geruch und den specifischen Beigeschmack des Pfeffers angenommen.

6) Statt Benzin (*Brönner's* Fleckwasser) als Fleckwasser für Fettflecken. Die Naphta, vorzüglich aber der Erdöläther leistet vollkommen das, was vom Benzin bekannt ist, namentlich empfiehlt sich derselbe zum Reinigen von Feilen, welche durch ölgetränkte Späne verschmiert sind.

7) Zum Wasserdichtmachen von Leder eignet sich die Auflösung von fetten Oelen im Erdöläther sehr gut, weil diese leicht und gut in die Poren eindringt.

8) Zur Fabrikation von Lampenschwarz kann das Oel benutzt werden, da es mit stark russender Flamme verbrennt.

9) Zur Conservation anatomischer und dergleichen Präparate dürfte die Naphta namentlich ihrer Farblosigkeit wegen mit dem Spiritus concurriren, und schliesslich

10) steht wohl zu erwarten, dass dieselbe in der Medicin Anwendung findet, da es ja bekannt ist, dass die Aerzte von Alters her für die sogenannten „natürlichen Heilmittel," namentlich wenn ihre Entstehung mit einem gewissen mysteriösen Schleier verhüllt ist, eine besondere Vorliebe zeigen. Für die jetzt so in Aufnahme kommenden Inhalationscuren dürfte der Erdöläther zu Versuchen zu empfehlen seyn.

## Das raffinirte Petroleum.

Eigenschaften. Das raffinirte Petroleum ist eine opalisirende Flüssigkeit von etwas gelblicher Farbe und von 0,81 spec. Gewichte. Sie riecht höchst unangenehm, dunstet jedoch bei gewöhnlicher Temperatur nicht merklich ab, so dass man das Oel offen im Zimmer lassen kann, ohne durch den Geruch stark belästigt zu werden. Der Siedepunkt des Petroleums liegt bei 150° C. Mit gleichen Gewichtstheilen conc. Schwefelsäure versetzt, nimmt dasselbe unter Erwärmung eine tief rothe Farbe an; die Schwefelsäure, welche sich nicht mit dem Oele mischt und die untere Schicht bildet, färbt sich dabei tief schwarz. Wäscht man die obere Oelschicht mit Wasser, so erhält dasselbe durch Aufnahme einer fettigen

Substanz ein milchiges Ansehen, das Oel selbst aber wird nach Verlauf einiger Zeit goldgelb und fast geruchlos. Man erhält von demselben in dieser Weise circa 92—93 Proc. Dampft man die milchige Flüssigkeit auf dem Wasserbade bis zur Verjagung des Wassers ein, so erhält man 6—7 Procent eines flüssigen und farblosen Oeles. Versetzt man dagegen die Schwefelsäure, welche bei der Operation gedient hat, mit viel Wasser, so scheidet sich eine glänzend schwarze, lackartige Masse auf der Oberfläche aus, die ungefähr 1 Procent von der Menge des Oeles beträgt. — Rauchende Salpetersäure wirkt ähnlich auf das Oel, wie auf Naphta, nur konnte eine Bildung von Nitrobenzol nicht wahrgenommen werden. Das Petroleum mischt sich nicht mit Wasser, Alkohol und Holzgeist, dagegen leicht mit Schwefelkohlenstoff, Aether (Trübung), Terpenthinöl und altem Petroleum. Jod wird von dem Oele leicht aufgelöst, Brom entfärbt; unlöslich sind Schwefel und Phosphor. Gegen die fetten Oele und Fettsubstanzen verhält sich das Oel im Allgemeinen wie die Naphta, nur ist der Grad der Löslichkeit ein viel geringerer. Ich übergehe die Einzelheiten, weil mir dieselben hier ohne Bedeutung erscheinen. Von Harzen und ähnlichen Stoffen wird nur Asphalt, Elemi und venetianischer Terpenthin in der Wärme in bemerklicher Weise gelöst. Kautschuk wird erweicht, quillt auf und löst sich in der Wärme vollständig. Das raffinirte Petroleum enthält:

12 Proc. Oele, welche bei einer Temperatur bis 200° C. überdestilliren, von 0,74 spec. Gewicht,

98 Proc. Oele, welche einen höheren Siedepunkt und ein spec. Gewicht von 0,815 haben.

Beim Eindampfen des Oels erhält man 10—11 Proc. eines bei gewöhnlicher Temperatur erstarrenden schwarzen Rückstandes, welcher geringe Mengen Paraffin enthält. Bei der Destillation färbt sich das Oel mit steigender Temperatur immer dunkler, bei 200° C. ist es dunkelroth und setzt einen kohligen Körper ab. Durch Schwefelsäure lässt sich das rothe Oel — im Wesentlichen ein Solaröl — wieder in der oben angeführten Weise bleichen und geruchlos machen.

Anwendungen. Das raffinirte Oel scheint nur als Leuchtmaterial eine praktische Verwendung finden zu können. Das Handelsproduct ebenso wenig wie das durch fractionirte Destillation erhaltene Solaröl lässt sich weder auf Photogen- noch auf den gewöhnlichen Rüböl-Sturzlampen brennen, während das 12 Procent betragende erste Destillat ein vortreffliches Leuchtmaterial für Photogenlampen abgibt. Bei den letzteren Lampen hat dieses seinen Grund darin, dass die specifisch schweren Oele nicht genügend in dem Dochte in die Höhe steigen. Bei den gewöhnlichen Rübböllampen tritt ein entgegengesetzter Uebelstand ein. Das Oel steigt hier zu rasch über und es dunstet ein Theil unverbrannt in der Flamme ab, wodurch ein unerträglicher Geruch in dem Zimmer entsteht. Man kann das Oel auf Photogenlampen nur dann gut brennen, wenn dieselben so eingerichtet werden, dass der Abstand vom Brenner bis zum Oelreservoir ein möglichst kurzer ist. Verändert man an den Rübölllampen den sogenannten Oelstand in der Art, dass das Oel nicht mehr stark steigt, so lässt sich das Oel auch auf diesen ohne die vorhin genannten Uebelstände brennen. Doch ist es mir bisher nicht gelungen, den unangenehmen Geruch gänzlich und für längere Zeit zu beseitigen. Wenn das raffinirte Petroleum seinen jetzigen Preis (hier 5 Sgr. der Schoppen) beibehält, wird es mit den anderen bekannten Leuchtstoffen nicht concurriren können.

Zum Schlusse möchte ich mir noch einige Bemerkungen über die angebliche Feuergefährlichkeit erlauben. Das raffinirte Petroleum ist durchaus ungefährlich, weil es gar nicht ohne Docht brennt. Die Naphta dagegen ist, wie aus den oben angegebenen Eigenschaften erhellt, unzweifelhaft feuergefährlich, jedoch gewiss nicht in dem Maasse, als es nach den Zeitungsberichten erscheint. Ich habe zur Feststellung in dieser Richtung einige Versuche mit der Knallpistole angestellt. Bringt man in eine solche einige Tropfen Erdöläther, welcher jedenfalls alle feuergefährlichen Stoffe concentrirt enthält, und entzündet nach einiger Zeit das Gemisch von Luft- und Naphtadämpfen, so brennen letztere ohne Explosion aus der Oeffnung. Bei der geringsten Menge von Erdöläther, die ich einbringen konnte, entstand nur ein starkes Zischen. In der Feuergefährlichkeit wird der Erdöläther wohl dem gewöhnlichen Aether gleichzusetzen sein. Prohibitivmaassregeln, welche die Versendung dieses zu so vielen und interessanten Anwendungen geeigneten Productes gänzlich unmöglich machen, scheinen mir daher nicht gerechtfertigt, während die Beobachtung der nöthigen Vorsichtsmaassregeln, wie sie bei anderen feuergefährlichen Substanzen, als Aether, Pulver etc. vorgeschrieben sind, natürlich zum Gesetz gemacht werden muss. Möchten die hier mitgetheilten Versuche zur weiteren Verbreitung des amerikanischen Erdöls und seiner Präparate beitragen. Dass ihnen, namentlich dem Erdöläther, eine Zukunft bevorsteht, scheint mir — falls die Quellen in Amerika nicht bald versiegen — ausser Zweifel.

---

## Gutachten über das Steinkohlen-Gas-Werk Constanz.

In dem mit der Stadt Constanz abgeschlossenen Vertrage über die Einführung der Gasbeleuchtung ist es bestimmt, nach Herstellung der Fabrik und Eröffnung der Gasbeleuchtung vier bei dem Unternehmen unbetheiligte Sachkundige unter der Beiordnung eines leitenden Mitgliedes des Gemeinderaths zu beauftragen, die Untersuchung der vertragmässigen Ausführung vorzunehmen.

Wiewohl nach Ablauf eines Monats nach Eröffnung der Gasbeleuchtung vertragmässig deren Ausführung den Anforderungen entsprechend anerkannt ist, war es doch der beiderseitige Wunsch, des hiesigen Gemeinderaths und der Unternehmer der Gasbeleuchtung, Firma *„Rampp, Döl-*

*king & Comp.,"* durch Vornahme der Untersuchung die Zweckmässigkeit der Anlage und Ausführung bestätigen zu lassen.

Die aus dem leitenden Gemeinderathsmitglied Herrn *Heinrich Vögelin*, dem von der Stadtbehörde beigeordneten Herrn Stadtbaumeister *A. Merk* und den beiden Sachverständigen Herrn Bezirksbauinspektor *H. Leonhard* und Apotheker *J. N. Joos*, den zwei von den Gaswerkunternehmern beauftragten Sachkundigen Herrn Gasdirektor *H. Kreusser* aus Winterthur und Apotheker *L. Leiner* hier bestehende Commission prüfte nun das ganze Gaswerk und den technischen Betrieb in folgender Weise.

## I. Befund der Anlage.

Zur Prüfung der Anlage bestimmte sich die Commission als eintheilende Motive die Untersuchung der Gebäude, der Apparate, der Gasbehälter, der Gasleitung, der Beleuchtungseinrichtungen und die des Beleuchtungsgases.

### a. Die Gebäude.

Die zur Bereitung des Steinkohlengases neuerbaute Fabrik liegt vor dem Paradieserthore, im sogenannten kleinen Brüel, nächst Constanz links an der Strasse nach Tägerweilen. Das hiezu von der Stadt angekaufte Grundstück ist ein Viereck von 300' Länge, 200' Breite, und umfasst einen Flächeninhalt von 60,000 □'.

Die hier gegebenen Masse sind der badische Fuss gleich 0,3 Meter.

Die wesentlichen Theile der Fabrikanlage finden sich in Folgendem übersichtlich dargestellt:

1. Das Retortenhaus von 40' Länge, 27' Breite und 22½' Höhe hat einen mit gewelltem Eisenbleche gedeckten aus Eisen construirten Dachstuhl.

   Einerseits an dasselbe angebaut steht das

2. Reinigungs- und Regulator-Gebäude von 45½' Länge, 24' Breite und 12½' Höhe. Der Reinigungsraum desselben misst 28½' Länge, 24' Breite und 12½' Höhe; der Regulator-Raum 19' Länge, 16' Breite und dieselbe Höhe; das Kalkmagazin ist 19' lang, 8 Fuss breit und 12½' hoch.

   Anderseits an das Retortenhaus anlehnend steht

3. der Kohlen- und Coaks-Schuppen von 48' Länge, 27' Breite und 12½' Höhe.
4. Ein Magazin hinter dem Retortenhause in einer Länge von 40', einer Breite von 12' und einer Höhe von 10', liegt zwischen diesem und dem Schornsteine.
5. Der Schornstein ist 80' hoch und mit einem Blitzableiter versehen.
6. Die Theergrube, nächst den beiden letzteren ist überwölbt, 20' lang, 8' breit, 6' tief.

   Seitlich dieser Gebäulichkeiten befinden sich

7. zwei Gasbehälter, jeder 12,000 c' Gas haltend in Becken von 58½' Durchmesser und 18' Tiefe.

Vor diesen, der Strasse zu, stehen abgesondert

8. eine Gasmeister-Wohnung und
9. ein Verwaltungsgebäude und
10. eine mit einem Häuschen überbaute gut construirte Brückenwaage.

Die Gebäude sind massiv in Stein gebaut, solid, sehr gefällig und recht zweckmässig ausgeführt.

Die Umfriedung der ganzen Anlage gegen die Landstrasse zu mit eisernen und an den übrigen Seiten mit hölzernen und lebendigem Hage war eben in Arbeit.

### b. Die Apparate.

In den Gebäulichkeiten fanden sich die nachstehenden, fertig montirten Gaserzeugungs-, Reinigungs- und sonstigen Betriebs-Apparate.

1. Im Retortenhause:
   a. zwei Oefen mit je fünf und zwei mit je drei thönernen Retorten aus der Fabrik von *A. Keller* in Gent.
   b. zwei getrennte Vorlagen von Gusseisen, jede mit besonderem Abflussrohre und Schieber-Ventil.

      Das Mauerwerk und die Verankerung und Dichtungen sind auf das Solideste hergestellt.
   c. Ein Wasserbehältniss von Schmiedeeisen von 72 c' Inhalt mit Zuleitung nach dem Wascher und Scrubber.
2. Im Reinigungsraume:
   a. ein gusseiserner, verticaler Röhren-Condensator von 16 je 12' langen Röhren von 4½" Durchmesser, unten auf einem viereckigen Kasten mit Scheidewänden stehend, oben durch Winkel verbunden.
   b. Ein combinirter Wasch- und Scrubb-Apparat nach dem System *Thurston*, dessen unterer Theil den Wascher, 4' im Kubus, mit 5 Platten zur Aufnahme je einer Wasserschichte von 15''', von zusammengeschraubten Gussplatten, enthält, und dessen oberer den Scrubber enthaltend, aus zwei in einander befindlichen Cylindern von je 2' 4" und 3' 2" Durchmesser und 6' 2" und 6' 0" Höhe von Schmiedeisen besteht.
   c. Zwei Trockenkalk-Reiniger von Gusseisen mit schmiedeisernen Deckeln, jeder 12' lang, 4' breit und 3½' hoch mit je 5 Rohrsieben zur Aufnahme des Kalkhydrats. Vermittelst der 10 Abschlussventile können dieselben einzeln oder zusammen arbeiten, oder auch ganz ausgeschaltet werden. Die Hebvorrichtung für die Deckel besteht in einer Schraube mit Griffrad und Laufwagen. Sämmtliche Apparate sind von reinem blasenfreiem Gusse mit der nöthigen Stärke gut vernietet, verschraubt und verdichtet.
3. In dem Regulator-Raume:
   a. Ein Stations-Compteur für 60,000 c' engl. mit einem Trommel-Inhalt von 15 c' engl.
   b. Ein Druck-Regulator mit Ein- und Ausgangsrohr von 6" englisch.

c. Ein Aich-Apparat zur Prüfung der Compteure bestehend aus einem Gasbehälter von 12 c', Leitungsrohr für 4 Compteure, Normal-Compteur und Ausflussrohr zum Aufstecken der verschiedenen Brenner-Sorten.

d. Ein Experimentir-Compteur mit Photometer nach Bunsen.

Sämmtliche hier genannte Apparate aus der Fabrik von *J. Bruat & Cie.*, *ci-devant Scholfield & Cie* in Paris.

e. Manometer und Probevorrichtungen für sämmtliche Erzeugungs- und Reinigungs-Apparate.

### c. Die Gasbehälter.

Die Führung der beiden im Freien aufgestellten Gasbehälter geschieht mit je 5 Laufrollen an mit T-Eisen verspannten Gussäulen und auf Leitschienen beweglichen 5 Gegenrollen innerhalb des Bassins, das mit einem Geländer von Schmiedeeisen umgeben ist.

Die Glocken selbst sind sehr exact und sorgfältig vernietet. Die in Cement-Verputz ausgeführten Becken lassen keine Wasserabnahme bemerken.

Jeder Gasbehälter hat eigene Ein- und Ausströmungsröhren mit Abschlussventil.

An Platz und Anlage der Verbindungsröhren ist Vorsorge für Anlegung eines dritten Gasbehälters getroffen.

### d. Die Gasleitung.

Die Hauptleitung von Gusseisen mit Kautschuk-Ringen besteht aus:

| | | | | | | |
|---|---|---|---|---|---|---|
| Rohr | von | 8'' | engl. | lfd.' | 180, | auf der Fabrik; |
| " | " | 6'' | " | " | 180, | " " " |
| " | " | 6'' | " | " | 2218, | in der Stadt; |
| " | " | 4'' | " | " | 3566, | " " " |
| " | " | 3'' | " | " | 1841, | " " " |
| " | " | 2½'' | " | " | 4457, | " " " |
| " | " | 2'' | " | " | 3656, | " " " |
| " | " | 1½'' | " | " | 9884, | " " " |
| " | " | " | " | " | 4064 | Zuleitungen |
| | | | | zusammen | 30046 | Rohr. |

Die zu Ermittelung des Gasverlustes in dem ganzen Röhrennetze angestellten Versuche ergaben unter dem üblichen Nachdrucke von 14''' engl., 80 c' in der Stunde, trotzdem nicht constatirt werden konnte, dass sämmtliche Privatleitungen während der Beobachtung geschlossen waren. Derselbe erscheint daher unter allen Umständen als äusserst gering und es ist die Verdichtung der Röhren als sehr gut anzuerkennen, da im städtischen Vertrage bedungen wurde, dass der Gasverlust 100 c' auf die Stunde nicht überschreiten dürfe.

### e. Die Beleuchtungseinrichtungen.

Die Beleuchtung der Stadt wird durch 99 gusseiserne Armlaternen, 24 gusseiserne Candelaber und 0 hölzerne, zusammen 128 Flammen bewirkt. Die Säulen, Arme und Laternen sind von gefälliger Form; das Glas der letztern ist rein, weiss und blasenfrei. Die Hahnen haben Horizontal-Bewegung; es kann kein Verlöschen der Flammen stattfinden. Die Anbringung und Vertheilung der Flammen ist eine gelungene zu nennen; alle Strassen und Plätze sind, ohne Verschwendung gleichmässig und möglichst vollständig erhellt.

Die in mehreren Localitäten vorgenommene Besichtigung von Privateinrichtungen ergab, dass die Bleileitungen sorgfältig und dicht gearbeitet und auf eine nicht karge Weise mit Haken befestigt waren.

Sämmtliche Compteure sind geaicht in engl. c', und die Construction der Art, dass selbst durch unberufenes Oeffnen der Füll- und Abfluss-Schrauben keinerlei Gasentweichungen stattfinden können.

f. Das Beleuchtungsgas.

Die Leuchtkraft des gereinigten Gases wurde mit zwei *Bunsen*'schen Photometern ähnlicher Construktion bestimmt. Sie zeigte sich bei 4⅙ c' Consum auf die Stunde unter einem Drucke am Brenner von 7''' gleich 16 Stearinkerzen, von denen 6 auf 1 Pfd.# gehen und 4,585 Gramm Stearin in 30 Minuten mit einer Flammenhöhe von $^{11}/_{12}$ engl. Zollen verbrennen, die Kerze im Zustande hellsten Brennens beobachtet. Das gereinigte Gas, wie es zur Beleuchtung in Anwendung kommt, entsprach auch bezüglich der Reinheit vollkommen allen billigen Anforderungen. Es zeigte auf angefeuchtetes Curcuma-Papier und Curcuma-Lösung keine ammoniakalische Färbung, erwies sich mit Silbernitrat- und Bleiacetat-Lösung geprüft frei von Schwefelwasserstoffgas. In einer Eudiometerröhre über Quecksilber unter Beobachtung der Temperatur und des Druckes im Zustande der Wasserdampfsättigung gemessen gab das Gas im Mittel von drei Versuchen 0,87 pCt. Kohlensäure an eine mittelst Platindrath eingeführte gefeuchtete Kalikugel ab.

Das Gas erwies sich frei von gesundheitsschädlichen und Röhren und Brenner corrodirenden Gasarten und erreichte auch bezüglich des Kohlensäuregehaltes nicht die selbst im städtischen Vertrage erlaubte Grenze; zeigte sich reiner als dort bedungen.

2. Beurtheilung der Anlage.

In den zweckmässig angelegten und sehr gefällig ausgeführten, Sicherheit in jeder Beziehung bietenden Gebäuden, die bezüglich der Herstellungsart zu einer Zierde des ihnen zugetheilten Ortes dienen, sind die sämmtlichen Apparate zur Erzeugung und Reinigung des hier zur Beleuchtung verwandten Steinkohlengases in der nöthigen Stärke und zweckentsprechender Construction. Sie sind mit Manometer und Umgangsröhren mit Abschlussventilen versehen. Es ist daher jede Betriebsstörung sofort wahrnehmbar und auf leichte Weise momentan zu beseitigen.

Die nicht auf dem Platze selbst gefertigten Utensilien sind von anerkannt gediegenen Firmen bezogen.

Die Ableitung der Condensations-Produkte nach der geräumigen,

960 c' haltenden Cysterne des Rauches und der Dämpfe ist vollkommen. Es fand sich Alles in der besten Ordnung. Die Reinheit und Leuchtkraft des Gases erwies sich höher, als der städtische Vertrag es verlangt. Die Berechnung der Grössenverhältnisse obengenannter Apparate und der Leitung ergaben die Möglichkeit einer dreifach stärkern Produktion als die gegenwärtige ist. Die Gasbehälter erscheinen für die doppelte gross genug.

Es glaubt demnach die Commission ihre Ansicht dahin aussprechen zu müssen, dass von den Herren Unternehmern die in den ihr zur Begutachtung zustehenden Paragraphen des städtischen Vertrags vom 17. April 1861 vorgeschriebenen Bestimmungen über Bau und Betrieb der Gasfabrik nicht nur in jeder Beziehung erfüllt haben, sondern in liberaler Weise mehr geleistet haben, als vertragsmässig bedungen wurde.

Die für die Stadt und das Publikum daraus zu erwartenden Vortheile sind als freudige zu begrüssen.

Constanz, den 19. Februar 1862.

Das leitende Mitglied des Gemeinderaths:
*Heinrich Vögelin.*

Der Beigeordnete des Gemeinderaths:
*A. Merk,* Stadtbaumeister.

Die Experten des Gemeinderaths:
*Leonhard,* Bezirksbauinspektor.
*J. N. Joos,* Apotheker.

Die Experten von den Unternehmern:
*H. Kreusser,* Direktor der Gas-Anstalt in Winterthur.
*L. Leiner,* Apotheker.

---

## Verzeichniss

derjenigen Aussteller, welche auf der Londoner Industrie-Ausstellung für Gegenstände aus dem Gebiete des Beleuchtungswesens durch Preismedaillen und ehrenvolle Erwähnung ausgezeichnet worden sind. *)

| Heimath des Ausstellers. | Nro. des Katalogs | Name des Ausstellers. | Bezeichnung des Gegenstandes und Grund der Auszeichnung. |
|---|---|---|---|
| **Classe II. Chemische Substanzen und Producte, sowie pharmaceutische Erzeugnisse. Medaillen.** | | | |
| Grossbritannien. | 439 | Allen E. | Für die Erzeugung von Anilin in grossem Maassstabe. |
| " | 482 | Bowditch, Rev. W. R. | Für ein neues Verfahren zur Entfernung des Doppeltschwefelkohlenstoffes aus dem Steinkohlengase. |
| " | 529 | Holliday, R. | Für eine Sammlung von Benzol-Derivaten und anderen Theer-Producten. |

*) Sollten in diesem Auszuge Lücken geblieben sein, so dürfte das seinen Grund wesentlich darin haben, dass in dem officiellen Catalog manche Bezeichnungen zu allge-

| Heimath des Ausstellers. | Nro. des Katalogs. | Name des Ausstellers. | Bezeichnung des Gegenstandes und Grund der Auszeichnung. |
|---|---|---|---|
| Grossbritannien. | 567 | Metropolitan Alum-works. | Für die Erzeugung von Ammoniak-Alaun bei der Gasfabrikation. |
| „ | 568 | Miller, G., and Co | Für verschiedenartige und ausgezeichnete Producte, gewonnen bei der Destillation der Steinkohlen. |
| „ | 581 | Perkin and Sons | Für die erste Anwendung des Anilins zum Färben und für ausgezeichnete Proben über die Darstellung und Anwendung des Anilinroths. |
| „ | 600 | Simpson, Maule and Nicholson. | Für die höchste Entwickelung der Anilin-Manufactur, für eine grossartige Ausstellung unvergleichlicher Proben von Anilinsalzen und allen denjenigen Verbindungen, welche bei der Darstellung des Anilins aus den Kohlen vorkommen |
| Canada. | 93 | Canadian Oil Works | Für eine ausgedehnte Ausstellung von Erzeugnissen aus Petroleum. |
| „ | 169 | Parsons, Brothers. | Desgl. |
| Victoria. | 124 | Pranget | Für die Reichhaltigkeit secundärer Producte, gewonnen bei der Holzgasfabrication. |
| Oesterreich. | 89 | Breitenlohner. | Für die Einführung der Paraffin-Industrie in Böhmen. |
| „ | 166 | Wagenmann, Seybel und Comp. | Für die ausgezeichnete Qualität ihrer im grossen Maassstabe fabricirten chemischen Producte |
| Frankreich. | 203 | Collas, C. & Comp. | Für die Verbreitung der reinigenden Eigenschaft der leichten Oele in der Kohlengas-Naphtha, und für den Antheil, den sie durch ihre Darstellung von Nitrobenzol im grossen Maassstabe an der Entwickelung der Anilin-Industrie haben |
| „ | 130 | Dehaynin, M. G. | Für die gute Qualität ihrer Producte, für die Bedeutung ihrer Fabrication, und die Anwendung eines verbesserten Apparates, um Benzol von besserer Qualität darzustellen. |
| „ | 171 | Fayolle & Comp. | Für die gute Qualität ihrer im grossen Maassstabe dargestellten Anilinfarben. |
| „ | 132 | Gautier-Bouchard, L. J. | Für die Gewinnung von Berlinerblau im grossen Maassstabe aus dem schmutzigen Gaskalk. |
| „ | 208 | Laurent, F. et Casthelaz | Für die gute Qualität ihrer im grossen Maassstabe dargestellten Anilinfarben und für ein Verfahren zur directen Ueberführung des Nitrobenzols in einen rothen Farbstoff. |
| „ | 117 | Mallet, A. A. P. | Für sein Verfahren zur Reinigung des Steinkohlengases und für die Nutzbarmachung des im Gase enthaltenen Ammoniaks. |

sein gehalten sind, und sich nicht ersehen lässt, ob die ausgezeichneten Gegenstände speciell auch auf das Beleuchtungswesen Bezug haben, oder nicht.

| Heimath des Ausstellers. | Nro. des Katalogs | Name des Ausstellers. | Bezeichnung des Gegenstandes und Grund der Auszeichnung. |
|---|---|---|---|
| Frankreich. | 118 | Compagnie Parisienne d'éclairage et de chauffage par le gaz | Für die gute Qualität ihrer Theerproducte, die Bedeutung ihrer Fabrication und die theilweise Umwandlung der schweren Kohlen-Oele in Benzol. |
| " | 116 | Petersen, F. & Sichler | Für die gute Qualität ihrer Anilinfarben. |
| " | 115 | Perrier & Chappat fils. | Desgl. |
| " | 175 | Renard, Frères & Franc. | Für die erste Darstellung des Anilinroths in grossem Maassstabe und für die Entwickelung dieser Industrie zu colossalen Verhältnissen; sowie für eine glänzende Ausstellung von Fuchsin und anderen Anilin-Farben. |
| Gr. Hessen. (Offenbach) | 466 | Oehler, C. | Für die gute Qualität seiner Theerproducte. |
| Niederlande. | 5 | Van der Elst und Matthes. | Für die gute Qualität ihrer im grossen Maassstabe aus dem Gaswasser gewonnenen Ammoniaksalze. |
| Preussen. (Aschersleben) | 977 | Georgshütte. | Für die Schönheit ihres im grossen Maassstabe dargestellten Paraffins. |
| (Weissenfels.) | 751 | Hübner, Dr., Bernh. | Für die Schönheit seines Paraffins und Paraffin-Oels, sowie für die Entwickelung dieses Industriezweiges in Deutschland |
| " | 992 | Jäger, C. | Für die Schönheit seiner Anilinpräparate. |
| " | 1019a | Runge, Prof., Dr. | Für den Einfluss, welchen seine Untersuchungen auf die Entwickelung der Theerindustrie gehabt haben. |
| (Halle.) | 831 | Sächs.-Thüringische Actiengesellschaft f. Braunkohlenverw. | Für die Schönheit ihres Paraffins und Paraffin-Oels und für die Entwickelung dieses Industriezweiges in Deutschland. |
| (Weissenfels.) | 877 | Wirschen-Weissenfels Actien-Gesellschaft | Desgl. |
| Russland. | 48 | Torsse, Baron und Comp. | Für neue Beleuchtungsmaterialien |
| Sachsen (Chemnitz.) | 2304 | Duvernay, Peters & Comp. | Für eine Sammlung von Anilin- und Orseille-Farben von guter Qualität. |
| (Leipzig.) | 2319 | Würtz, T. | Für die ausgezeichnete Qualität seiner Anilinfarben. |
| Schweiz. | 16 | Müller, J. J. & Comp. | Für die Schönheit und Verschiedenheit seiner im grossen Maassstabe dargestellten Krapp- und Anilinfarben |
| Vereinigte Staaten. | 5 | Pease, S. F. | Für Erdöl, Benzol aus Erdöl und Steinkohlentheeröl zur Beleuchtung und zum Schmieren. |
| Württemberg (Stuttgart.) | 2687 | Knosp, R. | Für ausgezeichnete Qualität von Indigo, Carmin, Persio und Anilinfarben im Grossen fabricirt. |

## Ehrenvolle Erwähnung.

| Heimath des Ausstellers. | Nro. des Katalogs | Name des Ausstellers. | Bezeichnung des Gegenstandes und Grund der Auszeichnung. |
|---|---|---|---|
| Gross-britannien. | 506 | Dawson, D. | Für Präparate zur Erläuterung der Anilinfabrication. |
| New-Brunswick. | 16 | Spurr, Dr. Wolfe. | Für Destillationsproducte der Steinkohlen. |

| Heimath des Ausstellers. | Nro. des Katalogs. | Name des Ausstellers. | Bezeichnung des Gegenstandes und Grund der Auszeichnung. |
|---|---|---|---|
| Oesterreich. | 121 | Lohner, E. | Für die Einführung der Anilinindustrie in Oesterreich, für gute Qualität und billige Preise der Producte. |
| Baiern. (Nürnberg) | 149 | Graf & Comp. | Für die gute Qualität ihrer im grossen Maassstabe dargestellten Kohlentheerproducte |
| Belgien. | 42 | Coosemans & Comp. | Für gute Qualität ihrer Kohlentheerproducte. |
| Frankreich. | 181 | Javal, Jn | Für die Verbesserung der Anilinfarben nach einem eigenthümlichen Verfahren, welches indess noch nicht vollständig zur Ausführung gekommen ist |
| Gr. Hessen. (Offenbach) | 467 | Petersen & Comp. | Für die gute Qualität ihrer Kohlentheerproducte. |
| Preussen. | 957 | Bredt, O. | Für die gute Qualität seiner Anilinfarben. |
| | 828 | Enge. | Für die Schönheit seines Paraffins und Paraffin-Oels und für die Entwickelung dieses Industriezweiges in Deutschland. |

## Classe IV. Oele, Fette, Wachs und deren Producte.

### Medaillen.

| | | | |
|---|---|---|---|
| Grossbritan. | 910 | Barclay and Sons. | Für ausgezeichnetes Wachs und Wachskerzen. |
| " | 916 | Field, J. C. and J. | Für ausgezeichnete Paraffinkerzen. |
| " | 936 | Ogleby, C., and Co. | Für ausgezeichnete Paraffin- und Stearinkerzen. |
| " | 917 | Tayler, W., and Co. | Für ausgezeichnete Compositions-Kerzen. |
| " | 919 | Tucker, F., and Co. | Für ausgezeichnete Wachs- und Kirchenkerzen. |
| Victoria | 451 | Quelch, Brothers. | Für ausgezeichnete Talgkerzen |
| Oesterreich. | 432 | Döblinger, F. | Für ausgezeichnetes Wachs und Wachskerzen. |
| " | 460 | Himmelbauer, A. & C | Für ausgezeichnete Stearinsäure und Stearinkerzen. |
| " | 507 | Römer, C. | Für feine Proben von Wachs und Wachskerzen. |
| " | 512 | Sarg, F. A. | Für ausgezeichnete Stearinkerzen und Glycerin. |
| " | 522 | Seifenfabrikations-Gesellschaft. | Für ausgezeichnete Stearinkerzen u. s. w. |
| Belgien | 157 | De Curte, V. | Für ausgezeichnete Stearinkerzen. |
| " | 161 | De Roubaix, Jenar & Comp. | Desgl. |
| " | 162 | De Roubaix, Oedenkoven & Comp. | Desgl. |
| Brasilien. | 112 | Stearinkerzen-Comp | Für ausgezeichnete Stearinsäure und Kerzen, wie für Glycerin. |
| Dänemark. | 62 | Drieshans. | Für ausgezeichnetes Wachs und Wachskerzen. |
| " | 64 | Holmblad, L. F. | Für ausgezeichnete Stearinsäure und Stearinkerzen. |
| Frankreich. | 941 | Cusinberche, Js. | Desgl. |
| " | 151 | Delacretaz. | Desgl. |
| " | 951 | Fauquier, Cadet, & Comp. | Für ausgezeichnete Compositions-Kerzen. |
| " | 963 | Fournier, F. | Für ausgezeichnete Stearinkerzen. |
| " | 946 | Gaillard frères. | Für ausgezeichnete Stearinsäure, Wachs und Wachskerzen |
| " | 942 | Leroy, C. & Durand. | Für ausgezeichneten Talg und Talgkerzen, Stearinsäure und Stearinkerzen. |
| " | 962 | Montaland, C. & Comp. | Für ausgezeichnete Stearinkerzen. |

| Heimath des Ausstellers. | No. des Katalogs. | Name des Ausstellers. | Benennung des Gegenstandes und Grund der Auszeichnung. |
|---|---|---|---|
| Frankreich. | 344 | Petit frères & Comp. | Für ausgezeichnete Stearinsäure und Stearinkerzen. |
| Griechenland. | 457 | [illegible], C. | Für ausgezeichnetes Wachs und Wachskerzen |
| Jon. Inseln. | 94 | [illegible], P. | Desgl. |
| Italien. | 720 | Carolini, G. | Desgl. |
| " | 900 | Lanza, Gebr. | Für ausgezeichnete Stearinsäure und Stearinkerzen. |
| " | 2229 | Serrati's Erben. | Für ausgezeichnetes Wachs und Wachskerzen. |
| " | 757 | Squarci, E. | Für ausgezeichnete Stearinsäure und Stearinkerzen |
| Niederlande. | 115 | Königl. Wachskerzen-Compagnie | Desgl. |
| " | 118 | Stearinkerzenfabrik. | Desgl. |
| Preussen (Köln.) | 1201 | Jansen, Michels und Nemm. | Desgl. |
| (Berlin.) | 1212 | Dr. Motard. | Desgl. |
| (Frankf. a. O.) | 1318 | Otto, J. F. | Für ausgezeichnete Paraffin- und Paraffinkerzen. |
| " | 828 | Rage. | Desgl. |
| (Halle.) | 833 | Sächsisch-Thüringische Actien-Gesellschaft. | Desgl. |
| (Weissenfels.) | 837 | Weissenfelser Actien-Gesellschaft. | Desgl. |
| Rom. | 17 | Mati Papazzuri, Marquis S. | Für ausgezeichnete Stearinsäure und Stearinkerzen |
| Russland. | 197 | Abbas & Co | Für ausgezeichnete Stearinkerzen |
| " | 202 | [illegible], G. | Desgl. |
| " | 393 | Sapelkin, F. A. | Für ausgezeichnete Wachskerzen. |
| Spanien. | — | Delgado, V. | Für feine Sorten Wachs und Wachskerzen. |
| " | — | Garcia, Sanz & Co. | Für ausgezeichnete Stearinkerzen. |
| " | — | [illegible], P. & Co. | Desgl. |
| " | — | [illegible], J. | Desgl. |
| Schweden. | 195 | [illegible], L. | Desgl. |
| Türkei. | 113 | [illegible] Ali. | Für ausgezeichnetes modellirtes Wachs und Wachskerzen. |

## Ehrenvolle Erwähnung.

| | | | |
|---|---|---|---|
| Grossbritannien. | 912 | Bracknell, Turner and Sons. | Für eine gute Sammlung von Kerzen. |
| Indien. | 143 | Sainte. | Für gute Stearinkerzen. |
| Victoria. | 424 | Downie and Murphie. | Für gute Talgkerzen. |
| Oesterreich. | 457 | Stearinkerzenfabrik zu Hermannstadt. | Für gute Stearinkerzen. |
| " | 488 | Petricioli-Seighetti. | Für gutes Wachs und Wachskerzen |
| Belgien. | 179 | Quanonne, C., und Middagh, P. | Für gute Stearinkerzen. |
| Dänemark. | 60 | Benzon, A. | Desgl. |
| Frankreich. | 946 | Antran, L. | Für gute geflochtene Dochte für Talgkerzen. |
| " | 947 | Bureau, C | Für gutes Wachs und Wachskerzen |

| Heimath des Ausstellers. | Nro. des Katalogs. | Name des Ausstellers | Bezeichnung des Gegenstandes und Grund der Auszeichnung. |
|---|---|---|---|
| Jon. Inseln. | 19 | Dallaporta, G. | Für gutes Wachs und Wachskerzen. |
| Italien. | 768 | Tacchi, G. | Desgl. |
| Niederlande. | 102 | Holländ Stearinfabrik | Für gute Stearinsäure und Kerzen. |
| Preussen. (Weissenfels) | 751 | Hübner, Dr. Bernh. | Für gutes Paraffin und Paraffinkerzen. |
| Röm. Staaten. | 16 | Castrati, G. B. | Für gutes Wachs und Wachskerzen. |
| Russland. | 189 | Borodoolin, N. | Desgl. |
| " | 192 | Epstein, A. & Levy. | Für gute Stearinsäure und Stearinkerzen |
| " | 193 | Krestovikoff, Gebr. | Für gute Stearinkerzen. |
| Spanien. | — | Caredo, P | Desgl. |
| Schweden. | 192 | Herta, L. J. und Michaelsson, J | Für gute Stearinsäure und Stearinkerzen. |

## Classe VIII. Maschinerie im Allgemeinen.

### Medaillen.

| Heimath des Ausstellers. | Nro. des Katalogs. | Name des Ausstellers | Bezeichnung des Gegenstandes und Grund der Auszeichnung. |
|---|---|---|---|
| Grossbritan. | 1975 | Russell, J. and Sons. | Für gute Röhren und Fittings. |
| " | 1987 | Siemens, C W. | Für eine Regenerativ-Gasmaschine, einen Regenerativ-Ofen und Wassermesser, sämmtlich eigene Erfindung, und die beiden letzteren von praktischem Erfolg. |
| Frankreich. | 1188 | Lenoir & Comp. | Für eine praktische Gasmaschine. |
| Preussen. (Berlin) | 1395 | Elster, S. | Für einen Gasprüfungsapparat u. s. w. eigener Erfindung, von guter Anordnung und guter Arbeit. |

### Ehrenvolle Erwähnung.

| Heimath des Ausstellers. | Nro. des Katalogs. | Name des Ausstellers | Bezeichnung des Gegenstandes und Grund der Auszeichnung. |
|---|---|---|---|
| Grossbritan. | 1797 | Bellhouse E. T. and C | Für Messingfittings. |
| " | 1848 | Everitt, A. and Sons. | Für Messing-, Kupfer- und Eisenartikel, Röhren etc |
| " | 1919 | Lloyd and Lloyd | Für schmiedeeis. Röhren und Fittings. |
| " | 1974 | Russell, J., and Co. | Für schmiedeeiserne Röhren u. s. w. |
| Frankreich. | 1031 | Gargan & Comp. | Für eine Zeichnung von 3 Cylinderpumpen, um Gasretorten u. s. w. zu heben. |

## Classe X. Gegenstände aus dem Fache der Civiltechnik, der Architectur und des Bauwesens.

### Medaillen. (Section A)

| Heimath des Ausstellers. | Nro. des Katalogs. | Name des Ausstellers | Bezeichnung des Gegenstandes und Grund der Auszeichnung. |
|---|---|---|---|
| Grossbritan. | 2265 | Cowen, J. and Co | Für ausgez. Gasretorten, feuerfeste Steine u. s. w. |
| Frankreich. | 1369 | Cabirol, J. M. | Für seine geschickt construirte und vollständig gelungene unterseeische Lampe. |
| " | 1296 | Compagnie Parisienne d'éclairage et de chauffage par le gaz | Für feuerfeste Steine von ausgezeichneter Qualität. |
| Preussen. (Neustadt-Eberswalde) | 1841 | Büscher & Hoffmann. | Für die ingeniöse Zeichnung eines Ziegelofens und gute Darstellung von Asphaltröhren und Platten. |
| (Duisburg) | 1812 | Carstanjen, J | Für ausgezeichnete Dachpappe |

### Ehrenvolle Erwähnung. (Section A)

| Heimath des Ausstellers. | Nro. des Katalogs. | Name des Ausstellers | Bezeichnung des Gegenstandes und Grund der Auszeichnung. |
|---|---|---|---|
| Victoria. | 456 | Stiling, G. F. | Für gute feuerfeste Steine. |
| Frankreich. | 1269 | David, L. | Für feuerfesten Thon und Steine von guter Qualität. |
| Preussen. | 1847 | Hänsler, C. S. | Für ein gutes System von Theerpappendächer. |

| Heimath des Ausstellers | Nro. des Katalogs. | Name des Ausstellers | Bezeichnung des Gegenstandes und Grund der Auszeichnung. |
|---|---|---|---|
| Preussen. | 1862 | Schlesing, F. | Für die ausgezeichnete Darstellung und erfolgreiche Anwendung von Asphaltbeer und Asphaltcement. |
| | | **Medaillen (Section B).** | |
| Gross-britannien. | 2259 | Cliff, J. and Son. | Für ausgezeichnetes Material und Herstellung von Thonretorten |
| " | 2261 | Cockey, E. and Sons. | Für ihr kürzlich erfundenes Gasventil. |
| " | 2291 | Glover, G. and Co. | Für seine ingenieuse, vollständige und wirksame Gasuhr, für die Vortrefflichkeit von Material und Arbeit |
| " | 2344 | Stephenson, W. and Sons. | Für die ausgezeichnete Herstellung von Thonretorten. |
| Belgien. | 304 | Boucher, Th. | Für seine ausgezeichnet gearbeiteten und billigen Gasretorten. |
| " | 308 | De Fuismanz Mme. | Desgl. |
| " | 310 | Delperdange, V. | Für sein neues Verfahren, Gas- und Wasser-Röhren zu verbinden. |
| " | 316 | Keller, A. | Für seine ausgezeichnet gearbeiteten Gasretorten. |
| Frankreich. | 1189 | Fortin-Hermann, frères. | Für ihre ingenieuse Verbindung von Röhren und andere mit Gasapparaten zusammenhängende Verrichtungen. |
| Schweden. | 294 | Celsing, L. G. von | Für seine ingenieuse Construction eines Gas-Ofens. |
| | | **Ehrenvolle Erwähnung. (Section B)** | |
| Gross-britannien. | 2240 | Bower, G. | Für einen zierlichen und économischen Gas-Apparat für kleine Etablissements. |
| " | 2332 | Porter and Co. | Desgl. |
| | | **Classe XIII. Wissenschaftliche Instrumente und Processe, die mit ihrem Gebrauche zusammenhängen. (Medaillen)** | |
| Gross-britannien. | 2914 | Holmes, F. H. | Für ein ausgezeichnet construirtes magneto-electrisches Licht. |
| " | 2973 | Sugg, W. | Für einen gut construirten photometrischen Apparat, um die Leuchtkraft des Gases zu messen. |
| Frankreich. | 1146 | Berlioz, A. et Co. | Für eine neue und einfache Construction eines magneto-electrischen Lichtes. |
| " | 1437 | Serrin, V. | Für ein neues und ausgezeichnetes electrisches Licht mit Selbstregulirung. |
| Preussen (Berlin). | 1895 | Elster, S. | Für einen neuen und ingeniösen Apparat, um die Leuchtkraft des Gases zu messen. |
| Schweden. | — | Wrede, General, Baron F. | Für einen neuen und ingenieusen Apparat, um die Lichtwellen zu veranschaulichen. |
| | | **Ehrenvolle Erwähnung.** | |
| Belgien. | 350 | Jaspar, J. | Für einen neuen Regulator für electrisches Licht |
| | | **Classe XXXI. Metallwaaren. Medaillen (Section A).** | |
| Grossbrit. | 6392 | Leoni, S. | Für eine Erfindung in Gasbrennern. |
| Oesterreich. | 1936 | Ditmar, R. | Für eine ausgezeichnet gearbeitete grosse Sammlung von Lampen. |

| Heimath des Ausstellers. | Nrn. des Katalogs. | Name des Ausstellers. | Bezeichnung des Gegenstandes und Grund der Auszeichnung. |
|---|---|---|---|
| Oesterreich. | 1946 | Hollenbach, D. | Für allgemein nützliche Candelaber, Lüsters etc. |
| Gr. Hessen. (Mainz) | 570 | Gas-Apparat und Gaswerk Mainz. | Für ausgezeichnet gearbeitete Chandeliers. |
| | | **Ehrenvolle Erwähnung. (Section A)** | |
| Grossbritan. | 6152 | May, A. | Für einen ausgezeichnet gearbeiteten Gas-Koch-Apparat |
| „ | 6176 | Phillips, T | Für eine Erfindung, um Explosionen in Gasöfen zu verhindern. |
| Oesterreich. | 1275 | Wand, S | Für Chandeliers. |
| Bayern. (Nürnberg) | 280 | Städler, J. G. sen. | Für Gasbrenner. |
| Frankreich. | 2983 | Fournier, C. A | Für gut gearbeitete Gasfittings. |
| „ | 2992 | Monier, H. & Comp. | Für verbesserte Gasbrenner. |
| Preussen. | 2091 | Schäffer & Walcker. | Für gut gearbeitete Lampen etc. |
| (Berlin) | 2101 | Spinn und Sohn | Für gut gearbeitete Chandeliers aus Bronze. |
| Russland. | 613 | Kumberg, J | Für Lampen etc. |
| | | **Medaillen (Section B)** | |
| Grossbritann. | 6289 | Croll, Bait and Co | Für gut construirte und gearbeitete Gasmesser. |
| „ | 6294 | Duckham, H. A. F. | Für verbesserte Gasregulatoren. |
| „ | 6300 | Glover, G. and C. | Für gut construirte und gearbeitete Gasmesser. |
| „ | 6301 | Glover, F. | Für ausgezeichnet gearbeitete trockene Gasmesser und für eine wesentliche Verbesserung in den nassen Gasmessern mit constantem Wasserstande. |
| „ | 6318 | Hinks, J. and Son | Für verbesserte Lampen. |
| „ | 6349 | Strode, W. | Für eine von ihm erfundene Ventilation in Verbindung mit dem Sonnenbrenner. |
| „ | 6350 | Sugg, W. | Für ausgezeichnete Arbeit und für seine Verbesserung an Gasbrennern und photometrischen Apparaten. |
| Bayern. (Nürnberg.) | 279 | Schwarz, J. von. | Für Speckstein-Gasbrenner. |
| | | **Medaillen (Section C)** | |
| Grossbritann. | 6376 | Chatterton, J. | Für Blei, Bleibeizen und Compositionsröhren. |
| Belgien. | 604 | Lamal, P. & Comp. | Für ausgezeichnete Blei- und Zinnröhren. |
| | | **Classe XXXIV. Glas. Medaillen. (Section B).** | |
| Grossbritann. | 6764 | Dobson and Pearce. | Für Glaslüster und Gasliers. |
| „ | 6767 | Green, J. | Für Glas-Chandeliers und Lüsters. |
| „ | 6781 | Pellatt and Comp. | Für Chandeliers etc. |
| | | **Ehrenvolle Erwähnung.** | |
| Grossbritann. | 6763 | Defries, J. and Sons. | Für Chandeliers (von colossalen Dimensionen) und Lüsters. |
| „ | 6782 | Phillips, E. | Für Glas-Chandeliers, Gasliers, Candelaber etc. |

## Statistische und finanzielle Mittheilungen.

**Soest.** Die hiesige Gas-Actien-Gesellschaft hat die Concession für ihr Unternehmen erhalten. Die Stadt ist bei demselben mit 10,000 Thlrn. betheiligt und hat das Recht, nach Ablauf von 10 Jahren jährlich bis zu 2000 Thlr. Actien zu erwerben. Für die städtische Beleuchtung ist der Preis auf 2 Thlr. 10 Sgr. — für Private auf 2 Thlr. 20 Sgr. festgesetzt.

**Bensheim** (Hessen). Die hiesige Bürgermeisterei fordert in öffentlichen Blättern Unternehmer auf, ihre Anerbietungen und Bedingungen für Errichtung eines Gaswerkes einzureichen. Sie bemerkt dabei, dass die Errichtung und Unterhaltung des Gaswerkes etc. auf Kosten des Uebernehmers stattzufinden hat, und dass die Stadt keinerlei Garantie für eine gewisse Flammenzahl übernehmen, noch einen Beitrag zu den Kosten der Ausführung und Unterhaltung des Gaswerkes etc. leisten wird.

**Bensberg.** Wir werden bis zum nächsten Winter Gasbeleuchtung erhalten, und ist der Preis des Gases vorläufig auf 3 Thlr. pro 1000 c' festgestellt.

**Ohlau** (Schlesien). Die Einführung der Gasbeleuchtung ist durch die städtischen Behörden beschlossen, der Bau wird durch Herrn Director *Firle* auf dessen eigene Rechnung ausgeführt.

**Remscheid.** Zur Einführung der Gasbeleuchtung bildet sich hier eine Commandit-Gesellschaft, an welcher sich die Gemeinde mit der Hälfte des Capitals, nemlich mit 15,000 Thlrn. zu betheiligen beabsichtigt.

**Siegburg.** Seit Neujahr ist auch unsere Stadt mit Gas beleuchtet. Unter Leitung des Gasingenieurs *Meyer* aus Cöln und unter Assistenz des Gemeinde-Baumeisters *Court* wurde die Anstalt für Rechnung der Stadt errichtet, und kann dieselbe als eine vollkommen gelungene bezeichnet werden.

**Reichenberg** (Böhmen). Der Gaspreis ist von 5 fl. 75 kr. auf 5 fl. 25 kr. pro 1000 c' ermässigt worden.

**Oberrad** bei Frankfurt und Gaildorf in Württemberg sind mit Gasbeleuchtung versehen worden.

**Glauchau.** Die hiesige Gasanstalt hat den Gaspreis für 1000 c' sächs. von 2½ Thlr. auf 2⅓ Thlr. vom 1. Jan. 1863 ab herabgesetzt.

**Kronach** ist seit dem 27. Jan. mit Gas beleuchtet.

# Vortrag,

abgehalten in der vierten ordentlichen General-Versammlung

## der Actien-Gesellschaft für Gas-Beleuchtung zu Regensburg,

am 29. August 1862.

*Meine Herren!*

Mit der Eröffnung der heutigen General-Versammlung erfülle ich die Aufgabe der geehrten Versammlung über die erfreuliche Ausdehnung, welche unsere Fabrik im abgewichenen Jahre erfahren hat, so wie über deren Rechnungsresultate einen getreuen Bericht zu erstatten.

Seit unserem letzten Rechnungs-Abschlusse hat sich die Abonnentenzahl
in Regensburg auf 207 mit 3331 Flammen
„ Stadtamhof „ 22 „ 173 „
zusammen auf 229 mit 3504 Flammen
gesteigert, und da dieselbe im vorigen Jahre
in Regensburg 225 mit 2975 Flammen
„ Stadtamhof 15 „ 147 „
zusammen 240 mit 3122 Flammen
zählte, so ergibt sich ein Zuwachs von
49 Abonnenten mit
382 Flammen,
der immerhin befriedigend genannt werden kann.

Unseren städtischen Verhältnissen entsprechend, ist sich unsere Strassen-Beleuchtung gleich geblieben, so dass diese nur in Stadtamhof um eine Laterne erweitert worden ist, und wir daher
412 Strassen-Laternen in Regensburg,
28 „ „ „ Stadtamhof und
3 „ „ „ im St. Katharinen-Spitale
443 Laternen mit Gas zu versorgen haben, und in Regensburg noch
29 entlegene Laternen mit Oel beleuchtet werden.

Unsere gesammte Gas-Consumtion hat sich auf 7,280,474 c' gesteigert,
was gegen den vorjährigen Verbrauch von 6,926,252 „
einen Mehrverbrauch von 350,222 c' ergibt.

Die noch für diesen Herbst angemeldeten Privatflammen, sowie die wesentliche Ausdehnung, welche der Beleuchtung des Ostbahnhofes in seinen neuen Gebäulichkeiten bevorsteht, und die nothwendige Vorsicht, den an die Fabrik gestellten Anforderungen unter allen Verhältnissen Genüge leisten zu können, machten den Bau eines neuen Ofens mit einem Kostenaufwande von fl. 2175. 48 kr. erforderlich, wodurch unser Retortenhaus so vollständig montirt worden ist, dass wir den Gasbedarf Regensburgs und Stadtamhofs mit unseren Apparaten für lange Zeit zu decken im Stande sein werden.

Bei der jetzigen Organisation der Feuerwehre, durch welche bei einer Feuersgefahr nur den Mitgliedern dieses Corps der Zugang zu den Brandstätten gestattet ist, und bei der Nothwendigkeit, unserem Aufsichts-

und Arbeiter-Personale den unverwehrten Zutritt zu den Brandstätten zu sichern, ist dieses dem Feuerwehr-Corps, unter Bildung einer eigenen Rotte, mit 6 Mann beigetreten, und vorschriftsmässig equipirt worden.

Durch die nunmehr billige Steinkohlen-Feuerung, zur Heizung der Retorten und des Dampfkessels, hat sich der durch die höheren Holzpreise auf die Gas-Fabrikation erwachsene Mehraufwand so vollständig ausgeglichen, dass unsere Productions-Kosten so ziemlich unverändert geblieben sind.

Zu unserer Jahres-Production von 6.020,400 c' Gas, einschlüsslich des Selbstverbrauches in unseren Fabrik-Lokalitäten und des Verlustes durch Condensation, wurden mit Verwendung von 10 Arbeitern

662 Klafter Holz, zur Destillation
5000 Ctr. Steinkohlen, }
886 „ Holzkohlen, } zur Heizung
16 Klafter Holz, }
3328 Ctr. Kalk, zur Reinigung

verarbeitet, und daraus an Nebenprodukten

2100 Ctr. Holzkohlen,
513 „ Theer,
31 „ Essigkalk

gewonnen.

Im Durschnitte ergaben 100 Pfd. Holz

712 c' Gas,
19 Pfd. Holzkohlen,
4 „ Theer,
½ „ Essigkalk.

Mit der Vorlage unserer Bücher laden wir Sie zugleich auch ein, unserer Rechnungs-Ablage Ihre Aufmerksamkeit zuzuwenden.

Die zur Revision derselben von Ihnen in letzter General-Versammlung gewählte Commission bestehend aus Herrn Oberdomainen-Rath *Kayser*, Herrn Kaufmann *Hartlaub*, Herrn Fabrikanten *Hendschel* wird die Güte haben, Ihnen über den richtigen Befund unserer Rechnung Bericht zu erstatten.

Zur Verwendung des durch unsere Rechnung ausgewiesenen reinen Gewinnes von fl. 17,399. 7 kr. erlauben wir uns, Ihnen folgende Vorschläge zu machen:

fl. 14,400. — kr. oder 8 pCt. als Zinsen und Dividende den Actionären für die denselben gebührenden 80 pCt. vom Reingewinne,
„ 1500. — „ dem Reservefond,
„ 1499. 7 „ dem Verwaltungs-Rathe
fl. 17,399. 7 kr.

womit die entsprechende Verwendung des Reingewinnes ausgewiesen ist, und der am 1. Januar 1863 fällige Coupon mit fl. 11. — eingelöst werden kann.

Indem wir diese Vorschläge Ihrer Berathung und Genehmigung unterstellen, erbitten wir uns auch hierauf die Ertheilung des Absolutoriums.

und laden Sie zur Vornahme der Neuwahl einer Revisions-Commission für das laufende Rechnungs-Jahr ein.

Die bis jetzt schon eingetretene Billigkeit der böhmischen und sächsischen Steinkohlen war eine genügende Veranlassung, dass die Steinkohlen-Feuerung in den meisten grösseren Etablissements und selbst schon in vielen Haushaltungen eingeführt worden ist.

Es hat uns auch schon die Frage beschäftigt, ob die Einführung des Steinkohlen-Gases nicht zeitgemäss und den Interessen der Gas-Consumenten entsprechend wäre.

Die desshalb angestellten Berechnungen haben indessen keineswegs ein für den Fabrikations-Wechsel günstiges Resultat geliefert, und zur Genüge dargethan, dass die Steinkohlen noch bedeutend billiger werden müssen, ehe an die Kohlen-Gas-Fabrikation gedacht werden kann.

Wir werden daher auf die Vortheile der Holz-Gas-Beleuchtung nur dann verzichten, und zur Steinkohlen-Gas-Fabrikation übergehen, wenn wir dadurch den Gas-Consumenten einen entsprechend billigeren Preis zu stellen im Stande sein werden.

Besondere Anträge haben wir an die geehrte Versammlung nicht zu bringen, wesshalb ich über unsere Vorlagen die Discussion eröffne.

Im Auftrage des Verwaltungs-Rathes: *Chr. Rehbach*, Vorstand.

## Protokoll

über die Verhandlungen der vierten General-Versammlung

### der Actien-Gesellschaft für Gas-Beleuchtung zu Regensburg,

abgehalten am 29. August 1862 Vormittags 10 Uhr.

Anwesend:

Herr Regierungs-Rath *Fischer*, als königl. Commissär.

" Vorstand *Rehbach*,
" Finanz-Rath *Riedinger*,
" *Theodor Pfaff*,
" *Wilhelm Neuffer*,
" *George Neuffer*,
" *Halenke*,
} als Verwaltungsraths-Mitglieder.

" *Joh. Haag* von Friedberg,
" *J. M. Wolff* von Regensburg,
" *Fr. Hartlaub*, jun. "
" *Fr. Hendschel* "
" *Fr. Hartlaub*, sen. "
" Verwalter *Büttner* "
} Actionäre.

Nach hergestellter Präsenz der in der General-Versammlung vertretenen 458 Stück Actien erstattete der Vorstand Bericht über das Betriebs-Jahr 1861/62, nach welchem die Privatbeleuchtung in demselben einen Zuwachs von 49 Abonnenten mit 382 Flammen in Regensburg und Stadtamhof gewonnen hat, und sich ein Reingewinn von fl. 17,399. 7 kr. gegen fl. 10,023. 5 kr. des Vorjahres entziffert.

Die Rechnung ist von der im vorigen Jahre gewählten Revisions-

Commission, bestehend aus den Herrn Oberdomainen-Rath *Kayser*, Herrn Kaufmann *Hartlaub*, Herrn Fabrikant *Hendschel*, in Haupt- und Nebensache geprüft und richtig befunden und darüber Bericht erstattet worden.

Auf Antrag des Vorstandes beschliesst die General-Versammlung nach eingehender Discussion über den Bericht, und namentlich auch über die in demselben in Anregung gebrachte Frage, ob es im Vortheile der Gesellschaft gelegen, von der Holz-Gas- zur Steinkohlen-Gas-Fabrikation überzugehen:

I.

In Würdigung der zur Zeit bestehenden Verhältnisse vorerst um so mehr bei der Holzgas-Fabrikation zu bleiben, als weder ein pecuniärer Vortheil für die Gesellschaft, noch für die Gas-Consumenten damit zu erreichen wäre. —

II.

Die von dem Verwaltungs-Rathe vorgelegte Rechnung nach Gutheissung durch die Revisions-Commission ebenfalls als richtig anzuerkennen, und Ersterem das Absolutorium zu ertheilen.

III.

Für die nächste Rechnungs-Periode die bisherigen Herren Revisoren um die Beibehaltung ihrer Funktionen zu ersuchen, wozu sich dieselben bereit erklären.

IV.

Dem Antrage des Verwaltungs-Rathes zufolge vom Reingewinne nach Art. 24 der Satzungen:

fl. 14,400. — kr. oder 8 pCt. als Zinsen und Dividende zur Vertheilung an die Aktionäre durch Einlösung des am 1. Januar 1863 fälligen Coupons mit fl. 11.,
„ 1500. — „ zur Erhöhung des Reservefonds,
„ 1499. 7 „ zur Disposition des Verwaltungs-Rathes,
fl. 17,399. 7 kr. zu verwenden.

Die General-Versammlung spricht unter Anerkennung der befriedigenden Betriebs-Resultate dem Verwaltungs-Rathe, in specie dem Vorstande desselben Dank aus, und dieser nimmt Veranlassung, dem königl. Regierungs-Commissär, Herrn Regierungs-Rath *Fischer*, für die rege Antheilnahme an dem Unternehmen den aufrichtigsten Dank auszudrücken.

Nach Vorlesung des Protokolles wurde dasselbe geschlossen und unterzeichnet: *Fischer*, königl. Regierungs-Rath, als Regierungs-Commissär,
*Johann Haag*,
*J. M. Wolf*,
*Friedrich Hartlaub*, sen.,
*Friedrich Hendschel*,
*C. Büttner*,
*F. Hartlaub*, jun.

Der Verwaltungsrath:
*J. Halenke. L. A. Riedinger. Rehbach. Th. Pfaff. W. Neuffer. G. Neuffer.*

## Bilanz des IV. Betrieb-Jahrs

### pro ultimo Juni 1862.

### Debet.

| | fl. | kr. | fl. | kr. |
|---|---|---|---|---|
| An *Capital-Conto:* | | | | |
| Für die Anlage des Werks . . . . . . . . | | | 200,000 | — |
| „ *Werkvergrösserungs-Conto:* | | | | |
| Ausgaben für verschiedene Neubauten und Erweiterung des Röhrensystems . . . . . | | | 5083 | 29 |
| „ *Amortisations-Conto:* | | | | |
| Ausgaben für verschiedene Anschaffungen . | | | 411 | 1 |
| „ *Cassa-Conto:* Baar Vorrath . . . . . . . . | | | 882 | 48 |
| „ *Conto pro Diversi:* | | | | |
| Debitoren für Einrichtungen . . . . . . . | 4600 | 33 | | |
| „ „ Nebenproducte . . . . . . . | 157 | 32 | | |
| | 4758 | 5 | | |
| „ *Gas-Consumenten-Conto:* | | | | |
| Debitoren für Gas und Miethe von Gasmessern und Einrichtungen pro Juni . . . . | 1337 | 59 | | |
| | | | 6096 | 4 |
| „ *Inventar-Conto:* | | | | |
| Vermiethete Einrichtungen . . . . . . . . | 901 | 15 | | |
| „ Gasmesser . . . . . . . . | 841 | 30 | | |
| Werkzeuge und Utensilien . . . . . . . . | 712 | 14 | | |
| Vorrath von Holz . . . . . . . . . . . | 5128 | 56 | | |
| „ „ Steinkohlen . . . . . . . . | 465 | 12 | | |
| „ „ Kalk . . . . . . . . . . | 107 | 30 | | |
| „ „ Holzkohlen . . . . . . . . | 540 | 13 | | |
| „ „ Theer . . . . . . . . . . | 596 | 49 | | |
| „ „ Essigkalk . . . . . . . . | 206 | 24 | | |
| „ „ Gas . . . . . . . . . . . | 98 | 16 | | |
| „ „ Magazinwaaren . . . . . . | 3859 | 40 | | |
| „ „ Lampen und Garnituren dazu . | 1092 | 31 | | |
| Materialien-Vorräthe zu Einrichtungen . . . | 246 | 10 | | |
| Werth der Einrichtungen, die Eigenthum der Fabrik sind . . . . . . . . . . . . . | 447 | 37 | | |
| Waaren-Vorräthe zur Unterhaltung des Werks | 380 | 51 | | |
| | | | 16,588 | 14 |
| „ *Actien-Zinsen und Dividenden-Conto:* | | | | |
| Für die bereits bezahlten ½jährigen Zinsen | | | 4400 | — |
| | | | 234,151 | 36 |

## Credit.

| | fl. | kr. |
|---|---|---|
| Per *Gasfabrik-Actien Conto:* 900 Stück à fl. 200 | 180,000 | — |
| „ *kgl. Filial-Bank:* Capital-Conto Hypothek-Anlehen | 79,000 | — |
| „ *kgl. Filial-Bank:* Conto-Corrent Guthaben auf laufender Rechnung | 4457 | 5 |
| „ *L. A. Riedinger* in *Augsburg:* Guthaben | 2789 | 8 |
| „ *Joh. Haag* in *Augsburg:* Guthaben | 225 | 38 |
| „ *Joh. Bossenecker* in *Wunsiedel:* Guthaben | 33 | — |
| „ *Reserve-Conto:* Für den Reservefond | 10,247 | 38 |
| „ *Gewinn & Verlust-Conto:* Für den Gewinn | 17,309 | 7 |
| | 294,151 | 36 |

## Betriebs-Bilanz des IV. Jahres,

**vom 1. Juli 1861 bis 30. Juni 1862.**

### Einnahmen.

| | fl. | kr. |
|---|---|---|
| An Gasverkauf | 36,845 | 7 |
| „ Production von Holzkohlen | 2252 | — |
| „ „ „ Theer | 577 | 17 |
| „ „ „ Essigkalk | 95 | 42 |
| „ Gasuhren und Einrichtungs-Miethen | 84 | 7 |
| „ Oel-Beleuchtung der Stadt | 638 | 31 |
| „ Privateinrichtungen | 10,233 | 32 |
| | 50,726 | 16 |

### Ausgaben.

| | fl. | kr. |
|---|---|---|
| Für Holzverbrauch | 7330 | 31 |
| „ Steinkohlen zum Heizen | 3947 | 5 |
| „ Kalk zur Reinigung | 2188 | 27 |
| „ Arbeitslöhne für Gasfabrikation | 2047 | 16 |
| „ Gehalte und Gratificationen des Dienstpersonals | 4410 | — |
| „ Unterhaltung des Werks und Röhren-Systems | 1196 | — |
| „ Allgemeine Unkosten | 540 | 30 |
| „ Steuern und Assecuranzen | 92 | 53 |
| „ Oel-Beleuchtung der Stadt | 603 | 56 |
| „ Privateinrichtungen | 6502 | 6 |
| „ Zinsen für Hypothek und Betriebs-Capital | 4468 | 25 |
| Mehr-Einnahme, resp. reiner Gewinn | 17,309 | 7 |
| | 50,726 | 16 |

Regensburg, 30. Juni 1862.

Verwaltung der Gas-Fabrik.

*C. Büttner.*

Druck von Dr. C. Wolf & Sohn in München. Eigenthümer: R. Oldenbourg in München.

**Nr. 3.** **März 1863.**

# Journal für Gasbeleuchtung

und

verwandte Beleuchtungsarten.

**Organ des Vereins von Gasfachmännern Deutschlands.**

**Monatschrift**

von

**N. H. Schilling,**

Director der Gasbeleuchtungs-Gesellschaft in München.

München. Verlag von Rudolph Oldenbourg.

**Abonnements.**

Jährlich 4 Rthlr. 10 Ngr.
Halbjährlich 2 Rthlr. 10 Ngr.
Jeden Monat erscheint ein Heft.
Das Abonnement kann stattfinden bei allen Buchhandlungen und Postämtern Deutschlands und des Auslandes.

**Inserate.**

Der Insertionspreis beträgt:
Für eine ganze Octavseite 8 Rthlr. — Ngr.
„ jede Achtel „ 1 „ — „
Kleinere Bruchtheile als eine Achtelseite können nicht berücksichtigt werden; bei Wiederholung eines Inserates wird nur die Hälfte berechnet, für dieselben jedoch auch die entsprechende innere Seite des Umschlages bewilligt.

**Retorten und Steine**
**von feuerfestem Thone in allen Formen und Dimensionen.**

# ALBERT KELLER IN GENT
## BELGIEN.

Diese Fabrikate haben auf allen Gaswerken, wo sie benutzt worden, volle Anerkennung gefunden, und sind die Preise, trotz aller Sorgfalt, welche auf die Anfertigung verwendet wird, sehr vortheilhaft.

---

## Feuerfeste Producte, die nicht dem Schwinden unterworfen sind.

**Th. Boucher,** Fabrikant und Patentinhaber zu St. Ghislain, früher zu Baudour (Belgien).

*Th. Boucher* ist der einzige Fabrikant, welcher feuerfeste Producte dieser Art herstellt, und Inhaber der Medaillen von der allgemeinen Industrie-Ausstellung in London (1851 und 1862), in Paris (1855), sowie auch der Ehren-Medaille I. Classe der „Academie nationale“ zu Paris (1856). Seine Anstalt ist die älteste auf dem Continent.

NB. Das Preisgericht der Londoner Ausstellung drückt sich in seinem Bericht folgendermassen aus: „Das Preisgericht hat Herrn *Th. Boucher*, welcher sehr gut verfertigte Retorten ausgestellt hat, eine Preismedaille zuerkannt, da selbe Retorten von ausserordentlicher Dünne, regelmässiger Form, und auf ihrer Oberfläche frei von allen Flecken und Rissen waren.“ Es heisst weiter: „Die Medaille ist diesem Aussteller in Anerkennung der unzweifelhaften Vorzüge seiner Retorten vor allen anderen derartigen Fabrikaten des Continents ertheilt worden.“

---

## Patentirte neueste Asphaltröhren

zu Gas- und Wasserleitungen etc., welche allen metallenen und andern Röhren, die unter den Boden gelegt werden, vorzuziehen sind, bei weit grösserer Dauerhaftigkeit und bedeutend billigerem Preise wie gusseiserne, sowie weil sie keiner Oxydation unterworfen und sich weder durch Salzlösungen noch Säuren irgendwie verändern und deshalb besonders auch für Säuerlinge und Salzsoolen geeignet sind; ebenso kann Temperaturwechsel und Frost auf dieselben nicht nachtheilig wirken wegen ihrer gewissen Elasticität; ferner

**Schmiedeeiserne Röhren & Verbindungen**

Blei-, Guss-, Kupfer-, Messing-, Gummi- und andere Röhren zu den verschiedensten Zwecken und stehen über sämmtliche Röhren detaillirte Preislisten zu Diensten.

J. L. Bahnmayer, in Esslingen am Neckar.

---

# ROBERT BEST

**Lampen- & Fittings-Fabrik**
Nro. 10 Ludgate Hill
Birmingham

**Fabrik von schmiedeeisernen Gasröhren**
Great Bridge,
Staffordshire

empfiehlt seine Fabriken für alle zur Gas-Beleuchtung gehörigen Gegenstände. Eiserne Gasröhren und dazu gehörige Verbindungsstücke zeichnen sich besonders durch ihre Güte und billigen Preis aus.

Wegen Zeichnungen sowohl als Preislisten wende man sich an den alleinigen Agenten auf dem Continent

***Carl Kusel.***
16 Grosse Reichenstrasse in Hamburg.

---

### Rundschau.

In der „Deutschen Industrie-Zeitung" wird seit längerer Zeit die Frage erörtert, ob beim Verkaufe der Steinkohlen das Wägen oder Messen den Vorzug verdiene. Ohne auf die verschiedenen pro und contra geltend gemachten Gründe hier speciell eingehen zu wollen, glauben wir doch an dieser Stelle betonen zu sollen, dass, soweit es die Gasanstalten betrifft, nach unserer Ansicht von einem Kohlenverkauf nach dem Maasse durchaus keine Rede mehr sein dürfte. Es ist in Zwickau ein altes Herkommen, die Kohlen nach Grubenkarren zu messen, wie man in den Gruben die Arbeit nach dem geförderten Raumquantum abschätzt, allein einmal ist der Inhalt der Karren nicht auf allen Gruben gleich, dann ist es zweitens ein grosser Unterschied, ob der Karren mit grossen Stücken oder mit Würfelkohlen gefüllt ist, weil die grossen Stücke viel mehr leeren Raum zwischen sich lassen, als die letzteren, und endlich liegt es im Interesse der Arbeiter, weil sie nach dem Raummaass bezahlt bekommen, auch beim Laden der Karren noch die kleinen Handgriffe nicht ausser Acht zu lassen, durch welche sich der durch Grösse und Form der Kohlen ohnehin bedingte leere Raum noch um ein Erhebliches vermehren lässt. Der Zwickauer Grubenkarren schwankt unseres Wissens zwischen 5 und 6½ Dresdener Scheffeln in seinem Inhalt, und das Gewicht eines und desselben Karrens ist je nach der Art der Kohlen, ob Stückkohlen, ob Würfelkohlen, und je nach der Art der Ladung, ob mehr oder weniger sperrig geladen, um nicht weniger als bis zu 50 Prozent verschieden. Ergibt sich nun schon hieraus die Unsicherheit des Maass-Verkaufes zur Genüge, so kommt für alle Consumenten, die ihren Bedarf auf geringere oder grössere Entfernungen mit der Eisenbahn beziehen, also auch für die Gasanstalten, noch ein weiteres wichtiges Moment hinzu. Die Eisenbahn verfrachtet nach Gewicht, und lässt nur ein sehr geringes Uebergewicht zu, während sie auf ein Untergewicht keine Rücksicht nimmt. Die Schwankungen in der Beladung eines Waggons, die der Maassverkauf nothwendig mit sich bringt, kann daher niemals zu Gunsten der Consumenten, sondern muss immer zu deren Nachtheil ausfallen. Ein Werk ladet, wir wollen sagen, 10 Grubenkarren auf 1 Waggon zu 100 Ctr.; geben die 10 Karren ein Uebergewicht, so wird der Waggon zurückgewiesen und das Uebergewicht abgeworfen, geben sie dagegen ein Untergewicht, so bezahlt man die volle Fracht für 100 Ctr. Wagenladung, also für mehr Kohlen, als man wirklich erhält. Die Gasanstalt in München bezahlt beispielsweise gegenwärtig für 1 Lowry Kohlen (90 Ctr.) an Fracht von der Grube bis München 46 fl. 30 kr., oder pro Zoll-Ctr. 33 kr. Zu welchen Resultaten wollte eine solche Anstalt gelangen, wenn sie es nicht für ihre Kohlenbezüge als Grundbedingung aufstellte, dass sie das Gewicht, für welches sie eine so hohe Fracht bezahlt, auch wirklich geliefert erhalten muss. So viel wir wissen, erheben die Zwickauer Grubenbesitzer gegen den Verkauf der Kohlen nach Gewicht kein Bedenken, und sind auch auf mehreren Werken Brückenwaagen vorhanden, es dürfte aber auch den Gasanstalten, selbst den kleineren, die Anschaffung von Brückenwaagen dringend zu empfehlen sein. Wenn jeder Wagen bei seiner Ankunft nachgewogen wird, so hat jede Anstalt es in der Hand, ihrem Vortheil nachzusehen, und nicht allein die Lieferung in Zwickau zu controlliren, sondern auch den Transport unterwegs, denn es ist bei der Versendung der Kohlen in unbedeckten Waggons leider eine bekannte Thatsache, dass es den Eisenbahnverwaltungen nicht immer gelingt, die Entwendungen unterwegs zu verhindern.

Im Breslauer Gewerbeblatt ist ein Artikel vom Herrn Landbaumeister *Hesse* „über Ventilation und Erleuchtung von Gebäuden in London und Paris" enthalten, dem wir Folgendes entnehmen:

In London sind es die grossen, erst vor einigen Jahren erbauten Gesellschafts- und Tanzsäle im Buckingham-Palast der Königin von England, welche mit dem Neuesten auf diesem Gebiete ausgestattet sind.

Der grosse Thron- und Musiksaal dieses Palastes steht in Verbindung mit der Menge von prachtvoll ausgestatteten Luxusgemächern, Galerien und andern Sälen, und wird bei einer Grösse von circa 90 Fuss Länge, 60 Fuss Breite und 40 Fuss Höhe am Tage durch 14 Fenster, welche ca. 25 Fuss über dem Fussboden beginnen, erleuchtet. Bei festlichen Gelegenheiten dagegen wird dieser Raum durch 21 Sonnenbrenner und 10 Armleuchter mit je 30 Wachskerzen erhellt. Diese 21 Sonnenbrenner sind theils vor den 14 Fenstern, theils in der Decke an 7 Stellen angebracht. Ein solcher Brenner besteht aus einer Menge von Gasbrennern, welche mit ihren schlitzartigen Oeffnungen so angebracht sind, dass eine Flamme die andere berührt und so sämmtliche Flammen zusammen einen Lichtstreif oder Lichtkranz bilden. Vor jedem der Fenster ist ein Röhrensystem von vorstehender Form angebracht, welches 312 Gasflammen trägt: mithin sind in allen diesen Fenstern 312.14 = 4368 Flammen. Ausserdem sind die an der Decke angebrachten 7 Sonnenbrenner, jeder mit 20 + 10 = 30, im Ganzen also mit 30.7 = 210 Gasbrennern versehen, wonach die Zahl aller Gasflammen 4368 + 210 = 4578 beträgt. 20 der an den Sonnenbrennern angebrachten Flammen sind in einen hohlen Krystallknopf eingeschlossen, der mit Prismen geschmückt, unten in einer Glaskugel endigt, welche wiederum 10 Brenner umgiebt. Ueber allen diesen Flammen befindet sich eine einwendig weissgestrichene Glocke, welche an einer 5 Zoll weiten Röhre hängt, die im Dachboden in einen Kegel mündet, an dessen oberem Ende das 12 Zoll weite Abzugsrohr angebracht ist. Diese Theile sind sämmtlich von Eisenblech gefertigt.

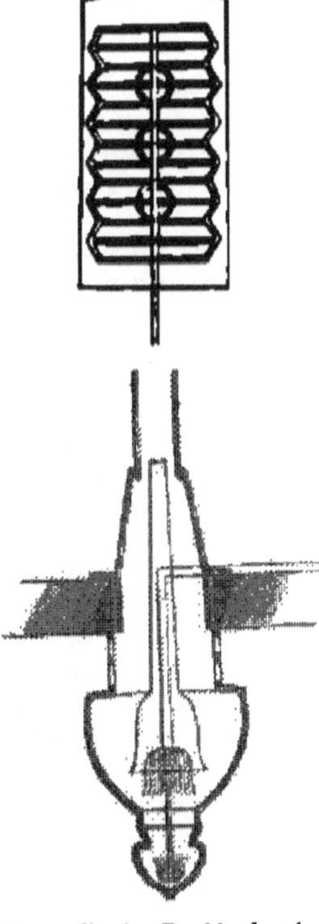

Tageshelle verbreiten diese Flammen und erzeugen dabei im Saal nicht die geringste Hitze, da sie sich ausserhalb des Saales befinden, wohl aber eine vorzügliche Ventilation, wozu die in den Fenstern sich befindenden noch wesentlich beitragen. Das schon erwähnte Gasröhrensystem ist hier zwischen Doppelfenstern angebracht, von denen die inwendigen matt geschliffen sind, und daher die Flammen nicht in einzelnen Strahlen, sondern zerstreut als ein einziges Licht in den Saal fallen lassen. Vor den äusseren befindet sich dagegen ein zum Aufziehen eingerichtetes Rouleau, das von Guttapercha und nach innen zu weiss ist. Jeder dieser Fensterkasten erhält die zum Verbrennungs-Process nöthige Luft aus dem Saale durch unten in der Mauer liegende Kanäle, welche unter dem Fussboden sich hinziehend an den Wänden des Saales mit verschliessbaren Oeffnungen münden. Die durch 312 Flammen erwärmte Luft wird durch einen im Fensterkasten oben angebrachten Schlot von 6 und 8 Zoll Weite im Rechteck, der bis über das Dach hinausgeführt ist, abgeleitet.

Dieses in London schon seit ein paar Jahren durchgeführte Erleuchtungs- und Ventilations-System ist in noch erhöbterem Maasse in Paris ausgebildet, und zwar bei den beiden erst im vorigen Sommer vollendeten neuen Theatern, dem Théâtre Impérial du Châtelet und dem Théâtre de la Gaité; beide im August eröffnet.

Das erstgenannte dieser Theater ist das ältere und fast ausschliesslich durch einen in der Decke angebrachten Sonnenbrenner erleuchtet. Die Gasflammen desselben bilden, indem sie drei kreisrunden Gasröhren entströmen, die so übereinandergelegt sind, dass die unterste grösser als die darüber liegende und diese wiederum grösser als die oberste ist, eine Pyramide, deren Gesammtlicht, heruntergeworfen von einem über ihr hängenden, inwendig weisslackirten Schirm von Eisenblech und durch eine darunter liegende flache Kuppel von matt geschliffenem gemustertem Glase fallend, ein Sonnenlicht von bedeutender Wirkung ergibt. Genannte Glaskuppel, deren Gerippe von Eisen ist, bildet gleichzeitig das Centrum der den ganzen Zuschauer-Raum überspannenden, ebenfalls eisernen, flachen Kuppel und schliesst sonach alle durch die

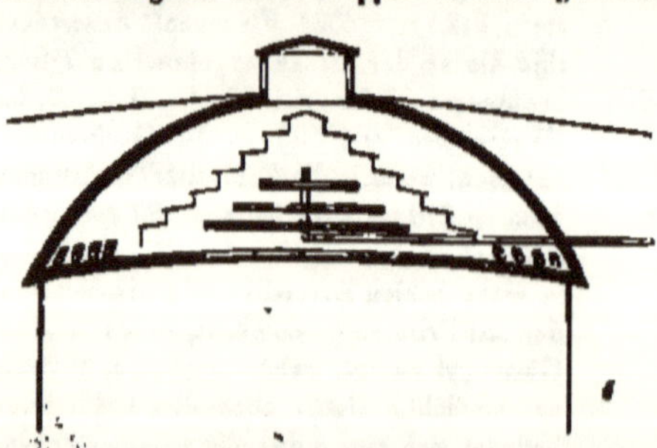

Flammen erzeugte Hitze von diesem ab. Andererseits wird selbige durch eine zweite über der Peripherie der ersteren im Dachboden sich erhebende massiv eiserne Kuppel in ihrer Ausdehnung derartig beschränkt, dass alle erwärmte Luft nur durch einen oben auf der Kuppel angebrachten und über das Dach hinausreichenden, schornsteinartigen Aufsatz entweichen kann. Gleichzeitig führen eine Menge Luftkanäle, die am Fuss des zwischen beiden Kuppeln führenden Raumes münden, fortwährend andere Luft aus dem Theater an, wodurch in diesem selbst eine stets lebhafte Ventilation hervorgerufen wird.

Die Aufnahmeöffnungen dieser Canäle sind im Zuschauerraume theils im Fussboden des Parquets, theils in den Brüstungen der Logen und Galerien angebracht, welche zu diesem Zweck von Eisenblech, hohl und an den Aussenflächen mit durchbrochenen Verzierungen construirt sind, so dass keine Zugluft die Zuschauer treffen und belästigen kann. Der Feuersgefahr wegen wird, wenn das Theater geschlossen ist, der Zuschauerraum von der Bühne durch ein Drahtnetz getrennt; auch hier sind alle Galerien und Treppen sowie die Schnürböden von Eisen construirt. Die Lampen am Orchester zur Erhellung der Bühne sind in eisernen, nach einer Seite mit Glas geschlossenen Kästen angebracht, so dass die strahlende Hitze die auf der Bühne agitirenden Personen nicht treffen kann, und somit auch die Tänzerinnen vor dem Anbrennen leichter Kleidungen geschützt sind. Der Grundriss des Theaters ist im Allgemeinen so arrangirt, dass hinter der Bühne sich ein Hof befindet, von welchem aus auf einer Rampe Pferde zur Bühne gebracht werden können, und welcher dabei noch die besondere Bestimmung hat, in ihm eine grossartige Gaserleuchtung zu arrangiren und Feuerwerke abzubrennen.

Das zweite, vier Wochen später eröffnete Theater ist das in der Beleuchtung noch reicher ausgestattete Théâtre de la Gaité; denn wie das eben beschriebene Theater nur durch ein Sonnenlicht beleuchtet wird, sind deren hier eine ganze Anzahl in der vielfach durchbrochenen Decke angebracht. Im Centrum gibt in einer Oeffnung von ca. 15 F. Durchmesser ein Sonnenlicht von ca. 250 Flammen die hauptsächlichste Beleuchtung. Um dieses im Kreise sind sodann 8 Nebenöffnungen von 3 F. Durchmesser mit je 30 Flammen, und über der Voute noch 16 Oeffnungen, von denen die 8 grösseren je 60, die anderen je 40 Flammen zählen, angebracht, wonach sich eine Gesammtsumme von 1338 Flammen ergibt. Eine Extra-Beleuchtung des Orchesters, wie der weit vorspringenden Ränge ist hier nicht nothwendig. Die einzelnen Sonnenlichter, sowie die Ventilation sind nach demselben System, wie im Théâtre Imperial du Châtelet angeordnet.

In einem Aufsatz über die Nachweisung des Natrons bei qualitativen Untersuchungen (*Dingler's* pol. Journ. Bd. CLXIV, S. 452) macht Herr Prof. Dr. *Aug. Vogel* darauf aufmerksam, dass er bei Untersuchung des Steinkohlengases mittelst der Spectralanalyse Spuren von Natron gefunden habe. In einer neueren Mittheilung über denselben Gegenstand wird diese Angabe bestätigt, indem es heisst: „Es ist, wenn auch ein vollkommen gereinigter Platindraht in die Gasflamme gehalten wird, stets die Natronlinie im Farbenspectrum bemerkbar. Sie verschwindet aber sogleich aus dem Spectrum, wenn das in den Brenner geleitete Gas vorher durch einen mit Bimssteinstücken und Schwefelsäure gefüllten Waschapparat gereinigt worden ist. Sobald die Waschvorrichtung entfernt ist, tritt unmittelbar die

Natronlinie im Spectralbilde wieder ein. Wenn es diesen Beobachtungen zufolge kaum mehr zweifelhaft seyn dürfte, dass das Auftreten der Natronlinie im Spectrum durch das Leuchtgas bedingt sei, d. h dass das Leuchtgas selbst Natron enthalte, so hat dieses Vorkommen des Natrons im Leuchtgase neuester Zeit noch eine weitere Bestätigung gefunden durch die Untersuchung eines Gaslampencylinders, dessen trübgewordene Oberfläche nach *Wöhler's* Beobachtung, die durch *v. Liebig* bestätigt worden, schwefelsaures Natron enthielt. Im Laboratorium der k. Universität München steht seit Jahren eine kupferne Schale als Paraffinbad im Gebrauche, welche, ohne jemals von der Stelle gerückt worden zu sein, fast täglich Stunden lang einer Gasflamme ausgesetzt ist. Durch Mittheilung obiger Beobachtungen habe ich Veranlassung genommen, die Oberfläche des genannten Gefässes, welches sich seit längerer Zeit in einer ähnlichen Lage, wie die untersuchten Gaslampencylinder befand, auf schwefelsaures Natron zu prüfen. Der mit der Gasflamme unmittelbar in Berührung stehende untere Theil der Schale wurde mit destillirtem Wasser abgespült, und die Flüssigkeit in einer Platinschale zur Trockne abgeraucht. Der Rückstand zeigte deutlich die bekannten Reactionen des Natrons und der Schwefelsäure. Hiernach erscheint es wahrscheinlich, dass das Auftreten des schwefelsauren Natrons hier als ein Verbrennungsproduct des Leuchtgases zu betrachten sei, indem die Schwefelsäure, herrührend von der Verbrennung des im Leuchtgase stets vorkommenden Schwefelkohlenstoffes, sich mit dem Natron desselben zu schwefelsaurem Natron verbindet."

Nachdem in der letzteren Zeit die Gasmaschine (von *Lenoir*) ziemlich in Vergessenheit gerathen zu sein schien, kommen die Pariser Gasjournale nunmehr wieder darauf zurück, und kündigen an, dass die bisherigen Mängel durch Herrn *Hugon* gänzlich beseitigt seien, und dass die neue Maschine nunmehr alle Eigenschaften besitze, welche sie zu einer wichtigen Erfindung für die Gasindustrie machen werde. Die Mängel der bisherigen Maschinen bestanden im Wesentlichen darin, dass die Entwickelung der bewegenden Kraft durch die Explosion der Gasmischung zu momentan und zu heftig vor sich ging, um mit Vortheil auf den Kolben direct angewandt werden zu können, und dass dabei eine Temperaturerhöhung stattfand, welcher weder der Kolben, noch die übrigen Maschinentheile widerstehen konnten. Herrn *Hugon's* Absicht nun geht darauf hinaus, die Explosivkraft der Gasmischung nicht direct, sondern indirect zu benutzen. In seiner neuen Maschine wirkt die Kraft nicht unmittelbar auf den Kolben, sondern die Ausdehnung des Gasvolumens dient, wie sich Herr Ingenieur *Bresson* im Journal „Le Gaz" ausdrückt, „nur dazu, im Explosionsgefäss ein Vacuum zu erzeugen, sie hat keine andere Function, als Wasser zu verdrängen; da das Wasser nicht zusammendrückbar ist, so gibt es momentan nach, es entsteht an der Stelle, die das Wasser eingenommen hat, ein Vacuum, und dieses Vacuum gibt die Kraft, welche für die Bewegung benutzt wird. Der leere Raum steht in Verbindung mit einem Cylinder, in welchem sich ein Kolben befindet; nothwendiger Weise wird dieser Kolben sich gegen den leeren Raum hin bewegen, und die im Cylinder enthaltene Luft vor sich her treiben; ist er aber am Ende seiner Bewegung angekommen, so wiederholt sich derselbe Vorgang auf seiner andern Seite, er macht die rückgängige Bewegung, u. s. f.“ Dieser Beschreibung wird hinzugefügt, dass die Maschine 4 Pferdekräfte (4×75 Kilogramm-Meter per Secunde) hat, 36 bis 40 Umdrehungen per Minute mit voller Gleichmässigkeit macht, dass das Wasser, auf welches das explodirende Gasgemisch wirkt, innerhalb 12 bis 15 Stunden nicht mehr als 30 bis 35 Grad Cels. erwärmt wird, und dass der Gasverbrauch per Pferdekraft 1300 bis 1500 Liter (455 bis 525 c' engl.) beträgt. Herr *Le Roux* verspricht in einer der nächsten Nummern des „Journal de l'éclairage au gaz“ eine complete Beschreibung und Zeichnung der Maschine zu bringen.

Das Journal „Chemical News“ berichtet seinen Lesern von einer neuen Erfindung, von der es einen Fortschritt in der Anwendung des Gases erwartet. Da wir kein Feuilleton für humoristische Miscellen haben, so bitten wir um Entschuldigung, wenn wir diesen Bericht hier an dieser Stelle mittheilen. „Feuerfliegen von Gold und Brillianten“, so lautet der Artikel, „funkeln bereits unter den reizenden weissen Federn und frischen grünen Blättern, womit jugendliche Königinnen ihre Stirne krönen, bald werden auch Gruppen kleiner Gasflammen in den Locken unserer Damen glänzen. Die Brenner werden $1/_{16}$ Zoll per Stunde (?) messen, und in transparenten, prachtvoll geschliffenen Glaskugeln von der Grösse einer Kirsche angebracht sein. Die Leitungsröhren werden von solidem Gold gemacht, und sollen von einem gleichfalls goldenen Reservoir ausgehen, welches im üppigen Haargeflecht des Hinterkopfes verborgen wird. Der Druck wird auf dieses Reservoir ausgeübt, welches zugleich mit einem schönen, oben mit einer Reihe kleiner Gasflammen versehenen Kamm in Verbindung steht. Im Entrée-Zimmer öffnet der Herr Gemahl den Wechsel, zündet seine erröthende junge Frau an und führt sie dann auf das Feld der Eroberung, in den Ballsaal, um mit ihr, gleich ihrem Vorbild, dem Mond, die kleineren Gestirne zu umkreisen.“ Auch hier wird uns, wenn der Apparat vollendet sein wird, eine genauere Beschreibung versprochen. Das sind Aussichten für unsere Frauen auf nächsten Winter!

---

## Correspondenz.

Herrn D. P. in D. *Ihr Gasmesser-Controlleur glaubt die Entdeckung gemacht zu haben, dass die Gasmesser, wenn sie mit frischem Wasser gefüllt sind, einen grösseren Verbrauch anzeigen, als mit dem alten geschwängerten Wasser. Nach den Untersuchungen des Herrn Silberschmidt, die Herr Director Schiele aus Frankfurt auf der vorjährigen Versammlung zu Berlin mittheilte, (Journ. f. Gasbel. 1862, S. 353), absorbirt das Wasser bei der in den Gas-*

*uhren vorkommenden Temperatur von 8 bis 15° C. zwischen 26 und 20 Procent Holzgas. Würde die Absorption rasch vor sich gehen, so wäre allerdings anzunehmen, dass bei dem Probiren eines Gasmessers dadurch wesentliche Differenzen veranlasst werden könnten. Unseres Wissens ist die Absorption jedoch eine viel zu langsame, um in einer so kurzen Zeit, als zum Probiren einer Gasuhr erforderlich ist, irgend einen merkbaren Einfluss zu üben. Wenn übrigens auch wirklich eine Absorption stattfände, so müsste sie unter allen Umständen gerade den entgegengesetzten Effect hervorbringen, den Ihr Herr Controlleur beobachtet zu haben glaubt.*

Herrn H. in Hersfeld. *Sie fragen: „Welchen Vortheil bietet es für eine kleine Gasanstalt, wenn man den vorhandenen Cokescrubber mit continuirlichem Wasserstrahl umändert, d. h. die Coke durch durchlöcherte Eisenplatten ersetzt? In welcher Entfernung von einander müssen die Eisenplatten eingelegt werden, und welchen Durchmesser giebt man den Löchern?“ Wir bemerken hierauf zunächst, dass die durchlöcherten Eisenplatten eigentlich weder mit der Grösse der Anstalt, noch mit dem continuirlichen Wasserstrahl etwas zu thun haben, indem sie lediglich die Coke ersetzen, und in dieser Richtung den Vortheil bieten sollen, dass sie eine bessere Vertheilung und einen langsameren Gang des Gases bewirken, als jene. Im Uebrigen verweisen wir auf die Mittheilung, welche Herr Generaldirector Oechelhäuser auf der vorjährigen Versammlung zu Berlin gemacht hat (Journ. f. Gasbel. 1862, S. 314), und wo derselbe empfiehlt, die Böden in Entfernungen von ½ Fuss bis 1 Fuss einzusetzen, den Querschnitt sämmtlicher Löcher nicht unter dem dreifachen Querschnitt des Verbindungsrohres zu nehmen, und die Löcher möglichst enge zu machen. Ein Maass für den Durchmesser der Löcher ist wohl nicht angegeben, doch glauben wir, dass Sie nicht weit fehlgehen werden, wenn Sie denselben bei Eisenplatten zu etwa ½ Zoll annehmen.*

---

## Ueber das Verhalten von Thonretorten,

### welche den Einflüssen von Nässe und Frost ausgesetzt gewesen sind.

Bei der grossen Sorgfalt, mit welcher man neue Retorten vor Nässe, Frost &c. zu bewahren sucht, mag es wohl selten vorkommen, das Verhalten solcher Retorten beobachten zu können, welche den vorhin genannten Einflüssen ausgesetzt waren. Unterzeichneter hat seit fast einem Jahre dazu Gelegenheit gehabt, indem die Retorten zu einem Dreier-Ofen der hiesigen Gasanstalt, welche vor dem Einlegen den ganzen Herbst und Winter über auf einer benachbarten Eisenbahnstation unter freiem Himmel gelagert waren, bis heute mit einer kurzen Unterbrechung im Betriebe gewesen sind. Die Retorten haben ovalen Querschnitt, und waren aus der Fabrik von *Albert Keller* in Gent bezogen worden. Ihr Ansehen nach Abgang des Frostwetters deutete auf sehr morschen Zustand und der tiefdumpfe Klang derselben gegen andere Retorten schien dieses nur zu bestätigen. Es wurde demnach beim Einlegen die grösste Vorsicht angewandt, und es gelang auch wirklich, dieselben ohne Bruch in den Ofen zu bringen. Man hätte erwarten sollen, dass in Folge der ungleich grösseren Porosität die Ausbeute an Gas hinter derjenigen anderer Retorten zurückstehen würde, allein dieses ist nicht der Fall gewesen, da der Ofen mit diesen Retorten ebenso vortheilhaft arbeitete, wie mit den früheren. Die Erscheinung, dass sich schon nach einigen Wochen eine starke Graphitkruste von etwa 2 Zoll Dicke ansetzte und welche Unterzeichneter der grösseren Porosität zuschreiben wollte, kann aber hiermit nicht in Zusammenhang gebracht werden, da sich später bei ganz unversehrten Retorten aus derselben Fabrik ein eben so schnelles und starkes Ansetzen des Graphits gezeigt hat. Nur in einem einzigen Punkte hat ein abweichendes Verhalten der befrorenen Retorten bis jetzt wahrgenommen werden können: im Ausbrennen und Reinigen von Graphit. Während gewöhnliche *Keller*'sche Retorten, nachdem sie einige Tage (mitunter auch nur einen Tag) leer gestanden, bei Nachhülfe mit einem zugeschärften Eisen sich leicht von der Graphitkruste reinigen lassen, ist solches bei jenen geradezu unmöglich; will man es forciren, so stösst man nur kleinere Brocken Graphit herunter und gewöhnlich haftet an diesen eine mehr oder minder dünne Schicht der inneren Retortenwand selbst fest. Da diese Manipulation nicht oft wiederholt werden darf, ohne die Solidität der Retortenwand in Frage zu stellen, so ist man gezwungen, den Graphit-Ansatz vollständig nach und nach verbrennen zu lassen, was je nach der Stärke desselben die Zeit von 10 bis 12 Tagen in Anspruch nimmt. — Hinsichtlich der Haltbarkeit dieser Retorten scheint bis jetzt noch nichts dagegen zu sprechen, dass sie die gewöhnliche Dauer erreichen werden. Der Ofen wurde vor circa 10 Monaten in Betrieb genommen und im December vorigen Jahres 3 Wochen ausser Thätigkeit gesetzt, um an der Feuerung reparirt zu werden; sowohl bei der ersten Anfeuerung, als auch bei der dreiwöchentlichen Unterbrechung zeigten die Retorten ein ganz normales Verhalten, und es scheint nicht bezweifelt werden zu können, dass sie das Erkalten und Wiederanheizen noch einige Male ertragen werden.

Iserlohn, den 20. Febr. 1863.

*L. Eisenhuth.*

---

## Electromagnetische Maschine zur Licht-Erzeugung;

von der Gesellschaft l'Alliance der Londoner Industrie-Ausstellung übergeben.

(Aus Armengaud's Génie industriel. — Durch Dingler's polyt. Journal.)

(Mit Abbildungen auf Taf. 4.)

Die von dem Director der Gesellschaft l'Alliance, Herrn *Berlios*, ausgestellte Maschine bezweckt die durch magnetische Induction erzeugte Electricität zu sammeln und in einen ziemlich continuirlichen Strom zu verwandeln, um sie dann industriell zu verwenden. Diese Maschine, welche sich durch ihre eigenthümliche Construction, sowie auch durch ihre grossartigen Dimensionen und ihre Bestimmung für die grosse Industrie characterisirt und unerwartet günstige Resultate lieferte, ist die Erfindung des Herrn *Nollet*, Professor der Physik an der Militärschule in Brüssel. Sie ging dann in den Besitz der Gesellschaft l'Alliance über und wurde endlich durch Herrn *van Malderen* bis auf ihren gegenwärtigen Standpunkt verbessert.

Im Wesentlichen besteht sie aus einem gusseisernen Gestell, dessen zwei nahezu kreisförmige Seitentheile in acht Theile getheilt sind, die eine Art Achteck bilden. Acht horizontale Schienen, welche an der virtuellen Spitze der Achtecke befestigt sind, tragen fünf parallele Reihen von acht magnetischen Bündeln, die von grosser Kraft sind und nach der Central-Achse des Gestelles convergiren. Die Magnete der beiden äusseren Reihen, zur Rechten und Linken, welche bloss eine einzige Induction bewirken sollen, werden nur durch drei hufeisenförmige und aufeinandergelegte Eisenstäbe gebildet; die Magnete der drei inneren Reihen, welche eine doppelte Induction zu bewirken haben, bestehen aus sechs Stäben. Das Inductions-Element der Maschine besteht also im Ganzen aus 40 sehr kräftigen Magneten, die im Durchschnitt 20 Kilogramme wiegen und im Stande sind, ihr vierfaches Gewicht oder 80 Kil. zu tragen; sie sind so angeordnet, dass die Pole, welche einander am nächsten sind oder im horizontalen Sinne einander gegenüber liegen, ungleichnamige sind.

Diese fünf achteckigen Reihen magnetischer Bündel lassen zwischen sich vier gleiche Zwischenräume, worin vier bronzene Scheiben oder abgeplattete Cylinder angebracht sind. Diese Scheiben sind an der Mittelachse des Gestelles befestigt, welche durch ihr Centrum geht und so die Drehungs-Achse des Systems bildet; sie tragen an ihrem Umfange 16 Inductions-Spiralen, ebensoviele als Pole in jeder verticalen Reihe von magnetischen Bündeln vorhanden sind. Das inducirte oder zu inducirende Element besteht also aus 64 Spiralen, die sich sämmtlich mit der horizontalen Achse des Gestelles drehen und bei jeder Umdrehung unter den Einfluss von 16 abwechselnd ungleichnamigen Polen kommen.

Jede Spirale besteht aus einem hohlen Cylinder *a* von weichem Eisen, von 5—6 Millim. Durchmesser und 96 Millim. Länge (siehe Tafel 4), welcher der Länge nach gespalten ist, damit er den Magnetismus im Vorübergehen vor den Magneten *D* leichter annehmen kann. Auf diese Röhre sind acht Kupferdrähte von 1 Millim. Durchmesser und 16 Meter Länge aufgewickelt, so dass die Gesammtlänge des Drahtes auf jeder Spirale 128 Meter beträgt, welche 1½ Kilogr. wiegen. Die Drähte sind mit Baumwolle umwickelt und mittelst einer Lösung von Asphalt in Terpentinöl isolirt. Die Gesammtlänge aller Drähte, welche die Inductionselectricität durchläuft, ist 2038 Meter. Die Drähte haben auf allen Spiralen gleiche Richtung.

Die Maschine macht durchschnittlich 300 Umdrehungen in der Minute; diese Geschwindigkeit gibt das Maximum der electrischen Intensität;

jede Spirale erhält bei ihrem Vorübergang vor einem Magnetpole einen doppelten Strom, nämlich einen directen, wenn sie sich ihm nähert, und einen umgekehrten, wenn sie sich davon entfernt; es circuliren also in jeder Spirale per Minute 9600 abwechselnde Ströme.

In der That kann man jede Inductionsspirale bei einer Geschwindigkeit von 250—300 Umdrehungen als ein Element von mindestens der gleichen Stärke wie diejenige eines *Bunsen*'schen Elementes betrachten, so dass eine magneto-electrische Maschine mit vier Scheiben dieselbe Kraft entwickelt, wie eine *Bunsen*'sche Batterie von 64 Elementen mittlerer Grösse.

Der Nutzeffect der Maschine hängt von der Gruppirung und Combination der Spiralen ebenso ab, wie bei einer galvanischen Batterie von der Verbindung der einzelnen Elemente. Wenn man die Drähte aller Spiralen mit ihren gleichnamigen Enden vereinigt, so muss jeder Strom die beträchtliche Gesammtlänge der Drähte durchlaufen und so eine ausserordentliche Spannung erzeugt werden. Wenn man dagegen direct die Ströme aller Spiralen in einem gemeinschaftlichen Leiter sammelt, so erhält man eine um so grössere Quantität von Electricität, je dicker der Draht der Spiralen ist.

Handelt es sich darum, einen bestimmten Licht-, Wärme- oder chemischen Effect zu erzielen, so ermittelt man durch Versuche die beste Anordnung der Inductionsspiralen. Man verbindet dann alle positiven Draht-Enden mit der Centralachse der Maschine; alle negativen Enden mit einer metallenen, auf der Achse befestigten, aber davon isolirten Hülse; ausserdem verbindet man diese Hülse und die Achse durch zwei dicke Drähte mit zwei kurzen dicken Stäben, deren „Polenden" *(bornes)*, welche auf dem Gestelle angebracht sind und fortwährend die beiden Electricitäten, wie sie die Maschine liefert, empfangen. Diese Stäbe bilden in der That die beiden Pole der magneto-electrischen Batterie. Einige Löcher mit Klemmschrauben dienen zum Befestigen der Leitungsdrähte nach den Kohlenspitzen der electrischen Lampe oder nach dem galvanischen Zersetzungsbad.

Um für die Praxis eine Beleuchtung mit dieser Maschine zu erhalten, muss man mindestens drei Scheiben (Rollen) anwenden; die Lichtintensität wächst stets mit deren Anzahl, so dass man ein Licht von 4—500 Carcel-Lampen erzielen kann. Den Hauptkostenpunkt bildet der Gestehungspreis der Magnete.

Eine genaue photometrische Messung ergab für das durch eine Maschine mit vier Scheiben erzeugte Licht im Maximum einen Werth von 125 Carcellampen (die Lampe zu 40 Grm. Oelconsumtion in der Stunde); da nun das Licht einer solchen Lampe 8 Kerzen entspricht, so ist das von der Maschine erzeugte gleich 900 Kerzen.

Die zu diesem Effect nothwendige Betriebskraft beträgt höchstens 1½ Pferdestärken, deren Gestehungspreis man, einschliesslich der Spesen für die Anschaffung der Dampfmaschine, Unterhaltungs- und Arbeitskosten, auf 30 Centimes per Stunde veranschlagen kann. Rechnet man noch ebensoviel hinzu für die Capitalzinsen und Unterhaltung der magneto-electrischen Maschine, die sich nicht abnützt, weil wenig oder keine Reibung stattfindet und die Magnete während ihrer Function eher stärker als schwächer werden, so stellt sich das Licht von 125 Carcellampen auf höchstens 60 Centimen (5 Sgr.) per Stunde.

Ein gleiches Licht kostet mit Leuchtgas, je nach dessen Preis für die Stadt oder für Private, 3 oder 6 Franken, und mit Oel 7½ Franken (2 Thaler), mit einer *Bunsen*'schen Batterie 10 Franken.

## Beschreibung der Maschine.

Fig. 1 und 2 stellen zwei Aufrisse der Maschine in aufeinander verticalen Ebenen dar; Fig. 3 und 4 geben in vergrössertem Maassstab den Aufriss und Grundriss eines Theiles einer Scheibe mit ihren Spiralen.

Fig. 5—8 stellen verschiedene Details der Maschine dar; in Fig. 9 ist ein Schleifer oder Reiber für die unterbrochenen Ringe zum Gleichrichten der Ströme dargestellt.

Nach dem oben Mitgetheilten sind die Figuren 1 und 2 leicht verständlich: jede auf der Achse *F* sitzende Scheibe *C* hat an ihrem Umfange 56 Inductionsspiralen *A* und jede Batterie permanenter Magnete *B* zwischen jedem Spiralenkreis 8 Magnete, so dass auf jeden Pol eine Spirale kommt.

Da die entwickelten Ströme je nach der beabsichtigten Anwendung von verschiedener Kraft und Art sein müssen, so kann man sie durch ihre Drähte in verschiedener Weise mit einander vereinigen. Fig. 3 stellt eine dieser Methoden dar. Die Drahtspiralen *A* stehen in ununterbrochener Verbindung mit einander für jede Scheibe und für alle Scheiben, ohne Rücksicht auf deren Zahl.

Man sieht, dass man auch Gruppen von 4 und 4 (oder auch von 2 und 2) Spiralen bilden kann, deren Pole sich mit den gemeinschaftlichen Leitern *e* (Fig. 3 und 4) vereinigen, die mit den Sammelringen *D* in Verbindung stehen, von welchen die Electroden *E* (Fig. 1) ausgehen. Die Ringe befinden sich dann an demselben Ende der Achse *F* und ihre Anzahl ist gleich derjenigen der Scheiben *C*.

Nach dem ersten Systeme bilden sämmtliche Spiralen so zu sagen nur eine einzige, welche unter der Einwirkung sämmtlicher Magnete steht; die beiden Enden des so gebildeten einen langen Drahtes treffen also auf die beiden Ringe, welche man sich in diesem Falle als die beiden entgegengesetzten Enden der Maschine denken kann.

Demnach entspricht das erstere System der Erzeugung eines Stromes von grösster Spannung, das letztere derjenigen eines starken Stromes.

Die an der ursprünglichen Maschine angebrachten Verbesserungen beziehen sich vorzugsweise auf die Construction der unterbrochenen Ringe; sie sind aus der Beobachtung folgender Thatsachen hervorgegangen:

1) Die unterbrochenen Ringe mit wirklich leeren Zwischenräumen geben bei jedem Uebergange der Electrodenschleifer *E* von einer vollen

Stelle auf die andere Funken, welche in Folge des starken Stromes die Ringe rasch zerstören.

2) Indessen haben die unterbrochenen Ringe die Eigenschaft, die sich fortwährend umkehrenden Ströme wieder in gleiche Richtung zu bringen, während dieselben bei vollen Ringen stets wechselnde seyn würden.

3) Es gibt aber Anwendungen der Maschine, für welche die fortwährende Umkehrung der Ströme keineswegs ein Nachtheil, sondern ein grosser Nutzen ist; in anderen Fällen muss dagegen der Strom seine Richtung unverändert beibehalten.

Hiernach haben die Erfinder die unterbrochenen Ringe für den Fall gewählt, wenn der Strom stets gleich gerichtet seyn soll, aber keine grosse Spannung erhält; sie haben dagegen volle Ringe gewählt, wenn der Strom bei sehr grosser Spannung umgekehrt werden darf.

Fig. 5 und 6 stellen die Construction eines unterbrochenen Ringes im Quer- und Längendurchschnitt dar.

Die Achse *F* der Maschine ist von einer vollkommen isolirenden Hülse *G* umgeben, auf welche die unterbrochenen Ringe *D* aufgesetzt sind; in diese Hülse gehen die Leitungsdrähte *f*, welche jeder Spiralenscheibe, oder wenigstens den metallenen Ringen *C* entsprechen, auf welchen sich die einzelnen Drähte jeder Spirale *A* vereinigen. Es muss aber jeder dieser Drähte *f* mit seinem entsprechenden Ringe *D* in Verbindung stehen (da jede Scheibe auch ihren eigenen hat), wenn man die unterbrochenen Ringe anwendet und der Strom nach einzelnen Gruppen von Spiralen getheilt ist. Diese Ringe sind folgendermassen construirt:

Jeder Ring *D* besteht aus zwei ähnlichen Theilen: jeder dieser Theile ist eine ringförmige Scheibe, deren eine Hälfte *g* oder *g'* voll, die andere getheilt ist und eine Zahnung *h* bildet; diese Zähne haben solche Dimensionen, dass immer einer der Theile sich in den andern einschiebt, ohne dass sie sich jedoch berühren, so dass beide Theile vollständig von einander isolirt sind; die Zähne *h* entsprechen genau der Anzahl der auf einer Scheibe befindlichen Inductionsspiralen *A*.

Es bilden demnach die beiden vereinigten Theile dieser Ringe einen gleichförmigen cylindrischen Umkreis, auf welchem die Schleifer *E* (Fig. 1) der Electroden während der Drehung der Scheiben beständig drücken. Der eine dieser beiden Ringe entspricht der positiven, der andere der negativen Electrode.

Der Hergang ist nun folgender: Jeder der besonderen Leiter *f* (Fig. 5 und 6) wird mit einem Ringtheile mittelst der in die aneinander stossenden Ränder *g* eingeschnittenen Schrauben *i* in Contact gebracht. Jeder Ringtheil ist demnach beständig in Verbindung mit seiner Scheibe und wird abwechselnd positiv und negativ electrisch — je nach dem Vorübergang vor dem einen oder anderen Magnetpol.

Andererseits ist die Richtung der zwei aneinander stossenden Theilen desselben Ringes entsprechenden Drähte so gewählt, dass die zwei Theile stets gleichzeitig umgekehrt electrisch werden.

Berücksichtigt man aber, dass der Schleifer $E$ (Fig. 5) ebenfalls nach einander von einem Zahn $k$ zu einem folgenden $k'$ übergeht, so leuchtet ein, dass er diess gerade in dem Moment thut, wo die Umkehrung des Stromes in beiden Theilen stattfindet. Es wird also, wenn der Schleifer sich z. B. auf dem negativen Zahn $k$ befindet, und dann auf den positiven $k'$ übergeht, dieser Zahn in dem Moment negativ, wo der Schleifer darüber geht, und zwar in Folge des Vorübergehens der Spiralen von einem Magnetpol zum andern, daher der Schleifer immer negativ bleibt, obwohl sich der Strom in den Spiralen umkehrt. Hieraus ergibt sich als Endresultat die permanente Gleichrichtung des Stromes in den Elektroden mittelst der unterbrochenen Ringe.

Wendet man dagegen die Ringe ohne Unterbrechung an, so muss der Strom in den Leitungsenden fortwährende Umkehrungen erleiden.

Beide Wirkungen haben ihren Nutzen. Die Maschine ist nämlich bestimmt, entweder Lichtwirkungen hervorzubringen oder galvanoplastische Fällungen zu bewirken.

Zur Lichterzeugung gehört ein Strom von sehr grosser Spannung; die Stetigkeit der Richtung desselben ist dagegen nicht nothwendig, sondern eher schädlich, da bekanntlich die Kohlenmolecüle vom positiven Pole zum negativen übergehen, und man daher bei Anwendung der gewöhnlichen Batterie die beiden Kohlenspitzen von Zeit zu Zeit umwechseln muss, wenn das Licht seine Stärke und seinen Standpunkt unverändert behalten soll. Bei der vorliegenden Maschine wählt man also zur Lichterzeugung die Combination der Spiralen ohne Unterbrechung und belässt dem Strom seine fortwährenden Umkehrungen. Dadurch wird bei der grösstmöglichen Spannung des Stromes der Stand der Kohlenspitzen unverändert erhalten.

Soll dagegen ein galvanoplastischer Effect erzielt werden, so muss hierzu ein stetiger, immer gleich gerichteter Strom erzeugt werden, welcher nur eine geringe Spannung hat, aber hinsichtlich der Quantität der erzeugten Electricität für die oft sehr grossen zu überziehenden Oberflächen ausreicht.

Bei der Anwendung der Maschine hat es sich herausgestellt, dass an derselben noch andere Verbesserungen anzubringen waren, nämlich hinsichtlich der Leichtigkeit des Sammelns nicht gerichteter Ströme, sowie eine besondere Construction des Schleifers für die unterbrochenen Ringe bei gerichteten Strömen.

Diese Verbesserungen sind in Fig. 2 und in vergrössertem Maassstabe in Fig. 7 und 8 dargestellt.

Ursprünglich wurde die Vereinigung der in den Inductionsspiralen entwickelten Ströme dadurch bewirkt, dass man ihre respectiven Drähte mit zwei metallenen, auf der Treibwelle angebrachten isolirten Ringen (Fig. 5 und 6) in Verbindung setzte, auf welche man zwei mit den äusseren Drähten verbundene Schleifer andrücken liess. Für die gerichteten Ströme sind diese Ringe unterbrochen, für die nicht gerichteten voll.

In Folge der in der Wirkung der gerichteten Ströme angebrachten Modificationen können nun diese Ringe weggelassen und die Ströme bloss durch die Welle selbst und das eiserne Gestell der Maschine vereinigt werden. Das eine Ende der Welle *F* ist nämlich durchbohrt und in dieses Loch die durch Elfenbeinringe *b* gut isolirte Achse *a* gesteckt, welche über die Welle *F* hinausreicht und gegen die Stellschraube *c'* stösst, die ihrerseits von dem Maschinengestell durch das Elfenbeinfutter *d* isolirt ist und ihre Wirkung nur mit Hülfe der auf Elfenbeinscheibchen angebrachten Mutter und Gegenmutter *e* und *e'* ausübt. Die Berührung zwischen der Achse *a* und der Schraube wird durch einen kupfernen Knopf *f'* vermittelt, in welchen sie bis zu einem gewissen Punkt versenkt ist, und worin sie gegen eine Stahlspitze stösst. Da dieser Knopf fest mit der Schraube verbunden ist, so sind die Achse *a* und die Schraube in vollkommener electrischer Verbindung untereinander, aber von der Treibwelle und dem Gestelle der Maschine sicher isolirt.

Hiernach wird das Drahtende *x* (Fig. 8) der Inductionsspiralen mit der Schraube $g_{\prime}$ verbunden, welche in einer isolirenden Scheide durch die Welle hindurchgeht (Fig. 7) und mit der Achse *a* verbunden ist; andererseits verbindet man den Draht *x'* mit der Schraube *c'* und verlängert diesen Draht bis zu dem Punkte, wo die Electricität ihre Wirkung ausüben soll. Hieraus folgt, dass dieser Pol des Stromes von der Maschine ohne die Beihülfe der Reibungsringe erhalten wird, durch die blosse Verbindung der innern Achse *e* und der Stellschraube *c'*, welche Verbindung durch die Drehung der Maschine nicht unterbrochen werden kann, weil dieselbe zwischen der Achse *a* und dem Knopf *f'* bewerkstelligt wird, welcher die stete Verbindung zwischen der Achse und der Schraube *c'* herstellt.

Der entgegengesetzte Pol ist mittelst des Drahtes *y* (Fig. 2) noch leichter von der Maschine zu erhalten; man braucht diesen Draht nur mit einer Schraube und einer Klemme *i* an die Drehungswelle *F* zu befestigen, welche alsdann die electrische Verbindung mit ihren Lagern und folglich mit dem ganzen Gestelle herstellt; der zweite Leiter kann daher von irgend einem Punkte des Gestelles ausgehen.

Man sieht also, dass bei dieser Methode die Stellschraube und das Maschinengestell die beiden Polenden des Apparates liefern.

Die Erfinder haben auch ein Verfahren erdacht, um einen Strom an den unterbrochenen Ringen aufzufangen, und dabei die nachtheiligen Funken zu vermeiden.

Es ist oben angegeben worden, dass ein unterbrochener Ring aus zwei nebeneinanderliegenden Scheiben besteht, deren Segmente so ineinander greifen, dass der Umfang Theile darbietet, die abwechselnd den beiden Scheiben angehören, welche verschiedenen Polen entsprechen und von einander isolirt sind.

Anstatt nun die einzelnen Segmente durch einen wirklich hohlen Raum zu unterbrechen, hat man sie nur durch Kupferstreifen *j* getrennt (Fig. 9), in deren Fugen Pergamentblätter eingesetzt sind. Hiedurch wird einerseits die Reibung ganz continuirlich gemacht und andererseits die unregelmässige Abnutzung vermieden, da nun die Zwischenräume durch Stücke aus dem gleichen Metall wie die Scheiben ausgefüllt sind.

Der Schleifer besteht hierbei aus einem metallenen Röllchen *k*, welches auf einer isolirten Achse in einer an die Maschine angeschraubten Stütze läuft. Die Feder *n* drückt dieses Röllchen ununterbrochen an und veranlasst so den directen Contact mit den Scheiben, auf denen das Röllchen vermöge deren Drehung läuft; es findet also hier nicht die Abnutzung wie bei einer schleifenden Feder statt. Der Schleifer kann daher ohne Nachtheil auf dem Röllchen selbst angebracht werden, welches zu diesem Zweck eine Hohlkehle hat, und für diese kann man nun auch ein Schmiermittel anwenden, was auf den Scheiben selbst unthunlich wäre.

Nach den Erfindern ist diese Maschine, wie sie in Folge zahlreicher Versuche nunmehr wesentlich vervollkommnet vorliegt, zu allen grösseren Electricitätswirkungen anwendbar. Hierher gehören namentlich: die Erzeugung des electrischen Lichtes für alle Anwendungen desselben (zur gewöhnlichen Beleuchtung, wie derjenigen der Bergwerke, Leuchtthürme, für unterseeische Arbeiten, Eisenbahnen, Signale &c.), ferner die Galvanoplastik &c.

---

## Technisches Gutachten über das Gaswerk Tübingen,

verhandelt den 16. Nov. 1862.

Im Paragraph 16 des zwischen den bürgerlichen Collegien in Tübingen und Herrn *Emil Spreng* über Erbauung und Einrichtung der Gasfabrik zu Tübingen abgeschlossenen Vertrages vom 28. Mai 1862 soll das Werk, nachdem es 14 Tage in Betrieb gewesen, einer Prüfung durch Sachverständige unterworfen werden.

Demgemäss haben sich die Herren *W. Böhm*, Ingenieur aus Stuttgart, als Experte von Seite der Stadt, *N. H. Schilling*, Direktor aus München, als Experte von Seite des Herrn *Spreng* und Herr Professor *F. Hoppe* aus Tübingen, als der von beiden Vorstehenden ernannte Obmann mit dem von der Regierung und Stadt committirten Herrn Baurath *Schlierholz* im Lokale der Gasfabrik eingefunden und geben nach vorausgegangener genauer Besichtigung des Werkes folgendes Gutachten ab:

Die Hochbauten näher bezeichnet in den §§. 1—3 und den hiezu gehörigen Beilagen wurden von Herrn Baurath *J. Schlierholz* einer genauen Prüfung unterworfen und liegt ein besonderes Gutachten hierüber diesem bei.

Im Retortenhaus finden sich die im §. 4 bezeichneten 3 Oefen, einer mit 5, einer mit 3, einer mit 2 Retorten aus Chamotte von der vorgeschriebenen Dicke und Ladfähigkeit vollständig eingemauert und montirt vor. An dem gegenwärtig im Betrieb stehenden Fünfer-Ofen haben wir uns überzeugt, dass sich die Retorten beim Anfeuern gut gehalten haben, sowie dass der Zug des Feuers und die Temperatur im Ofen normal ist; woraus hervorgeht, dass der Ofen eine zweckmässige Construktion hat.

Der Ofen, gegenwärtig mit 2 Retorten belegt, ist so eingerichtet, dass eine dritte Retorte bei späterem Bedarf hinzugefügt werden kann.

Die Hydraulik, für jeden Ofen besonders, und die Aufsteigröhren sind hinreichend weit.

Für den Ablauf der Condensations-Produkte ist entsprechend gesorgt.

Einige Risse, die sich im Gemäuer des im Betrieb stehenden Fünfer-Ofen zeigen, erregen kein Bedenken, und treten meist beim Anheizen eines neuen Ofens durch die Ausdehnung des Mauerwerks ein. Die Verankerung der Oefen ist eine vollständig entsprechende.

Die Condensation besteht vorschriftsmässig aus 6zöll. Röhren mit abzunehmenden Deckeln und ist 148 Fuss lang, also 28 Fuss länger, als vertragsmässig vorgeschrieben.

Der Scrubber ist an dem im Plane bezeichneten Platze im Retortenhaus aufgestellt, hat die vorschriftsmässige Grösse und ist überdiess die Anordnung getroffen, dass derselbe je nach Bedürfniss ein- und ausgeschaltet werden kann.

Ein Wascher und zwei Kalkreiniger von Gusseisen mit schmiedeisernen Deckeln haben reichlich die vorgeschriebenen Dimensionen und Metallstärke und sind an den bezeichneten Plätzen zweckmässig aufgestellt.

Die Stationsgasuhr und der Regulator entsprechen vollkommen dem Vertrage und hat der Regulator überdiess eine 8 Zoll weite Ausgangsröhre, während vertragsmässig nur 6 Zoll vorgeschrieben sind

Die zwei Haupthahnen sind mit Regulirsäulchen versehen und sind statt der 15 Schieber-Ventile, wie sie der Vertrag vorschreibt, im Ganzen deren 18 geliefert.

Ein Manometertisch, Photometer, mit Experimentirgasuhr sind vorhanden und geeignet aufgestellt.

Der Gasbehälter hat die vorgeschriebenen 24,000 c' Inhalt. Um die Dichtheit des Bassins zu prüfen, wurde am 15. Abends 4½ Uhr der Wasserstand gemessen und derselbe 1,98 Fuss unter dem oberen Rande stehend gefunden. Die zweite Messung am 16. Morgens 9 Uhr ergab 2 Fuss, also eine Senkung von nur 2 Linien, wobei zu berücksichtigen ist, dass am Abend während zwei Stunden ein schwacher Regen stattgefunden hat.

Eine weitere Messung ist daher beschlossen.

Die Gasbehälterglocke ist gut gearbeitet, das Gerippe nach Ansprache des Herrn Baurath *Schlierholz* solide construirt und gibt der Gasbehälter einen Druck von zwei Zoll, was dem gewöhnlichen Gewichte solcher Glocken entspricht.

Was die Dicke des Bleches betrifft, wird Herr Baurath *Schlierholz* constatiren, ob solche dem des Reutlinger Gaswerks entspricht.

Die Leitsäulen sind von Gusseisen mit Traversen von schmiedeisernem Gitterwerk verbunden und haben bei einem freundlichen Aussehen eine solide Construktion.

Für sämmtliche Apparate sind die bedungenen Umgangsröhren vorhanden.

Bureaueinrichtung, Betriebs- und Reserve-Utensilien, namentlich auch die Syphonpumpe, sind bereits übernommen und im Gebrauche. Die sämmtlichen Wohn- und Fabrikräume der Anstalt sind mit Gasbeleuchtung versehen.

Als Pumpbrunnen wird ein eiserner Stock mit Pumpwerk aufgestellt und ist vorläufig ein hölzerner vorhanden.

Betreffs der Canalisation bestätigt der Herr Stadtbaumeister *Lenz*, dass die Röhren den §§ 5 und 6 des Vertrages gemäss warm getheert, auf ihre Dichtheit geprüft, in den richtigen Dimensionen und der vorschriftsmässigen Ausdehnung und Tiefe mit Blei und Theerstrickverdichtung gelegt worden sind. Ein Urtheil über Dichtheit des ganzen Röhrensystems zu gewinnen, haben wir die Verbindung mit dem Gasometer, sowie das Umgangsrohr geschlossen, und den Verlust an der Regulatorglocke gemessen. Es hat sich ergeben, dass dieser Verlust in der Stunde nahezu 10 c' beträgt und nach diesem Resultat ist somit, für den Fall, dass selbst in der Stadt keine Flamme gebrannt hat, die Röhrenleitung als vorzüglich dicht zu bezeichnen.

Die Candelaber und Laternen sind nach Bestätigung des Herrn Stadtbaumeister *Lenz* in übereingekommener Zahl von 185 Stück an den planmässig bezeichneten Stellen solide aufgestellt. An zwei Musterlaternen haben wir uns überzeugt, dass die Construktion in Eisen und solide ist.

Obgleich eine Probe der Leuchtkraft vertragsmässig nicht vorgeschrieben, haben wir doch eine Prüfung vorgenommen und gefunden, dass die Leuchtkraft bei einem Consum von 3,8 c' engl. pro Stunde einer Lichtstärke von 12 Wachskerzen entsprach und das Gas rein von Schwefelwasserstoff und Ammoniak war.

Die Messung des Wasserspiegels im Gasbehälter-Bassin wurde Abends 5½ Uhr nochmals wiederholt, und ergab für den Zwischenraum von 8¼ Stunden nicht ganz eine Linie Differenz, woraus sich ergibt, dass der gestrige Regen keinen wesentlichen Einfluss auf den Wasserstand ausgeübt hat. Nach diesen Messungen ist das Gasbehälter-Bassin als dicht zu bezeichnen, so gut sich solches von einem neuen Bassin überhaupt erwarten lässt.

In Zusammenfassung des Vorstehenden geben wir unser Endurtheil dahin ab, dass die ganze Anstalt durchgehends vertragsmässig ausgeführt ist, so dass nach §. 16 des Vertrages die Uebernahme durch den Gemeinderath erfolgen kann

Herr *Spreng* hat die von ihm übernommenen Verpflichtungen nicht allein im vollen Umfange erfüllt, sondern in mancher Beziehung sogar mehr geleistet, namentlich in der Grösse der Apparate und deren Ausstattung. Auch müssen wir die Leistungen des ausführenden Ingenieurs Herrn Dr. *Kausler* rühmend erwähnen.

*F. Hoppe* *N. H. Schilling.* *W. Böhm* *Schlierholz.*

---

## Die Gasanstalt zu Hersfeld.

Der Bau der Gasfabrik in Hersfeld wurde im März 1862 begonnen und bis Ende October desselben Jahres vollendet. — Das Grundkapital ist durch eine Actien-Gesellschaft beschafft; ⅓ desselben ist von der Stadt, der Rest von Privaten gezeichnet worden. Die Verwaltung ist dem entsprechend zusammengesetzt, indem 2 Mitglieder der Direction von der Stadt ernannt wurden und das dritte Mitglied von den Actionären gewählt wurde. Die technische Leitung des Baues, sowie die Lieferung eines Theiles der Apparate wurde dem im Gasfach sehr renommirten Herrn *Riedinger* in Augsburg übertragen, welcher zu grosser Zufriedenheit die Ausführung und Inbetriebsetzung der Anstalt hat bewirken lassen.

Die Einrichtung der Gasanstalt ist folgende:

Das Wohn- und Fabrikgebäude besteht aus einem Mittelbau, 84½' lang und 41½' tief mit 20' hohen Umfassungsmauern, woran zwei einstöckige Flügelgebäude, jedes 43½' lang, 38½' tief mit 13' hohen Umfassungsmauern in gleicher Richtung stossen. Der Mittelbau ist zur grössern Feuersicherheit mit einem eisernen Dache bedeckt, über dessen offenen First sich zum Zweck der besseren Ventilation ein Ueberdach erhebt. In diesem Retortenhause befinden sich drei Oefen mit je drei, zwei und einer Retorte, wobei noch auf den Raum für den vierten Ofen zu 5 Retorten Bedacht genommen worden ist. — Die Oefen bestehen aus Gewölben von feuerfesten Steinen, welche die Retorten in einer Entfernung von circa 5 Zoll umschliessen. Die feuerfesten Steine sind von der *Steinberger Gewerkschaft* in Cassel, die Retorten aber von *Vygen* in Duisburg bezogen. Beide haben sich bis jetzt gut bewährt. Für jeden Ofen ist eine besondere Hydraulik von Gusseisen und kreisrundem Querschnitt angeordnet, welche auf kleinen auf die Oefen gemauerten Pfeilern ruhen. Das Ammoniakwasser fliesst beständig aus einem am Deckel der Hydraulik angebrachten Syphon ab, während der Theer durch einen Hahn abgelassen wird. Nachdem das aus den Retorten kommende Gas die Sperrflüssigkeit der Hydraulik überwunden hat, bewegt sich dasselbe nach der aussen am Gebäude liegenden Condensation. Diese besteht in einem Wasserbassin von 10' Länge und 5' Breite, durch welche sich das Gas in 5zölligen Röhren viermal hin und her bewegt, um durch die Berührung mit den kalten Rohrwänden die condensirbaren Stoffe niederzuschlagen, welche durch Syphons in einen Theerbehälter abfliessen, aus welchen die oben auf schwimmende wässerige Flüssigkeit continuirlich abfliesst.

Die städtische Wasserleitung, von welcher man eine Abzweigung in die Gasfabrik geführt hat, bietet nicht allein den Vortheil, dass im Retortenhaus ein Hahn stets grosse Quantitäten Wassers liefert, sondern dass auch sowohl Condensor als Scrubber stets mit einem beliebig zu regulirenden Wasserstrahl versehen werden können. — Es ist hauptsächlich aus diesem Grunde ein liegender Condensor gewählt worden.

Die Apparate, welche das Gas weiter in seinem ferneren Gange zu passiren hat, befinden sich in dem rechts an das Retortenhaus stossenden Flügel. Es ist dies zuerst der Waschapparat, Scrubber, welcher seinen Stand in einer Nische am Eingange nach dem Retortenhause hat. Derselbe ist ein gusseiserner Cylinder von circa 15' Höhe und $3\frac{1}{2}$' Durchmesser und besteht aus drei Stücken, die muffenartig ineinander gestellt und verkittet sind. Der Wascher ist mit Coaks gefüllt, welche durch beständig eintropfendes Wasser feucht erhalten werden. Das Gas tritt von unten in den Wascher ein und bewegt sich langsam durch die porösen Coaks hindurch, wo es fein vertheilt in eine innige Berührung mit dem Wasser tritt, welches ihm die löslichen Stoffe entzieht. Am oberen Ende des Waschers wird das Gas nach den beiden Reinigungsapparaten abgeführt, welche sich in einem grossen luftigen Raume, dem sogenannten Reinigungshause befinden. Diese Reinigungsapparate sind gusseiserne Kästen von quadratischer Grundform, in welchen sich fünf hölzerne Horden befinden, auf denen die Reinigungsmasse gleichmässig ausgebreitet wird. In der Mitte des Deckels ist ein Lufthahn angebracht. Die Reinigungskasten können abwechselnd, auch beide zugleich, in Thätigkeit gesetzt werden.

Das Ein- und Ausschalten derselben, sowie aller übrigen Apparate geschieht durch Schieberventile. Um mit leichter Mühe die Deckel der Reinigungsapparate abzunehmen und die mit der Reinigungsmasse gefüllten Horden herauszuheben, dient ein drehbarer Krahn. Die Reinigungsmasse ist die sogenannte *Laming*'sche und wird dieselbe auf dem geplatteten Fussboden des Reinigungshauses zum Zwecke der Regeneration ausgebreitet.

Von den Reinigungsapparaten bewegt sich das Gas nach dem Stationsgasmesser. Derselbe befindet sich in dem sogenannten Hahnenhause. Alsdann wird das Gas in den Gasbehälter geleitet, welcher 15000 Kubikfuss fasst. Die Construction des Bassins ist folgende:

Zuerst wurde durch eine Röhrleitung das Wasser von der Sohle des Bassins nach einem nahe gelegenen Bache geleitet. Hierdurch wurden alle Kosten für Auspumpen während des ganzen Baues erspart, und konnten sämmtliche Arbeiten im Trocknen ausgeführt werden.

Als Fundament wurden zwei Lagen grosse 8zöllige Sandsteinplatten auf den Boden fest aufgestampft und mit Cement vergossen. Hierauf wurde die Ringmauer des Bassins von 38' Durchmesser und 17$\frac{1}{2}$' Höhe von Sandsteinen unten $9\frac{1}{2}$' und unten $3\frac{1}{2}$' stark ausgeführt. Alsdann wurde die innere Seitenwand des Bassins mit einer 10" starken Backsteinmauer in Cement incrustirt und darauf, sowie auf die Sohle des Bassins, ein Cementputz getragen.

Zum Cementmauerwerk hat man den sich als vortrefflich bewährenden Bonner Portland-Cement in einer Mischung von 2 Th Sand und 1 Th. Cement angewandt. Zum Verputz, welcher ebensowohl vortrefflich gelungen war, hat man gleiche Theile Sand und ächten Portland-Cement angewandt.

Nach der Füllung mit Wasser hat sich das Bassin bis jetzt absolut wasserdicht bewährt. In einem Zeitraume von 4 Wochen ist der Wasserstand im Bassin nicht nur nicht gefallen, sondern hat sogar (in Folge des Regenwassers) um einige Linien zugenommen. Die Gasbehälterglocke läuft mittelst 10 Leitrollen, von denen die eine Hälfte am oberen, die andere am unteren Rand der Glocke befestigt ist, in Schienen, welche am Mantel des Bassins und über diesem an hölzernen Leitsäulen befestigt sind.

Aus dem Gasbehälter tritt das Gas wieder in das Hahnenhaus zurück, um durch den Druckregulator hindurch nach der Stadt geleitet zu werden. In dem Hahnenhause befindet sich weiter noch der Manometerschrank, an welchem für jeden Apparat ein Manometer, im Ganzen sind es deren sechs, angebracht ist, vermittelst welcher stets der Gang der Fabrik übersehen und etwa vorkommende Unregelmässigkeiten leicht entdeckt werden können.

Die Gasometerglocke ohne Gegengewicht giebt für die Fabrik einen Druck von 2½ Zoll; im Röhrensystem der Stadt wird ein Druck von 8—9 Linien gegeben, welcher für sämmtliche Abzweigungen des Röhrennetzes vollständig genügend ist.

Dem Hahnenhaus gegenüber, durch einen Gang geschieden, liegt das Photometerzimmer, in welchem sich ein *Bunsen*'sches Photometer, sowie ein Apparat für die Ermittlung des spec. Gewichts befindet. — Neben diesem Zimmer liegt noch eine kleine Piece, mit dem Eingang aus dem Retortenhause zum Aufenthalt der Arbeiter.

In dem links an das Retortenhaus anstossenden Flügelgebäude ist das Comptoir, die Werkstätte und die Wohnung des Beamten der Gasfabrik eingerichtet.

Vor dem Retortenhause in gleicher Breite mit demselben steht der Kohlenschuppen auf einzelnen freistehenden hölzernen Säulen mit steinernen Postamenten, 40' lang und 38' breit. Das Dach desselben reicht über die zwischen beiden Gebäuden bestehende Durchfahrt, so dass die Kohlen jederzeit trocken in das Retortenhaus geschafft werden können.

Das Rohrsystem in den Strassen der Stadt, welches eine Länge von ungefähr 14000' besitzt, beginnt von der Fabrik aus mit 5zölligen Röhren, welche sich nach den örtlichen Verhältnissen bis auf 1½" verengen. Das Legen der Röhren geschah mit einer so grossen Sorgfalt Seitens des sehr fachkundigen Personals des Herrn *Riedinger*, dass der Gasverlust bei einem Drucke von 14 Linien erst 5 Kubikfuss in der Stunde beträgt, ein Resultat, wie es günstiger nicht wohl vorkommen möchte. Als Beweis der Dichtigkeit des Rohrsystems ist ferner der Umstand zu erwähnen, dass man beim Auspumpen der mit Wasser gefüllten Syphons in den Strassen der Stadt, an den Manometern genau jeden Pumpenhub unterscheiden kann.

Die Leitungen in den Häusern sind sämmtlich von schmiedeisernen Röhren durch das Personal des Herrn *Riedinger* zur grössten Zufriedenheit der Besitzer hergestellt. Bis jetzt sind über 700 Privat- und 90 Strassenflammen eingerichtet.

Consumirt wurden im Monat December durchschnittlich 6000 Kubik-Fuss täglich.

Zur Production derselben diente ein Zweier-Ofen. Vergast wurden Ruhrkohlen und besteht eine Ladung aus 150 Pfd. Aus dem Centner Kohlen wurden 450—500 Kubikfuss Gas von 12 Lichtstärken bei 4,2 Kubikfuss stündlichem Consum gewonnen.

Da der hiesige Gaspreis von 8 Thaler pro 1000 Kubikfuss ein für den Anfang geringer ist und ferner bei einer Vergrösserung des Consums noch eine Ermässigung dieses Preises in Aussicht gestellt ist, so steht auch eine grössere Ausdehnung der Gasbeleuchtung zu erwarten, sobald erst das Material durch die zu erwartende Eisenbahn billiger zu beschaffen ist.

---

## Statistische und finanzielle Mittheilungen.

**Darmstadt.** Aus den Verhandlungen der am 30. December 1862 stattgehabten Generalversammlung der Actionäre und der Rechnungslage über die Betriebsresultate des 7. Rechnungsjahres vom 1. October 1861 bis 30. September 1862 wurden uns folgende Notizen mitgetheilt:

| | | |
|---|---|---|
| Es brannten 518 städtische Strassen-Flammen<br>4 kriegsärarische „ | 522 | Flammen. |
| Die Beleuchtung des Hoftheaters ist abgeschätzt | 1200 | „ |
| Bei den Privaten, in den Bahnhöfen, städtischen und Militär-Anstalten brannten . . . . | 6842 | „ |
| Summe | 8564 | Flammen |

mit 706 Gasmessern, gegen 8172 Flammen und 658 Gasmesser im Vorjahre.

Die Gaserzeugung betrug 18,988,400 engl. c' mit 2,428,150 c' oder 12⁸/₄ pCt. Verlust und 16,560,250 c' Verbrauch, circa 400,000 c' mehr als im Vorjahre.

Zur Bereitung des Gases wurden 3644 Stecken (à 100 hess. Kubikfuss = 1,5625 Kubikmeter) Kiefernholz verwendet, wofür durchschnittlich incl. Spalterlohn und Octroi 5 fl. 56 kr. bezahlt wurden.

Zur Reinigung des Gases wurden 4940 Bütten (à 10 hess. Kubikfuss) Kalk verwendet, welcher mit 1 fl 18 kr. die Bütte bezahlt wurde.

Zur Heizung wurden 8900 Ctr. Ruhrer Steinkohlen ausser den unverkäuflichen Holzkohlen-Abfällen verbraucht.

An Nebenproducten wurden erzeugt

17,177 Bütten Holzkohlen
841 Centner Theer
591 Centner holzsaurer Kalk.

Der zur Reinigung verbrauchte sogenannte Düngkalk wurde sämmtlich von den Landwirthen des Odenwaldes abgeholt und für den Wagen 12 bis 18 kr., im Ganzen 320 fl. 30 kr. daraus erlöst.

Die Einnahme betrug überhaupt

fl. 72,346 54 kr. für Gas
„ 2,741 49 „ „ Gasmessermiethe
„ 12,026 57 „ „ Nebenerzeugnisse.

Von dem Gasmessercapitale à fl. 12,230. 59 kr. wurden 10% für Abnutzung mit fl. 1223. 6 kr. abgeschrieben und blieben noch fl. 11,007. 53 kr. auf diesem Conto, während dem Betrieb fl. 1518. 43 kr. von dem Ertrag der Gasmessermiethe zuflossen.

Der Reingewinn betrug einschliesslich des diesmal sehr geringen Verdienstes an Installationen fl. 23,374. 11 kr. gegen fl. 26,380. 9 kr. im Vorjahre.

Ausser dem Ausfall grösserer Installationsarbeiten wirkten nachtheilig auf dieses verhältnissmässig ungünstige Jahresresultat ein: die bedeutend höhere Ausgabe für Steuern und Brandassecuranz, theilweise Steigerung der Arbeitslöhne, höherer Preis des Kalks &c.

Nach Abzug der statutenmässigen Tilgungs- und Betriebsreserven und der Tantiemen für den Verwaltungsrath und das Beamten- und Arbeiterpersonal betrug die Dividende der Actionäre incl. 4 pCt. Zinsen, 12 pCt., zu deren Completirung fl. 312. 54½ kr. aus der Dividendenreserve entnommen wurden.

Da die Dividende die gleiche wie im vorigen Jahre war, so blieben die Gaspreise unverändert für das Kalenderjahr 1863, fl. 5. 25 kr. für die Privaten, mit Rabatt bis zu fl. 4. 40 kr. für die grösseren Abnehmer, der dem Hoftheater eingeräumte Rabatt von 25% wurde auf die Militäranstalten ausgedehnt (jetzt fl. 4. 4 kr.) Die Stadt zahlt wie im Vorjahre fl. 3. 34 kr. pr. 1000 engl. c' und 0,696 kr. für die Brennstunde einer Strassenlaterne.

**Riga.** Die hiesige Gasanstalt ist auf städtische Kosten von dem Herrn Baumeister *Kühnell*, Director der städt. Gasanstalten in Berlin, erbaut und zu Anfang August v. J. eröffnet worden. Sie liegt auf dem ehemaligen Glacis zwischen der Nicolai- und Alexanderstrasse neben dem Hospital für Augenkranke, auf der Insel inmitten des ehemaligen Festungsgrabens, welche durch eine elegante Brücke mit dem Festlande verbunden ist, und bildet einen geschmackvollen Castellbau mit zwei imposanten Eckthürmen. Das Retortenhaus enthält 2 Oefen mit je 8, 2 mit je 5 und 4 mit je 7 Retorten, also im Ganzen 44 Thonretorten von elliptischem Querschnitt und 9' Länge.

Der Condensator hat 2½' äusseren Durchmesser und 10' Höhe und besteht aus 6 Cylindern, weiter hat die Anstalt 2 *Beale*'sche Exhaustoren, Wasch-Apparat, 4 trockene Reiniger und 1 Austrocknungsapparat und 2 Gasbehälter unter Dach.

**Brüssel.** Es hat sich hier eine „Gesellschaft für Beleuchtung und Heizung durch Gas" gebildet, deren Actiencapital sich auf 20 Mill. Franken in 40,000 Actien, von 500 Fr. jede, beläuft. Die Gesellschaft fordert auch das deutsche Capital zu Zeichnungen auf. Ihr Zweck ist Beleuchtung und Heizung durch Gas oder andere Mittel, von Städten, Gemeinden, öffentlichen und Privatgebäuden, sowohl in Belgien, als in anderen Ländern, und Verkauf der durch die Gasfabrikation erzeugten Nebenproducte. Sie hat das Recht, sowohl für ihren Gebrauch, als auch zum Verkaufe, Leitungsröhren, sowie alle anderen, zur Heizung oder Beleuchtung durch das Gas nöthigen Gegenstände herzustellen. Sie ist berechtigt, Steinkohlenbergwerke für ihre Werkstätten anzukaufen und auszubeuten. Sie kann sich mit anderen gleichartigen Gesellschaften oder Unternehmungen in Belgien oder im Auslande vereinigen, oder sich bei denselben betheiligen, und ist ihre Dauer auf 90 Jahre bestimmt. Von irgend einem wirklichen Geschäfte, was die Gesellschaft bis jetzt erworben hätte, verlautet zur Zeit Nichts. Sofern die Speculation auf Deutschland gerichtet ist, dürfte ihr auch der eigentliche Boden fehlen. Deutschland braucht das Ausland nicht, eben so wenig, um die Capitalien für seine Gasunternehmungen aufzubringen, noch der technischen Beihülfe, um seine Anstalten zu bauen und zu betreiben. Was eine ausländische Gesellschaft bieten kann, das kann die deutsche Industrie recht leicht leisten. Die Gemeindeverwaltungen scheinen die Vorliebe für das Ausland nach den Erfahrungen früherer Jahre auch längst verloren zu haben, man lässt sich das theure Lehrgeld, was früher bezahlt worden ist, zur Warnung dienen, und die Gesellschaft wird gut thun, sich anders wohin zu wenden, wenn sie für ihr vorläufig imaginäres Geschäft eine reale Grundlage finden will.

---

## Betriebsresultate der Gasanstalt in Kaiserslautern im Jahre 1862.

13,250 Centner verwendeter Kohlen ergaben:

a) Gas . . . . . . . . . . . . . . . . . 5,967,700 c' engl.

Hievon wurde abgesetzt:

| | | |
|---|---|---|
| 1) an Private . . . . . . | 4,320,100 | 5,377,711 „ „ |
| 2) für öffentliche Beleuchtung | 1,057,611 | |
| | Abgang . . | 589,989 c' engl. |
| | Selbstgebrauch | 68,258 „ „ |
| | Verlust . . . | 521,731 c' engl. |

b) Coaks 8,150 Centner = 61,50 Procent, hievon
5,035 „ = 38,00 „ verfeuert und
3,115 „ = 23,50 „ erübrigt.

c) Theer 992 Centner = 7,48 Procent.

Die Ausgaben betrugen:

| | | | |
|---|---|---|---|
| 1) für verwendete Kohlen | fl. 5,962. 30; | fl. 1. — kr. |
| 2) „ Reinigungsmaterial | „ 132. 40; | „ —. 01 „ |
| 3) „ Gehalte, Löhne und Remisen | „ 3,680. 18; | „ —. 37 „ |
| 4) „ Allgemeine Kosten | „ 405. 30; | „ —. 04 „ |
| 5) „ Unterhaltungskosten | „ 832. 15; | „ —. 08 „ |
| 6) „ Wiederverkaufsgegenstände | „ 1,463 46; | „ —. — „ |
| 7) „ Neuanschaffungen | „ 2,286. 20; | „ —. — „ |
| Summa | fl. 14,703. 10; | fl. 1. 50 kr. |
| Für Heizung der Gasöfen | „ —. 25; | „ —. 03 „ |
| Aus dem Erlös an Nebenproducten | „ —. 22; | |
| Selbstkosten von 1000 c' = | | fl. 1. 53 kr. |

Die Einnahmen betrugen:

| | |
|---|---|
| 1) An Gas für Private | fl. 18,584. 44 kr. |
| 2) „ „ „ öffentliche Beleuchtung | „ 3,569. 26 „ |
| 3) „ Coaks | „ 1,446 49 „ |
| 4) „ Theer | „ 708. 21 „ |
| 5) „ Kalk | „ 97. 30 „ |
| 6) „ Amoniakwasservergütung | „ 20. — „ |
| 7) „ Wiederverkaufsgegenständen | „ 1,604 40 „ |
| 8) „ Gasmessermiethe | „ 13. 18 „ |
| 9) „ diversen Einnahmen | „ 76. 55 „ |
| 10) „ Zins des Reservefonds | „ 315. — „ |
| 11) „ Ueberschuss vom Vorjahre | „ 362. 48 „ |
| Summa der Einnahmen | fl. 26.794. 31 kr. |
| „ „ Ausgaben | „ 14,703. 19 „ |
| Ueberschuss | „ 12,091. 12 kr. |
| 10 Procent Dividende | „ 9,000. — „ |
| Betriebsfond | fl. 3,091. 12 kr. |

1863 am 1. Januar = 3,074 Flammen
1862 „ 1. „ = 2,680 „
Zuwachs 394 Flammen.

Der Gaspreis war fl. 4. 30 kr. und beträgt vom 1. Jan. d. J. ab fl. 4. 15 kr.

A. Hoffmann.

## Die Gasbeleuchtung in Lübeck

*im 7. Betriebsjahre.*

Vom 1. Juli 1861 bis zum 30. Juni 1862 verbrauchten:

616 Strassenflammen

138 Gangflammen (mit $\frac{1}{2}$ Consum der Strassenflammen)

| | | C' engl.*) | zahlten dafür überhaupt Rth. | Sch. | p. 1000 C' Rth. | Sch. |
|---|---|---|---|---|---|---|
| 754 | öffentliche Flammen . . . . . | 12,000,000 | 10,000 | — | — | $33\frac{1}{3}$**) |
| 60 | Tarifflammen vor den Häusern . | 750,000 | 807 | 39 | 1 | 3 |
| 5997 | Hausflammen à 2544 C' . . . . | | | | | |
| 1034 | Flammen im Theater und in den den dazu gehörigen Gesellschafts-Räumen à 1061 C' . . . . . . | 16,383,850 | 32,767 | 28 | 2 | — |
| | die Anstalt . . . . . . . . | 450,000 | | | | |
| | der Verlust war . . . . . . | 2,102,750 | | | | |
| | überhaupt | 31.686,600 | | | | |

Die Lichtstärke des Gases war $17\frac{1}{2}$ Wachskerzen für 6 C'***), die Bereitung desselben geschah aus englischen (Newcastle Pelaw) Gaskohlen unter Zusatz von $4\frac{1}{2}$ Gewichtsprocenten bester schottischer Cannel (Boghead) Kohle. Die englischen Kohlen kosteten per Tonne von 233 Pfd. Gewicht****) = $25\frac{1}{2}$ Sch., die Cannel-Kohlen dagegen per Tonne von 200 Pfd. Gewicht = 1 Rth. 19 Sch.

Gewonnen wurden aus einer
Tonne Kohlen . . . . . 1351 C' Gas,
1,[illegible] Tonnen Cokes à 93 Pfd. trocken,
0,[illegible] „ Asche à 120 Pfd.,
0,[illegible] „ Theer à 300 Pfd.

Die Cokes wurden zum häuslichen Gebrauch zerschlagen, die angegebenen Erträge sind die verkauften. — Der Verkaufspreis war per Tonne Coke = $18\frac{1}{2}$ Sch., per Tonne Asche 14 Sch per Tonne Theer 1 Rth. 12 Sch. excl. Gebinde. — Verfeuert wurden 360 Tonnen, verkauft 551 Tonne Theer. — Das Feuer wurde mit Kohlen, Theer und Asche erhalten.

Die Kosten betrugen:

1. für die Gasbereitung:

---

*) 1,2 C' Lübisch = 1 C' engl. Maass.

**) 1 Vereinsthaler hat 40 Schillinge.

***) Das Gas aus Pelaw-Kohlen allein hatte $13\frac{3}{4}$ Kerzen Lichtstärke.

****) 1 Pfd. = $\frac{1}{2}$ Kilogramm.

| | überhaupt Rth. | Sch. | pf. | p. 1000 C' Rth. | Sch. | pf. |
|---|---|---|---|---|---|---|
| für Kohlen, incl. Retorten- und Dampfkesselfeuerung . . 18,799 Rth. 20 Sch. — pf. davon die Einnahme für Coke, Asche und Theer . . . . . . 17,010 „ 27 „ 6 „ | 1,788 | 32 | 6 | — | 2 | 3 |
| für Reinigungs-Material . . . . . . . . | 184 | 36 | — | — | — | 3 |
| für Instandhaltung der Gebäude, Röhren, Oefen, Apparate und Geräthe . . . . . | 2,855 | 18 | 6 | — | 3 | 7 |
| für Arbeitslohn beim Betrieb und Vertrieb | 2,920 | 16 | 6 | — | 3 | 8 |
| für die Gasbereitung . . | 7,749 | 23 | 6 | — | 9 | 9 |
| Der Selbstverbrauch u. Verlust berechnet sich auf die bezahlten 1000 C' . . . . | — | — | — | — | — | 11 |
| Die Letzteren haben also gekostet . . | 7,749 | 23 | 6 | — | 10 | 8*) |
| 2. für die Verwaltung, Gehalte, Bureau . . | 3,525 | 13 | 6 | — | 4 | 10 |
| 3. für die Bedienung, Erhaltung und Vermehrung der Laternen . . . . . . . . . | 2,206 | 37 | 6 | — | 3 | — |
| 4. für die Verzinsung des Bau- und Betriebs-Capitals à 4 pCt. und dessen Amortisation mit 1 pCt. nach Abzug der eingenommenen Zinsen . . . . . . . . . . . . . . . | 7,841 | 27 | — | — | 10 | 9 |
| 5. für Tantièmen und Prämien (1,560 Rth.), Assecuranz, Processkosten, Agio &c. . . | 2,111 | 14 | — | — | 2 | 11 |
| | 23,434 | 35 | 6 | — | 32 | 2 |
| **Die Einnahme betrug:** für die öffentl. Beleuchtung 10,000 Rth. — Sch. für die Privat-Beleuchtung 33,575 „ 27 „ | 43,575 | 27 | — | 1 | 19 | 10 |
| Der Gewinn beim Betriebe . . . . | 20,140 | 31 | 6 | — | 27 | 8 |
| Dazu lieferte ferner die Werkstatt, einschliesslich der Gasuhren, nach Abzug von 120 Rth. Tantièmen . . . . . . . . . . | 1,456 | 14 | 6 | | | |
| **Der Gewinn** der ganzen Anstalt war also | 21,597 | 6 | — | | | |

das sind ausser 5 pCt. Zinsen und Amortisation von 160,000 Rth. Anlage-Capital und ausser circa 1 pCt. für Tantièmen noch 12 pCt. Reingewinn, summarisch = circa 18 pCt.

Die Anstalt gehört der Stadt (27,000 Einwohner) und wird für deren Rechnung verwaltet.

Lübeck, den 3. März 1863.

C. Müller, *Baudirector.*

---

## Betriebs-Rechnung der Elmshorner Gasanstalt für das Jahr 1862.

Debt.

| | | Rth. | Sch. |
|---|---|---|---|
| 127¼ Hbg. Last Gaskohlen | Rth.*) | 2,068. | 49 Sch. |
| Betriebs-Arbeiterlöhne | „ | 769. | 77 „ |
| Gage und Tantieme | „ | 311. | 36 „ |
| Reinigungsmaterial | „ | 3. | 64 „ |
| Geräth-Unterhaltung | „ | 9. | 48 „ |
| Assecuranz und Abgaben | „ | 58. | 33 „ |
| Unterhaltungs- und Reparaturkosten | „ | 66. | 90 „ |
| Diverse Ausgaben | „ | 17. | 79 „ |
| Bureaukosten | „ | 41. | 34 „ |
| Drucksachen, Insertionen &c. | „ | 32. | 71 „ |
| Retorten und Oefen-Unterhaltung | „ | 212. | 65 „ |
| Gasmesser und Gasmesser-Entwerthung | „ | 60. | 16 „ |
| Verlust an 1 verkauften Miethleitung | „ | 51. | 14 „ |
| | Rth. | 3,697. | 40 Sch. |
| An Betriebs-Gewinn | „ | 4,598. | 14 „ |
| | Rth. | 8,295. | 54 „ |

Crdt.

| Gas für | Cbf. | | Rth. | Sch. |
|---|---|---|---|---|
| Privat-Consumenten | 2,183,950 | | | |
| Oeffentliche Beleuchtung | 359,650 | | | |
| Anstalt und Gratis-Laternen | 63,700 | | | |
| | Cbf. 2,607,300 | Rth. | 6,386. | 17 Sch. |
| Coaks 120¼ Last | | „ | 1,391. | 43 „ |
| Theer 61 Tonnen | | „ | 266. | 61 „ |
| Amoniakwasser | | „ | 53. | 32 „ |
| Leitungsmiethe | | „ | 96. | 23 „ |
| Gasmesser und Miethe | | „ | 101. | 60 „ |
| | | Rth. | 8,295. | 54 Sch. |

*) 1 Rthlr. = 96 Schillinge = ¾ Thlr. preuss.

## General-Bilanz am 1. Januar 1863.

### Activa

| | | | |
|---|---|---|---|
| Anlage-Conto v. 1. Januar 1862 . . . . . . . | Rth. | 34,138. 33 | Sch. |
| Entwerthung geschätzt à 3% . . . . . . . . . | „ | 1,024. 15 | „ |
| | Rth. | 33,114. 18 | Sch. |
| Neubauten in 1862 . . . . . . . . . . . . | „ | 136. 23 | „ |
| Werth der Anlage . . | Rth. | 33,250. 41 | Sch. |
| Werthpapiere des Reservefonds . . . . . . . | „ | 2,874. 85 | „ |
| Cassa-Conto . . . . . . . . . . . . . . | „ | 1,563. 60 | „ |
| Lager-Conto . . . . . . . . . . . . . . | „ | 1,905. 40 | „ |
| Debitoren . . . . . . . . . . . . . . . | „ | 2,178. 47 | „ |
| | Rth. | 41,772. 81 | Sch. |

### Passiva.

| | | | | |
|---|---|---|---|---|
| Actien-Capital-Conto . . . . . . . . . . . | | Rth. | 34,000. — | Sch. |
| Betriebs-Capital-Conto . . . . . . . . . . . | | „ | 1,500. — | „ |
| Entwerthungs- und Reserve-Conto . . . . . . | | „ | 1,278. 59 | „ |
| Dividenden-Conto . . . . . . . . . . . . | | „ | 81. 48 | „ |
| Creditoren . . . . . . . . . . . . . . . | | „ | 311. 36 | „ |
| Zinsen des Reservefonds . . . . . . . . . . | | „ | 58. 20 | „ |
| Gewinn- und Verlust-Conto | | | | |
| Dividende 7% . . . . . | Rth. 2,380. — Sch. | | | |
| Reserve . . . . . . . | „ 2.218. 14 „ | „ | 4,598. 14 | „ |
| | | Rth. | 41,772. 81 | Sch. |

---

Die Selbstkosten des bezahlten Gases stellen sich also

| | für [illegible] c' | od. für 1000 [illegible] c' |
|---|---|---|
| An Gaskohlen und Heiz-Material, abzüglich der Nebenproducte auf . | Rth. 357. 19 Sch. | Rth. —. 13,5 Sch. |
| „ Reinigungs-Material (NB. durch Benützung des im Vorjahre angekauften) . . . . . . . . . . . | „ 3. 48 „ | „ —. 1/[illegible] „ |
| „ Löhnen, Gagen und Tantiemen . | „ 1,081. 17 „ | „ —. 41 „ |
| „ Retorten und Oefen-Unterhaltung | „ 212. 65 „ | „ —. 8 1/[illegible] „ |
| „ sonstigen Betriebs-Unkosten . . | „ 220. 7 „ | „ —. 8,3 „ |
| | Rth. 1,874. 76 Sch. | Rth. —. 71 Sch. |

*Die Direction.*

Nr. 4. April 1863.

# Journal für Gasbeleuchtung

und

verwandte Beleuchtungsarten.

Organ des Vereins von Gasfachmännern Deutschlands.

Monatschrift

von

N. H. Schilling,

Director der Gasbeleuchtungs-Gesellschaft in München.

München. Verlag von Rudolph Oldenbourg.

Abonnements. [illegible]

Inserate. [illegible] 1 Rthlr. — Ngr. [illegible]

## EINLADUNG.

Der unterzeichnete Vorstand ladet die Mitglieder des Vereines der Gasfachmänner Deutschlands zu einem recht zahlreichen Besuche der diesjährigen

**fünften Hauptversammlung**

ein, welche am **21., 22.** und **23. Mai** in **München** stattfinden wird.

Anträge oder der Versammlung vorzutragende Abhandlungen und Mittheilungen werden die Mitglieder ersucht, dem Unterzeichneten rechtzeitig anzumelden.

Vom 19. Mai an wird im „Hotel Leinfelder", Carlsplatz Nr. 1, die Expedition des Vorstandes täglich von 9 Uhr Morgens bis 7 Uhr Abends geöffnet sein, und werden die Eintreffenden ersucht, daselbst die neue Mitglieds-Karte und die Tagesordnung in Empfang zu nehmen.

Dresden, den 1. April. Der Vorstand

**G. M. S. Blochmann.**

**Retorten und Steine**
**von feuerfestem Thone in allen Formen und Dimensionen.**

# ALBERT KELLER IN GENT
## BELGIEN.

Diese Fabrikate haben auf allen Gaswerken, wo sie benutzt worden, volle Anerkennung gefunden, und sind die Preise, trotz aller Sorgfalt, welche auf die Anfertigung verwendet wird, sehr vortheilhaft.

---

## Feuerfeste Producte, die nicht dem Schwinden unterworfen sind.

**Th. Boucher,** Fabrikant und Patentinhaber zu St. Ghislain, früher zu Baudour (Belgien).

*Th. Boucher* ist der einzige Fabrikant, welcher feuerfeste Producte dieser Art herstellt, und Inhaber der Medaillen von der allgemeinen Industrie-Ausstellung in London (1851 und 1862), in Paris (1855), sowie auch der Ehren-Medaille I. Classe der „Academie nationale“ zu Paris (1856). Seine Anstalt ist die älteste auf dem Continent.

NB. Das Preisgericht der Londoner Ausstellung drückt sich in seinem Bericht folgendermassen aus: „Das Preisgericht hat Herrn *Th. Boucher*, welcher sehr gut verfertigte Retorten ausgestellt hat, eine Preismedaille zuerkannt, da selbe Retorten von ausserordentlicher Dünne, regelmässiger Form, und auf ihrer Oberfläche frei von allen Flecken und Rissen waren.“ Es heisst weiter: „Die Medaille ist diesem Aussteller in Anerkennung der unzweifelhaften Vorzüge seiner Retorten vor allen anderen derartigen Fabrikaten des Continents ertheilt worden.“

---

## Patentirte neueste Asphaltröhren

zu Gas- und Wasserleitungen etc., welche allen metallenen und andern Röhren, die unter den Boden gelegt werden, vorzuziehen sind, bei weit grösserer Dauerhaftigkeit und bedeutend billigerem Preise wie gusseiserne, sowie weil sie keiner Oxydation unterworfen und sich weder durch Salzlösungen noch Säuren irgendwie verändern und deshalb besonders auch für Säuerlinge und Salzsoolen geeignet sind; ebenso kann Temperaturwechsel und Frost auf dieselben nicht nachtheilig wirken wegen ihrer gewissen Elasticität; ferner

**Schmiedeeiserne Röhren & Verbindungen**

Blei-, Guss-, Kupfer-, Messing-, Gummi- und andere Röhren zu den verschiedensten Zwecken und stehen über sämmtliche Röhren detaillirte Preislisten zu Diensten.

J. L. Bahmayer, in Esslingen am Neckar.

---

# ROBERT BEST

**Lampen- & Fittings-Fabrik**
Nro. 10 Ludgate Hill
Birmingham

**Fabrik von schmiedeeisernen Gasröhren**
Great Bridge,
Staffordshire

empfiehlt seine Fabriken für alle zur Gas-Beleuchtung gehörigen Gegenstände. Eiserne Gasröhren und dazu gehörige Verbindungsstücke zeichnen sich besonders durch ihre Güte und billigen Preis aus.

Wegen Zeichnungen sowohl als Preislisten wende man sich an den alleinigen Agenten auf dem Continent

***Carl Kusel,***
16 Grosse Reichenstrasse in Hamburg.

# Die Chamott-Retorten- und Stein-Fabrik

von

## F. S. OESTS Wittwe & Comp.

in **Berlin**, Schönhauser-Allee Nr. 128,

erlaubt sich ihre Fabrikate, als Chamott-Retorten zur Gas- und Mineralöl-Bereitung, so wie Chamottsteine in jeder beliebigen Form und Grösse zu empfehlen. Von den gangbarsten Sorten wird Lager gehalten und für solche sowohl als für etwa bestellte Gegenstände die billigsten Preise berechnet. Aufträge werden ohne Verzug effektuirt.

---

Auf Verlangen bescheinige ich hiermit, dass die von **F. S. Oest's Wittwe u. Comp.**, hierselbst, *Schönhauser-Allee Nr. 128*, zu den hiesigen städtischen Gas-Erleuchtungs-Anstalten gelieferten Chamott-Gas-Retorten, sich bisher vorzüglich gut bewähren. Die Oefen mit den dazu gelieferten Chamottsteinen gebauet, fortlaufend, meist 2½ bis 3 Jahre im stärksten Feuer ausgehalten haben, so dass ich das Fabrikat zu dem besten zähle, was mir in der Praxis bekannt geworden ist, und solches nach meiner unvorgreiflichen Ansicht mit Recht als vorzüglich gut empfehlen kann.

Berlin, am 31. Januar 1859.

**Kühnell,**
Baumeister und technischer Dirigent
der Berliner Communal-Gaswerke.

---

# Ein Gasingenieur,

welcher seit einer Reihe von Jahren die Ausführung ganzer Gaswerke, sowohl für grössere Städte, als auch für Fabriken, leitete, sowie auch den Betrieb seiner ausgeführten Gaswerke dirigirte, und welchem die besten Zeugnisse, auch über kaufmännische Bildung zu Grunde liegen, sucht eine Stelle als Dirigent einer grösseren Gasanstalt oder auch als Ingenieur für den ganzen Bau eines solchen.

Nähere Auskunft ertheilt gefälligst Herr Director *Schilling* in München.

---

## P. T.

Berlin, März 1863.

Meinen geehrten Geschäftsfreunden und den löblichen Gas-Anstalten bringe hiermit ganz ergebenst zur Kenntniss, dass ich, seit 8 Jahren Theilhaber der Firma: **Th. Spielhagen & Comp**, jedoch bereits im 3. Jahre alleiniger Inhaber dieser Firma, von jetzt ab auf Grund des neuen Handelsgesetzes zeichnen werde:

**Theodor Spielhagen.**

Indem ich bitte, hiervon gefälligst Notiz nehmen zu wollen, erkläre gleichzeitig, dass damit die Verpflichtungen und die Garantie für das mit der Firma: „**Th. Spielhagen & Comp.**" bezeichnete Fabrikat selbstverständlich auf die gegenwärtige Firma übergegangen sind.

Es wird wie bisher stets mein Bestreben bleiben, durch wirklich gutes, practisch construirtes und gewissenhaft gearbeitetes Fabrikat mir das Wohlwollen und Vertrauen der geehrten Herren Auftraggeber zu gewinnen und zu erhalten.

Mit aller Hochachtung

Ergebenst
**Theodor Spielhagen,**
Gasmesserfabrikant.

## Rundschau.

An der Spitze unserer Inserate bringen wir diesmal die Einladung zur fünften Jahresversammlung des Vereines der Gasfachmänner Deutschlands, welche am 21., 22. und 23. Mai in München stattfinden wird. Angesichts der erfreulichen Resultate, welche die früheren Versammlungen in jeder Beziehung geliefert haben, wird auch diesmal auf eine zahlreiche und rege Betheiligung gehofft. Der Vorstand fordert auf, die beabsichtigten Anträge und Mittheilungen rechtzeitig anzumelden; möchte auch dieser Aufforderung recht reichlich entsprochen und möchten recht viele und vielseitige Gegenstände zur Verhandlung gebracht werden. Wir können nicht umhin, den geehrten Mitgliedern gerade diese Aufforderung auch unsererseits warm an's Herz zu legen, es handelt sich für die Versammlungen nicht nur um abgeschlossene Vorträge, sondern namentlich auch um anregende Erörterungen in jeder Richtung unseres Faches; erst dann, wenn jedes Mitglied das, was ihm als Fachmann auf dem Herzen liegt, unumwunden zur Sprache bringt, erst dann wird der Zweck des Vereines und seiner Versammlungen vollständig erreicht sein. Zugleich wollen wir nicht unterlassen, darauf aufmerksam zu machen, dass laut Beschluss der vorigen Jahresversammlung über die Aufnahme neuer Mitglieder auf der Versammlung abgestimmt werden muss, und dass somit diejenigen Herren Fachgenossen, welche dem Vereine als Mitglieder beizutreten beabsichtigen, angewiesen sein werden, sich nunmehr deshalb beim Vereinsvorstande zu melden.

Herr *C. Knoblauch-Dietz* hatte die Güte, uns auf eine Art Gummi-Dichtung aufmerksam zu machen, welche bei der neuen Wasserleitung in Schweinfurt angewandt worden sein soll. Diese Dichtungen, von denen nebenstehende Skizze ein Bild gibt, haben, wie Herr *Knoblauch* hinzufügt,

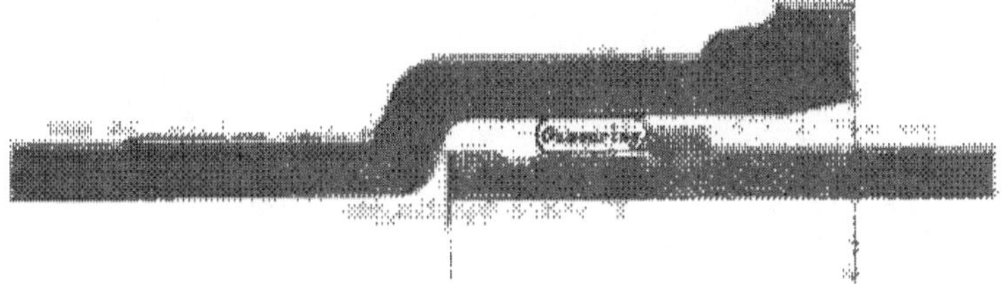

einen Druck von nahezu 20 Athmosphären ausgehalten, und „ergibt schon der Augenschein, dass die Construction der Röhren und Muffen eine vortheilhafte und für Gasleitungen empfehlenswerth sein dürfte." Was die Gummi-Dichtungen selbst anlangt, so wendet Herr *Knoblauch* dieselben überall an, wo er kann, und findet die Resultate so gut, dass z. B. Aschaffenburgs Gasproduction und Gasabgabe sich balanciren, ein Resultat, welches bei Bleidichtungen kaum vorgekommen sein dürfte.

Es wurden uns kürzlich Brenner eingeschickt, welche mit einer, aus Messing gefertigten, unten fest anschliessenden, oben aber über den Brenner vorstehenden Kapsel umgeben sind. Für den Lochbrenner hat die Kapsel oben eine kreisrunde Oeffnung von 8 Millimeter Durchmesser, für den Schnittbrenner ist sie in der Höhe der Brennerspitze von 19 bis auf 14 Millimeter eingeschnürt, und erweitert sich dann trichterförmig wieder bis zu 19 Millimeter Weite. Der Lichteffect dieser Brenner soll durch die Kapselvorrichtung um 50 bis 100% erhöht werden. Wir haben die Brenner photometrisch geprüft und die Sache bestätigt gefunden, ja wir haben sogar noch mehr als 100% erhöhte Leuchtkraft erhalten, — aber wir haben auch dasselbe Gasquantum in einem gewöhnlichen Schnittbrenner ohne Anwendung von Kapseln verbrannt und gefunden, dass es ebensoviel Licht entwickelte, als im Kapselbrenner. Die Oeffnungen der in den Kapseln steckenden Brenner sind sowohl beim Schnittbrenner als beim Lochbrenner so eng, wie sie beim gewöhnlichen Steinkohlengase gar nicht verwendet werden dürfen. Nimmt man die Kapseln ab, so verbrennt man also das Gas auf eine höchst unvortheilhafte Weise, es wird durch die geringe Dicke des Gasstroms, namentlich bei verhältnissmässig starkem Druck, der zur Erzeugung einer Flamme von einiger Ausgiebigkeit nöthig wird, der atmosphärischen Luft Gelegenheit gegeben, auf eine höchst nachtheilige Weise in denselben einzudringen, und so findet der Kohlenstoff bei der darauf stattfindenden Ausscheidung sofort den zur Verbrennung nöthigen Sauerstoff vor, ehe er zum Weissglühen, d. h. zur Lichtentwickelung gelangt. Bei Anwendung der Kapseln wird dieses Eindringen der atmosphärischen Luft in den unteren Theil des Flammenkörpers grossentheils verhindert, indem die Kapseln über den Brenner vorragen, und die Luft erst in grösserer Höhe, wo bereits die Ausscheidung des Kohlenstoffs beginnt, freien Zutritt zur Flamme erlangt. Aus diesem Verhindern der Diffusion scheint sich die Erscheinung erklären zu müssen, und wir betrachten die Vorrichtung wieder als einen hübschen Beleg dafür, dass man auf die Diffusion der Luft, resp. auf die Weite der Brenneröffnungen und auf einen niedrigen Druck beim Verbrennen des Gases gar nicht zu viel Gewicht legen kann. Mehrfache Versuche ergaben im Mittel

bei 2,5 c' Cons. per Stunde im engen Schnittbrenner ohne Kapsel bei 0,74'' Druck = 7,7 Kerzen Leuchtkraft.
„ 2,5 c' „ „ „ „ „ „ mit „ „ 0,74'' „ = 6,9 „ „
„ 3,0 c' „ „ „ „ „ Lochbrenner ohne „ „ 0,6'' „ = 7,1 „ „
„ 3,0 c' „ „ „ „ „ „ mit „ „ 0,6'' „ = 8,3 „ „
„ 3,0 c' „ „ „ „ weiten Schnittbrenner ohne „ „ 0,5'' „ = 8,7 „ „

---

## Correspondenz.

Herrn K. K. *Sie stellen folgende Anfrage:*

*„Der Gasbehälter einer Anstalt liegt 1000 Fuss seitwärts von dieser entfernt, und das Gas wird durch ein Eingangsrohr von der Anstalt zum Behälter hin, durch ein Ausgangsrohr von letzterem zur Anstalt zurückgeführt, wo es dann durch den Regulator in die Leitungsröhren zur Stadt gelangt. Warum wendet man nicht in diesem Falle ein einziges Rohr zur Verbindung mit dem Gasbehälter an, da die Ersparniss doch bedeutend wäre?"*

*Der von Ihnen aufgestellte Fall ist eigenthümlicher Art, und veranlasst beim Lesen gewiss Jedermann zu allernächst zu der Frage, warum musste denn der Gasbehälter so weit entfernt werden, und konnte das Ausgangsrohr aus demselben nicht einen nähern Weg zur Stadt nehmen, als wieder zurück durch die Anstalt? Doch nehmen wir den Fall, wie er gegeben ist, so scheint uns die Anwendung eines einzigen Verbindungsrohres doch einiges Bedenken zu haben. Was wird vorgehen? Ist die Production grösser als der Consum, so wird ein Theil der ersteren in das seitliche Rohr zum Gasbehälter gehen, sind Production und Consum gleich, so wird das erzeugte Gas direct in die Stadt gehen und der Gasbehälter ausser Function sein, ist die Production kleiner als der Consum, so wird ausser der ersteren auch ein Theil des Vorraths vom Gasbehälter zur Stadt gehen. Nun ist aber bekanntlich, namentlich bei kleinen Gasanstalten, die mit wenig Retorten arbeiten, das Gas in den verschiedenen Stunden der Destillation von sehr verschiedener Qualität, und der Gasbehälter hat nicht nur den Zweck, Gas aufzuspeichern, sondern auch die Qualität aus den verschiedenen Destillationsperioden wieder auszugleichen. Diesen letzten Zweck aber erfüllt der Gasbehälter mit einem einzigen Rohr nur theilweise während derjenigen Abendstunden, wo der Consum bedeutend grösser ist, als die Production, für alle Zeiten, wo sich Consum und Production gleich sind, oder wo ersterer geringer ist als letztere, wird die Qualität des Gases in der Stadt fortwährend schwanken, und zwar, wenn anders die Umstände einigermassen darnach angethan sind, in solchem Grade, dass eine solche Gasbeleuchtung gar nicht zu haben sein würde. Es dürfte übrigens von Interesse sein, wenn Sie die Güte haben wollten, uns die Verhältnisse vollständig mitzutheilen, welche eine so abnorme Gasbehälteranlage veranlasst haben.*

---

## Untersuchungen über Gaskohlen

von *N. H. Schilling.*

Der Zweck der nachstehenden Untersuchungen besteht nicht darin, den practischen Werth der verschiedenen Kohlen zur Gasbereitung in absoluten Zahlen darzustellen. Solche Zahlen können nur aus den Durchschnittsergebnissen des grossen Betriebes gewonnen werden, und es ist darüber aus den Betriebsresultaten unserer rationell geleiteten deutschen

Anstalten das Wesentlichste bekannt. Meine Absicht ist dahin gerichtet gewesen, das Verhalten der Kohlen zu untersuchen, wenn sie, abgesehen von den Bedingungen des grossen Betriebes, einem durchweg gleichen Destillations- und Untersuchungs-Verfahren unterworfen werden, und zu sehen, ob und in wie fern die Resultate solcher Versuche geeignet sind, die oben bezeichneten Erfahrungen des grossen Betriebes zu erläutern und zu vervollständigen.

## 1. Der Versuchs-Apparat.

Zur Destillation der Kohlen wurde die mittlere Retorte eines im regelmässigen Betriebe stehenden Ofens mit 5 Retorten benützt. Die Retorte war eine aus der Fabrik von *J. Keller* in Gent bezogene ⌒förmige Thonretorte von 19 Zoll engl. lichter Weite, 16 Zoll Höhe und 8 Fuss Länge, die kurz vorher in den Ofen eingesetzt war, und weder Sprünge oder Risse zeigte, noch Graphit angesetzt hatte. Vom Mundstück der Retorte stieg das Gas durch ein 5zölliges Aufsteigerohr in die Höhe, die Verbindung mit der Hydraulik war jedoch durch einen Wechsel unterbrochen, und vom oberen Theile des Aufsteigerohrs trat das Gas seitlich in ein 2zölliges schmiedeeisernes Rohr ein, welches in ziemlich starker Neigung auf 46 Fuss Länge bis an das Ende des Retortenhauses geführt war. Hier mündete dieses Rohr in einen weiteren Condensationsapparat, der aus 4 Stück 2zölligen schmiedeeisernen Röhren von je 12 Fuss Länge bestand. Die gesammte Kühlfläche vom Aufsteigerohr an gerechnet war 49 □ Fuss und demnach für einen Durchgang von 300 bis 400 c' per Stunde, wie er bei den Versuchen stattfand, vollständig ausreichend. Die Condensationsflüssigkeit floss durch unten angebrachte Syphonröhren selbstständig in untergestellte Gefässe ab, vor dem Condensator war auf dem Leitungsrohr ein Manometer angebracht, um etwaige Unregelmässigkeiten in den Apparaten sofort wahrnehmen zu können. An den Condensator schloss sich ein mit Coke gefüllter Scrubber von 2 c' Inhalt an, diesem folgte ein Reinigungsgefäss von 34 Zoll engl. lichter Länge, 24 Zoll Breite und 26 Zoll Tiefe, in zwei Hälften getheilt, und in jeder Hälfte mit 2 Horden versehen. Die erste Hälfte des Kastens, welche das Gas passirte, war mit 2 c' Laming'scher Masse, die zweite Hälfte mit 1½ c' Kalkhydrat beschickt, und das Material genügte vollkommen, um das jedesmal durchgehende Gas, im höchsten Falle 1100 c', zu reinigen. Hinter dem Reinigungskasten war eine gewöhnliche Gasuhr für 50 Flammen, mit einem eingelassenen Thermometer zur Beobachtung der Temperatur, aufgestellt und von der Auslassöffnung der Gasuhr ging das Gas durch ein weiteres Leitungsrohr in die grosse Hydraulik der Anstalt, wo der Druck, da die Anstalt mit einem Exhaustor arbeitet, auf Null gehalten ward, und wo es sich mit dem Gase des grossen Betriebes vermischte. Um von dem erzeugten Gase eine Probe zur weiteren Untersuchung desselben abzusondern, wurde ein kleiner Exhaustor angewandt, der auf Tafel 5 abgebildet ist, und einen einfach wirkenden Glockenexhaustor bildet. Die Glocke selbst bestand aus Glas und hielt 5 Zoll Durchmesser, das Gefäss, in welchem die Glocke geht, ist in der Zeichnung der grösseren Deutlichkeit wegen auch aus Glas, es bestand jedoch in Wirklichkeit aus Blech. Die Bewegung der Glocke ist durch eine Kurbel vermittelt, die ihrer Länge nach geschlitzt ist; dieser Schlitz gestattet die Regulirung der Hubhöhe, so dass man es in der Hand hat, das Lieferungsquantum des Exhaustors innerhalb gewisser Grenzen zu vermehren oder zu vermindern. Die Geradführung und Balancirung der Glocke ergibt sich zur Genüge aus der Zeichnung. Der Wasserverschluss für das Saugen und Drücken ist durch zwei kleine, theilweise mit Wasser gefüllte und mit Gummistopseln verschlossene Gläser bewirkt. Das vordere dieser Gläser enthält das von links kommende Eingangsrohr, welches durch einen guten Gummischlauch mit dem Ausgangsrohr aus der Gasuhr verbunden war, durch welches somit Gas zuströmte, das durch die Gasuhr bereits gemessen war. Dieses Eingangsrohr geht durch den Gummistöpsel in das Glas hinein, und taucht um ein Geringes in die darin befindliche Sperrflüssigkeit ein. Durch den Stöpsel desselben Glases geht noch ein zweites, kurzes, nicht eintauchendes Rohr, welches mit dem Innern der Exhaustorglocke in Verbindung steht. Macht die Glocke ihre aufsteigende Bewegung, d. h. saugt sie, so entsteht im Raume des vorderen Glases ein verdünnter Raum, das Sperrwasser im Glase hebt sich, bis das eintauchende Rohr leer ist, und das im Eingangsrohr stehende Gas tritt um den untern Rand dieses Rohres herum durch das Wasser hindurch in den obern Raum des Glases und von da durch das zweite Rohr weiter unter die Glocke des Exhaustors. Macht die Glocke des Exhaustors ihre niedergehende Bewegung, d. h. drückt sie, so entsteht im Raume des vordersten Glases ein Ueberdruck, der das Wasser aus diesem Raume in das Eintauchrohr in die Höhe treibt, und den Zufluss des Gases absperrt. Ein ähnliches Verhältniss findet in dem hinteren Glase statt. Hier geht von dem Rohr, welches das einströmende Gas in die Exhaustorglocke führt, ein Zweigrohr ab, durch den Gummistöpsel hindurch, und taucht in das Sperrwasser ein, während ein zweites nicht eintauchendes Rohr, welches nur eben durch den Stöpsel hindurch reicht, das vom Exhaustor abgesogene Gas weiter zu einem kleinen Gasbehälter führt, mit welchem es durch einen zweiten guten Gummischlauch in Verbindung gebracht worden ist. Saugt die Glocke, so entsteht in dem eintauchenden Rohre ein verdünnter Raum, das Wasser aus dem Raume des Glases tritt darin in die Höhe, und die Communication für das Gas ist unterbrochen. Drückt dagegen die Exhaustorglocke, so wird durch den entstehenden Ueberdruck das Sperrwasser aus dem eintauchenden Rohre verdrängt, und das Gas steigt um dessen unteren Rand herum durch das Wasser in den Raum des Glases in die Höhe (gerade so wie im vorderen Glase beim Saugen) und gelangt von da durch das Ableitungsrohr in den schon vorhin erwähnten Gasbehälter. Dieser Moment ist in der Abbildung dargestellt. Während des Saugens ist also die Communication im hinteren Glase unterbrochen, während des Drückens im vorderen. Es ist klar, dass das Gasquantum, was der Exhaustor bei jedem Gange liefert, ausser von den Dimensionen der Glocke und der Hubhöhe auch von den Wasserständen im Exhaustorgefäss selbst, von den Wasserständen in den Sperrgläsern und von dem Druck im Ein- und Ausgangsrohr abhängt. Im Exhaustor selbst ist während des Aufsteigens oder Saugens der innere Wasserspiegel höher als der äussere, während des Niedergehens oder Drückens umgekehrt der äussere höher als der innere. Damit aber diese Differenz in den Wasserständen oder das Volum, was der Exhaustor bei jedem Gange liefert, sich stets gleich bleibe, ist es nöthig, dass auch die Widerstände, welche die Niveau-Differenz veranlassen, keine Aenderung erleiden. Beim Saugen ist die Niveaudifferenz im Exhaustor bedingt durch den Druck, welcher im Eingangsrohr stattfindet, und durch die Höhe der Eintauchung im vordersten Glase, beim Drücken ist sie bedingt durch den Druck im Gasbehälter, und durch die Eintauchung im hinteren Glase. Die Eintauchungen in den beiden Sperrgläsern bleiben sich für die ganze Dauer eines Versuches gleich, indem, wenn die Gläser gefüllt sind, Wasser weder entfernt noch hinzugefügt wird. Um aber auch den Einfluss des Druckes am Eingang und Ausgang constant zu erhalten, habe ich bei allen Versuchen sorgfältig darauf gesehen, dass zunächst durch den Exhaustor der Anstalt der Druck in der Hydraulik resp. im Eingangsrohr regelmässig auf Null gehalten wurde, und als sich später gegen den Herbst hin bei vergrösserter Production dennoch kleine Schwankungen, namentlich sogleich nach den frischen Chargirungen, zu zeigen begannen, sperrte ich die Verbindung mit der Hydraulik ab, und liess das Gas durch ein aus dem Fenster des Retortenhauses hinausgeleitetes Rohr frei in die Atmosphäre entweichen. Der Druck im Ausgangsrohr wurde sehr leicht dadurch constant und auf Null erhalten, dass ich den kleinen Gasbehälter, der die Lieferungen des Exhaustors aufnahm, nach einem am Eingangsrohr desselben angebrachten Manometer balancirte. Unter diesen Umständen war ich sicher, dass jeder Gang des Exhaustors, resp. jede Kurbelumdrehung ein gleiches Quantum Gas in den Gasbehälter ablieferte. Für die Bewegung des Apparats habe ich die Trommel der Gasuhr benutzt, durch welche das producirte Gas gemessen wurde. Wie auf Tafel 5 dargestellt, trägt die Welle, an welcher die Kurbel des Exhaustors sitzt, an ihrem anderen Ende ein Zahnrad. Ein genau gleiches Zahnrad wurde auf dem vorderen Ende der Gasuhrentrommelwelle aufgesetzt, und der Vorderkasten der Uhr in der Weise verändert, wie es in nebenstehender Skizze angedeutet ist, so dass ich das Zahnrad des Exhaustors einfach in das Zahnrad der Uhrtrommel einhängen konnte, um die Bewegung der Trommel auf den Exhaustor derart zu übertragen,

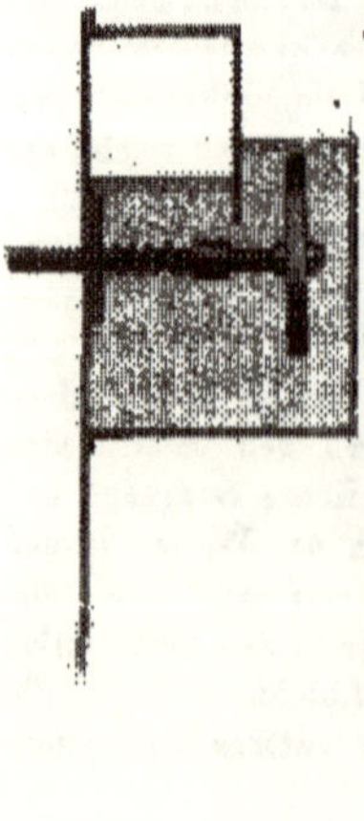

dass jeder Trommelumdrehung ein Hub des Exhaustors entsprach. Um die Stellung der Räder gegeneinander vollständig zu reguliren, war das Stativ des Exhaustors mit 3 Stellschrauben versehen. Ich erreichte damit, dass von dem Gasquantum, welches eine Trommel-Umdrehung lieferte, ein bestimmter und sich immer gleich bleibender Theil in den Gasbehälter abgesogen wurde. Genau genommen, kann man zwar einwenden, dass dieser Theil in seiner Qualität nicht der Durchschnittsqualität der ganzen bei einer Trommelumdrehung gelieferten Gasmenge entspreche, indem er nur während der ersten Hälfte der Trommel-Umdrehung abgesogen wurde, hingegen ist jedoch zu bedenken, dass der Verlauf eines Destillationsversuches bei einer Gesammtproduction von 800 bis 900 c' Gas 820 bis 300 Trommel-Umdrehungen erforderte; bei einer so grossen Zahl können die Schwankungen, die in der einzelnen Umdrehung liegen, nicht mehr in Betracht kommen. Aus Allem ergibt sich, dass der Apparat vollkommen geeignet war, im kleinen Gasbehälter ein für die Zwecke der Versuche genau richtiges Bild von dem Vorgange im Grossen wiederzugeben. Der Gasbehälter hatte einen Rauminhalt von 11 c' engl., und war früher zum Prüfen von Gasmessern benützt worden; seine Einrichtung braucht nicht näher beschrieben zu werden.

### 2. Das Versuchs-Verfahren.

Eine derjenigen Fragen, die ich mir zu beantworten hatte, bevor ich an die Ausführung der Versuche gehen konnte, war die, wie weit ich die Destillation treiben wollte. In der Praxis des grossen Betriebes entgast man die Kohlen nicht vollständig, sondern nur so weit, dass die Leuchtkraft des Gases nicht unter eine gewisse Grenze herabsinkt. Ich entschloss mich jedoch, vorläufig von den Bedingungen der Praxis ganz zu abstrahiren, und die Kohlen vollständig zu entgasen, einmal um eine bestimmte Norm, ein durchweg gleiches Verfahren zu haben, sodann aber auch, um dadurch vielleicht Einsicht in die Natur der Modificationen zu gewinnen, welche die Praxis verlangt. Was ferner die jedesmal zur Vergasung zu bringende Quantität Kohlen anlangt, so entschloss ich mich, dieselbe auch für alle Kohlensorten gleichmässig auf 150 Zollpfund festzusetzen; diess entsprach der Ladung, wie ich sie unter den Verhältnissen der hiesigen Anstalt gewöhnlich anzuwenden pflege. Um mich von der Gleichmässigkeit der Temperatur im Ofen, insoweit dieselbe überhaupt erreichbar ist, versichert zu halten, wurde eine Controlle in der Art angestellt, dass ich ein Quantum derjenigen Zwickauer Kohle, die ich für den grossen Betrieb verwandte, und die aus einer und derselben Grube und von der gleichen Sendung waren, bei Seite legte, und unmittelbar nach je einem oder zwei Versuchen mit diesen Kohlen einen Controlleversuch machte, bei welchem nur die Quantität des erzeugten Gases beobachtet wurde. Schwankte die Ausbeute um nicht mehr, als diess bei gleicher Kohle überhaupt stattzufinden pflegt, so nahm ich an, dass die Temperatur im Ofen sich gleich geblieben war.

Bei allen Versuchen, die nachstehend aufgeführt sind, ist diese Bedingung erfüllt.

Folgendes ist nun der Verlauf eines einzelnen Versuches. Die zu vergasenden Kohlen, die sich sämmtlich in trockenem Zustande befanden, wurden, falls mehr als faustgrosse Stücke darunter waren, zerschlagen, alsdann abgewogen, in einem genau 2 Cubikfuss englisch haltenden und mit Untereintheilung versehenen Kübel gemessen, und alsdann in einer gewöhnlichen *Clegg*'schen Lademulde vor den Ofen gebracht. Vorher schon war das zweizöllige schmiedeeiserne Rohr von der Stelle an, wo es von dem Aufsteigerohr abzweigte, bis zu dem reichlich 1 Fuss davon entfernt sitzenden Wechsel untersucht und sorgfältig gereinigt worden, weil sich dieses Stück gewöhnlich etwas mit Theer versetzt hatte. Der Scrubber war mit frischer Coke, der Reinigungskasten mit frischem Material beschickt, der Wasserstand der Gasuhr controllirt, der Exhaustor eingehängt, und der Gasbehälter an seine Stelle gebracht. Nachdem die Coke der vorhergehenden Chargirung sorgfältig aus der Retorte gezogen, und die Verbindung mit der Hydraulik abgesperrt worden, wurde die Versuchsladung eingetragen und der Deckel geschlossen. Die Gasuhr, deren Stand vorher notirt worden war, fing sofort zu gehen und mit ihr der Exhaustor zu arbeiten an. Die Verbindung des Exhaustors mit dem Gasbehälter stellte ich jedoch erst her, nachdem ich annehmen konnte, dass die Luft, welche durch das Füllen der Apparate in diese hineingelangt, durch das entwickelte Gas verdrängt war. Alsdann wurde der Gummischlauch über die Eingangsmündung des Gasbehälters gezogen, der Wechsel des letzteren geöffnet, der Druck der Gasbehälterglocke, sowie derjenige im Ausgangsrohr der Gasuhr controllirt, ob er an beiden Stellen genau Null betrug, und der Versuch hatte begonnen. Der Stand der Gasuhr, sowie die Temperatur des durch die Uhr gehenden Gases wurde von Viertelstunde zu Viertelstunde beobachtet und notirt, der Fortgang des Versuches im Allgemeinen, der Druck u. s. w. wurde übrigens keinen Augenblick ausser Acht gelassen, und hat mich hiebei namentlich der Herr Chemiker *Ph. Kothe* wesentlich unterstützt. Es war nicht selten, dass im Verlaufe eines Versuches Unregelmässigkeiten vorfielen, und dass der Versuch dadurch verunglückte. Ausser den rein zufälligen Ursachen waren es namentlich zwei Umstände, welche die Störungen veranlassten, einmal die Schwankung, welche bei stärkerem Betriebe gegen den Herbst hin in der Vorlage entstand, und dann die Ablagerung von Theer in dem zweizölligen Condensationsrohre zunächst des Aufsteigerohrs. Es ist schon erwähnt worden, dass dieses Rohr jedesmal vor dem Beginn eines Versuches gereinigt wurde; einmal, nachdem eine kleine Abänderung an dem Aufsteigrohr hatte vorgenommen werden müssen, und das erste kurze Stück des Condensationsrohres bis an den Wechsel, ohne dass ich darauf Acht gegeben, eine fast horizontale Lage erhalten hatte, ergab sich plötzlich ein bedeutender Nachlass in der Production, und das horizontale Stück zeigte sich nach Vollendung des Versuches soweit verlegt, dass ein Eisendraht von ½ Zoll Durchmesser kaum durchgeschoben werden konnte. Nachdem die Verstopfung beseitigt und das Rohr wieder vollkommen gereinigt war, wiederholte ich denselben Versuch noch zweimal, und erhielt jedesmal dasselbe Resultat; nachdem alsdann das Rohr wieder in das frühere Gefälle gebracht worden war, traten keine Verstopfungen weiter ein, und die Versuche ergaben wieder die früheren Resultate. Mir war die Erscheinung insoferne interessant, als sich mir die Frage aufwarf, ob das Gas, was ich weniger erhielt, durch die Retorten entwichen sein mochte, oder ob es sich gar nicht gebildet hatte? Es hatte offenbar ein starker Druck in der Retorte stattgefunden, dieser Druck begünstigte einerseits das Entweichen, obgleich durch die Schaulöcher des Ofens nicht die geringste Undichtigkeit zu bemerken gewesen war; andererseits aber scheint es mir nicht unmöglich, dass das Vorhandensein einer Atmosphäre von verhältnissmässig gespannten Dämpfen in der Retorte die Bildung von permanenten Gasen beeinträchtigte. Ich erwähne hier eines Falles, den ich unter analogen Verhältnissen vor längerer Zeit einmal im grossen Betriebe zu beobachten Gelegenheit hatte. Eine Fabrik, welche sonst gut arbeitet, und per Retorte in 24 Stunden aus Saarbrücker Kohlen mehr als 4000 c' Gas zu machen gewohnt ist, hatte einen Theil ihrer Oefen umgebaut, und brachte mit diesen neuen Oefen in 40 Retorten kaum 70000 c' Gas fertig, obgleich die Retorten sehr gut heiss waren, die Kohlen vollkommen ausstanden, und ein Entweichen von Gas aus den Retorten nicht zu beobachten war. Der einzig auffallende Umstand war der, dass sich die Aufsteigeröhren unaufhörlich verstopften, und der Theer in der Vorlage so dick wurde, dass er kaum noch zum Abfliessen gebracht werden konnte. Der Grund lag in einer unzweckmässigen Anordnung der für jeden Ofen gesonderten Vorlagen, indem man die Abzugeröhren derselben seitlich derart angebracht hatte, dass bei der Schwankung der Sperrflüssigkeit, die in der That viel bedeutender zu sein scheint, als man oft anzunehmen geneigt ist, der Abzug des Gases wie durch Wellenschlag von der in das Abzugsrohr hinein spülenden Sperrflüssigkeit unterbrochen werden musste. Also auch hier wurden die dampfförmigen Destillationsproducte in der Hydraulik, in den Aufsteigeröhren und in den Retorten zurückgehalten, und die Destillation geschah in einer Atmosphäre von gespannten Dämpfen. Der Ausfall in der Production betrug mindestens 90,000 c' in 24 Stunden, oder fast 4000 c' in der Stunde. Ist es denkbar, dass dies Quantum durch die Retorten entweichen konnte, ohne dass man die geringste Undichtigkeit wahrnahm? Die Retorten, sämmtlich neu, waren so glatt und ohne Risse und Sprünge, wie man sie nur wünschen mochte. Ist es nicht eher denkbar, dass die gespannte Dampf-Atmosphäre einen nachtheiligen Einfluss auf die Bildung der permanenten Gase haben dürfte? Ich nahm mir vor, zur Lösung dieser Fragen einige weitere Versuche anzustellen, bin aber leider bis jetzt noch nicht dazu gekommen, sie ins Werk zu setzen. Ich wollte statt der Thonretorte eine gusseiserne nehmen, um das Entweichen des Gases auszuschliessen, und dann durch immer weiteres

Schliessen der Abströmungsöffnung den Druck in der Retorte mehr und mehr steigern. Liess sich auf diese Weise der Einfluss des in der Retorte befindlichen Druckes auf die Gasentwicklung erkennen, so hatte man noch einen Schritt weiter zu gehen, und konnte durch Einfügung eines kleinen Exhaustors auch das Verhältniss ermitteln, welches bei Aufhebung des Druckes und bei negativem Druck in der Retorte stattfindet, d. h. man konnte die Bedeutung des Exhaustors für die Gasproduction in Zahlen darstellen.

Ich kehre nach dieser Abschweifung zur Sache zurück. Wenn nach Verlauf von durchschnittlich 4 bis 5 Stunden die Gasentwickelung aufgehört hatte, so wurde der Gasbehälter geschlossen, der Exhaustor ausgehängt, die Retorte geöffnet, die Coke in einen eisernen Karren geleert und an einen reinen Platz auf den Hof gefahren, dort auf einen Haufen gebracht und unter einer Glocke aus Eisenblech luftdicht abgesperrt. Alsdann wurde der Reinigungskasten geleert und notirt, wie weit die *Laming*'sche Masse schmutzig geworden war, die Condensationsflüssigkeit mit Ausschluss der im Scrubber an der Coke hängen gebliebenen gewogen, und die Retorte eventuell zum Zwecke des Controllversuches mit 150 Zollpfund Zwickauer Kohlen neu beschickt. Bei diesen Controllversuchen wurde, wie schon erwähnt, nur die Gasausbeute bestimmt und notirt. Das im Gasbehälter gesammelte Gas wurde im Photometerzimmer weiter untersucht. Der erste Versuch bestand in der Ermittelung des Kohlensäuregehaltes mittelst des dafür üblichen bekannten Eudiometers (Handbuch S. 53), dem folgte die Bestimmung des specifischen Gewichtes mittelst des von mir modificirten *Bunsen*'schen Apparates (Handbuch S. 35) und sodann kamen die Proben über die Leuchtkraft. Was die photometrische Probe anlangt, so benutzte ich das *Bunsen*'sche Photometer (Handbuch S. 37); als Normalkerze diente mir die Londoner Normalspermacetikerze, deren stündlicher Consum sich bei einer Reihe von Versuchen als zwischen 119 und 128 Grains schwankend ergab und von mir zu 120 Grains angenommen wurde, die Brenner, in denen das Gas verbrannt wurde, waren sämmtlich offene Schnitt- oder Lochbrenner, und unterschieden sich nur durch die Weite der Schnitte, resp der Löcher, welche ich der Natur des zu untersuchenden Gases jedesmal möglichst anzupassen suchte. Nächst der photometrischen Probe unterwarf ich das Gas weiter noch der Prüfung mit dem „*Erdmann*'schen Gasprüfer", wobei ich jedoch den Consum an Gas durch dieselbe Gasuhr (von *S. Elster* in Berlin) bestimmte, welche für den photometrischen Versuch benutzt worden war. Nachdem ich auf diese Weise den directen Leuchtwerth des Gases und die Gradöffnung bestimmt hatte, welche einem gemessenen Consum am *Erdmann*'schen Prüfer entsprach, bestimmte ich auch noch das Quantum der Luft, welches das Gas zu seiner Entleuchtung bedurfte. Zu diesem Zwecke bediente ich mich eines Apparates, welcher genau die Einrichtung des Gasprüfers von *Erdmann* hatte, mit dem einzigen Unterschiede, dass die Luft nicht durch einen Schlitz, sondern durch ein Rohr eintrat. Dieses Rohr wurde mittelst eines Gummischlauches mit einem graduirten Gasbehälter in Verbindung gebracht, der mit athmosphärischer Luft gefüllt war. Ich hatte durch die Güte des Herrn Professor *Jolly* Gelegenheit, dazu aus dem physikalischen Cabinet der hiesigen Universität den Gasbehälter geliehen zu bekommen, mittelst dessen die für die k. bayerischen Aichämter bestimmten Probirapparate getheilt werden, auf dessen Genauigkeit ich mich also unbedingt verlassen konnte. Schliesslich schmolz ich, da ich zur Vervollständigung der Untersuchungen auch noch die quantitative chemische Analyse der Gase in Aussicht genommen hatte, von jedem Versuche zwei Proben in Glasröhren ein. Mittlerweile war die Coke unter dem Verschluss der Blechglocke abgekühlt, und wurde nun sowohl gemessen als gewogen. Auch wurden von jedem Versuch mehrere Coke-Stücke, die ungefähr die mittlere Qualität bezeichneten, ausgesucht, um vielleicht später auf ihren Heizwerth geprüft zu werden. Die chemischen Analysen, welche weit mehr Schwierigkeiten zu machen scheinen, als ich mir Anfangs dachte, sind noch nicht zum Abschluss gediehen.

Der erste Blick auf die Resultate der Versuche zeigt, dass die erhaltene Gasausbeute überall weit grösser ist, als sie in der Praxis erreicht wird, dass dagegen die Leuchtkraft des Gases weit hinter derjenigen im practischen Betriebe zurückbleibt. Es ist diess durch das vorstehend beschriebene Versuchsverfahren selbstverständlich bedingt, ich will jedoch hier ausdrücklich darauf aufmerksam gemacht und mich gegen jede unrichtige Benützung meiner Zahlen verwahrt haben.

### 3. Die untersuchten Kohlensorten.

#### A. *Westphälische Kohlen.*

1—3. Zollverein. Der Besitzer der Grube „Zollverein", Herr *F. Haniel* in Ruhrort hatte die Güte, mir drei verschiedene Proben (zusammen 200 Ctr.) seiner Gaskohlen zukommen zu lassen, nemlich von den Flötzen Nr. IV, VI und XI. Die Kohlen kamen trocken an, wie überhaupt alle Kohlen, die in diesen Versuchen zur Verwendung kamen, und wurden nach etwa 3 Wochen verarbeitet.

4 u. 5. Hibernia. Herrn *W. T. Mulvany*, dem Repräsentanten der Zechen „Hibernia" und „Shamrock" verdanke ich zwei Proben dieser Kohlen (je 4 Ctr.) aus den Flötzen Nr. IV und VI, welche 4 Wochen nach ihrer Ankunft verarbeitet wurden.

6—8. Vereinigte Hannibal. Von dieser Zeche wurden 3 Proben (in Kisten von je 4 Ctr. bezogen, nemlich von den Flötzen II (Arnold), III (Johann) und V (Hannibal). Die Kohlen blieben nur reichlich 8 Tage auf dem Lager liegen.

9 Holland. Eine Probe dieser Kohle (2 Ctr) erhielt ich durch die Herren *Schmidborn & Comp.* in Ludwigshafen. Leider war ich gezwungen, sie 7 Monate stehen zu lassen, bevor ich sie verarbeiten

konnte, was auf das Ergebniss einen mehr oder minder nachtheiligen Einfluss ausgeübt haben mag.

Ihrem äusseren Aussehen nach gehören diese westphälischen Gaskohlen zu den dünnschieferigen Schieferkohlen (Blätterkohlen), die matten Schichten derselben wechseln mit Schichten glänzender Pechkohle ab, auch finden sich hie und da Lagen von harzlosen Faserkohlen, die ganz das Aussehen von Holzkohle haben; aber selten sind die Schichten von beträchtlicher Dicke, sondern vielfach so dünn, dass man sie mit blossem Auge kaum mehr unterscheiden kann, und dadurch gewinnen dann die Kohlen oft ein fast homogenes Aussehen von beinahe eisengrauer, matter Färbung, welches nur hie und da durch eine deutlichere Schichtung unterbrochen wird. Es sind sehr weiche Kohlen, sie fallen schon bei der Förderung wenig in grösseren Stücken und können keinen weiten Transport vertragen, ohne fast gänzlich zu feiner oder klarer Kohle zu werden. Wenn sie, was beim Transport in unbedeckten Waggons leider sehr häufig geschieht, nass werden, so sind sie auf dem Lager schwer wieder trocken zu bekommen. Bei Stücken zeigen sich auf den Bruchflächen vielfach dünne Lagen von Schwefelkies, obgleich im Ganzen die Kohlen weniger schwefelhaltig sind, als andere deutsche Gaskohlen. von Bergmitteln sind sie, so weit meine Erfahrungen im grösseren Maassstabe mit Hibernia reichen, fast ganz frei, doch soll Zollverein mitunter weniger rein sein. Der Gehalt an Schwefelkies, verbunden mit der Beschaffenheit der Bergmittel, welche aus einem sehr hygroscopischen Thon bestehen, soll Schuld sein, dass die Zollvereinskohle sich bei mehrmonatlicher Lagerung leicht entzündet, während diess bei Hibernia und Hanibal nicht vorkommt. Nach den Erfahrungen des Herrn Directors *S. Schiele* (Journ. f. Gasbel. 1860. S. 322) ist die Zollvereinskohle auch dadurch von den übrigen verschieden, dass sie sich, frisch aus der Grube verwendet, weit weniger vortheilhaft verarbeitet, als wenn sie zuvor zwei bis drei Monate gelagert hat, während die Hibernia- und namentlich die Hannibalkohle eine längere Lagerung nicht vertragen kann, ohne beträchtlich an Güte zu verlieren.

B. *Saarbrücker Kohlen.*

10. Kohlen vom Asterflötz der Grube Heinitz, 620 Pfd.;
11. Kohlen von der Grube St. Ingbert, 630 Pfd.;
12. Kohlen der Grube Altenwald, 510 Pfd.;
13. Duttweiler Kohlen von den Mellinschächten, 725 Pfd.;
14. Duttweiler Kohlen von den *S. Kalley*-Schächten, 700 Pfd.;
15. Kohlen der Grube Dechen, 668 Pfd.

Die sämmtlichen Kohlen sind durch die Herren *Schmidborn* in Ludwigshafen bezogen worden, sie waren nach Mittheilung dieser Herren frisch gefördert, blieben aber 5 Monate stehen, bis sie verarbeitet wurden. Einige Versuche, die sofort nach ihrer Ankunft angestellt wurden, verglichen mit den späteren, lassen annehmen, dass sie durch das Lagern nicht merkbar verloren haben.

Die Saarbrücker Gaskohle gehört zu den eigentlichen Schieferkohlen, und unterscheidet sich von den westphälischen schon durch ihr Aussehen. Sie ist deutlich geschichtet, fällt auch in grösseren Stücken von ziemlicher Festigkeit und kann einen beträchtlichen Transport vertragen, ohne so viel klare Kohle zu geben, als die westphälische.

### C. *Zwickauer Kohlen.*

Diese Kohlen werden im grossen Betriebe auf der Münchener Gas-Anstalt gebraucht, und sind daher nicht speciell zum Zweck der Versuche bezogen worden. Es standen mir folgende Sorten zu Gebote:

16. Kohlen aus der Grube „Frisch Glück" in Oberhohndorf, geliefert durch Herrn *E. Bauermeister* in Zwickau, frisch verarbeitet;
17. Kohlen aus dem Oberhohndorf-Schader-Augustus-Schacht, 3 Monate auf dem Lager;
18. Kohlen aus dem „Hülfe-Gottes-Schacht" der Zwickauer Bürgergewerkschaft, 2½ Monate auf dem Lager;
19. Kohlen aus dem „Bürgerschacht" der Zwickauer Bürgergewerkschaft, 2½ Monate auf dem Lager;
20. Kohlen von den Herren *Schulze & Dietze* in Zwickau geliefert, aus einer der Oberhohndorfer Gruben, 2 Monate auf dem Lager.

Die Zwickauer Gaskohlen sind deutlich geschichtete Schieferkohlen, in denen die glänzenden Lagen von Pechkohlen vorherrschen, zuweilen so vorwiegend, dass sie zu reinen Pechkohlen werden. Sie sind in ihrem Aussehen den Saarbrücker Kohlen ähnlich, aber glänzender, fester, fallen in grossen Stücken (Stückkohlen) und können sowohl den Transport als längeres Lagern ohne wesentlichen Nachtheil vertragen. Selbstentzündungen sind mir nicht bekannt. Ein grosser Uebelstand der Zwickauer Gaskohlen ist der, dass sie sehr häufig mit Gebirgsmittel (Scheeren) von Thon verunreinigt sind. Dieser Umstand findet sich natürlich in einigen Gruben vorherrschend, aber er kommt auch zeitenweise, je nach den Verhältnissen des Abbaues, in solchen Gruben vor, die sonst im Allgemeinen eine ziemlich reine Kohle liefern.

### D. *Schlesische Kohlen.*

Diese Proben, niederschlesische Kohlen aus dem Waldenburger Revier, und zwar:

21. Kohlen aus dem Wrangelschacht, Glückhülfgrube im Hermsdorfer Revier, und
22. Kohlen aus dem Bradeschacht oder dem sogenannten Fuchsstollen im Weissteiner Revier

verdanke ich der Güte des Herrn Directors *R. Firle* in Breslau.

Herr *Firle* bemerkt dazu in seinem Schreiben:

„Die Kohle von beiden Sorten ist, sobald sie in Stücken gefördert wird, ziemlich erheblich mit Adern von Schiefer durchsetzt, und wird desshalb soviel als möglich mehr in Würfelform verarbeitet, damit der Schiefergehalt geringer ausfällt. Beide Sorten backen gut, namentlich aber die Kohle aus dem Wrangelschacht. Ich erhalte durchschnittlich aus der Tonne Kohlen von circa 360 Pfd. 1,4 Tonnen Coke, die jedoch der aus englischen Kohlen erzielten wesentlich an Qualität nachsteht, und namentlich durch längeres Lagern bedeutend verliert. Die Breslauer Anstalt verarbeitet seit Jahren die obigen beiden Kohlen; die gesandten Proben haben etwa 2 Monate auf dem Lager gelegen. Von oberschlesischer Kohle wird in der Breslauer Anstalt nichts verwandt, weil dieselbe bedeutend schlechter backt; die Gasausbeute ist jedoch fast dieselbe, und die Kohle erfordert viel weniger Reinigung als die niederschlesische."

Ich war leider genöthigt, diese Kohlen nach ihrer Ankunft noch weitere 5 Monate liegen zu lassen, bevor ich sie verarbeiten konnte.

E. *Kohlen aus dem Plauen'schen Grunde bei Dresden.*

Herr Commissionsrath *G. M. S. Blochmann* jun. in Dresden hatte die Gefälligkeit, mir zwei Sorten dieser Kohlen zu besorgen, nemlich:

23. Beste Gaskohlen des Potschappler Actien-Vereins von dem Windberg-Schachte in der Nähe von Potschappel;
24. Gaskohlen von dem Oppelschachte der kgl. sächsischen Steinkohlenwerke Zauckerode bei Dresden.

Die Kohlen sind denen von Zwickau im Aeussern ähnlich, sie gehören auch zu den deutlich geschichteten Schieferkohlen, nur sind sie bedeutend weicher, als die Zwickauer, und sind die Schichten der Pechkohle weniger vorherrschend, als bei letzteren. Sie blieben 6 Monate stehen, bevor sie verarbeitet wurden.

F. *Böhmische Kohlen.*

Von diesen Kohlen aus dem Pilsener Revier standen mir folgende Sorten zu Gebote, und zwar die ersteren zwei in Proben von einigen Centnern, die von den Grubenbesitzern für den Zweck der Untersuchung geliefert waren, die letzteren in Quantitäten von einer oder mehreren Wagenladungen.

25. Kohlen vom Mantauer Oberflötz Nr. I,
26. Kohlen von Mantauer Oberflötz Nr. II,
27. Schwarzkohlen vom ersten Flötz der S. Pankraz-Zeche bei Nürschan,
28. Plattenkohlen vom ersten Flötz der S. Pankraz-Zeche bei Nürschan,
29. Schwarzkohlen, geliefert von Klauber & Sohn.

Keine dieser Kohlen blieb länger als 4 Wochen auf dem Lager. Die Pilsener Schwarzkohle hat mit jener aus dem Plauen'schen Grunde die meiste Aehnlichkeit, die Plattenkohle dagegen ist eine Cannelkohle von schieferigem Bruch, grauem Aussehen und grosser Härte. Diese Plattenkohle kommt meines Wissens in dieser Qualität nur im hangendsten Flötz der S. Pankrazzeche vor; das Flötz hat im Ganzen 60 Zoll Mächtigkeit, nemlich 24 bis 28 Zoll Schwarzkohle, 2 bis 3 Zoll Letten als Zwischenmittel und 6 bis 12 Zoll Plattenkohle.

G. *Bayerische Kohlen.*

30. Kohlen aus den v. *Swaine*'schen Steinkohlengruben in Stockheim bei Kronach, in mehreren Wagenladungen frisch verarbeitet. Dieselben gehören zu den Russkohlen, und fallen fast gar nicht in grösseren Stücken, sondern als klare, pulverige Kohle. Die einzelnen grösseren Stücke lassen eine Schichtung fast gar nicht erkennen, sondern haben ein beinahe homogenes Aussehen von bräunlich schwarzer Farbe, mattem Glanz, färben stark ab und sind sehr mürbe. Die Eigenschaft zu backen ist ihnen in hohem Grade eigen.

31. Braunkohlen vom Flötz Antinlohe bei Ostin, Landgerichts Tegernsee in Oberbayern, 5 Ctr., nach einigen Wochen verarbeitet; eigentlich keine Gaskohle, aber auf den Wunsch der Grubenverwaltung mit in die Versuche hineingezogen.

H. *Englische Kohlen.*

Diese Kohlen, nemlich

32. Old Pelton Main-Kohle von Newcastle,
33. Lesmahago-Cannel-Kohle,
34. Boghead,

verdanke ich der Güte des Herrn Directors *B. W. Thurston* in Hamburg. Die Old Pelton Main-Kohle ist ähnlich der westphälischen Kohle, eine sehr fein geschichtete Schieferkohle von fast homogenem Aussehen, besitzt aber wegen Vorwaltens der Pechkohlenschichten einen lebhafteren Glanz und eine etwas schwärzere Farbe, als die westphälische Kohle. Sie ist, wenn auch etwas weniger mürbe, als letztere, doch eine weiche Kohle, die wenig in grösseren Stücken fällt und bei weiterem Transport sehr viel klare Kohle giebt. Die Lesmahago-Cannel-Kohle besitzt das den Cannelkohlen eigenthümliche schieferige Aussehen, flachmuscheligen, fast ebenen Bruch, grosse Härte, matt schwarzgraue Farbe, von der Boghead-Kohle ist es bekanntlich heute noch nicht entschieden, ob sie zu den Steinkohlen oder zu den bituminösen Schiefern zu rechnen ist. Sämmtliche Kohlen wurden etwa 4 Monate nach ihrer Ankunft verarbeitet.

Die vorstehenden 34 Kohlensorten enthalten so ziemlich alle Gaskohlen, welche in den deutschen Gasanstalten zur Verwendung kommen, mit Ausnahme der mährischen Kohlen, deren Bezug für mich augenblicklich mit zu grossen Umständen verbunden war. Uebrigens sollen es folgende Gruben sein, von welchen die besten Gaskohlen dort bezogen werden: Die „Hermenegilde-

Zeche" bei Polnisch-Ostrau, die „Michaeli-Zeche" in Michalkowitz, beide der Kaiser Ferdinand Nordbahn-Gesellschaft gehörig, die „Jaklowetzer Grube" des Freiherrn v. Rothschild bei Polnisch-Ostrau, und die „Josephi-Zeche" von Joseph Zwierzina's Erben ebendaselbst.

---

## Die Versuchs-Protokolle.

### A. *Westphälische Kohlen.*

I. „Zollverein", Flötz Nr. IV. — 20. August 1862.
Ladung: 150 Zoll-Pfd. = 3¼ c' engl.

| | Stand der Gasuhr | Production | Temperatur nach Celsius | Production bei 10° Cels. |
|---|---|---|---|---|
| 7 Uhr — Min. | 7,865 | | 13 ° | |
| 7 „ 15 „ | 7,950 | 85 c' | 13 „ | |
| 7 „ 30 „ | 8,035 | 85 „ | 13 „ | 277 c' |
| 7 „ 45 „ | 8,090 | 55 „ | 13 „ | |
| 8 „ — „ | 8,145 | 55 „ | 13 „ | |
| 8 „ 15 „ | 8,200 | 55 „ | 13 „ | |
| 8 „ 30 „ | 8,250 | 50 „ | 13 „ | 208 „ |
| 8 „ 45 „ | 8,300 | 50 „ | 13 „ | |
| 9 „ — „ | 8,350 | 50 „ | 14 „ | |
| 9 „ 15 „ | 8,400 | 50 „ | 14 „ | |
| 9 „ 30 „ | 8,445 | 45 „ | 14 „ | 183 „ |
| 9 „ 45 „ | 8,490 | 45 „ | 14 „ | |
| 10 „ — „ | 8,535 | 45 „ | 13½ „ | |
| 10 „ 15 „ | 8,580 | 45 „ | 14 „ | |
| 10 „ 30 „ | 8,610 | 30 „ | 14 „ | 118 „ |
| 10 „ 45 „ | 8,634 | 24 „ | 14 „ | |
| 11 „ — „ | 8,655 | 21 „ | 13 „ | |
| 11 „ 15 „ | 8,670 | 15 „ | 13 „ | 25 „ |
| 11 „ 30 „ | 8,680 | 10 „ | 13 „ | |
| | | 815 c' | | 806 c' |

Kohlensäure = 0

Spec. Gewicht = $\left(\frac{161}{237}\right)^2 = 0,46$

4,0 c' ergaben am Photometer = 7 Kerzen
1,81 c' zeigten am *Erdmann*'schen Prüfer 30°
1,71 c' brauchten zur Entleuchtung 3,94 c' Luft
Cokesausbeute 103 Zollpfd. = 5¼ c'
Theer und Wasser 19 Zollpfd.

Ausbeute nach Gewicht:

| | | |
|---|---|---|
| 806 c' Gas | = | 25,92 Pfd. |
| Coke | = | 106,00 „ |
| Theer und Wasser | = | 19,00 „ |
| Reinigung und Verlust*) | = | 2,08 „ |
| | | 150,00 Pfd. |

2. „Zollverein", Flötz Nr. VI. — 16. August 1862.
Ladung: 150 Zollpfd. = 3¼ c' engl.

| | Stand der Gasuhr | Production | Temperatur nach Cels. | Production bei 10° Cels. |
|---|---|---|---|---|
| 7 Uhr — Mt. | 6526 | | 16 ° | |
| 7 „ 15 „ | 6610 | 84 c' | 20 „ | |
| 7 „ 30 „ | 6695 | 85 „ | 20 „ | 260 c' |
| 7 „ 45 „ | 6750 | 55 „ | 20 „ | |
| 8 „ — „ | 6795 | 45 „ | 20 „ | |
| 8 „ 15 „ | 6850 | 55 „ | 20 „ | |
| 8 „ 30 „ | 6895 | 45 „ | 20 „ | 179 „ |
| 8 „ 45 „ | 6940 | 45 „ | 20 „ | |
| 9 „ — „ | 6980 | 40 „ | 20 „ | |
| 9 „ 15 „ | 7020 | 40 „ | 20 „ | |
| 9 „ 30 „ | 7060 | 40 „ | 20 „ | 164 „ |
| 9 „ 45 „ | 7105 | 45 „ | 20 „ | |
| 10 „ — „ | 7150 | 45 „ | 20 „ | |
| 10 „ 15 „ | 7200 | 50 „ | 21 „ | |
| 10 „ 30 „ | 7240 | 40 „ | 21 „ | 164 „ |
| 10 „ 45 „ | 7280 | 40 „ | 21 „ | |
| 11 „ — „ | 7320 | 40 „ | 21 „ | |
| 11 „ 15 „ | 7350 | 30 „ | 21 „ | |
| 11 „ 30 „ | 7380 | 30 „ | 21 „ | 101 „ |
| 11 „ 45 „ | 7410 | 30 „ | 21 „ | |
| 12 „ — „ | 7425 | 15 „ | 21 „ | |
| | | 899 c' | | 868 c' |

Kohlensäure = 0

Spec. Gewicht = $\left(\frac{150}{236}\right)^2 = 0,40$

4,8 c' ergaben am Photometer 6,25 Kerzen
1,69 c' zeigten am *Erdmann*'schen Prüfer 29½ °
1,85 c' brauchten zur Entleuchtung 4,13 c' Luft.
Cokeausbeute 103 Zollpfd. = 5½ c'
Theer und Wasser 16,8 Pfd.

Ausbeute nach Gewicht:

| | | |
|---|---|---|
| 868 c' Gas | = | 24,27 Zollpfd. |
| Coke | = | 103,00 „ |
| Theer und Wasser | = | 16,60 „ |
| Reinigung und Verlust | = | 5,93 „ |
| | | 150,00 „ |

3. „Zollverein", Flötz XI. — 15. August 1862.

Ladung: 150 Zollpfd. = 3¼ c' engl.

| | Stand der Gasuhr | Production | Temperatur nach Celsius | Production bei 10° Cels. |
|---|---|---|---|---|
| 7 Uhr — Mt. | 5630 | | 13 ° | |
| 7 „ 15 „ | 5710 | 80 c' | 14 „ | |
| 7 „ 30 „ | 5780 | 70 „ | 18 „ | 264 c' |
| 7 „ 45 „ | 5840 | 60 „ | 18 „ | |
| 8 „ — „ | 5900 | 60 „ | 19 „ | |
| 8 „ 15 „ | 5965 | 65 „ | 19 „ | |
| 8 „ 30 „ | 6015 | 50 „ | 19½ „ | |
| 8 „ 45 „ | 6060 | 45 „ | 20 „ | 198 „ |
| 9 „ — „ | 6105 | 45 „ | 20 „ | |
| 9 „ 15 „ | 6150 | 45 „ | 20 „ | |
| 9 „ 30 „ | 6190 | 40 „ | 20 „ | 179 „ |
| 9 „ 45 „ | 6240 | 50 „ | 20½ „ | |
| 10 „ — „ | 6290 | 50 „ | 20½ „ | |
| 10 „ 15 „ | 6335 | 45 „ | 20 „ | |
| 10 „ 30 „ | 6370 | 35 „ | 20 „ | |
| 10 „ 45 „ | 6410 | 40 „ | 20 „ | 145 „ |
| 11 „ — „ | 6440 | 30 „ | 20 „ | |
| 11 „ 15 „ | 6470 | 30 „ | 20 „ | |
| 11 „ 30 „ | 6500 | 30 „ | 18 „ | |
| 11 „ 45 „ | 6520 | 20 „ | 18 „ | 84 „ |
| 12 „ — „ | 6526 | 6 „ | 18 „ | |
| | | 896 c' | | 870 c' |

Kohlensäure = 0

Spec. Gewicht = $\left(\frac{157}{[illegible]}\right)^2 = 0,41$

4,6 c' ergaben am Photometer = 5 Kerzen

1,92 c' zeigten am *Erdmann*'schen Prüfer 28°

1,92 c' brauchten zur Entleuchtung 3,98 c' Luft.

Cokeausbeute 107 Pfd. = 5½ c'

Theer und Wasser = 9 Pfd.

Ausbeute nach Gewicht:

| | | |
|---|---|---|
| 870 c' Gas | = | 24,93 Pfd. |
| Coke | = | 107,00 „ |
| Theer und Wasser | = | 9,00 „ |
| Reinigung und Verlust | = | 9,07 „ |
| | | 150,00 Pfd. |

(Forts. f.)

## Statistische und finanzielle Mittheilungen.

Pilsen. Im Jahre 1858 wurde die Errichtung eines Gaswerkes auf Actien vom Gemeinderath beschlossen, und zu diesem Behufe eine Subscription veranlasst. Die Sache fand jedoch bei den Stadtbewohnern keinen Anklang, und man liess sie wieder fallen. Im Jahre 1860 trat eine Gesellschaft zur Wiederaufnahme des Projectes zusammen, und nachdem die diesfallsigen Unterhandlungen mit der Stadtgemeinde ihren Abschluss erhalten, wurde noch in demselben Jahre mit dem Bau des Werkes begonnen. Die erste Anlage wurde von dem Prager Maschinenfabrikanten *F. Ringhofer* unter Leitung seines Ingenieurs, Herrn *Hansberg*, bewerkstelligt, allein schon nach Verlauf eines Jahres stellte sich heraus, dass die ganze Anlage zu klein und mangelhaft war, wesshalb zur Errichtung neuer Oefen und Reinigungsapparate, sowie eines zweiten Gasbehälters geschritten werden musste. Die erste Gaserzeugung erfolgte am 15. Juli 1860. Die gegenwärtigen Eigenthümer sind die Herren: *Belani, Hyra, Kolb, Forster* und *Wanka*. Dirigent: Herr *Belani*. Der Vertrag mit der Stadtgemeinde läuft 20 Jahre. Nach Umfluss dieser Zeit steht es der Gemeinde frei, das Unternehmen abzulösen oder mit den Eigenthümern einen neuen Vertrag abzuschliessen. Für eine Strassenflamme, die bis 11 Uhr brennt, bezahlt die Gemeinde 21 fl. öst. W. per Jahr, Private bezahlen 6 fl. ö. W. pro 1000 c'. Lichtstärke 12 Kerzen für 5 c' Consum per Stunde. Die Anstalt hat 4 Oefen mit je 5 Retorten und 4 mit je 3 Retorten. 150 Strassenflammen, 1280 Privatflammen. Im Jahre 1861 betrug die Production 8,100,000 c', im Monat November 540,000 c', im Juni 110,000 c'. Im Jahre 1862 dürfte die Production um 70 % gestiegen sein. Als Rohmaterial werden die Steinkohlen aus den gräfl. Waldstein'schen und Hyraischen Gruben Littiz bei Pilsen benutzt. Die Anstalt hat 2 Wasch-Apparate von 4' 0'' Durchmesser, 4 Kalkreiniger von 3' 3'' Weite, 3 desgleichen 5' lang und 2' 6'' breit, 2 Wechsel und 2 Gasbehälter von je 13,000 c' Inhalt. Exhaustor ist keiner in Anwendung. Die Reinigung geschieht mit Kalkhydrat. Die Röhrenleitung von 6'' bis 1'' Weite hat im Ganzen 4850 öst. Klafter oder 29,100 Fuss Länge. 230 nasse Gasmesser sind aus der Fabrik von *Stoll* in Görlitz und aus Prag. Nebenproducte, Theer und Coke werden zu billigen Preisen verwerthet. Anlage-Capital 115,000 fl. öst. W.

Leipzig. Aus der Stadtverordneten-Sitzung vom 4. Febr. ergiebt sich, dass der Haushaltungsplan für die hiesige Gasanstalt auf das laufende Jahr einen Gewinn von 2000 Thlrn. in Aussicht stellt, während demnächst der Preis des an Privaten abgesetzten Gases auf 2 Thlr. pro 1000 c' sächsisch herabgesetzt werden soll.

Fulda. Am 28. Febr. wurde der Vertrag wegen Anlage der hiesigen Gasfabrik mit Herrn *E. Spreng* in Nürnberg abgeschlossen. Derselbe erhält 35,000 Thlr. mit Ausschluss der Hochbauten und der Gasbehälterbassins. Letztere werden auf ohngefähr 10,000 Thlr. kommen.

**Schweidnitz.** Die von Herrn Director *Firle* in Breslau übernommene Anlage der hiesigen Gasbeleuchtungsanstalt wird bis October d. Js. vollendet sein.

**Nördlingen** und **Weissenburg** am Sand in Bayern, sowie **Rottenburg-Ehingen** am Neckar in Württemberg werden durch Herrn *E. Spreng* in Nürnberg im Laufe des gegenwärtigen Jahres mit Gasbeleuchtung versehen werden.

**Schwabach** (Bayern). Durch einstimmigen Beschluss der beiden städtischen Collegien wurde die Errichtung der hiesigen Gasanstalt dem Herrn *C. Knoblauch-Dies* in Frankfurt a. M. übertragen, und demselben der Betrieb zugleich auf 36 Jahre verpachtet. 108 Strassenlaternen. Gaspreis für Private 5 fl. 48 kr Gaspreis für Strassenbeleuchtung 3 fl. per 1000 c' bayer. Die Stadt verpflichtet sich zur Abnahme von 400,000 c'. Rabatt von 12 kr. für Abnehmer von 60,000 c', desgleichen von 24 kr. von 100,000 c'.

**Ohlau** (Schlesien). Die hiesige Gasanstalt wird durch Herrn Director *Firle* in Breslau erbaut.

**Kerpen** (Rheinpreussen). In unserer Stadt wird die Gasbeleuchtung eingeführt, auch in Bernkastel geht man mit demselben Absicht um.

**Wackersleben** (bei Magdeburg). In der hiesigen Zuckerfabrik explodirte der Gasbehälter, und zerstörte nicht allein diesen vollständig, sondern legte auch das Gebäude in Trümmer und beschädigte mehrere Arbeiter.

**Lissa.** Die Stadtverordneten haben in Betreff der projectirten Gas-Anstalt den Beschluss gefasst, dieselbe definitiv dem Director der Breslauer Gasfabrik, Herrn *Firle*, zu übertragen. Man hofft noch im Laufe dieses Jahres mit der Anlage zu Stande zu kommen.

**Leobschütz** (Schlesien). Hier beabsichtigt die Stadt, eine Gasanstalt für eigene Rechnung anzulegen.

**Prag.** Der Vertrag zwischen der Stadt und den Besitzern der hiesigen Gasanstalt läuft im September 1867 ab. Die Gemeinde-Collegien haben in ihrer Sitzung vom 20. Nov. v. Js. beschlossen, den Vertrag nicht zu erneuern, sondern eine Gemeindegasanstalt zu errichten, und den Bau und Betrieb Herrn Commissionsrath Dr. *Jahn* in Dresden zu übertragen. Mittlerweile geht auch die Nachricht durch die Blätter, die bestehende Anstalt, welche nach Ablauf der Concession noch die Berechtigung behält, Gas zu Private zu verkaufen, sei von ihren jetzigen Besitzern, den Herren *Heffeck & Friedland*, um die Summe von 1,700,000 fl. an die neue „Belgische Gesellschaft" verkauft worden.

**Lössnitz** (Sachsen) wird demnächst Gasbeleuchtung erhalten.

**Buchholz** (Sachsen) geht gleichfalls damit um, die Gasbeleuchtung einzuführen.

## Deutsche Continental-Gas-Gesellschaft in Dessau.

Dem achten Geschäftsberichte des Directoriums dieser Gesellschaft, welcher in der diesjährigen am 26. März abgehaltenen Generalversammlung vorgetragen wurde, entnehmen wir Folgendes:

1. Frankfurt a. d. O.

| | Production. | | Flammenzahl. |
|---|---|---|---|
| 1861: | 16,944,904 | Cubikfuss. | 7,071 |
| 1862: | 18,728,295 | „ | 7,465 |
| Zunahme | 1,783,391 | „ | 394 |

Die Zunahme des Gasverbrauchs stieg hiernach sehr erfreulich. In der Herbstmesse steigerte sich die Abgabe an einzelnen Tagen bis auf 165,000 Cubikfuss. Hiermit ist aber auch die äusserste Grenze der Leistungsfähigkeit der Apparate und des inneren Rohrsystems erreicht, die ursprünglich nur auf etwa die Hälfte dieses Consums berechnet waren. Es stellt sich somit für das laufende Jahr das Bedürfniss einer ansehnlichen Vergrösserung der Anstalt heraus; ebenso wird mit der Erweiterung des Rohrsystems, die vor zwei Jahren begonnen ward, planmässig weiter gegangen. Es können somit die Resultate des Frankfurter Betriebs nur als günstige bezeichnet werden; ungünstig ist dort nur der Umstand, dass die wenigen Wochen der Messzeiten eine Ausdehnung der Anstalt, also eine Erhöhung des Capitals beanspruchen, wie sie der normale Gasverbrauch der Stadt noch lange nicht nöthig machen würde.

2. Mülheim a. d. Ruhr.

| | Production. | | Flammenzahl. |
|---|---|---|---|
| 1861: | 10,506,800 | Cubikfuss. | 4,130 |
| 1862: | 10,516,600 | „ | 4,448 |
| Zunahme | 9,800 | „ | 318 |

Im ersten Semester war das Fortschreiten der Mülheimer Anstalt ganz befriedigend und betrug der Mehrverbrauch beinahe ½ Million Cubikfuss. Im zweiten Halbjahr dagegen wirkte die Arbeitseinschränkung der dortigen grossen Baumwollfabriken so empfindlich, dass jener Fortschritt vollständig aufgehoben ward. Die stattgehabte Vergrösserung der Flammenzahl lässt übrigens erwarten, dass nach Beendigung der Krisis in der Baumwollindustrie die Mülheimer Anstalt wieder kräftig vorwärts schreiten werde. Wie im vorigen, so fanden auch in diesem Jahre mehrfache Erweiterungen und Verlängerungen des Rohrsystems statt. Im Uebrigen hat sich im verflossenen Jahre der Einfluss der neu eröffneten Witten-Duisburger Eisenbahn bereits durch Verminderung der Kohlenfrachten und Vermehrung der Flammenzahl erfreulich geltend gemacht.

3. Potsdam.

| | Production. | | Flammenzahl. |
|---|---|---|---|
| 1861: | 19,306,500 | Cubikfuss. | 6,903 |
| 1862: | 20,728,000 | „ | 7,455 |
| Zunahme | 1,421,500 | „ | 552 |

Die Zunahme war also hier fast so bedeutend wie in Frankfurt. Obgleich aber die Production Potsdam's um 2 Millionen Cubikfuss höher kam als in Frankfurt, und die Apparate beider Anstalten gleich gross sind, tritt hier doch die Nothwendigkeit einer Vergrösserung noch nicht hervor, weil die Gasabgabe eine weit gleichmässigere ist und ein solches Maximum wie in Frankfurt noch nicht erreicht. Die erhöhte Fabrikthätigkeit von Potsdam und Nowawes hat bedeutend zu der Vermehrung des Gasverbrauchs beigetragen.

4. Dessau.

| | Production. | | Flammenzahl. |
|---|---|---|---|
| 1861: | 5,187,780 | Cubikfuss. | 3,235 |
| 1862: | 5,599,680 | „ | 3,259 |
| Zunahme | 411,900 | „ | 24 |

Die verhältnissmässig bedeutende Zunahme entfällt hauptsächlich auf den vermehrten Consum der Wollgarnspinnerei, der öffentlichen Beleuchtung u. s. w. Es ist somit der seit zwei Jahren hervorgetretene Rückgang der Consumtion wieder ausgeglichen und die bisherige höchste Production von 1859 sogar um eine Kleinigkeit überschritten worden. Ersparnisse durch den Uebergang von englischer zu westphälischer Kohle, sowie in der

Feuerung, haben inzwischen den Ertrag nicht unansehnlich gehoben, so dass die vorjährigen Resultate befriedigend sind.

5. Luckenwalde.

| | Production. | | Flammenzahl. |
|---|---|---|---|
| 1861: | 4,895,300 | Cubikfuss. | 2,267 |
| 1862: | 5,849,100 | „ | 2,655 |
| Zunahme | 953,800 | „ | 388 |

Auch hier war die Zunahme sehr bedeutend, was auf Rechnung der verstärkten Thätigkeit der dortigen Wollmanufacturen kommt. Eine planmässige Erweiterung des Rohrsystems ist begonnen und wird auch in diesem Jahre fortgesetzt. Dem Procentsatz nach steht der Gewinn dieser Anstalt übrigens am niedrigsten, weil der Bau ungewöhnlich theuer kam.

6. Gladbach-Rheydt.

| | Production. | | | Flammenzahl. |
|---|---|---|---|---|
| 1861: | 13,944,800 | Cubikfuss. | | 5,649 |
| 1862: | 13,876,227 | „ | | 6,545 |
| Abnahme | 68,573 | „ | Zunahme | 896 |

Im ersten Semester war die Consumtion um fast ½ Million Cubikfuss gestiegen, im zweiten ging sie um ein noch grösseres Quantum zurück. Der amerikanische Krieg und die dadurch verursachte Geschäftstockung in der Baumwoll-Industrie erklären den Rückgang hinlänglich, und ist es relativ noch erfreulich, dass derselbe nicht stärkere Dimensionen angenommen hat. Die bedeutende Zunahme der Flammenzahl, die auch ansehnliche Verlängerungen des Rohrsystems bedingte, beweist überdiess, wie der Unternehmungsgeist für Errichtung neuer Etablissements trotz dieser momentanen Krisis keineswegs erlahmt ist, und darf mit Wiederherstellung normaler Zustände in der Baumwollindustrie einer sofortigen bedeutenden Steigerung des Gasverbrauchs entgegengesehen werden.

Da insbesondere auch in Rheydt stets neue Fabriken errichtet werden, so wird mit der vor zwei Jahren begonnenen Auswechselung des von Gladbach dahin führenden 6zölligen Rohres, gegen ein solches mit vierfachem Querschnitt, im laufenden Jahre fortgefahren.

7. Hagen.

| | Production. | | Flammenzahl. |
|---|---|---|---|
| 1861: | 8,825,300 | Cubikfuss. | 3,135 |
| 1862: | 10,208,593 | | 3,569 |
| Zunahme | 1,383,293 | | 434 |

Die Zunahme des Gasverbrauchs in Hagen war hiernach sehr bedeutend und ist eine Folge der lebhafteren Fabrikthätigkeit, die sich dorten trotz ungünstiger Conjuncturen in der Eisen- und Baumwollindustrie entwickelte. Der Einfluss der stattgehabten Preisherabsetzung des Privatgases von 3 Thlr. auf 2½ Thlr. kann sich noch wenig für Vermehrung des Consums geltend gemacht haben, da sie erst am 1. October eintrat. Sie war die Folge eines mit der Stadt Hagen vereinbarten Contract-Nachtrags, wonach die Gemeinde die Rechte des Ankaufs und der unentgeltlichen Uebernahme der Anstalt aufgibt. Mit den Gemeinden Haspe und Wehringhausen ist ein ähnlicher Nachtrag bereits abgeschlossen. Allem Anscheine nach dürfte diese Aenderung des früheren Contractverhältnisses in ihren Folgen beide Theile befriedigen. — Der Bau des zweiten Gasometers von 40,000 Cubikfuss Inhalt ist im October v. J. glücklich vollendet worden und somit für die Verbrauchszunahme einer langen Reihe von Jahren Fürsorge getroffen. Das Bassin ist vollkommen dicht; der Bau hat gegen 13,000 Thlr. gekostet.

8. Warschau.

| | Production. | | Flammenzahl. |
|---|---|---|---|
| 1861: | 42,652,000 | Cubikfuss. | 9,488 |
| 1862: | 44,924,000 | „ | 10,676 |
| Zunahme | 2,272,000 | „ | 1188 |

Durch Verminderung des Verlustes erhöht sich die Verbrauchszunahme noch um etwa eine Million Cubikfuss.

Das Steigerungsverhältniss früherer Jahre ist damit ebensowenig erreicht, als die absolute Höhe der Production der Verbrauchsfähigkeit einer Stadt von mehr als 200,000 Einwohnern angemessen ist. Immerhin aber wird man relativ von diesem Resultat befriedigt sein können, wenn man die durchgreifende Einwirkung des nun schon gegen 1½ Jahre andauernden Belagerungszustandes auf alle Erwerbs- und Verkehrsverhältnisse ins Auge fasst. Um nur ein Beispiel dieser Einwirkung anzuführen, sei bemerkt, dass der Gasverbrauch der kaufmännischen Ressource sich im vorigen Jahre um 433,500 Cubikfuss niedriger stellte als 1860. Gegen Ende des vorigen Jahres trat eine erhebliche Besserung in dieser Beziehung hervor und der Fortschritt des Gasconsums nahm weit stärkere Dimensionen an; die im Januar im Königreiche ausgebrochenen Unruhen haben indess zu einer abermaligen Verschärfung des Belagerungszustandes und zu einer Stockung des Verkehrs geführt, welche jener Besserung wieder für geraume Zeit Halt gebieten wird. — War aber schon die Gaszunahme relativ nicht unbefriedigend, so hat sich das finanzielle Ergebniss noch entschieden günstiger gestaltet. Hierzu trugen billigere Kohlen, höhere Verwerthung der Nebenproducte und Ersparnisse in der Feuerung die Hauptsache bei. Die Kohlen betreffend, so bewirkte der vollständige Uebergang auf schlesische Kohlen schon für sich eine ansehnliche Ersparniss, der im Laufe des Jahres noch die Aufhebung der sogenannten Chausseegelder hinzutrat, eines bis dahin unter der Form eines Wegegeldes erhobenen Eingangszolles auf schlesische Kohlen, der nicht weniger als 14 Kopeken per Tonne betrug. Die Besserung des Courses in der zweiten Hälfte des Vorjahrs hat überdiess die Valuta-Verluste gegen 1861 um 1 Procent vom Umsatz verringert, indem durchschnittlich für 100 Rubel 97 statt 96 Thlr. erzielt wurden; immerhin war der absolute Verlust noch bedeutend. — Mit Rückkehr geordneter Verhältnisse muss der Gasverbrauch in Warschau sehr bedeutend steigen; zu dieser Hoffnung berechtigt insbesondere auch die wachsende Ausdehnung des Fabrikbetriebes, welcher im Vorjahr, trotz Belagerungszustand, schon 2½ Mill. Cubikfuss in Anspruch nahm. Die Freigebung der Tabaksfabrikation wirkt dabei sehr günstig mit. — Wie aus der Zusammenstellung der Special-Abschlüsse ersichtlich ist, hat die Tilgung des Blochmann'schen Ablösungsconto's bereits mit einer ansehnlichen Quote begonnen. — Schliesslich wird bemerkt, dass im abgelaufenen Monat ein Wechsel zwischen den bisherigen Dirigenten der Warschauer und Frankfurter Anstalten, Herren Voss und Mohr jun., stattgehabt hat, indem Familienverhältnisse dem Ersteren, der uns 7 Jahre lang in Warschau treue Dienste geleistet hat, die Rückkehr nach Deutschland wünschenswerth machten.

9. Erfurt.

| | Production. | | Flammenzahl. |
|---|---|---|---|
| 1861: | 11,345,300 | Cubikfuss. | 4,759 |
| 1862: | 12,215,400 | „ | 5,134 |
| Zunahme | 870,100 | „ | 375 |

Unter Berücksichtigung der allgemeinen Verhältnisse dieser Stadt kann die stattgehabte Zunahme nur befriedigen. Sie darf zum Theil vielleicht schon als eine Folge der Preisherabsetzung des Gases von 3 Thlr. auf 2½ Thlr betrachtet werden, welche dort seit 1. Juli in Kraft trat. Erfurt war nämlich die erste, Hagen, wie schon erwähnt, die zweite Stadt, mit der die Gesellschaft sich wegen Aufhebung der Verpflichtung zur späteren unentgeltlichen Uebergabe geeinigt hat; die Anstalten bleiben also dauernd deren Eigenthum. Von dem Ausgange dieser Verhandlungen ist den Magistraten der übrigen Städte denen gegenüber ähnliche Verpflichtungen bestehen, nämlich Gladbach-Rheydt, Mülheim a. d. R., Nordhausen, Dessau, Luckenwalde, Frankfurt a. O., Krackau und Lemberg durch Circular Kenntniss gegeben und ist nicht zu zweifeln, dass im Laufe der Zeit die meisten, vielleicht alle, dem Beispiele von Erfurt und Hagen folgen werden.

10. Krakau

| | Production. | | Flammenzahl. |
|---|---|---|---|
| 1861: | 13,241,500 | Cubikfuss | 3,600 |
| 1862: | 13,512,300 | „ | 3,800 |
| Zunahme | 270,800 | „ | 200 |

Die Stockung im Verkehr und öffentlichen Leben, deren schon im letzten Geschäftsbericht erwähnt wurde, hielt auch das ganze vorige Jahr hindurch an. Inzwischen stieg der Ertrag in etwas stärkerem Verhältniss als die Production, einmal wegen höherer Preise der Nebenproducte, dann wegen Besserung der Valuta um 8 Procent des Umsatzes; sie stieg nämlich von 71, nach dem Durchschnitt von 1861, auf 79 in 1862. Hält diese

Besserung des Geldmarktes Stand und kehrt die frühere Lebhaftigkeit in Handel und Verkehr nur einigermassen zurück, so werden die Resultate der Krakauer Anstalt sich bald befriedigend gestalten. — Mit dem auf dem anderen Weichselufer belegenen galizischen Städtchen Podgorce sind wegen Verlängerung des Rohrsystems und Uebernahme der Beleuchtung Unterhandlungen im Gange.

11. Nordhausen.

| | Production. | | Flammenzahl. |
|---|---|---|---|
| 1861: | 4,709.147 | Cubikfuss. | 2.627 |
| 1862: | 5 189.968 | " | 2.913 |
| Zunahme | 480,821 | " | 286 |

Die Zunahme des Gasconsums hat hiernach, wie dies schon im vorigen Geschäftsbericht erwartet wurde, weit stärkere Progressionen angenommen, als in den Vorjahren. Der nunmehr gesicherte Bau der Eisenbahn wird die rasche Entwickelung dieses gewerbthätigen Ortes fördern und die auf die Anstalt gesetzten Hoffnungen verwirklichen.

12. Lemberg.

| | Production. | | Flammenzahl. |
|---|---|---|---|
| 1861: | 13,142.300 | Cubikfuss. | 3,503 |
| 1862: | 14 336,200 | " | 4,212 |
| Zunahme | 1,193 900 | " | 709 |

Lemberg ist hiernach wiederum bedeutend vorwärts geschritten und hat unter den Zeitverhältnissen weit weniger als Krakau zu leiden gehabt. Der Einfluss der Eisenbahn auf Vermehrung des Gasverbrauchs muss ebenfalls mit der Zeit durchbrechen; bis jetzt hat sie der Gesellschaft durch Vertheuerung der Holzpreise noch mehr geschadet als genützt. Ersparnisse im Betrieb und eine Besserung der Valuta um 9 Procent (von 70 auf 79) haben den Ertrag der Anstalt noch befriedigender gestaltet.

13. Pachtung der Gothaer Anstalt.

| | Production. | | | Flammenzahl. |
|---|---|---|---|---|
| 1861: | 7,938.141 | Cubikfuss. | | 4,024 |
| 1862: | 7,926,033 | " | | 4,320 |
| Abnahme | 12,108 | " | Zunahme | 296 |

Die kleine Abnahme hat in der Verminderung des Verlustes um circa 200,000 Cubikfuss ihren Grund; es hat also in Wirklichkeit eine wenn auch nicht bedeutende Zunahme stattgefunden. Das Gewinn-Resultat stieg in stärkerem Verhältniss und war wiederum sehr zufriedenstellend.

Die Gesammtresultate aller 13 Anstalten i. J. 1862 stellen sich also folgendermassen:

| | | Production. Cubikfuss. | Flammenzahl am Jahresschluss. |
|---|---|---|---|
| 1. | Frankfurt a. O. | 18,728.295 | 7,485 |
| 2. | Mülheim a. d. R. | 10 516 600 | 4,418 |
| 3. | Potsdam | 20,728,000 | 7,456 |
| 4. | Dessau | 5,599.680 | 3,259 |
| 5. | Luckenwalde | 5,849 107 | 2,655 |
| 6 | Gladbach-Rheydt | 13,676,227 | 6,543 |
| 7. | Hagen | 10,208.593 | 3,569 |
| 8. | Warschau | 44 924,000 | 10,676 |
| 9. | Erfurt | 12 215,400 | 5,134 |
| 10. | Krakau | 13 512,300 | 3,800 |
| 11. | Nordhausen | 5,189,968 | 2,913 |
| 12. | Lemberg | 14.336.200 | 4,212 |
| 13. | Gotha | 7,926 033 | 4,320 |
| | Summa | 183 610,396 | 66,451 |
| | 1861: | 172 639 772 | 60,391 |
| | Zunahme | 10 970,624 | 6,060 |
| | | oder 6.36 Procent | oder 10,03 Procent. |

Der Gasverlust stellte sich sehr günstig, nämlich auf 5,45% der Production, gegen 6% im Vorjahr. Der Selbstverbrauch, einschliesslich aller unentgeltlichen

Gasabgaben, war 1,63% gegen 1,67% im Vorjahr; dieser Selbstverbrauch wird den Anstalten in Rechnung gestellt und zur Hälfte dem General-Unkosten-, zur andern Hälfte dem Betriebs-Unkosten-Conto belastet.

Der durchschnittliche Jahresverbrauch einer Strassenflamme war 6184 Cubikfuss oder 141 Cubikfuss weniger als 1861; einer Privatflamme 2267 Cubikfuss oder 65 Cubikfuss weniger; der Durchschnitt 2701 Cubikfuss oder 118 Cubikfuss weniger, als im vorhergegangenen Jahr. Den geringsten Verbrauch einer Strassenflamme hatte wiederum Erfurt mit 3798 Cubikfuss, einer Privatflamme ebenfalls wieder Dessau mit 1330 Cubikfuss. Den stärksten Verbrauch einer Strassenflamme hatte, wie im Vorjahr, Warschau mit 15,039 Cubikfuss, und einer Privatflamme ebenfalls Warschau mit 3277 Cubikfuss.

An Steinkohlen wurden vergast:

| | | | | |
|---|---|---|---|---|
| Englische | 20,367 | Tonnen oder | 21,16 | Procent, |
| Westphälische | 37,122⁵/₁₁ | " " | 38,58 | " |
| Schlesische | 38,744⁷/₁₁ | " " | 40,26 | " |
| Summa | 96,233¹¹/₁₁ | Tonnen oder | 100 | Procent |

Der Procentsatz der englischen Kohle hat sich also abermals bedeutend ermässigt, da er im vorigen Jahre noch 33,88% betrug.

Der Durchschnittspreis einer Tonne Kohlen loco Anstalt im Jahre 1862 war 1 Thlr. 4 Sgr. 1 Pf. oder abermals 3 Sgr. billiger wie im Vorjahr. Trotz der 11 Millionen Cubikfuss Mehrproduction hat sich hiernach die Gesammtausgabe für Kohlen dennoch um 8655 Thlr. 4 Sgr. 2 Pf. vermindert. Die Hauptersparniss entfiel auf Warschau; die Frachtherabsetzungen auf den mitteldeutschen Eisenbahnen trugen auch nicht unerheblich dazu bei. Im laufenden Jahre sind Herabsetzungen von solchem Betrag durchaus nicht mehr zu erwarten.

Aus der Tonne Kohlen wurden durchschnittlich 1758 Cubikfuss Gas gewonnen, 12 Cubikfuss mehr als im Jahre vorher.

In der Retortenfeuerung ist abermals durch verbesserte Ofenconstructionen eine bedeutende Ersparniss erzielt, indem 100 Pfd. Kohlen mit 23,2 Pfd. Coaks destillirt worden sind, also 1,6 Pfd. Feuerung weniger wie im Vorjahr. Es wurden 621 Thlr. 6 Sgr. 4 Pf. auf diesem Conto weniger verausgabt trotz der Mehrproduction von 11 Millionen.

Thonretorten sind im Vorjahr 74 Stück ausgewechselt worden, also etwa eine auf 2½ Million Cubikfuss Gas.

Der Verkauf der Nebenproducte stellte sich im Vorjahr im Ganzen günstig, indem auf jede Tonne Gaskohlen 1 Pfennig mehr für Coaks und 8 Pfennige mehr für Theer vereinnahmt worden sind, trotz der Verminderung der Coaksausbeute, die der Ersatz englischer durch schlesische Kohle mit sich brachte.

Die Einnahme von Ammoniakwasser blieb unbedeutend. Gegen Ende des Jahres jedoch gelang es, auf einer Anstalt einen günstigen Abschluss für den mehrjährigen Verkauf dieses Nebenproducts zu machen, während auf einer anderen, Frankfurt, mit Errichtung einer besonderen Anstalt zu dessen Weiterverarbeitung nach den neuesten Methoden vorgegangen ist.

Die Bau-Conti der zwölf eigenen Anstalten haben sich im abgelaufenen Jahre um 36,282 Thlr. 29 Sgr. 2 Pf. erhöht. Der Hauptbetrag davon entfällt auf den Bau des neuen Gasometers und verschiedener Rohrstrecken in Hagen (15,095 Thlr. 18 Sgr. 8 Pf.); demnächst auf bedeutende Rohrverlängerungen, Verstärkungen u. s. w. in Gladbach (7558 Thlr. 26 Sgr. 2 Pf.), Mülheim a. d. R. (3463 Thlr. 22 Sgr. 4 Pf.) Lemberg (2689 Thlr. 5 Sgr. 11 Pf.) und Frankfurt a. O. (2180 Thlr. 1 Sgr. 11 Pf.); der Restbetrag vertheilt sich auf die übrigen Anstalten mit alleiniger Ausnahme von Dessau, dessen Bau-Conto sich seit drei Jahren gar nicht erhöht hat.

Der Brutto-Gewinn der Anstalten war 261,977 Thlr. 19 Sgr. 7 Pf. oder 40,415 Thlr. 2 Sgr. 7 Pf. mehr als im Vorjahr. Bei einer Productionszunahme von 5¼% ist der Gewinn also um 18⅓% gestiegen, woraus sich der beste Schluss auf die Bedeutung der bewirkten Ersparnisse und Verbesserungen ziehen lässt, Resultate, die zu einem grossen Theil der gewissenhaften Thätigkeit unserer Ober- und Unterbeamten, sowie der Poliere und Arbeiter zu verdanken sind.

Zu der Oesterreichischen Gasbeleuchtungs-Actien-Gesellschaft übergehend, stellt sich die Production der drei Anstalten im Jahre

| | | |
|---|---|---|
| 1861 | 47,058,860 | Cubikfuss |
| und 1862 | 49,988,540 | " |
| also Zunahme | 2,929,680 | " |
| oder | 6,23% | |

Diese Zunahme entfällt nur auf Gaudenzdorf, dessen Lage zwischen dem Süd- und Westbahnhof Wien's sich immer günstiger gestaltet und noch eine sehr bedeutende Ausdehnung in Aussicht stellt. Im laufenden Jahre wird deshalb auch der zweite Gasometer erbaut. — Pressburg und Temesvar litten dagegen sehr unter den bekannten politischen Verhältnissen Ungarns. Am letzteren Ort ward im vorigen Jahr der zweite Gasometer erbaut, was unumgänglich nöthig geworden war.

Dank dem Fortschreiten von Gaudenzdorf war das Ergebniss des Abschlusses nicht unbefriedigend. Derselbe hätte erlaubt, gegen 7½ % zu vertheilen; mit Zustimmung der Gesellschaft ist jedoch die Dividende nur auf 7 % (½ % mehr als für 1861) festgesetzt und der Ueberschuss zu verstärkten Abschreibungen verwandt worden. Der Gewinn-Antheil steigt natürlich in stärkerem Verhältniss, weil die Dividende diesmal im Cours 8½ % höher als im Vorjahr, nämlich zu 79 (Durchschnitt von Krakau und Lemberg) inventarisirt werden konnte, ein Cours, der wiederum so bedeutend unter dem jetzigen Tagescourse steht, dass bei der Realisirung zu Gunsten des diesjährigen Abschlusses auf einen noch höheren Agiogewinn, als sich schon im vorigen Jahre bei dieser Operation ergab, gerechnet werden darf.

Zum General-Abschluss übergehend, zeigt die Bilanz zum ersten Mal das erfreuliche Bild einer vollständig geordneten Finanzlage, indem die früheren hohen Schuldposten auf Conto-Corrent-Conto Litt. A. und Accept-Conto kaum mehr die Höhe des Cassa- und Wechselbestandes überschreiten, Bankiercredit also nur noch vorübergehend zur Zeit der Dividendenzahlung in Anspruch genommen zu werden braucht. In der Bilanz des Jahres 1858 erreichte die durch die Saldi beider Conten repräsentirte schwebende Schuld den enormen Betrag von 617,834 Thlr. 13 Sgr. 4 Pf. und selbst nach Abzug des Werthes der im Portefeuille befindlichen unverkauften Actien incl. Dividendenscheinen noch 122,321 Thlr. 9 Sgr. 4 Pf. In der heute vorliegenden Bilanz betragen diese beiden Schuldposten nur 14,430 Thlr. 29 Sgr., also 107,890 Thlr. 6 Sgr. 4 Pf. weniger wie 1858, obgleich in derselben Zeit auf den Bau-Conten der Anstalten für Vergrösserungen nicht weniger als 173,688 Thlr. 24 Sgr. 8 Pf. verausgabt worden sind. Der steigende Jahresgewinn, die Verminderung der Betriebscapitalien (Kohlenvorräthe und Ausstände), die Abschreibungen in den Special-Inventuren, die Amortisations- und endlich die Reservefondsquoten haben zusammengenommen die disponiblen Mittel der Gesellschaft in so ausserordentlichem Maasse vermehrt. Die Actionäre werden aus dieser fortschreitend günstigeren Gestaltung der Finanzen im Allgemeinen die beruhigende Ueberzeugung schöpfen, dass die bisherigen Bilanzen solid aufgestellt waren, und dass nach erfolgter Deckung der Schulden die künftigen Abschreibungen, Amortisations- und Reservefondsquoten nicht bloss hinreichende Mittel für die fortwährend nöthige Ausdehnung der Anstalten gewähren, sondern auch der Amortisationsquote entsprechende, effectiv verwendbare Ueberschüsse liefern werden, die, zu neuen Anlagen verwendet, den Werth der später unentgeltlich abzugebenden Anstalten zu der Zeit thatsächlich compensiren.

Das günstige Resultat des diesjährigen Abschlusses veranlasst dazu, in noch höherem Grade als bisher, Abschreibungen eintreten zu lassen. Zu welchem bedeutenden Betrage dieselben in den Specialabschlüssen der einzelnen Gasanstalten stattfinden, ist aus der abgedruckten Zusammenstellung derselben nicht mit bestimmten Zahlen ersichtlich, da dieselben keine besonderen Reservefonds bilden, auch die Natur vieler der inventarisirten Gegenstände gleichmässige procentische Abschreibungen nicht gestattet, der Grad der Abnutzung oder Werthverminderung vielmehr speciell bemessen werden muss. Indem diese Abschreibungen also an den einzelnen Posten der Special-Inventuren vorgenommen werden, vermindern sie direct den Gewinn, resp. vermehren sie den Verlust, womit die betreffenden Conten abschliessen, ohne, wie beim Generalabschluss, in der Form procentischer Abschreibungen und Reservefondsquoten hervorzutreten. Wie bedeutend diese Abschreibungen der Special-Inventuren aber auf die Vermehrung der Geldmittel eingewirkt haben, ergibt schon eine einfache Vergleichung mit den Saldi der betreffenden Conten im Jahre 1858. Die Gegenstände, auf welche sich die Special-Abschreibungen vorzugsweise erstrecken, sind die Mobilien, Utensilien, Werkzeuge, vermiethete Gasuhren, Fittingsvorräthe u. s. w. In den Abschlüssen pro 1858, wo doch auch bereits schon zwei Jahre stark abgeschrieben worden war, figurirt auf den betreffenden Conten noch die Summe von 165,186 Thlr. 6 Sgr. 1 Pf., in dem jetzigen Abschluss nur mit 115,252 Thl. 16 Sgr. 2 Pf., also 49,883 Thlr. 19 Sgr. 11 Pf. niedriger, welche Verminderung nur zum kleinsten Theil in einer Verringerung der Vorräthe, zum bei weitem grössten durch Abschreibungen bewirkt ist.

Im General-Abschluss treten nun die verstärkten Abschreibungen zunächst in der Erhöhung der bisherigen Procentsätze auf Immobilien, Mobilien und Instrumente von resp.

2½, 5 und 10 Procent auf 5, 10 und 15 Procent, demnächst in der vollständigen Absetzung der Vorräthe von Drucksachen, in der Nichtinventarisirung übergezahlter Zinsen, Provisionen u. s. w. hervor, weit mehr aber noch in der Verstärkung des Reservefonds. Es sind zunächst die auf den Amortisationsconten der Städte Erfurt und Hagen bereits angesammelten 6305 Thlr. 16 Sgr. 8 Pf. nicht als Gewinn verrechnet, sondern auf Reservefonds-Conto überschrieben; das Gleiche ist hinsichtlich der 1892 Thlr. 9 Sgr. geschehen, welche auf Beschluss der vorigen General-Versammlung als Tantième-Antheil eines Mitgliedes des Directorii zurückgehalten worden sind. Die dem Reservefond im Laufe des vorigen Jahres zugeführten Extraquoten betragen also 8197 Thlr. 25 Sgr. 8 Pf. Ausserdem hat aber das Directorium die normale Reservequote (§. 4 des I Statut-Nachtrags) von 5 auf 7½ % des Gewinnes erhöht, was abermals gegen den früheren Procentsatz eine Erhöhung von 6360 Thlr. 12 Sgr. ausmacht. Während es also statutenmässig geboten war, 5% oder 12,720 Thlr. 24 Sgr. zum Reservefonds zu nehmen, erhöht sich derselbe um 27,279 Thlr. 1 Sgr. 6 Pf. und erreicht somit den Betrag von 66,368 Thlr. 14 Sgr. 5 Pf., während die Amortisationsconten sich auf 48,103 Thlr. 17 Sgr. 9 Pf. und das Feuer-Versicherungsconto auf 4946 Thlr. 17 Sgr. 4 Pf. erhöht haben.

Wenn nun, laut General-Abschluss, trotz dieser ausserordentlichen Abschreibungen, dennoch die Vertheilung einer Dividende von 8½ % möglich blieb, während noch 1047 Thlr. 21 Sgr. 11 Pf. auf neue Rechnung vorgetragen worden, darf ein solches Ergebniss gewiss befriedigen, namentlich wenn man auf das Jahr vorher zurückblickt, wo die Mehrproduction der Anstalten die diesjährige um 2½ Millionen Cubikfuss überschritt (1861 Zunahme 13½ Millionen Cubikfuss, 1862 nur 11 Millionen) und die Zunahme der Dividende gegen 1860 doch nur ½ % betrug, während sie diesmal 1½ % ausmacht.

Es ist dem Directorium daran gelegen, bei den Actionären nicht die sanguinische Erwartung rege zu machen, als wären solche ausserordentliche Steigerungen in Zukunft regelmässig zu erwarten. Es geht aus den vorhergehenden Schilderungen hervor, wie im abgelaufenen Geschäftsjahr ausserordentliche günstige Umstände mitgewirkt haben.

Der erzielte Mehrgewinn entfällt allerdings zu einem sehr bedeutenden Theil, etwa zur Hälfte, auf die normale Zunahme der Gasconsumtion und diese war durchaus nicht ungewöhnlich hoch; im Gegentheil, man hat Ursache anzunehmen, dass sie dauernd in gleichem Verhältniss steigen und den Gewinn erhöhen wird. Einen zweiten Factor des Mehrgewinnes bilden die Ersparnisse und Verbesserungen in Verwaltung und Betrieb; auch in dieser Beziehung dürfte der weitere Fortschritt durchaus nicht abgeschlossen sein. Was dagegen eine dritte ansehnlich einwirkende Ursache des vorjährigen Mehrgewinnes, die geringeren Preise der Kohlen (3 Sgr. Abschlag pr. Tonne macht allein 9623 Thlr. Mehrgewinn aus), sowie bessere Verwerthung der Nebenproducte betrifft, so ist im laufenden Jahr auf eine noch weitergehende Besserung schwerlich zu rechnen, da Kohlenpreise und Frachten ziemlich auf einem Minimum angelangt sind, auch die Preise der Nebenproducte eher fallen als steigen dürften. Und was endlich die vierte Ursache des Mehrgewinnes, die Besserung der österreichischen und russischen Course, betrifft, so sind diese allerdings noch in fortwährendem Steigen und stehen zur Zeit bereits ansehnlich über den Durchschnittscoursen des Vorjahrs, die sich auf 79 bei der österreichischen und 97 bei der russischen Valuta stellten. Auch ist der Betrag der vorjährigen Coursverluste, in Summa 20070 Thlr. 23 Sgr. 4 Pf., immer noch so bedeutend, dass eine Besserung hierin wesentlich auf Steigerung der Dividenden einzuwirken vermag. Auf der anderen Seite ist aber nicht zu verkennen, wie die politischen Verhältnisse, wovon der Stand jener ausländischen Valuten abhängt, so unsicherer Natur sind, dass jeden Augenblick Rückschläge kommen können, die alle Voraussetzungen zu Schanden machen. Es ist hiernach zum Mindesten höchst unsicher, auf Mehrgewinn aus dieser Quelle zu rechnen.

Die Aussichten für das laufende Jahr sind im Vorstehenden schon gezeichnet. Zu Befürchtungen ist, trotz des in Polen ausgebrochenen traurigen Aufstandes, keine Veranlassung, namentlich da das Geschäft so weit verzweigt ist, dass ungünstige Conjuncturen oder selbst Unglücksfälle einzelner Anstalten auf das Fortschreiten des Ganzen nur verhältnissmässig geringen Einfluss haben könnten. Warschau speciell betreffend, so ist an die contractliche Bestimmung zu erinnern, wonach die Stadt für Beschädigungen durch Krieg aufzukommen hat. Die Gesellschaft darf also mit aller Zuversicht einer fortschreitend günstigen Entwickelung ihres Geschäfts entgegensehen und sich des in dem bedeutenden Aufschwunge der Course bekundeten Zutrauens der Börse und der Capitalisten freuen.

## I. Zusammenstellung der Special-Abschlüsse

der 13 Anstalten: Frankfurt a. d. O., Mülheim a. d. R., Potsdam, Dessau, Luckenwalde, Gladbach-Rheydt, Hagen, Warschau, Erfurt, Krakau, Nordhausen, Lemberg und Gotha

am 31. December 1862.

### Special-Bilanz-Conto.

### Debet.

| | | Thl. | Sgr. | Pf. |
|---|---|---|---|---|
| An Cassa-Conti, für die baaren Cassenbestände . . . . . Thl. | | 9,008 | 14 | 6 |
| „ Wechsel-Conti, für den Bestand an Rimessen . . . . . . | | 7,200 | 15 | 3 |
| „ Mobilien-Conti, für die Bureau-Einrichtungen und Mobilien, einschliesslich der photometrischen Instrumente und 15 Feuerspritzen . . . . . . . . . . . . . . . | | 9,595 | 28 | 9 |
| „ Conti der Privat-Einrichtungen, für die Ausstände aus gelieferten Gas-Einrichtungen, Beleuchtungsgegenständen etc. | | 34,106 | 16 | 2 |
| „ Conti der vermietheten Privat-Einrichtungen, für die nach jährlicher Abschreibung von 7½ bis 8⅓ % des Neuwerthes verbliebenen Werthe der vermietheten Zähler und Einrichtungen . . . . . . . . . . . . . . . . . . . . | | 22,955 | 21 | 8 |
| „ Zinsen-Conti, für unser Guthaben an Zinsen, Pächten etc. . | | 98 | 28 | 6 |
| „ Beleuchtungs-Utensilien und Unkosten-Conti, für den Werth der Geräthschaften, Materialien etc. zur Strassenbeleuchtung | | 631 | — | 11 |
| „ Betriebs-Utensilien- und Unkosten-Conti, für den Werth der Geräthschaften und Werkzeuge zur Gasfabrikation . . . | | 5,043 | 20 | 7 |
| „ Gespann-Conti, für den Werth der Pferde und Fuhrwerke in Warschau und Lemberg . . . . . . . . . . . | | 946 | 23 | 5 |
| „ Reinigungs-Material-Conti, für die Vorräthe an Materialien zur Gas-Reinigung . . . . . . . . . . . . . . | | 1,012 | 4 | 3 |
| „ Dampfmaschinen-Betriebs-Conti, für Vorräthe an Maschinenschmiere, Reservetheilen etc. . . . . . . . . . | | 96 | 27 | 8 |
| „ Oefen-Unterhaltungs-Conti, für Vorräthe an Thonretorten, feuerfesten Steinen, Chamotte etc. . . . . . . | | 1,264 | 3 | — |
| „ Magazin- und Werkstatts-Conti, | | | | |
| a. für die gesammten Werkstatts-Utensilien und Apparate, Feldschmieden, Schlosser- und Rohrleger-Werkzeuge etc. . . . . . | Thl. 8,957. 6. 1. | | | |
| b. für die Vorräthe an Metallen, schmiede- und gusseisernen Röhren, Verbindungsstücken, Hähnen, Gaszählern, Beleuchtungsgegenständen, Fittings und Materialien aller Art, incl. der begriffenen Privat-Leistungen etc. | „ 68,068. 28. 7. | 77,026 | 4 | 8 |
| Gas-Conti, | | | | |
| a. für die Ausstände für geliefertes Privatgas (December) . . . . | Thl 15,856. 20. 6 | | | |
| b. für die Vorräthe in den Gasometern | „ 640. 17. 2. | 16,497 | 7 | 8 |
| „ Gaskohlen-Conti, für die auf 12 Anstalten vorhandenen Steinkohlen-Vorräthe von 22,061 Tonnen . . . . . | Thl. 26,982. 9. 7. | | | |
| „ Lemberger Holz-Conto, für den Holzvorrath von 838¼ Klftr. . . . | „ 5,496. 16. — | 32,478 | 25 | 7 |
| Transport | | 218,408 | 1 | 11 |

| | | Thlr. | Sgr. | Pf. |
|---|---|---|---|---|
| Transport | | 219,402 | 1 | 11 |
| An Coaks-Conto, a. für die auf 12 Anstalten vorräthigen 13,518½ Tonnen Coaks | Thl. 5,275. 3. 9. | | | |
| b. für Ausstände im Coaksverkauf | Thl. 1,405. 28. 4. | | | |
| | Thl. 6,681. 2. 1. | | | |
| „ Lemberger Holzkohlen-Conto, für den Vorrath an Holzkohlen | Thl. 341. 14. 1. | 7,022 | 16 | 2 |
| „ Theer-Conto, a. für den Vorrath von 8043½ Ctr. Theer | Thl. 8,107. 6. 9. | | | |
| b. für Fässer und Utensilien | „ 483. 10. 1. | | | |
| c. für Ausstände im Theerverkauf | „ 1,048. 11. 9. | 9,605 | 26 | 10 |
| „ Conto der öffentlichen Oel- (Photogen-) Beleuchtung, für Vorräthe an diesen Beleuchtungsmaterialien | | 30 | — | 10 |
| „ Bau-Conto, für den Gesammtwerth der Anlagen (Grundstücke, Gebäude, Apparate, Röhrensysteme etc.) | | 2,147,834 | 7 | 3 |
| „ General-Unkosten-Conto, für diverse Vorauszahlungen an Feuerversicherungen, Beiträgen etc. pro 1863 | | 199 | 27 | 6 |
| „ Conto der Gothaer Actien-Gesellschaft für Gasbeleuchtung für unsere contractlichen, nach Ablauf der Pachtzeit rückzahlbaren Vorschüsse an diese Gesellschaft | | 10,002 | 17 | 7 |
| „ Conti der verschiedenen Stadtgemeinden, a. für unser Guthaben durch Gaslieferung | Thl. 4,519. 10. — | | | |
| b. Restguthaben an Städte aus der Lieferung von Candelabern, Laternen u. s. w. | „ 7,230. 27. 9. | 11,749 | 7 | 9 |
| „ Bischmann'sches Ablösungs-Conto, für die Ablösung der Tantièmen-Ansprüche in Warschau, nach Abzug der Tilgungsquote pro 1862 | | 26,219 | 12 | — |
| „ Conti diverser Debitoren, für unsere Guthaben aus diversen Lieferungen, Vorschüssen etc. | | 4,253 | 18 | 11 |
| Summa | | 2,438,282 | 18 | 9 |

## Credit.

| | | Thlr. | Sgr. | Pf. |
|---|---|---|---|---|
| Per Conti diverser Creditoren, a. Reste, resp. noch nicht fällige Raten des Kaufschillings verschiedener Grundstücke | Thl. 15,131. 2. 5. | | | |
| b. Sonstige Guthaben diverser Lieferanten | „ 6,903. 7. 7. | 22,034 | 10 | |
| „ Conto der Directorial-Haupt-Casse in Dessau, für die vom Centralbureau für den Bau und Betrieb der Anstalten verausgabten Summen: a. Saldi pr. 31. December 1861 (siehe die Specification im General-Bilanz-Conto) | Thl. 2,154,270. 12. 2. | | | |
| b. Saldi der Special-Gewinn- und Verlust-Conti pro 1861 | „ 261,977. 19. 1. | 2,416,248 | 1 | 3 |
| Summa | | 2,438,282 | 18 | 9 |

## Special-Gewinn- und Verlust-Conto.

### Debet.

| | Thlr. | Sgr. | Pf. |
|---|---|---|---|
| An Gaskohlen-Conti, für den Verbrauch von 96,233¹¹/₁₂ Tonnen Steinkohlen zur Gasfabrikation von 12 Anstalten Thl. 109,207. 26. 2.<br>„ Lemberger Holz-Conto, für den Verbrauch von 1197 Klafter Holz zur Gasfabrikation . . . . . . . . „ 7,144. 21. 6 | 116,352 | 17 | 8 |
| „ Betriebs-Arbeiter-Lohn-Conti, für die Löhne und Remunerationen der Poliere und Betriebs-Arbeiter . . . . . . . . | 18,233 | 23 | 5 |
| „ Retorten-Feuerungs-Conti, für Verbrauch an Coaks, Steinkohlen und Holz (Lemberg) zur Unterfeuerung der Retorten | 33,889 | 9 | 1 |
| „ Dampfmaschinen-Betriebs-Conti, für die Kosten des Betriebs und der Unterhaltung der Dampfmaschinen . . . . . . | 1,581 | 5 | 11 |
| „ Betriebs-Utensilien- und Unkosten-Conti, für Abschreibung und Reparaturen der Werkzeuge, Betrieb-Unkosten aller Art, Beleuchtung der Betriebsräume u. s. w. . . . . . . . . | 6,349 | 18 | 5 |
| „ Mobilien-Conti, für Abschreibung von dem Werthe der Mobilien, Instrumente, Feuerspritzen u. s. w. . . . . . . . | 558 | 14 | 1 |
| „ Oefen-Unterhaltungs-Conti, für Auswechslung von Retorten, Umbauten und Reparaturen der Oefen, Feuerungen u. s. w. | 9,200 | 15 | 11 |
| „ Reparatur-Conti, für die Reparatur und Unterhaltung der Gebäude und Apparate, Untersuchung der Rohrsysteme, Auswechselung von Apparaten, Umlegung von Rohrstrecken, Pflaster- und Wegereparaturen u. s. w. . . . . . . . . | 8,689 | 2 | 7 |
| „ Reinigungs-Material-Conti, für die Kosten der Gasreinigung:<br>a. auf den 12 Steinkohlenanstalten (Laming'sche Masse) . . . . Thl. 1,828. 19. 3.<br>b. in Lemberg (Kalk) . . . . . . . „ 1,840. 16. 9. | 3,669 | 6 | — |
| „ Laternenwärter-Lohn-Conti, für die Löhne der Laternen-Anzünder und Aufseher . . . . . . . . . . . . . | 9,484 | 14 | 3 |
| „ Beleuchtungs-Utensilien- und Unkosten-Conti, für Reparatur und Abschreibung an den Beleuchtungs-Utensilien, Anstrich und Reparatur der Candelaber und Laternen, Pinselzeug und sonstige Unkosten der öffentlichen Beleuchtung . . . . . | 2,520 | 23 | 8 |
| „ Zinsen-Conti, für verausgabte Pächte, Zinsen und Wechsel-Zinsen, nach Abzug der Einnahmen . . . . . . . . . . | 275 | 19 | 10 |
| „ Conti der öffentlichen Oel- (Photogen-) Beleuchtung, für Verlust an der contractlich übernommenen Oelbeleuchtung in den Nebenstrassen verschiedener Städte . . . . . . . . | 120 | 17 | 1 |
| „ Salair-Conti, a. für Gehälter und Tantièmen von 12 Anstalts-Dirigenten Thl. 13,555. 1. —.<br>b. für Gehälter und Remunerationen von 11 Buchhaltern . . „ 5,287. 5. —.<br>c. Löhne der Unter-Beamten auf den grösseren Anstalten, Vergütung für Aufnahme der Gaszählerstände u. s. w. „ 2,676. 16. 8. | 21,518 | 22 | 8 |
| Transport | 282,894 | — | 2 |

| | | | Thl. | Sgr. | Pf. |
|---|---|---|---|---|---|
| Transport | | | 232,894 | — | 2 |
| An General-Unkosten-Conto der 13 Anstalten: | | | | | |
| a. für Beleuchtung der Bureaux und Beamtenwohnungen u. sonstige unentgeltliche Gas-Abgabe . . . . . . | | Thl. 1,948. 1. 9. | | | |
| b. „ Heizung der Bureaux und Beamtenwohnungen . . . | | „ 1,311. 15 10 | | | |
| c. „ Bureau-Unkosten, Schreibhülfe, Reinigung, Bewachung etc. . . . . . . . | | „ 1,028. 1. 7. | | | |
| d. „ Schreib- und Zeichenmaterialien, Buchbinder-Arbeiten etc. . . . . . . . . | | „ 650. 2. 2. | | | |
| e. „ Drucksachen, Formulare, Circulare . . . . . . . . | | „ 623. 11. 6 | | | |
| f. „ Insertionen und Journale . | | „ 294. 5. 1 | | | |
| g. „ Steuern: | | | | | |
| 1 Staatssteuern . . | Thl 3,119. 4. 2. | | | | |
| Communalsteuern | „ 1,621. 1. 10. | | | | |
| 3. Einquartierungsgelder etc. . . . | „ 111. 12. 7. | | | | |
| | | Thl. 4,851. 18. 7. | | | |
| h. „ Feuer-Versicherung: | | | | | |
| 1. Selbstversicherung | Thl. 1,669. 7. 3. | | | | |
| 2. Bei F.-V.-Gesellschaften etc. . . | „ 349. 1. —. | | | | |
| | | Thl. 2,038. 8. 3. | | | |
| i. „ Reisekosten: | | | | | |
| 1. des Gen.-Direct. u. Betr.-Inspect. zur Controlle der Anstalten . . | Thl. 792. 9. 3. | | | | |
| 2. der Beamten u. Arbeiter, einschliessl. Umzugskosten . . | „ 847. —. 7. | | | | |
| | | Thl. 1,639. 9. 10. | | | |
| k. „ Wechsel-, Werth- und Quittungsstempel . . . . . . | | „ 374. 29. 7. | | | |
| l. „ Erbzinsen . . . . . . . | | „ 71. 28. 9. | | | |
| m. „ Agio's und kleine Verluste | | „ 170. 16. 5. | | | |
| n. „ Porti u. Telegraphengebühr. | | „ 867. 17. 3. | | | |
| o. „ Sporteln, Mandatar- u. Notariatsgebühren . . . . . | | „ 316. 25. 6. | | | |
| p. „ Remunerationen u. Geschenke | | „ 227. 25. —. | | | |
| q. „ diverse Spesen, Fuhrkosten, Trinkgelder, Almosen, Kosten von Anpflanzungen u. s. w. | | „ 636. 26. 2. | | | |
| r. „ Remuneration des Warschauer Agenten laut Concessions-Vertrag . . . . . . | | „ 2,230. 27. 6. | 19,483 | — | 2 |
| An Conto der Privat-Leitungen, für Verluste an ausstehenden Forderungen . . . . . . . . . . . . . . . . | | | 276 | 28 | — |
| Transport | | | 252,158 | 28 | 4 |

| | Thlr. | Sgr. | Pf. |
|---|---|---|---|
| Transport | 252,153 | 28 | 4 |
| An Gothaer Pacht-Conto, für die contractlich gezahlte Pachtsumme | 4,887 | 15 | — |
| „ Gothaer Bau-Conto, für besondere Abschreibungen . . . | 52 | 17 | 8 |
| „ Bleichmann'schen Ablösungs-Conto, Abschreibung als Tilgungsquote pr. 1862 . . . . . . . . . . . . . | 1,426 | 14 | 1 |
| „ Conto der Directorial-Haupt-Casse in Dessau, für die Gewinn-Saldi . . . . . . . . . . . . . | 261,977 | 19 | 7 |
| Summa | 520,498 | 4 | 6 |

## *Credit.*

| | | Thlr. | Sgr. | Pf. |
|---|---|---|---|---|
| Per Gas-Conto, für die Einnahmen: | | | | |
| a. vom Strassengas . . . . . . . | Thl. 61,477. 8. 9. | | | |
| b. vom Privatgas, einschliesslich Selbstverbrauch . . . . . . . | „ 335,159. 26. 10. | 396,637 | 5 | 7 |
| „ Coaks-Conto, für den Ertrag der Coaks auf 12 Steinkohlen-Gasanstalten . | Thl. 83,182. 9. 2. | | | |
| „ Lemberger Holzkohlen-Conto, für den Ertrag der Holzkohlen . . . . . . | „ 2,151. 10. 7. | 85,333 | 19 | 9 |
| „ Theer-Conto, für den Ertrag vom Theer . . . . . . . . | | 18,237 | 10 | — |
| „ Ammoniak-Conto, für die Einnahme aus Ammoniakwasser . . | | 121 | 10 | 10 |
| „ Magazin- und Werkstatts-Conto, für die Einnahme aus dem Werkstattsbetrieb, Ausführung von Privatleitungen, Verkauf von Fittings u. s. w. nach Abzug der Abschreibungen von den Vorräthen und Utensilien und der Kosten für Materialien, Löhne u. s. w. . . . . . . . . . . . . . . . . . | | 18,993 | 20 | 4 |
| „ Conto der vermietheten Privat-Einrichtungen, für die Einnahme von vermietheten Gaszählern u. s. w. nach Abzug von jährlichen 7½ bis 8⅓ % Abschreibungen vom Neuwerthe . | | 1,000 | 12 | 1 |
| „ Conto von 2 Stadtgemeinden, für Zinsgewinn von den rückständigen Summen für gelieferte Candelaber u. s. w. . . . . | | 171 | 15 | 11 |
| Summa | | 520,498 | 4 | 6 |

## II. General-Abschluss am 31. December 1862.

### General-Bilanz-Conto.

## *Debet.*

| | Thlr. | Sgr. | Pf. |
|---|---|---|---|
| An Cassa-Conto, für den baaren Cassenbestand . . . . . Thlr. | 10,580 | 12 | 11 |
| „ Rimessen-Conto, für vorräthige Wechsel . . . . . . . . | 398 | 27 | — |
| „ Immobilien-Conto für den Werth des Directorial-Gebäudes . | 16,290 | 8 | — |
| „ Mobilien-Conto, für das Inventarium des Central-Bureaus . . | 2,096 | 25 | 9 |
| „ Conto der photometrischen Instrumente, für das Inventarium der Photometer-Kammer und des Laboratoriums . . . . | 812 | 0 | 10 |
| „ Conto der geleisteten Cautionen, für die von uns in 8 Städten bestellten Cautionen . . . . . . . . . . . . . . . | 20,631 | 14 | 6 |
| Transport | 50,809 | 5 | — |

| | Thl. | Sgr. | Pf. |
|---|---|---|---|
| Transport | 50,800 | 5 | — |
| An Beamten-Cautions-Conto, für bei uns deponirte Cautionen von Cassen-Beamten | 4,000 | — | — |
| „ Vorschuss-Conto, für diverse Vorschüsse | 175 | — | — |
| „ Zinsen-Conto, für diverse Zinsguthaben | 148 | 25 | — |
| „ Actien-Conto der Oesterreichischen Gasbeleuchtungs-Actien-Gesellschaft, für im Portefeuille befindliche 2,307 Stück Actien à fl 262½ österr. Währ. mit Dividendenscheinen pro 1862 | 402,521 | 19 | 2 |
| „ Oesterreichische Gasbeleuchtungs-Actien-Gesellschaft in Wien, für unser Guthaben | 1,288 | 6 | 6 |
| „ Effecten-Conto, für im Portefeuille befindliche Effecten | 400 | — | — |
| „ Effecten-Conto des Versicherungsfonds, für im Portefeuille befindliche Effecten | 4,477 | 9 | 6 |
| „ Conti der 13 Anstalten, für deren Bau- u. Betriebs-Capitalien | | | |

Saldi per 31 December 1862:

| | | | Thl. | Sgr. | Pf. |
|---|---|---|---|---|---|
| 1. | Frankfurt a. d. O. | Thl. | 189,911. | 21. | 6. |
| 2. | Mülheim a. d. R. | „ | 105,570 | 23. | 7. |
| 3. | Potsdam | „ | 198,835. | 14. | 9 |
| 4. | Dessau | „ | 76,367 | 10. | —. |
| 5. | Luckenwalde | „ | 89,716. | 11. | 11. |
| 6. | Gladbach-Rheydt | „ | 130,894. | 12. | 1 |
| 7. | Hagen | „ | 89,042 | 11 | —. |
| 8. | Warschau | „ | 579,197. | 26. | 8. |
| 9. | Erfurt | „ | 144,519 | 29. | 1. |
| 10. | Krakau | „ | 233,100 | 21. | 11. |
| 11. | Nordhausen | „ | 103,769. | 7. | 2. |
| 12. | Lemberg | „ | 201,260 | 18. | 6. |
| 13. | Gotha | „ | 11,658. | 26. | 7. |
| | | Thl. | 2,154,270. | 19 | 2. |
| | Gewinn-Saldo nach den Special-Abschlüssen dieser Anstalten | „ | 261,977. | 19. | 7. |

| | Thl. | Sgr. | Pf. |
|---|---|---|---|
| | 2,416,248 | 8 | 9 |
| Thl. | 2,880,068 | 14 | 11 |

## Credit.

| | Thl. | Sgr. | Pf. |
|---|---|---|---|
| Per Actien-Capital-Conto, für das Stamm-Capital von 25,000 Stück Actien à 100 Thlr. | 2,500,000 | — | — |
| „ Actien-Zinsen-Conto, für einen noch nicht erhobenen Zins-Coupon | 2 | 15 | — |
| „ Dividenden-Conti pro 1857–1861, für noch nicht erhobene Dividendenscheine | 1,044 | 27 | 6 |
| „ von Stange'sches Fideicommiss, für dessen Hypothekenforderung | 4,300 | — | — |
| „ Accept-Conto, für unsere Wechsel-Accepte | 2,127 | 20 | 7 |
| „ Conto-Current-Conto Lit. A., für die Guthaben von Banquiers, die [illegible]-Cautionen etc. | 14,703 | 4 | 5 |
| „ Conto-Current-Conto Lit. B., für Guthaben von Lieferanten | 1,[illegible] | — | — |
| Transport | 2,523,429 | 27 | 6 |

| | | Thlr. | Sgr. | Pf. |
|---|---|---|---|---|
| | Transport | 2,521,429 | 27 | 6 |
| Per Feuer-Versicherungs-Conto, Bestand aus dem Vorjahr . . . . . . . | Thl 3,051. 25. 1. | | | |
| Quote pro 1862 . . . . . . . . | „ 1,689. 7. 3 | | | |
| Zuschlag der Zinsen . . . . . . | „ 205. 15 —. | 4,946 | 17 | 4 |
| „ Amortisations-Conti von 8 Anstalten, Bestand aus dem Vorjahr . . . . | Thl. 41,568. 26. —. | | | |
| Hiervon ab den Bestand der Conti in Erfurt und Hagen . . . . . | „ 6,305. 16. 8. | | | |
| | Thl. 38,263. 9. 4. | | | |
| Hierzu Amortisations-Zinsen und Quote pro 1862 . . . . . . | „ 9,840. 8 5. | 48,103 | 17 | 9 |
| „ Reservefonds-Conto, Bestand aus dem Vorjahr . . . . . . . . . . | Thl. 38,587. 12. 9 | | | |
| Uebertrag vom Tantièmen-Conto . | „ 1,892 9. —. | | | |
| Uebertrag von den Amort.-Conti der Anstalten Erfurt und Hagen . . | „ 6,805. 16. 8 | 47,285 | 8 | 5 |
| „ Gewinn- und Verlust-Conto, für den Gewinn . . . . . | | 258,301 | 3 | 11 |
| Vertheilung des Saldo des Gewinn- und Verlust-Conto's: | | | | |
| Saldo laut Bilanz . . . . . . . | Thl 258,301. 3 11 | | | |
| Hiervon ab: | | | | |
| 1. Tantième des Directoriums mit 10 Proc von Thlr. 256,722. 18. 7. = Thl. 25,672. 6. —. | | | | |
| 2. Quote des Reservefonds mit 7½ Proc vom Ertrage der eigenen Anstalten de Thlr. 254,416. 12. 5. = . . . „ 19,081. 6. —. | | | | |
| | Thl. 44,753. 12. —. | | | |
| | Thl 213,547. 21 11. | | | |
| Dividende an die Actionäre, 25,000 Stück Actien à 8½ Thl. . . . | „ 212,500. —. —. | | | |
| Bleibt Saldo-Vortrag auf Gewinn- u. Verlust-Conto pr. 1863 . . . . | „ 1,047. 21. 11. | | | |
| | Thl. | 2,880,066 | 14 | 11 |

## General-Gewinn- und Verlust-Conto.

### *Debet.*

| | Thlr. | Sgr. | Pf. |
|---|---|---|---|
| An Immobilien-Conto. | | | |
| Für 5% Abschreibung vom Werth des Directorial-Gebäudes . . . . . . . . . . . . . . . . Thlr. | 857 | 25 | 8 |
| „ Mobilien-Conto. | | | |
| Für 10% Abschreibung vom Bureau-Inventarium . . . | 232 | 29 | 6 |
| „ Conto der photometrischen Instrumente. | | | |
| Für 15% Abschreibung vom Inventarium und Verbrauch an Materialien . . . . . . . . . . . . . . . . . | 290 | 26 | 11 |
| „ Salair-Conto. | | | |
| Für Gehälter, Pensionen und Remunerationen . . . . . | 9,012 | — | — |
| Transport | 10,393 | 22 | 1 |

| | | Thlr. | Sgr. | Pf. |
|---|---|---|---|---|
| | Transport | 10,393 | 22 | 1 |
| An Zinsen-Conto. | | | | |
| Für Banquier- und Wechsel-Zinsen . . . . . . . . | | 4,009 | 1 | 9 |
| „ Provisions-Conto. | | | | |
| Für Banquier-Provisionen, Courtagen etc. . . . . . . . | | 1,759 | 7 | 5 |
| „ Amortisations-Zinsen-Conto. | | | | |
| Für 5 % Zinsen des Amortisationsfonds . . . . . . . | | 1,913 | 5 | — |
| „ General-Unkosten-Conto. | | | | |
| Für Reparaturen, Unterhaltung der Gebäude etc. . . . . . . . | Thl. 506. 19. 9 | | | |
| „ Werth- und Wechselstempel . | „ 140. 24. — | | | |
| „ Insertionen und Zeitungen . | „ 164. 16. 6. | | | |
| „ Reisekosten (einschliesslich der Commissionen) . . . . . . | „ 776. 18. —. | | | |
| „ Schreib- und Zeichenmaterial, Buchbinderarbeiten etc. . . . . | „ 108. 7. 2. | | | |
| „ Notariatsgebühren . . . . . . | „ 20. 13. 9. | | | |
| „ Porti u. Telegraphengebühren | „ 206. 26. 11. | | | |
| „ Beleuchtung und Heizung . . | „ 441. 7. 9 | | | |
| „ Drucksachen . . . . . . . | „ 135. 20. —. | | | |
| „ Steuern und diverse Ausgaben | „ 194. 16. 11 | | | |
| | Thl 2 695 16. 9. | | | |
| Für Abschreibung des ganzen Vorrathes von Drucksachen und Formularen . . . . . . . . . . | Thl. 364. 18. 6. | 8,060 | 4 | 8 |
| „ Bilanz-Conto. Für den Reingewinn | . . . . . . . . | 258,301 | 3 | 11 |
| | Thlr. | 279,499 | 14 | 3 |

## Credit.

| | | Thlr. | Sgr. | Pf. |
|---|---|---|---|---|
| Per Vortrag aus dem Rechnungsjahre 1861 . . . . . . . . | | 1,578 | 15 | 4 |
| „ Actien-Conto der Oesterreichischen Gasbeleuchtungs-Actien-Gesellschaft. | | | | |
| Für 7 % Dividende pro 1862 fl. 42,341. 4 kr. à 79 . . | | 22,386 | 29 | — |
| „ Agio-Conto. | | | | |
| Für Coursgewinn an fremden Valuten und Devisen . . . | | 1,474 | 13 | 9 |
| „ Conti der 13 Gas-Anstalten. | | | | |
| Für den Reingewinn aus der Betriebsperiode 1862 . . . . . . . . . | Thl. 261,977. 19. 7. | | | |
| Ab Amortisationsquote pro 1862 . | „ 7,927. 3. 5. | 254,050 | 16 | 2 |
| | Thlr. | 279,499 | 14 | 3 |

**Nr. 5.** **Mai 1863.**

# Journal für Gasbeleuchtung

und

verwandte Beleuchtungsarten.

**Organ des Vereins von Gasfachmännern Deutschlands.**

**Monatschrift**

von

**N. H. Schilling,**

Director der Gasbeleuchtungs-Gesellschaft in München.

**München. Verlag von Rudolph Oldenbourg.**

**Abonnements.**

Jährlich 4 Rthlr. 20 Sgr.

Halbjährlich 2 Rthlr. 10 Sgr.

Jeden Monat erscheint ein Heft.

Das Abonnement kann stattfinden bei allen Buchhandlungen und Postämtern Deutschlands und des Auslandes.

**Inserate.**

Der Insertionspreis beträgt:

Für eine ganze Octavseite 8 Rthlr. — Sgr.

„ jede achtel „ 1 „ — „

Kleinere Bruchtheile als eine Achtelseite können nicht berücksichtigt werden; bei Wiederholung eines Inserates wird nur die Hälfte berechnet, für dieselben jedoch auch die gegenüberliegende innere Seite des Umschlages benützt.

# J. von SCHWARZ
in
## Nürnberg,

Inhaber der Preis-Medaillen von der Industrie-Ausstellung in München (1854) und der Allgemeinen Industrie-Ausstellung in London (1862) empfiehlt seine anerkannt dauerhaften, in jeder beliebigen Form verfertigten

## Speckstein-Gasbrenner

zu bedeutend herabgesetzten Preisen, **Argand- und Dumas-Brenner** mit und ohne Messing-Garnituren, von *Schwarz*'sche, von *Bunsen*'sche Röhren und Kochapparate.

---

**Die Email Zifferblatt-Fabrik**
**von E. Landsberg.**
Berlin. Commandantenstrasse Nro. 56

empfiehlt den verehrlichen Herrn Gasmesser-Fabrikanten ihre aufs eleganteste und zweckmässigste Fabrikate zu allen Arten von Gasmessern, wobei jeder Zeit die billigsten Preise berechnet werden; so dass diese Zifferblätter in jeder Hinsicht mit jedem andern Fabrikat concurriren.

Preiscourante und Proben stehen zu Diensten.

---

## ROBERT BEST

**Lampen- & Fittings-Fabrik**
Nro. 10 Ludgate Hill
Birmingham

**Fabrik von schmiedeeisernen Gasröhren**
Great Bridge,
Staffordshire

empfiehlt seine Fabriken für alle zur Gas-Beleuchtung gehörigen Gegenstände. Eiserne Gasröhren und dazu gehörige Verbindungsstücke zeichnen sich besonders durch ihre Güte und billigen Preis aus.

Wegen Zeichnungen sowohl als Preislisten wende man sich an den alleinigen Agenten auf dem Continent

***Carl Kusel,***
16 Grosse Reichenstrasse in Hamburg.

---

## P. T.

Berlin, März 1863.

Meinen geehrten Geschäftsfreunden und den löblichen Gas-Anstalten bringe hiermit ganz ergebenst zur Kenntniss dass ich, seit 8 Jahren Theilhaber der Firma: **Th. Spielhagen & Comp.**, jedoch bereits im 3. Jahre alleiniger Inhaber dieser Firma, von jetzt ab auf Grund des neuen Handelsgesetzes zeichnen werde:

**Theodor Spielhagen.**

Indem ich bitte, hiervon gefälligst Notiz nehmen zu wollen, erkläre gleichzeitig, dass damit die Verpflichtungen und die Garantie für das mit der Firma: „**Th. Spielhagen & Comp.**" bezeichnete Fabrikat selbstverständlich auf die gegenwärtige Firma übergegangen sind.

Es wird wie bisher stets mein Bestreben bleiben, durch wirklich gutes, practisch construirtes und gewissenhaft gearbeitetes Fabrikat mir das Wohlwollen und Vertrauen der geehrten Herren Auftraggeber zu gewinnen und zu erhalten.

Mit aller Hochachtung

Ergebenst
**Theodor Spielhagen,**
Gasmesserfabrikant.

---

## Correspondenz.

Altona, 5. Mai 1863.

*Lieber Herr Schilling!*

*Unter Bezugnahme auf die in Nr. 4 Ihres geschätzten Journals enthaltene „Correspondenz" erlaube ich mir Ihnen die für Sie und Ihren Herrn Correspondenten K. K. vielleicht nicht uninteressante Mittheilung zu machen, dass ich hier 1861 einen solchen seitwärts von der Gasanstalt und ca. 30 Fuss höher als dieselbe belegenen Gasbehälter, und zwar in einer Röhren-Entfernung von ca. 1500 Fuss gebaut habe, welcher wirklich, wie Herr K. K. vorschlägt, nur durch ein Rohr mit der Anstalt verbunden ist. Der Platz unserer Anstalt ist, wie Ihnen bekannt, zu beschränkt, um neben den beiden* ursprünglich vorhandenen Gasbehältern den Bau eines dritten zu gestatten; und so ist derselbe auf einem zwischen der geneigten Ebene der Eisenbahn-Gesellschaft und der von der Palmaille zur Elbstrasse hinabführenden gewundenen („Elbberg" benannten) Strasse belegenen dreieckigen, früher vertieften, jetzt aber aufgehöhten Platze erbaut. Das von der Anstalt zum Gasometer führende Rohr ist zugleich Eingang und Ausgang, auf der Anstalt selbst ist dasselbe jedoch verzweigt und sowohl mit dem allen Gasometern gemeinschaftlichen Eingangsrohre vom Stationsmesser, als auch mit dem zu den beiden Regulatoren und von diesen zur Stadt führenden Ausgangsrohre verbunden, und jede dieser Verbindungen mit einem Verschlusse versehen. Hätte ich den Gasometer mit der Anstalt einerseits nur durch ein Eingangsrohr, und andererseits direct mit dem städtischen Röhrennetze durch ein Ausgangsrohr verbinden wollen, so wären dazu, da wir zwei getrennte Röhrendistricte haben, einen Hoch- und einen Niederdistrict, nicht allein ziemlich lange Extra-Röhrenleitungen, sondern auch zwei Extra-Regulatoren erforderlich gewesen, und folglich zur Bedienung dieser letzteren das ganze Jahr hindurch ein besonderer Stationsmann, während bei der getroffenen Einrichtung die Beaufsichtigung und Bedienung des ganzen Apparats nur nebenbei von der Anstalt aus geschieht. Von den von Ihnen befürchteten Uebelständen habe ich niemals Etwas gespürt, wobei ich allerdings bemerken muss, dass der betreffende Gasometer niemals gleichzeitig einnimmt und ausgiebt, weil nämlich unserer höchst beschränkten Raumverhältnisse wegen der Exhaustor sich nicht hat anders anbringen lassen als zwischen Reinigern und Stationsmesser, und die Schwankungen des Exhaustors daher auf die Regulatoren wirken würden. Uebrigens ist mir früher einmal mitgetheilt, dass Herr Kornhardt in Stettin bei sonst gewöhnlicher Einrichtung seiner Gasbehälter mit separaten Ein- und Ausgängen, absichtlich ein directes Umgangsrohr angebracht habe, um das frische Gas nicht erst den Gasometern, sondern direct den Consumenten zuzuführen.

Vielleicht interessirt es Sie, auch über den Bau dieses Gasometers, welcher ziemlich beträchtliche Schwierigkeiten bot, einige kurze Notizen zu empfangen; Die Glocke ist 78 Fuss engl. im Durchmesser und 24 Fuss hoch. Der Bauplatz ist so beschränkt, dass der gemauerte Wasserbehälter an zwei Seiten die Strasse resp. das Nachbargrundstück vollständig b e r ü h r t und an einer dritten Seite in die ca. 20 Fuss hohe Böschung der geneigten Eisenbahn-Ebene einschneidet. Es war nicht ganz leicht, unter solchen Umständen ein 24 Fuss tiefes Bassin in die Erde zu bringen, da an Ausgrabung einer geböschten Baugrube natürlich nicht zu denken war. Ich habe daher die Ringmauer in einer vertikal ausgegrabenen und von unten bis oben ausgesteiften r i n g f ö r m i g e n Baugrube von 10 Fuss Breite aufgeführt, und erst zum Schluss, nachdem der innere stehengebliebene Erdkörper herausgeschafft war, den Boden gelegt. Beim Hinuntergraben fing die geneigte Eisenbahn-Ebene an zu rutschen, und es musste auf ca. $^1/_3$ des Gasometer-Umfanges an der bedrohten Stelle eine sehr starke Spundwand geschlagen werden, welche trotzdem die

*Widerlage für die Aussteifung der Baugrube bildete. Endlich ist aber doch Alles überwunden, und der ganze Gasometer in einem Jahre bis zum Winter fix und fertig geworden, wie derselbe sich denn auch in jeder Beziehung ausgezeichnet bewährt.*

*Mit freundlichem Grusse etc.*
**Salzenberg.**

---

## Untersuchungen über Gaskohlen

von *N. H. Schilling.*

(Fortsetzung.)

4 „Hibernia", Flötz IV. — 23. August 1862.
Ladung: 160 Zollpfd. = 3⅓ c' engl.

| | Stand der der Gasuhr | Production | Temperatur nach Cels. | Production bei 10° Cels. |
|---|---|---|---|---|
| 7 Uhr — Mt. | 660 | | 14 ° | |
| 7 „ 15 „ | 650 | 90 c' | 15 „ | |
| 7 „ 30 „ | 740 | 90 „ | 15 „ | 305 c' |
| 7 „ 45 „ | 805 | 65 „ | 15 „ | |
| 8 „ — „ | 870 | 65 „ | 15 „ | |
| 8 „ 15 „ | 930 | 60 „ | 15 „ | |
| 8 „ 30 „ | 980 | 50 „ | 15 „ | 216 „ |
| 8 „ 45 „ | 1030 | 50 „ | 15 „ | |
| 9 „ — „ | 1090 | 60 „ | 15 „ | |
| 9 „ 15 „ | 1140 | 50 „ | 14 „ | |
| 9 „ 30 „ | 1180 | 40 „ | 14 „ | 183 „ |
| 9 „ 45 „ | 1230 | 50 „ | 14 „ | |
| 10 „ — „ | 1275 | 45 „ | 14 „ | |
| 10 „ 15 „ | 1320 | 45 „ | 14 „ | |
| 10 „ 30 „ | 1360 | 40 „ | 14 „ | 153 „ |
| 10 „ 45 „ | 1395 | 35 „ | 14 „ | |
| 11 „ — „ | 1430 | 35 „ | 14 „ | |
| 11 „ 15 „ | 1450 | 20 „ | 14 „ | |
| 11 „ 30 „ | 1470 | 20 „ | 14 „ | 54 „ |
| 11 „ 45 „ | 1485 | 15 „ | 14 „ | |
| | | 925 c' | | 911 c' |

Kohlensäure = 0

Spec. Gewicht $= \left(\frac{156}{240}\right)^2 = 0{,}42$

5,5 c' ergaben am Photometer 7,5 Kerzen
1,8 c' zeigten am *Erdmann*'schen Prüfer 28°
1,81 c' brauchten zur Entleuchtung 8,88 c' Luft.
Cokesausbeute = 98,7 Pfd. = 5¼ c'
Theer und Wasser = 17,9 Pfd.
Ausbeute nach Gewicht:

911 c' Gas = 26,74 Pfd.
Coke = 99,70 „
Theer und Wasser = 17,90 „
Reinigung u. Verlust = 5,66 „
150,00 Pfd.

5. „Hibernia", Flötz VI. — 22. Aug. 1862.

Ladung: 150 Zollpfd. = 3⅓ c' engl.

| | Stand der Gasuhr | Production | Temperatur nach Cels. | Production bei 10° Cels |
|---|---|---|---|---|
| 7 Uhr — Mt. | 9625 | | 14 ° | |
| 7 „ 15 „ | 9700 | 75 c' | 14 „ | |
| 7 „ 30 „ | 9770 | 70 „ | 14 „ | 281 c' |
| 7 „ 45 „ | 9840 | 70 „ | 14 „ | |
| 8 „ — „ | 9910 | 70 „ | 14 „ | |
| 8 „ 15 „ | 9980 | 70 „ | 14 „ | |
| 8 „ 30 „ | 10045 | 65 „ | 15 „ | |
| 8 „ 45 „ | 10115 | 70 „ | 15 „ | 266 „ |
| 9 „ — „ | 10180 | 65 „ | 15 „ | |
| 9 „ 15 „ | 10240 | 60 „ | 15 „ | |
| 9 „ 30 „ | 10300 | 60 „ | 16 „ | |
| 9 „ 45 „ | 10350 | 50 „ | 16 „ | 206 „ |
| 10 „ — „ | 10390 | 40 „ | 16 „ | |
| 10 „ 15 „ | 10430 | 40 „ | 16 „ | |
| 10 „ 30 „ | 10460 | 30 „ | 16 „ | |
| 10 „ 45 „ | 10490 | 30 „ | 16 „ | 123 „ |
| 11 „ — „ | 10515 | 25 „ | 17 „ | |
| 11 „ 15 „ | 10540 | 25 „ | 17 „ | |
| 11 „ 30 „ | 10555 | 15 „ | 17 „ | 44 „ |
| 11 „ 45 „ | 10560 | 5 „ | 17 „ | |
| | | 935 c' | | 920 c' |

Kohlensäure = 0

Spec. Gewicht = $\left(\frac{156}{241}\right)^2 = 0{,}42$

5 c' ergaben am Photometer 9 Kerzen
1,80 c' zeigten am *Erdmann*'schen Prüfer 30°
1,64 c' brauchten zur Entleuchtung 3,68 c' Luft.
Cokeausbeute 106,4 Pfd. = 5⅓ c'
Theer und Wasser 10,8 Pfd.

Ausbeute nach Gewicht:

920 c' Gas = 27,01 Pfd.
Coke = 106,40 „
Theer und Wasser = 10,80 „
Verlust = 5,79 „
150,00 Pfd.

1⅓ Lagen *Lanning*'sche Masse schmutzig.

6. „Vereinigte Hannibal", Flötz II (Arnold). — 28. August 1862.
Ladung: 150 Zollpf. = 3¾ c' engl

| | Stand der Gasuhr | Production | Temperatur nach Cels. | Production bei 10° Cels. |
|---|---|---|---|---|
| 7 Uhr — Mt. | 1485 | | 15 ° | |
| 7 „ 15 „ | 1530 | 45 c' | 15 „ | 231 c' |
| 7 „ 30 „ | 1600 | 70 „ | 15 „ | |
| 7 „ 45 „ | 1660 | 60 „ | 15 „ | |
| 8 „ — „ | 1720 | 60 „ | 15 „ | |
| 8 „ 15 „ | 1780 | 60 „ | 15 „ | 250 „ |
| 8 „ 30 „ | 1840 | 60 „ | 16 „ | |
| 8 „ 45 „ | 1910 | 70 „ | 16 „ | |
| 9 „ — „ | 1975 | 65 „ | 16 „ | |
| 9 „ 15 „ | 2040 | 65 „ | 16 „ | 240 „ |
| 9 „ 30 „ | 2105 | 65 „ | 16 „ | |
| 9 „ 45 „ | 2165 | 60 „ | 16 „ | |
| 10 „ — „ | 2220 | 55 „ | 17 „ | |
| 10 „ 15 „ | 2270 | 50 „ | 17 „ | 132 „ |
| 10 „ 30 „ | 2310 | 40 „ | 17 „ | |
| 10 „ 45 „ | 2340 | 30 „ | 17 „ | |
| 11 „ — „ | 2355 | 15 „ | 17 „ | |
| 11 „ 15 „ | 2370 | 15 „ | 17 „ | 15 „ |
| | | 885 c' | | 868 c' |

Kohlensäure = 0

Spec. Gewicht = $\left(\frac{162}{242}\right)^2$ = 0,45

4,4 c' ergaben am Photometer 6,5 Kerzen
1,62 c' zeigten am *Erdmann*'schen Prüfer 29°
1,73 c' brauchten zur Entleuchtung 3,67 c' Luft.

Cokeausbeute 101 Pfd. = 5¼ c'
Theer und Wasser 15,7 Pfd.

Ausbeute nach Gewicht:

| | | |
|---|---|---|
| 868 c' Gas | = | 27,30 Pfd. |
| Coke | = | 101,00 „ |
| Theer und Wasser | = | 15,70 „ |
| Reinigung und Verlust | = | 6,00 „ |
| | | 150,00 Pfd. |

2 Lagen *Laming*'sche Masse schmutzig.

7. „Vereinigte Hannibal", Flötz III (Johann). — 29. August 1862.
Ladung: 150 Zollpfd. = 4 c'.

| | Stand der Gasuhr | Production | Temperatur nach Calsius | Production bei 10° Cels. |
|---|---|---|---|---|
| 7 Uhr — Mt. | 2370 | | 15 ° | |
| 7 „ 15 „ | 2430 | 60 c' | 15 „ | 236 c' |
| 7 „ 30 „ | 2490 | 60 „ | 15 „ | |
| 7 „ 45 „ | 2550 | 60 „ | 15 „ | |
| 8 „ — „ | 2610 | 60 „ | 15 „ | |

| | | | | Stand der Gasuhr | Production | Temperatur nach Celsius | Production bei 10° Cels. |
|---|---|---|---|---|---|---|---|
| 8 | „ | 15 | „ | 2670 | 60 „ | 15 „ | 236 c' |
| 8 | „ | 30 | „ | 2730 | 60 „ | 15 „ | |
| 8 | „ | 45 | „ | 2790 | 60 „ | 15 „ | |
| 9 | „ | — | „ | 2850 | 60 „ | 15 „ | |
| 9 | „ | 15 | „ | 2920 | 70 „ | 16 „ | 216 „ |
| 9 | „ | 30 | „ | 2970 | 50 „ | 16 „ | |
| 9 | „ | 45 | „ | 3020 | 50 „ | 16 „ | |
| 10 | „ | — | „ | 3070 | 50 „ | 16 „ | |
| 10 | „ | 15 | „ | 3120 | 50 „ | 16 „ | 142 „ |
| 10 | „ | 30 | „ | 3160 | 40 „ | 16 „ | |
| 10 | „ | 45 | „ | 3190 | 30 „ | 16 „ | |
| 11 | „ | — | „ | 3215 | 25 „ | 16 „ | |
| 11 | „ | 15 | „ | 3230 | 15 „ | 16 „ | 25 „ |
| 11 | „ | 30 | „ | 3240 | 10 „ | 16 „ | |
| | | | | | 870 c' | | 855 c' |

Kohlensäure = 0

Spec. Gewicht = $\left(\frac{163}{245}\right)^2$ = 0,44

5,1 c' ergaben am Photometer = 7 Kerzen

1,75 c' zeigten am *Erdmann*'schen Prüfer 20°

1,72 c' brauchten zur Entleuchtung = 3,89 c' Luft.

Cokeausbeute = 99,7 Pfd. = 5¼ c'

Theer und Wasser = 17,9 Pfd.

Ausbeute nach Gewicht:

| | |
|---|---|
| 855 c' Gas | = 26,29 Pfd. |
| Coke | = 99,70 „ |
| Theer und Wasser | = 17,90 „ |
| Reinigung und Verlust | = 6,11 „ |
| | 150,00 „ |

2 Lagen *Laming*'sche Masse schmutzig.

8. „Vereinigte Hannibal", Flötz V (Hannibal). — 30. Aug. 1862.

Ladung: 150 Zollpfd. = 4 c'.

| | | | | Stand der Gasuhr | Production | Temperatur nach Celsius | Production bei 10° Cels. |
|---|---|---|---|---|---|---|---|
| 7 Uhr | — | Mt. | | 3240 | | 12 „ | |
| 7 | „ | 15 | „ | 3310 | 70 c' | 12 „ | 243 c' |
| 7 | „ | 30 | „ | 3370 | 60 „ | 12 „ | |
| 7 | „ | 45 | „ | 3425 | 55 „ | 12 „ | |
| 8 | „ | — | „ | 3485 | 60 „ | 12 „ | |
| 8 | „ | 15 | „ | 3560 | 75 „ | 12 „ | 253 „ |
| 8 | „ | 30 | „ | 3620 | 60 „ | 12 „ | |
| 8 | „ | 45 | „ | 3680 | 60 „ | 12 „ | |
| 9 | „ | — | „ | 3740 | 60 „ | 12 „ | |

| | Stand der Gasuhr | Production | Temperatur nach Celsius | Production bei 10° Cels. |
|---|---|---|---|---|
| 9 „ 15 „ | 3790 | 50 „ | 13 „ | 208 „ |
| 9 „ 30 „ | 3850 | 60 „ | 13 „ | |
| 9 „ 45 „ | 3900 | 50 „ | 13 „ | |
| 10 „ — „ | 3950 | 50 „ | 14 „ | |
| 10 „ 15 „ | 4000 | 50 „ | 14 „ | 148 „ |
| 10 „ 30 „ | 4045 | 45 „ | 14 „ | |
| 10 „ 45 „ | 4080 | 35 „ | 14 „ | |
| 11 „ — „ | 4100 | 20 „ | 14 „ | |
| 11 „ 15 „ | 4115 | 15 „ | 14 „ | 15 „ |
| | | 875 c' | | 867 c' |

Kohlensäure = 0

Spec. Gewicht = $\left(\frac{159}{245}\right)^2 = 0{,}42$

5,9 c' ergaben am Photometer 11 Kerzen
1,81 c' zeigten am *Erdmann*'schen Prüfer 31°
1,65 c' brauchten zur Entleuchtung 3,83 c' Luft.
Cokeausbeute = 100,9 Pfd. = 5¹/₄ c'
Theer und Wasser = 19,4 Pfd.

Ausbeute nach Gewicht:

| | | |
|---|---|---|
| 867 c' Gas | = | 25,45 Pfd. |
| Coke | = | 100,90 „ |
| Theer und Wasser | = | 19,40 „ |
| Reinigung und Verlust | = | 4,25 „ |
| | | 150,00 Pfd. |

2½ Lagen *Laming*'sche Masse schmutzig.

9. „Holland". — 1. Sept. 1862.
Ladung: 150 Pfd. = 3½ c' engl.

| | Stand der Gasuhr | Production | Temperatur nach Cels. | Production bei 10° Cels. |
|---|---|---|---|---|
| 7 Uhr — Mt. | 4115 | | 15° | |
| 7 „ 15 „ | 4190 | 75 c' | 16 „ | 279 c' |
| 7 „ 30 „ | 4260 | 70 „ | 16 „ | |
| 7 „ 45 „ | 4330 | 70 „ | 16 „ | |
| 8 „ — „ | 4400 | 70 „ | 16 „ | |
| 8 „ 15 „ | 4450 | 50 „ | 16 „ | 216 „ |
| 8 „ 30 „ | 4510 | 60 „ | 16 „ | |
| 8 „ 45 „ | 4565 | 55 „ | 16 „ | |
| 9 „ — „ | 4620 | 55 „ | 16 „ | |
| 9 „ 15 „ | 4680 | 60 „ | 17 „ | 190 „ |
| 9 „ 30 „ | 4730 | 50 „ | 17 „ | |
| 9 „ 45 „ | 4775 | 45 „ | 17 „ | |
| 10 „ — „ | 4815 | 40 „ | 17 „ | |

| | | | Stand der Gasuhr | Production | Temperatur nach Celsius | Production bei 10° Cels. |
|---|---|---|---|---|---|---|
| 10 „ | 15 | „ | 4850 | 35 „ | 17 „ | 122 „ |
| 10 „ | 30 | „ | 4885 | 35 „ | 17 „ | |
| 10 „ | 45 | „ | 4920 | 35 „ | 17 „ | |
| 11 „ | — | „ | 4940 | 20 „ | 17 „ | |
| 11 „ | 15 | „ | 4956 | 16 „ | 17 „ | 16 „ |
| | | | | 841 c′ | | 823 c′ |

Kohlensäure = 0

Spec. Gewicht = $\left(\frac{169}{247}\right)^2$ = 0,47

5,1 c′ ergaben am Photometer 6¼ Kerzen
1,85 c′ zeigten am *Erdmann*'schen Prüfer 29°
1,79 c′ brauchten zur Entleuchtung 3,89 c′ Luft.

Cokeausbeute 107,5 Pfd.
Theer und Wasser 13,4 Pfd.

Ausbeute nach Gewicht:

| | | |
|---|---|---|
| 823 c′ Gas | = | 27,04 Pfd. |
| Coke | = | 107,50 „ |
| Theer und Wasser | = | 13,40 „ |
| Reinigung und Verlust | = | 2,06 „ |
| | | 150,00 Pfd. |

1 Lage *Laming*'sche Masse schmutzig.

B. *Saarbrücker Kohlen.*

10. „Heinitz". — 3. Juli 1862.
Ladung: 150 Zollpfd. = 4 c′ engl.

| | | | Stand der Gasuhr | Production | Temperatur nach Celsius | Production bei 10° Cels. |
|---|---|---|---|---|---|---|
| 1 Uhr | 45 | Mt. | 6686 | | 15 ° | |
| 2 „ | — | „ | 6766 | 80 c′ | 16 „ | 315 c′ |
| 2 „ | 15 | „ | 6850 | 84 „ | 16,5 „ | |
| 2 „ | 30 | „ | 6928 | 78 „ | 17 „ | |
| 2 „ | 45 | „ | 7007 | 79 „ | 17,5 „ | |
| 3 „ | — | „ | 7080 | 73 „ | 18 „ | 253 „ |
| 3 „ | 15 | „ | 7150 | 70 „ | 18 „ | |
| 3 „ | 30 | „ | 7215 | 65 „ | 18,5 „ | |
| 3 „ | 45 | „ | 7271 | 56 „ | 18,5 „ | |
| 4 „ | — | „ | 7320 | 49 „ | 18,5 „ | 174 „ |
| 4 „ | 15 | „ | 7363 | 43 „ | 18 „ | |
| 4 „ | 30 | „ | 7406 | 43 „ | 18 „ | |
| 4 „ | 45 | „ | 7450 | 44 „ | 18 „ | |

| | Stand der Gasuhr | Production | Temperatur nach Celsius | Production bei 10° Cels. |
|---|---|---|---|---|
| 5 „ — „ | 7490 | 40 „ | 18 „ | |
| 5 „ 15 „ | 7522 | 32 „ | 18 „ | 109 „ |
| 5 „ 30 „ | 7550 | 28 „ | 18 „ | |
| 5 „ 45 „ | 7562 | 12 „ | 17 „ | |
| 6 „ — „ | 7571 | 0 „ | 17 „ | 0 „ |
| | | 885 c' | | 860 c' |

Kohlensäure = 0

Spec. Gewicht = $\left(\frac{145}{222}\right)^2 = 0{,}415$

5,15 c' ergaben am Photometer 9 Kerzen

1,82 c' zeigten am *Erdmann*'schen Prüfer 28,5°

1,81 c' brauchten zur Entleuchtung 4,0 c' Luft.

Cokesausbeute 99 Pfd. = 5,33'

Theer und Wasser 19 Pfd.

Ausbeute nach Gewicht:

| | |
|---|---|
| 860 c' Gas | = 24,90 Pfd. |
| Coke | = 99,00 „ |
| Theer und Wasser | = 19,00 „ |
| Reinigung u. Verlust | = 7,10 „ |
| | 150,00 Pfd. |

1 Lage *Laming*'sche Masse schmutzig.

11. „St. Ingbert“. — 5. Juli 1862.

Ladung: 150 Zollpfd. = 3¼ c' engl.

| | Stand der Gasuhr | Production | Temperatur nach Celsius | Production bei 10° Cels. |
|---|---|---|---|---|
| 2 Uhr — Mt. | 9419 | | 17 ° | |
| 2 „ 15 „ | 9509 | 90 c' | 19 „ | |
| 2 „ 30 „ | 9590 | 81 „ | 19,5 „ | 207 c' |
| 2 „ 45 „ | 9662 | 72 „ | 20 „ | |
| 3 „ — „ | 9725 | 63 „ | 20,5 „ | |
| 3 „ 15 „ | 9790 | 65 „ | 21 „ | |
| 3 „ 30 „ | 9850 | 60 „ | 21 „ | 228 „ |
| 3 „ 45 „ | 9906 | 56 „ | 21 „ | |
| 4 „ — „ | 9962 | 56 „ | 21 „ | |
| 4 „ 15 „ | 10016 | 54 „ | 21 „ | |
| 4 „ 30 „ | 10069 | 53 „ | 21 „ | 196 „ |
| 4 „ 45 „ | 10118 | 49 „ | 21 „ | |
| 5 „ — „ | 10164 | 46 „ | 21 „ | |
| 5 „ 15 „ | 10207 | 43 „ | 21 „ | |
| 5 „ 30 „ | 10246 | 39 „ | 21 „ | 146 „ |
| 5 „ 45 „ | 10285 | 39 „ | 21 „ | |
| 6 „ — „ | 10316 | 31 „ | 21 „ | |

| | Stand der Gasuhr | Production | Temperatur nach Celsius | Production bei 10° Cels. |
|---|---|---|---|---|
| 6 „ 15 „ | 10342 | 26 „ | 20,5 „ | |
| 6 „ 30 „ | 10363 | 21 „ | 20,5 „ | 57 „ |
| 6 „ 45 „ | 10375 | 12 „ | 20,5 „ | |
| | | 956 c' | | 923 c' |

Kohlensäure = 0

Spec. Gewicht = $\left(\frac{143}{222}\right)^2 = 0{,}415$

4,9 c' ergaben am Photometer 10,5 Kerzen

1,75 c' zeigten am *Erdmann*'schen Prüfer 29½°

1,78 c' brauchten zur Entleuchtung 4,02 c' Luft.

Cokesausbeute 103 Pfd. = 5 c'

Theer und Wasser 15 Pfd.

Ausbeute nach Gewicht:

| | | |
|---|---|---|
| 923 c' Gas | = | 26,8 Pfd. |
| Coke | = | 103.0 „ |
| Theer und Wasser | = | 15,0 „ |
| Reinigung und Verlust | = | 5,2 „ |
| | | 150,0 Pfd. |

1 Lage *Laming*'sche Masse schmutzig.

12. „Altenwald." — 4. Juli 1862.

Ladung: 150 Zollpfd. = 4 c' ergl.

| | Stand der Gasuhr | Production | Temperatur nach Celsius | Production bei 10° Cels. |
|---|---|---|---|---|
| 7 Uhr — Mt. | 7571 | | 14 ° | |
| 7 „ 15 „ | 7647 | 76 c' | 14 „ | |
| 7 „ 30 „ | 7729 | 82 „ | 14 „ | 206 c' |
| 7 „ 45 „ | 7802 | 73 „ | 14,5 „ | |
| 8 „ — „ | 7870 | 68 „ | 15 „ | |
| 8 „ 15 „ | 7940 | 70 „ | 15 „ | |
| 8 „ 30 „ | 8000 | 60 „ | 16 „ | |
| 8 „ 45 „ | 8055 | 55 „ | 16 „ | 237 „ |
| 9 „ — „ | 8110 | 55 „ | 17 „ | |
| 9 „ 15 „ | 8168 | 58 „ | 17 „ | |
| 9 „ 30 „ | 8225 | 57 „ | 17 „ | |
| 9 „ 45 „ | 8276 | 51 „ | 17 „ | 213 „ |
| 10 „ — „ | 8327 | 51 „ | 17 „ | |
| 10 „ 15 „ | 8375 | 48 „ | 17 „ | |
| 10 „ 30 „ | 8412 | 37 „ | 17 „ | |
| 10 „ 45 „ | 8441 | 29 „ | 17 „ | 133 „ |
| 11 „ — „ | 8463 | 22 „ | 16,5 „ | |
| 11 „ 15 „ | 8477 | 14 „ | 16,5 „ | 22 „ |
| 11 „ 30 „ | 8485 | 8 „ | 16,5 „ | |
| | | 914 c' | | 901 c' |

Kohlensäure = 0

Spec. Gewicht = $\left(\frac{141}{222}\right)^2$ = 0,40

5,56 c' ergeben am Photometer 10 Kerzen
1,79 c' zeigten am *Erdmann*'schen Prüfer 28°
1,79 c' brauchten zur Entleuchtung 3,81 c' Luft.
Cokesausbeute 100 Pfd. = 5 1/3 c'
Theer und Wasser 18 Pfd.

Ausbeute nach Gewicht:

| | | |
|---|---|---|
| 901 c' Gas | = | 25,2 Pfd. |
| Coke | = | 100,0 „ |
| Theer und Wasser | = | 18,0 „ |
| Reinigung u. Verlust | = | 6,8 „ |
| | | 150,0 Pfd. |

1 Lage *Laming*'sche Masse schmutzig.

13. „Duttweil" — Mellinschacht. — 3. Juli 1862.
Ladung: 150 Zollpfd. = 4 c' engl.

| | Stand der Gasuhr | Production | Temperatur nach Celsius | Production bei 10° Cels. |
|---|---|---|---|---|
| 7 Uhr — Mt. | 5838 | | 12° | |
| 7 „ 15 „ | 5902 | 64 c' | 12 „ | |
| 7 „ 30 „ | 5961 | 59 „ | 12,5 „ | 260 c' |
| 7 „ 45 „ | 6030 | 69 „ | 13 „ | |
| 8 „ — „ | 6100 | 70 „ | 13,5 „ | |
| 8 „ 15 „ | 6160 | 60 „ | 14 „ | |
| 8 „ 30 „ | 6220 | 60 „ | 14 „ | 232 „ |
| 8 „ 45 „ | 6280 | 60 „ | 14,5 „ | |
| 9 „ — „ | 6335 | 55 „ | 14,5 „ | |
| 9 „ 15 „ | 6388 | 53 „ | 14,5 „ | |
| 9 „ 30 „ | 6440 | 52 „ | 15 „ | 198 „ |
| 9 „ 45 „ | 6490 | 50 „ | 15 „ | |
| 10 „ — „ | 6536 | 46 „ | 15 „ | |
| 10 „ 15 „ | 6576 | 40 „ | 15 „ | |
| 10 „ 30 „ | 6603 | 27 „ | 15 „ | 105 „ |
| 10 „ 45 „ | 6623 | 20 „ | 15 „ | |
| 11 „ — „ | 6643 | 20 „ | 15 „ | |
| 11 „ 15 „ | 6663 | 20 „ | 15 „ | |
| 11 „ 30 „ | 6681 | 18 „ | 15 „ | 42 „ |
| 11 „ 45 „ | 6686 | 5 „ | 15 „ | |
| | | 848 c' | | 837 c' |

Kohlensäure = 0

Spec. Gewicht = $\left(\frac{141}{222}\right)^2$ = 0,405

5,26 c' ergaben am Photometer 10 Kerzen
1,76 c' zeigten am *Erdmann*'schen Prüfer 28½°
1,75 c' brauchten zur Entleuchtung 3,86 c' Luft.
Cokesausbeute 102 Pfd. = 5 c'
Theer und Wasser 19 Pfd.

Ausbeute nach Gewicht:

| | | |
|---|---|---|
| 837 c' Gas | = | 23,7 Pfd. |
| Coke | = | 102,0 „ |
| Theer und Wasser | = | 19,0 „ |
| Reinigung und Verlust | = | 5,3 „ |
| | | 150,0 Pfd. |

1 Lage *Laming*'sche Masse schmutzig.

14. „Duttweil" — Kalleyschacht. — 5. Juli 1862.
Ladung: 150 Pfd. = 4 c' engl.

| | Stand der Gasuhr | Production | Temperatur nach Celsius | Production bei 10° Cels. |
|---|---|---|---|---|
| 7 Uhr — Mt. | 8485 | | 14,5° | |
| 7 „ 15 „ | 8575 | 90 c' | 14,5 „ | |
| 7 „ 30 „ | 8656 | 81 „ | 15 „ | 310 c' |
| 7 „ 45 „ | 8730 | 74 „ | 15,5 „ | |
| 8 „ — „ | 8806 | 76 „ | 16 „ | |
| 8 „ 15 „ | 8884 | 78 „ | 17 „ | |
| 8 „ 30 „ | 8966 | 82 „ | 17 „ | 305 „ |
| 8 „ 45 „ | 9043 | 77 „ | 17,5 „ | |
| 9 „ — „ | 9118 | 75 „ | 17,5 „ | |
| 9 „ 15 „ | 9196 | 78 „ | 18 „ | |
| 9 „ 30 „ | 9279 | 83 „ | 18 „ | 252 „ |
| 9 „ 45 „ | 9337 | 58 „ | 17,5 „ | |
| 10 „ — „ | 9377 | 40 „ | 17 „ | |
| 10 „ 15 „ | 9402 | 25 „ | 16,5 „ | |
| 10 „ 30 „ | 9415 | 13 „ | 16,5 „ | 41 „ |
| 10 „ 45 „ | 9419 | 4 „ | 16,5 „ | |
| | | 934 c' | | 914 c' |

Kohlensäure = 0

Spec. Gewicht = $\left(\frac{141}{222}\right)^2 = 0,4$

5,56 c' ergaben am Photometer 11 Kerzen
1,80 c' zeigten am *Erdmann*'schen Prüfer 29°
1,75 c' brauchten zur Entleuchtung 4,13 c' Luft.
Cokesausbeute = 108 Pfd. = 5½ c'
Theer und Wasser = 15 Pfd.

Ausbeute nach Gewicht:

| | | |
|---|---|---|
| 914 c' Gas | = | 25,5 Pfd. |
| Coke | = | 103 „ |
| Theer und Wasser | = | 15 „ |
| Reinigung u. Verlust | = | 6,5 „ |
| | | 150 Pfd. |

1 Lage *Laming*'sche Masse schmutzig.

15. „Dechen." — 7. Juli 1862.
Ladung: 150 Pfd. = 4 c' engl.

| | Stand der Gasuhr | Production | Production bei 10° Celsius |
|---|---|---|---|
| 7 Uhr — Mt. | 1193 | | |
| 7 „ 15 „ | 1276 | 83 c' | |
| 7 „ 30 „ | 1360 | 84 „ | |
| 7 „ 45 „ | 1440 | 80 „ | |
| 8 „ — „ | 1510 | 70 „ | |
| 8 „ 15 „ | 1575 | 65 „ | |
| 8 „ 30 „ | 1630 | 55 „ | |
| 8 „ 45 „ | 1675 | 45 „ | |
| 9 „ — „ | 1725 | 50 „ | |
| 9 „ 15 „ | 1770 | 45 „ | |
| 9 „ 30 „ | 1810 | 40 „ | |
| 9 „ 45 „ | 1850 | 40 „ | |
| 10 „ — „ | 1880 | 30 „ | |
| 10 „ 15 „ | 1910 | 30 „ | |
| 10 „ 30 „ | 1940 | 30 „ | |
| 10 „ 45 „ | 1957 | 17 „ | |
| 11 „ — „ | 1975 | 18 „ | |
| 11 „ 15 „ | 1987 | 12 „ | |
| | | 794 c' | 762 c' |

Die Temperatur ist nicht beobachtet worden, die Reduction daher ohngefähr nach Massgabe der vorherigen Versuche vorgenommen.

Kohlensäure = 0

Spec. Gewicht = $\left(\frac{145}{223}\right)^2 = 0,4$

5,42 c' ergaben am Photometer 9½ Kerzen
1,78 c' zeigten am *Erdmann*'schen Prüfer 29°
1,77 c' brauchten zur Entleuchtung 4,02 c' Luft.
Cokesausbeute 101 Pfd. (sehr mit Schiefer verunreinigt)
Theer und Wasser 23,5 Pfd.

Ausbeute nach Gewicht:

| | | |
|---|---|---|
| 762 c' Gas | = | 21,86 Pfd. |
| Coke | = | 101,00 „ |
| Theer und Wasser | = | 23,50 „ |
| Reinigung u. Verlust | = | 3,64 „ |
| | | 150,00 Pfd. |

1 Lage *Laming*'sche Masse schmutzig.

## C. *Zwickauer Kohlen.*

16. „Frisch Glück, Oberhohndorf."

Erster Versuch: 7. Mai 1862.

Ladung: 150 Zollpfd. = 4 c' engl.

| | Stand der Gasuhr | Production | Temperatur nach Celsius | Production bei 10° Cels. |
|---|---|---|---|---|
| 8 Uhr — Mt. | 3562 | | 12° | |
| 8 „ 15 „ | 3635 | 73 c' | 12,2 „ | |
| 8 „ 30 „ | 3707 | 72 „ | 14,8 „ | 309,5 c' |
| 8 „ 45 „ | 3795 | 88 „ | 17,5 „ | |
| 9 „ — „ | 3878 | 83 „ | 19,5 „ | |
| 9 „ 15 „ | 3968 | 90 „ | 21,5 „ | |
| 9 „ 30 „ | 4056 | 88 „ | 23,0 „ | |
| 9 „ 45 „ | 4142 | 86 „ | 24,5 „ | 328,5 „ |
| 10 „ — „ | 4222 | 80 „ | 25,0 „ | |
| 10 „ 15 „ | 4291 | 69 „ | 23,5 „ | |
| 10 „ 30 „ | 4343 | 52 „ | 22,5 „ | |
| 10 „ 45 „ | 4375 | 32 „ | 21,0 „ | 163 c' |
| 11 „ — „ | 4393 | 18 „ | 19,0 „ | |
| 11 „ 15 „ | 4401 | 8 „ | 17,5 „ | 8 „ |
| | | 839 c' | | 809 c' |

Kohlensäure = 0

Spec. Gewicht = $\left(\frac{148}{220}\right)^2 = 0,45$

4,775 c' ergaben am Photometer 10,5 Kerzen

1,556 c' zeigten am *Erdmann*'schen Prüfer 30,5°

1,552 c' brauchten zur Entleuchtung 3,9 c' Luft.

Cokesausbeute 84 Zollpfd. = 4¼ c'

Theer und Wasser 19 Pfd.

Ausbeute nach Gewicht:

| | | |
|---|---|---|
| 809 c' Gas | = 25,45 | Pfd. |
| Coke | = 84,00 | „ |
| Theer und Wasser | = 19,00 | „ |
| Reinigung u. Verlust | = 21,55 | „ |
| | 150,00 | Pfd. |

2 Lagen *Laming*'sche Masse schmutzig.

Zweiter Versuch: 30. Juni 1862.

Ladung: 150 Zollpfd. = 4 c' engl.

| | Stand der Gasuhr | Production | Temperatur nach Celsius | Production bei 10° Cels. |
|---|---|---|---|---|
| 8 Uhr — Mt. | 2685 | | 10° | |
| 8 „ 15 „ | 2745 | 60 c' | 10 „ | |
| 8 „ 30 „ | 2797 | 52 „ | 10,5 „ | 218 c' |
| 8 „ 45 „ | 2849 | 52 „ | 11 „ | |
| 9 „ — „ | 2903 | 54 „ | 11,5 „ | |

| | Stand der Gasuhr | Production | Temperatur nach Celsius | Production bei 10° Cels. |
|---|---|---|---|---|
| 9 „ 15 „ | 2961 | 58 „ | 12 „ | |
| 9 „ 30 „ | 3020 | 59 „ | 13 „ | 227 „ |
| 9 „ 45 „ | 3077 | 57 „ | 14 „ | |
| 10 „ — „ | 3132 | 55 „ | 14 „ | |
| 10 „ 15 „ | 3190 | 58 „ | 14,5 „ | |
| 10 „ 30 „ | 3245 | 55 „ | 15 „ | 214 „ |
| 10 „ 45 „ | 3297 | 52 „ | 15 „ | |
| 11 „ — „ | 3350 | 53 „ | 15,5 „ | |
| 11 „ 15 „ | 3398 | 48 „ | 15 „ | |
| 11 „ 30 „ | 3444 | 40 „ | 14,5 „ | 131 „ |
| 11 „ 45 „ | 3473 | 29 „ | 14 „ | |
| 12 „ — „ | 3483 | 10 „ | 14 „ | |
| | | 798 c' | | 700 c' |

Kohlensäure = 0

Spec. Gewicht = $\left(\frac{147}{222}\right)^2$ = 0,44.

4,9 c' ergaben am Photometer 9,5 Kerzen
1,65 c' zeigten am *Erdmann*'schen Prüfer 30°
1,70 c' brauchten zur Entleuchtung 4,00 c' Luft.

Cokesausbeute = 86 Pfd. = 4½ c'

Theer und Wasser 28 Pfd.

Ausbeute nach Gewicht:

| | |
|---|---|
| 700 c' Gas | = 24,3 Pfd. |
| Coke | = 86,0 „ |
| Theer und Wasser | = 28,0 „ |
| Reinigung u. Verlust | = 11,7 „ |
| | 150,0 Pfd. |

1 Lage *Laming*'sche Masse schmutzig.

Dritter Versuch. 14. August 1862.
Ladung: 150 Pfd. = 4 c'

| | Stand der Gasuhr | Production | Temperatur nach Celsius | Production bei 10° Cels. |
|---|---|---|---|---|
| 7 Uhr — Mt. | 4805 | | 12 ° | |
| 7 „ 15 „ | 4870 | 65 c' | 12 „ | |
| 7 „ 30 „ | 4925 | 55 „ | 13 „ | 232 c' |
| 7 „ 45 „ | 4990 | 65 „ | 14 „ | |
| 8 „ — „ | 5040 | 50 „ | 15 „ | |
| 8 „ 15 „ | 5100 | 60 „ | 16 „ | |
| 8 „ 30 „ | 5170 | 70 „ | 17 „ | 244 „ |
| 8 „ 45 „ | 5225 | 55 „ | 18 „ | |
| 9 „ — „ | 5290 | 65 „ | 18 „ | |

| | | | Stand der Gasuhr | Production | Temperatur nach Celsius | Production bei 10° Cels. |
|---|---|---|---|---|---|---|
| 9 | „ | 15 „ | 5345 | 55 „ | 18 „ | |
| 9 | „ | 30 „ | 5410 | 65 „ | 18 „ | |
| 9 | „ | 45 „ | 5460 | 50 „ | 19 „ | 213 „ |
| 10 | „ | — „ | 5510 | 50 „ | 19 „ | |
| 10 | „ | 15 „ | 5560 | 50 „ | 19 „ | |
| 10 | „ | 30 „ | 5595 | 35 „ | 19 „ | 112 „ |
| 10 | „ | 45 „ | 5615 | 20 „ | 21 „ | |
| 11 | „ | — „ | 5626 | 11 „ | 21 „ | |
| | | | | 821 c' | | 801 c' |

Kohlensäure = 0

Spec. Gewicht = $\left(\frac{517}{740}\right)^2$ = 0,48

4,44 c' ergaben am Photometer 11 Kerzen

1,56 c' zeigten am *Erdmann*'schen Prüfer 31°

1,51 c' brauchten zur Entleuchtung 3,81 c' Luft.

Cokesausbeute 79, 5 Pfd.

Theer und Wasser 28 Pfd.

Ausbeute nach Gewicht:

| | | |
|---|---|---|
| 801 c' Gas | = 26,87 | Pfd. |
| Coke | = 79,50 | „ |
| Theer und Wasser | = 28,00 | „ |
| Reinigung u. Verlust | = 15,63 | „ |
| | 150,00 | Pfd. |

1½ Lagen *Laming*'sche Masse schmutzig.

17. „Augustusschacht des Oberhohndorf-Schader Steinkohlenbau-Vereins."

Erster Versuch. 29. Juni 1862.

Ladung 150 Pfd. = 4 c' engl.

| | | | Stand der Gasuhr | Production | Temperatur nach Celsius | Production bei 10° Cels. |
|---|---|---|---|---|---|---|
| 7 Uhr | — | Mt. | 1872 | | 10 ° | |
| 7 | „ | 15 „ | 1946 | 74 c' | 10 „ | |
| 7 | „ | 30 „ | 2020 | 74 „ | 10 „ | 303 c' |
| 7 | „ | 45 „ | 2099 | 79 „ | 11 „ | |
| 8 | „ | — „ | 2175 | 76 „ | 11 „ | |
| 8 | „ | 15 „ | 2252 | 77 „ | 12 „ | |
| 8 | „ | 30 „ | 2331 | 79 „ | 13 „ | |
| 8 | „ | 45 „ | 2409 | 78 „ | 14 „ | 304 „ |
| 9 | „ | — „ | 2482 | 73 „ | 14 „ | |
| 9 | „ | 15 „ | 2550 | 68 „ | 15 „ | |
| 9 | „ | 30 „ | 2615 | 65 „ | 15 „ | |
| 9 | „ | 45 „ | 2652 | 37 „ | 14 „ | 165 „ |
| 10 | „ | — „ | 2670 | 18 „ | 13 „ | |
| 10 | „ | 15 „ | 2680 | 10 „ | 13 „ | 10 „ |
| | | | | 808 c' | | 802″ c, 22″ |

Kohlensäure = 0

Spec. Gewicht = $\left(\frac{146}{223}\right)^2$ = 0,43

5,40 c' ergaben am Photometer 6,5 Kerzen
1,80 c' zeigten am *Erdmann*'schen Prüfer 27°
1,74 c' brauchten zur Entleuchtung 3,81 c' Luft.
Cokeausbeute 84 Pfd. = 4½ c'
Theer und Wasser 28 Pfd.

Ausbeute nach Gewicht:

| | |
|---|---|
| 802 c' Gas | = 24,11 Pfd. |
| Coke | = 84 „ |
| Theer und Wasser | = 28 „ |
| Reinigung u. Verlust | = 13,89 „ |
| | 150,00 Pfd. |

1 Lage *Laming*'sche Masse schmutzig.

Zweiter Versuch. 22. Juli 1862.
Ladung 150 Pfd. = 4 c' engl.

| | Stand der Gasuhr | Production | Temperatur nach Celsius | Production bei 10° Cels. |
|---|---|---|---|---|
| 2 Uhr — Mt. | 5030 | | 14° | |
| 2 „ 15 „ | 5082 | 52 c' | 15 „ | 203 c' |
| 2 „ 30 „ | 5130 | 48 „ | 16 „ | |
| 2 „ 45 „ | 5182 | 52 „ | 17 „ | |
| 3 „ — „ | 5237 | 55 „ | 19 „ | |
| 3 „ 15 „ | 5295 | 58 „ | 20 „ | 235 „ |
| 3 „ 30 „ | 5355 | 60 „ | 20,5 „ | |
| 3 „ 45 „ | 5420 | 65 „ | 21 „ | |
| 4 „ — „ | 5480 | 60 „ | 21 „ | |
| 4 „ 15 „ | 5541 | 61 „ | 21 „ | 213 „ |
| 4 „ 30 „ | 5598 | 57 „ | 20,5 „ | |
| 4 „ 45 „ | 5650 | 52 „ | 20 „ | |
| 5 „ — „ | 5700 | 50 „ | 20 „ | |
| 5 „ 15 „ | 5740 | 40 „ | 19 „ | 124 „ |
| 5 „ 30 „ | 5777 | 37 „ | 19 „ | |
| 5 „ 45 „ | 5805 | 28 „ | 18 „ | |
| 6 „ — „ | 5827 | 22 „ | 17 „ | |
| 6 „ 15 „ | 5837 | 10 „ | 16 „ | 10 „ |
| | | 807 c' | | 785 c' |

Kohlensäure = 0

Spec. Gewicht = $\left(\frac{146}{221}\right)^2$ = 0,45

4,62 c' ergaben am Photometer 10 Kerzen
1,65 c' zeigten am *Erdmann*'schen Prüfer 29½ °
1,64 c' brauchten zur Entleuchtung 3,91 c' Luft.

Cokeausbeute 84 Pfd. = 4⅜ c'
Theer und Wasser 31½ Pfd.

Ausbeute nach Gewicht:

| | | |
|---|---|---|
| 785 c' Gas | = 24,7 Pfd. | |
| Coke | = 84 | „ |
| Theer und Wasser | = 31,5 | „ |
| Reinigung und Verlust | = 9,8 | „ |
| | 150,0 Pfd. | |

1 Lage *Laming*'sche Masse schmutzig.

18. „Hilfe Gottes Schacht der Zwickauer Bürgergewerkschaft" 1. Juli 1862.
Ladung 150 Pfd. = 4 c' engl.

| | Stand der Gasuhr | Production | Temperatur nach Celsius | Production bei 10° Cels. |
|---|---|---|---|---|
| 7 Uhr — Mt. | 3483 | | 11 ° | |
| 7 „ 15 „ | 3551 | 68 c' | 11 „ | |
| 7 „ 30 „ | 3613 | 62 „ | 11 „ | 260 c' |
| 7 „ 45 „ | 3679 | 66 „ | 11,5 „ | |
| 8 „ — „ | 3744 | 65 „ | 12 „ | |
| 8 „ 15 „ | 3813 | 69 „ | 13 „ | |
| 8 „ 30 „ | 3882 | 69 „ | 14 „ | 273 „ |
| 8 „ 45 „ | 3951 | 69 „ | 14,5 „ | |
| 9 „ — „ | 4020 | 69 „ | 15 „ | |
| 9 „ 15 „ | 4078 | 58 „ | 15 „ | |
| 9 „ 30 „ | 4125 | 47 „ | 14 „ | 178 „ |
| 9 „ 45 „ | 4170 | 45 „ | 14 „ | |
| 10 „ — „ | 4200 | 30 „ | 13,5 „ | |
| 10 „ 15 „ | 4220 | 20 „ | 13 „ | |
| 10 „ 30 „ | 4230 | 10 „ | 12,5 „ | 35 „ |
| 10 „ 45 „ | 4235 | 5 „ | 12 „ | |
| | | 752 c' | | 746 c' |

Kohlensäure = 0

Spec. Gewicht = $\left(\frac{146}{222}\right)^2 = 0,43$

4,82 c' ergaben am Photometer 9,5 Kerzen
1,70 c' zeigten am *Erdmann*'schen Prüfer 30°
1,05 c' brauchten zur Entleuchtung 3,98 c' Luft
Cokeausbeute 86 Pfd. = 4¼ c'
Theer und Wasser 26 Pfd.

Ausbeute nach Gewicht:

| | | |
|---|---|---|
| 746 c' Gas | = 22,42 Pfd. | |
| Coke | = 86 | „ |
| Theer und Wasser | = 26 | „ |
| Reinigung u. Verlust | = 15,58 | „ |
| | 150,00 Pfd. | |

1½ Lagen *Laming*'sche Masse schmutzig.

19. „Bürgerschacht der Zwickauer Bürgergewerkschaft." — 2. Juli 1862.
Ladung 150 Zollpfd. = 4 c' engl.

| | Stand der Gasuhr | Production | Temperatur nach Celsius | Production bei 10° Cels. |
|---|---|---|---|---|
| 7 Uhr — Mt. | 4231 | | 12 ° | |
| 7 „ 15 „ | 4300 | 69 c' | 12 „ | |
| 7 „ 30 „ | 4359 | 59 „ | 12,5 „ | 244 c' |
| 7 „ 45 „ | 4418 | 59 „ | 13 „ | |
| 8 „ — „ | 4477 | 50 „ | 14 „ | |
| 8 „ 15 „ | 4530 | 59 „ | 15 „ | |
| 8 „ 30 „ | 4600 | 64 „ | 16 „ | 247 „ |
| 8 „ 45 „ | 4663 | 63 „ | 16,5 „ | |
| 9 „ — „ | 4727 | 64 „ | 17 „ | |
| 9 „ 15 „ | 4785 | 58 „ | 17 „ | |
| 9 „ 30 „ | 4835 | 50 „ | 17 „ | 186 „ |
| 9 „ 45 „ | 4880 | 45 „ | 17 „ | |
| 10 „ — „ | 4918 | 38 „ | 16,5 „ | |
| 10 „ 15 „ | 4955 | 37 „ | 16 „ | |
| 10 „ 30 „ | 4985 | 30 „ | 15 „ | 104 „ |
| 10 „ 45 „ | 5005 | 20 „ | 14,5 „ | |
| 11 „ — „ | 5023 | 18 „ | 14 „ | |
| 11 „ 15 „ | 5030 | 7 „ | 14 „ | 7 „ |
| | | 799 c' | | 788 c' |

Kohlensäure = 0

Spec. Gewicht = 0,45

4,72 c' ergaben am Photometer 10 Kerzen

1,00 c' zeigten am *Erdmann*'schen Prüfer 29,5 c'

1,61 c' brauchten zur Entleuchtung 9,93 c' Luft.

Cokesausbeute = 84 Pfd. = 4½ c'

Theer und Wasser = 28 Pfd.

Ausbeute nach Gewicht:

| | |
|---|---|
| 788 c' Gas | = 24,7 Pfd. |
| Coke | = 84 „ |
| Theer und Wasser | = 28 „ |
| Reinigung u. Verlust | = 13,3 „ |
| | 150,0 Pfd. |

1½ Lagen *Laming*'sche Masse schmutzig.

20. Kohlen von *Schulze* u. *Dietze* in Zwickau. (Kästner's Schacht, Oberhohndorf.) — 10. Mai 1862.
Ladung 150 Zollpfd. = 4 c' engl.

| | Stand der Gasuhr | Production | Temperatur nach Celsius | Production bei 10° Cels. |
|---|---|---|---|---|
| 8 Uhr — Mt. | 5244 | | 11,5 | |
| 8 „ 15 „ | 5307 | 63 c' | 11,7 | |
| 8 „ 30 „ | 5375 | 68 „ | 12,0 | 278¼ c' |
| 8 „ 45 „ | 5445 | 70 „ | 13,0 | |
| 9 „ — „ | 5525 | 80 „ | 14,0 | |

| | | | Stand der Gasuhr | Production | Temperatur nach Celsius | Production bei 10° Cels. |
|---|---|---|---|---|---|---|
| 9 | „ | 15 „ | 5610 | 85 „ | 15,0 | |
| 9 | „ | 30 „ | 5695 | 85 „ | 16,0 | 325½ c' |
| 9 | „ | 45 „ | 5780 | 85 „ | 16,2 | |
| 10 | „ | — „ | 5855 | 75 „ | 16,4 | |
| 10 | „ | 15 „ | 5920 | 65 „ | 16,7 | |
| 10 | „ | 30 „ | 5969 | 49 „ | 15,7 | 162 „ |
| 10 | „ | 45 „ | 6005 | 36 „ | 15,0 | |
| 11 | „ | — „ | 6020 | 15 „ | 14,0 | |
| 11 | „ | 15 „ | 6029 | 9 „ | 13,0 | |
| 11 | „ | 30 „ | 6035 | 6 „ | 13,0 | 20 „ |
| 11 | „ | 45 „ | 6040 | 5 „ | 13,0 | |
| | | | | 796 c' | | 786 c' |

Kohlensäure = 0

Spec. Gewicht = $\left(\frac{151}{220}\right)^2 = 0,47.$

4,70 c' ergaben am Photometer 9,5 Kerzen
1,76 c' zeigten am *Erdmann*'schen Prüfer 20°
1,75 c' brauchten zur Entleuchtung 3,92 c' Luft.
Cokesausbeute = 85 Pfd.
Theer und Wasser = 23,5 Pfd.
Ausbeute nach Gewicht:

| | |
|---|---|
| 786 c' Gas | = 25,82 Pfd. |
| Coke | = 85 „ |
| Theer und Wasser | = 23,5 „ |
| Reinigung u. Verlust | = 15,68 „ |
| | 150,00 Pfd. |

1½ Lagen *Laming*'sche Masse schmutzig.

## D. *Schlesische Kohlen.*

21. „Wrangelschacht, Glückhilfsgrube im Hermsdorfer Revier."
Erster Versuch. 10. Juli 1862.
Ladung: 150 Zoll-Pfd. = 3½ c' engl.

| | | | Stand der Gasuhr | Production | Temperatur nach Celsius | Production bei 10° Cels. |
|---|---|---|---|---|---|---|
| 7 Uhr | — | Mt. | 4395 | | 13° | |
| 7 „ | 15 | „ | 4500 | 105 c' | 14 „ | |
| 7 „ | 30 | „ | 4580 | 80 „ | 16 „ | 329 c' |
| 7 „ | 45 | „ | 4650 | 70 „ | 16 „ | |
| 8 „ | — | „ | 4730 | 80 „ | 17 „ | |
| 8 „ | 15 | „ | 4800 | 70 „ | 17½ „ | |
| 8 „ | 30 | „ | 4880 | 80 „ | 18 „ | 268 „ |
| 8 „ | 45 | „ | 4945 | 65 „ | 17 „ | |
| 9 „ | — | „ | 5005 | 60 „ | 17½ „ | |

| | Stand der Gasuhr | Production | Temperatur nach Celsius | Production bei 10° Cels. |
|---|---|---|---|---|
| 9 „ 15 „ | 5070 | 65 „ | 17½ „ | 186 c' |
| 9 „ 30 „ | 5115 | 45 „ | 17 „ | |
| 9 „ 45 „ | 5155 | 40 „ | 17 „ | |
| 10 „ — „ | 5195 | 40 „ | 17 „ | |
| 10 „ 15 „ | 5225 | 30 „ | 17 „ | 93 „ |
| 10 „ 30 „ | 5255 | 30 „ | 16½ „ | |
| 10 „ 45 „ | 5275 | 20 „ | 16 „ | |
| 11 „ — „ | 5290 | 15 „ | 16 „ | |
| 11 „ 15 „ | 5301 | 11 „ | 16 „ | 11 „ |
| | | 906 c' | | 897 c' |

Kohlensäure = 0

Spec. Gewicht $= \left(\frac{150}{226}\right)^2 = 0,44$

6,8 c' ergaben am Photometer 7,25 Kerzen
1,94 c' zeigten am *Erdmann*'schen Prüfer 27,5°
1,91 c' brauchten zur Entleuchtung 3,875 c' Luft.
Cokeausbeute = 105 Pfd.
Theer und Wasser = 15,68 Pfd.

Ausbeute nach Gewicht:

| | | |
|---|---|---|
| 897 c' Gas | = | 27,28 Pfd. |
| Coke | = | 105,00 „ |
| Theer und Wasser | = | 15,68 „ |
| Reinigung und Verlust | = | 2,04 „ |
| | | 150,00 Pfd. |

2¼ Lagen *Laming*'sche Masse schmutzig.

**Zweiter Versuch.** 12. Juli 1862.
Ladung: 150 Zollpfd. = 3¼ c' engl.

| | Stand der Gasuhr | Production | Temperatur nach Celsius | Production bei 10° Cels. |
|---|---|---|---|---|
| 7 Uhr — Mt. | 5312 | | 11 ° | 311 c' |
| 7 „ 15 „ | 5410 | 98 c' | 11 „ | |
| 7 „ 30 „ | 5485 | 75 „ | 11 „ | |
| 7 „ 45 „ | 5555 | 70 „ | 12 „ | |
| 8 „ — „ | 5625 | 70 „ | 13 „ | |
| 8 „ 15 „ | 5700 | 75 „ | 13 „ | 247 „ |
| 8 „ 30 „ | 5760 | 60 „ | 13 „ | |
| 8 „ 45 „ | 5820 | 60 „ | 14 „ | |
| 9 „ — „ | 5875 | 55 „ | 14 „ | |
| 9 „ 15 „ | 5935 | 60 „ | 14 „ | 197 „ |
| 9 „ 30 „ | 5985 | 50 „ | 14 „ | |
| 9 „ 45 „ | 6035 | 50 „ | 14 „ | |
| 10 „ — „ | 6075 | 40 „ | 14 „ | |

| | | | Stand der Gasuhr | Production | Temperatur nach Celsius | Production bei 10° Cels. |
|---|---|---|---|---|---|---|
| 10 | „ 15 | „ | 6110 | 35 „ | 13 „ | |
| 10 | „ 30 | „ | 6135 | 25 „ | 13 „ | 94 c' |
| 10 | „ 45 | „ | 6155 | 20 „ | 13 „ | |
| 11 | „ — | „ | 6170 | 15 „ | 13 „ | |
| 11 | „ 15 | „ | 6187 | 17 „ | 13 „ | 17 „ |
| | | | | 875 c' | | 866 c' |

Kohlensäure = 0

Spec. Gewicht = $\left(\frac{149}{227}\right)^{2}$ = 0,43.

5,5 c' ergaben am Photometer 5,5 Kerzen

2,01 c' zeigten am *Erdmann*'schen Prüfer 27,5°

1,98 c' brauchten zur Entleuchtung 3,96 c' Luft.

Cokesausbeute 106 Zollpfd. = 5 c'

Theer und Wasser 14,56 Pfd.

Ausbeute nach Gewicht:

| | | |
|---|---|---|
| 866 c' Gas | = | 26,03 Pfd. |
| Coke | = | 106,00 „ |
| Theer und Wasser | = | 14,56 „ |
| Reinigung u. Verlust | = | 3,41 „ |
| | | 150,00 Pfd. |

2½ Lagen *Laming*'sche Masse schmutzig.

22. „Bradeschacht oder Fuchsstollen im Weissteiner Revier."

Erster Versuch. 13. Juli 1862.

Ladung: 150 Zollpfd. = 4 c' engl.

| | | | Stand der Gasuhr | Production | Temperatur nach Celsius | Production bei 10° Cels. |
|---|---|---|---|---|---|---|
| 7 Uhr | 15 | Mt. | 6190 | | 12 ° | |
| 7 „ | 30 | „ | 6275 | 85 c' | 12 „ | |
| 7 „ | 45 | „ | 6352 | 77 „ | 13 „ | 207 c' |
| 8 „ | — | „ | 6415 | 63 „ | 13 „ | |
| 8 „ | 15 | „ | 6490 | 75 „ | 13 „ | |
| 8 „ | 30 | „ | 6558 | 68 „ | 14½ „ | |
| 8 „ | 45 | „ | 6628 | 70 „ | 15 „ | 251 „ |
| 9 „ | — | „ | 6695 | 67 „ | 15 „ | |
| 9 „ | 15 | „ | 6755 | 60 „ | 15 „ | |
| 9 „ | 30 | „ | 6820 | 65 „ | 15 „ | |
| 9 „ | 45 | „ | 6870 | 50 „ | 15 „ | 206 „ |
| 10 „ | — | „ | 6925 | 55 „ | 15 „ | |
| 10 „ | 15 | „ | 6965 | 40 „ | 15 „ | |
| 10 „ | 30 | „ | 7000 | 35 „ | 15 „ | |
| 10 „ | 45 | „ | 7025 | 25 „ | 14½ „ | 87 „ |
| 11 „ | — | „ | 7043 | 18 „ | 14½ „ | |
| 11 „ | 15 | „ | 7053 | 10 „ | 14 „ | |
| | | | | 863 c' | | 851 c' |

Kohlensäure = 0

Spec. Gewicht = $\left(\frac{148}{225}\right)^2 = 0.43.$

5,8 c' ergaben am Photometer 7¼ Kerzen
1,89 c' zeigten am *Erdmann*'schen Prüfer 29°
1,85 c' brauchten zur Entleuchtung 3,876 c' Luft.

Cokeausbeute 97 Pfd. = 5¼ c'
Theer und Wasser 19 Pfd.

Ausbeute nach Gewicht:

| | | |
|---|---|---|
| 851 c' Gas | = 25,58 | Pfd. |
| Coke | = 97 | „ |
| Theer und Wasser | = 19 | „ |
| Reinigung u. Verlust | = 8,42 | „ |
| | 150,00 | Pfd. |

2½ Lagen *Laming*'sche Masse schmutzig.

Zweiter Versuch, 14. Juli 1862.
Ladung 150 Zollpfd. = 4 c' engl.

| | Stand der Gasuhr | Production | Temperatur nach Celsius | Production bei 10° Cels. |
|---|---|---|---|---|
| 7 Uhr — Mt. | 7053 | | 12 ° | |
| 7 „ 15 „ | 7140 | 87 c' | 12 „ | |
| 7 „ 30 „ | 7220 | 80 „ | 12 „ | 299 c' |
| 7 „ 45 „ | 7290 | 70 „ | 13 „ | |
| 8 „ — „ | 7355 | 65 „ | 14 „ | |
| 8 „ 15 „ | 7426 | 71 „ | 14 „ | |
| 8 „ 30 „ | 7490 | 64 „ | 15½ „ | 243 „ |
| 8 „ 45 „ | 7550 | 60 „ | 16 „ | |
| 9 „ — „ | 7603 | 53 „ | 16 „ | |
| 9 „ 15 „ | 7655 | 52 „ | 16 „ | |
| 9 „ 30 „ | 7705 | 50 „ | 16 „ | |
| 9 „ 45 „ | 7755 | 50 „ | 16 „ | 193 „ |
| 10 „ — „ | 7800 | 45 „ | 16 „ | |
| 10 „ 15 „ | 7845 | 45 „ | 15½ „ | |
| 10 „ 30 „ | 7880 | 35 „ | 15 „ | |
| 10 „ 45 „ | 7910 | 30 „ | 15 „ | 126 „ |
| 11 „ — „ | 7928 | 18 „ | 15 „ | |
| 11 „ 15 „ | 7936 | 8 „ | 15 „ | 8 „ |
| | | 883 c' | | 869 c' |

Kohlensäure = 0

Spec. Gewicht = $\left(\frac{146}{222}\right)^2 = 0,43.$

5,16 c' ergaben am Photometer 7 Kerzen
1,92 c' zeigten am *Erdmann*'schen Prüfer 29°
1,82 c' brauchten zur Entleuchtung 3,91 c' Luft.
Cokesausbeute 97 Pfd. = 5¼ c'
Theer und Wasser 19 Pfd.

Ausbeute nach Gewicht:

| | | |
|---|---|---|
| 809 c' Gas | = 26,12 | Pfd. |
| Coke | = 97 | „ |
| Theer und Wasser | = 19 | „ |
| Reinigung u. Verlust | = 7,88 | „ |
| | 150,00 | Pfd. |

2½ Lagen *Laming*'sche Masse schmutzig.

E. *Kohlen aus dem Plauen'schen Grunde bei Dresden.*

23. „Windbergschacht des Potschappler Actien-Vereines." — 8. Juli 1862. Ladung 150 Zollpfd. = 4 c' engl.

| | Stand der Gasuhr | Production | Temperatur nach Celsius | Production bei 10° Cels. |
|---|---|---|---|---|
| 7 Uhr 5 Mt. | 1986 | | 13 ° | |
| 7 „ 20 „ | 2050 | 64 c' | 14 „ | 265 c' |
| 7 „ 35 „ | 2120 | 70 „ | 14 „ | |
| 7 „ 50 „ | 2195 | 75 „ | 14 „ | |
| 8 „ 5 „ | 2255 | 60 „ | 14 „ | |
| 8 „ 20 „ | 2320 | 65 „ | 15 „ | 231 „ |
| 8 „ 35 „ | 2380 | 60 „ | 15 „ | |
| 8 „ 50 „ | 2440 | 60 „ | 16 „ | |
| 9 „ 5 „ | 2490 | 50 „ | 16 „ | |
| 9 „ 20 „ | 2560 | 70 „ | 16 „ | 187 „ |
| 9 „ 35 „ | 2600 | 40 „ | 16 „ | |
| 9 „ 50 „ | 2640 | 40 „ | 15 „ | |
| 10 „ 5 „ | 2680 | 40 „ | 15 „ | |
| 10 „ 20 „ | 2715 | 35 „ | 15 „ | 80 „ |
| 10 „ 35 „ | 2735 | 20 „ | 15 „ | |
| 10 „ 50 „ | 2750 | 15 „ | 15 „ | |
| 11 „ 5 „ | 2761 | 11 „ | 15 „ | |
| | | 775 c' | | 763 c' |

Kohlensäure = 0

Spec. Gewicht = $\left(\frac{145}{222}\right)^2 = 0,426$.

5,30 c' ergaben am Photometer 8½ Kerzen
1,85 c' zeigten am *Erdmann*'schen Prüfer 28°
1,81 c' brauchten zur Entleuchtung 3,89 c' Luft.
Cokesausbeute 96 Pfd. = 5 c'
Theer und Wasser 16,8 Pfd.

Ausbeute nach Gewicht:

| | | |
|---|---|---|
| 763 c' Gas | = 22,72 | Pfd. |
| Coke | = 96 | „ |
| Theer und Wasser | = 16,80 | „ |
| Reinigung u. Verlust | = 14,48 | „ |
| | 150,00 | Pfd. |

1½ Lagen *Laming*'sche Masse schmutzig.

24. „Oppeltschacht der k. sächs. Steinkohlenwerke Zaukeroda." — 9. Juli 1862.
Ladung 150 Zollpfd. = 4 c' engl

| | Stand der Gasuhr | Production | Temperatur nach Celsius | Production bei 10° Cels |
|---|---|---|---|---|
| 7 Uhr — Mt. | 3550 | | 12 ° | |
| 7 „ 15 „ | 3645 | 95 c' | 12 „ | |
| 7 „ 30 „ | 3730 | 85 „ | 13½ „ | 326 c' |
| 7 „ 45 „ | 3810 | 80 „ | 14 „ | |
| 8 „ — „ | 3880 | 70 „ | 15 „ | |
| 8 „ 15 „ | 3960 | 80 „ | 16 „ | |
| 8 „ 30 „ | 4030 | 70 „ | 16 „ | 269 „ |
| 8 „ 45 „ | 4100 | 70 „ | 16 „ | |
| 9 „ — „ | 4155 | 55 „ | 16 „ | |
| 9 „ 15 „ | 4215 | 60 „ | 17 „ | |
| 9 „ 30 „ | 4265 | 50 „ | 17 „ | 181 „ |
| 9 „ 45 „ | 4305 | 40 „ | 17 „ | |
| 10 „ — „ | 4340 | 35 „ | 17 „ | |
| 10 „ 15 „ | 4365 | 25 „ | 17 „ | |
| 10 „ 30 „ | 4380 | 15 „ | 16½ „ | 49 „ |
| 10 „ 45 „ | 4390 | 10 „ | 16 „ | |
| | | 840 c' | | 825 c' |

Kohlensäure = 0

Spec. Gewicht = $\left(\frac{150}{226}\right)^2 = 0,44.$

5,95 c' ergaben am Photometer 7½ Kerzen
1,85 c' zeigten am *Erdmann*'schen Prüfer 26,5°
1,88 c' brauchten zur Entleuchtung 3,81 c' Luft.

Cokeausbeute = 95 Pfd. = 4¼ c'
Theer und Wasser = 21 Pfd.

Ausbeute nach Gewicht:

| | | |
|---|---|---|
| 825 c' Gas | = 25,37 | Pfd. |
| Coke | = 95 | „ |
| Theer und Wasser | = 21 | „ |
| Reinigung u. Verlust | = 8,63 | „ |
| | 150,00 | Pfd. |

1½ Lagen *Laming*'sche Masse schmutzig. (Forts. folgt.)

## Ueber den Schwefelgehalt verschiedener ätherischer Beleuchtungsmaterialien.

Von Dr. *H. Vohl* in Bonn.

(Aus Dinglers pol. Journal.)

Man hat stets die grösste Sorgfalt darauf verwandt, den Schwefel in dem Leuchtgase zu beseitigen, um während der Beleuchtung nicht durch das unangenehme Auftreten der schwefligen Säure belästigt zu sein. Das schwefligsaure Gas, welches sich bei der Verbrennung schwefelhaltigen Leuchtgases bildet, wirkt nicht allein schädlich auf die Athmungswerkzeuge, sondern bleicht auch die meisten Pflanzenfarben, so dass in Ladenräumen, wo schwefelhaltiges Gas zur Beleuchtung benutzt wird, manche Stoffe das Feuer ihrer Farben einbüssen. Man glaubt, dass das Leuchtgas seinen Schwefel in der Form von Schwefelwasserstoff und Schwefelkohlenstoff enthalte, und dass man diese beiden Verbindungen durch absorptionsfähige Metalloxyde beseitigen könne.

Ich habe in neuerer Zeit das im Handel vorkommende Benzol einer genaueren Untersuchung unterworfen, und dabei gefunden, dass die Oele, welche einen niedrigeren Siedepunkt als 80° C. haben, schwefelhaltig sind. Der Schwefel dieser Kohlenwasserstoffverbindung kann nicht isolirt werden, ohne Zerstörung der Verbindung. Wenn man Leuchtgas, aus Steinkohlen dargestellt, durch sehr kalt gehaltene Metallröhren streichen lässt, so erhält man neben Wasser, Naphtalin und Benzol eine stinkende, bräunliche ölige Flüssigkeit, welche einen niedrigeren Siedepunkt als 80° C. hat und diesen oben erwähnten schwefelhaltigen Kohlenwasserstoff in grosser Menge enthält. Der Apparat, den ich dazu anwandte, bestand aus einem 30 Fuss langen und ½ Zoll weiten enggewundenen Schlangenrohr von gezogenem Zinn, welches mit einer Kältemischung von Eis und Kochsalz umgeben war. Das Benzol, Wasser und Naphtalin verdichteten sich zu festen Massen in der Röhre, und nur dieses schwefelhaltige Oel gelangte in die Vorlage, die aus einer zweihalsigen Flasche bestand, welche ebenfalls mit einer Kältemischung umgeben war.

Es war mir nicht möglich, auch nur eine Spur von Schwefelkohlenstoff in dem Gase nachzuweisen; ebenso war das Gas durch Behandeln mit basisch-essigsaurem Bleioxyd von allem Schwefelwasserstoff befreit worden. Um den Schwefel in dem durch Destillation des Benzols erhaltenen schwefelhaltigen Product des Leuchtgases nachzuweisen, habe ich folgende Methode angewandt: In einen Probecylinder, der vorher getrocknet war, wurde das wasserfreie Oel, welches zur Untersuchung angewandt werden sollte, gegeben (circa 2 bis 3 Gramme), und nun ein Stückchen Kalium, welches reine, klare Schnittflächen hatte, von der Grösse einer halben Linse zugefügt und alsdann einer Temperatur, welche den Siedepunkt des Oeles nicht überstieg, 10 bis 15 Minuten lang aussetzt. Besitzt das Oel einen Schwefelgehalt, so bedecken sich die Flächen des Kaliums mit einer rothen, auch braunrothen Substanz, die zum grössten Theil aus Einfach-Schwefelkalium besteht; gleichzeitig nimmt man eine schwache Gasentwickelung wahr. Man gibt nun ein gleiches Volumen destillirtes Wasser in das Proberöhrchen, welches ohne alle Gefahr der Entzündung geschehen kann. Das Kalium oxydirt sich sofort auf Kosten des Sauerstoffs des Wassers und es entwickelt sich Wasserstoff; das Schwefelkalium wird von dem zugegebenen Wasser gelöst. Taucht man nun einen Glasstab in eine verdünnte Lösung von Nitroprussidnatrium und rührt mit demselben das Gemisch um, so entsteht, wenn das Oel schwefelhaltig war, sofort eine prächtige purpurblaue Färbung. Das meiste im Handel vorkommende reine Benzol hat stets einen Schwefelgehalt, der nach dieser Methode sehr leicht zu erkennen ist. Statt des Kaliums kann man auch Natrium verwenden. Ich habe vermittelst dieser Methode den Schwefelgehalt der meisten ätherischen Beleuchtungsmaterialien bestimmt und gefunden, dass nachfolgende bedeutend schwefelhaltig sind und sich nicht zu Beleuchtungsmaterialien eignen:

1) Das württembergische Schieferöl, aus Posidonienschiefer in Reutlingen dargestellt. — Das leichte Oel besitzt einen bedeutenden Schwefelgehalt und ist von Herrn Dr. *Carl Harbordt* (Inauguraldissertation, Tübingen 1862) dieser Schwefelgehalt übersehen worden, daher die Formel, welche er diesem Oele gibt, keine Wahrscheinlichkeit hat.

2) Das leichte Schieferöl aus dem Blätterschiefer von *A. Wiesmann & Comp.* in Bonn.

3) Das Photogen von Weissenfels.

4) Das leichte Photogen von Bitterfeld, von *Hübner* dargestellt, und

5) und 6) die französischen Photogene von Autun und diejenigen aus den bituminösen Liasschiefern der Pyrenäen, dargestellt von *Laborne*.

Letzteres Oel besitzt einen so hohen Schwefelgehalt, dass es nicht zur Beleuchtung zu verwenden ist, indem binnen ganz kurzer Zeit der zu beleuchtende Raum mit schwefliger Säure erfüllt ist; auch wird sich dies letztere Oel nie zur Firnissfabrikation eignen, da es stets einen unangenehmen, höchst belästigenden rauchähnlichen Geruch ausstösst und viele Metallfarben verändert.

Ich habe eine Menge Oele im Handel vorgefunden, die von Hause aus schwefelfrei waren und erst während der Reinigung durch eine falsche Behandlung schwefelhaltig wurden. Betrachtet man die öligen Producte der trockenen Destillation bituminöser Fossilien näher, so findet man, dass sie Gemische von Acetonen und Aldehyden darstellen, und berücksichtigt man nun, mit welcher Leichtigkeit sich diese Verbindungen mit sauren schwefligsauren Alkalien vereinigen, so ist es klar, dass bei mangelhafter Reinigung diese Oele schwefelhaltig, resp. schwefligsäurehaltig in den Handel kommen.

Wie leichtfertig man beim Reinigen ätherischer Oele verfährt, mag durch Nachfolgendes bewiesen werden. Im November vorigen Jahres liess ich aus einer chemischen Fabrik hierselbst gereinigtes Petroleum holen, welches ich zur Aufbewahrung von Kalium benützen wollte. Dasselbe war aber so mit schwefliger Säure geschwängert, dass der Stopfer durch das Gas im warmen Zimmer ausgestossen wurde. Ich sandte dasselbe zurück und bat um reines Petroleum. Der dortige Chemiker sandte mir nun reines Petroleum, mit der wörtlichen Bemerkung:

„Bitte, solches zu entschuldigen, es ist diess eine so zufällige Verunreinigung, entstanden durch Reinigen des rohen Oeles mit Schwefelsäure, dass es uns nicht einfiel, die Nasenprobe anzuwenden." A. II.

Wenn der Schwefel in Form von schwefliger Säure in dem Oele enthalten ist, so wird ebenfalls durch Zufügen von Kalium oder Natrium die schweflige Säure reducirt und ein Schwefelmetall gebildet. Das Gelbwerden des Kaliums und Natriums in der Aufbewahrungsflüssigkeit rührt meistentheils von einem Schwefelgehalte der letzteren her.

Bonn, im Januar 1863.

---

## Protokoll über die technische Prüfung der Gasanstalt Frankenthal.

### Aufgenommen den 29. Januar 1863.

Gegenwärtig:

1) Seitens des Verwaltungsrathes der „Gasanstalt Frankenthal", bestehend aus den Herren:

*C. Lehmann*, k. Rath und Bürgermeister,
*Ph. Heintz*, k. Advokat Anwalt,
*Fr. Dupré*, Gutsbesitzer,
*Ph. Karcher*, Fabrikant,
*M. Riel*, Gutsbesizer,
*M. Heydweiler*, Adjunkt,
*L. Wille*, Wirth, sämmtlich aus Frankenthal,

der für dieselben handelnde Experte

Herr Professor *Beylich* aus Kaiserslautern, jetzt Professor am Polytechnikum in München;

2) Seitens des Unternehmers Herrn *Martin Aleiter*, Maschinenfabrikant aus Mainz und dessen Ingenieurs Herrn *Heinrich Langen* aus Mainz

der von denselben gewählte Experte

Herr Maschinenmeister *Dürr* aus Ludwigshafen.

Die Obengenannten, als technische Commission berufen, um die Uebernahmsprüfung der neu erbauten Gasanstalt in Frankenthal, nach Maassgabe des §. 22 des Vertrages, welcher zwischen dem Verwaltungsrathe der „Gasanstalt Frankenthal" und Herrn *Martin Aleiter* aus Mainz unterm

19. Mai 1862 abgeschlossen worden ist, vorzunehmen, — und zwar Maschinenmeister *Dürr* von Herrn *Martin Aleiter* und Professor *Beylich* vom Verwaltungsrathe genannter Gesellschaft committirt, — fanden sich am Donnerstag den 29. Januar d. J. Morgens auf dem Gaswerke der „Gasanstalt Frankenthal" ein, nahmen daselbst zuvörderst genaue Kenntniss von dem der Prüfung zu Grunde zu legenden, bereits oben erwähnten Vertrage nebst dessen sämmtlichen Beilagen, und begannen darnach sofort die nöthig erscheinenden Besichtigungen und Operationen, welche am Nachmittage des genannten Tages fortgesetzt, auch soweit als möglich auf die Beleuchtungs-Einrichtungen in der Stadt ausgedehnt, und Abends geschlossen wurden. Dieselben haben die nachfolgenden, nach der Reihenfolge der Vertragsbestimmungen aufgeführten Ergebnisse geliefert.

Die von Herrn *Martin Aleiter* nach §. 1 und Beilage Nr. 1 übernommenen Lieferungen und Arbeiten sind ziemlich genau mit den ursprünglichen Stipulationen übereinstimmend, ausgeführt worden. Einige Apparate, wie der Condensator, der Scrubber und die Reiniger haben etwas grössere Dimensionen erhalten, als vorgeschrieben ist, dasselbe gilt von dem Koakskasten. Ferner ist ein Schieber mit 6 Zoll weiter Oeffnung mehr geliefert und die gesammte Beleuchtungseinrichtung des Gaswerks bedeutend vollständiger hergestellt worden, als verlangt war.

Die Mehrleistungen des Uebernehmers in letzterem Betreffe sind folgende: 1 Gelenkarm mit Schirm, 2 Zuglampen, 1 Gelenkarm mit Kochkrahn, 4 steife Armlampen und zwei Werkstättenleuchter mit Schläuchen und Krahnen, nebst den zugehörigen Röhrenleitungen. Ferner ist zu bemerken, dass statt einer, wie ursprünglich gemeint gewesen, an der Wand befestigten Hebmaschine, für die Deckel der Reiniger ein drehbarer Hebkrahn zwischen den Reinigern errichtet worden ist, was ebenfalls als eine zweckmässige Leistung von grösserem Werthe als vorgeschrieben war, bezeichnet werden darf.

Als Minderleistungen sind dagegen namhaft zu machen: die Röhren zum Abflusse des Theers aus der Vorlage sind statt von 2 Zoll nur von 1 Zoll Durchmesser im Lichten hergestellt worden. Das Wasserreservoir im Reinigungslocale hat statt zwei Fuder nur knapp 1 Fuder Inhalt. In Betreff dieser beiden Punkte dürfte von einer Beanstandung vorerst Umgang genommen werden, da der bisherige Betrieb ergeben hat, dass die vorhandenen Dimensionen genügend sind, und wahrscheinlich auch noch für spätere Bedürfnisse genügend sein werden, worüber indess während der Garantiezeit des Uebernehmers noch genauer die Erhebungen gemacht werden können. Endlich ermangeln die zwei Lampen im Reinigerlocale, — von welchen allerdings nur eine vorgeschrieben ist, — noch der durchaus nothwendigen Sicherheitsvorkehrung zur Vorbeugung von Explosionen.

Die Herstellung einer gemauerten Syphongrube bei den Gasbalterbassins, wozu dem Uebernehmer nur Aufsichtsverpflichtung auferlegt war, ist mit Zustimmung des Verwaltungsrathes unterblieben.

Die Röhrenlieferungen überschreiten nach Angabe des Gasmeisters zum grössern Theile die Positionen der Zusammenstellungen, Belege Nr. 1 B. Deren Berechnung hat vertragsmässig nach dem laufenden Meter zu geschehen. Es erscheint demgemäss anerkennungswerth, dass Herr *M. Aleiter*, wie der Commission berichtet ist, sämmtliche Zweigleitungen nach den Häusern zum Preise der 1zölligen gusseisernen Röhren berechnet, während viele derselben gänzlich oder theilweise aus ¾zölligen schmiedeisernen Röhren hergestellt sind, deren Preis 15 kr. per laufenden Meter höher ist.

Die Beschaffenheit der Lieferungen und Arbeiten des Unternehmers ergab sich im Allgemeinen als vollkommen gut und tüchtig. Bei den verwendeten Materialien wurden, soweit dieselben untersucht werden konnten, nirgends Fehler wahrgenommen, und die Ausführung erschien in allen Fällen als den Anforderungen gemäss solid und zweckmässig.

Die Gebäulichkeiten, zwar in besondern Accorden, aber unter Aufsicht des Herrn *M. Aleiter* hergestellt, sind im Allgemeinen sehr gut ausgeführt. Das Kamingemäuer ist freilich, in Folge zu später Vollendung und der raschen Erhitzung, welcher es unmittelbar darauf ausgesetzt war, stark gesprungen, und muss mit eisernen Gürtelbändern gebunden werden, wodurch aber alle wünschenswerthe Solidität sicher erreicht werden wird. Die Kosten dieser Reparatur dürften Herrn *M. Aleiter* billigerweise nicht auferlegt werden. Die Gasbalterbassins haben der Deposition des Gasmeisters gemäss seit längerer Zeit das Wasser ganz befriedigend gehalten, und es möchte deswegen auf eine besondere Untersuchung in diesem Betreffe verzichtet werden dürfen, um so mehr, als dieselbe mehrtägige Beobachtungen erheischen würde.

Die Retortenöfen sind zweckmässig construirt und höchst sorgfältig ausgeführt, der in Betrieb gestandene, mit 3 Retorten, zeigte eine gehörig intensive und gleichmässige Erhitzung der Retorten. Sämmtliche Retorten besitzen die vorgeschriebene Ladfähigkeit und eine noch höhere Productionsfähigkeit. Bei Verwendung der besten Kohlen sind nach dem Betriebsjournale bis 533 Kubikfuss vom Centner destillirt worden, während die betreffenden Vertragsbestimmungen nur 480 Kubikfuss bei den thönernen und 460 Kubikfuss bei den eisernen Retorten zur Bedingung macht. Eine bereits eingetretene Beschädigung der eisernen Retorte kann Herrn *Aleiter* nicht wohl zur Last gelegt werden. Durch eine leicht zu bewerkstelligende Reparatur ist diese Retorte übrigens noch für längere Zeit brauchbar herzustellen.

Die sämmtlichen Condensations- und Reinigungs-Apparate mit Einschluss der Umgangsbahnen befriedigen sehr, sowohl in Bezug auf ihre Construction, als auch auf die Güte der Arbeit. Die Reinigung des Gases kann mit diesen Apparaten auch noch bei der stärksten in Aussicht stehenden Production höchst vollkommen bewirkt werden. Das eben vorräthige Gas wurde bei Anwendung der bekannten Reagentien vom Schwefelwasserstoff und Schwefelkohlenstoff gänzlich frei und vom Amoniak bis auf eine Spur frei befunden. Die Leuchtkraft ergab sich zu dreizehn und ein Drittheil Kerzen bei 5 Kubikfuss stündlichem Verbrauche unter normalem Drucke. Bei allen Condensations- und Reinigungsapparaten sind die Anordnungen so getroffen, dass der Gasdruck sich innerhalb der richtigsten Grenzen bewegt.

Die Abführung des Theors und Ammoniakwassers nach der dazu bestimmten Grube ist regelrecht ausgeführt.

Die Stations-Gasuhr besitzt die vorgeschriebene Grösse. Ein Certificat über die amtlich vorgeschriebene Aichung dürfte von Herrn *M. Aleiter* noch beizubringen sein.

Die beiden Gashalter sind mit allen im Vertrage zur Bedingung gemachten Einrichtungen versehen und die verwendeten Bleche haben die vorgeschriebene Dicke. Undichte Stellen konnten nirgends entdeckt werden.

Auch das hydraulische Wechselventil und sämmtliche Schiebventile sind entsprechend construirt und gehörig gearbeitet. Der Druckregulator ist zwar von ganz geeigneter Construction, besitzt aber, wahrscheinlich wegen nicht ganz genauer Aufhängung des Conus, nicht die genügende Empfindlichkeit, indem geringe Drucke, wie solche während der Tageszeit erforderlich sind, nicht hergestellt werden können. Dieser Apparat bedarf demnach jedenfalls einer Nachbesserung, welche indess leicht zu bewerkstelligen ist.

Die Probirapparate, als: die Manometer, das Photometer und die Controll-Gasuhr entsprechen in jeder Beziehung.

Die zur Gasleitung verwendeten Röhren sind nach Erklärung des Gasmeisters zum Theil am Platze nachgeprüft und, soweit dieses geschehen, ohne Ausnahme dicht befunden worden. Auch ist die Arbeit des Röhrenlegens und Verdichtens durch den Gasmeister controllirt worden. Die Commission unterwarf überdiess die gesammte Gasleitung der im §. 10 des Vertrags vorgeschriebenen Dichtigkeitsprobe. Zu diesem Zwecke waren die Gasconsumenten aufgefordert worden, die Benützung des Gases von 2 bis 4 Uhr Nachmittags zu unterlassen. Der Gasverlust wurde bei Abschluss der Gashalter und bei Communication des Regulators mit dem Röhrennetze aus dem Sinken der Regulatorglocke bestimmt. Während der Operation brannte eine Laternenflamme ausserhalb der Gasanstalt, wodurch constatirt wurde, dass die beabsichtigte Communication mit dem Röhren-Netze hergestellt war. Diese Flamme wurde zu 5 Kubikfuss stündlichem Verbrauche angenommen.

Wiederholte Versuche ergaben, dass die Regulatorglocke, deren Durchmesser im Lichten 0,82 Meter beträgt, sich in 6 Minuten durchschnittlich 14,7 Centimeter senkte, wenn der Druck 4 Centimeter Wassersäule betrug.

Hieraus berechnet sich die Volumenverminderung des Gases in der gesammten Röhrenleitung auf 77,6 Liter oder pr. Stunde auf 776 Liter, das sind 27,4 Kubikfuss engl. Hievon den Verbrauch der brennenden Laternenflamme in Abzug gebracht, ergiebt als Verlust per Stunde: 22,4 Kubikfuss. Nachdem Vertrage dürfte der stündliche Verlust bis 35 Cubikfuss betragen. Die Beschaffenheit der Gasleitung muss demnach als eine ganz ausgezeichnete anerkannt werden, was für die Gasanstalt von höchstem Werthe ist. Dem gewonnenen Resultate gemäss sollte, bei Anwendung eines verminderten Tagesdruckes der Gesammtgasverlust im Jahre 5 Prozent der Gesammtproduction nicht übersteigen, ein Verhältniss, welches wohl noch nirgends günstiger befunden worden sein dürfte. Die Wiederherstellung des Strassenpflasters über den Gasröhren ist, soweit dies wahrgenommen werden konnte, in befriedigender Weise geschehen.

Endlich die Laternen für die Strassenbeleuchtung sind von bewährter Construction und solider Ausführung. Auch die Befestigung derselben ist gut hergestellt. Die vorgeschriebene Signatur der Richtungslaternen ist noch nicht angebracht, weil diese selbst noch nicht bestimmt sind. Die durch die Anbringung der Zuleitungsröhren zu den Laternen verursachten Mauerbeschädigungen, sind, soweit bemerkt werden konnte, gehörig reparirt worden.

Auf Grund der im Vorstehenden niedergelegten Prüfungsresultate sehen sich nunmehr die Unterzeichneten veranlasst, ihrer Ueberzeugung gemäss zu erklären, dass Herr *Martin Aleiter* die auf Grund des Vertrages vom 19. Mai 1862 übernommenen Verbindlichkeiten im Ganzen sehr vollkommen und anerkennungswürdig erfüllt habe, indem die Gasanstalt zu Frankenthal durchaus als ein höchst gelungenes Werk bezeichnet werden darf, dessen Ausführung dem Uebernehmer in jeder Beziehung Ehre macht. Die wenigen Herrn Aleiter noch zustehenden Nacharbeiten, von welchen in diesem Protokole Erwähnung gethan ist, sind von so geringfügiger Art, dass sie die Vollgiltigkeit vorstehenden Ausspruches nicht beeinträchtigen können. Worüber vorstehendes Protokoll aufgenommen wurde, welches von beiden Experten eigenhändig unterzeichnet worden ist, am Tage wie Eingangs.

Frankenthal.

*O. Beglich.* *Dürr.*

## Statistische und finanzielle Mittheilungen.

**Ronsdorf**, den 6. April. Sitzung der Stadtverordneten-Versammlung der Bürgermeisterei Ronsdorf. (Auszug aus dem Protokolle). Zur Verhandlung kamen folgende Gegenstände: 1) Auszahlung des Honorars an den Gas-Ingenieur Herrn *Kellner*. — Der Bürgermeister theilte der Versammlung mit, dass der Gas-Ingenieur Herr *Kellner* in Deutz bei der Fertigstellung der hiesigen Gasfabrik die erste Hälfte seines Honorars empfangen habe und dass die zweite Hälfte desselben nach dem Contracte dann zu zahlen sei, wenn nach einem dreimonatlichen ungestörten Betriebe der Gasfabrik die zu berufenden Experten ein billigendes Gutachten über Ausführung der Anlagen würden abgegeben haben. Die Bau-Commission halte mit Rücksicht auf die gelungene Ausführung der Gasfabrik-Anlage die vorbehaltene Expertise für überflüssig, und schlägt der Versammlung vor, dem Herrn *Kellner* den Rest des Honorars auszahlen zu lassen und den von ihm eingegangenen Vertrag als erfüllt zu betrachten. — Versammlung erklärte, von der Befugniss der Vornahme einer Expertise Abstand nehmen zu wollen, indem, soviel bis jetzt in Erfahrung gebracht, die Ausführung der ganzen Anlage eine gelungene sei, und wurde Bürgermeister autorisirt, dem Herrn *Kellner* die zweite Hälfte seines Honorars auszahlen zu lassen, indem man annahm, dass derselbe die übernommenen Verbindlichkeiten erfüllt habe. – Vorgelesen, genehmigt und unterschrieben. Für die Richtigkeit: Der Bürgermeister (gez.) *Gericke*.

**Leipzig**. Die Idee, in den Ortschaften Lindenau und Plagwitz bei Leipzig Gasbeleuchtung einzuführen, wurde zuerst von Dr. *Heine* in Plagwitz angeregt, und der Ingenieur *A. Gruner* jun. von ihm beauftragt, die erforderlichen Kostenanschläge hierzu zu entwerfen. — Lindenau zählt gegenwärtig ca 5000, Plagwitz 1000 Einwohner, doch hofft man, dass diese Einwohnerzahl schon in wenigen Jahren verdoppelt, besonders durch die umfangreichen Bauprojecte des Dr. *Heine*.

Bei einer vorläufigen Flammenzeichnung wurden über 1000 Flammen gezeichnet. Die ganze Anlage ist auf 40,000 Thlr. veranschlagt, welche Summe durch 800 Stück Action à 50 Thl. aufgebracht wurde.

Der Actienverein constatirte sich am 30. December 1862, und wählte einen Verwaltungsrath, welcher Herrn *Gruner* jun. im Februar d. J. mit Ausführung des Baues der ganzen Anlage betraute, und soll die Vollendung derselben im Monat November erfolgen.

Den Betrieb der Gasfabrik nimmt Herr *Gruner* in Pacht, und zahlt derselbe für je 1000 sächs. Cbfss. einen Thaler als Pachtquote an den Actienverein. Der Preis des Gases ist auf 2 Thlr. pr. 1000 Cbfss. festgesetzt.

Herr *Gruner* steht gleichzeitig auch in Begriff, für die Dörfer auf der östlichen Seite Leipzigs eine Gasanstalt zu errichten, und hat hierzu bereits ein Grundstück in Volkmarsdorf angekauft. Das Röhrennetz soll 6 in unmittelbarer Nähe Leipzigs liegende Ortschaften berühren, nämlich die Dörfer Alt- und Neu-Reudnitz, Neu-Schönefeld, Volkmarsdorf, Neusellerhausen, Anger, Crottendorf und Thonbergstrassenhäuser, welche zusammen ca. 25,000 Einwohner zählen, und viele zum Theil grossartige Fabrik-Etablissements enthalten.

---

## Gasanstalt zu Grossenhain.

Die hiesige Gasanstalt hat im 6. Betriebsjahre vom 1. Jan. 1862 bis 31. Dec. producirt 4,515,200 Cubikfuss Gas.

| | | |
|---|---|---|
| Davon wurden verbraucht | 4,289,510 c' | 147,460 c' mehr gegen 1861. |
| Verbrauch der Anstalt | 126,300 „ | |
| Verlust | 99,390 „ | |
| | 4,515,200 c' | |

Zu deren Production wurden verbraucht

| | | |
|---|---|---|
| 2934 | Ctr. | engl. Kohlen |
| 286 | „ | Candle |
| 5592 | „ | Zwickauer |
| 8812 | Ctr., | Ausbeute pr. Ctr. 512,39 Cbfss. |

Die Zahl der Privatabnehmer betrug

| | | | | | |
|---|---|---|---|---|---|
| 1861 | 161 | mit | 1871 Flammen | u. | 110 Strassenlaternen |
| 1862 | 171 | „ | 2140 „ | „ | 115 „ |
| Zuwachs | 10 | mit | 269 Flammen | u. | 5 Strassenlaternen. |

Obiger Consum vertheilt sich auf

| | | | | |
|---|---|---|---|---|
| 15 | Abnehmer von mehr als 50 mill. Gasverbrauch | mit [illegible] Cbf. | pr. mill. [illegible] Rthl. [illegible] Ngr. | Verbrauch pr. Fl. [illegible] c' |
| 13 | „ „ „ „ „ 20 „ „ | „ [illegible] „ | „ „ [illegible] „ [illegible] „ | „ „ [illegible] „ |
| 60 | „ „ „ „ 10 „ „ | „ [illegible] „ | „ „ [illegible] „ [illegible] „ | „ „ [illegible] „ |
| [illegible] | „ von 5—10 „ „ | „ [illegible] „ | „ „ [illegible] „ [illegible] „ | „ „ [illegible] „ |
| | Strassenbeleuchtung „ | „ [illegible] „ | „ „ [illegible] „ [illegible] „ | „ „ [illegible] „ |

Ergibt einen Durchschnittsverbrauch pr. Flamme von 1901,4 c' und einen Durchschnittsverkaufspreis von 2 Rthl. 7 Ngr. 0,5 Pf.

Seit Monat Octbr. 1862, wo die Zweigeisenbahn bis hier in Betrieb gekommen, ist auch eine bescheidene Frachtermässigung eingetreten. Früher kostete 1 Ctr. Kohlen von Zwickau bis Pristewitz 33,75 Pf.

| | |
|---|---|
| jetzt | 31,11 „ |
| Ermässigung | 2,64 Pf. pr. Ctr. |

| | |
|---|---|
| Der stärkste Verbrauch pr. Nacht betrug | 38,500 c' |
| der geringste „ „ „ „ | 900 „ |

---

## Sechster Rechnungsabschluss pro 1862.

### Einnahme.

| | | | | |
|---|---|---|---|---|
| Für verkaufte 4,289,516 c' Gas | Rthl. | 9,688. | 14. | 7. |
| „ Nebenproducte | „ | 358. | 17. | 1. |
| „ Rabatte | „ | 183. | 1. | —. |
| „ Pachtgelder | „ | 107. | —. | —. |
| „ verkauftes Material | „ | 350. | 23. | 6. |
| Vorschuss des Reservefonds zur Deckung des Verlustes von *E. Pressprich* jun. | „ | 306. | 20. | 6. |
| Zinsgewinne | „ | 34. | 13. | 1. |
| Saldo von 1861 | „ | 305. | 10. | 9. |
| | Rthl. | 11,419. | 11. | 2. |

### Ausgabe.

| | | | | |
|---|---|---|---|---|
| Für Kohlen und Frachten | Rthl. | 3,011. | 24. | 2. |
| Betriebslöhne | „ | 776. | 23. | 6. |
| Laternenwärter | „ | 120. | —. | —. |
| Zur Tilgung der Bauanleihe von 1861 | „ | 250. | —. | —. |
| Bauaufwand | „ | 581. | 23. | 2. |
| Honorar und Besoldung | „ | 692. | 15. | —. |
| Expeditionsaufwand | „ | 169. | 26. | 6. |
| Capitalzinsen | „ | 579. | 6. | —. |
| Steuern | „ | 127. | 9. | 1. |
| 1% erhöhte Dividende pro 1861 | „ | 350. | —. | —. |
| Abschreibung 5% vom Reingewinn | „ | 190. | —. | —. |
| An den Reservefond zur Deckung des Pr. Verlustes pro 1861 und 1862 | „ | 77. | 14. | 6. |
| Zum Reservefond pro 1862 | „ | 350. | —. | —. |
| Dividende an die Actionäre 9% | „ | 3,150. | —. | —. |
| Saldo | „ | 72. | 18. | 7. |
| | Rthl. | 11,419. | 11. | 2. |

Grossenhain, den 4 April 1863.

*C. F. Kühn.*

## Betriebs-Resultat

## der städtischen Gasanstalt in Halle vom 1. Juli 1861 bis 30. Juni 1862.

Kohlen zur Vergasung: Englische 10,870¾ To.
Westphälische 1,467¼ „
Zwickauer 1,215 „

Summa 13,553¼ To.

Durchschnittspreis à To. 1 Thlr. 9 Sgr. 9½ Pf.

Von 13,553¼ To. Kohlen wurde producirt: Gas 19,806,800 Cf. Gas à To. 1461 Cf.
Cokes 18,958½ To.
Breeze 523½ „
Kleine Breeze und Asche 1,033 „

Summa 20,515½ To.

Mithin ergaben 100 To. Kohlen 151¼ To. Cokes.

Zur Unterfeuerung wurden verwandt 5,630 To. Cokes oder 27½ %.

Das producirte Gas betrug 19,806,800 Cf.
Das consumirte Gas betrug 17,629,344 „

Verlust 2,171,456 Cf. oder 11 %.

Die Retorten wurden durchschnittlich in 4 Stunden chargirt.

1 Retorte ergab in 24 Stunden 4096 Cf. Gas.

Die Selbstkosten für 1000 Cf. Gas betragen:

| | | |
|---|---|---|
| Für Kohlen nach Abzug der Nebenproducte | 1 Sgr. | 5 Pf. |
| Für Unterhaltung, incl. Dampfkessel | 6 „ | 11 „ |
| Arbeitslöhne | 3 „ | 1½ „ |
| Reinigungskosten | — „ | 6½ „ |
| Generalunkosten | 4 „ | 8½ „ |
| Erhaltung der Oefen, Geräthe und Gebäude | 2 „ | 2 „ |
| Verzinsung des Anlagekapitals | 16 „ | 3 „ |
| Summa 1 Thlr. | 5 Sgr. | 1½ Pf. |

*Schröder.*

## Deutsche Continental-Gas-Gesellschaft in Dessau.

### Betriebs-Resultate des 1. Quartals 1863.

| Lauf. Nr. | Gas-Anstalten. | Gas-Production. Cubikf. engl. | | Flammenzahl | |
|---|---|---|---|---|---|
| | | | Gas-Verlust | am Schluss der Periode. | Zunahme. |
| 1. | Frankfurt a. O. | [illegible] | 408,933 | 7683 | 120 |
| 2. | Mühlheim a. d. R. | 3,473,000 | 255,081 | 4199 | 64 |
| 3. | Potsdam | 7,974,800 | 236,212 | 7568 | 133 |
| 4. | Dessau | 2,055,120 | 71,224 | 3266 | 25 |
| 5. | Luckenwalde | 2,495,000 | 125,097 | 2762 | 33 |
| 6. | Gladbach-Rheydt | 4,468,660 | 273,296 | 6665 | 100 |
| 7. | Hagen | 8,430,300 | 254,505 | 3586 | 39 |
| 8. | Warschau | 15,696,500 | 346,711 | 10,752 | 103 |
| 9. | Erfurt | 4,983,300 | 219,847 | 6130 | 46 |
| 10. | Krakau | 4,228,300 | 259,274 | 3614 | 22 |
| 11. | Nordhausen | 1,889,910 | 84,550 | 2915 | 19 |
| 12. | Lemberg | 4,614,000 | 280,968 | 4244 | 49 |
| 13. | Gotha | 2,910,929 | 108,902 | 4350 | 43 |
| | Summa | 63,296,095 | [illegible] | 67,038 | 780 |
| | In der gleichen Periode des Vorjahres | 60,168,778 | [illegible] | 61,162 | 771 |
| | Zunahme: Zahl | 3,127,817 | 305,177 | 5,876 | |
| | Zunahme: Proc. | 5,76 | | | |

Dessau, den 18. April 1863.

Das Directorium der Deutschen Continental-Gas-Gesellschaft.

Nr. 6. Juni 1863.

# Journal für Gasbeleuchtung

und

verwandte Beleuchtungsarten.

**Organ des Vereins von Gasfachmännern Deutschlands.**

**Monatschrift**

von

**N. H. Schilling,**

Director der Gasbeleuchtungs-Gesellschaft in München.

München. Verlag von Rudolph Oldenbourg.

**Abonnements.**

Jährlich 4 Rthlr. 20 Sgr.

Halbjährlich 2 Rthlr. 15 Sgr.

Jeden Monat erscheint ein Heft.

Das Abonnement kann abgeschlossen bei allen Buchhandlungen und Postämtern Deutschlands und des Auslandes.

**Inserate.**

Der Insertionspreis beträgt:

Für eine ganze Octavseite 8 Rthlr. — Sgr.

„ jede Achtel „ 1 „ — „

Kleinere Bruchtheile als eine Achtelseite können nicht berücksichtigt werden; bei Wiederholung eines Inserates wird nur die Hälfte berechnet, für dieselben jedoch auch [illegible]

# H. J. Vygen & Comp.

**Fabrikanten feuerfester Producte**

zu

**Duisburg a. Rhein**

empfehlen den verehrlichen Gasanstalten und Hüttenwerken ihre Retorten, Steine, Ziegel etc. mit Hinweis auf die in Heft 1—3 dieses Journals, Jahrgang 1862 abgedruckten Atteste und unter Zusicherung sorgfältigster Arbeit und billiger Preise. Die Ausdehnung und Einrichtung ihres Etablissements setzt sie in den Stand allen Anforderungen zu entsprechen.

---

# JOS. COWEN & C^IE.

**Blaydon Burn**

**Newcastle on Tyne.**

Fabrikanten **feuerfester Chamott-Steine,**

Marke **„Cowen".**

*Retorten* für Gas-Anstalten und *alle Arten feuerfester Gegenstände* für Hohöfen, Cokesöfen &c. &c.

*Jos. Cowen & Co.* waren die einzigen Fabrikanten, welche bei der grossen Ausstellung in London im Jahre 1861 mit einer Preis-Medaille für „Gas-Retorten und andere feuerfeste Gegenstände" beehrt wurden.

*Jos. Cowen & Co.* war auch die einzige Firma, welcher bei der Internationalen Ausstellung in London im Jahre 1862 eine Preis-Medaille für „Gas-Retorten, feuerfeste Steine etc., für Vortrefflichkeit der Qualität" anerkannt wurde; ihre Werke sind die ausgedehntesten ihrer Art in Grossbritannien.

---

# J. L. BAHNMAJER in Esslingen am Neckar

empfiehlt

**schmiedeeiserne Röhren und Verbindungen,**

ferner Asphalt-, Blei-, Gummi-, Compositions-, Kupfer-, Messing- und andere Röhren zu den verschiedensten Zwecken, worüber detaillirte Preislisten zu Diensten stehen.

---

**Retorten und Steine**

von feuerfestem Thone in allen Formen und Dimensionen.

# ALBERT KELLER IN GENT

**BELGIEN.**

Diese Fabrikate haben auf allen Gaswerken, wo sie benutzt worden, volle Anerkennung gefunden, und sind die Preise, trotz aller Sorgfalt welche auf die Anfertigung verwendet wird, sehr vortheilhaft.

# DIE GLYCERIN-FABRIK

von

## G. A. BAEUMER IN AUGSBURG

empfiehlt ihr — **zum Füllen der Gasmesser** — seit Jahren **bewährtes Präparat** den sehr verehrlichen Herren Gaswerk-Besitzern und Directoren zu geneigter Verwendung.

Ihr sorgfältigst gereinigtes spiegelklares Glycerin schützt die Gasmesser vor Rost, gefriert erst bei einer Temperatur von — 25° R. und verdunstet äusserst wenig. — „In leicht gedeckten Blechgefässen hierorts gemachte Versuche zeigten, dass der Gewichtsverlust dieser Flüssigkeit pro anno nur 5 Procent betrug, während der des Wassers 75 Procent ausmachte, dabei ersteres Gefäss blank blieb, bei letzterem sich aber Rost abgesetzt hatte." — *Die Gasuhr, mit fraglichem Stoff gefüllt, ist für den Winter* — da die Flüssigkeit nicht gefriert — *wie für den Sommer* — weil das öftere Nachfüllen erspart ist, und die Uhr ihren gleichmässigen Gang behält — *stets vortheilhaft versorgt, und möchte gereinigtes Glycerin daher gleich zu erstmaliger Füllung jedes neuen Apparates sehr zu empfehlen sein.*

---

## Ein Gasingenieur,

welcher seit einer Reihe von Jahren die Ausführung ganzer Gaswerke, sowohl für grössere Städte, als auch für Fabriken, leitete, sowie auch den Betrieb seiner ausgeführten Gaswerke dirigirte, und welchem die besten Zeugnisse, auch über kaufmännische Bildung zu Grunde liegen, sucht eine Stelle als Dirigent einer grösseren Gasanstalt oder auch als Ingenieur für den ganzen Bau eines solchen.

Nähere Auskunft ertheilt gefälligst Herr Director *Schilling* in München.

---

## Die Chamott-Retorten- und Stein-Fabrik

von

### F. S. OESTS Wittwe & Comp.

in **Berlin**, Schönhauser-Allee Nr. 128,

erlaubt sich ihre Fabrikate, als Chamott-Retorten zur Gas- und Mineralöl-Bereitung, so wie Chamottsteine in jeder beliebigen Form und Grösse zu empfehlen. Von den gangbarsten Sorten wird Lager gehalten und für solche sowohl als für etwa bestellte Gegenstände die billigsten Preise berechnet. Aufträge werden ohne Verzug effektuirt.

— —

Auf Verlangen bescheinige ich hiermit, dass die von **F. S. Oest's Wittwe u. Comp.**, hierselbst, *Schönhauser-Allee Nr. 128*, an den hiesigen städtischen Gas-Erleuchtungs-Anstalten gelieferten Chamott-Gas-Retorten, sich bisher vorzüglich gut bewähren. Die Oefen mit den dazu gelieferten Chamottsteinen gebauet, fortlaufend, meist 2½ bis 3 Jahre im stärksten Feuer ausgehalten haben, so dass ich das Fabrikat zu dem besten zähle, was mir in der Praxis bekannt geworden ist, und solches nach meiner unvorgreiflichen Ansicht mit Recht als vorzüglich gut empfehlen kann.

Berlin, am 31. Januar 1859.

**Kühnell,**
Baumeister und technischer Dirigent
der Berliner Communal-Gaswerke.

## Rundschau.

Die fünfte Jahresversammlung des „Vereins der Gasfachmänner Deutschlands" fand am 21., 22. und 23. Mai zu München statt. Es hatten sich auf derselben 54 Mitglieder und 24 Gäste eingefunden, deren Namensverzeichniss wir an einer andern Stelle dieses Heftes mit dem Sitzungsprotokoll mittheilen. Im Ganzen verlief das Fest sowohl in geschäftlicher, als geselliger Beziehung, gleich den früheren, in der erfreulichsten Weise, nur der Umstand, dass eines der thätigsten Mitglieder des Vereins,

Herr Justizrath *Braun* aus Coburg, durch traurige Gesundheitsverhältnisse fern gehalten war, brachte nicht nur eine Lücke in die Tagesordnung, indem der Bericht über den „Einpfennigtarif" ausfiel, sondern warf einen ernsten Schatten auf die Stimmung der Anwesenden, und erfüllte sie mit inniger Theilnahme. Herr Director *Schiele* von Frankfurt schilderte in beredten Worten die ungeheuren Verdienste, die sich Herr *Braun* in der Kohlentariffrage erworben, sowie den Ernst des Leidens, welches ihn niedergeworfen, und seinem unermüdlich thätigen Geiste eine Schranke gesetzt hat. Auch wir haben den Mann seit Jahren in seinem Wirken begleitet, wir kennen die Arbeit, die er geschaffen, die colossalen Schwierigkeiten, die er überwunden hat, wir haben seine uneigennützige Selbstverläugnung bewundernd angestaunt; — wir vereinigen unsere Stimme mit der des Herrn *Schiele*, indem wir bitten, den „Aufruf an die Industriellen Deutschlands," den wir in gegenwärtigem Hefte zur weiteren Kenntniss bringen, unterstützen zu wollen. „Ja, suche Jeder in seinem Kreise, diesen Aufruf nicht nur zu verbreiten, sondern emsig zu unterstützen. Nur so sind wir im Stande, von Seite der Industrie einem Mann Anerkennung seiner Thätigkeit zu spenden, die durch und durch eine verdienstliche ist, und ihn von seinem Leiden einigermassen zu befreien. Nur so kommen wir dahin, dass wir den Mann, der für die deutsche Industrie wirkte, nicht wie so Manchen schon, dahin siechen und dahin kranken lassen, dass wir ihn stärken in seinem Leiden, welches er sich im Interesse der Industrie zugezogen hat. Warm, recht warm sei es Ihnen an's Herz gelegt: Wirken Sie, schaffen Sie, und was Sie thun wollen, das thun Sie rasch."

Ueber den geschäftlichen Theil der Versammlung werden wir, wie in früheren Jahren, durch Mittheilung des Sitzungsprotokolls und der Vorträge in diesem und den folgenden Heften des Journals ausführlich berichten. Namentlich reich war die diesjährige Verhandlung an interessanten Diskussionen, welche hauptsächlich durch Anfragen verschiedener anwesender und nicht anwesender Mitglieder veranlasst wurden, und welche zu einem lebhaften Austausch der Meinungen über wichtige Gegenstände unseres Faches führten. Auch eine Anfrage des Verwaltungs-Ausschusses der Münchener Gasbeleuchtungs-Gesellschaft, ob es nach den bisher gemachten Erfahrungen thunlich sei, das Ammoniakwasser auf den Gasanstalten zu verarbeiten, ohne dass dadurch eine Belästigung für die Nachbarschaft herbeigeführt werde, und welche Vorkehrungen und Vorsichtsmassregeln zu diesem Ende zu treffen seien, gelangte zu einer gründlichen Erörterung, und wurde durch eine Commission, ähnlich wie im vorigen Jahre in Berlin, beantwortet. Herr *J. R. Geith* in Coburg hatte eine Anzahl sauberer Thonretorten zur Ausstellung gebracht, eine andere glasirte Thonretorte von gutem Aussehen war von der Thonwaarenfabrik Zahóhlitz von Herrn *A. Richter* in Königssaal eingesandt worden.

München bietet keine solche Fabrikthätigkeit, wie z. B. Berlin; in dieser Richtung beschränkte sich die Versammlung daher auf den Besuch eines,

Herrn v. *Maffei* gehörigen, Eisenwerkes Hirschau und auf die Besichtigung der Gasanstalt. Der Besuch der Hirschau am Nachmittage des ersten Versammlungstages bot zugleich Gelegenheit zu einer angenehmen Fahrt durch den englischen Garten, und führte die Gesellschaft nachher über die neuen Anlagen auf der rechten Isarhöhe nach der Au, wo in dem „Zacherlkeller" abseiten des Verwaltungs-Ausschusses der Münchener Gasbeleuchtungs-Gesellschaft eine gemüthliche Abendunterhaltung veranstaltet war. Die Herren Fachgenossen befanden sich in den hübsch geschmückten Lokalitäten, beim Klange der Musik und bei dem berühmten Münchener Bier in der behaglichsten Laune, es wurde manches schöne Wort gesprochen und die Sympathieen aus allen Enden unseres Vaterlandes flossen in manchem guten deutschen Liede zusammen. Für den dritten Tag hatte Herr *Riedinger* die Gesellschaft nach Augsburg eingeladen, und wurde dieser Tag sehr interessant und vergnügt in der Nachbarstadt zugebracht. Nachdem die Theilnehmer in Augsburg angelangt waren, wurden sie in bereit gehaltenen Wägen zunächst auf die Gasanstalt geführt, wo Herr Director *Bonnet*, dessen freundliche Einladung sich jener des Herrn *Riedinger* angeschlossen hatte, es verstand, durch ein willkommenes Gabelfrühstück das Angenehme mit dem Nützlichen zu verbinden; dann wurde die gegenüberliegende Fabrik des Herrn *J. Haag* besucht, wo die Herstellung der schmiedeeisernen Röhren das Interesse in Anspruch nahm, und von dort ging es in die Fabriketablissements des Herrn *Riedinger*, deren Gediegenheit, Ausdehnung und Eleganz alle Anwesenden mit grosser Befriedigung erfüllte. Um 5 Uhr versammelte Herr *Riedinger* seine Gäste zu einem Festdiner im Hotel „zu den drei Mohren", und in der heitersten Stimmung verliefen die Stunden bis zur Rückfahrt. Der Abschied auf dem Bahnhof konnte Herrn *Riedinger* sagen, welch' herzliche Aufnahme seine dem Vereine bewiesene Aufmerksamkeit bei allen Mitgliedern gefunden hatte, er bildete einen schönen Schluss für das ganze diesjährige Fest.

---

## Correspondenz.

Herrn *M. B.* in Thorn.

*Verdorbene Luft in Gasthäusern etc. lässt sich allerdings mit Hülfe von der durch Gasflammen erzeugten Wärme ableiten, nur muss der kleine Schornstein, in dessen unterm Theile die Flamme brennt, nach oben zur Decke hinaus und nicht seitwärts in den Flur geleitet werden.*

---

## Sitzungsprotokoll der fünften Hauptversammlung des Vereins der Gasfachmänner Deutschlands zu München am 21., 22. und 23. Mai 1863.

Als Mitglieder waren anwesend die Herren:

*Appenzeller*, Reutlingen.
*Auernheimer*, Fürth.
*Baumgärtel*, Hof.
*Blochmann*, Dresden.
*Boehm*, Stuttgart.
*Bonnet*, Augsburg.
*Bruns*, Celle.
*Busch*, Braunschweig.
*Dennerl*, Passau.
*Dullo*, Paderborn.
*Elster*, Berlin.
*Franke*, Dortmund.
*Franke*, Gera.
*Geith*, Coburg.
*Geyer*, Gmünd.
*Hafner*, Ulm.
*Hartmann*, Zürich.
*Heineken*, Cannstadt.
*Hertlein*, Erlangen.
*Joran*, Schweinfurt.
*Karl*, Spandau.
*Kausler*, Nürnberg.
*Klenze*, Freiburg i. d. Schweiz.
*Knoblauch-Dietz*, Frankfurt.
*Krackow*, Köln.
*Lang*, Emden.
*Leininger*, Würzburg.
*Leonhardt*, Bremen.
*Meyer*, Crefeld.
*Morstadt*, Carlsruhe.
*Müggenburg*, Zwickau.
*Müller*, Lübeck.
*Neef*, Chur.
*Opfermann*, St. Gallen.
*Prtzer*, Botzen.
*Riedinger*, Augsburg.
*Rudolph*, Cassel.
*Schaedlich*, Glauchau.
*Scharff*, Bamberg.
*Schiele*, Frankfurt a. M.
*Schilling*, München.
*Schmidt*, Homburg.
*Schnuhr*, Berlin.
*Schroeder*, Halle a. d. Saale.
*Schroeder*, Danzig.
*Schwarzer*, Görlitz.
*Speck*, Kiel.
*A. Spreng*, Freiburg in Baden.
*E. Spreng*, Nürnberg.
*Stroof*, Düren.
*Thomas*, Zittau.
*Treelsen*, Hameln.
*Winterwerber*, Augsburg.
*Ziegler*, Hanau.

Als Gäste nahmen an der Versammlung Theil die Herren:

*Beylich*, Professor an der polytechnischen Schule in München.
*Blume*, Fabrikant aus Berlin.
*Boucher*, Thonretortenfabrikant aus St. Ghislain.
*Carnot*, Banquier in München.
*Faas*, Agent und Unternehmer aus Frankfurt a. M.
*Fassola*, Verwalter der Gasanstalt Memmingen.
*Geiger*, Cassier der Münchener Gas-Anstalt.
*Hempl*, Verwalter der Gasanstalt Kempten.
*Krausse*, Fabrikant aus Mainz.
*Kaiser*, Dr., Professor an der Universität in München.
*Knapp*, Dr., Professor an der Universität in München.
*Lang*, Verwalter der Gasanstalt Regensburg.
*Oldenbourg*, Buchhändler in München.
*Pettenkofer*, Dr., Professor an der Universität in München.

*Pintsch*, Fabrikant aus Berlin.
*Redaction* des „Bayerischen Couriers."
*Redaction* des „Bayerischen Landboten."
*Redaction* der „Bayerischen Zeitung."
*Redaction* der „Isar-Zeitung."
*Redaction* der „Neuesten Nachrichten."
*Schels*, Secretär des polyt. Vereins in München.
*Schmidt*, Ingenieur aus Frankfurt a M.
*Stantz*, Inspector der Leipziger Feuerversicherungs-Anstalt.
*Thiem*, Betriebs-Inspector der Gas-Anstalt München.

## Erste Sitzung

### im Saale der Westendhalle, Donnerstag den 21. Mai 1863.

Der Vorsitzende, Herr Commissionsrath *Blochmann*, eröffnet die Sitzung, begrüsst die Anwesenden und schlägt der Versammlung als Schriftführer vor die Herren *Böhm* aus Stuttgart und *H. F. Ziegler* aus Hanau, welche, nachdem die Versammlung stillschweigend ihre Zustimmung gegeben, diese Wahl annehmen.

Hierauf verliest der Herr Vorsitzende den Jahresbericht über das abgelaufene Vereinsjahr (s. d. Beilage 1), welchem er einen Bericht über den Stand der Kasse anreiht und bemerkt, dass die stenographischen Protokolle der Sitzungen des vorigen Jahres zur Einsicht der Mitglieder in dem Versammlungslokale aufliegen.

Der auf der Tagesordnung stehende Bericht des Herrn Justizrathes *Braun* über die Kohlentransportfrage muss ausfallen, da derselbe nach einem von ihm eingelaufenen Schreiben durch Krankheit verhindert ist, der Versammlung beizuwohnen, und ergreift hieran anknüpfend Herr *Schiele* das Wort, um die grossen Verdienste des Herrn *Braun* hervorzuheben, welche sich derselbe um die Erstrebung des Pfennigtarifs für den Kohlentransport auf den deutschen Eisenbahnen erworben habe. Das hartnäckige Augenübel, welches Herrn *Braun*, unzweifelhaft in Folge seiner rastlosen Bestrebungen für diese Sache, befallen habe, welches ihn unfähig gemacht, seinen Berufsgeschäften obzuliegen, und welches ihn in eine betrübende Gemüthsverfassung gebracht habe, mache es den Mitgliedern des Vereins zur doppelten Pflicht, sich den Bestrebungen, Herrn *Braun* nicht nur seine grossen Auslagen im Dienste dieser Sache zurück zu erstatten, sondern ihm darüber hinaus durch Gewährung einer Ehrengabe eine Anerkennung für seine Verdienste zu zollen, auf das kräftigste anzuschliessen. Das von dem Vorstande des Vereins zu diesem Zweck erlassene Circular sei bekannt. Man habe aber geglaubt, dass diese Sache wichtig genug sei, um auch grössere Kreise, die gesammte Industrie Deutschlands überhaupt, die so bedeutende Dienste von diesen Bestrebungen zu erwarten habe, heran zu ziehen, damit die beabsichtigte Ehrengabe eine dieser Industrie und der Sache selbst würdigen Betrag erreiche. Zu diesem Zwecke sei eine Anzahl Männer aus allen Theilen Deutschlands zusammengetreten, welche einen Aufruf (s. die Beilage 2) erlassen hätten, (derselbe wurde unter die

Anwesenden vertheilt) und fordert der Redner insbesondere die Mitglieder des Vereins auf, sich dieser Sache warm anzunehmen und rasch zu helfen.

Hierauf ergreift Herr *Schilling* das Wort zu seinen „Bemerkungen über Gaskohlen.“ Diesem längeren Vortrage*) schliesst sich eine Discussion an, an welcher sich die Herren Baumeister *Schnuhr* aus Berlin, Professor *Knapp* aus München und Herr *Schilling* betheiligen.

Pause.

Der Herr Vorsitzende theilt mit, dass Herr *Geith* in Coburg und die Fabrik in Königsaal Proben von Retorten eingesandt hätten, welche in der Gasfabrik zur Ansicht der Mitglieder ausgestellt seien.

Vortrag des Herrn Vorsitzenden, Herrn Commissionsrath *G. M. S. Blochmann*, „Ueber eine Normalflamme,“ welchem Herr *Elster* aus Berlin einige Bemerkungen hinzufügt (s. Beilage 3).

Hierauf Mittheilung einer Abhandlung über den Verwitterungsprozess von Steinkohlen von *Grundmann*, durch Herrn Baumeister *Schnuhr* aus Berlin. (Beilage 4.)

Herr *Schiele* ergreift nun das Wort zunächst zu einer Mittheilung des Herrn *Boucher* aus St. Ghislain, welcher als Gast den Sitzungen beiwohnt, über die Frage: Sollen Thonretorten rasch oder langsam angefeuert werden, und welche der Herr Vortragende in deutscher Uebersetzung verliest. (Beilage 5.) Hieran schliesst sich eine Discussion, an welcher sich die Herren *Spreng* aus Freiburg, *Stroof*, *Spreng* aus Nürnberg, *Rudolph*, *Bühm* und *Baumgärtel* betheiligen, welche sämmtlich die Erfahrung des Herrn *Boucher* bestätigen. — Hierauf regte Herr *Schiele* die Frage an, ob Jemand der Anwesenden Erfahrung habe über das Ausschmieren der Retorten von Aussen bei Anwendung von Exhaustoren, um das Ansaugen von Gasen aus dem Feuerungsraum zu verhindern. An der hieran sich knüpfenden Discussion betheiligen sich die Herren *Schwarze*, *Bühm*, *Schilling*, *Elster*, *Schnuhr*, *Baumgärtel*, *Thiem*, *Schmidt*, *Stroof*, *Carl*, *Leonhard*, *Geith*, *Spreng* aus Freiburg, welche verschiedene Ansichten hierüber und damit verwandte Gegenstände aussprechen.

Schluss der Sitzung.

## Zweite Sitzung den 22. Mai 1863.

Der Vorsitzende eröffnet die Versammlung. Herr *Geith* trägt die Thonretortenfabrikation vor und beginnt mit der Geschichte derselben, wünscht die mannigfaltigen Formen auf wenige reducirt, um den Bedürfnissen besser entsprechen zu können. (Beilage 6.)

Der Vorsitzende dankt Herrn *Geith* für den ausführlichen Vortrag. Herr *Schiele* ergreift das Wort und stellt den Antrag, der Vorstand möchte dahin wirken, dass die Formen der Retorten vereinfacht werden. Der Antrag lautet: „Einleitung zu treffen, um für die deutschen Gasanstalten eine

*) Wir verweisen einstweilen auf die in diesem Journal erscheinende Abhandlung „Untersuchungen über Gaskohlen.“

thunlichst geringe Anzahl Normal-Retortenformen festzustellen.“ Die Herren *Leonhard, Schnuhr* eröffnen noch eine Debatte, wodurch ein Zusatz beantragt wird, dass Rücksicht genommen werde, die Retortenköpfe beibehalten zu können. Der Antrag nebst Zusatz werden einstimmig angenommen.

Herr *Schnuhr* hält einen Vortrag über die Thonretortenfabrikation, namentlich über das Glasiren der Retorten von *Oest Wittwe* in Berlin. An einem Ofen mit 2 glasirten und 4 unglasirten Retorten, seit Januar 1863 im Betriebe, zeigte sich, dass bei den glasirten Retorten viel schneller der Graphit sich löste, als bei den übrigen, in 6 – 8 Stunden, gegen 24 – 36 Stunden bei den gewöhnlichen. Ausserdem waren die glasirten Retorten nach dem Entfernen des Graphites vollkommen dicht. (Beilage 7.)

Herr *Geith* aus Coburg erklärt nochmals, seine Versuche über Glasur von Thonretorten fortsetzen zu wollen.

Herr *Schnuhr* setzt seinen Vortrag fort, und beginnt mit der Reinigung mit Rasenerz, als mindestens halb so billig als Laming'sche Masse, ausserdem die Dauer bedeutend länger ist, der Druck geringer, die Regeneration schneller. Ohne Sägespähne steigerte sich der Druck um ½ Zoll.

Herr *Schiele*, Herr *Leonhard*, Herr *Blochmann* machen Bemerkungen. (Beilage 8.)

Herr *Blochmann* bemerkt ferner, dass bei einer Ausbesserung eines Gasbehälters in Dresden in den Ein- und Ausgangsröhren Schmutz vorhanden war, welcher deutlich als Theile der Reinigungsmasse zu erkennen war.

Herr *Schnuhr* spricht sich über die Oefen mit 6 Retorten dahin aus, dass namentlich strenge und grössere Chargen verhältnissmässig weniger Unterfeuerung bedürfen, im Allgemeinen ein Vorzug der Oefen mit 6 Retorten statt solcher mit 7 Retorten nicht stattfinde. (Beilage 9.)

Die Herren *Leonhard, Böhm* sprechen gegentheilige Ansichten aus.

Herr *Schnuhr* über Ansatz von Naphthalin: Bei geringer Hitze entstehe mehr Ansatz als bei starker Hitze. Temperaturwechsel habe keinen Einfluss, glaubt aber, dass der Druck hauptsächlich die Ursache des Naphtalinansetzens ist.

Herr *Meyer* findet regelmässig im Frühjahre den Ansatz von Naphtalin in dem Eingang eines Gasometers, und entfernt dasselbe am besten durch heisses Wasser.

Herr *Schiele* bespricht einen Fall von Naphtalinansatz am Ende eines Eingangsrohres in den Gasbehälter unmittelbar über der Wasserfläche, ersucht die Versammlung darüber Mittheilung zu machen, ob Glycerin Naphtalin löse.

Herr *Schnuhr* sagt, dass die Verstopfungen an den Laternen nur Eis, nicht Naphtalin sei.

Herr *Schilling* bespricht denselben Gegenstand, glaubt aber sicher, dass diese Verstopfungen von Naphtalin herrühren, stimmt mit Herrn *Schnuhr* überein, dass neben mechanischen Ursachen auch chemische zu Grunde liegen, da namentlich verschiedene Kohlensorten verschiedene Mengen Naphtalin absetzen.

Herr *Blochmann* stimmt mit *Schilling* überein.

Herr *Thomas*, Herr *Carl*, Herr *Schnuhr* betheiligen sich noch an der Debatte. (Beilage 10.)

Herr *Blochmann* liest ein Einlaufschreiben von Herrn *Jobelmann* aus Stade vor, verschiedene Anfragen betreffend. (Beilage 11.)

An der Debatte hierüber betheiligen sich die Herren *Ziegler*, *Schnuhr*, *Schwarzer* und bemerken, dass, da der Fragesteller überhaupt nur einen Zoll Druck in der Canalisation nöthig habe, diese Fragen im Gasjournal im Allgemeinen genügend beantwortet seien.

Pause.

Der Vorsitzende gibt Herrn *Geith* als Cassarevisor das Wort. Herr *Geith* theilt mit, dass der zweite Revisor, Herr Wagner, ausgetreten sei und daher er allein darüber berichte. Die Revision ergab, dass die Richtigkeit in keiner Weise zu beanstanden sei und wird beantragt, dass die Versammlung dem Vorstande Decharge ertheile, welchem Antrage die Versammlung beitritt.

Der Vorsitzende liest mehrere Fragen von Herrn *Schwarzer* in Görlitz vor über Gasuhren und Regulatoren.

Herr *Böhm* gibt Notizen über die Gasuhren von Brunt & Comp. in Paris.

Die Herren *Schnuhr*, *Schiele*, *Blochmann* geben Erläuterungen über Regulatoren. (Beilage 12.)

Der Vorsitzende liest ein Schreiben der Münchener Gasbeleuchtungsgesellschaft vor, eine Anfrage über Verarbeitung des Ammoniakwassers in der Fabrik betreffend. (Beilage 13.)

Herr *Schilling* gibt in kurzen Worten Erläuterung der Fragen.

Der Discussion hierüber treten bei die Herren *Schnuhr*, *Baumgärtel*, *Faas*, *Schiele*, *Schädlich*, *Blochmann*, *Heineke*.

Herr *Ziegler* stellt den Antrag, dass der Vorstand das Schreiben der Münchener Gesellschaft im besprochenen Sinne beantworte. Herr *Schiele* wünscht, dass dieses eine Commission übernehme und der Versammlung in der Schlusssitzung darüber berichte. Dieser Antrag wird einstimmig angenommen. Die Herren *Schnuhr*, *Meyer* und *Busch* werden hiezu bestimmt.

Vorschlag des Vorstandes über Abänderung des §. 2 der Statuten. Der Antrag des Vorsitzenden geht dahin, dem §. 2 der Statuten folgenden Nachsatz beizufügen:

> „Anstalten dagegen, welche ausserhalb der Grenzen Deutschlands liegen, oder Beamte solcher Anstalten, die dem Vereine beizutreten wünschen, müssen sich durch ein Mitglied des Vereins beim Vorstande vorschlagen lassen. Der Vorstand hat die Anmeldung zugleich mit der Einladung zur Jahresversammlung der

Mitglieder zur Kenntniss zu bringen, und beschliesst die Versammlung über die Aufnahme in den Verein."

Der Antrag wird einstimmig angenommen.

Ein weiterer Antrag des Vorsitzenden, eine Preisaufgabe zu stellen, wird ebenfalls einstimmig angenommen.

Herr *Ziegler* stellt den Antrag, dass die Mitglieder binnen 4 Wochen dem Vorstande Vorschläge machen und der Vorstand selbstständig endgiltig zu entscheiden habe, welche Preisaufgabe zu wählen und welcher Preis hiefür auszusetzen sei. Der Antrag wird angenommen. Herr *Riedinger* ladet die Versammlung zu einem Besuche nach Augsburg als seine Gäste ein. Herr *Bonnet* benützt diese Gelegenheit, die Versammlung auch zu einem Besuche der Gasfabrik daselbst aufzufordern. Der Vorsitzende ersucht noch zu pünktlichem Erscheinen zur Schlusssitzung Punkt 8 Uhr und schliesst die Sitzung.

### Dritte Sitzung.

München, den 23. Mai 1863.

Der Vorsitzende eröffnet die Sitzung Vormittags 9 Uhr.

Der Vorsitzende theilt mit, dass dem Herrn Justizrath *Braun* in Coburg telegraphische Mittheilung gemacht worden sei von dem Toast, der bei dem gestrigen Mittagessen auf ihn ausgebracht wurde, und verliest ein von Herrn Justizrath *Braun* eingegangenes Antworts-Telegramm.

Herr *Schiele* berichtet Namens der betreffenden Commission über das an die Münchener Gasbeleuchtungs-Gesellschaft zu erlassende Antwortschreiben und verliest den von der Commission verfassten Entwurf, welchem die Versammlung einstimmig beitritt. (Beilage 14.)

Wahl eines neuen Vorstands-Mitgliedes an Stelle des nach §. 5 der Statuten durch Loos ausgeschiedenen Herrn *Schiele*, und ersucht der Herr Vorsitzende, bei der Wahl gleichzeitig den nächstjährigen Vorsitzenden des Vorstandes zu bestimmen. — Hieran könne sich die Wahl des Ortes der nächstjährigen Versammlung anschliessen, welche mit der Vorstandswahl in engem Zusammenhange stehe. Eine Einladung hiezu sei von Dortmund und von der Zeche Hannibal, wie von Herrn *Mulvany* eingegangen, und in Vorschlag sei Kassel und Braunschweig gebracht worden.

Herr *Schnuhr* schlägt vor, den nächstjährigen Versammlungsort durch Acclamation zu bestimmen und empfiehlt Braunschweig. Die Versammlung tritt diesem Vorschlage bei und wählt mit grosser Mehrheit Braunschweig.

Herr *Busch* nimmt diese Wahl mit einigen Worten des Dankes an.

Der Herr Vorsitzende verliest ein Schreiben von Herrn *O. Wagner* in Coblenz, eine Anfrage über Verarbeitung von Petroleum zur Darstellung von Leuchtgas betr. Herr *Schiele* und Herr *Meyer* machen darüber Mittheilungen, bezüglich welcher der Fragesteller auf die demnächst im Druck erscheinenden stenographischen Protokolle verwiesen wird. (Beilage 15.)

Der Herr Vorsitzende theilt nunmehr das Resultat der inzwischen festgestellten Wahl mit, wonach durch Stimmenmehrheit

Herr *Schiele* zum Mitgliede des Vorstandes:
„ *Blochmann* zum Vorsitzenden

für das nächste Vereinsjahr ernannt wurden, und nahmen beide Herren diese Wahl an.

Der Vorsitzende theilt endlich mit, dass nachstehende Gasanstalten sich zur Mitgliedschaft in unseren Verein gemeldet haben:

*Ansbach*, *Pforzheim*, *Lübeck*, *Gmünd*, *Schweinfurt*, *Passau*, *Emden*, *Reutlingen*, *Homburg v. d. Höhe*, *Landshut*, *Chur*, *Hameln*, *Botzen*, *Cronach*, *Freiburg i. d. Schweiz* und *Cottbus*,

und werden sämmtliche Anstalten von der Versammlung einstimmig zu Mitgliedern des Vereins angenommen.

Hierauf wurden die Sitzungsprotokolle verlesen, welche die Versammlung mit einigen Abänderungen genehmigte und die fünfte Jahresversammlung des Vereins durch den Herrn Vorsitzenden geschlossen.

So geschehen München den 23. Mai 1863.

| | | |
|---|---|---|
| *J. R. Geith.* | *G. M. S. Blochmann.* | *W. Böhm.* |
| *J. C. Heineken.* | *Simon Schiele.* | *R. F. Ziegler.* |
| *A. Karl.* | *N. H. Schilling.* | |
| *H. Leonhardt.* | | |
| *J. Schädlich.* | | |

---

# Beilagen

## zu dem Sitzungsprotokoll der fünften Hauptversammlung des Vereins von Gasfachmännern Deutschlands in München am 21., 22. und 23. Mai 1863.

### Beilage Nr. 1.

### Jahres- und Cassenbericht,

erstattet vom Vorstande, Herrn Commissionsrath *G. M. S. Blochmann jun.*

Meine Herren! Ein schönes Zeugniss für die Theilnahme an unsern Verhandlungen gibt unsere Präsenzliste.

Die Präsenzliste unserer Versammlung in Berlin ergab eine Anwesenheit von 59 Mitgliedern, dann 31 Herren von Berlin und 12 von auswärts, welche als Gäste unsere Versammlung besucht haben. Bedenkt man die grosse räumliche Ausdehnung, so ist die Betheiligung von mehr als der Hälfte der Mitglieder gewiss ein höchst günstiges Verhältniss. Der Verein nahm in seiner letzten Sitzung 9 Mitglieder auf und stieg die Zahl derselben dadurch auf 116; durch diese sind 112 Gaswerke Deutschlands vertreten. Die Zahl der Gaswerke, welche als solche, wie §. 2 unserer Statuten bestimmt, Mitglieder geworden sind, beträgt 21. 17 Gaswerke sind durch ihre Besitzer oder Pächter und zwar durch 15 Mitglieder vertreten und 74 Gaswerke werden durch 68 ihrer Beamten vertreten. Ausserdem gehören dem Vereine noch 8 Ingenieure an, welche sich mit Errichtung von Gasanstalten beschäftigten und ihren Wohnsitz in Deutschland haben. Von 112 Gasanstalten befinden sich 37 in Preussen, 18 in Sachsen, 12 in Bayern, 7 in Thüringen, je 6 in Oesterreich, Würtemberg, Hessen und Baden, je 3 in Hannover und der Schweiz, 2 in freien Städten, je 1 in Mecklenburg, Nassau, Dessau, Oldenburg, Holstein und Braunschweig. Von allen diesen Anstalten liegen in Städten von mehr als 100,000 Einwohnern 6, von mehr als 50,000 Einw. 21, von mehr als 25,000 Einw. 24; es befinden sich 44 in Städten von über 10,000 Einw., 30 in Städten von über 5000 Einw. und 6 in Städten unter 5000 Einw.

So günstig sich nun die Vertretung der Anstalten gezeigt hat, so können wir dies auch von dem Berichte über die Kassenverhältnisse beifügen. Einestheils durch die Vermehrung der Mitgliederzahl, anderntheils durch möglichste Bedachtnahme auf Verminderung der Ausgaben gestaltete sich das Verhältniss folgendermassen:

Es sind ausgegeben worden für die Berliner-Versammlung und die dazu nöthigen Vorarbeiten 147 Thlr. 18 Sgr. 5 Pf. Ausserdem im Laufe des Vorjahres für Circulaire, Briefporti's u. dgl., Schreibgebühren 26 Thlr. 27 Sgr. 6 Pf. Dagegen betrugen die Einnahmen in Berlin 371 Thlr. und eingesendet wurden in Dresden 194 Thlr. Im vorigen Jahre waren wir genöthigt, die Restbeträge dazu zu rechnen, so dass die reinen Einnahmen betrugen 496 Thlr. und nach Abzug der gehabten Auslagen beträgt der Kassenbestand noch immer 266 Thlr. Wenn wir nun dazu rechnen, dass die neuen Beiträge wieder hereinkommen, und dass eine grosse Anzahl von neuen Gas-Anstalten angemeldet wurde, nämlich Ansbach, Botzen, Chur, Emden, Freiburg i. d. Schweiz, Gmünd, Hameln, Homburg v. d. Höhe, Kronach, Landshut, Lübeck, Passau, Pforzheim, Reutlingen, Schweinfurt, und dass nur ein einziges Mitglied, Herr *Höber*, in Homburg ausgetreten ist, so fliessen wieder reichliche Mittel zu, so dass sich Ihr Vorstand in der Lage sieht, am Sonnabend einen Antrag auf Ausschreibung einer Preisfrage zu stellen. Ich ersuche daher die Mitglieder mit sich zu Rathe zu gehen, welche Gegenstände dabei berücksichtigt werden sollen, auf welche Höhe der Preis gestellt werden soll und was sonst noch dabei zu bemerken ist.

Vor Kurzem erlaubte sich Ihr Vorstand, durch ein Circular die Mitglieder aufzufordern in Betreff der Verhältnisse des Vereins gegenüber der wirksamen Thätigkeit unsres Mitgliedes Herrn Justizrath *Braun* Bericht zu erstatten, und durch Extrabeiträge den Vorstand in den Stand zu setzen, die Auslagen, die Herr *Braun* bei seiner umfassenden Thätigkeit in der Kohlentarifangelegenheit gehabt hat, wieder erstatten zu können. Es sind bis jetzt von 9 Gas-Anstalten uns Nachrichten zugegangen, und zwar zustimmende von 7.

Es steht auf der Tagesordnung, dass Herr *Braun* uns einen Bericht über diese Kohlentariffrage geben werde. Es ist aber zu unserem allseitigen

Bedauern ein Brief eingegangen, der die Nachricht gibt, dass die Gesundheitsverhältnisse des Hrn. *Braun* es ihm nicht gestatten, uns zu besuchen, und es für ihn ebenso unmöglich gemacht haben, eine grössere Arbeit zu fertigen und uns durch ein anderes Mitglied vorlegen zu lassen. Einzelne Herren des Vereins sind in ihrer Thätigkeit weiter gegangen, um Herrn *Braun* auch für den Verlust, den er an Zeit gehabt hat, Ersatz zu gewähren. Von diesen Herren ist ein Aufruf aufgesetzt worden und zum Versandt gekommen an alle Industriellen Deutschlands, dahin gehend, dass sie sich bei dieser für die ganze Industrie Deutschlands so wichtige Frage betheiligen möchten. Hr. *Schiele* wird so freundlich sein, der Versammlung mitzutheilen, was in dieser Angelegenheit noch geschehen soll.

Ihr Vorstand hat diesmal die stenographischen Berichte nicht drucken lassen und zwar zunächst aus dem Grunde, die Kassaverhältnisse möglichst aufzubessern. Dann sind auch durch die Redaction des Gasjournals diese Berichte so umfassend und ausführlich gebracht worden, dass es dem Vorstand überflüssig erschien, Weiteres zu thun.

Für diejenigen aber, welche davon noch Einsicht nehmen wollen, liegen dieselben hier auf.

Ihr Vorstand sieht sich dabei verpflichtet, die geehrte Versammlung aufzufordern, der Redaction dieses Journals, welche mit grosser Thätigkeit sich unserer Sache annimmt, und unser Interesse vertritt, ohne irgend welche Unterstützung von Seite des Vereines in pecuniärer Beziehung zu bekommen, ein Zeichen Ihrer Anerkennung durch Erheben von den Sitzen zu geben.

Es wurde in unserer letzten Versammlung eine Aenderung in Betreff des §. 2 unsrer Statuten vorgeschlagen. In unsrer letzten diesjährigen Sitzung, welche den Vereinsangelegenheiten gewidmet sein wird, wird Ihr Vorstand die Ehre haben, Ihnen einen Vorschlag zu machen. Sodann werden wir in unserer letzten Sitzung uns auch mit der Wahl des nächsten Versammlungsortes zu beschäftigen haben. Ich erlaube mir Sie inzwischen davon zu benachrichtigen, dass uns aus Bochum eine specielle Einladung zugegangen ist, unterschrieben von Hrn. *Ruppel* im Namen der Gewerkschaft Hannibal, und dass auch Hr. *Mulvany*, der Repräsentant der Kohlenzechen Hibernia & Shamrock in einem Briefe an Hrn. *Schilling* in sehr freundlicher Weise die Stadt in Westphalen in Vorschlag bringt. Wenn die Herren weitere Vorschläge zu machen beabsichtigen, so bitte ich, sich vorher darüber zu berathen, damit die Sache am Sonnabend vorbereitet ist.

Ferner sind von einem Mitgliede, welches mittheilt, an der Anwesenheit dahier verhindert zu sein, uns Anfragen mit dem Ersuchen zugegangen, dieselben in dieser Sitzung zur Debatte zu bringen. Diese Anfragen sind gedruckt worden und ich ersuche Sie, dieselben in Empfang zu nehmen, um darüber in der nächsten Sitzung debattiren zu können.

Gleichzeitig ist eine Anfrage von dem Verwaltungs-Ausschuss der Münchener Gasanstalt dem Vorstande zugegangen und ich ersuche Sie, sich auch in dieser Beziehung zu informiren, damit die Debatte möglichst abschliessend und erledigend vor sich gehen kann.

Sollte noch Jemand für die morgige Sitzung derlei Anfragen sich notirt haben, so ersucht der Vorstand, sie schriftlich einzureichen, damit immer die zusammengehörigen Gegenstände zur Vorlage gebracht werden können.

---

Beilage Nr. 2.

## Aufruf an die Industriellen Deutschlands.

Wo eine gewichtige und eingreifende Frage auf dem Felde der Industrie und des Verkehrs auftaucht, da findet sich auch in der Regel ein Mann, der sich voll Muth an das oft schwere Werk der Lösung macht, der keine Zeit, keine Mühe, der keine Schwierigkeiten und keine Opfer scheut, um den Gedanken zu beleben und ihn in die Wirklichkeit einzuführen. Eine solche, alle Verkehrs- und Industrie-Verhältnisse eng berührende Frage ist der sogenannte **Ein-Pfennig-Tarif für die Kohlenbeförderung** auf deutschen Eisenbahnen. Er soll alle Kohlen-Consumenten in die Lage setzen, den Bezug der Steinkohlen, diesen Lebensnerv fast jeder industriellen Thätigkeit, selbst in weitester Entfernung von den Gruben möglichst zu erleichtern und so den Preis derselben auf das geringste Maass herabzudrücken.

Angeregt von Grubenbesitzern Westphalens und von ihnen in den nördlichen Richtungen glücklich verfolgt, schlug der Gedanke zündend bei einem Manne ein, der ihn besonders für das mittlere und südliche Deutschland zur Wahrheit zu machen sich bemühte. Dieser Mann ist bekanntlich Justizrath **Braun** in Coburg. Er trug ihn von Ort zu Ort, von Eisenbahn zu Eisenbahn, von Verein zu Verein, von Regierung zu Regierung. Keine Mühe war ihm zu gross, keine Entfernung war ihm zu weit, kein persönliches, kein pekuniäres Opfer war ihm zu bedeutend, keine abschlägige Antwort war ihm zu abschreckend, er arbeitete und strebte Jahre lang unermüdlich, die Idee zu befruchten und einflussreiche Persönlichkeiten zu gewinnen, um mit ihrem Beistand sie in's Leben zu führen. Schon liegen beträchtliche Ergebnisse dieser umfangreichen und gemeinnützigen Thätigkeit vor. Leider stehen uns die statistischen Nachweise des Kohlenversandes von ganz Deutschland nicht zu Gebote, um die bereits erzielten Erfolge mit Zahlen nachweisen zu können, aber Sachsens, Bayerns, Würtembergs, Preussens und theilweise auch Oesterreichs Industrie hat den Nutzen der durch *Braun* erwirkten Frachtermässigung bereits direct erfahren und andere Gegenden Deutschlands, die noch nicht unmittelbar in diese Bewegung gezogen wurden, werden in der Kürze dem einmal gegebenen Impuls folgen müssen und ebenfalls bald in vollem Maasse an den hierdurch erzielten Ersparnissen Theil nehmen, Ersparnisse, die z. B. in Bayern und Würtemberg, wo das Programm der von *Braun* betriebenen Bewegung erst annähernd zum Durchbruch gekommen ist, bei einzelnen Fabriken bis zu sechs- und achttausend Gulden in einem Jahre betragen.

In mehreren Städten Bayerns, so namentlich in **Augsburg**, **Nürnberg** etc. haben dies auch die Industriellen vollkommen gewürdigt und unter einander Sammlungen veranstaltet oder solche eingeleitet, um dem thätigen und bewährten Manne nicht sowohl seine, mehrere Tausend Gulden betragenden Auslagen zurückzuerstatten, als ihm darüber hinaus durch ein Ehrengeschenk die verdiente Anerkennung für seine unermüdliche, erfolgreiche Wirksamkeit zu gewähren. Der Vorstand des Vereins der Gasfachmänner Deutschlands hat zu gleichem Zwecke seine Vereinsgenossen in einem Rundschreiben aufgefordert. Wenn die Unterzeichneten neben diesen dankenswerthen Bemühungen es unternehmen, in dieser Sache eine weitere Aufforderung für grössere Kreise zu erlassen, so geschieht dies zufolge besonderer Anregung, im Einverständniss mit genanntem Vorstand und in Rücksicht auf nachstehende, theilweise neu hinzugetretenen Momente.

Durch seine energischen Bestrebungen in dieser Sache, durch körperliche und geistige Anstrengungen aller Art bei Verfolgung seines Zieles wurde Justizrath *Braun* von einem hartnäckigen Augenübel befallen, welches ihn zunächst behinderte, seinen Berufsgeschäften obzuliegen und ihn zu einem längeren Aufenthalte in der Klinik des Professors *v. Graefe* in Berlin nöthigte. Hier fand er indess nur eine Linderung seines Leidens und die Aussicht, erst nach längerer Zeit der Ruhe seiner gewohnten Beschäftigung wieder nachgehen zu können. Diese gezwungene Unthätigkeit, verbunden mit der Sorge für seine Familie, zu deren Erhaltung ihm keine anderen Mittel als die aus seiner Berufsthätigkeit zu Gebote stehen, haben sehr nachtheilig auf seinen Gemüthszustand gewirkt und drohen, **wenn diese Sorgen nicht bald gehoben werden**, der Heilung seines körperlichen Leidens auf das Nachtheiligste entgegen zu wirken.

Hier haben zunächst die deutschen Industriellen, denen er so wesentliche Dienste geleistet, für die er sich aufgerieben hat, die Pflicht, durch thatkräftiges Einschreiten den verdienstvollen Mann vor der dringendsten Sorge zu schützen, seinen zerrütteten Gemüthszustand zu beruhigen und die Möglichkeit zu bieten, eine solche bedeutende Kraft seiner Familie und dem Vaterlande wiederzugeben und zu erhalten, damit er nach seiner Genesung, von Sorge befreit, mit frischer Kraft das begonnene Werk fortsetzen und zum Ziele führen kann.

Es ist daher der Zweck des gegenwärtigen Aufrufes, unter Darlegung dieses Sachverhaltes Alle, welche direct oder indirect aus den Bestrebungen *Braun's* Nutzen gezogen haben oder noch ziehen werden, anzuregen, uns durch angemessene Beiträge in unserem Vorhaben zu unterstützen: **diesem verdienstvollen Manne durch Ueberreichung einer Kapitalsumme als Ehrengeschenk eine Anerkennung für seine unermüdliche Thätigkeit im Interesse der Industrie und des Verkehrslebens zu gewähren.**

Die Unterzeichneten, welche zur Beschaffung einer solchen, der deutschen Industrie würdigen Ehrengabe zusammengetreten sind, wenden sich auch an Sie mit der angelegentlichen Bitte, dieses Unternehmen thatkräftig zu unterstützen und dahin zu wirken, dass in Ihrem Kreise sämmtliche davon berührte Industrielle unter Darlegung des Sachverhalter speciell angegangen werden, einen der Wichtigkeit der durch *Braun* vertretenen Sache entsprechenden Beitrag an Sie zu leisten. Ihre Sammlungen bitten wir bei der Dringlichkeit der Angelegenheit spätestens bis zum *15. Juni* dieses Jahres an Einen der Unterzeichneten einzusenden, damit vor Schluss des gleichen Monates die Ehrengabe an Herrn Justizrath *Braun* überreicht werden kann. Nachdem dies geschehen, werden wir Ihnen Rechenschafts-Bericht zugehen lassen.

Im Mai 1863.

**Baerwald**, Director der städtischen Gaswerke in Berlin.
**G. M. S. Blochmann**, Commissionsrath in Dresden.
Dr. **Eduard Brockhaus** in Leipzig.
Hofrath **Bähler** in Slawentzitz in Schlesien.
**F. Euler**, Fabrik-Director in Trippstadt bei Kaiserlautern.
Director **Haberland** in Hannover.
**Julius Hoffmann**, Bergrath in Eisfeld in Thüringen.
**Kreuser**, Director der Gasanstalt in Stuttgart.
**Kuhn**, Fabrikbesitzer in Berg bei Stuttgart.
**W. Neuffer**, Grosshändler in Regensburg.
**W. Oechelhäuser**, General-Director in Dessau.
**W. S. Pepys**, Director der Gasanstalt in Köln.
**L. A. Riedinger**, Fabrikbesitzer in Augsburg.
**Simon Schiele**, Ingenieur in Frankfurt a. M.
**N. H. Schilling**, Director der Gasanstalt in München.
**Albert Spreng**, Besitzer der Gasanstalt in Freiburg im Breisgau.
**v. Unruh**, Reg.-Rath a. D. und Abgeordneter in Berlin.
**Joh. Zeltner**, Fabrikbesitzer in Nürnberg.
**H. F. Ziegler**, Besitzer der Gasanstalt in Hanau.

---

Beilage Nr. 3.

## Ueber Photometrie und die Beziehungen der einzelnen Bestandtheile des Leuchtgases zur Lichtentwicklung.

Von Herrn Commissionsrath *G. M. S. Blochmann jun.*

Man hat bisher ganz allgemein das Aethylen (Elayl, ölbildendes Gas) als den Repräsentanten der leuchtenden Kohlenwasserstoffe des Steinkohlengases betrachtet. Man wusste zwar, dass ausserdem noch andere derartige Verbindungen darin vorhanden seien, man konnte sich sogar sagen, dass sämmtliche im Theer enthaltenen flüchtigen Bestandtheile auch im Gase sich finden mussten, wenn auch zum Theil nur in äusserst geringen Mengen, aber man nahm theils an, dass das Aethylen in solchem Maasse vorwalte, dass die anderen Kohlenwasserstoffe völlig dagegen zu vernachlässigen seien, theils betrachtete man die verschiedenen leuchtenden Körper als ziemlich gleichwerthig in Beziehung auf Leuchtkraft, so dass man gleiche Gewichte derselben für einander substituiren könnte, ohne das Resultat erheblich zu ändern. Nur durch solche Anschauungsweise ist es zu rechtfertigen, dass man bei den bisherigen Analysen des Leuchtgases, die doch meistens in der Absicht angestellt wurden, eine höhere Kenntniss von der Güte desselben zu gewinnen, als es durch die bis jetzt ziemlich unzuverlässige Photometrie möglich war, es völlig versäumte, die verschiedenen Gruppen ähnlich zusammengesetzter Kohlenwasserstoffe von einander zu trennen und auf diese Weise wenigstens annähernd deren wirkliche Zusammensetzung kennen zu lernen; denn die bisherige Methode der Pausch-Analyse gibt nur die Durchschnittszusammensetzung sämmtlicher schweren Kohlenwasserstoffe und somit keine genügende Grundlage für eine nur irgend der Wahrheit entsprechende Berechnung. Wirklich wurde auch die Ansicht, dass die Leuchtkraft der Kohlenwasserstoffe nur von der absoluten Menge des darin vorhandenen Kohlenstoffes abhänge, und dass man daher die Kohlenwasserstoffe nach ihrem Kohlenstoffgehalte auf Aethylen reduciren könne, von den Meisten für richtig gehalten und von Manchen sogar geradezu ausgesprochen. Sie beruht hauptsächlich auf der Annahme, dass der Wasserstoff der Kohlenwasserstoffe sich leichter mit Sauerstoff vereinige, als der Kohlenstoff. Dies ist indessen ein Irrthum, der sich auffallender Weise bis auf die neueste Zeit erhalten hat, obgleich bereits zu Anfange dieses Jahrh. durch die Versuche von *Dalton*, *J. Davy* und *W. Henry* gezeigt war, dass fast genau das umgekehrte Verhältniss stattfinde. Da nun vor Kurzem durch Untersuchungen von Prof. *Erdmann* und namentlich von *O. Kersten* dieser Irrthum definitiv beseitigt ist, so musste man nothwendig bei einigem Nachdenken die oben erwähnte Hypothese aufgeben, uns war daher jetzt mehr als je geboten, endlich einmal eine wirkliche Vergleichung der verschiedenen Kohlenwasserstoffe auf ihren Leuchtwerth vorzunehmen.

Dass bisher noch keine Versuche in der erwähnten Richtung angestellt sind, liegt zum Theil wohl daran, dass es der Photometrie an einer sicheren Grundlage fehlte, die es möglich gemacht hätte, die zu verschiedenen Zeiten und an verschiedenen Orten angestellten Versuche unter einander zu vergleichen. Die bisherigen meistens gebrauchten Normalkerzen waren sehr traurige Nothbehelfe für eine wirkliche Normalflamme, wobei ein Fehler von 25 und selbst 50 pCt. nicht zu den Seltenheiten gehörte, und auch die Lampen, obgleich um vieles sicherer als die Kerzen, sind zu vielen Zufälligkeiten, hinsichtlich der Beschaffenheit des Oeles und des Dochtes, der Regelmässigkeit des Luftzutrittes u. s. w. unterworfen, um als hinlänglich zuverlässig zu erscheinen. Das erste Erforderniss um bei den zu unternehmenden Versuchsreihen mit einiger Zuverlässigkeit vergleichbare Resultate zu erhalten, war daher die Herstellung einer wirklichen Normalflamme, die auch ohne grosse Schwierigkeit gelang.

Wenn man ein völlig nichtleuchtendes Gas, am besten Wasserstoffgas mit einem genau bestimmten Verhältnisse eines chemisch reinen Kohlen-Wasserstoffes mischt, so hat man offenbar ein Leuchtgas von stets gleicher Beschaffenheit; lässt man ein solches Gas stets unter demselben constanten Druck aus einer unveränderlichen kreisförmigen Oeffnung ausströmen, so hat man alle Bedingungen erfüllt, von denen die Gleichmässigkeit der Flamme abhängt, und dieselbe muss jederzeit gleiche Lichtmenge liefern. Die ohnehin sehr geringen und gegen die übrigen Fehlerquellen völlig verschwindenden Unterschiede, welche durch die Unveränderlichkeit der Temperatur und des Barometerstandes in der Helligkeit der Flamme hervorgebracht werden, gleichen sich bei Untersuchungen von leuchtenden Gasen schon dadurch aus, dass die Normalflamme und die Untersuchungsflamme denselben Einflüssen unterliegen. Als leuchtenden Kohlenwasserstoff wählten wir das Benzol, da es für diesen Zweck alle Vortheile in sich vereinigt; es ist der einzige Kohlenwasserstoff, der sich ohne grosse Schwierigkeiten in einem Zustande fast absoluter Reinheit darstellen lässt; es ist dabei in beliebig grossen Mengen zu haben, und bietet die Bequemlichkeit, dass es als Flüssigkeit leicht genau abgewogen und gemessen werden kann. Das Wasserstoffgas braucht nicht chemisch rein zu sein, da das mit Zinkblech-Abfällen oder mit den reinen Sorten des gewöhnlichen käuflichen Zinks entwickelte Gas mit völlig blauer und nicht leuchtender Flamme brennt und daher für den vorliegenden Zweck rein genug ist. Man entwickelt es aus einem continuirlich wirkenden, den bekannten *Döbereiner*'schen Zündmaschinen ähnlich eingerichteten, jedoch grösseren Apparat und lässt es, nachdem es in einem Fläschchen mit Wasser gewaschen ist, durch ein U förmig gebogenes, mit irgend einem porösen Körper, z. B. Bimssteinstücken, gefülltes Gasrohr streichen, in das man zuvor die bestimmte Menge Benzol hineingebracht hat; dieselbe war bei unseren Versuchen in der Regel so berechnet, dass das resultirende Gas, welches wir als Normalgas bezeichnen wollen, aus 8 Volumprocenten Benzol Dampf enthielt, also nicht gesättigt war. Das Gas wird in kleinen genau ausgemessenen Gasometern mit freischwimmender, nur an einer mit Maasstab versehenen Leitstange gleitender Glocke aufgefangen, wie sie zu den Apparaten zur Bestimmung des specifischen Gewichtes durch die Ausströmungszeit angewandt werden. Da bei denselben demnach alle mechanische Reibung fast vollständig vermieden ist, so erhält man eine völlig constante unter gleichmässigem Drucke brennende Flamme, denn die Gewichtsveränderung, welche die Glocke durch das Eintauchen in die Sperrflüssigkeit erleidet, macht sich erst ganz gegen das Ende hin durch etwas verlangsamte Ausströmung des Gases bemerklich. Uebrigens ist es leicht, solche Einrichtung zu treffen, dass nicht nur dieser, übrigens unbedeutende Fehler völlig vermieden wird, sondern auch der Druck beliebig verringert werden kann. Bei den von uns benützten, ursprünglich nicht zu diesem Zwecke bestimmten Apparaten betrug der Druck 29 Millimeter Wassersäule, die Ausströmungszeit für den 3½ Liter betragenden Inhalt der Gasometer etwa 6 Min., was einem Consum von etwa 1½ Cbf. sächs. für die Stunde entspricht. Die kreisförmige Ausströmungs-Oeffnung der Brenner war in einem Platinbleche angebracht; ihre Weite wurde bei Gasen von verschiedenem specifischen Gewicht so abgeändert, dass die Ausströmungsmengen in gleichen Zeiten für alle Gase nahezu die gleiche war; die unvermeidlichen kleinen, durch directe Beobachtung gefundenen Unterschiede wurden auf diese Weise in Rechnung gebracht, dass für den Zuwachs an Ausströmungsmenge ein dreifacher Zuwachs an Leuchtkraft angenommen wurde, ein Verhältniss, das sich bei dem angewandten Drucke und innerhalb eingehaltener Grenzen der Ausströmungsmenge ziemlich übereinstimmend aus Beobachtungen an verschiedenen Gasen ergeben hatte. Es wurde auf diese Weise gefunden, dass die Leuchtkraft der verschiedenen Kohlenwasserstoffe weder ihrem Kohlenstoff-Gehalte, noch dem Verhältnisse zwischen dem in ihnen enthaltenen Kohlenstoffe und Wasserstoffe proportional ist. Dieselbe Menge Kohlenstoff hat im Benzol die dreifache Lichtentwicklung wie im Aethylen oder oelbildenden Gase, und nahezu die anderthalbfache des Amylens, denn um dem Wasserstoffgase dieselbe Leuchtkraft zu ertheilen, die es durch 3 Volumprocente Benzoldampf erhielt, ist das dreifache Gewicht oder 27fache Volumen Aethylen und das anderthalbfache Gewicht oder dem Volumen nach 1,6mal so viel Amylendampf erforderlich. Das letztere Verhältniss ist namentlich interessant, denn da Aethylen ($C^4 H^4$) und Amylen ($C^{10} H^{10}$) procentisch genau gleiche Zusammensetzung haben, dennoch aber das Amylen den doppelten Leuchtwerth besitzt, so geht daraus aufs deutlichste hervor, dass es durchaus unberechtigt ist, den letzteren aus der Zusammensetzung allein berechnen zu wollen, er hängt offenbar noch von anderen, zur Zeit noch nicht genauer erforschten Umständen ab. Wahrscheinlich ist es, dass die grössere oder geringere Leichtigkeit mit der ein Kohlenwasserstoff sich in der Hitze der Flamme zersetzt, dabei von grossem Einfluss ist. Es würde sich dann sehr leicht erklären, dass die in der Regel leichter zersetzbaren höheren Kohlenwasserstoffe ein stärkeres Licht geben als die gleich zusammengesetzten niederen, und ebenso, dass das sehr schwer zersetzbare Sumpfgas trotz seines Kohlenstoffgehaltes, so überaus wenig Licht giebt. Ein bestimmter Aufschluss darüber ist jedoch hier, wie überall nur durch experimentelle Untersuchungen zu erhalten.

Nachdem somit nachgewiesen war, dass die Leuchtkraft weder von dem Kohlenstoffgehalte noch von der procentischen Zusammensetzung der Gase allein abhängig ist, verstand es sich beinahe von selbst, dass die Menge von Sauerstoff oder atmosphärischer Luft, die erforderlich ist, um die Leuchtkraft eines Gases zu zerstören, kein Maass für die letzteren sein kann. Ein einziger Versuch genügte, dies in entscheidender Weise zu zeigen. Ein aus 97 Volumen Procenten Wasserstoff und 3 Volum. Proc. Benzoldampf bestehendes Leuchtgas bedurfte zur Entleuchtung nur 0,8 seines Volumens atmosph. Luft, ein anderes Gas von gleicher Leuchtkraft, aber aus 27 pCt. Aethylen und 73 pCt. Wasserstoff bestehend, erforderte 2,4 Volumina Luft, also die dreifache Menge. Auf diese Weise kann also im günstigsten Falle nur annähernd der Kohlenstoffgehalt, nie aber die Leuchtkraft gemessen werden.

Es blieb nur noch übrig den Einfluss der nichtleuchtenden brennbaren Gase auf die Leuchtkraft der leuchtenden Kohlenwasserstoffe zu untersuchen. Man scheint bisher angenommen zu haben, dass die Beschaffenheit der nicht leuchtenden Theile des Leuchtgases keinen besondern Einfluss auf die Helligkeit der Flamme haben, obgleich eine einfache Betrachtung zeigt, dass die grossen Unterschiede in dem Luftverbrauch und in der Flammentemperatur, die durch sie bedingt werden, kaum ohne Wirkung auf den Leuchteffect sein könne. Die Versuche wurden in der Weise angestellt, dass gleiche Mengen Benzol zu gleichen Mengen von Kohlenoxydgas, von Wasserstoff und von Sumpfgas gefügt wurden, und die dadurch entstandenen Leuchtgase unter gleichem Druck aus Brennern von solcher Weite ausströmten, dass die Ausströmungsmengen in der Zeiteinheit die gleichen waren. Hiebei muss man jedoch berücksichtigen, dass gleicher Druck auf die Flammen der Gase von verschiedenem specifischen Gewichte nicht den gleichen Einfluss ausübt. Bei allen Leuchtgasen wird zwar bis zu einer gewissen Grenze der Lichteffect gleicher Volumina mit der Abnahme des Druckes wachsen, da die mechanische Mengung mit der umgebenden Luft um so stärker ist, je stärker der Druck; diese Anwendung wird aber bei verschieden schweren Gasen, sehr verschieden sein. Je schwerer das Gas, desto stärker die Mengung mit Luft, desto ungünstiger also die Einwirkung stärkeren Druckes. Dies zeigte sich sehr deutlich bei den Versuchen, dass reines Kohlenoxydgas mit 3 Vol. Proc. Benzol, welche Mischung fast dasselbe spec. Gewicht hat wie die atmosph. Luft, bei 20mm Druck und der gleichen Ausströmungsmenge wie die anderen Gase überhaupt, gar nicht mehr brannte. Es wurde daher mit der gleichen Menge Wasserstoffgas gemischt und so dem Versuche unterworfen. Es ergab 0,72 der Leuchtkraft, welche mit ebensoviel Benzol versetztes Wasserstoffgas entwickelte.

Sumpfgas dagegen ebenfalls mit 3 Vol. Proc. Benzol versetzt, gibt in zwei Reihen von Versuchen, das einemal im Mittel 2,13, das anderemal 2,20 mal soviel Licht wie das Normalgas. Um dem Sumpfgase die gleiche Leuchtkraft zu ertheilen, wie Wasserstoff durch 3 Vol. Proc. Benzol erhielt, war nur 1 Vol. Proc. Benzol erforderlich. Dass ein solcher Unterschied stattfindet, ist leicht erklärlich. Um ein Volumen Wasserstoff oder Kohlenoxyd zu verbrennen ist ½ Vol. Sauerstoff oder 2½ Vol. Luft erforderlich, für ein Vol. Sumpfgas dagegen das Vierfache dieser Menge. In Folge davon ist die Flamme des Sumpfgases sehr viel grösser und dem entsprechend der Theil des Gases, der unsichtbar im äussern Mantel der Flamme verbrennt, weit geringer als bei den andern Gasen. Dass demnach die Leuchtkraft nicht um das vierfache oder mehrfache stärker ist, als beim Wasserstoff, sondern nur um das 2—3fache, ist jedenfalls Folge der geringen Flammentemperatur, welche das Sumpfgas in athmosph. Luft erzeugt. Die Flammentemperaturen (für sofortige vollständige Verbrennung mit athmosph. Luft berechnet) sind nemlich für Kohlenoxydgas 3261°, für Wasserstoff 3106°, für Sumpfgas 2539°. Man erkennt diesen Unterschied sofort an dem Aussehen der Flammen; die Flamme des Kohlenoxydes und des Wasserstoffes mit Benzol ist klein, aber blendend weiss, die des Sumpfgases mit Benzol gross und gelb. Dass das Kohlenoxydgas trotz der höheren Flammentemperatur ein ungünstigeres Resultat gab als Wasserstoff rührt offenbar von der nachtheiligen Einwirkung des starken Druckes her. Man darf überhaupt nicht vergessen, dass obige Zahlen nur für den Druck von 20mm Wassersäule gelten; bei geringem Drucke würden sich wahrscheinlich etwas günstigere, bei höherem ungünstigere Resultate für Kohlenoxyd und Sumpfgas ergeben. Aber selbst bei gleichem Drucke darf man nicht mit Bestimmtheit annehmen, dass sich die Gase genau in der Weise in Gemengen aus mehreren derselben verhalten worden, wie sie es für sich allein thun. Es scheint, dass in solchen Gemengen das Sumpfgas noch günstiger wirkt, wie für sich allein. Ein Gasgemenge z. B. aus 50 pCt. Sumpfgas, 30 pCt. Wasserstoff und 20 pCt. Kohlenoxydgas bestehend, und mit soviel Benzol versetzt, wie nach den gefundenen Verhältnissen erforderlich gewesen wäre (nämlich 2,6 Vol. Proc.), um ihm gleiche Leuchtkraft zu geben, welche eine Mischung aus 3pCt Benzol und 97 pCt. Wasserstoff oder 1 pCt. Benzol und 99 pCt Sumpfgas besitzt, gab nicht das gleiche, sondern das 1,4fache Licht, wie diese. Wahrscheinlich wirkt die Erhöhung der Flammentemperatur in höherem Maasse günstig, als die Verkleinerung der Flamme ungünstig wirkte, denn der ungünstige Druck konnte hier nicht von Einfluss sein, da das spec. Gewicht der verschiedenen Gemenge nahezu gleich war. Es möchte sonach ausserordentlich schwer, wo nicht unmöglich sein, eine theoretische Leuchtkraft für ein beliebiges Gasgemenge selbst nur für eine bestimmte Form der Flamme und einen bestimmten Druck im Voraus zu berechnen. Jedenfalls aber geht aus obigen Versuchen unzweifelhaft hervor, dass auch die Zusammensetzung der nicht leuchtenden Gase von grossem Einfluss auf die Lichterzeugung ist. Dies ist in so hohem Maasse der Fall, dass man von einem gewissen Gesichtspuncte aus berechtigt ist, die parodoxe Behauptung aufzustellen, dass es Steinkohlengase geben kann, die ihre Leuchtkraft in grösserem Maasse ihrem Gehalte an Sumpfgase als dem an leuchtenden Kohlenwasserstoffen verdanken, insofern nämlich als in dem Falle, dass man das Sumpfgas durch Wasserstoff oder Kohlenoxydgas ersetzte, die resultirende Mischung aus leuchtenden Kohlenwasserstoffen, Wasserstoff und Kohlenoxyd eine ebenso schwache oder noch schwächere Leuchtkraft haben würde, als dem ursprünglichen Gase nach Entfernung der höheren Kohlenwasserstoffe bleibt.

---

## Untersuchungen über Gaskohlen

von *N. H. Schilling.*

(Fortsetzung.)

### F. *Böhmische Kohlen aus dem Pilsener Becken.*

25. „Mantauer Oberflötz Nr. I."*) — 27 Sept. 1861.

Ladung: 168 Zoll-Pfd. = 4½ c' engl.

| | Stand der Gasuhr | Production |
|---|---|---|
| 11 Uhr — Mt. | 97,275 | 225 c' |
| 11 „ 30 „ | 97,380 | |
| 12 „ — „ | 97,500 | |
| 12 „ 30 „ | 97,650 | 325 „ |
| 1 „ — „ | 97,825 | |
| 3 „ — „ | 98,231 | 406 „ |
| | | 956 c' |

Kohlensäure = 0

Spec. Gewicht = $\left(\frac{168}{249}\right)^2$ = 0,43

4½ c' ergaben am Photometer 5 Kerzen

Coke 106½ Pfd.

Theer und Wasser 23½ Pfd.

Ausbeute nach Gewicht:

| | |
|---|---|
| 956 c' Gas | = 28,73 Pfd. |
| Coke | = 106,5 „ |
| Theer und Wasser | = 23,5 „ |
| Reinigung u. Verlust | = 0,27 „ |
| | 168 Pfd. |

26. „Mantauer Oberflötz Nr. II." — 28. Sept. 1861.

Ladung: 168 Zoll-Pfd. = 4½ c' engl.

| | Stand der Gasuhr | Production |
|---|---|---|
| 11 Uhr — Mt. | 98,241 | 239 c' |
| 11 „ 30 „ | 98,345 | |
| 12 „ — „ | 98,480 | |
| 12 „ 30 „ | 98,640 | 300 „ |
| 1 „ — „ | 98,780 | |
| 1 „ 30 „ | 98,930 | 250 „ |
| 2 „ — „ | 99,030 | |
| 2 „ 30 „ | 99,070 | 70 „ |
| 3 „ — „ | 99,100 | |
| | | 859 c' |

*) Dieser und der folgende Versuch sind früher gemacht, als alle übrigen hier aufgeführten, sie gehören einer Reihe von Vorversuchen an, bei welchen der Apparat noch weniger vollständig und auch das Verfahren beschränkter war, als später. Ich habe sie nur deshalb hier mit eingeschaltet, weil die böhmischen Kohlen in der Gasindustrie noch neu sind, und jeder, selbst weniger vollständige, Aufschluss über ihr Verhalten von Interesse sein dürfte.

Kohlensäure = 0

Spec Gewicht = $\left(\frac{162}{248}\right)^2 = 0,43$

4½ c' ergaben am Photometer 8 Kerzen

Cokesausbeute 105 Pfd.

Theer und Wasser 18½ Pfd.

Ausbeute nach Gewicht:

| | | |
|---|---|---|
| 859 c' Gas | = | 25,8 Pfd. |
| Coke | = | 105 „ |
| Theer und Wasser | = | 18,5 „ |
| Reinigung und Verlust | = | 18,7 „ |
| | | 168,0 Pfd. |

27. „Schwarzkohlen der St. Pankrazzeche bei Nürschan." — 19. Sept. 1862. Ladung 150 Pfd. = 4 c' engl.

| | Stand der Gasuhr | Production | Temperatur nach Celsius | Production bei 10° Cels. |
|---|---|---|---|---|
| 7 Uhr — Mt. | 6125 | | 13 ° | |
| 7 „ 15 „ | 6180 | 55 c' | 14 „ | |
| 7 „ 30 „ | 6225 | 45 „ | 14 „ | 202 c' |
| 7 „ 45 „ | 6275 | 50 „ | 15 „ | |
| 8 „ — „ | 6330 | 55 „ | 16 „ | |
| 8 „ 15 „ | 6390 | 60 „ | 17 „ | |
| 8 „ 30 „ | 6450 | 60 „ | 17 „ | 244 „ |
| 8 „ 45 „ | 6520 | 70 „ | 17 „ | |
| 9 „ — „ | 6580 | 60 „ | 18 „ | |
| 9 „ 15 „ | 6635 | 55 „ | 19 „ | |
| 9 „ 30 „ | 6690 | 55 „ | 19 „ | 189 „ |
| 9 „ 45 „ | 6740 | 50 „ | 19 „ | |
| 10 „ — „ | 6775 | 35 „ | 18 „ | |
| 10 „ 15 „ | 6805 | 30 „ | 17 „ | |
| 10 „ 30 „ | 6815 | 10 „ | 15 „ | 40 „ |
| 10 „ 45 „ | 6825 | 10 „ | 15 „ | |
| | | 700 c' | | 684 c' |

Kohlensäure = 0

Spec. Gewicht = $\left(\frac{142}{210}\right)^2 = 0,46.$

5,2 c' ergaben am Photometer 5 Kerzen

2,0 c' zeigten am *Erdmann*'schen Prüfer 27°

1,8 c' brauchten zur Entleuchtung 3,77 c' Luft.

Cokesausbeute = 97,4 Pfd.

Theer und Wasser = 20,4 Pfd.

Ausbeute nach Gewicht:

| | | |
|---|---|---|
| 684 c' Gas | = | 21,99 Pfd. |
| Coke | = | 97,4 „ |
| Theer und Wasser | = | 20,4 „ |
| Reinigung u. Verlust | = | 10,21 „ |
| | | 150,0 Pfd. |

1½ Lagen *Laming*'sche Masse schmutzig.

28. „Plattenkohle der St. Pankrazzeche bei Nürschau." — 23. Sept. 1862. Ladung 150 Zollpfd.

| | Stand der Gasuhr | Production | Temperatur nach Celsius | Production bei 10° Cels. |
|---|---|---|---|---|
| 7 Uhr — Min. | 6840 | | 11° | |
| 7 „ 15 „ | 6930 | 90 c' | 13 „ | |
| 7 „ 30 „ | 7010 | 80 „ | 13 „ | 327 c' |
| 7 „ 45 „ | 7090 | 80 „ | 13 „ | |
| 8 „ — „ | 7170 | 80 „ | 13 „ | |
| 8 „ 15 „ | 7260 | 90 „ | 14 „ | |
| 8 „ 30 „ | 7340 | 80 „ | 15 „ | 315 „ |
| 8 „ 45 „ | 7420 | 80 „ | 16 „ | |
| 9 „ — „ | 7490 | 70 „ | 16 „ | |
| 9 „ 15 „ | 7550 | 60 „ | 16 „ | |
| 9 „ 30 „ | 7610 | 60 „ | 16 „ | 216 „ |
| 9 „ 45 „ | 7660 | 50 „ | 16 „ | |
| 10 „ — „ | 7710 | 50 „ | 16 „ | |
| 10 „ 15 „ | 7750 | 40 „ | 17 „ | |
| 10 „ 30 „ | 7770 | 20 „ | 17 „ | 70 „ |
| 10 „ 45 „ | 7782 | 12 „ | 16 „ | |
| | | 942 c' | | 928 c' |

Kohlensäure = 0

Spec. Gewicht = $\left(\frac{135}{188}\right)^2 = 0{,}52$

4 c' ergaben am Photometer 18 Kerzen

1,02 c' zeigten am *Erdmann*'schen Prüfer 41°

1,08 c' brauchten zur Entleuchtung 3,85 c' Luft.

Cokeausbeute 76,16 Pfd.

Theer und Wasser 22,4 Pfd.

Ausbeute nach Gewicht:

| | | |
|---|---|---|
| 928 c' Gas | = | 33,73 Pfd. |
| Coke | = | 76,16 „ |
| Theer und Wasser | = | 22,40 „ |
| Reinigung u. Verlust | = | 17,71 „ |
| | | 150,00 Pfd. |

1½ Lagen *Laming*'sche Masse schmutzig.

29. Böhmische Gaskohle, geliefert von *Klauber & Sohn*.
Ladung 150 Zollpfd. = 4 c' engl.

| | Stand der Gasuhr | Production | Temperatur nach Celsius | Production bei 10° Cels. |
|---|---|---|---|---|
| 7 Uhr — Mt. | 4956 | | 12 ° | |
| 7 „ 15 „ | 5010 | 54 c' | 12 „ | 222 c' |
| 7 „ 30 „ | 5060 | 50 „ | 12 „ | |
| 7 „ 45 „ | 5120 | 60 „ | 12 „ | |
| 8 „ — „ | 5180 | 60 „ | 12 „ | |
| 8 „ 15 „ | 5230 | 50 „ | 13 „ | 188 „ |
| 8 „ 30 „ | 5280 | 50 „ | 14 „ | |
| 8 „ 45 „ | 5330 | 50 „ | 14 „ | |
| 9 „ — „ | 5370 | 40 „ | 14 „ | |
| 9 „ 15 „ | 5410 | 40 „ | 14 „ | 163 „ |
| 9 „ 30 „ | 5460 | 50 „ | 14 „ | |
| 9 „ 45 „ | 5500 | 40 „ | 14 „ | |
| 10 „ — „ | 5535 | 35 „ | 14 „ | |
| 10 „ 15 „ | 5565 | 30 „ | 14 „ | 106 „ |
| 10 „ 30 „ | 5595 | 30 „ | 14 „ | |
| 10 „ 45 „ | 5625 | 30 „ | 14 „ | |
| 11 „ — „ | 5642 | 17 „ | 14 „ | |
| 11 „ 15 „ | 5650 | 8 „ | 14 „ | 8 „ |
| | | 694 c' | | 687 c' |

Kohlensäure = 0

Spec. Gewicht $= \left(\frac{190}{237}\right)^2 = 0,64.$

5,5 c' ergaben am Photometer 3½ Kerzen
2,0 c' zeigten am *Erdmann*'schen Prüfer 27°
2,0 c' brauchten zur Entleuchtung 3,94 c' Luft.
Cokesausbeute = 100,8 Pfd.
Theer und Wasser = 14,0 Pfd.

Ausbeute nach Gewicht:

| | | |
|---|---|---|
| 687 c' Gas | = | 30,72 Pfd. |
| Coke | = | 100,8 „ |
| Theer und Wasser | = | 17,0 „ |
| Reinigung u. Verlust | = | 3,58 „ |
| | | 150,00 Pfd. |

2 Lagen *Laming*'sche Masse schmutzig.

## G. *Bayerische Kohlen.*

30. „Kohlen aus den *v. Swaine*'schen Gruben in Stockheim bei Kronach. — 11. August 1862.
Ladung 150 Zollpfd. = 3¼ c' engl.

| | Stand der Gasuhr | Production | Temperatur nach Celsius | Production bei 10° Cels. |
|---|---|---|---|---|
| 7 Uhr — Min. | 2760 | | 11 ° | |
| 7 „ 15 „ | 2825 | 65 c' | 11 „ | |
| 7 „ 30 „ | 2875 | 50 „ | 11 „ | 204 c' |
| 7 „ 45 „ | 2925 | 50 „ | 11 „ | |
| 8 „ — „ | 2965 | 40 „ | 11 „ | |
| 8 „ 15 „ | 3010 | 45 „ | 12 „ | |
| 8 „ 30 „ | 3050 | 40 „ | 12 „ | |
| 8 „ 45 „ | 3095 | 45 „ | 12 „ | 172 „ |
| 9 „ — „ | 3140 | 45 „ | 12½ „ | |
| 9 „ 15 „ | 3175 | 35 „ | 12 „ | |
| 9 „ 30 „ | 3215 | 40 „ | 12 „ | |
| 9 „ 45 „ | 3255 | 40 „ | 13 „ | 153 „ |
| 10 „ — „ | 3295 | 40 „ | 13 „ | |
| 10 „ 15 „ | 3345 | 50 „ | 13 „ | |
| 10 „ 30 „ | 3390 | 45 „ | 13 „ | |
| 10 „ 45 „ | 3440 | 50 „ | 13 „ | 183 c' |
| 11 „ — „ | 3480 | 40 „ | 13 „ | |
| 11 „ 15 „ | 3510 | 30 „ | 13 „ | |
| 11 „ 30 „ | 3530 | 15 „ | 13 „ | 64 „ |
| 11 „ 45 „ | 3545 | 10 „ | 13 „ | |
| | | 785 c' | | 776 c' |

Kohlensäure = 0

Spec. Gewicht = $\left(\frac{146}{236}\right)^2 = 0{,}38$.

4,9 c' ergaben am Photometer 3 Kerzen
2,11 c' zeigten am *Erdmann*'schen Prüfer 26°
2,11 c' brauchten zur Entleuchtung 3,96 c' Luft.

Cokeausbeute 112 Pfd. = 5 c'
Theer und Wasser 10 Pfd.

Ausbeute nach Gewicht:

| | | |
|---|---|---|
| 776 c' Gas | = 20,61 | Pfd. |
| Coke | = 112 | „ |
| Theer und Wasser | = 10 | „ |
| Reinigung u. Verlust | = 7,39 | „ |
| | 150,00 | Pfd. |

2 Lagen *Laming*'sche Masse schmutzig.

31. „Braunkohlen vom Flötz Antinlohe bei Ostin, Landgerichts Tegernsee in Oberbayern. — 18. Juli 1862.
Ladung 150 Pfd. = 3⅓ c' engl.

| | Stand der Gasuhr | Production | Temperatur nach Celsius | Production bei 10° Cels. |
|---|---|---|---|---|
| 7 Uhr — Mt. | 1236 | | 10 ° | |
| 7 „ 15 „ | 1310 | 74 c' | 12 „ | |
| 7 „ 30 „ | 1385 | 75 „ | 17 „ | 297 c' |
| 7 „ 45 „ | 1460 | 75 „ | 20 „ | |
| 8 „ — „ | 1545 | 85 „ | 32 „ | |
| 8 „ 15 „ | 1650 | 105 „ | 41 „ | |
| 8 „ 30 „ | 1760 | 110 „ | 43 „ | 353 „ |
| 8 „ 45 „ | 1850 | 90 „ | 42 „ | |
| 9 „ — „ | 1940 | 90 „ | 40 „ | |
| 9 „ 15 „ | 2005 | 65 „ | 37 „ | |
| 9 „ 30 „ | 2045 | 40 „ | 33 „ | 132 „ |
| 9 „ 45 „ | 2070 | 25 „ | 26 „ | |
| 10 „ — „ | 2081 | 11 „ | 23 „ | |
| | | 845 c' | | 782 c' |

Kohlensäure = 1,75%

Spec. Gewicht des von $CO_2$ befreiten Gases = $\left(\frac{161}{222}\right)^2$ = 0,52.

Schwefelwasserstoff durch essigs. Bleioxyd deutlich angezeigt.

5,65 c' ergaben am Photometer 6 Kerzen

1,81 c' zeigten am *Erdmann*'schen Prüfer 26°

1,77 c' brauchten zur Entleuchtung 3,84 c' Luft.

Cokesausbeute 73 Pfd. = 2 c'

Theer und Wasser 22,4 Pfd.

Ausbeute nach Gewicht:

| | | |
|---|---|---|
| 782 c' Gas | = 29,52 | Pfd. |
| Coke | = 73 | „ |
| Theer und Wasser | = 22,4 | „ |
| Reinigung u. Verlust | = 25,08 | „ |
| | 150,00 | Pfd. |

Sämmtliches Reinigungsmaterial schmutzig.

## II. *Englische Kohlen.*

32. „Old Pelton-Main. — 15. Juli 1862.

| | Stand der Gasuhr | Production | Temperatur nach Celsius | Production bei 10° Cels. |
|---|---|---|---|---|
| 7 Uhr — Mt. | 7936 | | 13 „ | |
| 7 „ 15 „ | 8020 | 84 c' | 13 „ | |
| 7 „ 30 „ | 8080 | 60 „ | 13 „ | 246 c' |
| 7 „ 45 „ | 8135 | 55 „ | 13 „ | |
| 8 „ — „ | 8185 | 50 „ | 14 „ | |

| | Stand der Gasuhr | Production | Temperatur nach Celsius | Production bei 10° Cels. |
|---|---|---|---|---|
| 8 Uhr 15 Mt. | 8240 | 55 „ | 14 ° | 187 c' |
| 8 „ 30 „ | 8285 | 45 „ | 14½ „ | |
| 8 „ 45 „ | 8330 | 45 „ | 15 „ | |
| 9 „ — „ | 8375 | 45 „ | 15 „ | |
| 9 „ 15 „ | 8420 | 45 „ | 15 „ | 211 „ |
| 9 „ 30 „ | 8475 | 55 „ | 16 „ | |
| 9 „ 45 „ | 8530 | 55 „ | 15½ „ | |
| 10 „ — „ | 8590 | 60 „ | 16 „ | |
| 10 „ 15 „ | 8645 | 55 „ | 17 „ | 198 „ |
| 10 „ 30 „ | 8695 | 50 „ | 17 „ | |
| 10 „ 45 „ | 8745 | 50 „ | 17 „ | |
| 11 „ — „ | 8792 | 47 „ | 18 „ | |
| 11 „ 15 „ | 8835 | 43 „ | 18 „ | 88 „ |
| 11 „ 30 „ | 8860 | 25 „ | 18 „ | |
| 11 „ 45 „ | 8875 | 15 „ | 17 „ | |
| 12 „ — „ | 8882 | 7 „ | 17 „ | |
| | | 946 c' | | 930 c' |

Kohlensäure = 0

Spec. Gewicht = $\left(\frac{138}{222}\right)^2 = 0{,}39$

5,5 c' ergaben am Photometer 7½ Kerzen

1,69 c' zeigten am *Erdmann*'schen Prüfer 29½°

1,85 c' brauchten zur Entleuchtung 3,99 c' Luft.

Cokeausbeute 104 Pfd. = 6 c'

Theer und Wasser 14,5 Pfd.

Ausbeute nach Gewicht:

| | | |
|---|---|---|
| 930 c' Gas | = | 28,4 Pfd. |
| Coke | = | 104 „ |
| Theer und Wasser | = | 14,5 „ |
| Reinigung und Verlust | = | 3,1 „ |
| | | 150,00 Pfd. |

2 Lagen *Laming*'sche Masse schmutzig.

33. „Lesmahago Cannel." — 16. Juli 1862.

Ladung: 150 Zoll-Pfd.

| | Stand der Gasuhr | Production | Temperatur nach Celsius | Production bei 10° Cels. |
|---|---|---|---|---|
| 7 Uhr — Mt. | 8882 | | 16 ° | |
| 7 „ 15 „ | 8920 | 138 c' | 15 „ | 431 c' |
| 7 „ 30 „ | 9120 | 100 „ | 16 „ | |
| 7 „ 45 „ | 9220 | 100 „ | 17 „ | |
| 8 „ — „ | 9322 | 102 „ | 18 „ | |

| | Stand der Gasuhr | Production | Temperatur nach Celsius | Production bei 10° Cels. |
|---|---|---|---|---|
| 8 Uhr 15 Mt. | 9425 | 103 „ | 19 „ | |
| 8 „ 30 „ | 9520 | 95 „ | 19 „ | 352 c' |
| 8 „ 45 „ | 9605 | 85 „ | 19 „ | |
| 9 „ — „ | 9685 | 80 „ | 19 „ | |
| 9 „ 15 „ | 9755 | 70 „ | 19 „ | |
| 9 „ 30 „ | 9820 | 65 „ | 18 „ | 204 „ |
| 9 „ 45 „ | 9860 | 40 „ | 17 „ | |
| 10 „ — „ | 9895 | 35 „ | 17 „ | |
| 10 „ 15 „ | 9915 | 20 „ | 16 „ | |
| 10 „ 30 „ | 9925 | 10 „ | 16 „ | 39 „ |
| 10 „ 45 „ | 9935 | 10 „ | 16 „ | |
| | | 1053 c' | | 1026 c' |

Kohlensäure = 0

Spec. Gewicht $= \left(\frac{164}{221}\right)^2 = 0,55.$

3 c' ergaben am Photometer 13½ Kerzen
1,05 c' zeigten am *Erdmann*'schen Prüfer 44°
1,1 c' brauchten zur Entleuchtung 3,876 c' Luft.
Cokeausbeute 74 Pfd.
Theer und Wasser 24,64 Pfd.

Ausbeute nach Gewicht:

| | | |
|---|---|---|
| 1026 c' Gas | = 39,44 | Pfd. |
| Coke | = 74 | „ |
| Theer und Wasser | = 24,64 | „ |
| Reinigung u. Verlust | = 11,92 | „ |
| | 150,00 | Pfd. |

2 Lagen *Laming*'sche Masse schmutzig.

34. „Boghead." — 17. Juli 1862.
Ladung 150 Zollpfd.

| | Stand der Gasuhr | Production | Temperatur nach Celsius | Production bei 10° Cels. |
|---|---|---|---|---|
| 7 Uhr — Mt. | 9935 | | 11 „ | |
| 7 „ 15 „ | 10060 | 125 c' | 11 „ | |
| 7 „ 30 „ | 10160 | 100 „ | 11 „ | 433 c' |
| 7 „ 45 „ | 10260 | 100 „ | 11½ „ | |
| 8 „ — „ | 10370 | 110 „ | 12 „ | |
| 8 „ 15 „ | 10485 | 115 „ | 12 „ | |
| 8 „ 30 „ | 10600 | 115 „ | 12½ „ | |
| 8 „ 45 „ | 10705 | 105 „ | 13 „ | 431 „ |
| 9 „ — „ | 10805 | 100 „ | 13 „ | |

| | Stand der Gasuhr | Production | Temperatur nach Celsius | Production bei 10° Cels. |
|---|---|---|---|---|
| 9 Uhr 15 Mi. | 10885 | 90 „ | 13 „ | 208 c' |
| 9 „ 30 „ | 10940 | 55 „ | 13 „ | |
| 9 „ 45 „ | 10985 | 45 „ | 13 „ | |
| 10 „ — „ | 11010 | 25 „ | 13 „ | |
| 10 „ 15 „ | 11025 | 15 „ | 13 „ | 30 „ |
| 10 „ 30 „ | 11040 | 15 „ | 13 „ | |
| | | 1106 c' | | 1097 c' |

Kohlensäure = 0

Spec. Gewicht = 0,66

2,04 c' ergaben am Photometer 14 Kerzen

0,60 c' zeigten am *Erdmann*'schen Prüfer 60°

0,67 c' brauchten zur Entleuchtung 3,346 c' Luft.

Cokesausbeute 67 Pfd.

Theer und Wasser 25,76 Pfd.

Ausbeute nach Gewicht:

| | | |
|---|---|---|
| 1097 c' Gas | = | 50,60 Pfd. |
| Coke | = | 67 „ |
| Theer und Wasser | = | 25,76 „ |
| Reinigung u. Verlust | = | 6,64 „ |
| | | 150,00 Pfd. |

½ Lage *Laming*'sche Masse schmutzig.

(Forts. folgt.)

## Leuchtgas-Maschine von H. Moltrecht & Comp. in Hamburg zum Betriebe einer Buchdruckerei daselbst.

(Aus den Mitth. des Gewerbe-Vereins für Hannover.)

Herr Ingenieur *Weinlig* in Lüneburg, dem wir gegenwärtigen Artikel verdanken, hat eine *Moltrecht*'sche Leuchtgas-Maschine (nach *Lenoir*'schem Prinzipe) längere Zeit zu beobachten Gelegenheit gehabt und zwar in der Hamburger Zeitungsdruckerei der Börsenhalle am Altenwalle.

Das Gas zum Betriebe der Maschine wird von der Strassenleitung genommen, welche zugleich das Gas zur Beleuchtung liefert. Eine besondere Gasuhr lässt den Gasconsum mit vollkommener Genauigkeit erkennen und ein kleiner Windkessel (2' Durchmesser bei 3' Länge), in der Rohrleitung nach der Maschine angebracht, verhindert auch das geringste Flackern der Gaslampen. Das Kühlwasser des Cylinders wird von der allgemeinen Wasserleitung genommen, es wird ebenfalls durch eine Wasseruhr abgelesen und fliesst auf 70° R. erwärmt in Gefässe, woraus es zum Waschen etc. benutzt wird.

Durchschnittlich arbeitet die Maschine mit 100 Umgängen, jedoch bringt die allerkleinste Verstellung des Gashahnes schon eine merkliche Aenderung in der Umgangszahl und Kraftäusserung hervor. Der Gang der Maschine ist ausserordentlich regelmässig, wozu freilich das 700 Pfd. schwere Schwungrad das Seinige beiträgt; aber im Allgemeinen ist die Behandlung und Wartung der Maschine so einfach und sicher, wie es bei keiner andern Betriebskraft möglich ist. Soll dieselbe angehen, so setzt ein beliebiger Arbeiter die Batterie in Gang, öffnet den Gashahn bis zu der angegebenen Stelle, ebenfalls den Wasserhahn, und sie verrichtet sofort ihre ganze Arbeit mit der richtigen Umgangszahl und wird bis zum Schliessen der Hähne beim Schlusse der Arbeit sich selbst ungestört (das regelmässige Schmieren mit Oel ausgenommen) ohne jede Aufsicht überlassen. Die abziehende sehr heisse Feuerluft entweicht in's Freie, jedoch kann sie zur Heizung der Werkstätten sehr bequem verwendet werden. Das Geräusch, welches die Maschine nothwendig begleiten muss, ist etwa wie das des ausgestossenen Dampfes bei Dampfmaschinen.

In der Druckerei der Börsenhalle steht die Gasmaschine in einer Ecke, nimmt dort einen Raum ein von 6' Länge und 3' Breite, hat die electrische Batterie in der hohlen Fundamentplatte und treibt durch Riemen 2 grosse Doppelschnellpressen von *König & Bauer* in Würzburg.

Sie leistet dabei etwa 2½ Pferdekraft und liefert 40—50 Bogen von circa 2 Fuss im Quadrat fertig gedruckt per Minute.

Die electrische Batterie hat 3 kleine Kohlen-Zink-Elemente 3" Durchmesser, 5" hoch, ausserdem ist eine Reservebatterie vorhanden. Jeden Abend werden die Kohlencylinder herausgenommen, in kaltes Wasser einige Stunden gestellt, alsdann getrocknet und beim Beginn der Arbeit wieder eingesetzt, dabei jeden Tag ein Element der Reservebatterie mit frischer Säure umgewechselt, so dass ein Element continuirlich 3 Tage dient.

## Regulativ über Ausführung von Gasrohrleitungen und Gasbeleuchtungsanlagen in Leipzig.

Für die Ausführung von Gasrohrleitungen und Anlagen aller Art zum Behufe des Leuchtgasverbrauches in geschlossenen oder überbauten Räumen, sowie in Höfen und Gärten, auch bei Illuminationen innerhalb des Stadtbezirks gelten folgende Vorschriften:

§. 1. Die Aufsicht darüber, dass Gasrohrleitungen und sonstige technische Anlagen, deren Zweck in dem Verbrauche von Leuchtgas innerhalb geschlossener Räume oder Privatgrundstücke, sowie bei Illuminationen besteht, mit demjenigen Grade von Sorgfalt und Vorsicht ausgeführt werden, welcher Gefahr für Leben und Gesundheit der in solchen Räumen verkehrenden Personen so viel als möglich abzuwenden geeignet ist, steht dem Rathe als der örtlichen Wohlfahrtspolizei zu.

§. 2. Alle Diejenigen, welche ihr benöthigtes Leuchtgas aus der unter der Verwaltung des Raths stehenden Fabrik beziehen, unterwerfen sich vertragsmässig zugleich der Verpflichtung, die Herstellung und Reparatur der in §. 1 bezeichneten Anlagen von keinem Andern besorgen zu lassen, als von einem solchen Verfertiger von Gasrohrleitungen, welcher sich für dieses Gewerbe bei dem Rath angemeldet hat und dessen Name hierauf bekannt gemacht worden ist.

§. 3. Jeder, welcher innerhalb des Stadtbezirks Anlagen der §. 1 bezeichneten Art ausführen zu lassen beabsichtigt, hat dies schriftlich der Gasanstalt anzuzeigen, auch dabei zu bemerken, durch welchen Unternehmer er die Ausführung bewirkt haben will, nicht minder, wenn die Anlage in einem ihm nicht eigenthümlich zugehörigen Grundstücke bewirkt werden soll die Genehmigung des Eigenthümers, bezüglich Verwalters des Grundstücks nachzuweisen. Zu dieser Anzeige ist das vorschriftsmässige Anmeldeformular zu benutzen, welches von der Gasanstalt unentgeltlich geliefert wird.

§. 4. In der Anzeige sind die zu beleuchtenden Räume ihrem Benutzungszwecke nach, die Materialien aber, aus welchen die Rohrleitungen hergestellt werden sollen, dann besonders zu bezeichnen, wenn die Verwendung anderer als schmiedeeiserner Röhren beabsichtigt wird.

§. 5. Der zur Ausführung bezeichnete Verfertiger hat dieselbe in dem in §. 2 gedachten Falle nicht früher in Angriff zu nehmen, als bis ihm hierzu die Gestattung durch die Gasanstalt schriftlich ertheilt worden ist.

§. 6. Zu den Gasleitungen in dem Innern von Gebäuden sind vorzugsweise schmiedeeiserne Röhren zu verwenden. Ausnahmsweise sind auch hartgelöthete oder gegossene Röhren von Kupfer oder Messing zulässig. Röhren von Metall-Komposition, von Zinn oder Blei — letztere mit dem in §. 7 der Instruktion zu berührenden Ausnahmefalle — sind unter allen Umständen unzulässig. Auch ist bei Reparaturen die Anwendung weichen Lothes an den Rohrleitungen unstatthaft. Gummischläuche sind nur zur Ueberleitung des Gases nach transportablen Leuchtern und nur dann zulässig, wenn jeder einzelne Gummischlauch durch einen Hahn von der metallnen Zuleitung abgeschlossen werden kann.

§. 7. Die zu einer Gasbeleuchtungsanlage erforderlichen Röhren sind von den Verfertigern selbst in dem Zustande, wie sie zur Verwendung kommen sollen, einer vorläufigen Prüfung auf ihre Luftdichtheit zu unterwerfen und es haben sich die Verfertiger die dazu erforderlichen Vorrichtungen selbst anzuschaffen, auch bei der Anmeldung zum Gewerbsbetrieb durch ein Zeugniss der Gasanstalt deren Besitz nachzuweisen.

§. 8. Die Verbindung der einzelnen Theile der Gasrohrleitungen ist dauerhaft und luftdicht herzustellen In der Regel ist hierbei die sogenannte Muffen- und Flanchenverbindung in Anwendung zu bringen, ausnahmsweise Gestattung einer anderen Verbindungsweise bleibt dem Ermessen des technischen Aufsichtsorgans vorbehalten.

§. 9. Die Leitungsröhren sind so zu verlegen, dass sie möglichst leicht zugänglich und da, wo sie zu Tage liegen, vor zufälliger Beschädigung durch äussere Gewalt geschützt sind. Schmiedeeiserne Röhrenleitungen, in feuchten Räumen verlegt, sind durch einen geeigneten Anstrich gegen Zerstörung durch Oxidation zu sichern. Bei der Befestigung der Röhren ist darauf zu achten, dass sie bei horizontaler Durchführung durch Wände gehörigen, einer Beschädigung oder Brechung vorbeugenden Spielraum behalten. Sind Rohrleitungen unter Fussböden zu verlegen, so ist Vorsorge dahin zu treffen, dass die Dielung, namentlich über den Verbindungsstellen ohne Schwierigkeit und Verzug aufgehoben werden kann. Führung der Rohrleitung durch verschlossene und unzugängliche Zwischenräume ist zu vermeiden. Kronleuchter sind mit hinreichender Sicherheit besonders zu befestigen und dürfen nicht an den Leitungsröhren selbst hängen.

§. 10. Die Abschlusshähne sind so einzurichten, dass sie nur eine Viertelwendung machen und nicht aus der Hülse gezogen werden können. Sie, so wie die Gelenke an den Rohrleitungen sind vollkommen luftdicht einzuschleifen und eben so mit den Rohrleitungen zu verbinden.

§. 11. An allen Punkten, wo aus einer Hauptleitung das Leuchtgas in ein Gebäude eingeführt wird, ist in möglichster Nähe am Eingange ein Hauptabschlusshahn anzubringen und leicht zugänglich zu verwahren. Wo Gaszähler aufgestellt sind, ist dieser Abschlusshahn vor denselben, d. h. zwischen dem Zähler und der Ableitung von der Hauptröhre, anzubringen. Kron- und Schiebeleuchter müssen durch besondere leicht zugängliche Hähne von der ihnen das Gas zuführenden Leitung abgeschlossen werden können. Die Erdröhre, d. h. die Zuleitung von der Strassen-Hauptröhre, einschliesslich des Haupthahns, kann nur durch die Gasanstalt selbstverständlich auf Kosten des Konsumenten, ausgeführt werden. Das Gleiche gilt von der Lieferung, Aufstellung und Verbindung der Gaszähler, deren Grösse, je nach der jeweiligen Flammenzahl, die Gasanstalt vorschreibt. Dagegen bleibt den Konsumenten die Beschaffung des zum Schutz des Haupthahns und des Gaszählers erforderlichen Schrankes überlassen: doch wird dessen Stellung von der Gasanstalt bestimmt, wie auch das Schloss desselben von letzterer bezogen werden muss, damit dasselbe von den Beamten der Anstalt durch den Normalschlüssel stets geöffnet werden kann. Die Bedienung der Gaszähler findet durch die Gasanstalt statt; doch werden nur für das Auffüllen mit Spiritus oder Glycerin Kosten berechnet.

§ 12. Bei Anbringung der Verbrennungsvorrichtungen ist darauf Acht zu nehmen, dass die höchst mögliche Stichflamme von den verbrennenden Materialien, aus welchen der zu erleuchtende Raum hergestellt ist, so weit entfernt bleibt, als zur Verhütung einer Anzündung dieser Materialien erforderlich ist.

§. 13. Nach völliger Beendigung der angemeldeten Beleuchtungsanlage, jedoch vor Anbringung des Anstrichs und des Verputzes, sowie jeder Bedeckung und vor erfolgter Verbindung derselben mit dem Gaszähler hat der Verfertiger unter Bezugnahme auf den in § 5 erwähnten Gestattungsschein bei der Gasanstalt hiervon schriftliche Anzeige zu machen. Letztere lässt die Prüfung der Anlage durch den dazu beauftragten Techniker nach Maassgabe der unten folgenden Instruktion vornehmen und es findet dabei die Verbindung der Röhrenleitung mit dem Gaszähler und die Kontrole der richtigen Aufstellung des letzteren gleichzeitig statt. Bereits verputzte und überstrichene oder sonst bedeckte Leitungen sind von der Prüfung unbedingt zurückzuweisen. Ueber den Befund bei der Prüfung ist dem Inhaber der Beleuchtungsanlage und auf Verlangen auch dem Verfertiger derselben durch den prüfenden Beamten ein Attestat auszustellen, in welchem nach zufriedenstellender Beendigung der Prüfung zu bemerken ist, dass der Inbetriebsetzung ein technisches Bedenken nicht entgegenstehe. Erst wenn der Inhaber der Beleuchtungsanlage ein solches Attestat erhalten hat, ist ihm die Inbetriebsetzung der Beleuchtungsanlage zu gestatten. Das Prüfungsattest wird an der inneren Seite der Gaszählerthür durch Aufkleben befestigt.

§. 14. Die vorstehenden Bestimmungen leiden auch auf beabsichtigte Erweiterungen oder Abänderungen bereits bestehender Beleuchtungsanlagen, sowie auf Reparaturen nur dann Anwendung, wenn durch letztere die Flammenzahl oder Flammengrösse verändert wird. Beleuchtungsanlagen, welche länger als ein Jahr ausser Betrieb gestanden haben, sind vor der Wiedereröffnung des Betriebes einer Prüfung zu unterwerfen. Bei den in diesem Paragraph erwähnten Fällen wird die Prüfung zwar nach der im §. 13 erwähnten Instruction vorgenommen, es kann aber dabei die in §. 2 der Instruktion vorgeschriebene Probe nach Ermessen des Beamten in Wegfall kommen.

§. 15. Alle zur Zeit ausgeführten Gasbeleuchtungs-Einrichtungen sind, auch wenn an denselben eine Erweiterung oder Veränderung nicht vorgenommen wird, innerhalb der nächsten zehn Jahre nach der in §. 13 erwähnten Instruction zu prüfen, wobei ebenfalls nach Ermessen des prüfenden Beamten die in §. 2 der Instruction vorgeschriebene Probe in Wegfall kommen kann. Nach Verlauf von zehn Jahren müssen daher sämmtliche Gasbeleuchtungs-Einrichtungen mit den in §. 13 erwähnten Attesten versehen sein.

§. 16. Im Betriebe befindliche Beleuchtungsanlagen können jederzeit den nach der Instruction vorgeschriebenen Prüfungen unterworfen werden, sobald dies für nothwendig befunden oder von dem Inhaber beantragt wird. Zeigen sich hierbei gefahrbringende Unvollkommenheiten, so kann der Fortgebrauch bis zur Abstellung dieser Uebelstände untersagt werden.

§. 17. Zuwiderhandlungen gegen die Bestimmungen des Regulativs werden gegen den Verfertiger der betreffenden Anlage oder dessen Theilnehmer bis zu 25 Thlrn. geahndet. Im Falle des Zahlungsunvermögens wird die Geldstrafe in eine angemessene Freiheitsstrafe verwandelt. Insoweit durch die Zuwiderhandlung zugleich ein der strafrichterlichen Beurtheilung anheimfallendes Vergehen verübt worden ist, bleibt dessen Ahndung im geordneten Rechtswege vorbehalten. Die Ansprüche wegen der erweislich durch Fehler der Anlage oder durch nachlässige Ausführung derselben entstandenen Schäden bleiben den betheiligten Privatpersonen zur Geltendmachung im Civilwege vorbehalten.

§. 18. Das technische Organ ist bis auf Weiteres die technische Oberleitung der städtischen Gasfabrik. Die mit der Handhabung der einzelnen Vorschriften dieses Regulativs zu betrauenden Beamten derselben werden auf vorliegendes Regulativ und die demselben beigefügte Instruktion verpflichtet.

§. 19. Die Gebühren für die Prüfung betragen bei einer Leitung von 1 bis 5 Flammen 1 Thlr. 10 Ngr., von 5 bis 10 Flammen 1 Thlr. 15 Ngr., von 10 bis 15 Flammen 1 Thlr. 20 Ngr., von 15 bis 25 Flammen 1 Thlr. 25 Ngr., von 25 bis 40 Flammen 2 Thlr., von 40 bis 55 Flammen 2 Thlr., 5 Ngr., von 55 bis 70 Flammen 2 Thlr. 10 Ngr., von 70 bis 90 Flammen 2 Thlr. 15 Ngr., von 90 bis 130 Flammen 2 Thlr. 20 Ngr., von 130 bis 180 Flammen 2 Thl. 25 Ngr. und für jede ferneren 50 Flammen 5 Ngr. mehr. Diese Gebühr wird auch im vollen Betrage bei jeder nach §. 14 vorzunehmenden und nach §. 16 beantragten Prüfung erlegt. Kann eine angesetzte Prüfung, zu welcher sich der Beamte an Ort und Stelle verfügt hat, in Folge einer Schuld des Inhabers oder des Verfertigers der Anlage nicht stattfinden, oder kann die Prüfung in Folge der Bestimmungen der Instruktion nicht fortgesetzt werden, so ist für eine solche unvollendete Prüfung jedesmal die Gebühr von 1 Thlr. 10 Ngr. zu erlegen. Bei den §. 4. der Instruktion erwähnten besonderen Prüfungen der Kron- und Schiebe-Leuchter wird pro Flamme 1 Ngr. als Prüfungsgebühr in Anrechnung gebracht.

§. 20. Die Bestimmungen dieses Regulativs leiden auch auf andere bereits bestehende oder noch zu errichtende hiesige Gasfabriken Anwendung.

## Instruktion für die mit Prüfung der Gaseinrichtungen beauftragten technischen Beamten.

Die Prüfung einer Gaseinrichtung hat der damit beauftragte Techniker in nachstehender Art und Reihefolge in Gegenwart des Verfertigers derselben zu bewirken.

§. 1. Nachdem die Gaseinrichtung von dem Verfertiger derselben als vollendet erklärt und die Verbindung derselben mit der Gaszuleitung bis auf das Rohr zwischen dem Gasmähler und der angefertigten Gasleitung eingerichtet ist, ohne dass jedoch die Röhren einen Anstrich oder irgend eine Bedeckung erhalten haben oder der Putz an in das Mauerwerk eingelassenen Röhren bereits angebracht ist, hat der Beamte sich zuvörderst an der ganzen Ausführung zu überzeugen, dass die in §. 6 und 8 — 12 des Regulativs gegebenen Vorschriften genau befolgt worden sind und dass, sofern Kron- und Schiebeleuchter vorkommen, dieselben der in §. 4 dieser Instruction vorgeschriebenen Voruntersuchung unterlegen haben.

§. 2. Hat sich hierbei ein die Fortsetzung der Prüfung verhinderndes Bedenken nicht gefunden, so wird zur Prüfung mit komprimirter Luft übergegangen. Es wird deshalb die Röhrenleitung an ihrem Anfange mit einer mit Windkessel versehenen Kompressionspumpe in Verbindung gebracht, der Verschluss sämmtlicher Brennerhähne und der Abschluss der nach Kron- und Schiebe-Leuchtern, sowie nach Gummischläuchen führenden Zwischenhähne bewirkt und nun die Kompressionspumpe so lange in Thätigkeit gesetzt, bis das an ihr angebrachte Manometer ein Drittheil Atmosphäre Ueberdruck der inneren Luftspannung über den äusseren Atmosphärendruck anzeigt. Während nach Erfordern durch Nachpumpen diese Spannung erhalten wird, untersucht der Beamte durch Oeffnung aller einzelnen Brennerhähne nach einander, ob sich durch Ausströmung von Luft die Zuleitung als frei, d. h. nicht durch eine Verstopfung als unterbrochen erweist, und geht die Leitung durch, um sich theils durch das Gehör, theils durch Befeuchtung mit Wasser zu überzeugen, dass die Leitung und ihre Verbindung dicht sind. Wird ein Zischen gehört oder tritt Luft durch die mit Wasser benetzten Stellen, ohne dass der Verfertiger der Leitung durch Nachziehen der Schrauben die betreffenden Stellen dicht machen kann, so ist die Prüfung zu unterbrechen und erst nachdem der Verfertiger anzeigt, dass die Leitung entsprechend verbessert sei, von Neuem wieder aufzunehmen.

§. 3. Der Beamte hat, sofern dies zweckmässiger erscheint, die in §. 2 angegebene Probe bei grösseren Gaseinrichtungen mit einzelnen Abtheilungen derselben gesondert vorzunehmen.

§. 4. Kron- und Schiebe-Leuchter sind auf der Gasanstalt durch

# Betriebs-Bericht

## der städtischen Gas-Beleuchtungs-Anstalt zu Görlitz pro 1862.

Es wurden verwendet.

| Monat. | Arbeits-Löhne. | | | Steinkohlen zur Vergasung. | | | | Coak zur Retorten-Feuerung. | | | | Coak zur Dampfkessel-Feuerung. | | | | Coak z. Gebäude-Heizung. | | | | Kalk zur Reinigung. | | | | Gas in der Anstalt. | Gas zur Deckung der Verluste. | | Gesammt-Betrag. | | |
|---|---|---|---|---|---|---|---|---|---|---|---|---|---|---|---|---|---|---|---|---|---|---|---|---|---|---|---|---|---|
| | Rthl. | Sg | pf. | Tonn. | Rthlr. | Sg | pf. | Tonn. | Rthl | Sg | pf. | Tonn. | Rth | Sg | pf. | T. | R. | Sg | pf. | Tonn. | Rth | Sg | pf. | Cbf. | Cbf | pCt. | Rthlr. | Sg | pf. |
| Januar | 165 | 15 | — | 1578 | 1602 | 24 | — | 767 | 447 | 12 | 6 | 77½ | 45 | 6 | 3 | 8 | 5 | 10 | — | 62 | 78 | 16 | — | 38000 | 189240 | $7_{43}$ | 2564 | 23 | 9 |
| Februar | 170 | 13 | — | 1218 | 1231 | 16 | — | 672 | 392 | — | — | 64½ | 37 | 18 | 9 | 7 | 4 | 20 | — | 49½ | 62 | 13 | 6 | 33000 | 112420 | $5_{34}$ | 1899 | 21 | 3 |
| März | 130 | 9 | — | 1014 | 1025 | 8 | — | 614 | 358 | 5 | — | 62 | 36 | 5 | | 4 | 2 | 20 | — | 35 | 44 | 10 | — | 26600 | 87810 | $3_{37}$ | 1396 | 27 | — |
| April | 135 | 23 | 6 | 674 | 681 | 14 | 8 | 412 | 240 | 10 | — | 60 | 35 | — | — | 2 | 1 | 10 | | 23½ | 29 | 13 | 6 | 20500 | 60880 | $7_{39}$ | 1129 | 13 | 8 |
| Mai | 102 | 22 | — | 427 | 431 | 22 | 4 | 235 | 137 | 2 | 6 | 62 | 36 | 5 | — | — | — | — | — | 14 | 17 | 22 | — | 18500 | 135870 | $15_{14}$ | 725 | 13 | 10 |
| Juni | 99 | 19 | — | 328 | 330 | 22 | — | 197 | 114 | 27 | 6 | 60 | 35 | — | | — | — | — | — | 10 | 12 | 20 | — | 12000 | 91800 | $17_{49}$ | 592 | 28 | 6 |
| Juli | 118 | 9 | 6 | 359½ | 363 | 14 | 10 | 186 | 108 | 15 | — | 42 | 23 | 24 | — | | — | — | — | 14 | 17 | 22 | — | 14100 | 94000 | $13_{24}$ | 631 | 25 | 4 |
| August | 103 | 21 | — | 525 | 530 | 25 | — | 327 | 190 | 22 | 6 | 56 | 31 | 22 | — | — | — | — | — | 19 | 24 | 2 | — | 14000 | 68730 | $10_{69}$ | 881 | 2 | 6 |
| Septemb. | 106 | 25 | 6 | 788½ | 797 | 7 | 10 | 434 | 253 | 5 | — | 60 | 34 | — | | — | — | — | — | 27 | 34 | 6 | — | 20000 | 60400 | $4_{45}$ | 1225 | 14 | 4 |
| October | 171 | 1 | — | 1295 | 1309 | 11 | 8 | 715 | 417 | 2 | 6 | 62 | 36 | 4 | — | 2 | 1 | 6 | — | 45 | 57 | — | — | 30000 | 96830 | $4_{39}$ | 1950 | 25 | 9 |
| November | 166 | 16 | — | 1640 | 1658 | 6 | 6 | 872 | 508 | 20 | — | 60 | 34 | — | — | 7 | 4 | 6 | — | 69 | 87 | 12 | | 30000 | 131330 | $4_{37}$ | 2450 | — | 8 |
| December | 215 | 12 | 6 | 1859 | 1879 | 19 | 8 | 846 | 451 | 6 | — | 62 | 33 | 8 | — | 10 | 5 | 22 | — | 71½ | 90 | 17 | — | 38000 | 287120 | $7_{46}$ | 2675 | 25 | 2 |
| Summa | 1706 | 9 | — | 11706 | 11842 | 12 | 3 | 6277 | 3619 | 8 | 6 | 728 | 417 | 5 | — | 40 | 25 | 4 | — | 439 | 556 | 4 | | 297500 | 1403580 | $7_{31}$ | 18166 | 11 | 2 |
| dto. 1861 | 1699 | 23 | — | 11476¾ | 12179 | 3 | 8 | 6336½ | 3243 | 7 | 6 | 809 | 401 | 15 | — | 42 | 21 | — | — | 426 | 539 | 18 | — | 295500 | 1183400 | $6_{94}$ | 18087 | 7 | 9 |

## Es wurden gewonnen.

| Monat | Gas überhaupt | pro Tonne Steink. | Coaks | | | | Breeze | | | | Asche | | | | Theer | | | | Ammoniak-Wasser | | | | Gas-Kalk | | | | Gesammt-Betrag | | |
|---|---|---|---|---|---|---|---|---|---|---|---|---|---|---|---|---|---|---|---|---|---|---|---|---|---|---|---|---|---|
| | Cbf. | Cbf. | Tonn. | Rthl. | Sg. | pf. | Tonn. | Rth. | Sg. | pf. | Tn. | R. | Sg. | pf. | Tonn. | Rthl. | Sg. | pf. | Ton. | Rth. | Sg. | pf. | Tn. | Rth. | Sg. | pf. | Rthl. | Sg. | pf. |
| Januar | 2549630 | 1616 | 1784½ | 1040 | 28 | 9 | 105 | 34 | 10 | — | 66 | 2 | 6 | — | 93 | 248 | — | — | 114 | 6 | 27 | 6 | 120 | 20 | — | — | 1394 | 12 | 5 |
| Februar | 1575720 | 1622 | 1396¾ | 814 | 16 | 6 | 89 | 29 | 20 | — | 41 | 1 | 11 | | 77 | 200 | 10 | — | 204 | 8 | 16 | — | 89 | 10 | — | — | 1074 | 12 | 6 |
| März | 1656610 | 1608 | 1382½ | 712 | 27 | 2 | 65 | 22 | 20 | — | 31 | 1 | 1 | — | 66½ | 177 | 10 | — | 155 | 6 | 18 | 9 | 70 | 11 | 20 | — | 952 | 1 | 11 |
| April | 1059090 | 1515 | 518 | 477 | [illegible] | — | 54 | 15 | — | — | 30 | 1 | — | — | 32½ | 84 | 20 | — | 99 | 4 | 3 | 9 | 46 | 7 | 20 | — | 602 | 13 | 9 |
| Mai | 692470 | 1621 | 453 | 281 | 27 | 6 | 35½ | 13 | 6 | 3 | 21 | — | 27 | — | 41 | 109 | 10 | — | 89 | 3 | 20 | — | 23 | 4 | 20 | — | 415 | 15 | 0 |
| Juni | 533960 | 1627 | 375½ | 219 | 1 | 3 | 33½ | 11 | 27 | 6 | 26 | — | 26 | — | 21 | 56 | — | — | 86 | 3 | 16 | 3 | 36 | 6 | — | | 257 | 11 | — |
| Juli | 599000 | 1665 | 413¾ | 244 | 8 | 3 | 29 | 9 | 10 | — | 16 | — | 16 | — | 13½ | 56 | 13 | 4 | 49 | 1 | 23 | 9 | 36 | 6 | — | — | 295 | 9 | 1 |
| August | 861936 | 1644 | 605½ | 359 | 8 | 5 | 31½ | 13 | 18 | 9 | 18 | — | 19 | — | 29¾ | 79 | 10 | — | 137 | 3 | 21 | 8 | 42 | 7 | — | — | 456 | 16 | 5 |
| September | 1291100 | 1625 | 932½ | 546 | 26 | 3 | 49½ | 16 | 11 | 3 | 32 | 1 | 2 | — | 59½ | 156 | — | — | 128 | 5 | 5 | | 54 | 9 | — | — | 734 | 11 | 6 |
| October | 2165030 | 1639 | 1555 | 960 | 12 | 6 | 76½ | 25 | 16 | 3 | 46 | 1 | 19 | | 91¼ | 365 | 25 | — | 186 | 7 | 25 | — | 111 | 18 | 15 | — | 1266 | 22 | 9 |
| November | 2686150 | 1638 | 1950 | 1160 | 25 | — | 87 | 29 | — | — | 65 | 2 | 23 | | 120 | 402 | 15 | | 251 | 11 | 21 | 3 | 123 | 20 | 15 | — | 1627 | 8 | 8 |
| December | 3084530 | 1659 | 2112½ | 1126 | 29 | — | 118½ | 39 | 17 | 6 | 76 | 2 | 15 | — | 132 | 440 | — | — | 303 | 12 | 16 | 9 | 134 | 28 | 10 | — | 1657 | 20 | 3 |
| Summa | 19101780 | 1631 | [illegible] | 7881 | 19 | 7 | [illegible] | 260 | [illegible] | 7 | 475 | 15 | 14 | — | [illegible] | [illegible] | [illegible] | 4 | [illegible] | [illegible] | [illegible] | [illegible] | [illegible] | 132 | 10 | | 10101 | 15 | 8 |
| pro 1864 | [illegible] | [illegible] | [illegible] | [illegible] | 28 | 1 | 311½ | [illegible] | 22 | 6 | [illegible] | [illegible] | 11 | | 655½ | 1236 | 2 | — | [illegible] | [illegible] | 10 | — | [illegible] | [illegible] | [illegible] | — | 9182 | 12 | 7 |

Die Production, Consumtion etc. an Gas ergeben sich wie folgt:

Der Stations-Gasmesser zeigte am 31 Dec. 1861 — 88,035,880
" " " " 31. " 1862 — 107,137,660
daher wurden im Ganzen producirt — 19,101,780 c'
Am 31. Dec. 1861 betrug der Bestand an Gas 52,600 c'
" 31. " 1862 " " " " " 49,500 "
daher der Bestand 1862 mehr — 3,100 "
und wurden demnach überhaupt consumirt — 19,104,880 c'
Hievon wurden abgesetzt { an Privatabnehmer 13,358,900 c' / " die öffent. Beleuchtg. 4,042,500 " — 17,401,400 "
bleiben — 1,703,480 c'
Davon wurden gebraucht zur Beleuchtung in der Gasanstalt — 297,500 "
und beträgt demnach der Verlust an Gas — 1,405,980 c'
d. s. vom consumirten Gase — 7.[illegible] %

Zur Erzeugung von 19,101,780 c' Gas waren 11,706 Tonnen Steinkohlen erforderlich,
daher lieferte durchschnittlich 1 Tonne Steinkohlen: 1631[illegible] c' Gas
Zur Reinigung waren erforderlich: 439 Tonnen Kalk,
daher wurden durchschn. mit 1 T. Kalk gereinigt: 43512[illegible] " "
Zur Retortenfeuerung wurden gebraucht 6277 Tonnen Coak,
d. h. vom fabricirten Coak — 45[illegible] %
11,706 Tonn. Steinkohlen lieferten 13,697½ Tonn. Coak d. s. — 119[illegible] "
" " " " 780½ " Braeze d. s. — 6[illegible] "
" " " " 493 " Asche d. s. — 4[illegible] "
Die Volumen-Vermehrung beträgt demnach überhaupt: — 130[illegible] %
Ferner lieferten 11,706 T. Steink. 780½ T. Theer, daher 1 Last Kohlen 1[illegible] Tonn.
" " " " " 1925 " Ammoniakwasser dto. 2[illegible] "

Die Gesammt-Ausgaben für Materialien und Arbeitslohn zur Erzeugung von 19,101,780 c' Gas beträgt nach der obigen Zusammenstellung 18,163 Rthl 11 Sg. 2 Pf.
dagegen der Gesammtwerth der gewonnenen Nebenproducte 10,701 " 15 " 8 "
und daher kosten 19,101,780 c' Gas an Material u. Arbeitslohn 7,461 Rthl. 25 Sg 6 Pf.
daher 1000 c' Gas 11 Sg 8[illegible] Pf.
" 1000 c' verkauften dto. 12 " 10[illegible] "

Es kosten ferner:

| | 1000 c' fabr. Gas | 1000 c' verkauften Gas |
|---|---|---|
| a) an Arbeitslöhnen | 2. 8[illegible] | 2. 11[illegible] |
| b) " Steinkohlen nach Abzug der betr. Nebenprod. | 2. 0[illegible] | 1. 11[illegible] |
| c) " Reinigungsmaterial dto. dto. | —. 7[illegible] | —. 11[illegible] |
| d) " Retortenfeuerung | 5. 8[illegible] | 6. 2[illegible] |
| e) " Dampfkesselfeuerung | —. 7[illegible] | —. 8[illegible] |
| f) " sonstigen Heizungskosten | —. 0[illegible] | —. 0[illegible] |
| g) " Erneuerung der Retortenöfen | 2. 4[illegible] | 2. 6[illegible] |
| h) " Unterhaltung der Geräthe u. Apparate etc. | 1. 10[illegible] | 2. 0[illegible] |
| i) " Gehalten und Bureaukosten | 4. 5[illegible] | 4. 11[illegible] |
| k) " diversen Ausgaben | —. 11[illegible] | 1. 0[illegible] |
| l) " Zinsen und Amortisation | 11. 4[illegible] | 12. 5[illegible] |
| Summa | Rth. 1. 2 Sg. 5[illegible] Pf. | Rthl. 1. 5 Sg. 11[illegible] Pf. |

Das fabricirte Gas kostet an Arbeitslöhnen u. Material 7,461 Rthl. 25 Sg. 6 Pf.
dto. dto. " " Unterhaltung der Anstalt, Zinsen etc. 13,374 " 4 " 1 "
Summa Summarum 20,835 Rthl. 29 Sg. 7 Pf.

Für das verkaufte Gas wurde dagegen eingenommen:
für die Privat-Beleuchtung 29,813 Rthl 27 Sg. 7 Pf.
" " öffentl. " 8,085 " — " — " — 37,898 Rthl. 27 Sg 7 Pf.
und daher ergiebt sich ein Ueberschuss von 17,062 Rthl 28 Sg — Pf.
hierzu der Ueberschuss des Gasmesser-Conto 451 " 4 " 11 "
" " " " Werkstatt-Conto 3,230 " 22 " 9 "
Gesammt-Gewinn 20,744 Rthl. 25 Sg. 8 Pf.

Görlitz, den 1 April 1863.

E. Schwarzer.

Druck von Dr. C. Wolf & Sohn in München. Expedition: R. Oldenbourg in München.

**Nr. 7.** **Juli 1863.**

# Journal für Gasbeleuchtung

und

verwandte Beleuchtungsarten.

## Organ des Vereins von Gasfachmännern Deutschlands.

**Monatschrift**

von

**N. H. Schilling,**

Director der Gasbeleuchtungs-Gesellschaft in München.

**München. Verlag von Rudolph Oldenbourg**

**Abonnements.**

Jährlich 4 Rthlr. 20 Ngr.

Halbjährlich 2 Rthlr. 10 Ngr.

Jeden Monat erscheint ein Heft.

Das Abonnement kann stattfinden bei allen Buchhandlungen und Postämtern Deutschlands und des Auslandes.

**Inserate.**

Der Insertionspreis beträgt:

für eine ganze Octavseite 8 Rthlr. — Ngr.

„ jede achtel „ 1 „ — „

Kleinere Bruchtheile als eine Achtelseite können nicht berücksichtigt werden; bei Wiederholung eines Inserates wird nur die Hälfte berechnet, für dieselben jedoch auch die entsprechende innere Seite des Umschlages benützt.

# H. J. Vygen & Comp.

**Fabrikanten feuerfester Producte**

zu

**Duisburg a. Rhein**

empfehlen den verehrlichen Gasanstalten und Hüttenwerken ihre Retorten, Steine, Ziegel etc. mit Hinweis auf die in Heft 1—3 dieses Journals, Jahrgang 1862 abgedruckten Atteste und unter Zusicherung sorgfältigster Arbeit und billiger Preise. Die Ausdehnung und Einrichtung ihres Etablissements setzt sie in den Stand allen Anforderungen zu entsprechen.

---

# JOS. COWEN & C^IE

Blaydon Burn

**Newcastle on Tyne.**

Fabrikanten **feuerfester Chamott-Steine,**

Marke **„Cowen"**.

***Retorten*** für Gas-Anstalten und *alle Arten feuerfester Gegenstände* für Hohöfen, Cokesöfen &c. &c.

*Jos.* Cowen & Co. waren die einzigen Fabrikanten, welche bei der grossen Ausstellung in London im Jahre 1851 mit einer Preis-Medaille für „Gas-Retorten und andere feuerfeste Gegenstände" beehrt wurden.

*Jos.* Cowen & Co. war auch die einzige Firma, welcher bei der Internationalen Ausstellung zu London im Jahre 1862 eine Preis-Medaille für „Gas-Retorten, feuerfeste Steine etc., für Vortrefflichkeit der Qualität" zuerkannt wurde; ihre Werke sind die ausgedehntesten ihrer Art in Grossbritannien.

---

# J. L. BAHNMAJER in Esslingen am Neckar

empfiehlt

**schmiedeeiserne Röhren und Verbindungen,**

ferner **Asphalt-, Blei-, Gummi-, Compositions-, Kupfer-, Messing-** und **andere Röhren** zu den verschiedensten Zwecken, worüber detaillirte Preislisten zu Diensten stehen.

---

**Retorten und Steine**

von feuerfestem Thone in allen Formen und Dimensionen.

# ALBERT KELLER IN GENT

BELGIEN.

**Diese Fabrikate haben auf allen Gaswerken, wo sie benutzt worden, volle Anerkennung gefunden, und sind die Preise, trotz aller Sorgfalt welche auf die Anfertigung verwendet wird, sehr vortheilhaft.**

# EDMUND SMITH's IN HAMBURG
## PATENTIRTE GASUHR.

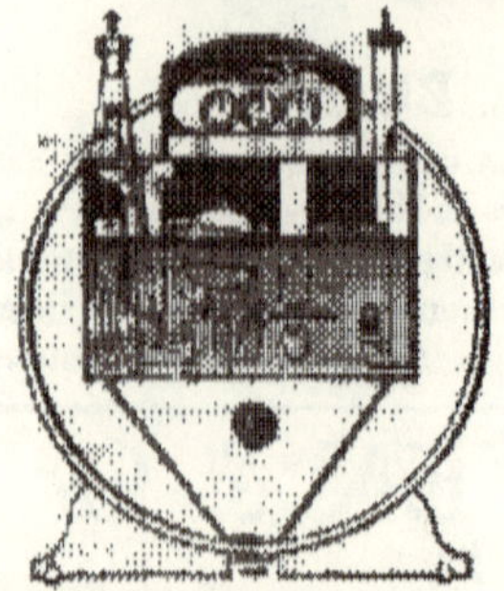

Diese Uhr, in *England*, sowie fast auf dem ganzen Continente patentirt, zeichnet sich durch die untrügliche Richtigkeit ihres Ganges vor allen bisher bekannten Gasuhren aus, das Princip dieser Uhr ist ein einfaches und doch vollkommen seinem Zwecke entsprechendes, wie solches von vielen Autoritäten durch Atteste anerkannt worden; man lese gefälligst vom vorliegenden Journal die Hefte Nr. 6 und 7 von 1862, welche eine eingehende Besprechung dieser Gasuhren enthalten.

Um eine besondere Eigenschaft hervorzuheben, wird bemerkt, dass eine Differenz des Gasconsums unter allen Umständen nie 2% übersteigen kann.

Ein fernerer Vorzug dieser Uhren ist, dass sich nasse Gasuhren anderer Construction ohne grosse Schwierigkeiten in dies quäst. Princip umändern lassen.

Wegen Zeichnungen, Erklärungen u. s. w., welche franco übersandt werden, wende man sich gef. an

**Edmund Smith, Hamburg, Grasbrook,**
Fabrikant von Patent-Gasuhren, Regulatoren, Experimentir- und Stationsuhren und aller zu dieser Branche gehörigen Gegenstände.

---

# Gebrauchte wohlerhaltene Gas-Apparate!

2 Kalkreiniger mit Deckel von starkem Eisenblech und 195 Cubikfuss Inhalt;

1 *Clegg*'scher Hahn von 70 Zoll Durchmesser, 32 Zoll Höhe und 7 Abgängen;

30 Retortenköpfe vollständig montirt mit Steig, Uebergangsröhren und Trommeln;

8 beschlagene Vorstellplatten, Wasserschiffe, Rostbalken und Roststäbe;

30 gusseiserne Beschwergewichte;

2 englische, starke Patentketten, ca. 40 Fuss lang.

Das Mass ist englisch, Zeichnungen werden bereitwilligst übersandt.

Sämmtliche Apparate sind nach den neuesten Prinzipien construirt und werden zu billigen Preisen abgegeben von

**Jacob Trier Sohn**
in Darmstadt.

Die Chemicalien-Fabrik von F. Z. Zaillenthall jun. in Penzing bei Wien empfiehlt den seit Jahren in gleicher Güte erzeugten

# Fett-Zucker 28° (reinstes Glycerin)

**für Apotheker, Aerzte, Kaufleute, Fabrikanten, Gasfabriken etc.**

**von grossem Vortheile und Nutzen**

## 100 Pfund Zoll-Gew. um 13 Thaler.

*Verwendung dieses Fett-Zuckers:*

**Für Apotheker und Aerzte** als Heilmittel für Haut-, Brust- und Skrophel-Krankheiten, zum Mischen mit flüchtigen Oelen, als Lösungsmittel für Alkaloide, vegetabilischen Säuren, zu Salben und Einreibungen; auch löst sich derselbe im Wasser, Weingeist, Essigsäure etc. vollkommen, wird nie ranzig, daher sehr vortheilhaft zur Verwendung und Erzeugung von Parfumerien.

Als bestes Haut- und Haar-Toilettemittel dient das aus diesem Fett-Zucker erzeugte und seit Jahren als bewährt anerkannte „Huile sacrée rosale" (1 Carton 6 Flacon 1 1/3 Thlr.)

**Für Druckfabriken** zum Auflösen von Anilin-Farben, zur längeren Aufbewahrung und Weichmachung von Albumin-, Casein- und Gummi-Auflösungen, Appretur-Massen, weil derselbe antiseptisch ist, d. h. den Uebergang in Fäulniss verhindert.

Ferner ist er sehr vortheilhaft bei den Präcipitat- und sämmtlichen Schafwoll-Druckfarben, indem vor dem Eindämpfen die Farben in beständig gleichartiger Feuchtigkeit erhalten werden; bei Baumwoll-Druckereien zur schnelleren und besseren Oxydation der Mordans vor der topischen Färberei, sowie auch für das Papier zur Erzeugung von feinen, reinen Mustern in der Tapetenfabrikation.

Die Anilin-Kristalle werden in 3/4 Theil Weingeist 88° 2 Stunden lang gekocht, dann 1/4 Theil Fett-Zucker zugesetzt, wodurch eine vollkommene Lösung hergestellt wird; — auch setzt sich bei der Verdickung das Anilin nicht ab. Zu obigen Auflösungen, Appretur-Massen, Schlichten, Farben, Mordans und Papierzeug werden pr. 1 Mass 3 Loth Fett-Zucker verwendet.

**Für Weber.** Durch Gebrauch des Fett-Zuckers wird die Schlichte nie übelriechend und der Weber kann bei offenem Fenster oder trockener Luft ohne Gefahr arbeiten, da ihm die Kette nicht spröde wird, auch werden dadurch der Schimmel und die Moderflecken vermieden.

**Für Lederfabriken.** Zur Erhaltung der natürlichen Schwere, Vermeidung von Sprödigkeit und Schimmel des Leders.

Das schwach lohgar gegerbte Leder wird auf 24 Stunden in Fett-Zucker, welcher zur Hälfte mit Wasser gemischt ist, (15°) eingelegt und dann abgetrocknet.

**Für Gasfabriken** zum Füllen der Gasmesser. Besonders ist zu bemerken:

1. Es bleibt der Gasfabrik vom Ankaufspreise dieses Fett-Zuckers *nach Jahren noch 1/2 Kapital* gesichert;
2. werden die Gasmesser bedeutend länger *in gutem Zustande* erhalten, weil die Oxydation des Metalles verhindert wird;
3. bei richtiger Füllung darf sich der *Flüssigkeitsstand* in den Gasmessern in einem Jahre höchstens um 1/10 vermindern, daher das *lästige Nachfüllen* erspart und dem *bisherigen Verluste an Gas* gesteuert wird;
4. für eingefrorene Röhren zum Auflösen des Eises ist dieser Fett-Zucker besser und billiger als Weingeist, weil er die Schneebildungen in den Röhren, sowie das Einfrieren des Gasmessers verhindert.

**NB.** Bereits wird obiges Fabrikat laut Circulare von verschiedenen Fabriken des In- und Auslandes seit Jahren abgenommen.

Von Seite der gefertigten Anstalt wird Herrn Zaillenthall bestätiget, dass wir von ihm seit dem Jahre 1861 Glycerin zur Füllung der Gasmesser beziehen.

Wien den 27. August 1862.

*pr. k. k. pr. Gasbeleuchtungs-Anstalt der Imp. Cont. Gas-Association.*

Im Auftrage des Direktors
Herrn *Bengough.*
Anton *Dudeum* m. p.

# ROBERT BEST

**Lampen- & Fittings-Fabrik**
Nro. 10 Ludgate Hill
Birmingham

**Fabrik von schmiedeeisernen Gasröhren**
Great Bridge,
Staffordshire

empfiehlt seine Fabriken für alle zur Gas-Beleuchtung gehörigen Gegenstände. Eiserne Gasröhren und dazu gehörige Verbindungsstücke zeichnen sich besonders durch ihre Güte und billigen Preis aus.

Wegen Zeichnungen sowohl als Preislisten wende man sich an den alleinigen Agenten auf dem Continent

***Carl Kessel.***
16 Grosse Reichenstrasse in Hamburg.

---

## Feuerfeste Producte, die nicht dem Schwinden unterworfen sind.

**Th. Boucher,** Fabrikant und Patentinhaber zu St. Ghislain, früher zu Baudour (Belgien).

*Th. Boucher* ist der einzige Fabrikant, welcher feuerfeste Producte dieser Art herstellt, und Inhaber der Medaillen von der allgemeinen Industrie-Ausstellung in London (1851 und 1862), in Paris (1855), sowie auch der Ehren-Medaille 1. Classe der „Academie nationale" zu Paris (1856). Seine Anstalt ist die älteste auf dem Continent.

NB. Das Preisgericht der Londoner Ausstellung drückt sich in seinem Bericht folgendermassen aus: „Das Preisgericht hat Herrn *Th. Boucher*, welcher sehr gut verfertigte Retorten ausgestellt hat, eine Preismedaille zuerkannt, da selbe Retorten von ausserordentlicher Dünne, regelmässiger Form, und auf ihrer Oberfläche frei von allen Flecken und Rissen waren." Es heisst weiter: „Die Medaille ist diesem Aussteller in Anerkennung der unzweifelhaften Vorzüge seiner Retorten vor allen anderen derartigen Fabrikaten des Continents ertheilt worden."

---

## Die Email Zifferblatt-Fabrik

**von E. Landsberg.**

Berlin. Commandantenstrasse Nro. 56

empfiehlt den verehrlichen Herrn Gasmesser-Fabrikanten ihre aufs eleganteste und zweckmässigste Fabrikate zu allen Arten von Gasmessern, wobei jeder Zeit die billigsten Preise berechnet werden; so dass diese Zifferblätter in jeder Hinsicht mit jedem andern Fabrikat concurriren.

Preiscourante und Proben stehen zu Diensten.

---

## Ein Gasingenieur,

welcher seit einer Reihe von Jahren die Ausführung ganzer Gaswerke, sowohl für grössere Städte, als auch für Fabriken, leitete, sowie auch den Betrieb seiner ausgeführten Gaswerke dirigirte, und welchem die besten Zeugnisse, auch über kaufmännische Bildung zu Grunde liegen, sucht eine Stelle als Dirigent einer grösseren Gasanstalt oder auch als Ingenieur für den ganzen Bau eines solchen.

## Correspondenz.

*Geehrter Herr Redacteur!*

*Der im Aprilheft des Gasjournals von Ihrem Correspondenten K. K. angeregte Gegenstand veranlasst mich auch, in dieser Angelegenheit das Wort zu ergreifen.*

*Die hiesige Gasanstalt hat zwei Gasometer. Die Wirksamkeit beider ist wechselnd, so dass immer Einer bloss einnimmt, während der Andere abgibt. Beide haben demzufolge auch nur ein Eingangsrohr. Vor zwei Jahren wurde der Eine zum Teleskop umgebaut. Während der Zeit konnte ich nur den Andern benutzen. Es kam ganz so, wie Sie es im Aprilheft ausgesprochen haben. In den 3 bis 4 Abendstunden, wo der Verbrauch die Produktion überstieg, wo also ausser dem direkten Gase der Gasometer noch mit abgeben musste, brannte das Gas ziemlich gleichmässig. In der ganzen übrigen Zeit aber, wo das zum Verbrauch erforderliche Gas direct aus der Stationsuhr in das Rohrsystem gelangte, ohne sich erst im Gasometer zu mischen, war die Leuchtkraft, entsprechend den verschiedenen Stadien der Destillation, eine sehr veränderliche. Es muss dies in kleinen Anstalten und namentlich im Sommer, wenn wenig Retorten im Betrieb sind, das Chargiren also nur kurze Zeit in Anspruch nimmt, stets so kommen. Ich hatte in der Zeit zwei Retorten im Betrieb, und um den Uebelstand zu mildern, nahm ich stärkern Cannel-Zusatz. Dieser Uebelstand muss aber auch auf die Weise zu mässigen sein, dass man nicht sämmtliche Retorten auf einmal chargirt und sie dann zusammen abdestilliren lässt, sondern sie einzeln in gleichen Zeitzwischenräumen vornimmt, weil dann das producirte Gas schon von selbst viel besser gemischt ist.*

*In diesem Sommer tritt bei mir derselbe Fall wieder ein, da der zweite Gasometer auch zum Teleskop umgebaut wird. Ich werde dann dieses Verfahren in Anwendung bringen und hoffe, die Differenzen in der Qualität des Gases so zu verringern, dass sie nicht mehr störend einwirken können.*

*Hochachtungsvoll*

*Stralsund, den 7. Juni 1863.* G. Liegel.

---

# Beilagen

## zu dem Sitzungsprotokoll der fünften Hauptversammlung des Vereins von Gasfachmännern Deutschlands in München am 21., 22. und 23. Mai 1863.

### Beilage Nr. 4.

### Chemische Untersuchungen über die Verwitterung der Steinkohlen.

Von Herrn *Grundmann*, Lehrer an der Bergschule zu Tarnowitz,*)

mitgetheilt von Herrn Baumeister *Schnuhr* aus Berlin.

Die über die chemische Beschaffenheit der Steinkohlen Oberschlesiens angestellten Untersuchungen hatten nicht unerhebliche Unterschiede in der Zusammensetzung bei frischen und bei länger der Verwitterung ausgesetzten Steinkohlen ergeben. Eine gründliche Erforschung der Veränderungen, welche die Steinkohlen durch die Verwitterung erleiden, musste daher wünschenswerth erscheinen. Um dabei den Verhältnissen möglichst zu entsprechen, welche beim Lagern grösserer Steinkohlenvorräthe auf Grubenhalden und sonstigen Lagerplätzen vorkommen, wurde im Jahre 1861 auf Erbreichschacht der fiscalischen Königsgrube bei Königshütte eine Halde Kleinkohlen von 3400 Tonnen aus dem Sattelflötz zur Untersuchung und Beobachtung der Verwitterungserscheinungen besonders aufgestürzt.

*) Aus der Zeitschrift für das Berg-, Hütten- und Salinenwesen im preussischen Staate. X. 4.

Es wurden von diesen Kleinkohlen folgende Proben zur Untersuchung genommen:

1. in den ersten Tagen des August nach dem Auffahren der letzten Tonnen im frischgeförderten Zustande,
2. Ende September nach zweimonatlichem Lagern,
3. Ende December nach fünfmonatlichem Lagern von der Wetterseite,
4. desgleichen aus dem Innern der Halde,
5. Ende April 1862, nach neunmonatlichem Lagern von der Wetterseite,
6. desgleichen aus dem Innern der Halde.

Ausserdem wurden, zur Beobachtung der Verwitterungserscheinungen im Kleinen, Ende September 1861 zwei Tonnen Stückkohlen von demselben Flötze genommen, und davon einestheils grössere Stücke, anderntheils zerkleinerte Kohlen gesondert in Kisten verpackt im Freien zur Verwitterung aufgestellt. Die Probenahme zur Untersuchung erfolgte dabei:

1. Ende September 1861 von den frischgeförderten Stückkohlen,
2. Ende December 1861 von den grossen Stücken,
3. desgleichen von den zerschlagenen Stücken,
4. Ende April 1862 von den grossen Stücken,
5. desgleichen von den zerschlagenen Stücken.

Beide Untersuchungsreihen lieferten nachstehende Resultate:

| Resultate der Untersuchung | Frisch geförderte Kleinkohlen Anfang August 1861 | Verwitterte Steinkohlen der Halde: Ende September 1861 | Ende December 1861: Wetterseite | Ende December 1861: Inneres der Halde | Ende April 1862: Wetterseite | Ende April 1862: Inneres der Halde | Frisch geförderte Stückkohlen Ende September 1861 | Verwitterte Stückkohlen: Ende December 1861: grosse Stücke | Ende December 1861: zerschlagene Stücke | Ende April 1862: grosse Stücke | Ende April 1862: zerschlagene Stücke |
|---|---|---|---|---|---|---|---|---|---|---|---|
| Specifisches Gewicht bei 15° C. | 1,[illegible] | 1,[illegible] | 1,[illegible] | 1,[illegible] | 1,[illegible] | 1,[illegible] | 1,[illegible] | 1,[illegible] | 1,[illegible] | 1,[illegible] | 1,[illegible] |
| Wasserverlust bei 100° C., pCt. | 3,[illegible] | 4,[illegible] | 3,[illegible] | 3,[illegible] | 3,[illegible] | 4,[illegible] | 4,[illegible] | 5,[illegible] | 4,[illegible] | 3,[illegible] | 3,[illegible] |
| **Bestandtheile der wasserfreien Steinkohle in Procenten** | | | | | | | | | | | |
| Kohlenstoff | 79,[illegible] | 78,[illegible] | 73,[illegible] | 73,[illegible] | 73,[illegible] | 73,[illegible] | 78,[illegible] | 78,[illegible] | 78,[illegible] | 76,[illegible] | 75,[illegible] |
| Wasserstoff | 4,[illegible] | 4,[illegible] | 4,[illegible] | 4,[illegible] | 4,[illegible] | 4,[illegible] | 4,[illegible] | 4,[illegible] | 4,[illegible] | 4,[illegible] | 4,[illegible] |
| Stickstoff | 0,[illegible] | 0,[illegible] | 0,[illegible] | 0,[illegible] | 0,[illegible] | 0,[illegible] | 0,[illegible] | 0,[illegible] | 0,[illegible] | 0,[illegible] | 0,[illegible] |
| Schwefel | 0,[illegible] | 0,[illegible] | 0,[illegible] | 0,[illegible] | 0,[illegible] | 0,[illegible] | 0,[illegible] | 0,[illegible] | 0,[illegible] | 0,[illegible] | 0,[illegible] |
| Sauerstoff | 10,[illegible] | 10,[illegible] | 11,[illegible] | 11,[illegible] | 11,[illegible] | 11,[illegible] | 10,[illegible] | 10,[illegible] | 10,[illegible] | 12,[illegible] | 10,[illegible] |
| Asche | 4,[illegible] | 6,[illegible] | 10,[illegible] | 9,[illegible] | 10,[illegible] | 10,[illegible] | 4,[illegible] | 4,[illegible] | 4,[illegible] | 4,[illegible] | 4,[illegible] |
| Wärmeeinheiten derselben | 6986,[illegible] | 6878,[illegible] | 6703,[illegible] | 6552,[illegible] | 6396,[illegible] | 6247,[illegible] | 6980,[illegible] | 6964,[illegible] | 6963,[illegible] | 6737,[illegible] | 6857,[illegible] |
| davon practischer Brennwerth | 4637,[illegible] | 4584,[illegible] | 4306,[illegible] | 4215,[illegible] | 4137,[illegible] | 4148,[illegible] | 4637,[illegible] | 4643,[illegible] | 4632,[illegible] | 4505,[illegible] | 4639,[illegible] |
| Pfd. Dampf aus Wasser von 0° für 1 Pfd. Steinkohlen | 7,[illegible] | 7,[illegible] | 6,[illegible] | 6,[illegible] | 6,[illegible] | 6,[illegible] | 7,[illegible] | 7,[illegible] | 7,[illegible] | 7,[illegible] | 7,[illegible] |
| **Bestandtheile der aschenfreien Steinkohlen in Procenten** | | | | | | | | | | | |
| Kohlenstoff | 83,[illegible] | 82,[illegible] | 81,[illegible] | 80,[illegible] | 81,[illegible] | 80,[illegible] | 83,[illegible] | 82,[illegible] | 83,[illegible] | 83,[illegible] | 83,[illegible] |
| Wasserstoff | 5,[illegible] | 5,[illegible] | 5,[illegible] | 4,[illegible] | 4,[illegible] | 4,[illegible] | 5,[illegible] | 5,[illegible] | 4,[illegible] | 5,[illegible] | 5,[illegible] |
| Stickstoff | 0,[illegible] | 0,[illegible] | 0,[illegible] | 0,[illegible] | 0,[illegible] | 0,[illegible] | 0,[illegible] | 0,[illegible] | 1,[illegible] | 0,[illegible] | 1,[illegible] |
| Sauerstoff | 10,[illegible] | 11,[illegible] | 12,[illegible] | 13,[illegible] | 12,[illegible] | 13,[illegible] | 10,[illegible] | 10,[illegible] | 10,[illegible] | 12,[illegible] | 10,[illegible] |

Ueber das Verfahren bei der Untersuchung und die dadurch gewonnenen vorstehend angegebenen Resultate ist Folgendes zu bemerken.

Das Probenehmen geschah in folgender Weise:

Von den frischgeförderten Kleinkohlen wurde bei Beendigung des Auffahrens der Halde Anfang August 1861 aus mehreren Tonnen die aus der ganzen Mächtigkeit des 8—3½ Ltr. mächtigen Sattelflötzes stammten, nach dem Zerschlagen aller grösseren Stücke bis zur Grösse einer Nuss und nach sorgfältigem Mischen der ganzen Masse in 8—10 Gängen ein fractionirter Theil genommen, bis endlich nur ein Quantum von 10—15 Pfd. übrig blieb. Dieser Rest wurde in einer Reibschale sorgfältig zerrieben und so lange fractionirt, bis etwa 10—12 Lth. übrig blieben. Im Laboratorium wurden diese Kohlen zu einem feinen Pulver zerrieben und auf ein halbes Loth fractionirt. Es war durch dieses Verfahren die Ueberzeugung gewonnen, dass dieses Kohlenpulver, welches in einem luftdicht verschlossenen Glase für die Elementaranalyse aufgehoben wurde, den auf der Halde lagernden Kohlen, die aus demselben Flötze und aus derselben Abbaustrecke stammten, in seiner elementaren Zusammensetzung qualitativ und quantitativ entsprechend sein müsste.

Die in einem offenen Tiegel über der Spiritusflamme verkokten Kohlen waren derart zusammengesintert, dass die feinkörnigen Theile mit dem Pulver eine feste Masse bildeten.

Nach beinahe zwei Monaten, Ende September 1861, wurde die erste Probe zur Elementaranalyse von der Verwitterungshalde genommen. An der Südseite der 8 Fuss hohen Halde wurden nach der Böschung derselben 4—5 Fuss abgestochen, von der frischen Fläche 2—3 Tonnen in einer Erstreckung von 12 Fuss von oben bis unten abgeschaufelt und in derselben Weise fractionirt, wie oben angegeben ist.

Bei der Verkokung wurde eine zwischen den Fingern zerfallende Masse erhalten; einzelne gröbere Stückchen hatten das Ansehen der rohen Kohle.

Ende December 1861, nachdem also die Kohlen 5 Monate lang auf der Halde gelegen hatten, wurde abermals eine Probe genommen.

Der Regen des Herbstes und der zur Zeit abgeschmolzene Schnee hatten der Halde äusserlich ein stark verwittertes Ansehen gegeben. Es lag daher die Frage nahe, ob die Verwitterung im Innern der Halde mit der an der Oberfläche in gleichem Verhältniss stehe. Um über dieselbe zu einer befriedigenden Antwort zu gelangen, wurden jetzt zwei Proben genommen, die erste von dem Rande der Wetterseite der Halde, wo die atmosphärischen Niederschläge unmittelbar eingewirkt hatten, und die zweite aus der Mitte der Halde, zwei Fuss unter der Oberfläche beginnend.

Vier Monate später, Ende April 1862, nachdem also die Halde 9 Monate gelegen hatte, wurden die Proben wieder wie das vorhergehende Mal genommen.

Sowohl jetzt als das vorhergehende Mal lieferte keine der Proben

Bei dem Probenehmen im Monat September und December 1861 war die Temperatur im Innern der Halde schon bei einem Fuss unter der Oberfläche so hoch, dass man die Kohlen kaum mit der blossen Hand berühren konnte. Ende April 1862 war die Halde stark abgekühlt. Bis zu einem Fuss unter der Oberfläche hatten die Kohlen die Temperatur der Luft 5 Grad C., 4 Fuss unter der Oberfläche, also im Innern der Halde und auch noch tiefer war die Temperatur 12½ Grad.

Die Ende September 1861 zur Beobachtung im Kleinen genommenen zwei Tonnen Stückkohlen bestanden in Stücken von 1—20 Pfd. von demselben Flötze. Von jedem Stücke wurde ⅙—¼ abgeschlagen, der Rest zurückgelegt, in Kisten verpackt und in dem Hofraume der Bergschule zu Tarnowitz zur Verwitterung aufgestellt. Die von den grösseren Stücken abgeschlagenen Kleinkohlen wurden nun vollends zerschlagen bis zur Grösse einer Erbse und sorgfältig gemischt, und davon die Probe zur Analyse der „frischgeförderten Stückkohlen" genommen.

Bei der Verkokung waren erbsengrosse Stücke mit dem feinen Kohlenpulver zu einer festen Masse zusammengebacken.

Auch die von den grösseren Stücken abgefallenen und weiter zerkleinerten Kohlen wurden in dem Hofraume der Bergschule in einer Kiste zur Verwitterung aufgestellt, und zwar derartig, dass Regen- und Schneewasser nicht eindringen konnte, während der Zutritt der feuchten Luft nicht gehemmt war. Die Stückkohlen wurden dagegen von dem Wechsel der Witterung so weit berührt, dass sie bei Regen- und Thauwetter von dem durch die Spalten und Oeffnungen in den Deckeln der Kisten eindringenden Wasser befeuchtet, und zu Zeiten vollkommen durchnässt wurden.

Als Ende December 1861, nachdem die Kohlen drei Monate gelegen hatten, von beiden Theilen die ersten Verwitterungsproben zur Analyse genommen wurden, hatten die zerschlagenen Stückkohlen ihre Backfähigkeit ganz verloren, und bei den groben Stücken war dieselbe sehr gering.

Bei der wiederholten Probenahme Ende April 1862, nachdem die Kohlen also 7 Monate gelegen hatten, waren die zerschlagenen Stückkohlen an den Rändern mürbe und bröckelig geworden. Im Aeusseren hatten sie ein sammetschwarzes Ansehen, aber auf den Spaltflächen im Innern waren sie von zersetzten Schwefelkiesen rostbraun geworden. Diese Färbung erstreckte sich bis in die Mitte der grössten Stücke, bis wohin anscheinend das Wasser nicht gedrungen war.

Die Backfähigkeit der Kohlen hatte bei beiden Proben aufgehört.

Die Resultate der Untersuchung geben zu folgenden Betrachtungen Veranlassung.

1. Das specifische Gewicht der Kohlen hat durch die Verwitterung keine Veränderung erlitten, denn eine Differenz von 0,[illegible] bei den Kleinkohlen der Halde und von 0,[illegible] bei den Stückkohlen kann sowohl in der Ungenauigkeit der Bestimmung, als in dem ursprünglichen Unterschiede der Dichtigkeit der einzelnen Stückchen seinen Grund haben.

2. In dem Gehalte des hygroskopischen Wassers findet sich bei den Kleinkohlen ein Unterschied von 2,[illegible] pCt. und bei Stückkohlen von 1,[illegible] pCt. zwischen der grössten und geringsten Menge des Wassers. Diese Differenz hat wesentlich ihren Grund in dem verschiedenen Feuchtigkeitsgrade der Luft des Laboratoriums, wo die Kohlen bei ihrer Vorbereitung zur Analyse zerrieben und durch ein feines Sieb gelassen wurden, und wo das feine Pulver stets einige Stunden auf einem Papierbogen ausgebreitet liegen blieb. Bekanntlich verändert ein feines Kohlenpulver seinen Feuchtigkeitsgrad sehr schnell mit dem Wechsel der Feuchtigkeit in der umgebenden Luft, wenn es nicht in luftdicht schliessenden Gefässen aufbewahrt wird.

3. Die durch die Elementaranalyse nachgewiesenen stofflichen Veränderungen werden am Zweckmässigsten und Sichersten erfasst, wenn der Aschengehalt der frischen Kohlen zum Ausgangspunkt genommen wird. Da die Asche aus mechanisch eingemengten und fein zertheilten Gebirgsmitteln besteht, welche mit Ausnahme der Schwefelkiese durch die Verwitterung der Steinkohlen nicht verändert werden können, so muss die in einem gegebenen Quantum der Steinkohle einmal vorhandene Menge unveränderlich dieselbe bleiben, und wenn daher eine zu verschiedenen Zeiten vorgenommene Analyse eine Vermehrung des Aschengehaltes nachweiset, wie es hier bei der Verwitterung der Steinkohlen der Fall ist, so muss der Grund dafür in der Verminderung der übrigen Bestandtheile gesucht werden.

Setzt man daher den in je 100 Gewichtstheilen gefundenen Aschengehalt = 1, so ergehen sich folgende Verhältnisszahlen für die übrigen Bestandtheile.

| Bestandtheile | Frisch geförderte Kleinkohlen. Anfang August 1861 | Verwitterte Kleinkohlen. | | | | | Frisch geförderte Stückkohlen. Ende September 1861 | Verwitterte Stückkohlen. | | | |
|---|---|---|---|---|---|---|---|---|---|---|---|
| | | Ende September 1861 | Ende December 1861 | | Ende April 1862 | | | Ende December 1861 | | Ende April 1862 | |
| | | | Wetterseite der Halde | Inneres der Halde | Wetterseite der Halde | Inneres der Halde | | freie Oberfläche | [illegible] Stücke | [illegible] | [illegible] Stücke |
| Asche | 1,[illegible] | 1,[illegible] | 1,[illegible] | 1,[illegible] | 1,[illegible] | 1,[illegible] | 1,[illegible] | 1,[illegible] | 1,[illegible] | 1,[illegible] | 1,[illegible] |
| Kohlenstoff | 17,[illegible] | 13,[illegible] | 9,[illegible] | 7,[illegible] | 6,[illegible] | 6,[illegible] | 17,[illegible] | 17,[illegible] | 16,[illegible] | 16,[illegible] | 16,[illegible] |
| Wasserstoff | 1,[illegible] | 0,[illegible] | 0,[illegible] | 0,[illegible] | 0,[illegible] | 0,[illegible] | 1,[illegible] | 1,[illegible] | 1,[illegible] | 1,[illegible] | 1,[illegible] |
| Stickstoff | 0,[illegible] | 0,[illegible] | 0,[illegible] | 0,[illegible] | 0,[illegible] | 0,[illegible] | 0,[illegible] | 0,[illegible] | 0,[illegible] | 0,[illegible] | 0,[illegible] |
| Schwefel | 0,[illegible] | 0,[illegible] | 0,[illegible] | 0,[illegible] | 0,[illegible] | 0,[illegible] | 0,[illegible] | 0,[illegible] | 0,[illegible] | 0,[illegible] | 0,[illegible] |
| Sauerstoff | 3,[illegible] | 2,[illegible] | 2,[illegible] | 1,[illegible] | 1,[illegible] | 1,[illegible] | 2,[illegible] | 2,[illegible] | 2,[illegible] | 2,[illegible] | 2,[illegible] |
| Summe | 22,[illegible] | 16,[illegible] | 9,[illegible] | 10,[illegible] | 9,[illegible] | 9,[illegible] | 22,[illegible] | 22,[illegible] | 21,[illegible] | 21,[illegible] | 21,[illegible] |

Aus dieser Zusammenstellung folgt unmittelbar, dass die Steinkohlen durch die Verwitterung eine Verminderung ihres ursprünglichen Gewichtes erleiden, indem sich, wie bei der Verwesung organischer Stoffe, gasförmige Verbindungen bilden, welche entweichen. Durch die Oxydation des Eisens der Schwefelkiese entsteht zwar eine Vermehrung des Gewichtes, sowie auch dadurch, dass unter Umständen, besonders bei niedriger Temperatur, der Schwefel der Kiese sich vollständig oder theilweise zu Schwefelsäure oxydirt, aber im Ganzen ist diese Gewichtsvermehrung verschwindend klein gegen die Verminderung der übrigen Bestandtheile. Bei den vorliegenden Untersuchungen traten einzelne Fälle auf, wo durch die Analyse Gewichtsvermehrungen einzelner Stoffe bemerkbar geworden sind. Bei den Stückkohlen „Feste Stücke Ende April 1862" hat gegen die Analyse Ende December 1861 eine Vermehrung des Sauerstoffs um $0,_{[illegible]}$ Gewichtseinheiten in Bezug auf den Aschengehalt stattgefunden. Eine solche Vermehrung lässt sich aus den vorliegenden Umständen sehr wohl erklären, indem schon oben erwähnt wurde, dass die Schwefelkiese bis in das Innere der festen Stücke oxydirt waren. Berechnet man die in der Steinkohle enthaltene Menge des Eisens nach dem gefundenen Schwefel als Schwefelkies ($FeS_2$), so beträgt dieselbe $0,_{[illegible]}$ pCt. Zur Oxydation braucht dieses Eisen $0,_{[illegible]}$ pCt. Sauerstoff; als Oxyd, verbindet es sich mit 3 Atomen Wasser zu Oxydhydrat, und in dem Hydratwasser sind $0,_{11}$ pCt. Sauerstoff enthalten. Ferner oxydirt sich der Schwefel zu Schwefelsäure, indem er $1,_{[illegible]}$ pCt. Sauerstoff aufnimmt. Die Gewichtsvermehrung an Sauerstoff beträgt daher im Ganzen $1,_{[illegible]}$ pCt. Bezieht man diese Vermehrung auf die Einheit der vorhandenen Asche, so beträgt die Vermehrung $0,_{[illegible]}$ Gewichtseinheiten. Da die Analyse aber nur $0,_{[illegible]}$ Einheiten nachweist, so dürfte hieraus zu schliessen sein, dass die Oxydation der Schwefelkiese Ende April 1862 noch nicht vollständig erfolgt war, oder dass sich ein Theil des Schwefels mit anderen Stoffen zu flüchtigen Producten verbunden hatte. Ein zweiter Fall dieser Art findet sich in der Analyse der verwitterten Kleinkohlen der Wetterseite der Halde Ende April 1862 gegen Ende December 1861. Hier beträgt die Vermehrung des Gehaltes an Sauerstoff $0,_{[illegible]}$ Gewichtseinheiten oder $0,_{[illegible]}$ pCt. Diese Differenz würde auf Fehler in der Analyse zu setzen sein, wenn nicht die vorhergehende weit grössere unter analogen Umständen aufgetreten wäre.

Die Analysen der Stückkohlen weisen auch eine Vermehrung des Gehaltes an Stickstoff nach, die während der Verwitterung stattgefunden hat. Der ursprüngliche Gehalt desselben steigt nämlich von $0,_{[illegible]}$ auf $0,_{[illegible]}$ Gewichtseinheiten, während bei den verwitterten Kleinkohlen ein mit den übrigen Stoffen verhältnissmässiges Fallen hervortritt. Allein diese Vermehrung liegt in einem Umstande, der mit der Verwitterung in keiner Beziehung steht. Die Stückkohlen standen lose bedeckt in der Nähe eines Viehstalles und einer Schlächterei, von welcher sie nur durch eine roh zusammengefügte Bretterwand getrennt waren. Es ist daher wahrscheinlich, dass die staubartig zerschlagenen Stückkohlen Ammoniakgase absorbirt haben. Alsdann ist noch zu bemerken, dass die Kohlen nicht vor der Analyse bei 100 Grad C. getrocknet wurden, weil es nicht gut möglich ist, ein wasserfreies Kohlenpulver beim Wiegen und Einbringen in die Verbrennungsröhre vor der Aufnahme von Feuchtigkeit zu schützen. Bei der

Berechnung wurde daher der dem hygroscopischen Wasser angehörende Theil des Wasserstoffs von der gefundenen Menge abgezogen. Eine Vermehrung des Gehaltes an Stickstoff ist daher in dem vorliegenden Falle erklärlich.

Die Analysen deuten endlich in einem Falle auch eine Vermehrung des Kohlenstoffs an, nämlich Wetterseite der Halde Ende April 1862 gegen Ende December 1861. Die Vermehrung beträgt 0,[illegible] Gewichtseinheiten oder 0,[illegible] pCt. Eine solche Differenz könnte recht wohl auf Fehler in der Analyse gebracht werden, allein es darf dabei doch nicht unerwähnt bleiben, dass besondere Umstände sie als zulässig erklären. In der Böschung der Halde, wo Ende April die Probe zur Analyse genommen wurde, waren während des Winters grosse Risse und Furchen entstanden, die mit einem sehr feinen Kohlenpulver ausgefüllt waren, das offenbar als ein gewaschenes Kohl betrachtet werden musste und das unbedingt reicher an Kohlenstoff war, als die ungewaschenen Theile der Halde. Bei dem Probenehmen war es nicht möglich, dieses Pulver vollständig zu entfernen, weil sonst die Böschung hätte müssen 8—10 Zoll tief abgeschaufelt werden.

Bei Wasserstoff und Schwefel findet überall eine dem Ganzen entsprechende Abnahme des Gewichtes statt, kleine Unregelmässigkeiten dürften auf Fehler in der Analyse zu bringen sein.

4. Aus der Verminderung der Gewichtseinheiten der einzelnen Bestandtheile in Bezug auf die Asche lässt sich unmittelbar der Gesammtverlust berechnen, welchen eine bestimmte Kohlenmasse durch die Verwitterung erlitten hat.

Die frischgeförderten Kleinkohlen enthielten, wenn der Aschengehalt als unveränderliche Gewichtseinheit angenommen wird, (vgl. die Tabelle Seite 249) Anfang August 22,[illegible] Gewichtseinheiten, nach neunmonatlicher Lagerung waren nur noch 9,[illegible] Einheiten vorhanden, es sind also 12,[illegible] Einheiten verschwunden. Da nun die relative Zunahme des Aschengehaltes mit dem Verschwinden der übrigen Bestandtheile in geradem Verhältnisse steht, so müssen, auf eine Einheit der Masse $\frac{12,_{[illegible]}}{22,_{[illegible]}} = 0,_{[illegible]}$ verschwundene Theile kommen, von 100 Pfd. frisch geförderter Steinkohlen durch die Verwitterung 58,[illegible] Pfd. verschwunden sein.*)

---

*) Zu demselben Resultate gelangt man durch eine andere Betrachtungsweise. In den frisch geförderten Kleinkohlen wurden 4,[illegible] pCt. Asche gefunden, in der verwitterten Kohle dagegen 10,[illegible] pCt. Ende April 1862. Man musste daher von der frischen Kohle $\frac{10,_{[illegible]}}{4,_{[illegible]}} = 2,_{[illegible]}$ Theile nehmen, um die in der verwitterten Kohle gefundene Quantität der Asche zu erhalten. Da nun die frische Kohle 79,[illegible] pCt. Kohlenstoff enthielt, so mussten in einer 2,[illegible] mal grösseren Quantität 189,[illegible] Gewichtstheile enthalten sein. Gefunden wurden Ende April 1862 jedoch nur 71,[illegible] pCt. Es fehlen demnach 117,[illegible] Gewichtstheile, welche 2,[illegible] Theilen der frischen Kohle angehören. Es ist daher $\frac{117,_{[illegible]}}{2,_{[illegible]}} = 49,_{[illegible]}$ der

Von der ursprünglichen Halde der frischgeförderten Kleinkohlen waren also Ende April 1862 nur noch 41,[illegible] pCt. vorhanden.

5. Die Verwitterung der Steinkohlen steigt bei grossen Halden sehr rasch mit der Erhöhung der Temperatur, welche im Innern derselben stattfindet, und nimmt auch ebenso rasch wieder ab, wenn die Temperatur fällt.

Die Kohlen an der Wetterseite der Halde waren Ende December 1861 bis auf mehrere Zoll Tiefe schon vollkommen abgekühlt, und sie haben seitdem bis Ende April 1862 keine Gewichtsabnahme erfahren. (Eine Gewichtszunahme von 0,[illegible] Einheiten, welche die Analyse angiebt, ist oben bereits erörtert worden.) Im Innern der Halde hat von Anfang August bis Ende December 1861 eine rasche Abnahme stattgefunden, wenn auch etwas geringer als an der Oberfläche. Von Ende December 1861 bis Ende April 1862 ist dagegen die Abnahme gering gewesen, nämlich nur 0,[illegible] Gewichtseinheiten oder 3,[illegible] pCt. Eine genauere Uebersicht über die Gewichtsverluste in den einzelnen Zeiträumen gibt folgende Zusammenstellung:

| Bestandtheile | Gewichtsverluste durch Verwitterung in Procenten | | | | |
|---|---|---|---|---|---|
| | August und September 1861 | October, November und December 1861 | | Januar, Februar, März und April 1862 | |
| | | Wetterseite | Innern der Halde | Wetterseite | Innern der Halde |
| Kohlenstoff . . | − 15,[illegible] | − 22,[illegible] | − 19,[illegible] | + 0,[illegible] | − 2,[illegible] |
| Wasserstoff . . | − 1,[illegible] | − 1,[illegible] | − 3,[illegible] | − 0,[illegible] | − 0,[illegible] |
| Stickstoff . . | − 0,[illegible] | − 0,[illegible] | − 0,[illegible] | + 0,[illegible] | − 0,[illegible] |
| Schwefel . . | − 0,[illegible] | − 0,[illegible] | − 0,[illegible] | + 0,[illegible] | − 0,[illegible] |
| Sauerstoff . . | − [illegible] | − [illegible] | − 2,[illegible] | + 0,[illegible] | − 0,[illegible] |
| Summe | − 19,[illegible] | − 27,[illegible] | − 23,[illegible] | + 0,[illegible] | − 3,[illegible] |

Es dürfte hiernach anzunehmen sein, dass die Halde von April 1862 ab keine wesentliche Abnahme durch die Verwitterung erfahren werde.

6. Durch die Einwirkung atmosphärischer Niederschläge wird die Zersetzung der Steinkohlen befördert und beschleunigt, während trocken liegende Kohlen durch die blosse Einwirkung feuchter Luft sich nur wenig verändern.

---

Die zerschlagenen Stückkohlen, welche vor der directen Einwirkung atmosphärischer Niederschläge geschützt waren, haben während 7 Monaten nur einen Gewichtsverlust von 0,[illegible] Einheiten oder 0,[illegible] pCt. erlitten; die festen Stücke, welche nicht vor dieser Einwirkung geschützt waren, haben mehr verloren.

7. Kohle in grossen Stücken verwitterte weniger rasch, als Kohle in pulverartiger Form.

Die Stückkohle in festen Stücken hat bis Ende December 1861 einen Gewichtsverlust von 0,[illegible] pCt. erfahren, während die zerschlagenen Stücke in derselben Zeit 2,[illegible] pCt. verloren haben.

8. Betrachtet man in der Steinkohle die procentige Zusammensetzung der aschenfreien Bestandtheile, so findet sich zwischen der frischen und der verwitterten Kohle kein grosser Unterschied.

Man vergleiche hierüber die der Tabelle beigefügten Rubriken „Bestandtheile aschenfreier Steinkohlen." Dadurch, dass Eisen und Schwefel sich oxydiren, findet eine Vermehrung des Gehaltes an Sauerstoff statt, was eine relative Abnahme der übrigen Bestandtheile bedingt. Aus einer unverkennbaren Zunahme des Stickstoffgehaltes dürfte zu schliessen sein, dass die durch die Verwitterung entstehenden Ammoniakverbindungen von der hygroskopischen Feuchtigkeit aufgenommen und zurückgehalten werden. Andere, weniger erhebliche Unregelmässigkeiten dürften auf Fehler in der Ausführung der Analyse zu bringen sein.

9. Die der Verwitterung ausgesetzt gewesenen Steinkohlen haben hauptsächlich darum einen geringeren Brennwerth, als frische Kohlen, weil ihr Aschengehalt ein höherer geworden ist.

Man vergleiche hierüber die in der Tabelle (S. 249) aufgeführten Rubriken Wärmeeinheiten, praktischer Brennwerth und Dampf aus Wasser von 0 Grad C. bei 28 Zoll Barometerhöhe für 1 Pfd. Steinkohlen. Bei der neun Monat auf der Halde gelegenen Kohle beträgt die Verminderung des Brennwerthes 8,[illegible] pCt. Bei der zerschlagenen Stückkohle beträgt derselbe nur für die Zeit von 7 Monaten 1,[illegible] pCt. Da nun bei der Feuerung im Grossen von einer aschenreichen Kohle in der Regel weniger unverbrannte Kohlentheile durch den Rost gehen, als von einer Kohle, welche arm an Asche ist, so ist es erklärlich, dass in der Praxis mit einer schon ziemlich stark verwitterten Kohle im Allgemeinen dieselben Brennwerthe erreicht werden, als mit frischer Kohle. Es ist dies um so eher denkbar und in der Praxis erreichbar, als eine aschenreiche nicht backende Kohle, die Gluth lange erhält und die Aufmerksamkeit des Heizers weniger in Anspruch nimmt, als frische Backkohle.

10. Für die Praxis dürfte aus diesen Untersuchungen folgende Nutzanwendung abzuleiten sein. Sollen Steinkohlen auf dem Lager möglichst wenig durch Verwitterung an ihrem ursprünglichen Werthe verlieren, so müssen sie — mit Luftzügen im Innern versehen, damit keine zu starke Erhitzung stattfinde, lufttrocken in Haufen gebracht und mit einem gegen

die atmosphärischen Niederschläge schützenden Dache versehen werden. Diese Regel ist zwar in der Praxis längst bekannt, aber es dürfte doch nicht überflüssig sein, von Neuem darauf hinzuweisen, indem durch ihre Vernachlässigung oft bedeutende Verluste entstehen, die häufig der Veruntreuung oder dem Diebstahle zur Last gelegt werden.

---

Beilage Nr. 5.

## Notiz über das Anfeuern von Thonretorten.

Von Herrn *Th. Boucher*, Thonwaarenfabrikant in St. Ghislain (Belgien.)

Mitgetheilt durch Herrn Director *Schick*.

Frage: Sollen Thonretorten langsam oder schnell angefeuert werden?

Antwort: Die rasche Anfeuerung ist nach meiner Ueberzeugung die bessere. Die Thonretorten, wenn sie nur gut gearbeitet und aus bestem Materiale gemacht sind, werden um so besser halten, je rascher sie angefeuert worden sind.

Man thut weit besser daran, sie in zwei Tagen auf volle Hitze zu bringen und sie dabei während oder am Schlusse des zweiten Tages mit Kohlen zu laden, als dass man sie fünf, sechs und mehr Tage leer feuert.

Viele grosse Anstalten, von denen ich nur die von Lüttich in Belgien nennen will, haben die rasche Anfeuerungsweise angenommen und sich von dem Vorzuge derselben über die langsame Anfeuerungsart hinlänglich überzeugt.

Das bei der schnellen Methode befolgte Verfahren, dessen Erfolg unzweifelhaft feststeht, ist Folgendes:

Wenn ein Ofen gut ausgetrocknet ist, zündet man Morgens ein kleines Cokesfeuer darin an, das man ganz allmählig verstärkt, bis das ganze Ofeninnere anfängt, hell zu werden; man feuert dann die ganze Nacht hindurch mit gröberem Coke, so dass am Morgen des zweiten Tages die Ofenhitze dunkelrothglühend wird und treibt von da ab das Feuern so stark, dass um Mittag des zweiten Tages Weissglühhitze im Ofen ist. Nun ladet man die Retorten zum ersten Mal und wiederholt die Ladung nach fünf bis sechs Stunden. Man hat alsdann die Retorten schon nach 36 Stunden auf die gehörige Betriebshitze gebracht und dabei schon zwei Ladungen vornehmen können.

Dass nur bei einer strengen und aufmerksamen Ueberwachung vom Beginne des Anfeuerns bis zur ersten Ladung es möglich ist, dies zu erreichen und dass diese Arbeit nur einem ganz zuverlässigen Werkmeister, keinenfalls aber den Arbeitern allein überlassen werden darf, versteht sich ganz von selbst.

Ich will hier zwei Fälle erwähnen, welche sich vor meinen Augen zugetragen haben und für eine noch weit raschere Anfeuerungsweise sprechen, als ich sie vorher erwähnte.

Der erste Fall kam in unserer Stadt und in einer Gasfabrik vor, deren Anlage unter meiner Leitung geschah. Ein vierretortiger Ofen hatte, als er im Februar dieses Jahres still gestellt wurde, 22 Monate lang ununterbrochen gearbeitet und musste schon nach 10 bis 12 Tagen wieder angefeuert werden. Das Feuer wurde Morgens angemacht, im Laufe des Tages nach und nach bis zur Rothgluth gesteigert und wurden die vier Retorten noch am Abend desselbigen Tages geladen. Das Resultat war ein sehr gutes. Der Ofen war so heiss, dass man schon eine Abtreibung erhielt und dies geschah 12 Stunden nach dem Beginne der Anheizung.

Der zweite Fall trug sich in meiner eigenen Privat-Gasanstalt mit einem Zweier-Ofen zu. Eine der darin liegenden Retorten, die schon drei Jahre im Betriebe war und die gelegentlich des Ausbrennens oder der Entfernung des Ansatzes entzwei gegangen war, musste aus dem Feuer genommen werden. Der Ofen war dabei rothglühend geblieben, die Feuerthüre wurde nur luftdicht geschlossen. Die neu einzulegende Ersatzretorte wurde, vorher möglichst erwärmt, an die Stelle der zerbrochenen eingelegt, die Vordermauer geschlossen, die Verschmierung der Schürthüren entfernt, in den Ofen wieder frisches Brennmaterial aufgegeben und nach und nach lebhafte Rothgluth hergestellt, bei der die zwei Retorten konnten geladen werden.

Während der ganzen Dauer dieses Vorganges, welcher im Ganzen 6 Stunden bis zur Ladung der neuen Retorte in Anspruch nahm, ging die Destillation in der alten Retorte ruhig weiter.

Keiner von beiden Versuchen hatte Risse oder Entweichungen im Gefolge; ja man kann sogar annehmen, dass die Risse und Entweichungen von Gas gerade fortblieben, weil die Feuerung so lebhaft und ununterbrochen im Gange erhalten wurde. Es liegt hierin sogar ein Beweis mehr für die Wirksamkeit der Methode des raschen Anfeuerns.

Aus der Diskussion, die sich in Folge dieser Mittheilung ergab, ist Folgendes ein Auszug:

Herr Spreng: Ich habe es immer so gehalten, dass ich in 36 Stunden, wenn es nöthig war, — aber nie länger als zweimal vierundzwanzig Stunden — angefeuert habe, und habe dabei ganz gute Resultate erzielt.

Herr Streof: Ich trete ebenfalls dieser Ansicht bei und habe selbst davon Proben gemacht. Als ich voriges Jahr nach einer Reise in meine Fabrik zurückkam, fand ich einen sehr geringen Gasvorrath, während ich für den andern Tag eine bedeutende Menge Gas zu liefern hatte. Ich hatte einen neuen Ofen und zündete denselben an, habe in 15 Stunden die Retorten so weit gebracht, dass sie heiss waren und ganz unversehrt geblieben sind.

Herr Rudolph: Ich habe dieselbe Erfahrung gemacht und sie auch in einem Privatkreise mitgetheilt, wo sie aber mit grossem Erstaunen aufgenommen wurde; ich weiche aber insoweit von diesem Verfahren ab, als ich die Retorte vor dem Anheizen des Ofens mit kleinen Koaks vollauf fülle und dann innerhalb 36 Stunden versuche, die Retorte in Hitze zu bringen. Ich bemerke hiebei, dass mir in den seltensten Fällen Sprünge vorgekommen sind, vielleicht bei 90 Retorten kaum einmal.

Herr Döhm: Ich habe auch die gleiche Erfahrung gemacht, ich habe früher in 4, 6, 8 Tagen geheizt und heize jetzt in zweimal 24 Stunden oder gar in 36 Stunden. Früher habe ich auch die Retorten mit Koaks gefüllt, seit einiger Zeit fülle ich sie gleich von Beginn an mit Kohlen, und befinde mich dabei besser. Selten haben die Retorten Risse bekommen; ich habe Retorten im Betrieb, die fünfmal angeheizt und heute noch in gutem Stande sind.

Herr Baumgärtl: Dasselbe kann ich auch bestätigen. Ich habe früher auch in dreimal 24 Stunden geheizt, und heize jetzt innerhalb zweimal 24 Stunden.

Herr Kassler: Ich wollte blos die Anfrage stellen, ob auch die Oefen gehörig ausgetrocknet waren? das ist nämlich die Hauptsache. Ein neuer Ofen in einer neuen Gasanstalt kann in 36 Stunden nicht geheizt werden.

Herr Schiele: Ich erlaube mir nur noch in Bezug auf die Retorten eine Anfrage an die Herren zu stellen, die von wesentlicher Wichtigkeit ist. Sie alle erinnern sich, dass man bei Thonretorten und gleichzeitiger Anwendung von Exhaustoren mehr oder weniger Kohlenoxydgas in den Aufsteigeröhren gefunden hat, und zwar in einer grösseren Menge, als man es billig finden durfte. Es hat sich durch die Analyse herausgestellt, dass die Verbrennungsproducte mit in die Retorte gerissen worden sind, und Einsaugung in die Retorte stattgefunden hat; ich erlaube mir deshalb an die Herren, die hierin Erfahrung haben, die Anfrage zu stellen, ob sie sich irgend welcher Schmier- oder Dichtungsmittel von aussen bedient haben, um das Eindringen des Kohlenoxydgases von aussen zu hindern. Ich habe keine Sauger, kann also auch keine Erfahrung machen.

Herr Schwarzer: Ich glaube, durch die Benützung von Exhaustoren, wenn vernünftige Anwendung davon gemacht wird, kann der Uebelstand niemals eintreten. Wenn nämlich ein solcher Exhaustor zugleich mit einem Regulator verbunden ist, und nur einigermassen Aufsicht über den Gang der Maschine ausgeübt wird. Dann kann nach meinem Dafürhalten ein Einsaugen von Luft durch die Retortenrisse gar nicht vorkommen. Eine Abhülfe dieses Einströmens von Luft in die Retorte durch Verschmieren von aussen würde wohl kaum genügend hergestellt werden können, und ich glaube, auf dem Wege würde man den Uebelstand nicht zu vermeiden im Stande sein.

Herr Schilling: Wenn ich recht gehört habe, so hat Herr Schiele betont, dass Analysen von Gasen vorliegen, welche die von ihm angeführte Thatsache bestätigen; es wäre interessant, wenn Herr Schiele die Gefälligkeit haben wollte, uns diese Analysen mitzutheilen. Mir sind keine bekannt von Gasen, die mit Exhaustoren erzeugt wurden, gegenüber solchen, die ohne Exhaustoren erzeugt worden sind, und ich glaube, dass wir erst dann, wenn solche Analysen vorliegen, überhaupt über den Gegenstand weiter verhandeln können.

Herr Schiele: Ich bin nicht im Stande, dem Wunsche des Herrn Schilling zu entsprechen und Analysen in dieser Richtung vorzulegen: relata refero — d. h. ich habe, aufgefordert durch die Herren, die dergleichen Versuche angestellt haben, die Frage aufgeworfen, um ihre Ansichten zu hören. Ich weiss, dass gut geführte Exhaustoren einen Minusdruck nicht ergeben sollen, und weiss, dass man auf der andern Seite diesen Minusdruck dennoch fand. Es ist dann durch die Risse, die sich bei der Anfeuerung, wenn man nicht vorsichtig war, gebildet haben, Luft mit hineingekommen.

Ich bin kein Gegner der Exhaustoren, wenigstens nicht mehr in dem ausgedehnten Sinne, wie ich es früher vielleicht geschienen habe; aber derartige Geschichten sind mir zu Ohren gekommen, und man sollte deshalb Analysen anstellen. Ich wünschte sogar, dass wer einen Exhaustor besitzt, vergleichende Versuche anstellen möge. Die Möglichkeit ist wenigstens vorhanden und es ist dies namentlich dann der Fall, wenn die Retorten zum ersten Mal geladen werden.

Herr Schauber: Ich wollte nur bemerken, dass der Druck, der in der Retorte herrscht, von der Zeit abhängt, während welcher die Ladung darin ist, und von der Grösse der Ladung. Der Druck der Retorte ändert sich in den verschiedenen Stunden sehr bedeutend, er wechselt von 1" bis zu 4" und 5", besonders wenn die aufsteigenden Röhren von der Retorte zum Mundstück nach der Theervorlage zu eng sind. Wir sind in Berlin deshalb dahin gekommen, dass wir 6zöllige Röhren anwenden. Wenn wirklich der Manometerstand auch unter 0 sein sollte, so ist lange noch kein Minusdruck in der Retorte vorhanden, sondern in der Retorte ist immer noch selbst in der letzten Stunde Druck vorhanden, der von den zu engen Aufsteigeröhren herrührt; gleichwohl will ich nicht in Abrede stellen, dass eine Luftsaugung vorkommen kann; ich habe erlebt, dass das wirklich so ist. Es schützt aber dagegen auch kein Regulator. Wenn der Maschinist nicht aufpasst und die Maschine zu schnell gehen lässt, wird immerhin Luft eingesaugt.

Herr Elster: Ich glaube, wenn wirklich Luft in die Rohrleitungen eingesaugt ist, so hat das immer nur zwischen dem Exhaustor und der Vorlage stattgefunden. Ich glaube aber bestätigen zu können, dass gerade in Fällen, wo wirklich Luft in das Gas hineingekommen ist, dies seinen Grund lediglich darin gehabt hat, dass das Rohr des Condensations-Apparates mit der Zeit verengt war.

Herr Schwarzer: Ich kann dem Herrn Baumeister Schnuhr nicht beipflichten, dass der Druck in der Retorte sich so wesentlich verschieden gestalten sollte, und zwar einfach nur in Rücksicht darauf, dass der Production, die zu verschiedenen Zeiten verschieden stark ist, das Abführungsrohr nicht gleichmässig genügt; bekanntlich resultirt der Druck in der Retorte aus dem Druck, den der Gasbehälter gibt, dann ferner in Folge der verschiedenen Druckverhältnisse, die durch die Reinigungsapparate hervorgerufen werden; ferner durch die Eintauchung der Abführungsröhren in die Vorlage. Wenn die Röhren in der Vorlage in die Sperrflüssigkeit einen Zoll eintauchen, dann kann unmöglich, wenn die Röhren nicht in ganz unverhältnissmässiger Enge von der Retorte wegführen, der Druck so wesentlich steigen. Wenn dies aber auch stattfindet, so muss ich immer wieder darauf zurückkommen, dass, wenn der Exhaustor mit einem genügend grossen Regulator versehen ist, und man nicht unter Gesaugt um nicht den Druck der Sperrflüssigkeit in der Vorlage theilweise aufzuheben, meiner Ueberzeugung nach in der Retorte niemals ein Minusdruck erzeugt werden kann. Ich lasse niemals unter ½ Zoll Druck zwischen der Vorlage und dem Exhaustor saugen und habe dann zur Sicherheit immer noch einen Druck in der Vorlage, der durch die Absperrflüssigkeit erzeugt wird. Das beträgt bei mir immer einen Zoll.

Herr Stroof: Ich muss dem Herrn Schwarzer widersprechen, und dem Herrn Schnuhr Recht geben; ich habe genaue Versuche über den Gang der Destillation zu verschiedenen Zeiten in Bezug auf den Druck angestellt. Es wechselt der Druck von 1 bis 3½" in der Retorte, wenn der Exhaustor ruhig und sicher arbeitet. Der Grund liegt in der Ungleichheit der Destillation.

Herr Schwarzer: Ich habe mir die Mühe nicht verdriessen lassen, immer Aufsicht zu üben und den Druck in den Retorten an den Retortendeckeln zu beobachten. So lange ich jedoch meine Beobachtungen angestellt habe, und so viel Zeit ich mir genommen habe, habe ich niemals gefunden, dass in der Retorte ein luftverdünnter Raum hergestellt worden ist. Die Druckverhältnisse in der Retorte haben sich vielleicht wenig oder gar nicht geändert. Ich denke mir, wenn die Oeffnung, wodurch das Gas aus der Retorte entweichen kann, eben für das höchste Maass der Production nicht ausreichend ist, dann wird allerdings eine Pressung stattfinden.

Herr Schnuhr: Wer immer von Ihnen einen alten Ofen abgebrochen und sich die Sache angesehen hat, der wird gefunden haben, dass sich fast das ganze Rohr verstopft. Das kann man nicht ändern. Das liegt einmal in den Verhältnissen. Sowie einmal das Mundstück geöffnet ist, so dringen beim Chargiren mit der Entwicklung der Gase Kohlen-Staubtheile ein und setzen sich an den Theer im Rohre fest, so dass sich die Oeffnung von 4—6 Zoll auf ein solches Minimum reducirt, dass das Durchströmmen des Gases eine so bedeutende Geschwindigkeit annehmen muss, wie sie eben der Druckhöhe entspricht. Man kann das leicht beobachten. Man darf nur einen Manometer an den Mundstück-Deckel befestigen und seine Beobachtung während der Chargirungszeit anstellen.

Herr Schwarzer: Herr Schnuhr bringt den Uebelstand der Verstopfung der Aufsteigeröhren zur Sprache. Man hat, wie es auch mir früher passirt ist, an verschiedenen Orten die Erfahrung gemacht, dass sich ein Verstopfen derselben recht häufig einstellt. Wenn die Oeffnung dem Productionsquantum des Gases nicht mehr entspricht, so wird das immer eintreten, man kann aber den Uebelstand sehr gut beseitigen, und man soll wirklich entschieden darauf Acht geben, dass das Verstopfen der Röhren nicht zu einem Uebelstand wird. Ich habe früher gefunden, dass ich oft schon an einem Tage, oder spätestens am zweiten solche Röhren an den Oefen reinigen musste. Sie verstopften sich so vollständig, dass von einem Durchgehen der Gase gar nicht mehr die Rede war, was für den Betrieb natürlich eine sehr grosse Störung ist. Ich habe mich daher bemüht, diesen Uebelstand zu beseitigen, und es ist mir auch vollkommen damit gelungen, dass ich zwischen den Steigeröhren und zwischen den Oefen eine Schicht habe aufmauern lassen. Ich kann Sie versichern, dass seit der Zeit die Aufsteigeröhren Monate lang von einem solchen Ansatz befreit bleiben, und ich mache seitdem nie mehr die Beobachtung, dass sich die Röhren vollständig verstopft hätten.

Herr Schilling: Es sind bereits verschiedene Ansichten geäussert worden, ich glaube aber, wir haben dabei ein wesentliches Moment übersehen. Es ist nämlich ein grosser Unterschied, mit was für Kohlen man arbeitet. Die Herren nämlich, die mit englischen Kohlen arbeiten, leiden durchweg an Verstopfung, diejenigen hingegen, welche mit Zwickauer Kohlen arbeiten, haben darüber nicht zu klagen.

Herr Schnuhr: Ich glaube, dass es weniger auf die Kohlensorte ankommt, als vielmehr auf den Grad ihrer Grubenfeuchtigkeit. Eine Kohle, die noch Grubenfeuchtigkeit hat, verstopft nicht so leicht. Die englische Kohle dagegen, die Monate lang gelagert ist, die schon Temperaturerhöhung erlitten hat bei der die leichten Kohlenwasserstoffgase schon fort sind, durch die Verwitterung, die die Kohle erlitten hat, verstopft die Röhren. Man darf nur den Versuch machen und der englischen Kohle etwas Wasser zusetzen, was die Arbeiter sehr gut wissen, dann hört dieser Uebelstand auf.

Herr Thiem: Ich habe Jahre lang mit schlesischen Kohlen gearbeitet, die ganz frisch gewesen sind, und habe dennoch an Verstopfungen gelitten.

Herr Schilling: Ich möchte nur hinzufügen dass auch die englischen Anstalten, soviel ich mich erinnere, mit den verstopften Aufsteigeröhren viel zu leiden haben. Dagegen ist es eine Thatsache, die ich 4 Jahre lang bestätigt gefunden habe, dass Zwickauer Kohlen nie Verstopfungen verursacht haben, obgleich sie mitunter recht lange lagerten.

Herr Schwarzer: Ich arbeite mit schlesischen Kohlen, und kann dabei bestimmt versichern, dass auch diese Kohlen bei der gewöhnlichen Einrichtung der Oefen die Verstopfung der Aufsteigeröhren herbeiführen. Die Verstopfung der Röhren kommt einfach daher, dass das Gas mit dem Theerdampf im Aufsteigerohr sich condensirt. Wenn nun die Wandung der Röhren einer starken Hitze ausgesetzt wird, so entsteht durch Eintrocknung eine Kruste, und daraus eine Verstopfung, verhindern Sie aber das Heisswerden der Aufsteigerohre, so werden Sie auch das Ansetzen einer solchen Kruste verhindern. Ich habe das ausgeführt und es ist mir gelungen, das Uebel der Verstopfung, an dem ich früher ebenfalls litt, zu verhindern.

Herr Schröder: Ich glaube allerdings auch, dass zunächst die Qualität der Kohle der erste Grund sein mag, wodurch Verstopfungen herbeigeführt werden, ich glaube aber auch, dass der Hitzgrad der Aufsteigeröhren von sehr bedeutendem Einfluss ist.

Herr Krakow: Ich habe die Bemerkung gemacht, dass ich bei 6zölligen Aufsteigeröhren täglich zweimal aufmachen musste. Ich gebe aber dem Umstande die Schuld, dass die Röhren so nahe an der Ofenwand liegen. Bei der englischen Compagnie in Berlin, wo sie wenigstens 10 Zoll von den Oefen entfernt sind, ist höchstens alle 6 bis 8 Tage ein Oeffnen derselben erforderlich.

Herr Leonhardt: Es ist erwähnt worden, dass die Verstopfung der Aufsteigeröhren durch eine Abkühlung vermieden werden könnte, und auf meiner Wanderung im vorigen Jahre durch die verschiedenen Anstalten in Köln und Hannover wurde mir gesagt, dass daselbst früher ausserordentlich viele Verstopfungen vorgekommen sind, was nur dadurch beseitigt wurde, dass eine Vergrösserung der Steigeröhren vorgenommen wurde.

Herr Geith: Die Erfahrungen, welche in dieser Richtung gemacht wurden, sind merkwürdig verschieden, bei dem Einen macht es das Wasser gut, bei dem Andern die Hitze. Ich fabricire Holzgas, und der Theer desselben ist viel zäher, ich habe noch viel mehr mit diesem Uebel zu kämpfen. Meine Aufsteigeröhren sind auch 6—7 Zoll von der Wand entfernt, und dennoch habe ich fürchterlich mit Verstopfung dieser Röhren zu thun gehabt. Ich habe Alles versucht, und konnte keine Abhilfe zu Stande bringen. Endlich bin ich auf den Gedanken gekommen, meine Rohre mit einem Blechmantel zu umgeben und diesen mit Asche zu füllen. Seitdem habe ich gar keine Schwierigkeit mehr, ich hatte früher ganz zähen Theer, jetzt aber ist es ein anderer, der sich mit der grössten Leichtigkeit durchschlägt.

Herr Schwarzer: Ich muss wiederholt auf mein Verfahren zurückkommen, und erlaube mir dasselbe den werthen Mitgliedern angelegentlichst zu empfehlen. Es ist durchaus nicht kostspielig und wenn wir uns im nächsten Jahre wiedersehen, werden vielleicht verschiedene von Ihnen auf diesem Wege von dem besprochenen Uebelstande befreit sein. Ich würde wenigstens bitten, es möchten mehrere der Herren einen derartigen Versuch sich nicht verdriessen lassen.

Herr A. Spreng: Ich erlaube mir mitzutheilen, dass ich nicht an verstopften Röhren leide, und habe doch nur eine dreizöllige Aufsteigeröhre und 2 Zentner Ladung. Ich brauche aber weder die Abkühlung noch die Erwärmung. Der Uebelstand wurde bei uns dadurch gehoben, dass wir eine neue Hydraulik anlegten, und es scheint mir also die Abhilfe, abgesehen von der Qualität und Quantität der Kohlen, auch in der Anordnung der Hydraulik zu liegen.

Beilage Nr. 6.

## Ueber Thonretortenfabrikation,

von Herrn Direktor *Geith* aus Coburg.

Meine Herren! Aufgefordert von dem verehrten Vorstande unseres Vereins eine kleine Skizze über die Thonretortenfabrication zu geben, komme ich diesem Wunsche hiermit gerne nach und möchte es für Sie vielleicht nicht ohne Interesse sein, etwas Specielleres über diese Fabrikation, wenn Sie sie im Allgemeinen auch schon kennen, zu erfahren. Wie Sie wissen, stammt die Erfindung und Anwendung der Thonretorten, wie so viele der wichtigsten Erfindungen und Einrichtungen in unserem Fache aus England. Im Jahre 1820 liess sich der Engländer *Grafton* ein Patent auf Anwendung von Thonretorten zur Destillation von Steinkohlen, zum Behufe der Herstellung von Leuchtgas geben. Seine ersten Retorten waren grosse ⌂ Retorten, die aus einzelnen Stücken zusammengesetzt und mit Thonmörtel verbunden waren. Die Retorten waren 6 Fuss breit, 18 Zoll hoch und ca. 7 Fuss lang; er machte in denselben 6stündige Chargirungen mit 7 Ztr. Kohlen. Trotz der alsbald hervortretenden Vortheile hatten die Thonretorten einen langen Kampf bis zu einer allgemeinen Anwendung zu bestehen.

Es währte 20 Jahre bis sie, Anfangs der 40ger Jahre, in England allgemeinen Eingang fanden. Man versuchte sich in den verschiedensten Formen; es wurden runde, viereckige, ovale, ⌂ Retorten etc. gemacht, die aus einzelnen in einander passenden Stücken von 1 bis 3 Fuss Länge mit 4 bis 6 Zoll Wandstärke oder auch aus gewöhnlichen Chamottesteinen hergestellt wurden. Es wurden indessen die grossen Wandstärken, als zu kostspielig in der Heizung, bald verlassen und kam man allmählig zu den im Wesentlichen jetzt noch üblichen ovalen und ⌂ Formen, die bei bedeutend geringerer Wandstärke aus einem Stück hergestellt wurden. Leider findet aber noch, obwohl man sich auf diese beiden Formen reducirt hat, eine sehr grosse Mannigfaltigkeit in den Dimensionen derselben Anwendung. Sie können sich davon einen Begriff machen, wenn ich Ihnen sage, dass ich in meiner Thonwaarenfabrik, in der ich seit kaum 4 Jahren Retorten anfertigen lasse, bereits 34 verschiedene Formen habe, beinahe so viel Formen als Gasfabriken Retorten von mir beziehen.

Es wäre vielleicht eine Aufgabe für unsern Verein in dieser Richtung etwas zu thun. Sie werden sich zwar nicht auf eine oder zwei Formen reduciren lassen, weil die Bedürfnisse zu verschieden sind, aber auf ein halbes Dutzend vielleicht liessen sie sich doch zurückführen. Damit wären sodann viele Vortheile, sowohl für die Consumenten als die Fabrikanten verbunden. Es könnte diesen wenigen Formen viel grössere Aufmerksamkeit zugewendet werden, die Qualität würde gewinnen und die Preise könnten billiger gestellt werden, es könnte auch stets Vorrath gehalten werden und fiele der Missstand, dass Bestellungen über die Gebühr rasch ausgeführt werden müssten, was nicht leicht ohne Beeinträchtigung der guten Haltbarkeit der Retorten abgeht, völlig weg.

Ich gehe nun auf die Fabrikation selbst über.

Sie wissen, dass erst seit Anfang der 50ger Jahre die Anwendung der Thonretorten bei uns in Deutschland allgemein wurde. Anfangs wurden dieselben aus England, Belgien und theilweise auch aus Frankreich bezogen. Mit der Zeit sind auch in Deutschland bis jetzt 8 oder 9 Retortenfabriken entstanden, und dürfte es keinem Zweifel unterliegen, dass in sehr kurzer Zeit der deutsche Bedarf durch deutsche Fabriken in befriedigendster Weise gedeckt wird.

Vor allem ist es nothwendig sich zur Retortenfabrikation eines vorzüglichen Rohmaterials zu versichern. Es passen durchaus nicht alle feuerbeständigen Thone dazu. Es ist unbedingt nöthig, dass der Thon sehr plastisch, rein, in hohem Grade feuerbeständig und dem Schwinden und Reissen in möglichst geringem Grade unterworfen sei. Es giebt Thone, die sehr feuerbeständig sind aber zu dieser Fabrikation durchaus nicht passen, weil ihre Plastizität zu gering ist und sich vermöge ihres grossen Gehaltes von grobem Sand und dadurch bedingter geringer Mischungsfähigkeit, ein fester Scherben aus demselben nicht herstellen lässt. Den Thon dazu durch verschiedene Bearbeitung geeignet zu machen, würde in der Regel zu kostspielig sein und wohl meistens auch nicht zum Ziele führen. Selbst die besten feuerfesten Thone kommen in England, Belgien und bei uns nicht immer ganz rein vor, sie sind häufig durchzogen von Adern, die Schwefelkies, Eisenoxyd oder andere schädliche Beimengungen in grösseren Quantitäten enthalten. Diese müssen mit grösster Sorgfalt ferngehalten und der Thon Stück für Stück ausgesucht werden. Der so ausgewählte Thon wird dann entweder sogleich scharf getrocknet und der weiteren Bearbeitung übergeben oder es wird häufig auch, bedingt durch eigenthümliche Eigenschaften des Thones, vortheilhafter sein, ihn erst, und zwar von 1 bis 5 und 6 Jahren, und hie und da sogar noch länger, an der Luft verwittern zu lassen. Eine künstliche Trocknung des Thones ist in den meisten Fällen nöthig, da die feuerfesten Thone häufig die Eigenschaft haben sich in grubenfrischem Zustande nicht zu lösen, was nach dem Trocknen und Uebergiessen mit Wasser, bei ruhigem Stehenlassen während eines Zeit-Raumes von ca. 24 Stunden, dann meistens in vollkommener Weise erfolgt. Der Thon wird nach dem Trocknen gröblich gemahlen und mit der nöthigen Quantität Chamotte auf einem sehr rein gehaltenen Tennen mit grosser Sorgfalt und Gleichmässigkeit gemischt. Diese Chamotte wird auf verschiedene Art hergestellt. Entweder wird sie aus Chamottesteinen und Kapselscherben etc. zwischen Walzen gemahlen und durch Sieben die entsprechende Körnung hergestellt, oder sie wird aus dem getrockneten Thon, der vorher durch Zerfallen an der Luft und Sieben die richtige Körnung erhalten hat, in Kapseln, wie sie in Porzellanfabriken üblich sind, eigens gebrannt. Erstere Methode ist billiger, giebt aber, abgesehen davon, dass eine Verunreinigung schwer zu vermeiden ist, eine Chamotte, die durch theilweise, durch Flugasche und scharfen Brand, glasirte Stücke und die mehr oder minder abgerundete Form der Körner, wenig geeignet ist, dem Scherben der Retorte die möglichst grosse absolute Festigkeit zu ertheilen. Die in Kapseln gebrannte Chamotte bleibt sehr scharfkantig, und weil frei von glasurten und gesinterten Stücken, sehr bindungsfähig und ist daher, wenn auch kostspieliger, unbedingt vorzuziehen.

Für das Maass, in welchem nun eine so zubereitete Chamotte mit Thon zu mischen ist, lässt sich ein genaues Verhältniss nicht angeben, da fast jeder Thon eine andere Mischungsfähigkeit besitzt. Es geht das von 1 Theil Thon und ½ Theil Chamotte bis 1 Theil Thon und 1, 2 und sogar 3 Theil Chamotte. Allerdings liegt in dieser Maassbestimmung der wichtigste Theil der Fabrikation, da die Grenze, die für ein gutes Fabrikat die geeignetste ist, eine ziemlich enge ist, ein zu fetter Scherben wird dem Reissen ausgesetzt sein, ein zu magerer wird ausser der schlechten Leitungsfähigkeit und dadurch kostspieligeren Heizung, nicht die nothwendige absolute Festigkeit haben. Es muss sich hiefür jeder Fabrikant nur durch die Erfahrung leiten lassen.

Hat nun, wie vorher erwähnt, die trockene Mischung mit grösster Sorgfalt stattgefunden, so wird der Thon in einen sogenannten Sumpf gethan, mit Wasser übergossen und mehrere Tage bis zur völligen freiwilligen Lösung des Thones stehen gelassen, dann in einem sogenannten Thonschneider 2 bis 3 mal tüchtig gemischt. Hierauf wird er in einem lediglich dazu bestimmten Lokal in Schichten von ca. 4″ ausgebreitet und von Arbeitern mit blossen Füssen in einer regelmässigen Weise so lange getreten, bis er die durch Erfahrung bekannte nöthige Elasticität hat und zur Fabrikation geeignet ist. Eine einfachere und billigere Methode besteht darin, dass man sich mit der mehrmaligen Mischung im Thonschneider begnügt und ihn sofort zur Fabrikation verwendet. Die erstere hat indessen unbedingte Vortheile und da man bis jetzt noch keine Maschine hat, die diese knetende und ziehende Bewegung in entsprechender Weise ersetzt, so wird ein Fabrikant, der sicher gehen will, von dieser allerdings kostspieligen und langweiligen Methode noch nicht abgehen können. Ist der Thon auf eine dieser Weisen genügend vorbereitet, so wird er an geeigneten kühlen Orten aufgespeichert und von da in die Fabrikationslokale gebracht, wo er zuerst noch in grosse viereckige Klumpen geformt, tüchtig geworfen und mit einem Holzschlägel geschlagen wird, um alle Luftblasen zu entfernen. Hierauf fängt der Arbeiter an, den Boden der Retorte nach einer Chablone anzufertigen, ist dieser in sorgfältiger Weise hergestellt, so bringt er ihn in den untersten Theil der Form. Diese Formen will ich Ihnen, ehe ich weiterfahre, noch vorher kurz beschreiben. Dieselben werden meistens aus Holz und zwar aus ca. 1″ starken und 2″ breiten Brettstücken aufeinander geleimt und geschraubt. Die ganze Form besteht aus 4—6 Theilen der Höhe nach und ist jeder dieser Theile wieder vertikal in 2 Theile zerschnitten und werden diese Theile beim allmähligen Aufbau der Retorte bei den an jedem einzelnen Formtheile oben und unten und seitlich angebrachten Flanschen mit Schrauben fest verbunden. Die Gypsformen, die ebenfalls vielfach angewandt werden, bestehen aus ebenso vielen Theilen und werden dieselben anstatt der Flanschen mit aussen angebrachten und eingelassenen Stäben mittelst Ketten oder Stricken fest verbunden. Es werden auch noch Gypsformen aus nur 2 Theilen bestehend angewandt, in jeder derselben wird eine Hälfte der Retorte eingeformt, dann beide Theile zusammengeklappt und von innen durch einen Mann, der in das Innere der Retorte kriecht, innig verbunden. Diese Methode ist wohl die rascheste, aber schwerlich die zuverlässigste. Um nun in der vorhin begonnenen Beschreibung der Formung fortzufahren, so wird, nachdem der Boden in den untersten Theil der Form eingebracht ist, angefangen, die Wände aufzubauen. Zu diesem Behufe nimmt der Arbeiter von den gleichmässig dick abgeschnittenen und auf allen Seiten geraubten, ca. 2 handgrossen Thonstücken and fängt an, dasselbe mit einem eisernen Hammer, der auf der einen Seite die Form des dicken Theils eines Ei's und auf der andern eine platte Bahn hat, mit kräftigen Schlägen mit dem Boden zu verbinden und an die Formwand anzuschlagen. So führt er ringsum in ganz gleichmässiger Weise fort, von neuem aufgelegte Thonstücke zu verbinden und damit aufzubauen.

Wie Sie wohl bereits ersehen haben werden, gibt die Holzform nur den äussern Umfang der Retorte und wird der Thon gegen die Wand derselben von innen angeschlagen. Um die richtige Wandstärke zu erhalten, bedient sich der Arbeiter einer Chablone, die er von Zeit zu Zeit anlegt, sowie des Richtscheites. Derselbe sorgt auch während des Aufbaues für Herstellung der nöthigen Glätte und Sauberkeit der inneren Flächen. Ist der erste Formtheil von ca. 18″ Höhe fertig, so wird der zweite Theil der Form aufgesetzt und in ganz gleicher Weise bis zur Vollendung der Retorte fortgefahren. Die Kopfform wird sofort abgenommen und die andern Stücke nach und nach innerhalb 5 bis 8 Tagen, sobald die Thonwand im Stande ist, sich selbst zu tragen. Nachdem die Trocknung entsprechend vorgeschritten ist, werden die Bolzenlöcher eingeformt und die Glättung der inneren und äusseren Flächen vorgenommen. Besonders die inneren Flächen müssen wiederholt mit grösster Sorgfalt und vielem Fleisse geglättet werden, wenn sie diejenige ganz glatte und rissfreie Fläche bekommen sollen, die möglich ist und die man in neuerer Zeit mit Recht von einer vollkommenen Retorte verlangt. Die mehr oder minder schwere Entfernung des Graphits hängt ungemein viel von der Sorgfalt dieser Arbeit ab und hat in Folge dessen auch auf die Dauer der Retorten beträchtlichen Einfluss, da das Abstossen des Graphits bei weitem nicht so gewaltsam zu geschehen braucht. Ist der ganze Arbeitsraum mit Retorten angefüllt und sind diese alle geglättet und fertig gemacht, so wird dieses Lokal, das eine gute unterirdische Heizung, sowie auch eine kräftige Ventilation haben muss, ganz langsam nach ca. 4 Wochen angefangen zu heizen und nach und nach eine höhere Temperatur bis zur vollkommensten Austrocknung der Retorten gegeben; dass dabei mit grosser Vorsicht zu Werke gegangen werden muss, wenn nicht die Brauchbarkeit der Retorten sehr beeinträchtigt werden soll, wird Ihnen einleuchtend sein. Dasselbe Verfahren wiederholt sich in seiner ganzen Ausdehnung in einem zweiten, dritten und vierten Lokal etc.

Aus dem ersten Lokal, in dem inzwischen die Retorten vollkommen trocken geworden sind, werden nunmehr die Retorten zum Brennen entnommen. Dasselbe geschieht in verschiedenen Formen von Oefen, häufig in runden, den sogenannten französischen Porzellanöfen ähnlichen, Oefen, oder auch in viereckigen oder länglich viereckigen Oefen von den verschiedensten Dimensionen, so dass von 6 bis 30 Retorten in einem Ofen zugleich gebrannt werden.

Ein äusserst gleichmässiger und dabei sehr scharfer Brand trägt zur guten Qualität der Retorten ungemein bei. Der Brand muss mit grosser Vorsicht in der Anfeuerung und Abkühlung gehandhabt werden.

Dies, meine Herren, ist der Gang der ganzen Fabrikation, die zwar keine besonders complicirte ist, die aber doch durchgehends eine grosse Aufmerksamkeit, Sorgfalt und systematische Genauigkeit verlangt und eine Summe von Erfahrung voraussetzt.

Ich will dem noch einige Bemerkungen bezüglich der verschiedenen Formen von Retorten anfügen. Die Meinungen darüber sind sehr verschieden; jeder hält die seinige für die beste. Nach meiner individuellen Ueberzeugung sind die ⌓ Retorten, nicht zu hoch im Bogen und mit gebrochenen Ecken, sowie die ziemlich stark gedrückten ovalen Retorten die besten. Die ⌓ Retorten mit scharfen Ecken haben den Nachtheil, dass sich diese Ecken schwer vollkommen herstellen lassen, es gibt dort leicht Risse und der Graphit ist schwer zu entfernen, auch brennen sie hauptsächlich an den scharfen Kanten leicht durch. Eine mindestens kleine Abrundung, die gar nichts schaden kann, möchte zu empfehlen sein. Die gedrückten ovalen Retorten haben in der Fabrikation und in ihrer Anwendung mannigfache Vortheile und meistens eine sehr gute Dauer. Runde und viereckige Retorten werden fast nirgends angewandt und kommen daher nicht in Betracht.

Zwei Verbesserungen sind übrigens bei den Retorten noch sehr wünschenswerth. Erstens die Herstellung einer so glatten inneren Fläche, dass die Entfernung des Graphits ohne Aufenthalt der Fabrikation und ohne die bisher so mühselige und anstrengende Arbeit, leicht und in kurzer Zeit bewerkstelligt werden kann, und: zweitens die Herstellung einer viel dünnwandigeren Retorte, die einen dichten und compacten Scherben hat und in Folge dessen sich erheblich leichter und mit Brennmaterialersparniss auf einen höheren Temperaturgrad bringen lässt als die bisherigen immerhin noch dickwandigen und porösen Retorten.

Um ersteren Zweck zu erreichen, hat man in neuerer Zeit angefangen, Versuche zu machen mit glasirten Retorten, womit zugleich der Zweck erreicht werden sollte, die Retorten ganz dicht zu bringen. Nach meinen

Erfahrungen bezweifle ich, ob damit je das vorgesteckte Ziel in einer vollkommenen Weise erreicht werde und ich sehe mich darin unterstützt durch die Meinung des erfahrensten und ältesten Fabrikanten auf dem Continente, des als Gast unter uns weilenden Herrn *Boucher* aus St. Ghislain in Belgien, auf dessen Urtheil gewiss ein grosses Gewicht zu legen ist. Derselbe hat mir gestern, als wir zufällig auf diesen Punkt zu sprechen kamen, ganz entschieden seine Meinung dahin ausgesprochen, dass er durch seine Erfahrungen die Ueberzeugung gewonnen habe, dass auf diesem Wege keine wesentlichen Vortheile erreicht werden könnten. In der That erscheint es sehr schwer, eine Glasur anzubringen, die alle Bedingungen erfüllt. Eine leichtflüssige Metall-Glasur wird wohl leicht und ganz gleichmässig über die ganze Retorte zu vertheilen sein, sie wird aber im Gebrauche wieder weich werden und sich beim Ausladen und beim Entfernen des Graphits losreissen und die Uebelstände werden grösser sein, als ohne Glasur. Eine hartflüssige Mineralglasur, die bei einer so hohen Temperatur schmilzt, wie sie später im Gebrauche nicht mehr erreicht wird, könnte bessere Dienste thun. Sie ist aber bei diesen grossen Stücken unbedingt schwer in genügender Gleichmässigkeit zu erreichen und wenn dieses erreicht ist, was allerdings nicht unmöglich erscheint, so tritt ein anderer lästiger Umstand ein, der den Erfolg wieder zu vereiteln im Stande ist.

Die fortwährende Bewegung des dicken und porösen Retortenscherbens bei der häufig ändernden Temperatur, die eine ganz andere als die der dünnen Glasur ist, verursacht ein Abblättern derselben und die gleichen Nachtheile, wie ich bereits vorhin beschrieben habe. Vorerst möchte ich daher noch die mit grosser Sorgfalt geglätteten inneren Flächen für das practischste halten. Es lässt sich dadurch sehr viel erreichen, mit grossem Fleisse ist es möglich, ganz spiegelglatte Flächen, die sogar von den ganz feinen Haarrisschen frei sind, herzustellen. Dass diese sehr gute Dienste thut, ist notorisch; eine so glatt gearbeitete Retorte erlaubt die Entfernung des Graphits gegen rauhe Retorten im dritten Theil und noch kürzerer Zeit und mit viel weniger Mühe.

Ich werde indessen nichtsdestoweniger in meinen Versuchen mit glasirten Retorten fortfahren, was sicherlich auch anderweitig geschieht und wird doch vielleicht ein entsprechendes Resultat zu Tage gefördert.

Das zweite bezeichnete Ziel anlangend, so scheint es noch schwieriger zu erreichen zu sein. Da indessen die bereits mit den Thonretorten erzielten Vortheile dadurch noch bedeutend gesteigert würden, so muss man sich zur Erreichung desselben angespornt fühlen. Bis jetzt ist man gezwungen, um die nöthige Haltbarkeit der Retorte zu erreichen, den Scherben porös und ziemlich dick zu machen, was natürlich einer guten Leitungsfähigkeit zuwider ist. Ein Scherben, der gut leiten soll, muss compact und dünn sein, derselbe soll aber auch nicht reissen; es sollen also ziemlich entgegenstehende Eigenschaften vermittelt werden. Ganz unmöglich scheint das indessen doch nicht zu sein und könnte es vielleicht nach Analogie der

Porzellanfabrikation erzielt werden. Beim Porzellan ist, wie Sie wissen, das eine Ingrediens das Quasi-Gerippe, während das andere, die Glasur, das verbindende ist, und trotz seiner glatten Fläche und compacten Masse verträgt ein gutes Porzellan doch eine sehr grosse Hitze und einen raschen Temperaturwechsel. In dieser Richtung wäre also zu suchen, wenn man einen dünnen und compacten Scherben erzielen will, der feuerbeständig ist und nicht reisst. Dieser feuerbeständige und dieser compacte Scherben sind zwei Sachen, welche sich ziemlich widersprechen, da man, weil man nicht geradezu Porzellanretorten machen kann, eine in anderer Weise gesinterte Masse erstreben muss. Ein sinternder Scherben ist indessen nicht leicht feuerbeständig genug und ein Scherben, der nicht gesintert ist, wird schwer genügend compact werden. Ich habe in dieser Richtung Versuche gemacht und glaube wenigstens so viel Anhaltspunkte gewonnen zu haben, um nicht im Voraus darauf verzichten zu müssen, die Aussicht zu eröffnen, dass Retorten von ca. 1½" Wandstärke hergestellt werden können, die sehr compact und feuerbeständig sind, sich gut heizen und auch nicht reissen. Dazu, meine Herren, werden auch Sie sehr viel beitragen können, wenn Sie diesen Versuchen hülfreiche Hand leisten. Der Fabrikant muss das Erste thun, aber der Consument muss auch mithelfen, ein solches Ziel zu erreichen.

---

### Beilage Nr. 7.

## Ueber Thonretorten,

von Herrn Baumeister *Schnuhr* aus Berlin.

M. H. Ich schliesse meine Mittheilungen aus dem praktischen Betriebe der Gasanstalten zu Berlin an den Vortrag des Herrn Vorredners an. Ich werde Ihnen also auch Mittheilungen über die Fabrication der Retorten und zwar gerade über den Gegenstand machen, den Herr *Geith* zuletzt berührt hat. Es wird Sie gewiss interessiren, wenn ich Ihnen mittheilen kann, dass gerade dasjenige, was Herr *Geith* für nicht wohl möglich gehalten hat, in gewissem Grade bereits schon da ist. Sie wissen Alle, dass bei dem Reinigen der Chamotte von angesetztem Graphit, Risse und Undichtheiten entstehen, so dass es von höchster Wichtigkeit ist, wenn man eine Retorte erzeugen könnte, bei welcher derartige Unthunlichkeiten nicht stattfänden. Diess kann aber erreicht werden, wenn man die Retorte im Innern mit einer Glasur versieht. Man hat, wie Hr. *Geith* schon angeführt hat, schon lange erkannt, dass gerade die Glätte der Retorte für das Ansetzen des Graphits und für das leichtere Schlacken am zuträglichsten ist und in dieser Beziehung ist die Glasur das einzige Mittel, um dem zu entsprechen. Diejenigen der Herren, welche in der vorjährigen Versammlung in Berlin gewesen sind, haben bei der Gasanstalt dortselbst eine Retorte gesehen, die glasirt war. Die Berliner Thonwaarenfabrik von *Oest Wittwe*

& Comp. hat glasirte Retorten ausgeführt. Dieselben sind seit dem 15. Jänner im Betrieb gewesen und zwar ein Ofen mit 6 Retorten, der ganz besonders für die Versuche auf der Gasanstalt eingerichtet ist und insbesondere einer sehr intensiven Hitze ausgesetzt wurde. Diese Retorten sind im Innern mit Email versehen, deren Schmelzpunkt höher ist als die Hitze, welche die Retorte im Innern beim Betrieb erleidet.

Wie der Fabrikant mitgetheilt hat, geschieht die Fabrikation in der Weise, dass er die Retorte in zwei Hälften anfertigt und nachdem die Masse in den Boden der Form fest mit dem Hammer eingeschlagen ist, streut er sein Email in Pulverform darauf und lässt es mit dem Hammer in die Masse hineintreiben; ebenso mit dem obern Theil, dann werden die beiden Formen vereinigt; es wird die so angefertigte Retorte getrocknet; wie sie in den Brennofen kommt, wird die innere Fläche noch einmal mit einem Glasuranstrich versehen und die Retorte wird dann im Ofen einer grösseren Hitze ausgesetzt, als bei gewöhnlichen Fällen der Fabrikation. In diesem Ofen mit 6 Retorten befinden sich nun zwei glasirte Retorten und 4 gewöhnliche Retorten, und, wie gesagt, seit dem 15. Jänner ist der Ofen ununausgesetzt im Betriebe gewesen und ist in der Zeit, ehe ich abfuhr, zum dritten Male geschlackt worden. Nachdem der Ofen zum Behufe des Schlackens ausser Betrieb gesetzt war und, wie diess bei uns beim Schlacken geschieht, die Mundstücke offen und am Boden die Stöpsel herausgenommen waren, so dass der Zug durch die Retorte nach dem Schornstein geht, so zeigte sich, dass bei diesen emaillirten Retorten das Loslösen des Graphits in sehr viel kürzerer Zeit möglich war als bei anderen Retorten und dass, wenn in der Retorte etwas von dem Graphit ausgebrochen war, die andern Stücke beinahe von selbst herunterfielen; bei den gewöhnlichen ovalen Retorten, die man anwendet, von 15—18" Durchmesser, wird der Graphit, wenn er ganz los sein soll, an der Retorte in Spannung bleiben, und nicht herausgehen, bevor nicht eine Rinne der Länge der Retorte nach durchgestossen ist. Es dauert das Schlacken der Retorten bei dem nöthigen Lüften und Ausschmieren mit Chamottemasse, um die entstandenen Risse zu beseitigen, doch 24 36 Stunden bei gewöhnlichen Retorten; es ist aber mit diesen emaillirten Retorten gelungen, das Schlacken bis auf 6—8 Stunden abzukürzen, wodurch allerdings ein sehr bedeutender Vortheil erreicht ist. Es hat sich auch gezeigt, dass die emaillirten Retorten sofort nach dem Schlacken vollständig dicht waren und dicht geblieben sind und sofort mit Kohlen wieder beschickt werden können, während bei anderen Retorten das langweilige Flicken und Ausschmieren erforderlich war. Sie wissen wohl Alle das einfache Mittel, welches die Arbeiter anwenden, um zu sehen, ob die Retorte dicht geblieben ist. Sie werfen nur eine Handvoll Kohlen ins Feuer, und es wird dann, wenn die Retorte undicht ist, Rauch zum Mundstücke herausschlagen, während diess, wenn die Retorte dicht ist, nicht stattfindet. Ich glaube daher, dass diese Art der Fabrikation — die Art der Zusammensetzung des Email ist noch ein Geheimniss — ein grosser Fortschritt ist besonders für diejenigen Anstalten, welche keine Exhaustoren haben und für die Holzgasanstalten.

Es wird daher wohl gut sein, wenn die Thonwaarenfabrikanten noch nicht ermüden möchten in ihren Versuchen, sondern wenn sie dieselben fortsetzen würden, um in dieser Beziehung den gestellten Anforderungen zu genügen. Auch scheint sich bei den emaillirten Retorten weniger Graphitansatz zu bilden Es trifft sich häufig, dass bei dem Reinigen von Graphit von der innern Fläche der Retorte Stücke mitgehen, welche beim Losstossen losgerissen sind. Das findet bei diesen Retorten hier nicht statt. Allerdings sind diese Retorten etwas theurer und die Fabrik selbst möchte wohl nicht in der Lage sein, alle Bestellungen von emaillirten Retorten gleich ausführen zu können, da die Fabrikation der Emaille noch mit der Hand betrieben wird.

---

Beilage Nr. 9.

## Ueber Reinigung mit Rasenerz,

von Herrn Baumeister *Schnuhr* aus Berlin.

Meine zweite Mittheilung betrifft die Reinigung mit Rasenerz. Bei der vorjährigen Versammlung machte uns Herr *Hørits* aus Kopenhagen Mittheilungen über das Reinigungsverfahren mit Rasenerz, wie es sich auf Wiesengründen fast in allen Gegenden vorfindet. Das war die Veranlassung, dass wir bei den Berliner Anstalten nach Maassgabe dieser Mittheilungen Versuche machten. Es fanden sich zwar in der Umgegend von Berlin derartige Rasenerze vor; es lag aber so wenig mächtig, dass sich die Ausgabe für den Arbeitslohn nicht lohnte. Es konnte das Erz jedoch von auswärts und zwar von Schlesien durch die Eisenbahn bezogen werden. Freilich wurde es dadurch kostspieliger; da es aber darauf ankam festzustellen, wie diese Reinigung im Verhältniss zum Preise sich stelle, so hatte diess weniger zu bedeuten. Wir haben Eisenerz von Marienhütte bei Kotzenau in Schlesien bezogen und kostete der Centner Eisenerz franco Anstalt in Berlin 11½ sgr., wovon mehr als die Hälfte Eisenbahnfracht war. Die Bereitung zur fertigen Masse, welche das Trocknen, Zerkleinern und Sieben des Erzes, sowie das Mischen mit etwa ¼ der Quantität nach Sägespähnen erforderte kostete etwa 3½ Sgr., so dass der Centner Eisenerz auf ½ Rthlr. sich berechnete. Der Kubikfuss rheinländisch wiegt etwa 68—70 Pfd.

Es ist diese Notiz insoferne wichtig, um zu bestimmen, wie viel Centner Eisenerz man bestellen muss, um das nöthige Maass zu haben.

Die Grösse des vorhandenen Reinigungsgefässes — (ich muss hier einfügen, dass in Berlin eine Versuchsanstalt in der Weise besteht, dass ein Ofen mit 7 Retorten sein Gas nach besonderen Reinigungsgefässen, Gasometern etc. schickt, so dass der Betrieb dieser Anstalt ganz unabhängig ist von dem grossen Betriebe, jedoch zusammenhängt mit dem Betriebe im Retortengebäude).

Die Grösse des Reinigungsgefässes, wie gesagt, erlaubte eine Beschickung von 12 Centnern Eisenerz jedesmal. Zuerst wurde die Reinigungsmasse auf 3 Horden geschüttet, je 8" hoch. Es schien aber später vortheilhafter die Masse auf 2 Horden zu schütten, je 12" hoch, da ausserdem der Druck erheblich niedriger war, als bei Laming'scher Masse. In der ersten Zeit des Gebrauches reinigte das Pfund Eisenerz bei jedesmaliger Beschickung 35 Cubikfuss Gas.

Das schien nun allerdings sehr unzureichend. Nach dem viertenmale aber steigerte sich diess auf 45 Kubikfuss, nach dem sechstenmale auf 63 Kubikfuss, beim achten Male auf 75 und ist seitdem ziemlich konstant auf 80 Kubikfuss geblieben. Die Zeitdauer, welche das Reinigungsgefäss im Betriebe bleiben konnte, war Anfangs 24 Stunden, beim siebenten Male fast 36 Stunden, beim achten Male 45 Stunden und ist seit dieser Zeit bei der 17. Benutzung derselben Masse 46 Stunden gewesen. Es sind während der ganzen Zeit mit 5 einzelnen Massen à 12 Centner Eisenerz gereinigt worden 6,307,000 Kubikfuss englisch also per Centner Eisenerz 105,000 Kubikfuss. Es berechnet sich daraus der Preis für die Reinigung per 1000 Kubikfuss auf noch nicht 1[illegible] Pfennig; sie ist also schon jetzt halb so billig als Reinigung mit Laming'scher Masse. Dabei ist noch gar nicht abzusehen, wie lange die Masse noch zu brauchen sein wird. Nach den Erfahrungen des Herrn *Howitz* in Kopenhagen soll sie immer benützt werden können, indem man dieselbe auslaugt und die Ammoniaksalze daraus verwerthet.

Die Masse empfiehlt sich noch besonders dadurch, dass sie nicht so schmierig wird wie die Laming'sche Masse; sie bleibt selbst angefeuchtet locker, braucht kürzere Zeit zur Regeneration als die Laming'sche Masse, lässt das Gas leichter durchgehen; der Druck ist viel geringer; sie ist leichter und billiger und endlich auch in sehr kurzer Zeit zu bereiten, da sie sofort nach der Zerkleinerung des Eisenerzes und der Mischung mit Sägespähnen fertig ist. Ich habe es versucht die Masse auch ohne Sägespähne zu bereiten, indem ich das Erz verkleinerte, und auf die Horden schüttete und sie reinigte ebensogut als mit Sägespähnen; nur der Druck war etwas vermehrt. Wenn es darauf nicht ankommt, braucht man die Sägespähne nicht dazu zu thun; man wird dann mit seinem Reinigungsgefäss sehr viel mehr reinigen können, als wenn man die Masse mit Sägespähnen vermischt. Dass die Reinigung ebensogut ist als mit Laming'scher Masse, dass auch hier kein Schwefelwasserstoff und kein Ammoniak zurückbleibt, ist selbstverständlich, sonst würde man sie ja nicht anwenden können. Ich habe den Herren einige Proben dieses Eisenerzes mitgebracht, wie sich dasselbe vorfindet. Nach den Mittheilungen des Herrn *Howitz* aus Kopenhagen und nach der chemischen Analyse, welche im Dingler'schen

Polytechnischen Journals steht, sind die ockerfarbigen Erze vorzuziehen denjenigen, welche ein metallisches Ansehen besitzen.

(Folgte nun das Vorzeigen der Erzarten an die Versammlung mit der erforderlichen Erläuterung).

---

Beilage Nr. 9.

## Ueber Gasöfen mit 6 Retorten,

von Herrn Baumeister *Schnuhr* aus Berlin.

Ich komme wieder auf die vorjährige Versammlung zurück. Herr *Oechelhäuser* hatte damals die Mittheilung gemacht, dass er mit Oefen von 6 Retorten in der neuen Construction eine sehr bedeutende Gasproduction erzielt habe und dass in Folge dessen man bei seinen grösseren Anstalten ganz zu dieser Construction übergehen wolle. Es war natürlich für uns von höchstem Interesse, der Sache näher zu treten, um bei der fortgesetzten Steigerung des Gasconsums eine genügende Menge Gas produciren zu können.

Auf die Mittheilung, dass in Bremen dergleichen Oefen in grösserem Betriebe seien, habe ich die dortige Anstalt besucht, und Herr *Leonhard* war so gütig, mir die nöthige Aufklärung zu geben. Es wurde der Ofen, der zu dieser Versuchsanstalt benutzt wurde, bei der Berliner Anstalt zu einem Sechserofen umgebaut; er ist seit dem 15. Januar fortdauernd im Betrieb und es sind dabei verschiedene Chargirungszeiten angewendet, um möglichst mannigfaltige Resultate zu erhalten.

Wir haben, wie Sie wissen, englische Kohlen, hauptsächlich die Peltonmainkohle. Es sind Versuche in Mischungen von Peltonmain und Hibernia, und von Pelton, Nettelsw. und Hibernia gemacht worden. In der ersten Zeit geschah die Chargirung 6 mal in 24 Stunden mit je 24–27 Tonnen Pelton-Kohle, pro Charge und Retorte mit 230—250 Pfd. und das gab durchschnittlich pro Tonne 1730 c' oder pro Retorte in 24 Stunden 7424 c' englisch, also der Ofen in 24 Stunden 44,544 c' engl. Die Unterfeuerung des Ofens erforderte 50 Pfd. Coaks für 1000 c' Gas. Ich muss dabei anführen, dass die Hitze kolossal ist, reine Weissgluth; denn sonst wäre es nicht möglich, so bedeutende Charge zu machen.

Da mit einem Ofen mit 7 Retorten bei 4maliger Chargirung in 24 Stunden, und bei geringerer Unterfeuerung eben so viel Gas producirt wurde, so war kein Vortheil, sondern ein Nachtheil vorhanden, und es wurde nunmehr der Ofen mit 6 Retorten 5 mal in 24 Stunden mit 22 Tonnen Pelton, und dann auch $^{1}/_{4}$ Pelt. und $^{1}/_{4}$ Hiberniakohle chargirt, also jedesmal in die Retorte 325 – 330 Pfd. Kohlen eingetragen. Die Retorten sind von 15" und 18" Durchmesser und $8^{1}/_{2}$' lang. Das durchschnittliche Resultat des Monats April war eine Production von 8018 c' engl. pro Retorte in

24 Stunden, 1764 c' engl. aus der Tonne Kohlen oder etwas über 5 c' engl. aus dem Pfd. Kohlen. Die Unterfeuerung betrug für 1000 c' 47 Pfd. Coaks.

Das Maximum der Production dieses Ofens in 24 Stunden war 52,000 c' engl. oder pro Retorte 8679; dabei war die Unterfeuerung 43 Pfd. Coaks pro 1000 c'. Es ist interessant, dass je mehr Gas erzeugt wurde, desto geringer die Unterfeuerung wurde.

Das Minimum war 42,800 c' pro Ofen oder 7132 pro Retorte in 24 Stunden, wobei die Unterfeuerung pro 1000 c' 44 Pfd. Coaks erfordert. Es ist nicht möglich, täglich immer dasselbe zu produciren; denn dies hängt zu sehr von den Arbeitern ab, ob sie in der Nacht mehr oder weniger thätig sind, ebenso von der Witterung und Art und Weise der Chargirung.

Da mit einem Ofen von 7 Retorten unter nicht ungünstigen gewöhnlichen Betriebsverhältnissen regelmässig bei 4maliger Chargirung in 24 Stunden 42—44,000 c' producirt wird, und die Unterfeuerung 40 Pfd. Coaks für 1000 c' erfordert, so ist beim Betriebe des Ofens mit 6 Retorten kein Vortheil ersichtlich, abgesehen von der grösseren oder geringeren Abnutzung des Ofens, die sich zur Zeit nicht feststellen lässt, die aber gewiss nicht unbedeutend sein wird, da die Hitze eine gehörige sein muss. Da aber unter günstigen Umständen ein Siebenerofen auch 48 - 50,000 c' engl. Gas in 24 Stunden hergibt, so möchte wohl um so weniger Grund vorliegen, diese alte Construction zu verlassen. Ich bemerke, dass es englische Kohlen sind, damit den Herren die Zahlen nicht zu gross erscheinen. Die Aufmerksamkeit und Thätigkeit der Gastechniker wird sich vielmehr auf die zweckmässigste Construction und Anordnung des Feuerraums mit Rücksicht auf den möglichst geringsten Brennmaterialaufwand zu richten haben, welcher, gestützt auf das Herkommen, bisher wohl überall in ähnlicher Weise, wenn auch mit geringen Abweichungen in den Dimensionen, ausgeführt wird; man wird die jetzige Methode, das Brennmaterial auf einem Rost in nächster Nähe der Retorten und deren Unterstützungen zu verbrennen, wobei der Intensität der Hitze auf längere Zeit kein Material genugsam Widerstand leisten kann, verlassen müssen, wie dies gewissermassen beim Ofen mit 6 Retorten bereits angefangen ist; man wird zur Gasfeuerung übergehen müssen, ohne sich durch die misslungenen Versuche von *Siemens* in London abschrecken zu lassen, da dieselben wegen des ungleichmässigen Wirkens der Regeneratoren und des noch mangelhaft construirten Umsteuerungsventils misslingen mussten; man wird alsdann gleichmässige Hitze im Ofen und nach Belieben stärkere oder geringere erzeugen können und dazu weniger und schlechteres Brennmaterial verbrauchen. Ich hoffe in der nächsten Versammlung Ihnen hierüber specielle Mittheilungen und günstige Resultate vorlegen zu können.

Hieran schloss sich eine Diskussion, der wir Folgendes entnehmen:

Herr Leonhardt: Ich nehme nur das Wort, weil Schweigen zu einem Missverstehen in Bezug auf die Anlage in Bremen führen könnte. In Bremen wurde im vorigen Sommer von 7 auf 6 Retorten übergegangen und ich muss erklären, dass wir keine Ursache haben mit diesem Uebergang zufrieden zu sein. Die speciellen Zahlen unseres Betriebes habe ich leider nicht hier.

Herr Schnuhr: Ich muss um Entschuldigung bitten, ich habe nicht den Bremer Verhältnissen zu nahe treten wollen. Bremen verbraucht nicht englische, sondern westphälische Kohlen; das macht einen grossen Unterschied; denn man kann westphälische Kohlen nicht 6, sondern nur 4 Stunden chargiren; man chargirt daher in Bremen nur 4 Stunden, also 6 mal, während man bei diesen Versuchen mit englischen Kohlen 4 oder 5 mal chargirt. Darin liegt der Unterschied.

Herr Böhm: Ich habe im vorigen Jahre 5 Oefen mit 6 Retorten angelegt, statt wie früher mit 7 und die Erfahrung war, dass ich zum Umbau aller Oefen ging und aus lauter Sechseröfen mache.

---

# Wechselventil

von *B. Krüger*, Constructeur in der Maschinenfabrik von Gebr. *Merkel* in Chemnitz.

(Mit Abbildungen auf Taf. 6 und 7.)

Das auf Taf. 6 dargestellte Wechselventil für Gase hat den Zweck, irgend einen Apparat den das Gas durchströmen soll, in die Leitung ein- oder auszuschalten, ohne erst 3 einzelne Ventile und Umgangsleitung anwenden zu müssen; und zwar soll diese Ein- und Ausschaltung durch Bewegung einer einzigen Ventilspindel erfolgen. — Das Ventil ist auf Taf. 6 Fig. 1 und 2 in zwei gegeneinander rechtwinkligen Verticalschnitten, Fig. 3 in einer Verticalansicht, Fig 4, in einem horizontalen Durchschnitt und Fig. 5 im Grundriss dargestellt.

Das ganze Ventilgehäuse besteht aus den 3 Gusstheilen *A*, *B* und *C*, die mittelst der Flantschen *aa* und *bb* zusammengedichtet sind. Das mittelste Stück *A* ist cylindrisch und ist diametral gegenüber mit 2 zuerst weiteren, dann engeren Stutzen *D* und *E* mit den Flantschen *dd* und *ee* zur Einschaltung in die Rohrleitung versehen. Oben und in der Mitte befinden sich die beiden ringförmigen Ventilverschlussflächen *αα* und *ββ*; die dritte den Raum *M* nach unten zu abschliessende Ventilsitzfläche wird von dem Gussstück *C* gebildet, das je nach der Anwendung in einen geraden oder gebogenen Stutzen mit Flantsche ausläuft. — Der Stutzen *D* ist von dem Raume *N* durch eine Zwischenwand getrennt, dagegen mit dem Raume *M* durch eine halbkreisförmige Oeffnung, deren Flächeninhalt der Querschnittsfläche der Rohrleitung gleich ist, verbunden, während umgekehrt der Stutzen *E* mit dem unteren Raume *N* communicirt und vom oberen Raume *M* getrennt ist. — Das obere Gussstück *B*, welches den Raum *K* über der Ventilsitzfläche *αα* umschliesst, bildet die Fortsetzung des Cylinders *gg hh*; die obere Deckelfläche trägt nach oben einen Aufsatz zur Aufnahme der Stopfbüchse *s* und nach unten einen ähnlichen zur Befestigung der Messingmutter *m*. Nach der Seite zu ist ein Stutzen *L* mit Flantsche angesetzt.

Durch die Achse des Ventilgehäuses geht eine Ventilspindel *SS'*, an welcher die 3 Ventilscheiben *O*, *P* und *Q* in folgender Weise befestigt sind: die oberste *O*, die in Fig. 6 von unten gesehen gezeichnet ist, legt sich gegen den Bund *u* und wird durch 2 halbkreisförmige Platten *p* und *p*, die in die Nuth *v* fassen, in seiner Höhe gehalten; sie kann sich um die Spindel drehen und ist gegen den Bund *u* mit einer Lederscheibe abgedichtet. Die zweite Ventilscheibe *P* ist in gleicher Weise befestigt und gegen den auf die Spindel aufgedichteten Stellring ebenfalls durch eine Lederscheibe abgedichtet. Die dritte Ventilscheibe *Q* wird durch eine kurze starke Spiralfeder gegen die Mutter *l* gepresst, die Dichtung auf der Spindel erfolgt durch einen in Fig. 7 im grösseren Maassstabe dargestellten Lederring, der die Spindel scharf umfasst und durch eine aufgeschraubte Blechplatte befestigt wird. Die Ventilscheiben selbst bestehen aus einfachen gusseisernen Scheiben, auf welche mittelst schmiedeiserner Scheiben, die bei *O* und *P*, wie schon erwähnt, aus 2 Hälften bestehen, starke Lederscheiben befestigt sind, die den Verschluss auf den ringförmigen eben gearbeiteten Sitzflächen bewirken.

Bei *t* ist die Spindel mit Gewinde versehen, das durch die Messing-Mutter *m* geht; oben ist sie mit einem Handrad *rr* oder Hebel versehen. Die Verschiebbarkeit der Ventilscheibe *Q* ist deshalb nothwendig, damit bei Niederschraubung der Spindel die beiden Ventile *O* und *Q* sicher schliessen.

Die Wirkungsweise des Ventils ist, aus Fig. 1 leicht ersichtlich, folgende: Das Gas tritt in den Raum *D* und *M*, geht von da, wenn der betreffende Apparat eingeschaltet, also die Ventilspindel gehoben ist, durch den Raum *K* und den Stutzen *L* in den Apparat. Nachdem es denselben durchströmt hat, tritt es durch den Stutzen *C*, der direct oder durch ein kurzes Zwischenrohr mit der Ausgangsöffnung des Apparates verbunden ist, wieder in das Wechselventil ein und kann nun ungehindert wieder durch den Stutzen *E* in die Rohrleitung eintreten.

Soll dagegen der Apparat ausgeschaltet werden, so schraubt man die Ventilspindel herunter, dadurch öffnet man das Ventil *P* und verschliesst die beiden Ventile *O* und *Q*; das Gas muss in Folge dessen sofort aus dem Raum *M* in den Raum *N* treten und geht daher durch das Wechselventil direct durch.

Bei der Anwendung des Ventils besteht die einfache Aufgabe darin, die beiden Stutzen *L* und *C* mit der Ein-, resp. Ausströmungsöffnung des einzuschaltenden Apparates in Verbindung zu setzen; dies kann in allen Fällen durch ein einfaches Zwischenstück erreicht werden. Die Stutzen *D* und *E* werden direct mit der Rohrleitung verbunden und es wird in der Regel nur nothwendig werden, dieselbe an der Stelle, wo das Wechselventil zu stehen kommt, durch 2 *S*förmige Rohrstücke höher zu legen. — Besonders geeignet zur Anwendung ist es bei Stations-Gaszählern, wenn deren Aus- und Eingangsstutzen nach dem Wechselventil angeordnet werden; ebenso bei Scrubbern, Kalkmilchreinigungsgefässen, Regulatoren etc. — Die Anlagekosten würden sich gegen die Anwendung dreier einzelner Ventile und Umgangsleitung mindestens auf die Hälfte verringern.

## Abschluss
### des Betriebes der Gasanstalt zu Stettin für das Jahr 1862.

I. Ausgaben für eine Fabrikation von 39,469,000 Cbf. pr.

| | Rthl. | Sgr. | Pf. | pro 1000 Cbf. fabricirten Gas Sgr. | Pf. |
|---|---|---|---|---|---|
| 1. Assecuranz, Portie, Reisekosten, Bureau-Unkosten, Schreibmaterialien, Formulare, Oel und Dochte | 860. | 27. | 3. | 0. | 7,82. |
| 2. Gehälter, Gratificationen und Tantieme | 5,206. | 16. | 2. | 8. | 11,40. |
| 3. Betriebsarbeiterlöhne | 2,798. | 23. | 10. | 2. | 1,44. |
| 4. Betriebsunkosten | 1,868. | 25. | 6. | 1. | 5,04. |
| 5. Gasreinigung | 103. | 27. | 9. | | 1,76. |
| 6. Dampfkesselheizung | 40. | | | | 0,38. |
| 7. Gasöfenheizung 626 Lst. 3¼ Tonn. Coaks à 12 Rthlr. | 7,514. | 10. | | 5. | 8,52. |
| 8. Gaskohlen 1299 Lst. 9¼ Tonn. à 20 Rth. 9 Sgr. 5 Pf. | 26,398. | 3. | | 20. | 0,72. |
| 9. Reparatur der Gasöfen | 869. | 24. | 10. | | 8,00. |
| 10. Alle übrigen Reparaturen | 1,687. | 19. | 8. | 1. | 4,75. |
| 11. Gasverbrauch der Anstalt | 1,118. | 15. | | | 10,20. |
| 12. Controlle der Privatflammen | 450. | | | | 4,10. |
| | 49,162. | 13. | | 37. | 4,11. |

Hierzu treten noch für die öffentliche Beleuchtung:

| | Rthl. | Sgr. | Pf. |
|---|---|---|---|
| 13. Aufseher | 325. | —. | —. |
| 14. Reparatur der Scheiben | 126. | 2. | 5. |
| 15. Ansteckerlöhne | 1,577. | 15. | —. |
| | 2,028. | 17. | 5. |
| Gesammtsumme der Ausgaben | 51,181. | —. | 5. |

II. Einnahmen.

| | Rthl. | Sgr. | Pf. | Sgr. | Pf. |
|---|---|---|---|---|---|
| 1. Für Nebenproducte: | | | | | |
| a) Für 1952 Last ¾ Tonn. Coaks à 11 Rthl. 24 Sgr. 4½ Pf. | 23,790. | 4. | 10. | 18. | 0,06. |
| b) Für 1500 Tonn. Theer à 3 Rthl. 13 Sgr. 2 Pf. | 4,629. | 29. | | 3. | 6,24. |
| c) Diverses | 362. | 14. | | | 3,30. |
| | 28,782. | 17. | 10. | 21. | 10,50. |
| 2. Für Gas. Verwerthet sind 37,288,316 Cbf. zum Durchschnittspreise von 2 Rthl. 6 Sgr. 9 Pf. | 82,964. | 12. | | | |
| Gesammte Einnahmen | 111,740. | 29. | 10. | | |
| Der Bruttoüberschuss beträgt | 60,565. | 29. | 5. | | |
| Hiervon werden abgerechnet: | | | | | |
| 1. Für Zinsen | 12,459. | 10. | 3. | 9. | 2,52. |
| 2. „ Reservefond | 5,000. | | | 8. | 9,00. |
| zusammen | 17,459. | 10. | 3. | 13. | 0,12. |

so dass noch als Nettoüberschuss bleiben: 43,100 Rthlr. 19 Sgr. 2 Pf.

Zur öffentlichen Beleuchtung sind 9,007,262 Cbf. Gas verwendet, und haben diese nach Obigem verursacht 2028 Rthl. 17 Sgr. 5 Pf. Ausgaben, so dass auf 1000 Cbf. derselben sich ergeben 6 Sgr. 9 Pf.

Die Berechnung der Selbstkosten pro 1000 Cbf. pr. ergiebt aus Folgendes:

| | | |
|---|---|---|
| Die Ausgaben pro 1000 Cbf. betragen . . . | 37 Sgr. | 4,11 Pf. |
| hiervon ab die Einnahmen für Nebenproducte | 21 „ | 10,50 „ |
| bleiben noch als Fabrikationskosten . . . . | 15 Sgr. | 5,61 Pf. |
| hierzu gerechnet die Zinsen und Reservefond . | 13 „ | 0,12 „ |
| erhält man für die Selbstkosten pro 1000 Cbf. | 28 Sgr. | 5,73 Pf. |
| Dem Gase zur öffentlichen Beleuchtung treten noch hinzu die Unkosten mit . . . . . . . | 6 „ | 9 „ |
| so dass die Selbstkosten hierfür sind . . . . | 35 „ | 2,73 Pf. |

Die Selbstkosten sind um 3 Sgr. 3,58 Pf. niedriger als 1861.

Zu 1299 Last. 9¼ Tonn. Kohlen à 63 Ctr. = 81900 Ctr. sind an Feuerung verwendet 626 Last. 3¼ Tonn. Coaks à 27 Ctr. = 16907¼ Ctr.; also auf 100 Pfd. Kohlen 20,64 Pfd. Feuerung; und zu 1000 Cbf. Gas 42,5 Pfd. Coaks. Die Last Kohlen = 63 Ctr. hat geliefert 30,445 Cbf. pr. Gas und 1 Tonne 1601 Cbf. pr.

Stettin, den 4. Mai 1863.

W. Kornhardt.

## Bericht über das 3. Betriebsjahr des Gaswerkes zu Stade,

erbaut im J. 1858—59, auf Rechnung und unter Verwaltung der Commune, von Herrn *Thurston*, techn. Director d. Hamburger Gaswerke.

*Rechnungsjahr 1. Juli 1861—62.*

### I. Umfang und Einrichtung.

Röhrennetz 22,672′ engl., Röhrendurchm. 7″—2″ engl. Vier Oefen mit 2, 3, 5, 6 Thonretorten. Ein Condens., 2 Scrubber, 4 Trockenreinig., 2 Gashalter à 38½–18½′ engl. Eine Dampfheizung für Reinig.-Haus und Bassins. Kein Exhaust. Oeffentl. Lat. 156. Brennzeit pptr. 1290 Std. à 6 c′ Hamb. Privatanl. 215 mit 983 Uhrfl. = 1479 Nutzfl. Consum einer öffentl. Fl. 6020 c′, einer Nutzfl. 2292 c′.

Manometerdruck in d. Vorlage 4—5″ engl. Gasometerdruck 3,2″ engl. Druck im Röhrensystem, bei voller Beleuchtung 1—1,1″ engl. Gaspreise pr. 1000 c′ Hambrg. Oeffentl. Lat. 1 Thlr. 16 Sg. 7 Pf., Private 2 Thlr. 12 Sg. 5 Pf., Selbstkosten 1 Thlr. 21 Sg. 8 Pf.

Lichtstärke und Gewicht noch nicht genau festgestellt.

### II. Technische Rechnung.

Vergaset: incl. 2% Schwindmasse, $226_{,111}$ Last à 4000 Pfd. metr. diverse Newcastler Kohlen.

Producirt: Aus verwogenen $221_{,901}$ Last 4.664,180 c′ = $5_{,913}$ c′ hannov. pr. Pfd. 333 Last. Coaks. 1 Last Kohlen = 1½ Last Coaks. 45,383 Pfd. Theer = 100 Pfd. Kohlen $5_{,111}$ Pfd. Theer. Grünkalk, Breese etc. 28 Fuder.

Auf respect. producirte und vorräthig gewesene 4 606,030 c′ Gas ist Verlust 226,398 c′ = $4_{,914}$ %.

Feuerung im Werke $38_{,112}$ % der erzeugten Coaks.

Reinigungsmaterial pr. 1000 c′ Gas $6_{,444}$ Pf.

### III. Geldrechnung.

| Einnahme: | Thlr. | Sg. | Pf. |
|---|---|---|---|
| Ueberschuss d. Vorrech. rect. . . . . . . . . . . | 1900. | 7. | 3. |
| Vorräthe . . . . . . . . . . . . . . . . . . | 2376. | 14. | 8. |
| Hausmiethe . . . . . . . . . . . . . . . . . | 45. | —. | —. |
| Zinsen . . . . . . . . . . . . . . . . . . . | 87. | 18. | —. |
| Leuchtgas . . . . . . . . . . . . . . . . . | 9941. | 28. | 2. |
| Nebenproducte . . . . . . . . . . . . . . . | 2848. | 28. | 1. |
| Laternenbedien. . . . . . . . . . . . . . . | 37. | 22. | 6. |
| Insgemein . . . . . . . . . . . . . . . . . | 54. | 13. | 5. |
| Gasmesserverkauf und Miethe . . . . . . . . | 152. | 10. | 8. |
| Extraordinair . . . . . . . . . . . . . . . | 25. | —. | —. |
| Restanten . . . . . . . . . . . . . . . . . | 2. | 16. | 6. |
| Einnahme-Summa | 17,472. | 5. | 1. |

| Ausgabe: | | | | Thlr. | Sg. | Pf. |
|---|---|---|---|---|---|---|
| Compens. weg. der Vorrech. | | | | 25. | —. | — |
| Nicht verwendete ältere Vorrth. | | | | 720. | 8. | 6. |
| Oeffentl. Lasten | | | | 29. | 22. | 3. |
| Zinsen à 4% auf 64,449. 13. 4. | | | | 2577. | 29. | 3. |
| Amortisation 2% | | | | 1288. | 29. | 6. |
| Verwaltung. Gehalt | 550. | | | | | |
| Bureau- und Reisekosten | 47. | 22. | 2. | 597. | 22. | 2. |
| Technischer Betrieb. | | | | | | |
| Gehalt und Löhne 1 Werkf. | 400. | | | | | |
| 2 Heizer | 487. | 15. | | | | |
| 3 Laternenwärter | 289. | 20. | | | | |
| Hülfsarbeiter | 272. | 7. | 4. | 1449. | 12. | 4. |
| Material. | | | | | | |
| Kohlen 331[illegible] Last (à 11⅔ Thlr. | 3861. | 15. | 8. | | | |
| Feuerung, incl. Deputate | 1006. | 5. | 4. | | | |
| Reinigungsmat. | 118. | 16. | —. | | | |
| Erleuchtung, incl. Diensthäus. | 314. | 3. | 8. | | | |
| Uebernomm. Theer, Fässer, Reparat. | 123. | 20. | 1. | 5423. | 1. | 1. |
| Utensilien und Geräthe | | | | 75. | 6. | 6. |
| Werkstatt u. Material | | | | 238. | 10. | 2. |
| Bauliche Erhaltung | | | | 286. | 15. | 1. |
| Bauliche Erweiterung | | | | 361. | 25. | 3. |
| Gasmesser | | | | 413. | 22. | 2. |
| Extraordinair | | | | 25. | —. | —. |
| Restanten | | | | 2. | 16. | 8. |
| Ausgabe-Summa | | | | 13,465. | 11. | 7. |
| Einnahme | | | | 17,472. | 5. | 1. |
| Ausgabe | | | | 13,465. | 11. | 7. |
| Ueberschuss | | | | 4006. | 23. | 4. |
| Davon versirt in den Capitalfond der Betriebsrechnung | | | | 2300. | —. | —. |
| Bleiben im Betriebe | | | | 1706. | 23. | 4. |

Reingewinn incl. 4% Zins u. 2% Amortis. 10,[illegible] %.

## IV. Vermögensbestand.

| | Activa Thlr. | Sg. | Pf. | Passiva Thl. | Sg. | Pf. |
|---|---|---|---|---|---|---|
| Anleihe bei d. Sparkasse | | | | 61,981. | 25. | 9. |
| " bei St. Cosmar | | | | 1,200. | —. | —. |
| " bei d. Betriebsrechnung | | | | 1,722. | 7. | 9. |
| Bauwerth d. Anlage | 56,243. | 16. | 2. | | | |
| Bauliche Erweiterung | 361. | 25. | 3. | | | |
| | 56,605. | 11. | 5. | | | |

| | | | | | | |
|---|---|---|---|---|---|---|
| Utensilien u. Geräthe . . . . . . . | 482. | 9. | 1. | | | |
| Bauwerth beider Diensthäuser . . . | 4957. | 10. | 4. | | | |
| Guthaben d. Betriebsrech. bei der Anstalt | 1722. | 7. | 9. | | | |
| Vorräthe . . . . . . . . . . . . | 2444. | 19. | 2. | | | |
| Ueberschuss dieser Rechnung . . . . | 4000. | 23. | 4. | | | |
| Restanten . . . . . . . . . . . . | 2. | 16. | 8. | | | |
| Activa | 70,221. | 8. | 3. | 64,904. | 3. | 8. |
| Passiva | 64,904. | 3. | 8. | | | |
| In 3 Jahren Ueberschuss . . | 5317. | 4. | 5. | | | |

Zur Erläuterung dieser Rechnung diene Folgendes:

a) Die Commune hat die Anstalt erbaut und verwaltet dieselbe.

b) Die Anstalt wird nach beschaffter Amortisation, (pl. m. 30 Jahre) freies Eigenthum der Commune.

c) Die Commune hatte in dem betreffenden Rechnungsjahre das Gas für öffentliche Erleuchtung 533 Thlr. unter dem Selbstkostenpreis.

d) Die Betriebsüberschüsse sind Eigenthum der Privatconsumenten und müssen zur Herabsetzung des Gaspreises verwendet werden (pr. 1863/64 bereits auf 2 Thlr. ermässigt.)

e) Vorschüsse des Betriebes zur Erweiterung der Anstalt werden dieser als Schuld zugeschrieben, jedoch aus dem Betriebe verzinset und amortisirt.

## V. Amortisationsfond.

Bestand ult. Juni 1862: 3576 Thlr. 16 Sg. 2 Pf.

## VI. Capitalfond der Betriebsrechnung.

Bestand pr. ult. Juni 1862: 2300 Thlr.

Stade, den 5. Mai 1863.

W. E. Jabelmann,
Verwalter der städt. Gasanstalt.

Nr. 8. August 1863.

# Journal für Gasbeleuchtung

und

verwandte Beleuchtungsarten.

**Organ des Vereins von Gasfachmännern Deutschlands.**

**Monatschrift**

von

**N. H. Schilling,**

Director der Gasbeleuchtungs-Gesellschaft in München.

München. Verlag von Rudolph Oldenbourg.

| Abonnements. | Inserate. |
| --- | --- |
| Jährlich 4 Rthlr. 20 Sgr. | Der Insertionspreis beträgt: |
| Halbjährlich 2 Rthlr. 10 Sgr. | für eine ganze Octavseite 8 Rthlr. — Sgr. |
| Jeden Monat erscheint ein Heft. | „ jede achtel „ 1 „ — „ |
| Das Abonnement kann stattfinden bei allen Buchhandlungen und Postämtern Deutschlands und des Auslandes. | Kleinere Bruchtheile als eine Achtelseite können nicht berücksichtigt werden; bei Wiederholung eines Inserates wird nur die Hälfte berechnet, für dieselben jedoch auch die [illegible] innere Seite des Umschlages benützt. |

# EDMUND SMITH's IN HAMBURG
## PATENTIRTE GASUHR.

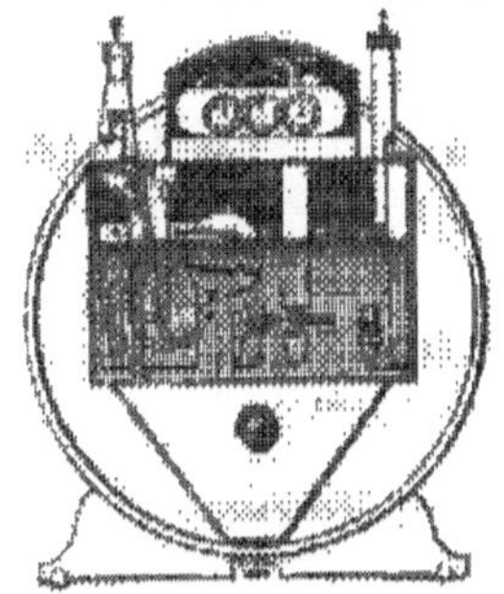

Diese Uhr, in England, sowie fast auf dem ganzen Continente patentirt, zeichnet sich durch die untrügliche Richtigkeit ihres Ganges vor allen bisher bekannten Gasuhren aus, das Prinzip dieser Uhr ist ein einfaches und doch vollkommen seinem Zwecke entsprechendes, wie solches von vielen Autoritäten durch Atteste anerkannt worden; man lese gefälligst vom vorliegenden Journal die Hefte Nr. 6 und 7 von 1862, welche eine eingehende Besprechung dieser Gasuhren enthalten.

Um eine besondere Eigenschaft hervorzuheben, wird bemerkt, dass eine Differenz des Gasconsums unter allen Umständen nie 2 % übersteigen kann.

Ein fernerer Vorzug dieser Uhren ist, dass sich nasse Gasuhren anderer Construction ohne grosse Schwierigkeiten in dies quäst. Princip umändern lassen.

Wegen Zeichnungen, Erklärungen u. s. w., welche franco übersandt werden, wende man sich gef. an

**Edmund Smith, Hamburg, Grasbrook,**

Fabrikant von Patent-Gasuhren, Regulatoren, Experimentir- und Stationsuhren und aller zu dieser Branche gehörigen Gegenstände.

---

# J. L. BAHNMAJER in Esslingen am Neckar

empfiehlt

**schmiedeeiserne Röhren und Verbindungen,**

ferner Asphalt-, Blei-, Gummi-, Compositions-, Kupfer-, Messing- und andere Röhren zu den verschiedensten Zwecken, worüber detaillirte Preislisten zu Diensten stehen

---

**Retorten und Steine**

von feuerfestem Thone in allen Formen und Dimensionen.

# ALBERT KELLER IN GENT
## BELGIEN.

Diese Fabrikate haben auf allen Gaswerken, wo sie benutzt worden, volle Anerkennung gefunden, und sind die Preise, trotz aller Sorgfalt welche auf die Anfertigung verwendet wird, sehr vortheilhaft.

# JOS. COWEN & C^IE.

**Blaydon Burn**

## Newcastle on Tyne.

**Fabrikanten feuerfester Chamott-Steine,**
**Marke „Cowen".**

***Retorten* für Gas-Anstalten und *alle Arten feuerfester Gegenstände* für Hohöfen, Cokesöfen &c. &c.**

*Jos. Cowen & Co.* waren die einzigen Fabrikanten, welche bei der grossen Ausstellung in London im Jahre 1851 mit einer Preis-Medaille für „Gas-Retorten und andere feuerfeste Gegenstände" beehrt wurden.

*Jos. Cowen & Co.* war auch die einzige Firma, welcher bei der Internationalen Ausstellung in London im Jahre 1862 eine Preis-Medaille für „Gas-Retorten, feuerfeste Steine etc., für Vortrefflichkeit der Qualität" zuerkannt wurde; ihre Werke sind die ausgedehntesten ihrer Art in Grossbritannien.

---

## Die Chamott-Retorten- und Stein-Fabrik

von

### F. S. OEST'S Wittwe & Comp.

in **Berlin**, Schönhauser-Allee Nr. 128,

erlaubt sich ihre Fabrikate, als Chamott-Retorten zur Gas- und Mineralöl-Bereitung, so wie Chamottsteine in jeder beliebigen Form und Grösse zu empfehlen. Von den gangbarsten Sorten wird Lager gehalten und für solche sowohl als für etwa bestellte Gegenstände die billigsten Preise berechnet. Aufträge werden ohne Verzug effektuirt.

---

Auf Verlangen bescheinige ich hiermit, dass die von **F. S. Oest's Wittwe u. Comp.**, hierselbst, *Schönhauser-Allee Nr. 128*, zu den hiesigen städtischen Gas-Erleuchtungs-Anstalten gelieferten Chamott-Gas-Retorten, sich bisher vorzüglich gut bewähren. Die Oefen mit den dazu gelieferten Chamottsteinen gebaut, fortlaufend, meist 2½ bis 3 Jahre im stärksten Feuer ausgehalten haben, so dass ich das Fabrikat zu dem besten zähle, was mir in der Praxis bekannt geworden ist, und solches nach meiner unvorgreiflichen Ansicht mit Recht als vorzüglich gut empfehlen kann.

Berlin, am 31. Januar 1859.

**Kühnell,**
Baumeister und technischer Dirigent
der Berliner Communal-Gaswerke.

---

## Ein Gasingenieur,

welcher seit einer Reihe von Jahren die Ausführung ganzer Gaswerke, sowohl für grössere Städte, als auch für Fabriken, leitete, sowie auch den Betrieb seiner ausgeführten Gaswerke dirigirte, und welchem die besten Zeugnisse, auch über kaufmännische Bildung zu Grunde liegen, sucht eine Stelle als Dirigent einer grösseren Gasanstalt oder auch als Ingenieur für den ganzen Bau eines solchen.

Nähere Auskunft ertheilt gefälligst Herr Director *Schilling* in München.

---

## Rundschau.

In der Rundschau zum Februarhefte dieses Journals befindet sich ein Referat über verschiedene Versuche, welche die Leuchtkraft und den Leuchtwerth von Beleuchtungsmaterialien betreffen, und spricht sich dieses Referat gegen einige von Herrn Rector *Zängerle* in Landau gemachte Angaben aus, nach welchen der Leuchtwerth des Steinkohlengases unter einem Druck von 21 Millimetern untersucht worden ist und sich ergeben hat, dass die Leuchtkraft bei 4½ c' engl. Gasconsum per Stunde derjenigen von nur 7¼ Stearinkerzen (4 auf 1 Pfd. mit 10 Grm. Stearinverbrauch per Stunde) entsprach. Wir finden im Maiheft des „Bayerischen Kunst- und Gewerbeblattes" einen darauf hin gegen die Redaction unseres

Journals gerichteten Artikel, und dieser Artikel veranlasst uns, hier nochmals auf die Sache zurückzukommen.

Der Vorwurf, den wir Herrn Rector *Zängerle* gemacht haben, besteht darin, dass derselbe einen allgemeinen Schluss über die Leuchtkraft des Gases gegenüber der Leuchtkraft anderer Materialien aus Versuchen gezogen hat, bei denen das Gas unter ungünstigen Verhältnissen verbrannt worden ist. Herr *Zängerle* meint nun, dass das von ihm angewandte Verfahren demjenigen entspreche, welches nicht nur in Landau, sondern überhaupt gewöhnlich angewandt werde, und dass die von ihm gefundene Leuchtkraft somit diejenige sei, welche das grosse Publikum in der Praxis wirklich erziele, und führt zur Rechtfertigung dieser seiner Ansicht verschiedene Belege an.

Wenn man, wie Herr Rector *Zängerle*, den praktischen (gegenüber dem theoretischen) Leuchtwerth des Gases, und zwar nicht nur des Landauer, sondern des Leuchtgases überhaupt bestimmen will, so ist darunter offenbar derjenige Werth zu verstehen, der sich ergieht, wenn man ein Gas von mittlerer Qualität unter denjenigen vortheilhaftesten Bedingungen verbrennt, wie sie dem grossen Publikum überall ohne Schwierigkeit zu Gebote stehen. Ob das Publikum in Landau es versteht, oder sich die Mühe gibt, diese Bedingungen zur Anwendung zu bringen, kann gar nicht in Betracht kommen; ist es nicht der Fall, so sind die Verhältnisse eben nicht geeignet, als Grundlage für einen allgemeinen Schluss zu dienen. Einen guten Brenner kann sich der Consument überall kaufen, und einen vortheilhaften Druck kann er sich überall herstellen, thut er es nicht, so ist das seine Schuld, und nicht die Schuld des Gases; Versuche aber, welche dem vervollkommneten Zustande der Praxis keine Rechnung tragen, können auch nicht beanspruchen, als Maassstab für denselben gelten zu wollen. Herr *Zängerle* behauptet, nur Lampen und Leuchtmaterialien, wie sie in Landau im Gebrauch sind, ohne alle Auswahl, verwendet zu haben, das waren für Petroleum die amerikanische Petroleumlampe, für Rüböl die Moderateur-Lampe und für Gas — ein offener Brenner bei 21 Millimeter Druck, und zieht aus seinen Versuchen dann den Schluss, dass das Gas (es ist nicht gesagt das Landauer Gas unter den in Landau bestehenden Verhältnissen) bei einem Preise von 5 fl. pro 1000 c' um 12% theuerer sei, als amerikanisches Erdöl. Wenn der Zufall gewollt haben sollte, dass man in Landau auch Argand-Brenner gebrauchte, wie das anderswo der Fall ist, und Herr *Zängerle*, da er ohne alle Auswahl verfuhr, einen solchen genommen hätte? In einem späteren Versuche ist wirklich ein solcher angewandt worden, und ergab sich für 3,2 c' Consum eine Leuchtkraft von 0,6 Normalkerzen (während sich beim offenen Brenner für 4,5 c' Consum 7,5 Kerzen ergeben hatten) also ca. 24% mehr; da hätte sich also das Resultat ganz anders herausgestellt, und das Gas wäre um ca. 24% billiger geworden, als Erdöl, während es jetzt um 12% theurer sein soll. Und wenn ferner der Zufall gewollt haben sollte, dass im Laboratorium des Herrn *Zängerle* ein Druck von 10 Millimetern, anstatt von 21 Millimetern stattgefunden hätte, so würde das wiederum einen bedeutenden Ausfall zu Gunsten der Gasbeleuchtung ergeben haben, und das Petroleum wäre gar noch schlechter weggekommen.

Den Zufall, welchem sich Herr *Züngerle* überlassen hat, können wir, wie gesagt, für Versuche, die auf Werth Anspruch machen, durchaus nicht gelten lassen. Wenn aber Herr *Züngerle* jetzt weiter behauptet, dass er zufällig gerade die Verhältnisse so getroffen habe, wie sie in der grossen Praxis gewöhnlich wirklich vorkommen, so ist auch das wieder ein grosser Irrthum. Wenn einmal bloss der offene Brenner berücksichtigt wurde, und dies den allgemeinen Verhältnissen der Praxis entsprechen soll, so dürften ja die Argandbrenner überhaupt in der Welt nicht vorhanden sein. Diese Logik widerlegt sich von selbst. Dass aber ferner auch der Druck von 21 Millim. der allgemein gebräuchliche sein soll, ist eine durchaus irrige Annahme. Herr Rector *Züngerle* führt zunächst Herrn Dr. *Frick* in Freiburg als Autorität für die Behauptung an, dass ein Druck von 20 Millim. zweckmässig und deshalb in Freiburg vorgeschrieben sei. Wir haben nicht das Vergnügen, die betreffende Arbeit des Herrn Dr. *Frick* zu kennen, und wissen nicht, welcher Druck in Freiburg gegeben wird, was aber die Zweckmässigkeit anlangt, so dürfen wir versichern, dass es in Freiburg wie überall genügen würde, wenn das Gas mit dem halben Druck, also mit 10 Millim. aus den Brennern ausströmen würde. Wenn Herr *Züngerle* ferner darauf hinweist, dass in „*Schilling's* Handbuch für Steinkohlengas-Beleuchtung" S. 71 ein Fall mitgetheilt wird, wo das Publikum an einen Druck von 1½ bis 2 Zoll (dort ist allerdings von dem Druck in den Leitungsröhren die Rede) gewöhnt war, so müssen wir dagegen bemerken, dass dieser Fall von dem Verfasser ausdrücklich als eine Abnormität, als ein warnendes Beispiel hingestellt worden ist, keineswegs aber als derjenige Druck, welcher in der grossen Praxis gewöhnlich ist.

Weiter wird angeführt, dass Herr Prof. Dr. *Vogel* (Bayer. Kunst- und Gewerbeblatt, Februarheft) das Münchener Gas untersucht und es auch nicht besser gefunden habe, wie das Landauer Gas nach den in Rede stehenden Versuchen war. Wir hätten gewünscht, die Versuche des Herrn Prof. *Vogel* mit Stillschweigen übergehen zu können, denn wie es möglich war, mit dem Münchener Gase ein solches Resultat zu erzielen, ist uns ein vollständiges Räthsel. Die Münchener Gasbeleuchtungs-Gesellschaft hat keinen Anstand genommen, eine Vertragsstipulation einzugehen, nach welcher „eine Flamme mit 4½ c' engl. Gasverbrauch in der Stunde die Leuchtkraft haben muss von mindestens 10 Stearinkerzen, welche aus einem Stearin von 76 bis 76,6 Prozent Kohlenstoffgehalt angefertigt sind, und in einer Stunde 10,2 bis 10,6 Grm. Stearin verbrennen." Dass diese Leuchtkraft wirklich eingehalten wird, davon dürfte Jeder leicht Gelegenheit haben, sich zu überzeugen, dem es um eine wirkliche Untersuchung zu thun ist. Die Leuchtkraft, welche Herr *Züngerle* aus seinem Landauer Gas herausgemessen hat, entspricht eben so wenig, wie der angewandte Druck von 21 Millim. den allgemein bestehenden Verhältnissen, und wir müssen unsern Protest gegen die daraus gezogenen Schlüsse nach wie vor in ihrem ganzen Umfange aufrecht erhalten.

Die „Willkühr", welche wir Herrn *Zängerle* zur Last legen, wird uns für die Aufstellung der vergleichenden Tabelle in unserem Februarhefte vorgeworfen. Wir haben Wachskerzen zu Grunde gelegt, weil das in unserem Industriezweige vielfach üblich ist, und weil es dem Zweck, den wir vor Augen hatten, vollkommen entsprach. Wir haben die Stearinkerzen des Herrn *Zängerle* mit 128 in die Tabelle eingesetzt, weil sich diese Zahl aus den Versuchen des Herrn Dr. *Marx* ergeben hatte, und weil uns namentlich ein Vergleich zwischen den einzigen beiden Versuchen, welche sich zugleich auf das Petroleum bezogen, wünschenswerth erschien. Den Versuch des Herrn Dr. *Marx* über Leuchtgas bei 21 Millim. Druck haben wir unberücksichtigt gelassen, weil wir ihm nach unserer Auffassung der Sache keine maassgebende Bedeutung zugestehen können, und auch nicht glauben, dass Herr Dr. *Marx* ihm eine solche Bedeutung hat beilegen wollen. Bei Herrn *Elster* haben wir die unterste Grenze beim Wachs angenommen, weil uns das nach dem ganzen Ergebniss seiner übrigen Versuche angezeigt schien. Uebrigens wolle Herr Rector *Zängerle* bedenken, dass jene Tabelle nur ein ohngefähres Bild hat geben sollen, in wie weit man auf derartige Zahlen überhaupt Werth zu legen hat, und dass die grossen Schwankungen, welchen die Resultate der Natur der Sache nach unterliegen, unsere, übrigens unvermeidliche, Willkühr vollständig rechtfertigen.

Wenn schliesslich Herr Rector *Zängerle* betont, dass unser ihm gemachter Vorwurf vom Parteistandpunkte der Gasbeleuchtungs-Interessen eingegeben worden ist, so dürfte für eine solche Behauptung wohl schwerlich ein positiver Grund gefunden werden können, wir rechnen es uns übrigens zur ehrenden Pflicht, die Interessen unseres Faches zu vertreten, so gut es in unseren Kräften steht.

Herr *C. F. Kühn*, Inspector der Gasanstalt in Grossenhain, macht uns auf eine Art gusseiserner Rohren aufmerksam, welche von dem gräfl. Einsiedel'schen Eisenhüttenwerk Gröditz bei Grossenhain angefertigt werden, und sich namentlich dadurch von den gewöhnlichen Gussröhren unterscheiden, dass ihre Verbindung durch Zusammenschrauben bewirkt wird. Es werden die an den Enden der Röhren befindlichen Schraubengewinde einfach in einander geschoben. Das erforderliche Dichtungsmittel ist eine dünne Bleischeibe, welche zwischen die angegossenen Bunde gelegt, von diesen fest zusammengepresst wird. Die Bleischeiben liefert die Fabrik gleichfalls, und zwar ohne besondere Berechnung und in der erforderlichen Anzahl zu den bestellten Röhren. Vor dem Zusammenschrauben sind die Gewinde der Mutter und

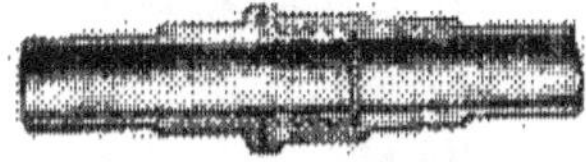

der Schraube mit einem in Fett getauchten Pinsel reichlich auszustreichen, da sonst leicht Brüche entstehen. Die Röhren haben dicht an den Enden eine sechseckige Form zum Ansetzen der Schraubenschlüssel, welche letztere, aus Gusseisen, gleichfalls aus der Fabrik zu beziehen sind. Ein Rohr von 2 Zoll sächs. Weite und 6 Fuss sächs. Baulänge wiegt ca. 32 Pfd. und kostet ab Görlitz incl. Bleischeiben 1 Thlr. 27 Sgr. Herr Inspector *Kühn* hat 100 Fuss dieser Röhren zu einer Wasserleitung verlegt und wird diesen Herbst 400 Fuss zu einer Gasleitung verwenden. Die Verlegungskosten stellen sich nach seiner Angabe gegen Blei- und Strick-Dichtung um 50% billiger und geht namentlich das Verlegen viel rascher. Herr *Kühn* meint, dass die Röhren bis zu 3 und 4 Zoll Weite sehr zu empfehlen sein werden, für grössere Dimensionen sind sie natürlich nicht brauchbar.

---

## Bestimmung der Temperaturen,

### welche eiserne, in der nöthigen Hitze zur Holzgasbereitung dienende Retorten zeigen, mittelst eines neuen Pyrometers,

von Dr. *W. Reissig*.

(Mit Abbildung auf Taf. I.)

Die Zersetzung, die organische Körper erleiden, wenn wir sie der trocknen Destillation unterwerfen, ist wesentlich durch die Temperatur bedingt, bei welcher die Destillation stattfindet.

Es ist durch zahlreiche Beobachtungen unzweifelhaft erwiesen worden, dass mit veränderter Temperatur die Zersetzungsproducte sowohl in quantitativer wie in qalitativer Beziehung sehr wechselnd sind, die wir aus ein und demselben Körper erhalten. Die Beobachtung der Vorgänge bei der Gasbereitung, die ja ebenfalls eine trockene Destillation ist, zeigt uns das Nämliche. Es ist Jedermann bekannt und ich darf es deshalb hier nur kurz erwähnen, dass im Allgemeinen, je höher die angewandte Temperatur ist, um so grösser die Ausbeute an flüchtigen Substanzen und je geringer die des festen Rückstandes, und umgekehrt je niedriger die Temperatur, desto weniger flüchtige Substanzen und desto mehr Kohle erhalten wir.

Der Hitzgrad, bei welchem wir die Zersetzung des Holzes einleiten, ist mehr noch wie bei der Steinkohlengasbereitung von wesentlichstem Einflusse auf die Gasausbeute. Die Möglichkeit der Gasbereitung aus Holz verdankt der Beobachtung ihren Ursprung, dass die in niederer Temperatur entstehenden Theerdämpfe noch weiter erhitzt werden müssen, wobei sie sich in schwere Kohlenwasserstoffe und andere Gasarten spalten. Das genauere Eingehen auf diesen Process hätte es deshalb sehr wichtig erscheinen lassen, um die günstigsten Bedingungen bei der Holzgasbereitung kennen zu lernen, die Temperatur festzustellen, bei welcher dieser Vorgang statt hat. Dass dies nicht geschehen ist, liegt zumeist an der Unsicherheit der bis jetzt bekannten Pyrometer (der jüngst von *Regnault* bekannt gegebene ausgenommen) und in der Schwierigkeit der Handhabung der Apparate, die zum Messen dienen sollen. Die Angaben, die bis jetzt unter Fachleuten gang und gebe sind und die Hitze der Retorte nach der Farbe der glühenden Retortenwand bemessen, sind weder genau noch sicher. Selbst Angaben, mit Instrumenten und Apparaten angestellt, zeigen sehr bemerkenswerthe Unterschiede. Ich darf zum Belege hiefür anführen, wie sehr verschieden die Angaben über die durchschnittlich höchste Temperatur bei der Gasbereitung aus Steinkohlen von Herrn Prof. *Stein* und Herrn Director *Schilling* sind, die sehr beträchtlich von einander abweichen.*)

Zur Bestimmung der Temperatur einer eisernen, im fabrikmässigen Betriebe einer Holzgasanstalt befindlichen Retorte bediente ich mich des auf Taf. 8 abgebildeten Pyrometers, dessen Genauigkeit wohl eine sehr grosse ist, dessen Aufstellung und Handhabung freilich einige Uebung verlangt.

Ich verdanke die Mittheilung desselben meinem Freunde Herrn *Quincke*, Privatdocenten an der Berliner Universität, und habe dasselbe den unseren Verhältnissen angepasst.

Die Principien, nach welchen dasselbe construirt ist, sind folgende:

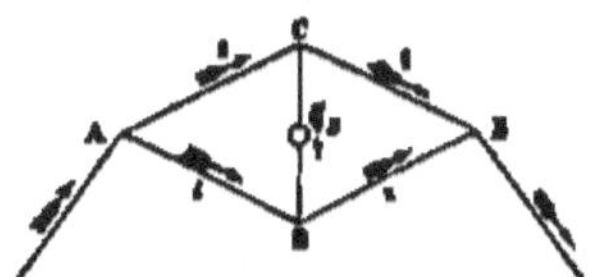


Zwischen den Punkten *A* und *C*, denen von einer galvanischen Kette ein Strom zugeleitet wird (wie es die Pfeile der Figur andeuten), sind Drähte ausgespannt, die mit *1*, *2*, *3*, *4* und *5* bezeichnet sind. Die Stromintensitäten in denselben nennen wir entsprechend $i_1$, $i_2$, $i_3$, $i_4$ und $i_5$ und die Widerstände in denselben entsprechend $w_1$, $w_2$, $w_3$, $w_4$ und $w_5$.

Nach den von *Kirchhoff* gefundenen Sätzen über Stromverbreitung**)

---

*) Schilling, Handbuch für Steinkohlengas-Beleuchtung Seite 98.

**) Poggendorff Bd. 64. pag. 514. 1845. Sie lauten:

Wird ein System von Drähten, die auf eine ganz beliebige Weise mit einander verbunden sind, von galvanischen Strömen durchflossen, so ist:

1) wenn die Drähte 1, 2, .. $\mu$ in einem Punkte zusammenstossen

$$J_1 + J_2 + \dots J_\mu = 0$$

wo $J_1$, $J_2$ ... die Intensitäten der Ströme bezeichnen, die jene Drähte durchfliessen, alle nach dem Berührungspunkte zu als positiv gerechnet;

2) wenn die Drähte 1, 2 ... $\nu$ eine geschlossene Figur bilden

$$J_1 \,.\, w_1 + J_2 \,.\, w_2 + \dots J_\nu \,.\, w_\nu$$

= der Summe aller electromotorischen Kräfte, die sich auf dem Wege: 1, 2 ... $\nu$ befinden; wo $w_1$, $w_2$, ... die Widerstände der Drähte, $J_1$, $J_2$, .... die Intensitäten der Ströme bezeichnen, von denen diese durchflossen werden, alle nach einer Richtung als positiv gerechnet.

ist dann, so bald in den Drähten selbst keine electromotorische Kraft (von Thermoströmen herrührend) ihren Sitz hat:

für den Stromumgang $ACDA = i_1 w_1 + i_5 w_5 - i_3 w_3 = 0$
" " " $CBDC$ $i_2 w_2 - i_4 w_4 - i_5 w_5 = 0$
für die Kreuzungsstelle $C$ $i_1 - i_2 - i_5 = 0$
" " " $D$ $i_3 + i_5 - i_4 = 0.$

In dem Stromzweige 5 befindet sich — wie angedeutet — ein Multiplicator. Derselbe gibt die Stromintensität

$$i_5 = 0$$

so gehen die 4 Gleichungen über in folgende:

$$\left.\begin{array}{l} i_1 w_1 - i_3 w_3 = 0 \\ i_2 w_2 - i_4 w_4 = 0 \\ i_1 - i_2 = 0 \\ i_3 - i_4 = 0 \end{array}\right\} A$$

oder:

$$\left.\begin{array}{l} i_1 w_1 - i_3 w_3 \\ i_2 w_2 = i_4 w_4. \end{array}\right\} B$$

Berücksichtigt man nun, dass $i_1 = i_2$ und $i_3 = i_4$ ist, so gibt die Gleichung $B$ dividirt dann

$$\frac{w_1}{w_2} = \frac{w_3}{w_4}$$

wobei als Bedingung gilt, dass in dem Stromzweige 5, dem „Brückendrahte", kein Strom vorhanden, dass $i_5 = 0$ ist.

Diese gefundene Relation ist unabhängig von der Stromintensität der galvanischen Kette und dem Widerstande des Brückendrahtes, also auch des in demselben eingeschalteten Multiplicators.

Wenn nun zwischen $A$ und $B$ ein gerader Draht ausgespannt ist, auf welchem ein bewegliches Ende des Brückendrahts 5 aufruht, so wird dasselbe 2 Stücke auf demselben (1 und 2) bestimmen, deren Widerstände sich verhalten, wie die Drahtlängen. Verschiebt man nun das Drahtende $D$ so lange, bis die Stromintensität im Brückendrahte und Multiplicator $= 0$ ist, so hat man

$$\frac{w_1}{w_2} = \frac{w_3}{w_4} = \frac{s'}{s''} = \frac{s'}{l_1 - s'}$$

wo man mit $s'$ und $s''$ die Längen der Drahtstücke $AD$ und $DB$ des gerade ausgespannten Drahtes $AB$ und mit $l$ die ganze Länge des Drahtes $AB$ bezeichnet.

Nimmt man nun als Widerstand $w_1$ einen Platindraht, der an die Stelle der zu messenden Temperatur geführt wird und macht $w_2$ demselben annähernd gleich, (um eine möglichst grosse Empfindlichkeit des Instrumentes zu erzielen), so hat man

$$w_1 = \frac{s''}{s'} w_2 = \frac{l - s'}{s'} w_2.$$

Der Widerstand $w_t$ des Platindrahtes ist nun bei t° Celsius durch den Ausdruck gegeben:

$$w_t = (1 + \alpha t)\, W_t$$

wo $W_t$ den Widerstand dieses Drahtes bei 0° bezeichnet.

Für t°, die Temperatur des Drahtes, hat man also die Gleichung

$$1)\quad (1 + \alpha t)\, W_t = \frac{1 - s_1}{s_1}\, w_1 \text{ und}$$

für T°

$$2)\quad (1 + \alpha T)\, W_t = \frac{1 - \sigma_1}{\sigma_1}\, w_1$$

wo $\sigma_1$ die bei der Temperatur T des Platindrahtes abgelesene Länge *AD* des ausgespannten Drahtes ist.

Aus diesen beiden Gleichungen folgt:

$$\frac{1 + \alpha T}{1 + \alpha t} = \frac{1 - \sigma_1}{\sigma_1} \cdot \frac{s_1}{1 - s_1}$$

oder wenn t eine Temperatur in der Nähe des Nullpunktes ist:

$$1 + \alpha\,(T - t) = \frac{s_1}{\sigma_1} \cdot \frac{1 - \sigma_1}{1 - s_1}$$

$$T = 1/\alpha \left( \frac{s_1}{\sigma_1} \cdot \frac{1 - \sigma_1}{1 - s_1} - 1 \right) + t.$$

Der Coefficient α ist für Platin = 0.00376.*)

Die Ausführung des Pyrometers selbst soll die Zeichnung auf Taf. 8 veranschaulichen.

Auf einer Latte AA ist zwischen den beiden Punkten a' und a der Messdraht gespannt. Derselbe ist von Messing und hat eine Dicke von 0.4 - 0.5 Millimetern. Die Länge desselben beträgt 1 Meter; kürzeren Draht anzuwenden ist nicht rathsam. Unterhalb des Drahtes befindet sich eine auf Papier aufgetragene Theilung in Millimetern, die es möglich macht, die jeweiligen Abschnitte des Kupferbleches H, das an einem Holzklötzchen befestigt ist, genau abzulesen. Die Führung des Klötzchens geschieht durch ein Leistchen x x. Die Kupferplatte H ist unten scharf zugespitzt; sie kann durch eine Feder, die in der Figur nicht angegeben ist, auf dem Messdrahte a' a aufgedrückt werden, dass bei einer Verschiebung des Klötzchens die Spitze nicht nothleidet. G ist ein Galvanometer, von bekannter Construction, der einen Multiplicatordraht von mehreren hundert Windungen enthält.

Von einer aus 2 Daniell'schen Elementen bestehenden Batterie wird der Strom in die Pföstchen a'a geleitet. Der Draht geht von a' durch eine Röhre von Glas, in welcher ein Platindraht von der feinsten Sorte und von gleicher Länge wie der im Feuer liegende spiralförmig aufgerollt ist, nach der Vereinigungsstelle C. R stellt ein Porcellanrohr dar, das durch den Retortendeckel in das Innere der

*) W. Siemens, Pogg. Ann. 210. 1860. pag. 20.

Retorte geleitet wird und in seinem Innern gleichfalls einen sehr dünnen Platindraht enthält, den man möglichst lang nehmen muss. Der Platindraht in R ist einerseits mit der Vereinigungsstelle l andererseits mit a durch Drähte von Neusilber, die mit Seide umsponnen sind, verbunden. Von C führt ein nicht zu dünner Draht den Strom in den Galvanometer G und von diesem wieder durch einen eben solchen Draht in die Kupferplatte H. Der ganze Apparat wird, um eine möglichst gleiche Temperatur aller Theile ausserhalb der Retorte zu erzielen, in einen geräumigen Holzkasten gestellt, dessen Rückwand bei R dann durchbohrt ist. Das Glasrohr DD legt man, wenn es auf grosse Genauigkeit ankömmt, in ein Gefäss mit Wasser, um gleichfalls eine möglichst constante Temperatur zu erzielen.

Wenn der Apparat nun zusammen- und die Verbindungen der Drähte genau hergestellt sind, was man am besten durch Löthen erreicht, wird zuerst bei einer 0° Cels. oder wenig über 0° Cels. betragenden Temperatur der Punkt bestimmt, bei welchem die Galvanometernadel keinen Strom mehr anzeigt. Es ist gerathen, diesen Versuch mehrmals zu wiederholen, um diesen Punkt möglichst genau zu haben. — Dann kann man die Röhre R in die Retorte bringen, und wenn dieselbe sammt dem in ihr befindlichen Platindraht die zu messende Temperatur angenommen hat, nunmehr abermals den Punkt suchen, bei welchem die Galvanometernadel keinen Strom anzeigt. Aus den beiden gefundenen Längen des Messdrahtes a'a lässt sich dann mit Hülfe obiger Formeln leicht die Temperatur berechnen.

Ein Beispiel wird dies des Näheren erläutern. Die ganze Länge des Messdrahtes betrage 1130 Millimeter. Bei 20° Cels. wurde der Ruhepunkt der Nadel bei 618 Millimeter gefunden; der andere Abschnitt der Drahtlänge beträgt sonach 512 Millim.

Als der Draht in das Innere der Retorte geführt war und die dort herrschende Temperatur angenommen hatte, wurde der Ruhepunkt bei 275 Millim. gefunden.

Die zu bestimmende Temperatur beträgt sonach:

$$T = \frac{1}{0.00376}\left(\frac{618}{275} \cdot \frac{855}{512} - 1\right) + 30$$

$$T = 762^{\circ} \text{ Cels.}$$

Mit dem beschriebenen Apparate habe ich die Temperaturmessung bei verschiedenen eisernen Retorten ausgeführt, welche im fabrikmässigen Betriebe einer grösseren Anstalt benützt wurden, als sie leer, zur Aufnahme des Holzes bereit und in der nöthigen kirschrothen Glühhitze waren.

Die Temperatur, welche in diesem Zustande das Retorteninnere zeigte, betrug 720 — 840° Cels.

Diese Temperatur ist sonach diejenige, bei welcher die Zersetzung des Holzes eingeleitet wird. Doch darf hierbei nicht übersehen werden, dass diese Temperatur nicht diejenige ist, bei welcher die trockene Destillation des Holzes verläuft. Durch die nach dem Laden eintretende Zersetzung des Destillationsmaterials wird dieselbe verringert, weil bei der Gasbildung eine beträchtliche Menge Wärme verschluckt wird und ausserdem eine weitere Erniedrigung der Temperatur dadurch eintritt, dass das Holz immer in wasserhaltigem Zustande destillirt wird. Diese ist natürlich um so grösser, je weniger das Holz getrocknet ist. Allerdings wird zwar durch die Feuerung der Retorte immer wieder eine bedeutende Menge Wärme zugeführt; es ist aber nicht anzunehmen, dass dieselbe dadurch in constanter Hitze zu erhalten ist. weil bei Anwendung von Holz schon in den ersten zehn Minuten ⅓ bis ½ sämmtlicher Gasproduction sich entwickelt und in dieser Zeit die grössere Hälfte von Theer und Essig im Betrage von 12—15 Pfunden übergeht.

Wenn ich den Apparat so hergestellt haben werde, dass der Platindraht in der Hülle des Porcellanrohres während der Destillation in der Retorte verbleiben kann, so lässt sich dann auch die Temperatur in derselben während der einzelnen Stadien der Zersetzung folgern und werde ich hierüber später Mittheilung geben.

---

# Beilagen

## zu dem Sitzungsprotokoll der fünften Hauptversammlung des Vereins von Gasfachmännern Deutschlands in München am 21., 22. und 23. Mai 1863.

### Beilage Nr. 10.

### Ueber Naphtalinverstopfungen,

von Herrn Baumeister *Schnuhr* aus Berlin.

Es wurde in der vorjährigen Versammlung der Wunsch geäussert, Beobachtungen und Erfahrungen über das Verstopfen der Röhren durch Naphtalin mitzutheilen. In dem Organ des Vereines sind mehrfach diesem Gegenstand Besprechungen gewidmet; aus den einzelnen Beobachtungen glaubte man zu folgenden Schlüssen berechtigt zu sein:

1. Die Bildung des Naphtalin basire nicht auf chemischer, sondern nur auf physikalischer Ursache, sei also nicht eine Folge der Art der Destillation, sondern der Anordnung der Gasrohrleitung und äusserer Einflüsse;
2. eine Verstopfung der Röhren durch entstandenes Naphtalin zeige sich hauptsächlich bei starkem Wechsel der Temperatur der Atmosphäre und in den starken Krümmungen der Rohrleitungen; falls sie überhaupt sich geltend machen, bringe dieselben immer nur der Spätherbst.

Nach meinen Erfahrungen bei den Berliner städtischen Gasanstalten kann ich obige Ansichten nur zum kleinsten Theil bestätigen, nämlich nur, dass die Erscheinung der Naphtalin-Absonderung aus dem Gase besonders in starken Krümmungen bemerkbar wird. Ich glaube dagegen annehmen zu müssen, dass die Art der Destillation, ob bei schwacher oder starker Hitze, Einfluss auf die Bildung des Naphtalins hat, dass also auch chemische Ursachen derselben zu Grunde liegen. Ich bin ferner zu der Ueberzeugung gelangt, dass die Temperaturwechsel und besonders die Jahreszeiten nicht von dem überwiegenden Einfluss sind, der ihnen gewöhnlich und speciell in den Mittheilungen im Organe des Vereins zugeschrieben wird. Ich führe hiefür an, dass in Berlin sich in den Zuleitungsröhren zu den Gasmessern von Gasconsumenten in der Stadt Naphtalinverstopfungen im Sommer an Stellen zeigten, welche mehrere 1000 Fuss von der Gasanstalt entfernt und an in jeder Jahreszeit gleichmässig warmen Orten sich befanden; dagegen haben sich noch nie an den vielfachen Durchgängen der Strassenrohrleitungen durch die Spree und den Schifffahrtskanal, wo die Röhren unbedeckt aus der Erde in Wasser geleitet im Winter sogar theilweise in die Eisdecke der Gewässer zu stehen kommen, also gewiss Temperatur-Erniedrigung des Gases stattfinden muss, Naphtalinabsonderungen gezeigt. Um dies auch durch einen direkten Versuch zu constatiren, ist auf der einen Gasanstalt durch ein 2 Zoll weites schmiedeeisernes Rohr vielfach auf- und niedersteigend, in rechten Winkeln gebogen, und im Freien der Winterkälte von − 10° R. ausgesetzt, der Gasverbrauch der Anstalt einen ganzen Winter hindurchgegangen, aber es zeigte sich in den Röhren ausser theerhaltigem und ammoniakalischem Wasser mit Rostabfällen gefärbt nicht die Spur eines ausgeschiedenen Körpers oder gar von Naphtalin. Ich glaube daher nicht, dass die Temperatur der Atmosphäre oder Jahreszeit auf Naphtalinbildung Einfluss haben.

Dennoch lässt es sich sehr gut erklären, warum die Naphtalin-Verstopfungen immer erst im Spätherbst bemerkt worden sind. Ich halte nämlich nächst der chemischen Ursache, welche durch die Art der Destillation die Naphtalinbildung erleichtert, als die Hauptursache der Abscheidung eine übergrosse Reibung des Gases an den Rohrwänden; wenn also unter starkem Druck das Gas durch enge oder in Folge des gestiegenen Consums zu enge gewordene Röhren gezwungen wird, mit übergrosser Geschwindigkeit hindurchzuströmen. Daher zeigt sich Naphtalinabscheidung vorzüglich in Knieröhren und in starken Krümmungen, daher im Spätherbst bei dem Steigen des Consums, und besonders auf den Gasanstalten, welche ursprünglich nicht auf die derzeitige Steigerung der Production gebaut waren, deren Röhrensystem also zu enge geworden ist, oder bei denen das Gas mit übermässiger Geschwindigkeit sich bewegen muss; dadurch lässt sich auch das erwähnte Vorkommen des Naphtalins in den Eingangsröhren der Gasmesser von Privatconsumenten erklären.

Es frägt sich nun, wie gross darf die Geschwindigkeit des Gases nur sein, welche Grösse darf dieselbe nicht übersteigen, damit eine Naphtalinabsonderung nicht eintreten kann?

Hierauf möchte ich nunmehr bitten bei vorkommender Gelegenheit die Untersuchung zu richten; vielleicht lässt sich auch noch nachträglich bei einzelnen der mitgetheilten Fälle feststellen, wie gross die Geschwindigkeit des Gases gewesen ist; durch Mittheilung dieser Daten wird sich für die Folge vielleicht die Grenze näher bestimmen lassen, bis zu der man mit der Geschwindigkeit des Gases in den Röhren gehen darf. Nach meinen bisherigen Beobachtungen glaube ich annehmen zu können, dass bei einer Geschwindigkeit von 20 Fuss in der Secunde Naphtalinabsonderung in grösserem Maasse noch nicht eintreten wird, bei der von 30 Fuss und darüber habe ich dieselbe vorgefunden; jedenfalls wird aber auch hierbei die Weite der Röhren relativ von Einfluss sein und berücksichtigt werden müssen.

Ich wünsche, dass diese Mittheilungen dazu beitragen möchten, diesen für den Betrieb oft sehr störenden Vorgang, den namentlich neu gebaute Gasanstalten in der ersten Zeit des Betriebes gar nicht kennen zu lernen Gelegenheit geben, durch vielfache Beobachtung in Zukunft näher festzustellen und aufzuklären.

An diese Mittheilung schloss sich folgende Diskussion:

Herr Meyer: Ich will nur zu dem, was Herr Baumeister Schnuhr gesagt hat, etwas hinzufügen in Betreff der Zeit, in welcher sich die Verstopfung zeigt. Ich habe die Erfahrung dreimal hintereinander gemacht, dass die Verstopfungen sich nicht im Spätherbst, sondern im Frühjahre zeigten, im März oder April. Es hat sich das Eingangsrohr des Gasbehälters dreimal hintereinander verstopft gezeigt. Im vorigen Jahre habe ich die Lösung mit Alkohol gemacht; in diesem Jahre habe ich sie mit Wasser, das bis 70 Grad erwärmt war, versucht und ist letztere mir ausgezeichnet gelungen.

Herr Baumeister Schnuhr: Die Thatsache kommt allerdings im Frühjahr eben so gut vor; ich bezog mich vorher bloss auf Mittheilungen, die gemacht worden sind über Erscheinungen, die sich im Spätherbst gezeigt haben. Das Naphtalin scheidet sich im Rohr am Umfang der Rohrwand ab und wenn die Temperatur oder Geschwindigkeit des Gases sich ändert, so werden sich die Flimmerchen des Naphtalins nicht mehr an den Wänden halten, sondern sie werden herabfallen und setzen sich dann da ab, wo die Richtung des Rohres sich ändert, also am Knie. Wenn die Ansammlung am Knie so bedeutend geworden ist, dass der Druck, den der Gasbehälter gibt, nicht mehr ausreicht, um die erforderliche Menge Gases auszuführen, dann merkt man es erst und sieht nach, wo die Ursache des schwächeren Druckes liegt.

Herr Schiele: Es ist mir ein Fall von Verstopfung bekannt, der einiges Interesse bietet, ein solcher nämlich am cylindrischen Eingangsrohre in einem Gasbehälter, da, wo dieses über die Wasserfläche heraustritt. Der Ansatz bildete sich, wie mir gesagt wurde, am oberen Rande des Rohres und wurde nach dessen Achse zu nach und nach so stark, dass kein Gas mehr hindurchging. Es wurde eine Lösung durch Einschütten von Alkohol von oben versucht. Das half aber wenig. Nachher hat man das cylindrische Rohr weggenommen und der Mündung eine trichterförmige Gestalt gegeben. Nach dieser Veränderung hat sich seit 5—6 Jahren nie mehr eine Verstopfung an dieser Stelle gezeigt. Es ist dies wohl ein Beweis, dass physikalische Einwirkungen (hier die der Reibung) einen wesentlichen Einfluss auf die Abscheidung des Naphtalins haben.

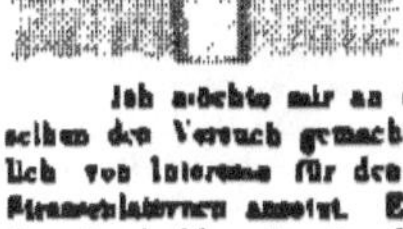

Ich möchte mir an die Herren noch eine Frage erlauben: ob vielleicht Einer derselben den Versuch gemacht hat, das Naphtalin mit Glycerin zu lösen. Es ist das namentlich von Interesse für den Fall, wenn das Naphtalin sich in den Aufsteigeröhren der Strassenlaternen ansetzt. Es wurde vor nicht langer Zeit in einem Broschürchen behauptet, dass durch Glycerin eine Lösung von Naphtalin gemacht worden sei. Ich selbst habe keine Erfahrung darüber.

Herr Baumeister **Schnuhr**: Ich habe zwar keine Versuche angestellt über die Lösung des Absatzes in den Strassenlaternen mit Glycerin, habe aber gefunden, dass das, was sich absetzt, nicht Naphtalin ist, sondern bloss Eiskrystalle. Man kann dies leicht finden, wenn man sie erwärmt; dann zeigt sich, dass sie nur Wasser und Rost sind, wenn man Glycerin anwendet, so wird dieses die Eiskrystalle beseitigen, denn es zieht das Wasser lebhaft an sich und es bleibt also bloss der Rost. Naphtalin wird aber durch Glycerin nicht gelöst; denn es ist neutral.

Herr **Schilling**: Was den letzten Punkt betrifft, so kann ich aus meiner früheren Erfahrung in Hamburg die Mittheilung machen, dass wir regelmässig die Verstopfung in den Wechseln der Laternen gefunden haben. Wenn diese Wechsel nicht vollständig geöffnet waren, so dass die scharfe Kante des Kükens vorstand, so setzten sich dort kleine Krystalle an, und es dauerte nicht lange, so war die Oeffnung geschlossen; aber schon das äussere Ansehen der Krystalle, der glänzenden Schuppen, hat mir nie einen andern Gedanken aufkommen lassen, als dass das Naphtalin sei. Ich habe sie nicht untersucht, aber ich möchte bezweifeln, dass es etwas anderes gewesen sein kann, als Naphtalin.

Herr Baumeister **Schnuhr**: Ich habe sie gesammelt und aufgelöst; sie sind nichts als Wasser und Rost, enthalten aber keine Spur von Naphtalin.

Herr **Blochmann**: Ich glaube, Sie meinen den Absatz unten im Zuleitungsrohr, während Herr **Schilling** von dem Absatz im oberen Hahn spricht.

Herr Baumeister **Schnuhr**: Nein, ich meine oben, wo das Brennerrohr aus dem Candelaber heraustritt.

Herr **Schilling**: Wenn der Herr Baumeister **Schnuhr** ein besonderes Gewicht darauf gelegt hat, dass die Absonderung des Naphtalins nicht allein physikalische, sondern auch chemische Ursachen habe, so bin ich auch vollständig derselben Ansicht; ich glaube jedoch, man soll mehr Gewicht darauf legen, dass nicht allein die chemischen Vorgänge bei der Destillation, ob bei schwacher oder starker Hitze destillirt wird etc., von Einfluss sind, sondern auch die Beschaffenheit der Kohle von vornherein. Ich habe nämlich den allerauffallendsten Fall vor Jahren erlebt. Ich habe ein paar Jahre lang mit Zwickauer Kohlen gearbeitet und keine Spur von Naphtalinverstopfung gehabt. Ich bekam Kohle aus einem andern Schacht, und sofort mit dem Entgasen der Kohle trat Naphtalin-Absonderung ein und zwar zunächst überall da, wo das Gas aus einem lebhaften Strom zur Ruhe gelangte. Das war im Reinigungskasten und in der Glocke vor der Gasuhr. Da bildete sich nämlich, wie Herr **Schiele** gezeigt hat, am Eingangsrohr ein Kranz von Naphtalin und allmälig verstopfte sich die ganze Oeffnung; es war auch die Reinigungsmasse von Naphtalin wie beschneit. Ich habe nachher die Kohle wieder fortgelassen und eine andere genommen und von dem Augenblicke an habe ich keine Naphtalinverstopfung mehr gehabt.

Es ist früher die Behauptung aufgestellt worden, und ich glaube, sie ist selbst in dem Journale gedruckt, dass die Qualität der Kohle nicht von Einfluss sei auf die Naphtalin-Bildung. Das ist etwas, was ich durchaus nicht zugeben möchte; ich glaube, die Beschaffenheit der Kohle hat den allerersten Einfluss.

Herr **Blochmann**: Ich glaube, dass ich dies von Dresden aus bestätigen kann. Die Kohle aus dem Plauen'schen Grund hat noch nie einen Absatz von Naphtalin gegeben, man kennt ihn in der dortigen Gasfabrik gar nicht.

Herr **Thomas**: Ich habe in Zittau Verstopfungen in den Laternen im September gehabt, wo offenbar von Einfrieren nicht die Rede sein kann. Als Lösungsmittel wandte ich Alkohol an, der Uebelstand gab sich bald, und ist später nicht mehr vorgekommen.

Herr **Carl**: In Bezug auf die Naphtalinverstopfung im Herbst muss ich der Ansicht des Herrn Baumeisters **Schnuhr** widersprechen. Ich habe im vorigen Sommer Verstopfungen gehabt, im Winter nicht, im Herbst nicht und dieses Frühjahr wieder am Gasbehältereingang. Ich habe sie in der letzten Zeit zweimal reinigen müssen und zwar habe ich das mit kaltem Wasser gethan.

Herr Baumeister **Schnuhr**: Ich glaube ausgesprochen zu haben, dass ich keinen Werth auf die Jahreszeit lege, sondern dass es, wenn man es im Sommer bemerkt, ein reiner Zufall ist. Es ist eben dann der Zeitpunkt eingetreten, wo die Verengung des Rohres so weit gediehen ist, dass man es merkt. Ich lege nur Gewicht auf die Art des Absatzes und stimme dem bei, was Herr **Schilling** mitgetheilt hat. Wenn die natürliche Bewegung eine andere wird, so wird das Naphtalin, welches entstanden ist, sich da ablagern, wo die Geschwindigkeit kleiner ist. Uebrigens was die Reinigung betrifft, so geht dieselbe mit Dampf sehr gut, und wo man keinen Dampf hat, geht es auch mit der Rohrbürste.

## Beilage Nr. 12.

# Anfragen

des Herrn *Schwarzer* aus Görlitz.

1) Sind die von *Brunt & Comp.* in Paris gefertigten Gasmesser in ihrer Construktion wesentlich verschieden von den, von deutschen Fabriken gelieferten oder sind dieselben aus irgend einem anderen Grunde den Letzteren vorzuziehen?

2) Nach welchem Prinzip sind die in Wien angeblich mehrfach angewendeten Regulatoren für Privat-Einrichtungen construirt?

3) Kann der von *Tillmann* in Crefeld construirte Apparat zur Darstellung von Salmiakgeist (Salmiak) empfohlen werden? *)

### Diskussion:

Herr Böhm: Ich war in Paris und habe namentlich die Fabrik von *Brunt & Comp.* besucht und die Fabrikation der Gasmesser genau durchgegangen. Ein wesentlicher Unterschied der Fabrikation besteht nicht, namentlich in sehr vielen Branchen kommt die Fabrikation der von *Elster* ganz gleich. er hat nur noch nicht einen constanten Wasserstand.

Herr Schiele: Wenn unter den Regulatoren solche kleine verstanden sein sollen, wie sie vielfach von Händlern angepriesen werden, so ist nur zu sagen, dass sie ausgezeichnet für deren Fabrikanten sind; diese verdienen viel Geld damit.

Herr Schwarzer: In Bezug auf diese Regulatoren acceptire ich dieses Urtheil Aber ich vermuthe nach den Urtheilen, die ich gehört habe, dass sie für ganz spezielle Zwecke bestimmt sein sollen.

Herr                Es ist vielseitig vorgekommen, dass die Regulatoren ihren Dienst versagt haben. Der Grund davon liegt aber gewöhnlich nicht in den Regulatoren wenn sie sonst vernünftig construirt sind sondern er liegt an der Leitung Es ist nothwendig, in der ersten Zeit, wenn man den Regulator anwenden will und die Leitung nicht entsprechend findet, Vorkehrungen vor dem Brenner zu treffen, damit der Regulator wirken kann; denn wenn die Leitung für den Regulator nicht entsprechend ist, so kann er unmöglich viel nützen

Herr Schwarzer: Ich muss bemerken, dass das entschieden meine Ansicht nicht ist. Ich hatte bei den Mängeln, die bei den gegenwärtig gebrauchten Regulatoren vorkommen, vorzugsweise im Auge, dass z B bei offenen Regulatoren, die mit Wasser gefüllt sind, möglicher Weise Unglücksfälle vorkommen können, dadurch, dass das Auffüllen länger versäumt wird, oder durch irgend welche Störung das Gas schliesslich durch den Regulator zur Ausströmung kommt. bei andern finden sich wieder andere Nachtheile.

Herr Schiele: Ich bin vollkommen missverstanden worden. Es kann sich nur um die Frage handeln: ob die Regulatoren allgemeine, für das ganze Röhrensystem der Privaten oder nur für einzelne Flammen bestimmt sind. Das ist entscheidend. Wenn es sich um einen regelmässigen Druck im ganzen Röhrensystem eines Hauses handelt, während die Druckverhältnisse im Strassenröhrensystem wesentlich wechseln und wenn die Privaten absolut darauf sehen müssen, dass sie dennoch einen gleichförmigen Druck in ihrem Hause haben (es ist dies namentlich der Fall, wenn die Flammen zu technischen Zwecken benutzt werden sollen) so hat man in allen solchen Fällen Regulatoren anwenden müssen und angewendet Man hat die Elster'schen am besten gefunden und sie gleich am Eingange des Rohres in die Lokalitäten angebracht. In warmen Lokalen füllt man sie mit Wasser, in kalten mit Quecksilber oder Glycerin. Sie haben schon ausgezeichnete Dienste gethan und nie versagt.

Die Regulatoren, welche ich vorher meinte, sind aber anderer Natur. Man hat solche gemacht, die unmittelbar vor den Brennern eingeschraubt werden und hat gesagt, dass sie die besten seien: sie sparten bei vermehrter Leuchtkraft an Gas, man könne sie mit Leichtigkeit auswechseln und was man sonst noch von grossen Lächerlichkeiten zu ihrer Empfehlung gesagt hat. Solch ein Regulator war ein Ding, das in einer grossen Fläche mit einer Membran überspannt war. An dieser war in der Mitte ein Kegelchen aufgehängt, wie bei den grossen Regulatoren. Die Membran gerieth ganz in Abspannung, sobald Feuchtigkeit im Gase vorhanden war und spannte sich straff, wenn dieses trocken war. So konnte eine regelmässige Wirkung nie eintreten. Bald war die Membran ausgetrocknet, bald durch die Hitze des Brenners zerstört und die Leute waren gezwungen, den Regulator wieder fortzuwerfen. Desswegen habe ich behauptet, dass die letztgenannten Regulatoren für die einzelnen Flammen ausgezeichnet für deren Fabrikanten und diejenigen seien, welche sie verkaufen, sonst aber für Niemand.

---

## Beilage Nr. 13.

## Anfrage

### des Verwaltungs-Ausschusses der Münchener Gasbeleuchtungs-Gesellschaft.

Hochgeehrte Herren!

Die Bereitwilligkeit, mit welcher Ihr Verein schon früher über Fragen aus dem Gebiete des Gasfaches sich auszusprechen die Güte gehabt hat, und die Bedeutung, welche wir dem Gesammturtheile eines Kreises von Fachmännern beilegen, lassen es auch den ergebenst unterzeichneten Verwaltungs-Ausschuss wagen, sich in einer Angelegenheit an Sie, hochverehrte Herren, zu wenden, deren Erledigung im Bereiche der hiesigen Verwaltung gegenwärtig auf einige Hindernisse zu stossen scheint.

Es betrifft die Verarbeitung unseres Ammoniakwassers innerhalb unserer Gasanstalt, und liegt die Frage zur Beantwortung vor,

> ob es thunlich ist, diese Verarbeitung auf der Anstalt vorzunehmen, ohne dass dadurch eine Belästigung für die Nachbarschaft herbeigeführt wird.

Sie würden uns zu grossem Danke verpflichten, wenn Sie aus dem Schatze Ihrer Erfahrungen uns durch einige Mittheilungen über diesen Gegenstand, und über die etwaigen Vorkehrungen und Vorsichtsmaassregeln, welche zu treffen sein würden, erfreuen möchten. Ihr Urtheil würde uns bestimmend sein für die weiteren Schritte, die wir in dieser Sache unternehmen, denn es ist einerseits weder unsere Absicht, die Ursache zu einer Belästigung für die Nachbarschaft zu werden, noch können wir uns andererseits in unserem Projecte stören lassen, falls die dagegen erhobenen Bedenken nur in Vorurtheilen ihren Grund haben sollten.

Wir sagen Ihnen, hochverehrte Herren, für die Gewährung unseres ergebensten Ersuchens im Voraus unsern aufrichtigsten Dank, und zeichnen

Mit grösster Hochachtung

ergebenst

Der Verwaltungs-Ausschuss der Münchener Gasbeleuchtungs-Gesellschaft.

München, den 20. Mai 1863. *E. Schönlin*, Vorstand.

## Diskussion:

Herr Baumeister Schnuhr: In Berlin wird das Ammoniakwasser nicht auf den Anstalten verarbeitet, sondern an eine chemische Fabrik daselbst abgeliefert, jedoch ist bei dem Bau der neuen Anstalt im Jahre 1859 diese Frage bis in die höchsten Instanzen getrieben und auch günstig entschieden worden. Ich möchte mir daher den Vorschlag erlauben, wenn der Ausschuss nichts dagegen hat, es möchte sich derselbe an das Polizei-Präsidium in Berlin wenden, um daselbst die verschiedenen Gutachten und Ansichten, welche in dieser Sache abgegeben wurden, in Abschrift zu erhalten.

Der Fall war folgender: Es wurde eine dritte Anstalt gebaut, die von der chemischen Fabrik, von der früher das Ammoniakwasser verarbeitet wurde, über eine Meile entfernt liegt; dadurch sah sich die Anstalt veranlasst, in nächster Nähe ein Grundstück zu kaufen, um darauf eine Fabrik für die Verarbeitung des Ammoniakwassers einzurichten. Sobald dies bekannt wurde, erhoben alle anliegenden Nachbarn Protest, vor Allem aber das dortige Militärlazareth, und der Generalcommandant des Gardecorps Prinz August von Württemberg veranlasste bei dem Polizeipräsidium über diese Anlage eine Protestation und es kam dadurch die Sache durch Gutachten von Seite der Chemiker und Aerzte zu einer sehr vielseitigen Untersuchung.

Soweit ich die Sache beurtheilen kann, so muss ich sagen, dass eine Belästigung der Nachbarn durchaus nicht stattfindet, nur ist es natürlich nothwendig, dass der abziehende Wasserdampf, welcher noch mit Säurebestandtheilen geschwängert ist, durch hinreichend hohe Schornsteine abgeführt oder auf sonstige Weise vernichtet wird. Ferner ist es nothwendig, dass der Kalk, der als Rückstand bleibt, nicht wie dort geschehen, vergraben und vom Regenwasser ausgelaugt wird, wodurch der nebenfliessende Bach ein milchiges Ansehen erhielt; das wurde natürlich bald abgestellt, weil die Fischer sich beschwerten. Den Kalk muss man wegführen oder zu vernichten suchen. Eine andere Belästigung ist dabei nicht zu befürchten.

Herr Baumgartl: Ich verarbeite das Ammoniakwasser in meiner kleinen Anstalt in Hof seit 2 Jahren. Der Rückstand ist ein Artikel, der von den Oekonomen als Reizmittel ausserordentlich gern gesucht wird.

Herr Fees: Man hat bisher zwei Methoden gehabt, die eine in Bleipfannen durch Sättigung mit Salzsäure, die einen fürchterlichen Gestank verursacht; die andere ist die Mallet'sche, welche in Paris angewendet wird, und mit sehr vielen Umständen wegen der grossen Gebäulichkeiten verbunden ist. Ihr Vorstandsmitglied Herr Schiele gab einem Bekannten von mir, Dr. Tillmann, eine Methode an die Hand, durch die das Ammoniakwasser sehr gut zu verarbeiten sein sollte. Herr Tillmann construirte diesen Apparat nach Angabe des Herrn Schiele, der von Anfang an allerdings nicht so vollkommen war wie er hätte sein sollen, allein Herr Tillmann berieth sich öfter mit Herrn Schiele und construirte den Apparat zuletzt so, dass er für die Verarbeitung des Ammoniakwassers sehr gut ist. Ich habe den Apparat bei Herrn Tillmann selbst gesehen und seine Vorzüge bestätigt gefunden. Ich wendete mich an die Gasanstalt in Mainz, wo das Ammoniakwasser in den Rhein floss und zwar gerade vor einer Badeanstalt. Der Besitzer der Gasanstalt wurde gestraft, bis man endlich den Kanal von Seite der Stadt zumauerte, damit das Wasser nicht mehr in das Bad fliessen konnte. Man musste Mittel schaffen, das Ammoniakwasser bei Seite zu schaffen, und stellte nun den Tillmann'schen Apparat auf. Seit jener Zeit ist der Uebelstand gehoben. Man bekommt allerdings Rückstände von Kalk, die man aber verkaufen kann. 12 Ztr. Ammoniakwasser geben ungefähr 1 Zt. Salmiakgeist, der sehr gut verwerthet wird.

Ein anderer Fall war in Düsseldorf, wo die Gasfabrik etwas höher als die Stadt liegt; das Ammoniakwasser sickerte durch das Erdreich und von da in einzelne Brunnen. Die Herren in Düsseldorf stellten ebenfalls diesen Apparat auf und haben seitdem keine Belästigung mehr verursacht.

In Amsterdam hat die Anstalt die ganze Gegend verpestet; seitdem aber dieser Apparat aufgestellt wurde, hat das vollkommen aufgehört, so dass dieser Apparat den Anforderungen vollkommen entspricht, die man an ihn stellt, und täglich weiter verbreitet wird. Herr Schiele kennt den Apparat vollständig und kann hierüber technische Notizen geben, die mir nicht so zur Hand sind.

Herr Schiele: Ich kann über diesen Apparat nur Günstiges sagen. Es möchte den Anschein haben, als ob seine Erfindung von mir herrühre. Dem ist aber nicht so. Ich verdanke es vielmehr der Güte eines Verwandten, dass Herr Dr. Reese in Schöningen mir eine Zeichnung dieses Apparates überliess, welche ich sodann dem Herrn Tillmann zur Aufstellung eines solchen gab.

Ich kann den Apparat in jeder Weise empfehlen. Gerade der Fehler, den die alte Fabrikationsweise hatte, ist dabei durchaus vermieden. Die empyreumatischen Oele können nicht in die Luft übergehen und diese mit unangenehmen Gerüchen erfüllen, sondern sie werden in dem in allen seinen Theilen gegen den Luftzutritt abgeschlossenen Apparate selbst absorbirt.

Die Construction des Apparates ist sehr einfach. Das Ammoniakwasser wird in einen Dampfkessel gebracht, nachdem es vorher durch die Kühlgefässe der Abzugsröhren aus demselbigen Kessel bis zu einem gewissen Grade erwärmt worden ist, es wird ihm in dem Dampfkessel Kalk zugesetzt und dieser durch eine Stange, an der Kettenstücke befestigt sind, und die durch eine Stopfbüchse hin und her bewegbar ist, suspendirt erhalten. Durch die Kesselwärme unter Einwirkung des Kalkes wird das Ammoniak frei und wird durch ein System von Kühlgefässen geführt, welche ihrerseits das rohe Ammoniakwasser vorwärmen. Die mit übergehenden Dämpfe der empyreumatischen Oele werden in Blech-Cylindern, die mit frisch gebrannter Holzkohle angefüllt sind, durch letztere zurückgehalten. Das von ihnen gereinigte Ammoniak geht alsdann in Vorlagen über, die entweder mit destillirtem Wasser oder mit Schwefelsäure oder mit Salzsäure gefüllt werden, und sättigt diese Flüssigkeiten. Schon das so erhaltene rohe Material ist gut verwendbar, soll es aber zu feineren Zwecken gebraucht werden, so muss es unter Zusatz von wenig Kalk und abermaligem Vorschlagen von frisch gebrannter Holzkohle rectificirt werden.

Der dadurch gewonnene Salmiakgeist u. s. w. ist mit grösster Leichtigkeit abzusetzen, zumal da die Preise sich so billig stellen, wie sie kaum in einer andern Weise so billig erreicht werden können. Die Nachfrage ist in letzter Zeit so bedeutend gestiegen, dass, wie wir vorher von Herrn Faas vernommen haben, sogar aus Frankreich ungeheure Massen herübergeschafft werden, und es sehr empfehlenswerth wäre, dass die hiesige Gas-Anstalt sich auf Errichtung eines solchen Apparates einliesse.

Herr Schädlich: In Bezug auf das oben Vorgetragene erlaube ich mir nur noch zu bemerken, dass zur Zeit, als ich die Anstalt in Chemnitz leitete, ein Apparat nach Angabe von dem Berliner Chemiker aufgestellt wurde. Der Apparat war sehr einfach, aber nicht so vollkommen wie der, welchen Herr Schiele so eben beschrieben hat. Trotz der Einfachheit aber war eine Belästigung für die Nachbarschaft in keiner Weise zu bemerken, und es ist, trotzdem dass das Chemnitzer Publikum in dieser Beziehung nicht sehr rücksichtsvoll ist, darüber nie eine Klage zu Tage getreten; die Belästigung ist nicht einmal so, wie bei einer Gasanstalt überhaupt. Ich glaube daher, dass die Frage, die gestellt worden ist, dahin entschieden werden muss, dass bei einiger Vorsicht und bei den gehörigen Vorsichtsmassregeln die Salmiakbereitung ohne Belästigung des Publikums stattfinden kann.

Herr Blochmann: Ich könnte aus der Stadt Dresden ein ganz ähnliches Resultat liefern, wie Ihnen Herr Schnuhr aus Berlin gestellt hat.

Dort handelte es sich um die Errichtung einer zweiten Gasanstalt auf dem rechten Elbufer. Der Stadtrath hatte ein Grundstück gewählt in der Nähe des dortigen Kirchhofs; nachdem dies bekannt geworden war, hatte die dortige Bürgerschaft Beschwerde darüber eingelegt und die Sache ist durch alle Instanzen bis zum Ministerium gekommen. Es haben sich hiebei namentlich 2 Aerzte ausgezeichnet, die alles Mögliche zur Geltung bringen wollten. Es bezieht sich deren Anklage erstens auf Verunreinigung des Bodens durch Ammoniakwasser, zweitens auf Vergiftung der Luft und endlich drittens hatten sie in die Wagschale gelegt, dass nach den Erfahrungen des dortigen meteorologischen Beobachters die Luft in der Nähe von Gasanstalten sehr arm an Ozon sei, und dieses Ozon wurde so wesentlich für die Gesundheit erachtet, dass sie darauf drangen, dass die Anstalt weit hinein in den Wald verlegt werden sollte. Diese Sache hat eine Menge Gutachten und Untersuchungen hervorgerufen, die leicht zu verschaffen sind.

---

Beilage Nr. 14.

## Antwortschreiben an den Verwaltungsausschuss der Münchener Gasbeleuchtungs-Gesellschaft.

*An den Verwaltungsrath der Münchener Gasbeleuchtungs-Gesellschaft hier.*

München, den 23. Mai 1863.

Die fünfte Hauptversammlung der Gasfachmänner Deutschlands berieth in ihrer am 22. Mai l. J. in hiesiger Stadt abgehaltenen Sitzung die von Ihnen dem Vereine vorgelegte Frage eingehend, und antwortet Ihnen darauf, dass es die auf Erfahrung aller betheiligten und anwesenden Mitglieder des Vereines begründete Ueberzeugung ist:

> Es könne eine Anlage zur Verarbeitung der Gaswasser nie für die Nachbarschaft belästigend werden, wenn für Aufbewahrung derselben in wasserdichten Behältern, für Destillation derselben in ganz geschlossenen Gefässen, unter Absorption der empyreumatischen Oeldämpfe, und für Entfernung der bei der Destillation bleibenden Kalkrückstände aus der Anstalt gesorgt werde.

Der in Abschrift hier beiliegende Commissionsbericht wird Ihnen ein übersichtliches Bild der Verhandlungen und Gründe für obiges Urtheil geben.

Die in Berlin und Dresden über den gleichen Gegenstand aufgenommenen Gutachten wissenschaftlicher Autoritäten werden von dem Polizei-Präsidium in Berlin und durch den Stadtrath in Dresden wohl zu erhalten sein.

Die Versammlung spricht schliesslich ihren Dank aus für das ihr durch das Einbringen der Frage gegebene Zeichen des Vertrauens und der Anerkennung ihres Wirkens.

Im Auftrage der Versammlung

der Vorstand
G. M. S. Blochmann.
Simon Schiele.

---

*An die fünfte Hauptversammlung des Vereins der Gasfachmänner Deutschlands.*

**Bericht der Commission, die geruchlose Verarbeitung der Ammoniakwasser betr.**

Auch in diesem Jahre hatte der Verein die Freude, durch an ihn gestellte Anfragen, besonders durch eine von der Münchener Gasbeleuchtungs-Gesellschaft an ihn gelangte, zu eingehenden Diskussionen veranlasst, und um einen Ausspruch seiner Ansicht ersucht zu werden.

Die Münchener Gas-Gesellschaft war diessmal die Fragestellerin in Folgendem:

> „Ist es nach den bisher gemachten Erfahrungen thunlich, das Ammoniakwasser auf den Gasanstalten zu verarbeiten, ohne dass dadurch eine Belästigung für die Nachbarschaft herbeigeführt

wird, und welche Vorkehrungen und Vorsichtsmaassregeln sind zu diesem Ende zu treffen, und in Anwendung zu bringen?"

In Ihrer gestrigen zweiten Sitzung kam diese Frage zur Verhandlung und haben Sie Ihre Commission beauftragt, den Inhalt derselben schriftlich zu ordnen und zusammenzustellen und gleichzeitig ein Antwort-Schreiben zu entwerfen.

Die Frage, ob die Verarbeitung der Ammoniakwasser mit Belästigungen für die Nachbarschaft einer Gasanstalt oder einer anderen chemischen Fabrik verbunden sei, ist in mehreren Städten gelegentlich der Concessions-Ertheilung zu der Anlage betreffender Apparate von den Behörden eingehender Prüfung und Begutachtung unterworfen worden. Besonders hat das Polizeipräsidium in Berlin und der Stadtrath der Stadt Dresden Akten im Besitz, welche das Urtheil bedeutender wissenschaftlicher Autoritäten über die in Rede stehende Frage und durch alle Instanzen gehende Entscheidung der Behörden zu Gunsten der Gasanstalten enthalten. Ihre Einsicht dürfte unschwer zu erlangen sein.

Nur wo die Gruben zur Aufbewahrung der Ammoniakwasser, welche sich bei der Bereitung von Gas aus Steinkohlen bilden, nicht vollkommen wasserdicht hergestellt werden und wenn die Verarbeitung dieser Wasser nicht in einer Weise betrieben wird, welche völlig die Verbreitung der sich bei der chemischen Behandlung derselben entwickelnden Dämpfe empyreumatischer Oele verhindert, kann allein von einer Belästigung der Geruchsorgane und der Athmungswerkzeuge der umwohnenden Menschen, allein von einer Verderbniss des Brunnenwassers der Umgebung die Rede sein. Da aber, wo die Ammoniakwasser in völlig dichten Behältern aufbewahrt werden, da, wo man Sorge trägt, dass alles in dem Gaswasser enthaltene Ammoniak gebunden werde, da wo man — und dies ist bei dem Stande der wissenschaftlich bewussten Behandlungsweise derartiger Körper jetzt so leicht gemacht — dafür Sorge trägt, dass die sich entwickelnden, die Geruchsorgane verletzenden Dämpfe der empyreumatischen Oele von frisch geglühter Holzkohle oder dergl. in geschlossenen Gefässen aufgesogen und dadurch unschädlich gemacht werden, da wo man endlich auf eine leicht zu bewirkende Entfernung der bei dem Ackerbau willig verwendeten immer noch etwas ammoniakhaltigen Kalkrückstände bedacht ist, da wird man niemals von einer noch so geringen Belästigung der Nachbarschaft etwas vernehmen.

Die zur Darstellung von Aetzammoniak, vom schwefelsauren und salzsauren Ammoniak (Salmiak) geeigneten Gaswasser werden schon in vielen Fabriken und in Apparaten der mannigfachsten, theilweise höchst complicirten Art verarbeitet.

Die Gasfabriken sind angewiesen, sich nach der einfachsten umzusehen, sei es um an Raum zu ihrer Aufstellung zu sparen, sei es um bei ihrer Behandlungsweise nicht beträchtlich vermehrte Beaufsichtigung führen zu müssen.

Solche einfache, besonders nach Anleitung des Herrn Dr. *Roose* in Schöningen bei Braunschweig construirte Apparate sind in der neueren Zeit mehrfach aufgestellt worden und haben eine so ausgezeichnete Wirkungsweise erwiesen, dass in den leicht reinlich zu erhaltenden Aufstellungslokalen selbst gar keine die Geruchsorgane verletzende oder nur unangenehm berührende Ausdünstung wahrzunehmen ist. Von einer die nähere und entferntere Nachbarschaft treffenden Belästigung kann also gar keine Rede sein.

Die aus der Verarbeitung hervorgehenden Producte sind gesuchte Handelsartikel geworden und empfiehlt sich auch von dieser Richtung her die nutzbringende Anschaffung derartiger Apparate für die Gasfabriken.

Diesen muss es, je grösser sie sind, um so mehr darum zu thun sein, ihre Nebenproducte, in erster Linie aber die stark wasserhaltigen, in der Anstalt selbst zu verarbeiten, um den grösstmöglichsten Nutzen aus denselben zu ziehen, denn es liegt ein gewaltiger Unterschied darin, ob man eine grosse Menge Wasser mit verhältnissmässig geringem Ammoniakgehalte weit zu transportiren oder ob man eine kleine Wassermenge mit sehr starkem Ammoniakgehalte zu entfernen hat. Letzteres ist stets vorzuziehen, weil Bedienung und Verzinsung der einfachen Apparate nicht theuer ist, weil als Brennmaterial der sonst wenig verwerthbare Abfall aus den Retortenfeuerungen und, wo es ausführbar ist, die abgehende Wärme der Retortenöfen kann verwendet werden.

## Beilage Nr. 15.

## Anfrage

des Herrn *O. Wagner* aus Coblenz. *)

Coblenz, 21 Mai 1863.

*Herrn Schilling, Director der Gasbeleuchtungs-Gesellschaft in München.*

Als Abonnent des Journals für Gasbeleuchtung bin ich so frei, Sie mit der Bitte um Auskunft darüber zu belästigen, ob man schon Erfahrungen über die Herstellung des Leuchtgases aus dem schwarzen ungereinigten Petroleum hat, und ob dazu ein gewöhnlicher Apparat, wie er bei andern Oelen zu diesem Zwecke gebraucht wird, genügen würde. Durch eine kurze Notiz in der nächsten Nummer des Journals etwa mit Angabe der Schriften, in denen Etwas über den Gegenstand zu finden, würden Sie sehr zu Dank verpflichten

Ihren

mit Hochachtung ergebensten

*O. Wagner.*

---

*) Diese Anfrage, welche eigentlich an das Journal gerichtet war, wurde mit zuvorkommender Bereitwilligkeit vom Vereine zur Beantwortung übernommen.

D. Red.

## Diskussion:

Herr Schiele: Mit dem Petroleum ist es, wie ich schon in früheren Versammlungen berichtet habe, etwas Eigenes. Selbstverständlich ist das Material sehr leicht zersetzbar und man sollte eigentlich ausgezeichnete Resultate zu erwarten haben. Ich habe mich an Versuche gemacht und gefunden, dass allerdings viel und gutes Gas daraus zu erhalten ist. Die Resultate genau festzustellen, vermochte ich nicht, da der Apparat bei der Arbeit verschiedene Störungen erlitt. Diese liegen im Petroleum selbst und gerade das machte mich auf die Schwierigkeit aufmerksam, die bei der Verwendung des Petroleums eintritt. Ich nahm genau dieselbe Retorte wie zur Oelgasfabrikation, steckte einen Einlauf in die Retorte ein und sorgte dafür, dass das Petroleum auf die heisseste Seite der Retorte anfiel; der Strom wurde in die Retorte je nach Entwicklung der Gase geleitet, da ich letztere beobachten konnte. Eine andere Reinigung als gewöhnlich ist nicht nöthig, denn ausser der Kohlensäure, die sich entwickelt, ist nichts aus dem Gase zu entfernen. Die Schwierigkeit, die sich mir gezeigt, war die, dass ein Material, welches im flüssigen Zustand zur Zersetzung in die Retorte gebracht wird, nothwendig vorher einen gewissen Hitzegrad haben muss, um gleich zersetzt zu werden, wenn es in die Retorte tritt und um die Retorte nicht zu sehr abzukühlen, wenn es in dieselbe läuft. Bei der Harzgasfabrikation und bei der Oelgasfabrikation wurde die Erhitzung bis nahe zum Siedpunkte des Materials getrieben, der bei Oel auf etwa 270° lag, und bei Harz über 100 vielleicht 120° gelegen ist. Beim Petroleum und gerade beim rohen Petroleum war es nicht möglich, die Erwärmung über 40° hinüber zu treiben. Sobald 40° erreicht waren, fing es an zu schäumen, die leichteren Gase entwickelten sich mit ungeheurer Heftigkeit; es brauste auf — woran übrigens der Wassergehalt Schuld gewesen sein mochte, — lief über und im Momente, wo es auf die Retorte kam, stand die ganze Geschichte in Flammen. Wenn also das Material schon bei geringer Erwärmung in Flammen aufgeht, wenn es nur in der Nähe des Ofens erwärmt wird — man kann diese Erwärmung übrigens auch mit Dampf bewirken — so ist nicht wohl denkbar, dass es sich zur Verwendung im Grossen eigne, ohne die allergrösste Vorsicht. Die Vorsichtsmassregeln würden etwa darin bestehen, dass man die Erwärmung des Oeles, entfernt von den Retorten, vornimmt, also ferne von den Retortenöfen einen Dampfkessel aufstellte, durch Dampf das Petroleum in einem geschlossenen Gefässe erwärmte, und aus diesem durch Druck in eine Retorte brächte. Wenn das geschähe, dann würde in keiner Weise das Petroleum im Stande sein, sich zu entzünden. Wenn die Retorte gehörig construirt und die ganze Vorrichtung gehörig betrieben wird, so unterliegt es keinem Zweifel, dass das Petroleum zur Gasfabrikation mit grossem Vortheil gebraucht werden kann. Dass die Schwierigkeiten aber nicht nur in der technischen Behandlung liegen, sondern dass sie auch in anderer Richtung noch vorhanden sind, ist gewiss, und in letzterer Beziehung ist namentlich zu bemerken, dass die Feuerversicherungsgesellschaften das Petroleum gar nicht mehr versichern wollen, dass sie namentlich solche Gebäude, worin Petroleum verarbeitet wird, gar nicht mehr dulden wollen, d. h. dass sie bei der Regierung beständig Anträge stellen, damit sie die Petroleumvorräthe ganz verbieten oder doch wenigstens an solche Orte verlegen lassen möchte, die so weit entfernt sind, dass beim Eintritt eines Brandes in der Nachbarschaft nichts beschädigt werden kann. Gasfabriken, die Petroleum verarbeiten würden, müssten in ungeheure Entfernung von den Städten verlegt werden und ganz ausserordentliche Vorsichtsmassregeln treffen, oder in's Deutsche übersetzt, es würden so viele Schwierigkeiten mit der Anlage solcher Anstalten verknüpft sein, dass sich kein Mensch dazu hergeben wird, eine derartige Anstalt anzulegen. Das ist es, was ich aus dem Verfolg der mit dem Petroleum zusammenhängenden Verhandlungen als mein persönliches Urtheil festgestellt habe.

Ich will nicht sagen, dass ich vollkommen im Rechte bin, weil nämlich meine Versuche in zu geringem Massstabe gemacht worden sind, als dass ich ein ganz klares und bestimmtes Urtheil abgeben könnte. Zur Verbesserung des Gases wird es wohl dienen, ob es aber auch zur Darstellung schweren Gases gebraucht werden kann, möchte ich bezweifeln. Bis jetzt haben wir an dem englischen Boghead ein viel angenehmeres und besseres Material. Wie die Preise des Petroleums im Augenblicke stehen, dürfte es vielleicht zweckentsprechender sein, Versuche in grossem Massstabe in der Richtung, wie ich sie angedeutet habe, anzustellen.

Wie ich höre, ist der Preis des Petroleums von 12 fl. heruntergegangen auf 2 bis 2½ fl. und zwar dann, wenn man direct an der Quelle kauft und die billigste Schiffsgelegenheit benützt, um dies Oel herüberschaffen zu lassen.

Diese Notiz ist mir zugegangen durch einen Herrn, der in Bremen lebt, dort eine Fabrik zur Verarbeitung des rohen Petroleums auf gereinigtes Petroleum angelegt, und zum Ankauf meines Bedarfs an Rohmaterial Jemand angestellt hat, um an den Quellen selbst zu kaufen.

Wenn sich das bewahrheitet, dass zu so niedrigen Preisen der Artikel herübergeschafft werden kann, dann würde es sich verlohnen, Versuche im Grossen zu machen. Bei den Preisen aber, die zu der Zeit bestanden, wo ich meine Versuche anstellte, war es nicht möglich, weiter zu gehen, die Preise waren zu hoch, nämlich 12 fl., und bei Abnahme von grösseren Partien 10 fl. Vorsicht, meine Herren, ist aber jedenfalls allen denen anzurathen, die Versuche mit Petroleum in dieser Richtung anstellen wollen. Das Material ist ein höchst gefährliches, weil es ausserordentlich leicht entzündlich ist, und seine Dämpfe in Verbindung mit der Luft die allergrössten Gefahren der Explosion bereiten.

Nach den Berichten von Feuerversicherungsgesellschaften, die ich gelesen habe, sind Explosionen in Lagerräumen vorgekommen, die Alles übersteigen, was man an Explosionen bis jetzt kennt.

Herr Meyer: Ich erlaube mir Einiges in Bezug auf die Feuergefährlichkeit des Petroleums hinzuzufügen. Das sogenannte Saleröl (ungereinigtes Petroleum) hat eine Entzündungstemperatur von ca. 40 Grad, das gereinigte Petroleum aber entzündete sich bereits bei 14 Grad, also bei gewöhnlicher Stubentemperatur, wenn man mit der Flamme ihm auf einen Zoll nahe kam.

Das Saleröl hatte ein spec. Gewicht von 0,802 und das gereinigte Petroleum ein solches von 0,795. Die Entzündungstemperatur niederer Oele, die noch häufig vorkommen, liegt dazwischen, das Mittel wird etwa 32 Grad sein.

---

## Chemisch-technische Untersuchungen über das amerikanische Petroleum.

(Zusammengestellt aus den eingelangten Bearbeitungen einer ausgeschriebenen Preisaufgabe.*)

(Aus der schweiz. polytechn. Zeitschrift.)

Das Schema der ausgeschriebenen Fragen war folgendes:

1. Finden wesentliche Unterschiede statt zwischen dem rohen pensylvanischen und canadischen Petroleum?
2. Wie gross ist die Menge rectificirten Oeles, das nicht unter 120° C. siedet, daher nicht mehr sehr feuergefährlich ist, welches sich aus dem rohen Petroleum gewinnen lässt?
3. Wie verhalten sich die im Handel befindlichen Oele in Bezug auf ihre Feuergefährlichkeit?
4. Wie gross ist die Leuchtkraft des rectificirten Steinöls, sowohl desjenigen, das auf die oben sub 2 angegebene Weise erhalten wurde,

---

*) Es sind auf die von einem Kaufmanne in Zürich ausgeschriebene Preisfrage, für deren Lösung Fr. 500 festgesetzt waren, zwei Arbeiten eingegangen, die im technischen Laboratorium des schweiz. Polytechnicums ausgeführt wurden; die eine von den Practikanten F. Bolley und Schwarzenbach gemeinsam, die andere von den HH. Arndt und Traun aus Hamburg gemeinsam. Wir werden sie mit B. und S. und mit A. und T. im Texte bezeichnen. Die der Erstgenannten erhielt nach dem Urtheil und Antrag einer dafür ernannten Commission von Docenten der Anstalt den ersten, die der Herren A. und T. den zweiten Preis.

als auch verschiedener anderer Steinölsorten, die aus wenigstens vier verschiedenen Detailhandlungen in Zürich bezogen wurden?

5. Wie gross ist die Menge von Paraffin, das sich aus den letzten Destillationsproducten und aus dem Rückstand der fractionirten Destillationen gewinnen lässt?
6. Welches ist die Menge und Leuchtkraft des aus rohem Petroleum gewinnbaren Gases, und wie hoch stellen sich die Kosten von 1000 c' engl. solchen Gases?

Namentlich die Frage 1 über die Unterschiede zwischen canadischem und pensylvanischem Steinöl nöthigt zu einer Vorbemerkung, welche eine in den Bearbeitungen leicht erkennbare Lücke erklären und entschuldigen wird. Es zeigte sich erst, nachdem die Aufgabe gestellt war, dass das rohe Petroleum überhaupt sehr schwer zu beziehen ist, da die deutschen und schweizerischen Eisenbahnverwaltungen es nicht zum Transport übernehmen. Es gelang jedoch durch besondere Bemühungen von verschiedenen Bezugsquellen ausreichende Menge pensylvanischen Oeles zu erhalten. Das canadische kommt, wie es scheint, nur im grossbritannischen, aber fast nicht im continentalen Handel vor. Eine grössere Quantität des letzteren, die zugesagt war, traf nicht ein, und es konnte den Praktikanten nur eine ziemlich kleine Menge desselben zur Verfügung gestellt werden.

Es zeigte sich nach beiden Beantwortungen der Preisaufgabe übereinstimmend

1. dass das canadische Oel etwas dickflüssiger ist, als das pensylvanische,
2. dass es mehr braun, das pensylvanische mehr grünlich ist.
3. dass das spec. Gewicht des canadischen Oeles etwas höher ist als das des pensylvanischen;
   erstere hat nach B. und Sch. ein spec. Gewicht von . . 0,832
   eine kleine Partie eines anderen Musters nach A. u. T. ein spec. Gewicht von . . . . . . . 0,858
   letzteres nach B. u. Sch ein spec. Gewicht von . . . . 0,816
   „ „ A. u. T. „ „ „ „ . . . . 0,8055
4. Der Geruch des rohen canadischen Oeles ist noch unangenehmer, als der des pensylvanischen, erinnert an Schwefelwasserstoff, ohne dass eine deutliche Schwefelreaction wahrgenommen werden konnte.

Andere Unterschiede werden bei Beantwortung der übrigen Fragen sich herausstellen, sie sind aber, soweit sie sich innerhalb der Aufgabe bewegen, keineswegs sehr tiefgehende, und vielleicht nicht grösser als die, welche zwischen den pensylvanischen Oelen verschiedener Fundgruben stattfinden. Dass letztere keineswegs ganz untereinander übereinstimmen, wird sich im Nachfolgenden mehrmalen zeigen.

Die zweite Frage dreht sich um die Zerlegung des rohen Oeles in die flüchtigen Bestandtheile (Naphta), die zum Brennen untauglich sind, in die erst bei höherer Temperatur siedenden Leuchtöle und die dicklichen oder kohligen Destillationsrückstände.

Die Resultate, die B. und Sch. erhielten, sind

300 CC rohes Oel aus Pensylvanien (von St. Gallen bezogen) wogen 245 Gramm. Sie wurden unter Einsenkung eines bis auf 400° C reichenden Thermometers durch den Tubulus der Retorte im Wasserbad auf 97° C längere Zeit erwärmt, dann in Kochsalzlösung auf 100° C, dann in Clorcalciumlösung bis 120° C, dann im Luftbade bis 150° C und nun im Sandbade allmälig bis 400° C. Man suchte auf angegebene Art die angegebenen Temperaturen längere Zeit zu erhalten und fing die zwischen ihnen übergehenden Destillate, sowie was zwischen 150 und 200° C, 200 und 250° C, endlich zwischen 250 und 400° C überging, gesondert auf, die Destillate wurden gemessen und gewogen. Es ging über

| | vol. cc. | Gewicht Grm. |
|---|---|---|
| — 100° C | 28,5 | 17,8 |
| 100 — 120° C | 22,8 | 16,6 |
| 120 — 150° C | 17,9 | 13,1 |
| 150 — 200° C | 36,8 | 28,1 |
| 200 — 250° C | 40,5 | 32,1 |
| 250 — 400° C | 135,6 | 112,0 |
| | 282,0 | 219,7 Gr. |
| der Rückstand betrug . . . . . | | 21,0 „ |

Mit jedem dieser Destillate wurde nochmals eine fractionirte Destillation vorgenommen und die bei den angegebenen Temperaturen übergegangenen Flüssigkeiten vereinigt, ihr Volum und Gewicht bestimmt, daraus das spec. Gewicht berechnet und dies durch das Tausendgranfläschchen controlirt. Weil es von Interesse war, nachzusuchen, ob etwa Benzol unter den Destillaten sich finde, wurde, was unter 81° C überging, von dem gesondert, was zwischen 81° C und 100° C überdestillirte.

| Temperat. | Volum cc. | Gewicht Grm. | spec. Gewicht | berechnet mit dem aus I und II Tausend-granfläsch. | Vol. % | Gewicht % |
|---|---|---|---|---|---|---|
| — 81° C | 10 | 6,704 | 0,67 | 0,67 | 3,33 | 2,75 |
| 81 — 100 | 15 | 10,523 | 0,701 | 0,702 | 5,00 | 4,30 |
| 100 — 120 | 19,4 | 13,835 | 0,714 | 0,715 | 6,46 | 5,65 |
| 120 — 150 | 23,3 | 17,035 | 0,731 | 0,731 | 7,77 | 6,95 |
| 150 — 200 | 28,5 | 21,620 | 0,759 | 0,757 | 9,50 | 8,83 |
| 200 — 250 | 47,5 | 37,290 | 0,785 | 0,788 | 15,83 | 15,23 |
| 250 — 350 | 90,0 | 72,720 | 0,808 | 0,809 | 30,00 | 29,70 |
| 350 — 400 | 45,6 | 39,000 | 0,855 | 0,858 | 15,13 | 15,69 |
| Rückstand | . . | 21,000 | | | 6,00 | 8,60 |
| | 279,3 | 239,727 | | | 99,02 | 97,90 |

Aus dieser Tabelle ergibt sich, dass die zur Beleuchtung tauglichen Destillate, als die wir die zwischen 120 u. 350° C übergehenden betrachten dürfen, 63,1 Volum % und 60,71 Gewichtsprozent betragen.

Das canadische Oel wurde nur einmal destillirt und die bei verschiedenen Temperaturen übergehenden Oele gesondert aufgefangen.

Die Ergebnisse sind in folgender Tabelle zusammengestellt:

| Temperatur. | Volum cc. | Gewicht Grm. | Volum % | Gewicht % | spec. Gew. |
|---|---|---|---|---|---|
| 61—120°C | 6 | 4,35 | 10 | 8,7 | 0,725 |
| 120—200 | 10 | 7,39 | 16,7 | 14,8 | 0,739 |
| 200—250 | 5 | 3,75 | 8,4 | 7,5 | 0,750 |
| 250-300 | 6,2 | 4,87 | 10,4 | 9,8 | 0,785 |
| 300 | 30,0 | 24,54 | 50,0 | 49,2 | 0,818 |
| Rückstand . . . . | | 3,5 | | 7,0 | |
| Summe | 57,2 | | 96,5 | | |

Die Unterschiede in den Mengen und Eigenschaften der Destillationsproducte des canadischen und des pensylvanischen Oeles sind, wie wir sehen, nicht wesentlicher Art. Es sind bei Anlass dieser Versuche noch andere gelegentlich sich ergebende Beobachtungen über die Anfangstemperatur, bei der die rohen Oele sieden, und den Gehalt an Gasen in denselben und über den Paraffingehalt gemacht worden, welche weiter unten zu erwähnen sein werden.

Die Herren A. u. T destillirten 255 cc rohes pensylvanisches Oel und fanden bei

| | | |
|---|---|---|
| —95°C | ein spec. Gewicht von | 0,7155 |
| 120—150 | „ „ „ „ | 0,7244 |
| 150—200 | „ „ „ „ | 0,7513 |
| 200—250 | „ „ „ „ | 0,8111 |
| 250—300 | „ „ „ „ | 0,8437 |

Es wurde von den gleichen Herren 400 cc aus Hamburg und 400cc aus Basel bezogenes pensylvanisches Steinöl der Destillation unterworfen, was über 120°, und bis das Destillat dicklich wurde, überging, betrug bei ersterem 190, beim zweiten 170 cc oder 47,5 und 42,5 Volumprocente, wie sich die Mengen bei nochmaliger Fractionirung verhalten, wurde nicht untersucht, deshalb lassen sich die Ergebnisse der einen Experimentatoren mit jenen der andern nicht vergleichen.

(Schluss folgt.)

---

## Statistische und finanzielle Mittheilungen.

**Grünstadt.** Die Grünstadter Gasanstalt wurde im Frühjahr 1862 projectirt und deren Erbauung dem Mechaniker Herrn *J. A. Hillenbrandt* in Neustadt a. d. Haardt in Accord gegeben.

Anfangs Oktober wurde die Anstalt zum erstenmal in Betrieb gesetzt, so dass am 5. Oktober die erste Gasflamme in der Stadt brannte. Die Anlage ist für einen Consum von täglich 20,000 c' engl. berechnet und hat sich bis jetzt — die Gasbehältercysterne ausgenommen — als gut ausgeführt bewährt, sowohl was Construction, als Material und solide Arbeit anbelangt.

Die Betheiligung von Seiten der Privaten ist eine befriedigende, da die Anstalt jetzt schon nahezu 130 Abnehmer hat. Fabrikindustrie, nur wenig hier vertreten, hat sich noch nicht betheiligt; durch die zu erwartende Eisenbahn dürfte sich jedoch der Verbrauch in der Folge sehr günstig gestalten.

Einwohnerzahl ca. 3400.

Die Gasometergrube, von einem Consortium hiesiger Maurer ausgeführt, liess längere Zeit in bedenklicher Weise Wasser durch, was sich aber durch beständiges Nachfüllen nun so weit gebessert hat, dass die Grube wohl zweifelsohne im Laufe dieses Sommers vollständig dicht werden wird.

Die hiesige Gasanstalt ist Eigenthum der Herren *Wilh. Seltsam*, Oekonom und *Ph. L. Mann*, Kaufmann, im Verein mit Frl. *Elise Seltsam*, Rentnerin — alle drei hier wohnhaft und gleichmässig betheiligt. Der Berg- und Hüttenbau-Ingenieur Herr *F. H. W. Ilgen*, unter dessen Controle die ganze Anstalt erbaut wurde, besorgt als Gasmeister den techn. Betrieb des Gaswerkes.

Die Firma des Geschäftes ist: „*Mann & Seltsam — Gasgesellschaft.*"

Concessionsdauer unbeschränkt.

Der mit hiesiger Stadt auf die Dauer von 25 Jahren (vom 1. April vor. J. an gerechnet) abgeschlossene Vertrag enthält folgende wesentliche Bestimmungen:

Preis pr. 1000 c' engl. Gas für Strassenbeleuchtung fl. 4, für Private fl. 5; Lichtstärke 9 Stearinkerzen, wovon 6 St. auf 1 Pfd. gehen, bei 4 c' Consum pr. Stunde.

Die Hauptröhrenleitung von der Gasfabrik nach allen Theilen der Stadt hat eine Länge von 2300 Mètres und ist aus 2 bis 5" weiten gusseisernen Röhren mittelst Gummidichtung hergestellt. Die Zweigröhren für die Strassenlaternen, sowie an die Häuser der Gasconsumenten, sind ½zöllige schmiedeiserne, im Ganzen ca. 900 Mètres lang.

Das Anlagecapital beträgt fl. 30,000.

Production während der Betriebsdauer — Anfang October vor. J. bis Ende Juni d. J. — 665,000 c'. Zahl der Strassenflammen 40; Privatflammen nahezu 500. Die ersteren consumirten vom October bis Ende April bei 690 Brennstunden ca. 127,000 c'., letztere während der ganzen Betriebsdauer ca. 520,000 c'.

Die Maximalproduktion war im Dezbr. ca. 155,000 c'; die Minimalproduction (im Juni) dürfte sich auf ca. 35,000 c' stellen.

Diese Angaben sind so genau, als sie sich von einem Gaswerke geben lassen, welches während 9monatlichem Betriebe $3\frac{1}{2}$ Monate ohne Stationsgasmesser zu arbeiten genöthigt war.

Ueberhaupt muss noch bemerkt werden, dass obige Angaben aus dem Grunde keine sichere Norm für spätere Betriebsjahre abgeben können, da wir in Ermangelung von Gasmessern in der ersten Zeit unseres Betriebes vielen Privaten das Gasbrennen nach Stunden gestatten mussten. Auch konnten die Einrichtungen in den Häusern nur allmälig fertig gemacht werden, da wir oft lange auf die Ankunft der bestellten Installationsgegenstände zu warten genöthigt waren, so dass wir in den sonst für die Gas-Anstalten rentabelsten Monaten (November bis Ende Januar) verhältnissmässig den geringsten Consum hatten.

Unser Betrieb ist auf Steinkohlen (Saarkohlen) mit Coaksfeuerung eingerichtet — 3 Oefen mit 5 Thonretorten aus der Fabrik von *A. Keller* in Gent. Jede Retorte kann mit nahezu 2 Ctr. Steinkohlen beschickt werden; es werden aber gewöhnlich nur $1\frac{1}{4}$ höchstens $1\frac{1}{2}$ Ctr. pro Retorte geladen. Ausbringen 500 c′ pr. Ctr. Jeder Gasofen hat eine $0{,}50^{m}$ weite cylindrische Hydraulik auf der Vorderseite.

Von der Hydraulik gelangt das Gas in einen Luftcondensator mit 5 aufrechten 5zölligen Röhren. Der untere Theil des Condensators ist cylindrisch und besteht aus 2 durch Flauschen und Schrauben mit einander verbundenen Stücken von je $0{,}60^{m}$ Länge, $0{,}27^{m}$ Weite bei $18^{mm}$ Wandstärke. Vom Condensator aus passirt das Gas einen $2{,}50^{m}$ langen, $0{,}85^{m}$ breiten, $0{,}45^{m}$ hohen viereckigen, in 5 Kammern abgetheilten, Kühlapparat mit hydraulischem Verschluss.

Dieser Apparat ist aus $5^{mm}$ starkem Eisenblech verfertigt und liefert das Gas vermittelst eines Clegg'schen Wechselhahnes an die beiden kreisrunden Trockenreiniger, von denen jeder 1 Waschersieb mit kuppelförmigem Hut und einen nutzbaren Raum von $1{,}50^{m}$ Durchmesser bei $0{,}90^{m}$ Höhe hat.

Die gusseisernen Ein- und Ausströmungsröhren sind 4″ weit. Die Reiniger sind aus $5^{mm}$ starkem Eisenblech gefertigt. Jeder derselben hat 6 hölzerne, mit grobem Segeltuch belegte Horden zur Aufnahme der Reinigungsmasse. Das Gas wird zu $\frac{2}{3}$ mit Laming'scher Masse, $\frac{1}{3}$ mit trocknem Kalkhydrat gereinigt und gelangt aus dem Reinigerwechsel gleichfalls durch Vermittelung zweier Clegg'scher Wechsel durch den Stationsgasmesser in den 16,500 c′ haltenden Gasbehälter und von diesem zurück durch den Druckregulator, dessen Glocke $0{,}75^{m}$ Durchmesser hat, in das Röhrennetz der Stadt.

Druckregulator und Stationsgasmesser sind aus der Berliner Fabrik von *S. Elster*.

Der bei der Gasbereitung fallende Theer wurde bisher theilweise im Kleinen an die Bewohner der Umgegend abgesetzt. Ammoniakwasser wurde wie Jauche als Dünger verwendet. Coake konnten bei der geringen Production nur wenig verkauft werden, wurden vielmehr fast alle zur Heizung der Retortenöfen verwendet. Grünkalk wurde bisher theils mit reinem gebranntem Kalk vermauert, theils von Landwirthen hiesiger Gegend als Dungmaterial benützt (für Compósthaufen, zur Ueberstreu etc.)

Es stehen hier 126 nasse Gasmesser von 3 bis 20 Flammen aus der *S. Elster*'schen Fabrik im Gebrauch, welche sich bis jetzt sehr gut bewährt haben.

**Glatz.** Man ist hier lebhaft mit dem Project beschäftigt, die Gasbeleuchtung einzuführen.

**Breslau.** In der Stadtverordneten-Versammlung vom 5. Juni ist der Bau einer zweiten Gasanstalt beschlossen, und dessen Ausführung dem Herrn *W. Kornhardt*, Director der Gasanstalt in Stettin, übertragen worden. Der Anschlag zu derselben schliesst dem Vernehmen nach mit 244,000 Thlr. ab, und soll das Werk gegenwärtig auf 25 – 30 Millionen c', für die Zukunft aber auf 70 Millionen c' Production pr. Jahr eingerichtet werden.

**Quedlinburg.** Hier wird gegenwärtig die Gasbeleuchtung eingeführt.

---

## Deutsche Continental-Gas-Gesellschaft in Dessau.

### Betriebs-Resultate des II. Quartals 1863.

| Lauf. Nr | Gas-Anstalten. | Gas-Production. Cubikf. engl. | Flammenzahl am 30. Juni | Flammenzahl Zunahme. |
|---|---|---|---|---|
| 1. | Frankfurt a. O. | 2,129,278 | 7512 | 227 |
| 2. | Mülheim a. d. R. | 1,457,900 | 1503 | 1 |
| 3. | Potsdam | 2,732,300 | 7890 | 102 |
| 4. | Dessau | 646,310 | 4300 | 16 |
| 5. | Luckenwalde | 416,800 | 2768 | 4 |
| 6. | Gladbach-Rheydt | 1,645,300 | 6726 | 61 |
| 7. | Hagen | 1,480,800 | 3651 | 40 |
| 8. | Warschau | 6,808,200 | 10,631 | — 130 |
| 9. | Erfurt | 1,720,700 | 5229 | 48 |
| 10. | Krakau | 2,332,400 | 3821 | — 1 |
| 11. | Nordhausen | 681,846 | 2909 | 73 |
| 12. | Lemberg | 2,358,900 | 4344 | 65 |
| 13. | Gotha | 1,343,737 | 4415 | 74 |
| | Summa | 26,261,895 | 67,821 | 394 |
| | In der gleichen Periode des Vorjahrs | 24,714,739 | 62,466 | |
| | Zunahme Zahl | 1,547,156 | 5,355 | |
| | Zunahme Proc. | 7,83 | 8,57 | |

Dessau, den 16. Juli 1863.

**Das Directorium der Deutschen Continental-Gas-Gesellschaft.**

**Nr. 9.** **September 1863.**

# Journal für Gasbeleuchtung

und

verwandte Beleuchtungsarten.

**Organ des Vereins von Gasfachmännern Deutschlands.**

**Monatschrift**

von

**N. H. Schilling,**

Director der Gasbeleuchtungs-Gesellschaft in München

München. Verlag von Rudolph Oldenbourg.

**Abonnements.**

Jährlich 4 Rthlr. 20 Ngr.

Halbjährlich 2 Rthlr. 10 Ngr.

Jeden Monat erscheint ein Heft.

Das Abonnement kann stattfinden bei allen Buchhandlungen und Postämtern Deutschlands und des Auslandes.

**Inserate.**

Der Insertionspreis beträgt:

für eine ganze Octavseite 6 Rthlr. — Ngr.

„ jede achtel „ 1 „ — „

Kleinere Bruchtheile als eine Achtelseite können nicht berücksichtigt werden; bei Wiederholung eines Inserates wird nur die Hälfte berechnet, für dasselbe jedoch auch die entsprechende letzte Seite des Umschlages benützt.

# EDMUND SMITH'S IN HAMBURG
## PATENTIRTE GASUHR.

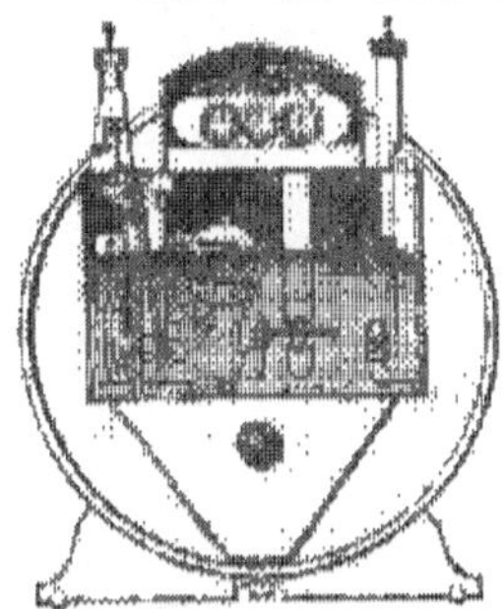

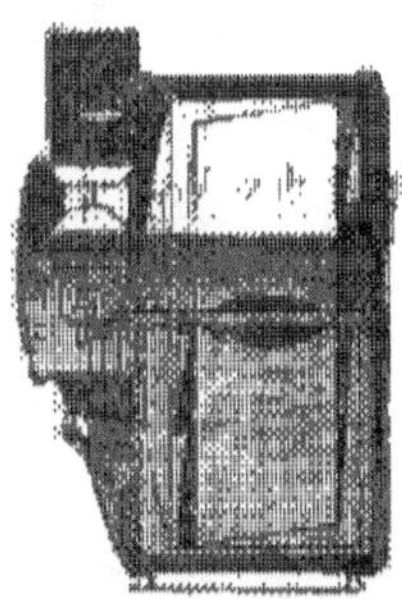

Diese Uhr, in England, sowie fast auf dem ganzen Continente patentirt, zeichnet sich durch die untrügliche Richtigkeit ihres Ganges vor allen bisher bekannten Gasuhren aus, das Princip dieser Uhr ist ein einfaches und doch vollkommen seinem Zwecke entsprechendes, wie solches von vielen Autoritäten durch Atteste anerkannt worden; man lese gefälligst vom vorliegenden Journal die Hefte Nr. 6 und 7 von 1862, welche eine eingehende Besprechung dieser Gasuhren enthalten.

Um eine besondere Eigenschaft hervorzuheben, wird bemerkt, dass eine Differenz des Gasconsums unter allen Umständen nie 2% übersteigen kann.

Ein fernerer Vorzug dieser Uhren ist, dass sich neue Gasuhren anderer Construction ohne grosse Schwierigkeiten in dies quäst. Princip umändern lassen.

Wegen Zeichnungen, Erklärungen u. s. w., welche franco übersandt werden, wende man sich gef. an

**Edmund Smith, Hamburg, Grasbrook,**

Fabrikant von Patent-Gasuhren, Regulatoren, Experimentir- und Stationsuhren und aller zu dieser Branche gehörigen Gegenstände.

---

# J. L. BAHNMAJER in Esslingen am Neckar

empfiehlt

**schmiedeeiserne Röhren und Verbindungen,**

ferner Asphalt-, Blei-, Gummi-, Compositions-, Kupfer-, Messing- und andere Röhren zu den verschiedensten Zwecken, worüber detaillirte Preislisten zu Diensten stehen.

---

**Retorten und Steine**

von feuerfestem Thone in allen Formen und Dimensionen.

# ALBERT KELLER IN GENT
## BELGIEN.

Diese Fabrikate haben auf allen Gaswerken, wo sie benutzt wurden, volle Anerkennung gefunden, und sind die Preise, trotz aller Sorgfalt welche auf die Anfertigung verwendet wird, sehr vortheilhaft.

---

### Berichtigung.

Im Augusthefte dieses Journals, S. 306 Abs. 3 ist durch Versehen eine Aeusserung des Herrn Directors **Meyer** aus Crefeld über Petroleum unrichtig wiedergegeben worden, und ersuchen wir, dieselbe gütigst in folgender Weise berichtigen zu wollen:

„Das sogenannte Salonöl (gereinigtes, d. h. von den leicht entzündlichen Stoffen befreites Petroleum) hat eine Entzündungstemperatur von 36 bis 40 Grad R.; das ungereinigte aber entzündete sich bereits bei 11 Grad R. also bei gewöhnlicher Stubentemperatur, wenn man ihm mit der Flamme auf einen Zoll nahe kam."

„Das Salonöl hat ein spec. Gewicht von 0,790; das ungereinigte dagegen eines von 0,802."

***D. R.***

---

### Untersuchungen über Gaskohlen

von *N. H. Schilling.*

(Schluss.)

#### Zusammenstellung der Resultate und Folgerungen aus denselben.

Es ist bereits Eingangs hervorgehoben worden, dass die Resultate der vorstehenden Versuche weder in quantitativer noch in qualitativer Hinsicht den Verhältnissen der grossen Praxis gleich stehen, sondern dass die Gasausbeute grösser ist, wie man sie im praktischen Betriebe erreicht, während die Leuchtkraft gegen jene zurücksteht. Die nachfolgende Tabelle enthält zunächst eine übersichtliche Zusammenstellung der Hauptergebnisse, aus denen sich die Relation zwischen Qualität und Quantität genauer ersehen lässt.

Tabelle I.

| Bezeichnung der Kohlen | Grösse der Ladung Zoll-Pfd. | Gasausbeute: Total c' engl. | Gasausbeute: pro Ctr. c' engl. | Schwefelwasserstoff | Spec. Gewicht des Gases | Photometrische Leuchtkraft: für 5 c' engl. pro Stunde | Kerzen | für 1 c' engl. Gas | Coke-Ausbeute pro Ctr. Zoll-Pfd. |
|---|---|---|---|---|---|---|---|---|---|
| 1. Zollverein Flötz 4 | 150 | 806 | 537 | 0 | 0,46 | 4,9 | 7 | 172 | 68 |
| 2. " Flötz 6 | 150 | 868 | 578 | 0 | 0,40 | 4,8 | 6,25 | 156 | 69 |
| 3. " Flötz 11 | 150 | 870 | 580 | 0 | 0,41 | 4,8 | 5 | 125 | 71 |
| 4. Hibernia Flötz 4 | 150 | 911 | 607 | 0 | 0,42 | 5,5 | 7,5 | 164 | 66,5 |
| 5. " Flötz 6 | 150 | 920 | 613 | 0 | 0,42 | 5 | 9 | 216 | 71 |
| 6. Vereinigte Hannibal Flötz 2 | 150 | 868 | 578 | 0 | 0,45 | 4.4 | 6,5 | 178 | 67 |
| 7. " " Flötz 3 | 150 | 855 | 570 | 0 | 0,44 | 5,1 | 7 | 165 | 66,5 |
| 8 " " Flötz 5 | 150 | 867 | 578 | 0 | 0,42 | 5,9 | 11 | 224 | 67 |
| 9 Holland | 150 | 823 | 549 | 0 | 0,47 | 5,1 | 6,5 | 153 | 72 |
| 10 Heinitz | 150 | 860 | 573 | 0 | 0,415 | 5,15 | 9 | 210 | 66 |
| 11 St. Ingbert | 150 | 923 | 615 | 0 | 0,415 | 4,9 | 10,5 | 256 | 68,7 |
| 12. Altenwald | 150 | 901 | 600 | 0 | 0,40 | 5,55 | 10 | 216 | 66,7 |
| 13. Duttweil, Mellinschacht | 150 | 837 | 558 | 0 | 0,405 | 5,26 | 10 | 228 | 69 |
| 14. " Kallsyschacht | 150 | 914 | 609 | 0 | 0,40 | 5,56 | 11 | 237 | 68,7 |
| 15. Dechen | 150 | 782 | 522 | 0 | 0,40 | 5,42 | 9,5 | 212 | 67 |
| 16. Frisch Glück, Oberhohndorf | 150 | 809 | 539 | 0 | 0,45 | 4,775 | 10,5 | 264 | 56 |
| " " " | 150 | 790 | 527 | 0 | 0,44 | 4,9 | 9,5 | 233 | 57 |
| " " " | 150 | 801 | 521 | 0 | 0,48 | 4,44 | 11,0 | 300 | 52 |
| 17. Oberh. Schader Verein, [illegible] | 150 | 802 | 535 | 0 | 0,43 | 5,40 | 8,5 | 190 | 56 |
| " " " | 150 | 785 | 523 | 0 | 0,45 | 4,82 | 10 | 248 | 56 |
| 18. Zwick. Bürgergewerksch. [illegible] | 150 | 746 | 501 | 0 | 0,43 | 4,82 | 9,5 | 264 | 57 |
| 19. " " Bürgerschacht | 150 | 768 | 533 | 0 | 0,45 | 4,72 | 10,0 | 254 | 58 |
| 20. Kästners Schacht, Oberhohnd | 150 | 786 | 524 | 0 | 0,47 | 4,70 | 9,5 | 242 | 57 |
| 21. Wrangelschacht, [illegible] | 150 | 887 | 591 | 0 | 0,44 | 6,8 | 7,25 | 128 | 70 |
| " " | 150 | 866 | 577 | 0 | 0,48 | 5,5 | 5,5 | 120 | 71 |
| 22. Bradeschacht (Fuchsstollen) | 150 | 851 | 567 | 0 | 0,48 | 5,8 | 7.25 | 150 | 65 |
| " " | 150 | 869 | 579 | 0 | 0,48 | 5,16 | 7,0 | 163 | 65 |
| 23. Windbergsch., Potschappel | 150 | 768 | 509 | 0 | 0,425 | 5,30 | 8,5 | 192 | 64 |
| 24. Oppeltschacht, Zauckerode | 150 | 825 | 550 | 0 | 0,44 | 5,95 | 7,5 | 151 | 63,33 |
| 25. Mantauer Oberflötz Nr. 1 | 168 | 956 | 509 | 0 | 0,43 | 4,5 | 5 | 138 | 63 |
| 26. " Nr. 2 | 168 | 859 | 512 | 0 | 0,43 | 4,5 | 8 | 213 | 63 |
| 27. Schwarzkohlen, [illegible] | 150 | 684 | 456 | 0 | 0,46 | 5,2 | 5 | 115 | 65 |
| 28 Plattenkohlen | 150 | 928 | 619 | 0 | 0,52 | 4,0 | 18 | 540 | 51 |
| 29. Kohlen von *Klauber* & *Sohn* | 150 | 687 | 458 | 0 | 0,64 | 5,5 | 3,5 | 76 | 67 |
| 30. v. Swaine in Stockheim | 150 | 776 | 517 | 0 | 0,38 | 4,9 | 3 | 73.5 | 75 |
| 31. Antinlohe, Tegernsee (Braunkohlen) | 150 | 782 | 521 | 1,75 | 0,52 | 5,65 | 6 | 127 | 49 |
| 32. Old Pelton Main | 150 | 930 | 620 | 0 | 0,39 | 5,5 | 7,5 | 164 | 69 |
| 33. Lesmahago Cannel | 150 | 1026 | 684 | 0 | 0,55 | 3 | 13,5 | 540 | 49 |
| 34. Boghead | 150 | 1007 | 731 | 0 | 0,66 | 2,04 | 14 | 824 | 45 |

Die westphälischen Kohlen schwanken nach diesen Versuchen in ihrem Gasergebniss zwischen 537 und 613 c' pro Centner und in ihrer Leuchtkraft zwischen 125 und 224 Grains Spermaceti pro c'. Das Gas-Ergebniss der Zollvereinskohle (etwa mit Ausschluss des vierten Flötzes) entspricht ziemlich nahe demjenigen der Hannibalkohle, Holland dagegen zeigt sich etwas geringer. Obenan steht Hibernia, Flötz 4 zeigt 607 und Flötz 6 sogar 613 c' Gas pro Centner. In der Leuchtkraft zeigen sich Zollverein, Flötz 4 und 6, Hibernia Flötz 4, Hannibal Flötz 2 und 3 und etwa auch Holland ziemlich gleich, Hibernia Flötz 6 und Hannibal Flötz 5 stehen höher, Zollverein Flötz 11 dagegen am niedrigsten. Im Grossen und Ganzen ergibt sich als Durchschnittsresultat aus den Versuchen für die westphälischen Kohlen eine Gasausbeute von 577 c' Gas pro Ctr. und eine Leuchtkraft von 173 Grains Spermaceti pro c'. Im grossen Betriebe darf man, um einen annähernden Vergleich zu haben, das Ergebniss derselben Kohle durchschnittlich wohl zu 500 c' Gas pro Ctr. mit einer Leuchtkraft (im offenen Brenner) von 288 Grains Spermaceti pro c' annehmen; somit ergäben die Versuche durchschnittlich die Gasausbeute um 15% höher, die Leuchtkraft aber um 40% niedriger, als die grosse Praxis.

Betrachtet man die übrigen Kohlensorten in ähnlicher Weise, so ergibt sich zunächst für die Saarbrücker eine Schwankung in der Gasausbeute von 522 bis 615 c' pro Ctr. und in der Leuchtkraft von 210 bis 250 Grains Spermaceti pro c'. Die Schwankung in der Leuchtkraft ist weit weniger bedeutend, als bei den westphälischen Kohlen. In der Gasausbeute steht nur die Dechenkohle bedeutend zurück, alle übrigen sind nicht sehr beträchtlich von einander verschieden, indem ihre Schwankung sich nur zwischen 558 und 615 bewegt. Das Mittel aus allen sechs angestellten Versuchen ergibt ein durchschnittliches Gaserträgniss von 580 c' pr. Ctr. und eine durchschnittliche Leuchtkraft von 227 Grains Spermaceti pr. c'. In der grossen Praxis rechnet man das Gaserträgniss der Saarbrücker Kohlen etwas niedriger, als dasjenige der westphälischen, die Heinitzkohle gibt dort etwa 480 c' pr. Ctr. In Anbetracht jedoch, dass den Versuchen gemäss die St. Ingbert sowohl, als die Altenwalder und die Duttweiler Kohle (Kalleyschacht) höher steht als die Heinitz, möge hier, wo es sich ohnehin nicht um absolute Zahlen, sondern nur um ganz allgemeine Verhältnisse handelt, 490 c' als Norm angenommen, und die Leuchtkraft, wie bei den westphälischen Kohlen, wieder zu 288 Grains Spermaceti per c' gerechnet werden. Alsdann ergeben die Versuche bei diesen Kohlensorten durchschnittlich eine um 18% höhere Gasausbeute, und eine um 21% geringere Leuchtkraft, als die grosse Praxis.

Bei den Zwickauer Kohlen ist die Schwankung in der Gasausbeute verhältnissmässig gering, sie bewegt sich zwischen 501 und 539 c' pr. Ctr.; die Leuchtkraft dagegen zeigt sich wesentlich verschieden, ihre unterste Grenze wird durch 190, ihre oberste durch 300 Grains Spermaceti pro c' bezeichnet. Im Mittel ergibt sich 525 c' Gas per Ctr., und 249 Grains Spermaceti Leuchtkraft pro c'. Im grossen Betriebe darf man das durchschnittliche Ergebniss zu 445 c' Gas mit einer Leuchtkraft von gleichfalls 288 Grains Spermaceti pro c' annehmen, die Versuche zeigen also bei 18% Mehrausbeute eine Erniedrigung der Leuchtkraft von nur 14%.

Der Durchschnitt der beiden zur Untersuchung gezogenen niederschlesischen Kohlensorten ergibt 578 c' Gas mit 140 Grains Spermaceti Leuchtkraft pro c'. Leider sind mir diese Kohlen nicht aus der betriebsmässigen Erfahrung bekannt; nach den Mittheilungen, die mir gemacht worden sind, glaube ich ihnen nicht zu nahe zu treten, wenn ich annehme, dass man durchschnittlich etwa 460 c' Gas per Ctr. und eine Leuchtkraft von 240 Grains Spermaceti per c' erhält. Das ergäbe also für die Versuche eine Mehrausbeute von 20% an Gas und eine Verminderung der Leuchtkraft um 42%.

Die Kohlen aus dem Plauen'schen Grunde zeigen ein durchschnittliches Gasergebniss von 519 c' pro Ctr. und eine Leuchtkraft von 171 Grains Spermaceti pro c'. Ueber die Resultate, die man im grossen Betriebe damit erhält, habe ich nichts erfahren.

Von den zur Untersuchung gezogenen böhmischen Kohlen aus dem Pilsener Becken muss eine Sorte ausgeschieden werden, die sich von den übrigen wesentlich unterscheidet, die Cannelkohle oder Plattenkohle aus der Dr. Pankrazzeche. Die übrigen Sorten schwanken in dem Gasergebniss zwischen 456 und 569 c' pro Ctr. und in der Leuchtkraft zwischen 76 und 213 Grains Spermaceti pro c'. Im Durchschnitt zeigen die Versuche eine Gasausbeute von 499 c' pr. Ctr. und eine Leuchtkraft von 134 Grains Spermaceti pr. c', während man in der Praxis auf etwa 400 c' Gasertrugniss und auf eine Leuchtkraft von 192 Grains Spermaceti rechnen kann. Das Gasertrugniss ist also in den Versuchen um 25% höher, die Leuchtkraft um 30% niedriger, als in der Praxis.

Die Stockheimer Kohle hat in den Versuchen pr. Ctr. 517 c' Gas von 78,5 Grains Spermaceti Leuchtkraft pro c' gegeben, während man im grossen Betriebe etwa 400 c' Gas von 192 Grains Spermaceti Leuchtkraft erhält. Hier ist also die Gasausbeute der Versuche um 29% höher, die Leuchtkraft um 62% geringer, als im praktischen Betriebe.

Die Old Pelton Main Kohle zeigt in den Versuchen 620 c' Gas pr. Ctr. von 164 Grains Spermaceti Leuchtkraft pro c', während sie im Betriebe 500 c' Gas von etwa 264 Grains Spermaceti Leuchtkraft pro c' gibt. Hier ist also die Gasausbeute der Versuche um 24% höher, die Leuchtkraft um 38% geringer, als in der Praxis.

Stellt man die vorstehenden Ergebnisse übersichtlich zusammen, so zeigen die Versuche gegenüber den Resultaten der grossen Praxis im Durchschnitt

| | eine höhere Gasausbeute von | eine geringere Leuchtkraft von |
|---|---|---|
| bei den Zwickauer Kohlen | 18 % | 14 % |
| „ „ Saarbrücker Kohlen | 18 „ | 21 „ |
| „ „ böhmischen Kohlen | 25 „ | 30 „ |
| „ „ Old Pelton Main Kohlen | 24 „ | 38 „ |
| „ „ westphälischen Kohlen | 15 „ | 40 „ |
| „ „ niederschlesischen Kohlen | 20 „ | 42 „ |
| „ „ Stockheimer Kohlen | 29 „ | 62 „ |

Aus dieser Zusammenstellung ergibt sich, dass die bis zur gänzlichen Entgasung fortgesetzte Destillation bei verschiedenen Kohlensorten auf die Leuchtkraft des Gases wesentlich verschieden wirkt.

Bei einigen Kohlensorten muss man in Rücksicht auf den Punkt, bis zu welchem man die Entgasung treiben darf, weit vorsichtiger zu Werke gehen, als dies bei anderen nöthig ist, wenn man ein qualitativ brauchbares Gas erzeugen will.

Die unempfindlichsten Kohlen sind offenbar die Zwickauer. Ihr Gas verliert bei der vollständigen Abtreibung der Kohlen nur 14% an Leuchtkraft, während dasjenige der westphälischen, der niederschlesischen und der Newcastle-Kohlen das 2½ bis 3fache verliert. Die Saarbrücker Kohle steht der Zwickauer am nächsten, die Stockheimer Kohle dagegen zeigt die ungünstigsten Verhältnisse.

Die Cannelkohlen können das vollständige Abtreiben am besten vertragen, die Resultate der Versuche weichen von denjenigen des grossen Betriebes wenig oder gar nicht ab.

In einem Aufsatze „über Anwendung von Exhaustoren", Journal für Gasbeleuchtung, Jahrg. 1860 S. 277, wundert sich Herr *Kornhardt* darüber, dass er bei mir in München mit Zwickauer Kohlen beschickte Retorten habe entleeren sehen, welche, wie er sich ausdrückt, auch nicht die geringste Spur noch leuchtender Gase mehr enthielten, und dass trotz der soweit getriebenen Destillation, das hiesige Gas von etwas besserer Qualität gewesen sei, als das Stettiner, welches aus Newcastle-Kohlen dargestellt werde. Das ist beispielsweise eine von den Erscheinungen, welche durch die obigen Thatsachen aufgeklärt wird. Die Zwickauer Kohlen können die vollständige Entgasung weit besser vertragen, als die Newcastler; würde man diese letzteren vollständig abtreiben, so würde man ein Gas erhalten, was gar nicht mehr zu gebrauchen wäre.

Es liegt die Frage nahe, was denn wohl eigentlich der Grund dieser Erscheinung sein mag. Im Grossen und Ganzen zeigt sich, dass diejenigen Kohlen, bei denen die Leuchtkraft des Gases am meisten verliert, zugleich die backendsten Kohlen sind, während die Zwickauer und auch die Saarbrücker keine eigentlichen Backkohlen sind, und die Cannelkohlen am allerwenigsten zu dieser Kategorie gehören. Ob aber das Backen der Kohle und die in Rede stehende Eigenschaft in causalem Zusammenhange zu einander stehen? Unsere Kenntnisse über das Backen der Kohlen sind noch sehr mangelhaft; die Elementaranalyse gibt keinen Aufschluss, sondern wir vermuthen, dass die Ursache in der Beschaffenheit der aus den Elementarbestandtheilen zusammengesetzten, die Kohlenmasse bildenden Körper liegt, insoferne sich die aus denselben bei der Destillation entstehenden theerartigen Produkte in flüchtige Theile und festen Kohlenrückstand zersetzen, und der letztere gewissermassen den Kitt bildet, welcher die unzusammenhängenden Bestandtheile der Coke verbindet. Es scheint die Beschaffenheit und der Gehalt der organischen Verbindungen, welche als unbestimmtes Gemenge die Steinkohle bilden, und welche sich bei der Destillation verschieden verhalten, der Grund der fraglichen Erscheinung zu sein; die Natur der verschiedenen Verbindungen ist uns aber bis jetzt unbekannt.

Es befinden sich unter den Versuchen mehrere, die sich auf eine und dieselbe Kohlensorte beziehen. Nach Versuch 16 wurden mit der Frisch-Glück-Kohle von Oberhohndorf (Zwickau) erzielt:

| | | | | | | |
|---|---|---|---|---|---|---|
| 1) | 539 c' Gas pro Ctr. mit | 264 | Grains | Sperm. | Leuchtkraft | pro c' |
| 2) | 527 c' „ „ „ „ | 233 | „ | „ | „ | „ „ |
| 3) | 521 c' „ „ „ „ | 300 | „ | „ | „ | „ „ |

Nehme ich noch weitere Vorversuche, die in der Tabelle nicht mit aufgeführt sind, hinzu, so erhielt ich mit derselben Kohle

| | | | | | | |
|---|---|---|---|---|---|---|
| 4) | 559 c' Gas pro Ctr. mit | 240 | Grains | Sperm. | Leuchtkraft | pro c' |
| 5) | 545 c' „ „ „ „ | 260 | „ | „ | „ | „ „ |
| 6) | 529 c' „ „ „ „ | 280 | „ | „ | „ | „ „ |
| 7) | 524 c' „ „ „ „ | 284 | „ | „ | „ | „ „ |

im Mittel der sieben Versuche also

535 c' Gas pro Ctr. mit 266 Grains Sperm. Leuchtkraft pro c'.

Demnach fand eine Schwankung statt bis zu 24 c' aufwärts und
„ „ 14 c' abwärts im Gasertrógniss,
sowie „ „ 34 Grains Sperm. aufwärts und
„ „ 33 „ „ abwärts in der Leuchtkraft.

Es ist bereits früher erwähnt, dass ich die Temperatur der Retorten bei allen Versuchen so gleichmässig gehalten habe, als mir dies möglich war. Um jedoch zu erfahren, wie weit die trotz aller Vorsicht unvermeidliche Schwankung in der Temperatur Schuld sein mochte an der Verschiedenheit der Destillationsresultate, stellte ich einige Versuche mit verschieden heissen Retorten an, indem ich die Temperatur sowohl abwärts wie aufwärts über die Grenzen hinüber gehen liess, wie sie im Laufe der eigentlichen Versuche vorkamen. Ich habe gefunden, dass bei der Zwickauer Frisch-Glück-Kohle innerhalb meiner Versuche die angewandte verschiedene Temperatur nur auf die Dauer der Destillation einen entschiedenen Einfluss hatte, dass aber in dem Ergebniss sowohl quantitativ wie qualitativ sich kein solcher Einfluss erkennen liess. Ob das bei anderen Kohlen oder bei anderen Verhältnissen ebenso ist, will ich nicht gesagt haben; bei meinen Versuchen war es so. Ich habe bei heissen Retorten nicht mehr Gas und kein schlechteres Gas erhalten, als bei geringerer Hitze, aber die Kohlen waren allerdings in kürzerer Zeit abgetrieben. Die Schwankungen waren ganz unregelmässig, und entsprechen denjenigen, welche die obigen Versuche zeigen. Im grossen Betriebe, wo man die Kohlen nicht vollständig entgast, sondern die Destillation nach einer gewissen Zeitdauer abbricht, erhält man freilich in der gleichen Zeit bei heissen Retorten mehr Gas, als bei weniger heissen Retorten, weil im ersten Fall ein grösserer Theil des Gases aus der letzen Destillationsperiode mit übergeht, während dieses Gas im letzten Falle in der Coke zurückbleibt, und gar nicht mehr zur Entwickelung gelangt. Hiermit stimmt die bekannte Erfahrung, dass man, wenn man die Ladungen vergrössert und die Chargirungszeit abkürzt, mit der jetzt üblichen hohen Retortentemperatur ein ebenso gutes Gas erzeugt, als früher mit den weniger heissen Retorten. Die oben angeführten Schwankungen derjenigen Versuche, welche mit einer und derselben Kohle ausgeführt worden sind, scheinen ihren Grund nicht in den Verhältnissen der Versuche, sondern wiederum in der Beschaffenheit der Kohlen gehabt zu haben. Man sieht, mit welcher Vorsicht man die Zahlenresultate aufzufassen hat, dass man nur ganz allgemeine Schlüsse aus denselben ziehen darf, und wie bedenklich es ist, von den Eigenschaften verschiedener Kohlensorten überhaupt in anderen als näherungsweisen Beziehungen zu reden, da selbst die scheinbar gleichen Kohlen ein so verschiedenes Verhalten zeigen, und wir über den Grund der Verschiedenheit, über die Natur der Kohlen, uns keine Rechenschaft zu geben im Stande sind.

Die folgende Tabelle bezieht sich auf den Verlauf der Destillation in quantitativer Beziehung während der einzelnen Zeiträume der Vergasung.

Tabelle II. **Fortgang der**

ausgedrückt in Prozenten der Gesammtausbeute bei einer Ladung von 150 Zoll-Pfd.

| Bezeichnung der Kohlen | Viertelstunde 1 | 2 | 3 | 4 | Viertelstunde 5 | 6 | 7 | 8 |
|---|---|---|---|---|---|---|---|---|
| 1. Zollverein, Flötz 4 | 10,42 | 10,42 | 6,82 | 6,82 | 6,82 | 6,08 | 6,08 | 6,08 |
| 2. " Flötz 6 | 9,33 | 9,56 | 6,11 | 4,95 | 6,11 | 4,95 | 5,07 | 4,49 |
| 3. " Flötz 11 | 8,96 | 7,82 | 6,78 | 6,78 | 7,24 | 5,52 | 4,94 | 5,06 |
| 4. Hibernia, Flötz 4 | 9,66 | 9,66 | 7,13 | 7,08 | 6,48 | 5,38 | 5,88 | 6,48 |
| 5. " Flötz 6 | 8,04 | 7,50 | 7,50 | 7,50 | 7,50 | 6,95 | 7,50 | 6,95 |
| 6. Vereinigte Hannibal, Flötz 2 | 5,07 | 7,95 | 6,80 | 6,80 | 6,80 | 6,80 | 7,83 | 7,3 |
| 7. " " Flötz 3 | 6,90 | 6,90 | 6,90 | 6,90 | 6,90 | 6,90 | 6,90 | 6,90 |
| 8. " " Flötz 5 | 8,07 | 6,92 | 6,23 | 6,90 | 8,76 | 6,81 | 6,81 | 6,81 |
| 9. Holland | 8,87 | 8,38 | 8,28 | 8,26 | 5,95 | 7,17 | 7,17 | 5,95 |
| 10. Heinitz | 9,07 | 9,53 | 8,91 | 9,07 | 8,14 | 7,79 | 7,21 | 6,28 |
| 11. St. Ingbert | 9,42 | 8,80 | 7,58 | 6,61 | 6,72 | 6,28 | 5,85 | 5,6 |
| 12. Altenwald | 8,33 | 8,89 | 8,00 | 7,44 | 7,07 | 6,50 | 6,00 | 6,1 |
| 13. Duttweil, Mellinschacht | 7,53 | 6,93 | 8,24 | 8,36 | 7,05 | 7,05 | 7,05 | 6,57 |
| 14. " Kalleyschacht | 9,63 | 8,75 | 7,99 | 8,21 | 8,31 | 8,75 | 8,21 | 8,09 |
| 15. Dechen | 10,48 | 10,61 | 10,10 | 8,82 | 8,18 | 6,91 | 5,65 | 6,25 |
| 16. Frisch Glück, Oberhohndorf | 8,78 | 8,65 | 10,63 | 10,01 | 10,63 | 10,38 | 10,13 | 9,39 |
| " " " | 8,00 | 6,75 | 8,00 | 6,12 | 7,25 | 8,50 | 6,75 | 8,00 |
| | 7,59 | 6,58 | 6,58 | 6,84 | 7,21 | 7,34 | 7,21 | 6,96 |
| 17. Oberb. Schader Verein, Augustusschacht | 9,12 | 9,13 | 9,87 | 9,50 | 9,50 | 9,75 | 9,63 | 9,13 |
| | 6,50 | 5,99 | 6,50 | 6,88 | 7,13 | 7,38 | 8,03 | 7,39 |
| 18. Zwick. Bürgergewerksch Mittel-Flötz-schacht | 8,98 | 8,31 | 8,85 | 8,71 | 9,11 | 9,12 | 9,11 | 9,25 |
| 19. " " " | 8,63 | 7,30 | 7,49 | 7,48 | 7,38 | 7,99 | 7,99 | 8,0 |
| 20. Kästners Schacht, Oberhohndorf | 7,89 | 8,52 | 8,78 | 10,51 | 10,69 | 10,69 | 10,69 | 9,29 |
| 21. Wrangelschacht, Glückhilfgrube | 11,81 | 8,70 | 7,78 | 8,91 | 7,67 | 8,75 | 7,10 | 6,66 |
| | 11,09 | 8,54 | 8,08 | 8,08 | 8,54 | 6,81 | 6,81 | 6,35 |
| 22. Bradeschacht, Fuchsstollen | 9,87 | 8,43 | 7,29 | 8,81 | 7,87 | 8,11 | 7,76 | 6,93 |
| | 9,89 | 9,08 | 8,46 | 7,47 | 7,93 | 7,24 | 6,78 | 6,00 |
| Sachsen(?) 23. Windbergschacht, Potschappel | 8,29 | 9,04 | 9,70 | 7,73 | 8,39 | 7,73 | 7,73 | 6,42 |
| Plauenscher Grund(?) 24. Oppeltschacht, Zaukeroda | 11,39 | 10,18 | 9,57 | 8,30 | 9,57 | 8,30 | 8,30 | 6,30 |
| 25. Mantauer Oberflötz Nr. 1 | | | | | | | | |
| 26. " " Nr. 2 | | | | | | | | |
| 27. Schwarzkohle, St. Pankrazzeche | 7,89 | 6,54 | 7,16 | 7,89 | 8,48 | 8,48 | 9,36 | 9,36 |
| 28. Plattenkohle, " | 9,70 | 8,51 | 8,51 | 8,51 | 9,48 | 8,51 | 8,51 | 7,43 |
| 29. Kohlen von *Klauber & Sohn* | | | | | | | | |
| 30. v. Swaine in Stockheim | 8,25 | 6,44 | 6,44 | 5,15 | 5,67 | 5,15 | 5,67 | 5,67 |
| 31. Antinlohe, Tegernsee, Braunkohlen | | | | | | | | |
| 32. Old Pelton Main | 8,92 | 6,34 | 5,81 | 5,38 | 5,90 | 4,73 | 4,73 | 4,73 |
| 33. Lesmahago Cannel | 13,15 | 9,55 | 9,55 | 9,75 | 9,74 | 8,97 | 7,99 | 7,00 |
| 34. Boghead | 11,30 | 9,12 | 9,11 | 9,94 | 10,40 | 10,40 | 9,48 | 9,08 |

Destillation

in einer Thonretorte von ⌂ Form, 19 × 16 Zoll im Querschnitt und 8 Fuss lang.

| Viertelstunde | | | | Viertelstunde | | | | Viertelstunde | | | | Stunde | | | | |
|---|---|---|---|---|---|---|---|---|---|---|---|---|---|---|---|---|
| 9 | 10 | 11 | 12 | 13 | 14 | 15 | 16 | 17 | 18 | 19 | 20 | 1 | 2 | 3 | 4 | 5 |
| 6,16 | 5,08 | 5,58 | 5,06 | 5,00 | 3,00 | 2,60 | 2,61 | 1,80 | 1,26 | — | — | 31,48 | 25,06 | 22,82 | 14,52 | 3,12 |
| 4,38 | 4,28 | 5,46 | 6,07 | 5,55 | 4,28 | 4,49 | 4,49 | 3,34 | 3,34 | 3,94 | 1,62 | 29,95 | 20,62 | 18,90 | 20,29 | 11,64 |
| 4,24 | 4,48 | 5,63 | 5,52 | 4,94 | 3,90 | 4,48 | 3,93 | 3,33 | 3,34 | 2,39 | 0,72 | 36,34 | 22,78 | 20,57 | 16,66 | 9,63 |
| 4,28 | 4,29 | 5,35 | 4,94 | 4,94 | 4,33 | 3,75 | 3,75 | 2,19 | 2,19 | 1,54 | | 31,48 | 23,72 | 20,09 | 16,75 | 5,92 |
| 6,41 | 6,41 | 5,33 | 4,24 | 4,24 | 3,29 | 3,96 | 2,60 | 2,00 | 1,03 | 0,57 | - | 30,54 | 28,01 | 22,39 | 13,30 | 4,80 |
| 7,31 | 7,98 | 6,80 | 6,11 | 5,71 | 4,49 | 5,34 | 1,73 | 1,64 | | | — | 18,69 | 28,81 | 27,06 | 15,27 | 1,64 |
| 6,07 | 5,73 | 6,73 | 6,73 | 6,73 | 4,56 | 3,30 | 2,02 | 1,73 | 1,10 | — | — | 27,00 | 27,00 | 25,26 | 16,60 | 2,91 |
| 5,74 | 6,81 | 5,77 | 6,77 | 5,64 | 5,07 | 4,04 | 2,31 | 1,74 | — | — | — | 28,02 | 20,19 | 23,96 | 17,06 | 1,74 |
| 7,17 | 5,95 | 6,22 | 4,71 | 4,15 | 4,13 | 4,13 | 2,43 | 2,09 | | — | — | 33,27 | 26,24 | 23,08 | 14,82 | 2,09 |
| 5,49 | 4,83 | 4,89 | 5,09 | 4,53 | 3,61 | 3,14 | 1,29 | 1,09 | — | — | | 35,58 | 20,42 | 20,24 | 12,67 | 1,09 |
| 5,53 | 5,52 | 5,09 | 4,87 | 4,44 | 4,12 | 4,01 | 3,26 | 2,71 | 2,27 | 1,34 | | 32,17 | 24,70 | 21,11 | 15,82 | 6,20 |
| 6,33 | 6,22 | 5,46 | 5,25 | 5,22 | 4,08 | 3,11 | 2,44 | 1,59 | 1,01 | — | — | 32,86 | 26,34 | 23,06 | 14,77 | 2,57 |
| 6,21 | 6,06 | 5,85 | 5,56 | 4,06 | 3,11 | 2,39 | 2,39 | 2,39 | 2,03 | 0,60 | — | 31,06 | 27,72 | 20,82 | 12,66 | 5,02 |
| 5,31 | 6,86 | 6,13 | 4,27 | 2,62 | 1,42 | 0,44 | — | — | — | — | — | 34,58 | 33,86 | 27,57 | 4,49 | — |
| 3,60 | 4,95 | 4,09 | 3,71 | 3,84 | 3,84 | 2,17 | 2,30 | 1,55 | — | — | — | 40,01 | 26,87 | 19,32 | 12,18 | 1,55 |
| 5,28 | 6,18 | 3,11 | 1,98 | 1,25 | — | — | — | | — | — | | 38,07 | 40,50 | 20,15 | 1,25 | — |
| 5,75 | 7,88 | 6,06 | 6,09 | 6,12 | 4,25 | 2,38 | 1,25 | | — | — | — | 28,87 | 30,54 | 26,63 | 14,00 | — |
| 7,21 | 6,84 | 6,45 | 6,58 | 5,95 | 5,62 | 3,67 | 1,30 | — | — | — | — | 27,59 | 28,72 | 27,06 | 16,01 | — |
| 8,57 | 8,00 | 4,50 | 2,25 | 1,25 | | — | — | — | — | — | — | 37,02 | 28,01 | 23,12 | 1,25 | — |
| 7,31 | 7,01 | 6,37 | 6,24 | 4,97 | 4,59 | 3,44 | 2,80 | 1,20 | — | — | — | 23,87 | 29,94 | 27,13 | 15,80 | 1,20 |
| 7,61 | 6,17 | 6,03 | 4,12 | 2,08 | 1,24 | 0,68 | — | — | — | — | — | 34,85 | 36,59 | 23,86 | 4,70 | — |
| 7,11 | 6,22 | 5,68 | 4,70 | 4,70 | 3,68 | 3,54 | 2,28 | 0,89 | — | — | | 30,98 | 31,34 | 23,61 | 13,20 | 0,89 |
| 8,14 | 6,41 | 4,45 | 1,91 | 1,14 | 0,89 | 0,30 | — | — | — | — | | 35,70 | 41,36 | 20,61 | 2,33 | — |
| 7,22 | 4,98 | 4,40 | 4,39 | 3,27 | 3,27 | 2,25 | 1,62 | 1,25 | — | — | | 37,09 | 30,21 | 20,97 | 10,48 | 1,25 |
| 6,91 | 5,46 | 5,86 | 4,62 | 3,93 | 2,89 | 2,31 | 1,73 | 2,09 | — | — | — | 25,79 | 28,61 | 22,75 | 10,86 | 2,09 |
| 7,02 | 5,76 | 6,35 | 4,58 | 4,00 | 2,94 | 2,11 | 1,17 | — | — | — | — | 34,20 | 30,07 | 24,21 | 10,22 | — |
| 5,26 | 5,63 | 5,63 | 5,01 | 5,01 | 3,90 | 3,43 | 2,07 | 0,59 | — | — | — | 34,90 | 27,06 | 22,13 | 14,43 | 0,59 |
| 3,94 | 5,23 | 6,23 | 5,11 | 4,46 | 2,01 | 1,97 | 1,85 | — | — | — | — | 34,73 | 30,27 | 24,61 | 10,39 | — |
| 7,15 | 5,04 | 4,73 | 4,12 | 2,91 | 1,82 | 1,24 | — | — | — | — | — | 39,50 | 32,09 | 21,94 | 5,97 | — |
| 7,25 | 7,74 | 7,16 | 4,37 | 4,24 | 1,48 | 1,48 | — | — | — | — | | 29,52 | 35,68 | 27,02 | 7,18 | — |
| 5,26 | 6,30 | 5,28 | 5,26 | 4,20 | 2,03 | 1,31 | | — | — | — | — | 35,24 | 33,33 | 22,26 | 7,56 | |
| 4,51 | 5,15 | 5,16 | 5,15 | 6,31 | 5,67 | 6,31 | 5,02 | 3,87 | 4,41 | — | — | 26,28 | 22,16 | 19,97 | 23,31 | 8,28 |
| 4,73 | 5,81 | 6,80 | 6,34 | 5,81 | 5,21 | 5,21 | 4,95 | 4,50 | 2,08 | 1,01 | 1,01 | 26,45 | 20,09 | 22,08 | 21,18 | 9,60 |
| 9,63 | 6,14 | 2,80 | 3,31 | 1,85 | 0,99 | 0,98 | — | - | | — | — | 42,60 | 34,36 | 19,38 | 3,82 | — |
| 7,28 | 4,02 | 4,10 | 2,28 | 1,36 | 1,38 | — | — | — | | — | — | 38,47 | 38,31 | 18,50 | 2,72 | — |

Im Allgemeinen zeigt sich, dass die backenden Kohlen etwas langsamer abdestilliren, als die nicht backenden. Die Old Pelton Main Kohle z. B. war erst in 5 Stunden völlig abgetrieben, und es ergaben sich

in der ersten Stunde 26,45 %<br>
„ „ zweiten „ 20,09 „<br>
„ „ dritten „ 22,68 „<br>
„ „ vierten „ 21,18 „<br>
„ „ fünften „ 9,60 „ der ganzen Ausbeute.

Die vier ersten Stunden sind also in ihrem quantitativen Ergebniss nicht wesentlich von einander verschieden. Aehnlich wie diese Kohlen verhielten sich in meinen Versuchen nur noch die stark backenden bayerischen Russkohlen von Stockheim; ich erhielt bei diesen

in der ersten Stunde 26,28 %<br>
„ „ zweiten „ 22,16 „<br>
„ „ dritten „ 19,97 „<br>
„ „ vierten „ 23,31 „<br>
„ „ fünften „ 8,28 „ der ganzen Ausbeute.

Die westphälischen Kohlen dagegen ergaben in der ersten Hälfte der Destillationszeit schon eine höhere, in der letzten eine geringere Ausbeute. Als den vorigen Sorten am nächsten stehend ergab eine Sorte Zollverein

in der ersten Stunde 29,95 %<br>
„ „ zweiten „ 20,62 „<br>
„ „ dritten „ 18,90 „<br>
„ „ vierten „ 18,89 „<br>
„ „ fünften „ 11,64 „

Eine andere Sorte dagegen ergab:

in der ersten Stunde 34,48 %<br>
„ „ zweiten „ 25,06 „<br>
„ „ dritten „ 22,82 „<br>
„ „ vierten „ 14,52 „<br>
„ „ fünften „ 3,12 „

Zwischen diesen rangiren die übrigen zur Untersuchung gezogenen Sorten. Den westphälischen Kohlen zunächst stehen die niederschlesischen Kohlen. Ihr Ergebniss in der fünften Stunde war schon sehr gering; ich erhielt

in der ersten Stunde 35 bis 37 %<br>
„ „ zweiten „ 28 „ 30 „<br>
„ „ dritten „ 21 „ 24 „<br>
„ „ vierten „ 10 „ 14 „<br>
„ „ fünften „ 0 „ 2 „

Diesen zunächst stehen die Saarbrücker Kohlen, obgleich diese wieder unter sich eine wesentliche Verschiedenheit zeigen. Die St. Ingbert-Kohle ergab

in der ersten Stunde 32,17 %
„ „ zweiten „ 24,70 „
„ „ dritten „ 21,11 „
„ „ vierten „ 15,82 „
„ „ fünften „ 0,20 „ ihrer Ausbeute.

Die Dechenkohle dagegen ergab
in der ersten Stunde 40,01 %
„ „ zweiten „ 26,97 „
„ „ dritten „ 19,32 „
„ „ vierten „ 12,15 „
„ „ fünften „ 1,55 „

Die Zwickauer Kohlen destillirten fast alle schon in vier Stunden vollständig ab, obgleich auch hier wesentliche Abweichungen unter den einzelnen Sorten erscheinen. Eine Kohle aus dem Oberhohndorf-Schader Augustusschacht ergab
in der ersten Stunde 25,87 %
„ „ zweiten „ 29,94 „
„ „ dritten „ 27,13 „
„ „ vierten „ 15,80 „
„ „ fünften „ 1,26 „

Eine andere dagegen aus der Grube „Frisch Glück" in Oberhohndorf
in der ersten Stunde 38,07 %
„ „ zweiten „ 40,53 „
„ „ dritten „ 20,15 „
„ „ vierten „ 1,25 „

Diese war also in 3 Stunden schon fast völlig abgetrieben. Bei den Zwickauer Kohlen ergab sich, dass sie sämmtlich in der zweiten Stunde eine grössere Gasausbeute lieferten, als in der ersten.

Aehnlich wie die Zwickauer Kohlen verhalten sich, was den Verlauf der Destillation betrifft, die Kohlen aus dem Plauen'schen Grunde und die Pilsener Kohlen.

Am schnellsten von allen Kohlen entgasen im Allgemeinen die Cannelkohlen. Die Pilsener Plattenkohle ergab
in der ersten Stunde 35,23 %
„ „ zweiten „ 33,93 „
„ „ dritten „ 23,28 „
„ „ vierten „ 7,56 „

Die Lesmahago ergab
in der ersten Stunde 42,00 %
„ „ zweiten „ 34,30 „
„ „ dritten „ 19,88 „
„ „ vierten „ 3,82 „

Die Boghead ergab

| | | | |
|---|---|---|---|
| in der | ersten | Stunde | 39,47 % |
| " " | zweiten | " | 39,31 " |
| " " | dritten | " | 18,50 " |
| " " | vierten | " | 2,72 " |

Alle diese Zahlen sind selbstverständlich nur innerhalb der für die Versuche bestehenden Schranken gültig. Es ist schon betont worden, dass die angewandte Hitze wesentlich auf die Dauer, also auf den Verlauf der Destillation einwirkt. Bei stärkerer Hitze wird man eine raschere Vergasung erzielen, bei schwächerer Hitze eine langsamere, und die Zahlen für die einzelnen Stunden werden sich ändern. Unter gleichen Verhältnissen aber brauchen die Backkohlen längere Zeit zur Abtreibung, als die wenig oder gar nicht backenden Kohlen.

Ich habe bei den Zwickauer Kohlen auch Versuche darüber angestellt, in wie ferne sich der quantitative Gang der Destillation bei Ladungen von verschiedener Grösse ändert. Die Oberhohndorfer Frisch-Glück-Kohle ergab

| | 1. Stunde | 2. Stunde | 3. Stunde | 4. Stunde |
|---|---|---|---|---|
| bei 145 Pfd. Ladung | 29,89 % | 38,82 % | 27,65 % | 3,58 % |
| " 145 " " | 31,32 " | 32,15 " | 28,32 " | 8,21 " |
| " 150 " " | 38,07 " | 40,53 " | 20,15 " | 1,25 " |
| " 150 " " | 28,87 " | 30,50 " | 20,63 " | 14,00 " |
| " 150 " " | 27,59 " | 28,72 " | 27,08 " | 16,61 " |
| " 157 " " | 27,32 " | 33,72 " | 25,58 " | 13,38 " |
| " 168 " " | 28,04 " | 34,14 " | 29,26 " | 8,56 " |
| " 168 " " | 28,74 " | 35,27 " | 28,41 " | 7,58 " |
| " 200 " " | 29,80 " | 30,03 " | 26,03 " | 12,04 " |

Hier ist keine grössere Verschiedenheit bemerkbar, als sie auch bei Ladungen von gleicher Grösse vorkommt. Es ist allerdings zu bemerken, dass, wenn auch die Temperatur der Versuchsretorte beim Eintragen immer dieselbe war, sich beim Ausziehen doch ein merklicher Unterschied zeigte, indem die stärkeren Ladungen sie bedeutend mehr abgekühlt hatten. Würde man unmittelbar nach dem Ausziehen einer Ladung von 2 Ctr. dasselbe Gewicht wieder eingetragen haben, so würde sich das zweite Mal in Folge der schwächeren Temperatur schon ein ganz anderes Resultat ergeben haben, als das erste Mal.

Die Praxis bestätigt, dass man auch im grossen Betriebe mit grossen Ladungen quantitativ wie qualitativ ganz die gleichen Resultate erreichen kann, wie mit kleinen Ladungen, sobald man nur im Stande ist, die Hitze in den Oefen der Grösse der Ladung entsprechend zu erhalten. Grosse Ladung absorbirt viel mehr Wärme, kühlt den Ofen viel mehr ab, als kleinere; es muss absolut viel mehr Wärme entwickelt und zugeführt werden, die Heizung muss viel intensiver sein, wenn die Vergasungstemperatur, diejenige Temperatur, in welcher sich die Masse der Kohlen bei der

Vergasung befindet, die gleiche bleiben soll. Es ist ausser der richtigen Construction unserer Oefen somit die Qualität unseres Heizungsmaterials, von dem die Grösse unserer Ladungen, und somit wesentlich auch das Resultat unseres Betriebes abhängt. Die Zwickauer Coke z. B. hat anderen gegenüber eine verhältnissmässig geringe Heizkraft, dadurch ist man selbst bei der besten Construction der Oefen gezwungen, die Ladungen verhältnissmässig schwach zu nehmen, und es wird keine Gasanstalt geben, welche mit Zwickauer Kohlen mehr als 5000 c' engl. oder wesentlich mehr, per Retorte in 24 Stunden erreicht, während man mit westphälischen und englischen Kohlen 6000, 7000 und gar ausnahmsweise 8000 c' fertig bringt. Die Höhe, bis zu welcher sich die Productionsfähigkeit eines Ofens steigern lässt, ist begrenzt durch die Widerstandsfähigkeit des Ofen- und Retorten-Materials; bei einer zu starken Hitze würde das Material zu schmelzen beginnen und einer sehr starken Abnutzung unterliegen, sonst könnte man durch Erzeugung einer noch grösseren Hitze und stärkeren Ladung unstreitig noch höhere Leistungen erreichen. Dort aber, wo den Anstalten kein gutes Heizmaterial zu Gebote steht, namentlich wo man mit Zwickauer oder gar mit böhmischer Coke heizen muss, wäre es von grosser Wichtigkeit, eine Vorrichtung zur Erreichung eines höheren Hitzegrades zu treffen und dürfte hiezu namentlich die Feuerung mit erhitzter Luft oder die Gasfeuerung ins Auge zu fassen sein.

Nachstehende Tabelle III enthält eine Zusammenstellung der auf die Leuchtkraft der verschiedenen Gassorten bezüglichen Untersuchungen:

Tabelle III.

## Leuchtkraft.

| Bezeichnung der Kohlen | Am Photometer ergaben: | | Am Erdmann'schen Prüfer ergaben: | | Es brauchten zur Entleuchtung: | | 1 c' engl. Gas entspricht: | | braucht zur Entleuchtung | Spec. Gewicht des Gases |
|---|---|---|---|---|---|---|---|---|---|---|
| | c' engl. Gas | Spermacetikerzen | c' engl. Gas | Grade | c' engl. Gas | c' engl. Luft | Stdn. Spermac. | Grains an Wallrath | c' engl. Luft | |
| 1. Zollverein, Flötz 4 | 4,9 | 7,0 | 1,81 | 30 | 1,71 | 3,94 | 172 | 16,6 | 2,30 | 0,46 |
| 2. „ Flötz 6 | 4,8 | 6,25 | 1,89 | 29,5 | 1,85 | 4,13 | 156 | 15,6 | 2,23 | 0,40 |
| 3. „ Flötz 11 | 4,8 | 5,0 | 1,92 | 28 | 1,92 | 3,98 | 125 | 14,6 | 2,07 | 0,41 |
| 4. Hibernia Flötz 4 | 5,5 | 7,5 | 1,80 | 28 | 1,81 | 3,88 | 164 | 15,5 | 2,14 | 0,42 |
| 5. „ Flötz 6 | 5,0 | 9,0 | 1,80 | 30 | 1,64 | 3,68 | 216 | 16,7 | 2,24 | 0,42 |
| 6. Ver. Hannibal, Flötz 2 | 4,4 | 6,5 | 1,82 | 29 | 1,73 | 3,67 | 178 | 15,9 | 2,12 | 0,45 |
| 7. „ Flötz 3 | 5,1 | 7,0 | 1,75 | 29 | 1,72 | 3,89 | 165 | 16,6 | 2,26 | 0,44 |
| 8. „ Flötz 5 | 5,9 | 11,0 | 1,81 | 31 | 1,65 | 3,83 | 224 | 17,1 | 2,32 | 0,42 |
| 9. Holland | 5,1 | 6,6 | 1,85 | 29 | 1,79 | 3,89 | 153 | 15,7 | 2,17 | 0,47 |
| 10. Heinitz | 5,15 | 9,0 | 1,82 | 28,5 | 1,81 | 4,00 | 210 | 15,7 | 2,20 | 0,415 |
| 11. St. Ingbert | 4,9 | 10,5 | 1,75 | 29,5 | 1,78 | 4,02 | 256 | 16,9 | 2,26 | 0,415 |
| 12. Altenwald | 5,55 | 10,0 | 1,79 | 28 | 1,79 | 3,81 | 216 | 15,6 | 2,10 | 0,40 |
| 13. Duttweil, Mellinsch. | 5,26 | 10,0 | 1,78 | 28,5 | 1,75 | 3,86 | 228 | 15,8 | 2,20 | 0,406 |
| 14. „ Kalleysch. | 5,56 | 11,0 | 1,80 | 29 | 1,75 | 4,13 | 237 | 16,1 | 2,36 | 0,40 |
| 15. Dechen | 5,42 | 9,5 | 1,78 | 29 | 1,77 | 4,02 | 212 | 16,3 | 2,27 | 0,40 |
| 16. Frisch Glück, Oberh. | 4,775 | 10,5 | 1,856 | 30,5 | 1,652 | 3,90 | 264 | 18,4 | 2,36 | 0,45 |
| „ „ „ | 4,9 | 9,5 | 1,85 | 30 | 1,70 | 4,00 | 233 | 16,2 | 2,35 | 0,44 |
| „ „ „ | 4,44 | 11,0 | 1,56 | 31 | 1,51 | 3,81 | 300 | 19,9 | 2,52 | 0,48 |
| 17. O. „Schader" Aug.-Sch. | 5,40 | 8,5 | 1,80 | 27 | 1,74 | 3,81 | 190 | 15,0 | 2,18 | 0,43 |
| „ „ „ | 4,82 | 10,0 | 1,65 | 29,5 | 1,64 | 3,91 | 248 | 17,9 | 2,38 | 0,45 |
| 18. Zwick. Bürgergewerkschaft, Alter Kohlenschacht | 4,32 | 9,5 | 1,70 | 30 | 1,65 | 3,98 | 264 | 17,7 | 2,41 | 0,43 |
| 19. Zwick. Bürgerschacht | 4,72 | 10,0 | 1,60 | 29,5 | 1,61 | 3,96 | 254 | 18,4 | 2,46 | 0,45 |
| 20. Kästners Sch. Oberh. | 4,70 | 9,5 | 1,76 | 29 | 1,75 | 3,92 | 242 | 16,5 | 2,24 | 0,47 |
| 21. Wrangelschacht | 6,8 | 7,25 | 1,94 | 27,5 | 1,91 | 3,875 | 128 | 14,2 | 2,03 | 0,44 |
| „ | 5,5 | 6,5 | 2,01 | 27,5 | 1,98 | 3,96 | 120 | 13,7 | 2,00 | 0,43 |
| 22. Bradeschacht | 5,8 | 7,25 | 1,89 | 29 | 1,85 | 3,876 | 150 | 15,3 | 2,09 | 0,43 |
| „ | 5,16 | 7,0 | 1,92 | 29 | 1,82 | 3,94 | 163 | 16,3 | 2,16 | 0,43 |
| 23. Windbergschacht | 5,30 | 8,5 | 1,85 | 28 | 1,81 | 3,89 | 192 | 15,1 | 2,15 | 0,426 |
| 24. Oppeltschacht | 5,96 | 7,5 | 1,85 | 26,5 | 1,88 | 3,81 | 151 | 14,3 | 2,03 | 0,44 |
| 25. Mantauer Oberfl. Nr. 1 | | | | | | | | | | |
| 26. „ „ „ 2 | | | | | | | | | | |
| 27. Schwarzkohle, Pankraz-Z. | 5,2 | 5,0 | 2,0 | 27 | 1,80 | 3,77 | 115 | 13,5 | 2,09 | 0,46 |
| 28. Plattenkohle | 4,0 | 18,0 | 1,02 | 41 | 1,06 | 3,85 | 540 | 40,2 | 3,56 | 0,52 |
| 29. Kohle v. *Klauber* & *S.* | 5,5 | 8,5 | 2,0 | 27 | 2,0 | 3,94 | 76 | 13,5 | 1,97 | 0,64 |
| 30. v. Swaine in Stockheim | 4,9 | 3,0 | 2,11 | 26 | 2,11 | 3,96 | 73,5 | 12,8 | 1,88 | 0,38 |
| 31. Antinlohe, Tegernsee | 5,65 | 6,0 | 1,81 | 26 | 1,77 | 3,84 | 127 | 14,3 | 2,17 | 0,52 |
| 32. Old Pelton Main | 5,5 | 7,5 | 1,89 | 29,5 | 1,85 | 3,99 | 164 | 15,6 | 2,15 | 0,39 |
| 33. Lesmahago Cannel | 3,0 | 18,5 | 1,05 | 44 | 1,1 | 3,876 | 540 | 41,9 | 3,52 | 0,55 |
| 34. Boghead | 2,04 | 14 | 0,68 | 60 | 0,67 | 3,346 | 824 | 87 | 4,99 | 0,66 |

Schon der erste Blick auf diese Tabelle zeigt, dass die Resultate am Erdmann'schen Prüfer mit den photometrischen Messungen sehr schlecht übereinstimmen. Herr Prof. Erdmann nimmt bekanntlich an, dass das Quantum atmosphärischer Luft, welches dem Gase beigemischt werden muss, um dessen Leuchtkraft zu vernichten, der Leuchtkraft dieses Gases proportional ist, und misst an dem von ihm construirten Apparat die Gasflamme durch deren Höhe, die atmosphärische Luft durch einen Schlitz, welcher mehr oder weniger weit geöffnet, und dessen Oeffnung nach einer Gradeintheilung abgelesen wird. Es ist bereits von anderen Beobachtern nachgewiesen, dass dieses Verfahren ungenau ist, es bestätigt sich übrigens auch sofort aus den Versuchen. Die Flamme des Stockheimer Gases gebrauchte 2,11 c' pro Stunde, um die Marke des Prüfers zu erreichen, während diejenige des Bogheadgases 0,67 c' gebrauchte. Der Luftconsum ist nicht nur von der Schlitzöffnung (Gradöffnung), sondern auch von der Geschwindigkeit abhängig, mit welcher die Luft einströmt, und diese ist durchaus nicht constant. Ein Luftconsum von 3,6 bis 4,0 c' pro Stunde entsprach z. B. bei den westphälischen Kohlen in meinen Versuchen einer Schlitz-Oeffnung von 26°, bei der Pilsener Plattenkohle, sowie bei der Lesmahago Cannel entsprach dem nahezu gleichen Luftconsum (3,85 und 3,87 c') eine Schlitzöffnung von 41 und 44°; bei Bogheadgas zeigte bei einem noch geringeren Luftconsum von 3,35 c' pro Stunde die Schlitzöffnung gar 60°.

Ich habe bei allen Versuchen der Gasconsum durch eine Gasuhr gemessen, und die Resultate auf den Consum von 1 c' Gas pro Stunde reducirt, so dass sie, auf eine gleiche Basis gebracht, sich auf diese Weise mit einander vergleichen lassen. Abstrahirt man von den Cannelkohlen, so bewegen sich die erhaltenen Zahlen innerhalb folgender Grenzen:

1) die photometrisch gemessene Leuchtkraft zwischen 73 und 264 Grains Spermaceti,
2) die Gradzahl am Erdmann'schen Prüfer zwischen 12,3 und 18,4 Grad,
3) die Luftmenge, welche zum Entleuchten erfordert wird, zwischen 1,88 und 2,46 c'.

Während also die photometrische Leuchtkraft zwischen 1 und 3½ schwankt, bewegt sich die Gradzahl am Erdmann'schen Prüfer nur zwischen 1 und 1½, und die Luftmenge zwischen 1 und 1⅓. Bei der Richtigkeit des Erdmann'schen Prinzips, dass also die Luftmenge, welche das Gas zu seiner Entleuchtung braucht, einen Maassstab für dessen Leuchtkraft abgeben soll, muss die Luftmenge, die in den Versuchen für je 1 c' Gas gefunden worden ist, parallel laufen mit der photometrischen Leuchtkraft, die sich für dasselbe Gasquantum ergeben hat. Ich habe in dem untenstehenden Diagramm versucht, die Sache graphisch darzustellen. Ich habe sowohl für die photometrische Leuchtkraft, als für die Luftmenge, und zugleich auch beiläufig für die Gradöffnung (alles auf 1 c' Gasconsum pro Stunde bezogen) eine und dieselbe Scala genommen, und diese in 20 Theile eingetheilt. Ein Theilstrich der Scala entspricht demnach der photometrischen Leuchtkraft von 0,55 Grains Spermaceti, 0,020 c' Luftconsum, und 0,305 Grad am Erdmann'schen Prüfer. Die photometrische Leuchtkraft ist durch eine volle Linie, die Luftmenge durch Striche und Punkte, die Gradzahl durch eine punktirte Linie angegeben.

Nummern der Versuche.

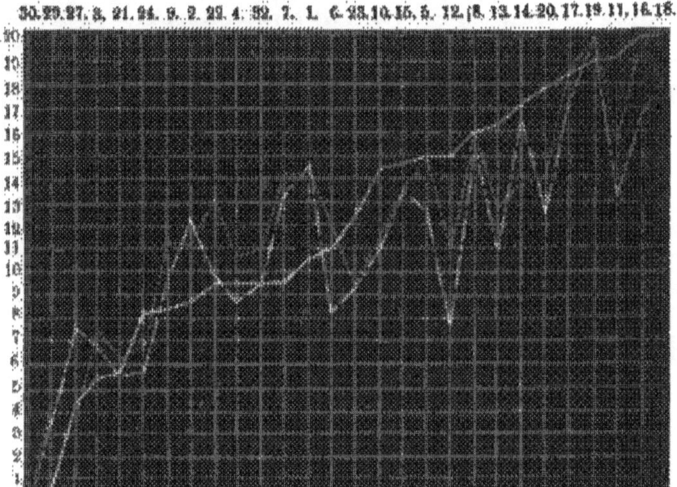

Man sieht, dass die Linien kaum in entferntester Weise eine Annäherung zum Parallelismus zeigen. Sie steigen nur im Grossen und Ganzen mit einander aufwärts, im Uebrigen zeigen sie grosse Unregelmässigkeiten. Es liesse sich einwenden, ob diese Unregelmässigkeiten nicht von Beobachtungsfehlern herrühren? Die Genauigkeit, die man bei photometrischen Messungen erreicht, lässt sich zu ½ Kerze auf 5 c' Gasconsum, also zu $^1/_{10}$ Kerze = 12 Grains Spermaceti pro 1 c' annehmen, das würde für obige Scala 1½ Theilstrich oder reichlich ½ Theilstrich auf- und abwärts sein. Beim Einstellen des Erdmann'schen Gasprüfers glaube ich die Genauigkeit bei einem Consum von etwa 2 c' Gas zu ½ Grad oder bei 1 c' zu ¼ Grad annehmen zu dürfen, das würde für die Scala ½ Theilstriche betragen. Diese Fehler sind nicht so gross, dass sie die vorhandenen Schwankungen erklären können. Ich vermuthe vielmehr, dass die Ungenauigkeit im Princip ihren Grund hat. Schon Herr Prof. *Erdmann* sagt selbst: „Der Sauerstoff tritt zunächst und vorzugsweise an den freien in der Flamme schwebenden und die Leuchtkraft derselben bedingenden Kohlenstoff" — (Journ. f. Gasbel. Jahrg 1860 S. 344) und später ebendaselbst Seite 380: „Das Sumpfgas veranlasst einen Fehler, indem ein Gas von 10% grösserem Gehalt an Sumpfgas, wie ein anderes, dadurch um 2° zu viel am Gasprüfer zeigt. Nur an schweren Kohlenwasserstoffen sehr reiche, bei niederer Temperatur dargestellte Gase werden einen 40% übersteigenden Gehalt an Sumpfgas enthalten können, und in diesem Falle etwas zu hochgrädig am Gasprüfer erscheinen. Die geringhaltigen, bei sehr hoher Temperatur erzeugten Gase dagegen, insoferne sie unter 40% Sumpfgas enthalten, würden etwas zu geringen Gehalt am Prüfer zeigen." Herr Prof. *Erdmann* nimmt nach den bekannten Analysen an, dass der Gehalt an Sumpfgas in der Regel zwischen 35 und 45% schwanke, also im Mittel 40% betrage; wir besitzen aber von den wenigsten Gasen, wenigstens von den aus deutschen Kohlen erzeugten, wirklich Analysen, und dürfte sehr die Frage sein, ob die in meinen Versuchen vorliegenden Gase der obigen Annahme entsprechen. Was weiter den Wasserstoffgehalt betrifft, so fallen namentlich bei schlechten Gasen die Versuche am Prüfer besser aus, als die photometrischen Messungen. 70 Vol. Leuchtgas von 36° mit 30 Wasserstoff zeigten nach *Erdmann* 26,5°, während sie hätten 25,2° zeigen sollen, 60 Leuchtgas von 36° mit 40 Wasserstoffgas zeigten 24° statt der berechneten 21,6°. Versuche mit ölbildendem Gase und Wasserstoff zeigten, dass diese Gemenge im Verhältniss zu viel Sauerstoff zur Verbrennung von Wasserstoff verbrauchten. Herr Commissionsrath *Blochmann* weist in einer Mittheilung „über Photometrie und die Beziehungen der einzelnen Bestandtheile des Leuchtgases zur Lichtentwickelung", Journ. f. Gasbel. Jahrg. 1863 S. 213 nach, dass nicht allein die Zusammensetzung der nicht leuchtenden Gase von grossem Einfluss auf die Lichtentwickelung ist, sondern dass auch die schweren Kohlenwasserstoffe durch ihren Kohlenstoffgehalt keinen Maassstab für die Leuchtkraft abgeben. Dieselbe Menge Kohlenstoff hat nach ihm im Benzol die dreifache Lichtentwickelung, wie im Aethylen oder ölbildenden Gase, und nahezu die anderthalbfache des Amylens. Ich habe als Laie über diese Verhältnisse kein Urtheil, aber ich führe sie an zur Unterstützung meiner schon oben ausgesprochenen Vermuthung überhaupt, dass die scheinbaren Unregelmässigkeiten, die meine Versuche zeigen, nicht so sehr in Beobachtungsfehlern, als in der Natur, in der chemischen Zusammensetzung der Gase begründet sind, und dass wir ohne quantitative Gasanalyse, und zwar solcher Analyse, die uns nicht nur den Kohlenstoffgehalt der höheren Kohlenwasserstoffe summarisch, sondern den Procentgehalt aller dazu gehörigen Bestandtheile gesondert angibt, bei der Anwendung des Erdmann'schen Gasprüfers die allergrösste Vorsicht zu gebrauchen haben. Möge uns die Chemie, vielleicht mit Hülfe der Spectral-Analyse bald weitere Aufklärung in dieser Richtung bringen!

## Chemisch-technische Untersuchungen über das amerikanische Petroleum.

(Aus der schweiz. polytechn. Zeitschrift.)

(Schluss.)

Die dritte Frage über die Feuergefährlichkeit der rohen und destillirten Oele wurde namentlich von den Praktikanten B. und Sch. in manchfach variirter Weise angegriffen und sie fanden im Wesentlichen Folgendes:

Zuerst muss in's Auge gefasst werden, dass das rohe Steinöl einen brennbaren gasförmigen Körper enthält. Das rohe pensylvanische Steinöl entwickelte schon bei 32° C (nach B. u. Sch.) Gasblasen, bei 57° kamen Dämpfe, die sich verdichteten. Nach den gleichen Verfassern zeigten sich im canadischen Oele bei 36° Gasblasen und das Sieden begann bei 60—61° C.

Die Herren A. u. T. bemerkten am canadischen Oele bei 40° C das Aufsteigen von Gasblasen, ohne dass Verdichtung in der Vorlage wahrgenommen werden konnte.

Der Unterschied der beiden Beobachtungen erklärt sich sehr leicht aus dem sehr raschen Steigen des eingesenkten Thermometers, wenn man nicht mit äusserster Sorgfalt und sehr allmählig erwärmt.

Die Herren B. u. Sch. bestimmten die Menge des in dem rohen pensylvanischen Steinöl befindlichen Gases. In ein mit Marke versehenes Fläschchen, das 200 cc enthält, wurden 150 cc Steinöl gebracht, der Kork genau bis an den Theilstrich geschoben, das Volum des in die Flasche hineinragenden Theils des Thermometers, ebenso der Inhalt der Gasentwickelungsröhre bestimmt und der Betrag des einen in Abzug, des andern in Zurechnung gebracht, sodann die Luft sammt dem Gas durch Erhitzen bis zum starken Kochen ausgetrieben und beide in einem Messcylinder über Wasser aufgefangen. Es betrug das Volum des Gemisches gemessen nach Vornahme der nothwendigen Correcturen 103 cc und nach Abzug der Luft 49 cc, was auf 100 Volumina des Oeles 33,66 Volumprocente an absorbirt gewesenem Gase ausmacht. Das Gas liess sich leicht entzünden und brannte mit etwas russender Flamme ohne Explosion. Eine Wiederholung des Versuchs, jedoch nicht bis zum längern Sieden, sondern nur so lange, als sich bei niedrig gehaltener Temperatur Blasen entwickelten, fortgesetzt, wurde vorgenommen, um zu ermitteln, ob nicht Dämpfe vorwiegend die Brennbarkeit bedingen, das Gas brannte aber auch diesmal ganz wie das erstemal.

Die gleichen beiden Praktikanten B. u. Sch. machten eine Reihe von Versuchen über die Verdunstung der verschiedenen Oele.

Es wurden in gleichen Bechergläsern in einem durchschnittlich 16° C warmen mit Dampf geheizten Zimmer a rohes pensylvanisches Oel, b rectificirtes vom Anfangssiedepunkt über 120° C offen hingestellt und die Gewichtsabnahmen so lange bestimmt, bis keine mehr stattfand, sie betrug

| | bei a | bei b |
|---|---|---|
| nach 1 Woche | 25,8 % | 14,0 % |
| „ 2 „ | 30,6 „ | 16,8 „ |
| „ 3 „ | 33,3 „ | 19,3 „ |
| „ 4 „ | 32,3 „ | 21,5 „ |
| „ 5 „ | 34,7 „ | 23,2 „ |
| „ 6 „ | 35,0 „ | 24,5 „ |
| „ 7 „ | | 25,0 „ |

Ganz ähnliche Versuche wurden in einem Kellerraum von durchschnittlich 7° C Temperatur vorgenommen. Es verlor das Oel

| | a | b |
|---|---|---|
| nach 1 Tag | 6,3 % | 2,5 % |
| „ 14 Tagen | 20,7 „ | 15 „ |

dann nur noch unmerkbar an Gewicht.

Endlich unterwarfen die gleichen Praktikanten (B. u Sch.) ihre Destillate einigen Versuchen über Verdunstung.

Es war nach 75 Minuten in einer Temperatur von 16° C von dem Oele, das

| | | | |
|---|---|---|---|
| unter 100 | übergíng | 100 | % |
| zwischen 100—120 | „ | 44,5 | „ |
| 120—150 | „ | 31,5 | „ |
| 150—200 | „ | 8,5 | „ |
| 200—250 | „ | 0,25 | „ |
| 250—300 | „ | 0,25 | „ |

verdunstet.

Aus diesen Versuchsreihen, die insofern Bedeutung haben, als bei überhaupt brennbaren Körpern, deren Verdunstungsbestreben in engem Zusammenhang steht mit deren Feuergefährlichkeit, geht hervor: 1) dass das rohe Oel viel gefährlicher ist als das rectificirte und 2) dass von dem über 150° C übergegangenen Destillat nur wenig in gewöhnlicher Temperatur verdunstet. Eine Ergänzung zu diesen Versuchen bildeten diejenigen über die Dampfspannung rohen Steinöls und anderer brennbarerer und sich verflüchtigender Flüssigkeiten, welche ebenfalls von den Herren B. u. Sch. vorgenommen wurden.

Es wurde absoluter Aether, Schwefelkohlenstoff, rohes pensylvanisches Steinöl, Weingeist von 0,832 spec. Gewicht und frisch destillirtes Terpentinöl in fünf nebeneinander gestellte, mit Quecksilber gefüllte Toricelli'sche Röhren eingeführt und die Tension ihrer Dämpfe an den verschiedenen Senkungen des Quecksilbers bei drei verschiedenen Temperaturen, in die der ganze Apparat gebracht wurde, gemessen.

| Temperatur | 20,5° C | 37,5° C | 45° C |
|---|---|---|---|
| Aether | 415^mm^ | 635^mm^ | — |
| Schwefelkohlenstoff | 300 „ | 480 „ | 595 |
| rohes Petroleum | 55 „ | 100 „ | 120 |
| Weingeist (0,832 sp. Gew.) | 25 „ | 55 „ | 80 |
| Terpentinöl | 15 „ | 25 „ | 35 |

Hienach stellt sich das rohe Petroleum unter Aether und Schwefelkohlenstoff, jedoch über genannten Weingeist und frisches Terpentinöl hinsichtlich der Verdunstungsfähigkeit im leeren Raume und in gewissem Sinne wohl auch hinsichtlich seiner Feuergefährlichkeit.

Es wurde ferner von den Herren B. u. Sch. eine Versuchsreihe über Entzündlichkeit des Petroleums und seine Fähigkeit des Fortbrennens ohne Docht, bei verschiedenen Temperaturen angestellt.

Es wurden Gläser mit gleichen geringen, fast nur den Boden bedeckenden Quantitäten rohen Petroleums, Aether, Weingeist von 0,832 spec. Gew., Terpentinöl und rectificirtem Petroleum gefüllt, mit Glasdeckeln und Wachs auf dem Glasrande verschlossen und einige Zeit stehen gelassen.

Bei 4° C waren nur rohes Petroleum und Aether in solchem Grade verdunstet, dass sich ihre Dämpfe entzünden liessen (Aether mit stärkerer Flamme als Petroleum) Terpentinöl, Weingeist und rectificirtes Petroleum liessen sich selbst bei 16° C noch nicht entzünden, bei 39° C die beiden letztern, das Terpentinöl aber auch da noch nicht. Rohes Petroleum, das längere Zeit vorher offen dagestanden und viel an Gewicht durch Verdunstung verloren hatte, verhielt sich wie das rectificirte. Es wurde ein Trockenkasten (Luftbad), nachdem durch Filzverkleidung die Thüre dicht verschliessbar gemacht worden war, über einer Spirituslampe genau regulirbaren Temperaturen längere Zeit ausgesetzt. In denselben wurden die nachfolgend verzeichneten Oele in Gläsern gebracht und so lange belassen, bis sie 1) sich durch einen brennenden Spahn entzünden liessen und 2) ohne Docht fortbrannten. Es ergab sich Folgendes:

| | Anfangssiedepunkt 0° C | Dämpfe entzünden sich bei 0° C | Das Oel brennt fort bei 0° C |
|---|---|---|---|
| Kaufladen A Zürich | 140 | 45 | 66 |
| Direkt aus Amerika bezogen | 145 | 50 | 65 |
| Kaufladen B Zürich | 142 | 42 | 49 |
| „ C „ | 135 | 30 | 42 |
| Selbstrectificirtes | 132 | 31 | 41 |
| Kaufladen D Zürich | 128 | 30 | 40 |
| Terpentinöl | 137 | 35 | 44 |

Man darf als Resultate aller der Versuche über Verdunstung, Entzündbarkeit und Fortbrennen der Oele angeben, dass das rohe Petroleum viel gefährlicher ist, als rectificirtes, dass es aber sich verschieden verhalten könne, je nachdem es längere Zeit Gelegenheit zu Verdunstung gehabt, dass aber auch dieses in seiner Gefährlichkeit den Aether und Schwefelkohlenstoff nicht erreiche, daher beim Transport oder Lagern nicht strengern Vorschriften unterworfen werden sollte, als diese beiden wichtigen Handelsartikel, dass endlich das rectificirte Steinöl hinsichtlich seiner Feuergefährlichkeit ungefähr auf gleiche Linie mit Weingeist und Terpentinöl gesetzt werden müsse.

Die vierte Frage über die Leuchtkraft des rectificirten Steinöls wurde im dunkeln mit geschwärzten Wänden versehenen photometrischen Zimmer mit einem Bunsen'schen Photometer nach der Construction von Wright vorgenommen. Als Einheit diente in den beiden Versuchsreihen den Bearbeitern der Frage eine Stearinkerze. Folgende Tabelle gibt die von B. und Sch. gefundenen Resultate an, die mit einer Petroleumlampe, wie sie in Amerika dienen, und mit einer gewöhnlichen Schieferöllampe gewonnen wurden.

| Leuchtmaterial | Spec. Gewicht | Siedepunkt | Amerikanische Lampe | | Schieferöllampe | | Lichtmengen bei gleichem Consum von 20 Grm. p. St. | | Consum bei gleicher Lichtmenge | |
|---|---|---|---|---|---|---|---|---|---|---|
| | | | Licht-Menge | Consum pro Stunde | Licht-Menge | Consum pro Stunde | Amerik. Lampe | Schieferöllampe | Amerik. Lampe | Schieferöllampe |
| | | | | Gr. | | Gr. | | | | |
| Stearinkerze | — | — | 1 | 9,3 | 1 | 0,3 | 2,15 | | 9,8 | |
| | | C | | Gr. | | Gr. | | | | |
| Laden A Zürich | 0,804 | 140 ° | 3,1 | 18 | 3 | 16 | 3,4 | 3,7 | 5,80 | 5,40 |
| Direkt a. Nordam. | 0,802 | 145 „ | 3,7 | 21 | 2,8 | 16 | 3,5 | 3,5 | 5,70 | 5,71 |
| Laden B Zürich | 0,800 | 142 „ | 3,4 | 17 | 3,4 | 18 | 4,0 | 3,8 | 5,00 | 5,30 |
| „ C „ | 0,788 | 135 „ | 4,2 | 21 | 3,9 | 19 | 4,0 | 4,1 | 5,00 | 4,87 |
| Selbstrectificirt | 0,791 | 132 „ | 4,2 | 20,5 | 3,4 | 17 | 4,1 | 4,0 | 5,01 | 5,00 |
| Laden D Zürich | 0,787 | 128 „ | 5,5 | 22 | 3,8 | 14 | 5,0 | 5,4 | 4,00 | 3,70 |

Wenn für die Leuchtwerthberechnung folgende im Einzelverkauf gegenwärtig hier bestehende Preise zu Grunde gelegt werden,

1 Paket Stearinkerzen von 444 Grm. zu Fr. 1. 40 Ct.
1 Pfd. rectificirtes Petroleum A, B und C „ —. 60 „
1 „ „ „ D „ —. 80 „

so kostet die gleiche Lichtmenge, welche von 2 Stearinkerzen hervorgebracht wird, pro Stunde

mit Stearinkerzen 4,64 Cts.
„ Petroleum A 1,33 „ im Durchschnitt beider Lampen
„ „ B 1,548 „ „ „ „ „
„ „ C 1,078 „ „ „ „ „
„ „ D 2,496 „ „ „ „ „

oder beim Preise von Fr. 1. 57 für 500 Gr. Stearinkerzen
und „ „ „ „ 0. 60 „ 500 „ Petroleum

verhalten sich die Kosten des letztern Beleuchtungsmittels zum erstern bei gleicher Lichtmenge = 1 : 3,59 und bei D (Preis Fr. 0,80 pro 500 Grm.) ungefähr wie 1 : 2. Die Leuchtkraft von Stearin und Talgkerzen ist, so darf man, ohne grossen Fehler zu begehen, annehmen, gleich gross. Der Preis für 500 Grm. Talgkerzen im Detail ist aber 80 Cts., wird daher die Zahl 3,59 mit $\frac{80}{157}$ vermehrt, so erhält man in abgerundetem Ausdruck die Kosten der Petroleumbeleuchtung im Vergleich zu der mit Talgkerzen = 1 : 1,8.

In den Versuchen der Herren A. u. T. stellt sich das Resultat noch mehr zu Gunsten des Petroleums; von ihrer Stearinkerze wurde stündlich 11,34 Gr. consumirt, während die verschiedenen Petroleumsorten bei einem stündlichen Consum von 14 Grm. mit der Schieferöllampe eine Helligkeit von 2,5 solcher Stearinkerzen lieferten. Mit Zugrundelegung obiger Preise für Stearin und Petroleum A, B, C kostet eine Lichtmenge gleich zwei ihrer Stearinkerzen stündlich 5,806 Cts.

mit Petroleum 1,344 „

das heisst, die Beleuchtungskosten von Petroleum zu Stearinsäure bei gleicher Helligkeit stellen sich wie 1 : 4,3 und bei gleicher Leuchtkraft für Stearinsäure und Talg aber und einem Preise des letztern von $\frac{80}{157}$ von dem des Stearin, verhalten sich die Beleuchtungskosten von Steinöl und Talg wie etwa 1 : 2,1 bis 1 : 2,2 bei gleicher Helligkeit.

In den Versuchen von *Marx* in Stuttgart stellen sich die Beleuchtungskosten mit zwei Stearinkerzen (6er) pro Stunde und unter Annahme der Zürcher Ladenpreise auf 5,17 Cts., mit Petroleum aber der gleiche Lichteffect auf 1,13 oder wie 1 : 4,4.

Wenn man alle bei solchen Versuchen vorkommenden Schwankungen (die bei Anwendung von Petroleum noch vergrössert werden, weil der Docht scharf abgeschnitten und genau gestellt sein muss, wenn der Lichteffect sein Maximum erreichen soll) in vollstem Maasse würdiget, und die Leuchtwerthe, die in den drei Versuchsreihen sich

zwischen 1 : 3,59
1 : 4,3
und 1 : 4,4

bewegen, zu einem Schluss von allgemeinerer Gültigkeit benützen will, so darf man wohl sagen, es verhalte sich der Leuchtwerth dieser Materialien bei den oben angenommenen Preisen wie 1 : 4 und gegen Unschlitt = 1 : 2.

Die in der fünften Frage aufgegebene Paraffinbestimmung ergab nach den Versuchen von B. u. Sch., dass nur wiederholte Destillationen, um so viel als möglich das Oel von der butterartigen Substanz zu trennen und bei diesem das Vermeiden einer zu hohen Temperatur, eine nennenswerthe Ausbeute liefere. Es wurden 2000 Gramm pensylvanisches Petroleum der Destillation in einer Glasretorte unterworfen, die ersten leichtern Destillate beseitigt, die dicklichern schweren, sowie das, was durch Weitertreiben der Destillation des in der Glasretorte gebliebenen in einer thönernen Retorte eingefüllten Rückstandes gewonnen wurde, dienten zu einer zweiten Rectification, bei welcher die Temperatur nicht über 230° C getrieben wurde. Der dunkle Retortenrückstand wurde im Dampftrichter filtrirt, um fein vertheilte suspendirte Kohletheilchen zu entfernen, dann bedeckt an einen kühlen Ort gestellt. Das bald sich ausscheidende Paraffin wurde durch Filtration durch möglichst lockeres Papier getrennt und durch Pressen zwischen Fliesspapier vom anhängenden Oele vorläufig gereinigt. Das

Filtrat wurde wieder einer sorgfältigen Rectification unterworfen, durch Erkalten das Paraffin abscheiden gelassen, filtrirt und so verfahren, wie das erste Mal. Das so gewonnene, gelb-weissliche und beinahe trocken sich anfühlende Paraffin wog 16,5 Grm. = 0,825 %. Es wurde mit englischer Schwefelsäure ganz kurze Zeit erwärmt und geschüttelt, dann in eine grössere Menge kaltes Wasser gegossen, abgewaschen und getrocknet. Das so gereinigte Product enthielt nur wenige mechanisch beigemengte Kohletheilchen, die, um grössern Verlust zu vermeiden, durch Auflösen in Aether, Filtriren und Abdunsten des Aethers beseitigt wurden, wodurch ein ganz weisses Präparat vom Schmelzpunkt 45° C erhalten wurde, dessen Gewicht 0,7 % von der angewandten Oelmenge betrug. Die bei dieser Arbeit erhaltenen Leichtöle wurden rectificirt und was bei einer Temperatur von ungefähr 80—85° C überging, besonders aufgefangen und mit Salpetersäure behandelt, um zu prüfen, ob sie Benzol enthielten. Es wurde eine dicklichölige dunkelweingelbe Nitroverbindung, die unter Wasser sank, gewonnen, deren Geruch aber mehr ätherisch zimmtartig, als dem Bittermandelöl ähnlich war und aus welcher mit Eisenspähnen und Essigsäure auch nicht eine Spur von Anilin gewonnen werden konnte.

Zur Beantwortung der Frage 6, nach der Menge und Leuchtkraft des aus rohem Steinöl gewinnbaren Leuchtgases wurde von beiden Gruppen von Bearbeitern die Versuchsgasretorte des Laboratiums angewendet. Sie wurde so hergerichtet, dass das Steinöl in dünnem regulirbarem Strahl aus einem hohen engen Gefässe, das immer nahezu voll erhalten wurde, um den nöthigen Druck zu behalten, mittelst eines schmiedeisernen, in dem obern Theile der Retortenwölbung der ganzen Länge nach eingeführten Rohres, das von 2 zu 2 Zoll eine kleine Durchbohrung hatte, möglichst fein vertheilt eingeführt werden konnte.

Die Oeltropfen fielen auf Backsteinstückchen, mit welchen die ⌂förmige Retorte bis zu 2 Zoll Höhe gefüllt war. Nachdem die Retorte und deren Füllung in Rothglühhitze versetzt waren, wurde von einer abgewogenen Menge Steinöl langsam zulaufen gelassen und die Destillation begonnen. Das Gas wurde durch mehrere Wasch- und Condensationsapparate, zum Theil Woulff'sche Flaschen, mit Kohlestücken, die mit Aetznatron befeuchtet waren, gefüllt, zum Theil Einrichtungen dem Liebig'schen Kühlrohr entsprechend hindurch in eine kleine Gasuhr und aus dieser in einen grossen Kochbrenner geleitet und verbrannt.

In den Versuchen von B. u. Sch., die über 4 Stunden fortgesetzt wurden, waren 2100 Gramm Steinöl gebraucht und daraus 60' Cub. (engl.) Gas gewonnen worden. Das beträgt pro Pfd. von 500 Grm. 15,7' cub. Gas.

Die Herren A. u. T. gewannen aus 750 Grm. 24,2' cub. Gas, also aus 1 Pfd. 16,1' cub.

Diese Resultate stimmen also mit wünschenswerther Genauigkeit zusammen und das Mittel wäre 15,9. Man darf also sagen, dass aus einem Zentner des pensylvanischen Oeles 1590 englische Cubikfusse Gas gewonnen werden können. Im grösseren Betrieb wird diese Ziffer noch übersteigen werden können.

Es zeigte sich bei den Gasbereitungsversuchen, dass keine Kohlensäure von dem Natron aufgenommen wurde, ein Resultat, das zwar erwartet werden konnte, da das Petroleum sich als sauerstofffrei erwies, indem Natriumstücke sich darin ganz gut erhielten.

Neben dem Gase wurde in den Versuchen von B. u. Sch. 170 Gramm, das ist 8,1% Theer erhalten, ausserdem zeigten sich die Kohlenstücke in den Condensationsflaschen mit vielen kleinen weissen krystallinischen Theilchen von Naphtalin besetzt.

Es wurde von B. u. Sch. das specifische Gewicht des gewonnenen Gases durch den von *Schilling* nach *Bunsen's* bei der Gasanalyse eingehaltenen Verfahren construirten, den technischen Bedürfnissen angepassten Apparat mittelst Messung der Ausströmungsgeschwindigkeit bestimmt.

In den bei einer Temperatur von 14° C ausgeführten Versuchen brauchte

| | | |
|---|---|---|
| die Luft | 167 Secunden, | |
| das gleiche Volum Holzgas | 138 „ | |
| Petroleumgas | 136 „ | letzteres Resultat als Mittel von |

6 Versuchen.

Die Rechnung nach dem Satze ausgeführt, dass sich die Dichtigkeiten wie die Quadrate der Ausströmungszeiten verhalten, ergab für

| | |
|---|---|
| atmosphärische Luft | 1 |
| Holzgas | 0,683 |
| Petroleumgas | 0,663. |

Das letztere hat daher ein spec. Gewicht, das dasjenige des gewöhnlichen Steinkohlengases übersteigt. Bekanntlich hat das Holzgas seines nicht unbeträchtlichen Kohlenoxydgehaltes wegen ein höheres spec. Gewicht, wenn daher die Bestimmung des letztern häufig als annähernde Werthbestimmung gebraucht wird, so ist das im vorliegenden Falle nicht massgebend.

Die Zusammensetzung des aus dem Petroleum gewonnenen Gases wurde von den Verfassern der beiden Arbeiten ermittelt. Man hatte sich überzeugt, dass Kohlensäure und Kohlenoxyd in unbestimmbarer Menge vorhanden sind, indem die gemessenen Gasvolumina weder durch Berührung mit Aetznatron, noch mit Kupferchlorür sich verminderten. Die schweren Kohlenwasserstoffe wurden durch Absorption in einem Gemisch von wasserfreier Schwefelsäure und wasserhaltender, womit Kokeskugeln befeuchtet waren, die in das über Quecksilber aufgefangene, in einer Eudiometerröhre stehende Gasgemisch eingeführt wurden, bestimmt. Nach Entfernung der Schwefelsäure und ihrer Dämpfe wurde nach Zuleitung von Sauerstoff und Entzündung mittelst des electrischen Funkens und Einführen von Aetznatron zu Absorption und Messung der gebildeten Kohlensäure, die ein gleich grosses Volum wie das vorhandene Sumpfgas eingenommen hatte, dies letztere bestimmt und nach Abzug desselben von dem Volum, welches das Gemisch nach Entfernung der schweren Kohlenwasserstoffe einnahm, der Rest als Wasserstoff angenommen. Alle diese Messungen und Berechnungen wurden unter Anwendung der üblichen Correcturen, deren Beschreibung hier unterlassen werden kann, vorgenommen. Kathetometer und Fernrohr wurden jedoch nicht angewandt. Die Resultate der beiden Gruppen von Experimentatoren stimmen, wie die nachfolgende Tabelle zeigen wird, so nahe überein, als zu erwarten ist mit Berücksichtigung des Umstandes, dass die vorkommenden Abweichungen zum Theil auf Verdichtung von Kohlenwasserstoffen durch längeres Stehen und zum Theil auf Beobachtungsunzuverlässigkeiten geschrieben werden können.

Es wurde gefunden

| | A. u. T. | B. u. Sch. I. | B. u. Sch. II. |
|---|---|---|---|
| schwere Kohlenwasserstoffe | 31,6 | 31,5 | 33,4 |
| leichter Kohlenwasserstoff | 45,7 | 42,9 | 40,0 |
| Wasserstoff | 22,7 | 25,6 | 26,6 |
| | 100,0 | 100,0 | 100,0 |

Es geht aus dieser Untersuchung, die übrigens nicht in den Kreis der Aufgaben gelegt war, aufs Unzweideutigste hervor, dass das Petroleumgas wegen seines sehr hohen Gehaltes an schweren Kohlenwasserstoffen ein für Beleuchtungszwecke ganz vorzügliches sein müsse.

Die Leuchtkraft des Petroleumgases wurde von B. u. Sch. bei stündlichem Consum von 6' Cub. = 36—38 der Stearinkerzen gefunden, von welchen stündlich 9,3 Gr. Material verzehrt wird. Dies beträgt auf 4' Cub. 24—25,3 Stearinkerzen. Nach A. u. Tr. entspricht die Leuchtkraft bei stündlichem Consum von 4' cub. 24 ihrer Stearinkerzen, die stündlich 11,34 Gr. verzehrten. Auch diese Resultate stimmen nahe genug. Es möchte jedoch nicht von hinlänglich praktischem Werthe sein, aus diesen Ergebnissen direct zu berechnen, wie sich die Beleuchtungskosten bei gleicher Lichtstärke mit Stearinsäurekerzen und Petroleumgas zu einander verhalten, dagegen gewährt wohl nachfolgende Betrachtung einen richtigern Einblick in den Werth des Petroleumgases.

Gewöhnliches Steinkohlengas hat bei 4' Cub. stündlichem Consum mit dem Flachbrenner verbrannt jedenfalls nur eine Leuchtkraft von etwa 12 Stearinkerzen, die durchschnittlich 10 Gr. pr. St verbrennen, und es ist gewiss eine ganz und gar zu rechtfertigende Annahme, dass das Petroleumgas die doppelte Leuchtkraft von der des gewöhnlichen Steinkohlengases habe. Hat man ja die Leuchtkraft des Schieferölgases als dreifach grösser als die des gewöhnlichen Steinkohlengases angenommen. Zu viel ist damit jedenfalls nicht gesagt, wohl eher zu wenig, und zwar deshalb, weil bei den vorliegenden Versuchen lange nicht genug ausprobirt ist, welches die günstigsten Bedingungen, Druck, Brennerweite zu seiner Verbrennung sind, und es sich gewiss weit besser einstellen wird, sobald diese einmal gefunden sein werden. Wenn wir anderseits oben fanden, dass sich 1500' cub. engl.

Leuchtgas aus einem Zentner rohem pensylvanischem Petroleum herstellen lasse, und zugleich annehmen, dass (was gewiss hinlänglich hoch gegriffen ist) ein Zentner Steinkohlen [illegible] Cub. engl. gereinigtes Leuchtgas liefert, so haben wir mehr als die dreifache Ausbeute, genau 3,18 mal so viel Gas aus dem Petroleum als aus der Steinkohle, und zwar ein Gas von doppelter Leuchtkraft, also 6,36 mal so grosse Lichtmenge.

Es wären daher, nach dieser vielleicht eher etwas zu Ungunsten des Petroleum ausgeführten Rechnung 1 Zentner dieses letztern das technische Aequivalent für 6,36 Zentner Gaskohle. Besser aber gestaltet sich die Calculation ganz gewiss dadurch, dass die Leuchtkraft des Petroleumgases eher etwas grösser, als wir thaten, angenommen werden kann, dass dagegen die Ausbeute an gereinigtem Gas aus Steinkohle sich geringer ergeben wird, und vor Allem ist zu beachten, dass die Apparate zur Hervorbringung gleicher Lichtmengen bei Anwendung von Petroleum weit compendiöser können hergestellt werden, die Gasretorte, die Condensatoren und vor Allem die Gashalter und Leitungsröhren lassen sich in beträchtlich kleineren Dimensionen machen. Reiniger fallen ganz weg, es ergeben sich also bedeutend geringere Anlagekosten. Der Betrieb wird Jedem dadurch erleichtert, dass kein Reinigungsmaterial zu beschaffen und in Anwendung zu bringen ist. Es ist endlich noch anzuführen, dass die zulässige Verminderung der zur Zersetzung nöthigen Hitze nicht gering anzuschlagen ist, so dass sie der Kostenreduction, die bei Steinkohlengasfabrikation aus der Koksgewinnung erwächst, bei einer Calculation wenn auch mit viel minder bedeutender Ziffer gegenüber gestellt werden kann. Es scheint uns danach im Ganzen, dass das Petroleum für kleine Privatanstalten, angenommen, es sei einmal zu steigern Preisverhältnissen gelangt und die Zufuhr sicher und massenhaft genug, ein der Beachtung werthes Vergasungsmaterial sei. Eine Frage von grosser Wichtigkeit bliebe noch zu untersuchen: ob nicht eine Mengung dieses, seines grossen Gehaltes an schweren Kohlenwasserstoffen wegen leicht russenden Gases, mit sogenanntem Wassergas (Wasserdampf durch glühende Kohlen zersetzt) grössere Vortheile brächte. Grössere Erwartungen auf dem Gebiete einer Concurrenz mit Steinkohlen wollen wir indessen einstweilen, wie die Sachen stehen, nicht aussprechen; unbedingt nimmt aber das Petroleum als flüssiges Beleuchtungsmittel einen Rang ein, der ihm schwerlich bald streitig gemacht werden wird.

*Bolley.*

## Statistische und finanzielle Mittheilungen.

**Wesel.** Die Errichtung einer Actiengesellschaft unter der Firma: „Weseler Actiengesellschaft für Gasbeleuchtung“ mit dem Sitze in Wesel, sowie deren Statut vom 31. Mai 1863 ist genehmigt worden.

**Triest.** Nach der „Deutschen Gemeinde-Zeitung“ wurde in der Sitzung des Stadtraths vom 11. Juli die Tags zuvor abgebrochene Verhandlung über die Gasbeleuchtung wieder aufgenommen. Es waren 2 neue Angebote in jüngster Zeit übergeben worden und zwar eines von der österr. Gas-Gesellschaft und das andere von der jetzt bestehenden französischen Gesellschaft. Im Jahre 1846 wurde der französischen Gesellschaft die Concession für 30 Jahre, d. i. bis zum 1. November 1876, ertheilt. Diese Zeitperiode ist für die Gesellschaft obligatorisch, während der Gemeinde das Recht zusteht, die Concession von 6 zu 6 Jahren entweder zu bewilligen oder aufzuheben. In Folge der Concursausschreibung zur Einbringung neuer Angebote haben sich nun obige zwei Gesellschaften gemeldet, und der Gegenstand wurde vom städtischen Ausschusse der Commission zur Prüfung übergeben, zu welcher auch der Ingenieur Kühnell aus Berlin Theil nahm, welcher in dem in Frage stehenden Gegenstande als eine Capacität gilt. Die Commission beantragt die Errichtung einer Anstalt auf Gemeinde-Unkosten, indem man gleichzeitig zur Ausführung die Mitwirkung des obengenannten Ingenieurs beantragte. Die Offerten der beiden Gesellschaften wären sowohl vom finanziellen als vom Standpunkte der öffentlichen Oekonomie unannehmbar, während für die Gemeinde bei Uebernahme dieser Anstalt sich jedenfalls ein bedeutender Nutzen ergeben müsse, wie der Commissionsbericht ausführlich darzuthun versucht, und hiezu Beispiele anderer grösserer Städte Deutschlands anführt. Die Schlussanträge der Commission resumiren sich in Folgendem: Auf Errichtung einer auf 16,000 Flammen berechneten Gasanstalt, welche mit 1. November 1864 ins Leben zu treten hätte; auf Bewilligung von 870,000 fl. und zur Aufbringung dieser Summe eines in 46 Jahren zu amortisirenden Anlehens, bestehend in 5 pCt. Obligationen von 100 fl. und die Uebergabe der Ausführung an den Ingenieur Kühnell. Nach einer längeren lebhaften Debatte wurde die Wiederaufnahme der Verhandlungen mit den beiden Gesellschaften auf Grund ihrer Offerten abgelehnt. Es gelangten daher die Anträge der Commission zur Abstimmung, welche mittels namentlichen Aufrufes erfolgt. Der erste Punkt, welcher die Errichtung der auf 16,000 Flammen berechneten Gasanstalt auf Rechnung der Gemeinde beantragt, wird angenommen. Für den 2., welcher die Bewilligung von 870,000 fl anbelangt, wurde die absolute Stimmenmehrheit, welche hier nach dem G.-Statut, da es sich um eine Finanzoperation handelt, nothwendig ist, nicht erreicht, man überging deshalb auch die Abstimmung über den 3., hinsichtlich der Aufnahme des Anlehens, und schritt zum 4., welcher die Bestimmung enthält, dass die Ausführung dem Herrn Kühnell übertragen werde, und genehmigt wurde, desgleichen Punkt 5, wonach die Aufsicht über die Arbeiten einer Commission unter Leitung des städtischen Ausschusses zugewiesen wird.

**Prag.** Aus den Verhandlungen des Stadtrathes ist hervorzuheben, dass die Brüsseler allgemeine Gasbeleuchtungs- und Beheizungsanstalt in offizieller Weise dem Stadtrathe notificirt und weiter in einem an den Herrn Bürgermeister in französischer Sprache gerichteten Schreiben den Antrag gestellt hat, mit der Gemeindevertretung wegen Verlängerung des Gasbeleuchtungs-Contractes in Verhandlung treten zu wollen. In letzterer Vorlage wird der Antrag gestellt, unmittelbar nach Unterzeichnung des Uebereinkommens den Preis der öffentlichen Beleuchtung mit 1 fl. 90 kr für 1000 engl. c' in dem Falle festsetzen zu wollen, wenn die Stadt die Kosten des Anzündens und der Reparatur der Laternen übernimmt, oder mit 2 fl. 20 kr. für 1000 c', wenn diese Kosten von der Gesellschaft getragen werden sollten. Zu demselben Zeitpunkte soll der Preis der Beleuchtung bei den Privaten auf 5 fl. für 1000 c' engl. festgesetzt werden, und die Gesellschaft verpflichtet sich, mit den Preisen successive und zwar am 1. Juli 1865 auf 4 fl. 75 kr., am 1. Juli 1866 auf 4 fl. 50 kr. herabzugehen. Der letzte Ansatz soll definitiv für die ganze Dauer des Contractes festgesetzt bleiben. Nebstbei will die Gesellschaft grösseren Gasconsumenten besondere Nachlässe gewähren, die von der Quantität des abzunehmenden Gases abhängen werden. Es will ein Gas geliefert werden, welches die Leuchtkraft einer gewöhnlichen Röhrenflamme besitzt, die pr. Stunde 1000 Litres Gas verbraucht und wenigstens einer argandischen Lampenflamme gleich kommt, bei welcher 40 Grammes gereinigten Oeles pr. Stunde verbrennen. Die Gasbeleuchtung soll auch auf die noch nicht mit Gas beleuchteten Stadtheile nach vorläufigen, mit der Stadtgemeinde zu treffenden Vereinbarungen ausgedehnt werden. Auf Grund dieser Bedingungen verlangt die Gesellschaft, dass ihr die Concession zur Gasbeleuchtung für die Stadt Prag auf einen Zeitraum von 35 Jahren ertheilt werde. Beide Vorlagen wurden dem Gasbeleuchtungs-Comité zur Vorberathung und Antragstellung überwiesen. — Betreffs der neu zu errichtenden Gemeinde-Gasanstalt fand nach Verlauf der Frist des Edictalverfahrens am verflossenen Freitag die behördliche Baucommission unter Betheiligung sämmtlicher Interessenten statt. Das Resultat der commissionellen Verhandlungen ergibt, dass auf dem zu diesem Zwecke angekauften Reale die städtische Gemeinde-Gasanstalt mit Rücksicht auf die öffentlichen und privatrechtlichen Interessen ohne Anstand errichtet werden kann.

---

**Nr. 10.** **October 1863.**

# Journal für Gasbeleuchtung

und

## verwandte Beleuchtungsarten.

### Organ des Vereins von Gasfachmännern Deutschlands.

**Monatschrift**

von

**N. H. Schilling,**

Director der Gasbeleuchtungs-Gesellschaft in München.

---

**München. Verlag von Rudolph Oldenbourg.**

---

**Abonnements.**

Jährlich 4 Rthlr. 20 Sgr.

Halbjährlich 2 Rthlr. 15 Sgr.

Jeden Monat erscheint ein Heft.

Das Abonnement kann stattfinden bei allen Buchhandlungen und Postämtern Deutschlands und des Auslandes.

**Inserate.**

Der Insertionspreis beträgt:

für eine ganze Octavseite 6 Rthlr. — Sgr.

„ jede achtel „ 1 „ — „

Kleinere Bruchtheile als eine Achtelseite können nicht berücksichtigt werden; bei Wiederholung eines Inserates wird nur die Hälfte berechnet, für dieselben jedoch auch die entsprechende höhere Seite des Preiszahlungs bedingt.

---

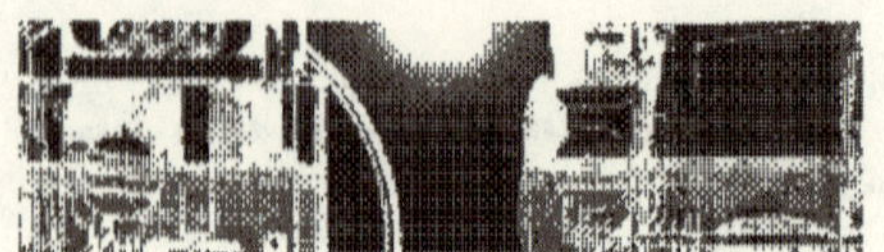

# Die Thonretorten- und Chamottstein-Fabrik

von

# J. R. GEITH IN COBURG

empfiehlt ihre Produkte von bewährter Güte bestens.

Von **Thonretorten** halte ich von 24 verschiedenen Formen in der Regel Vorrath und wird jede beliebige andere Form prompt geliefert. Die Brauchbarkeit meiner Retorten, die auch in äusserst correkter Form sicherlich denen der besten Fabriken gleichgestellt werden können, hat sich seit nahezu 3 Jahren in einer Anzahl Fabriken bestens bewährt, worüber gerne Zeugnisse zu Diensten stehen. Vermöge der besonders sorgfältig gearbeiteten ganz **glatten und rissfreien** inneren Flächen wird die Graphitentfernung in hohem Grade erleichtert.

**Formsteine** liefere ich in allen Grössen bis zu 10 Ztr. von vorzüglich feuerbeständiger nicht schwindender Qualität.

**Feuerfeste Steine** gewöhnlicher Form halte ich stets vorräthig. Ferner empfehle ich:

Steine für **Eisenwerke** zu **Hochöfen, Schweissöfen** etc.
für **Glasfabriken, Porzellanfabriken** etc; dann Glasschmelzhäfen, Muffeln, Röhren und alle in dieses Fach einschlagende Artikel.

**Feuerfesten Thon** aus eignen Gruben, der nach vielfachen Proben von competenter Seite zu dem besten des In- und Aus-Landes gehört.

**Mörtelmassen** fein gemahlen von geringster Schwindung.

Die Preise stelle ich entsprechend billigst und sichere sorgfältige und prompte Bedienung zu.

**J. R. Geith,** Gasfabrikant.

---

# Die Chamott-Retorten- und Stein-Fabrik

von

# F. S. OEST'S Wittwe & Comp.

in **Berlin,** Schönhauser-Allee Nr. 128,

erlaubt sich ihre Fabrikate, als Chamott-Retorten zur Gas- und Mineralöl-Bereitung, so wie Chamottsteine in jeder beliebigen Form und Grösse zu empfehlen. Von den gangbarsten Sorten wird Lager gehalten und für solche sowohl als für etwa bestellte Gegenstände die billigsten Preise berechnet. Aufträge werden ohne Verzug effektuirt.

---

Auf Verlangen bescheinige ich hiermit, dass die von **F. S. Oest's Wittwe u. Comp.,** hierselbst, *Schönhauser-Allee Nr. 128,* zu den hiesigen städtischen Gas-Erleuchtungs-Anstalten gelieferten Chamott-Gas-Retorten, sich bisher vorzüglich gut bewähren. Die Oefen mit den dazu gelieferten Chamottsteinen gebauet, fortlaufend, meist 2½ bis 3 Jahre im stärksten Feuer ausgehalten haben, so dass ich das Fabrikat zu dem besten zähle, was mir in der Praxis bekannt geworden ist, und solches nach meiner unvorgreiflichen Ansicht mit Recht als vorzüglich gut empfehlen kann.

Berlin, am 31. Januar 1859.

**Kühnell,**
Baumeister und technischer Dirigent
der Berliner Communal-Gaswerke.

# BEST & HOBSON

(früher **ROBERT BEST**)

**Lampen- & Fittings-Fabrik**

Nro. 100 Charlotte-Street

Birmingham

**Fabrik von schmiedeeisernen Gasröhren**

Great Bridge,

Staffordshire

empfehlen ihre Fabriken für alle zur Gas-Beleuchtung gehörigen Gegenstände. Eiserne Gasröhren und dazu gehörige Verbindungsstücke zeichnen sich besonders durch ihre Güte und billigen Preis aus.

Wegen Zeichnungen sowohl als Preislisten wende man sich gefälligst an dem alleinigen Agenten auf dem Continent

***Carl Kusel,***

16 Grosse Reichenstrasse in Hamburg.

---

**Feuerfeste Producte, die nicht dem Schwinden unterworfen sind.**

**Th. Boucher,** Fabrikant und Patentinhaber zu St. Ghislain, früher zu Baudour (Belgien).

*Th. Boucher* ist der einzige Fabrikant, welcher feuerfeste Producte dieser Art herstellt, und Inhaber der Medaillen von der allgemeinen Industrie-Ausstellung in London (1851 und 1862), in Paris (1855), sowie auch der Ehren-Medaille I. Classe der „Academie nationale“ zu Paris (1856). Seine Anstalt ist die älteste auf dem Continent.

NB. Das Preisgericht der Londoner Ausstellung drückt sich in seinem Bericht folgendermassen aus: „Das Preisgericht hat Herrn *Th. Boucher*, welcher sehr gut verfertigte Retorten ausgestellt hat, eine Preismedaille zuerkannt, da selbe Retorten von ausserordentlicher Dünne, regelmässiger Form, und auf ihrer Oberfläche frei von allen Flecken und Rissen waren.“ Es heisst weiter: „Die Medaille ist diesem Aussteller in Anerkennung der unzweifelhaften Vorzüge seiner Retorten vor allen anderen derartigen Fabrikaten des Continents ertheilt worden.“

---

# JOS. COWEN & C^IE.

**Blaydon Burn**

## Newcastle on Tyne.

Fabrikanten **feuerfester Chamott-Steine,**

Marke **„Cowen“.**

***Retorten*** für Gas-Anstalten und ***alle Arten feuerfester Gegenstände*** für Hohöfen, Cokesöfen &c. &c.

*Jos. Cowen & Co.* waren die einzigen Fabrikanten, welche bei der grossen Ausstellung in London im Jahre 1851 mit einer **Preis-Medaille** für **„Gas-Retorten und andere feuerfeste Gegenstände“** beehrt wurden.

*Jos. Cowen & Co.* war auch die einzige Firma, welcher bei der Internationalen Ausstellung in London im Jahre 1862 eine Preis-Medaille für **„Gas-Retorten, feuerfeste Steine etc., für Vortrefflichkeit der Qualität“** zuerkannt wurde; ihre Werke sind die ausgedehntesten ihrer Art in Grossbritannien.

---

## Rundschau.

Nach den neueren Nachrichten aus Amerika lässt die Ergiebigkeit der Erdölquellen in Canada mehr und mehr nach, und sind eine grosse Zahl Quellen bereits ganz versiegt. Der Preis des rohen Oels, der am Anfange dieses Jahres noch 50 Cents per Barrel betrug, ist seitdem auf 5½ bis 6 Dollars gestiegen und das ganze Erträgniss wird auf nicht mehr als 150 Barrels pr. Tag geschätzt. Das pensylvanische Oel steht gleichfalls auf dem hohen Preise von 5 bis 6 Dollars per Barrel. Die rapiden Schwankungen, sagt das amerikanische Gasjournal vom 1. Sept., welche die Preise des Petroleums erfahren, geben den entscheidenden Beweis, wie sanguinisch die Versicherungen derjenigen waren, welche behaupteten, das Erdöl werde die Kohlen aus der Gasindustrie verdrängen. Die Gewinnung steht zum gegenwärtigen Bedarf in keinem Verhältnisse mehr, und wenn die canadischen Quellen anhaltend versiegen, so bleibt nur noch das pensylvanische Oel übrig, und die Preise werden in kurzer Zeit immer höher und höher steigen.

Im Hinblick auf einige Inserate dieses Journals über Specksteinbrenner dürfte es nicht ohne Interesse sein, hier des Verfahrens zu erwähnen, welches dem Herrn *J. G. Städtler* in Nürnberg zur Herstellung seiner Brenner für Bayern patentirt worden ist. Nach diesem Patent wird der Speckstein, welcher gewöhnlich in grossen und kleinen Stücken vorkommt und theilweise schieferig ist, auf einer grossen Mühle zu Mehl gemahlen, das gehörig aufgeschlossene, mit Wasser ausgewaschene und dann getrocknete Specksteinmehl mit dem vierten Theil guter Kalchenreuther Thonerde gemischt, zusammengemahlen und dann zu Taig angemacht. Aus dem Taig werden mittelst einer Presse lange Stangen in der erforderlichen Dicke der Gasbrenner gepresst, diese Stangen werden dann in kurze Stückchen (Brenner) abgeschnitten und mittelst einer zweiten Maschine in die Façon vorgepresst. In einer dritten Maschine werden sie im trockenen Zustande mit Chablone in äussere Façon abgedreht, und in weiteren Maschinen endlich zu Schnittbrennern oder Lochbrennern fertig hergerichtet. In einem Glühofen 12 Stunden lang gebrannt, nehmen die Brenner von selbst eine Glasur an, wodurch der Vortheil erreicht werden soll, dass sie keine Feuchtigkeit mehr anziehen und eine längere Dauer erhalten.

Die neueste literarische Erscheinung auf dem Gebiete unserer Industrie ist das „Handbuch für Holz- und Torfgas-Beleuchtung und einige verwandte Beleuchtungsarten von Dr. *W. Reissig*," welches kürzlich im Verlage von *R. Oldenbourg* in München erschienen ist. Wir können uns nicht veranlasst fühlen, hier an dieser Stelle eine eingehende Kritik des Werkes zu liefern, aber wir wollen nicht versäumen, unsere geehrten Leser ausdrücklich auf dasselbe aufmerksam zu machen. Einmal haben diejenigen Gebiete unseres Faches, welche das Buch behandelt, seither überhaupt noch keine eingehende literarische Bearbeitung erfahren, und ist ein systematisches Werk derart ein Bedürfniss, anderentheils dürfte aber auch Herr Dr. *Reissig* durch seine ausgezeichnete wissenschaftliche Befähigung in Verbindung mit seiner praktischen Thätigkeit in diesen Branchen des Gasfaches ganz besonders berufen sein, diese Lücken in unserer Fachliteratur auszufüllen. Wir zweifeln daher nicht, dass das Buch überall eine günstige Aufnahme finden wird.

Von einem Beamten der Chartered Gas Company in London, Herrn *H. Banister*, ist unter dem Titel: „Gas-Manipulation" ein kleines Buch erschienen, welches die verschiedenen Apparate, Instrumente und Verfahren beschreibt, die bei der Untersuchung von Steinkohlen und Steinkohlengas, soweit es für den praktischen Betrieb der Gasanstalten von Wichtigkeit ist, vorkommen. Die meisten Apparate sind auch bei uns in Deutschland bekannt und theilweise im Gebrauch, es will uns aber scheinen, als ob einige unserer Einrichtungen und Methoden zweckmässiger seien, wie sie nach diesem Buche in England sein müssen. Auffallend ist es vor Allem, dass dort noch der kleine Versuchsapparat zur Destillation der Kohlen empfohlen wird, die eiserne kleine Retorte von 18 Zoll Länge und 5 × 5 Zoll Querschnitt mit einer Ladfähigkeit von 2¼ Pfund Kohlen, während es doch zur Genüge erwiesen ist, dass die Experimente im kleinen Maassstabe für die Praxis keinen maassgebenden Werth haben, und man in Deutschland alles Gewicht darauf legt, entweder einen Versuchsofen im grossen

Maassstabe zu bauen, oder von einem im wirklichen Betriebe befindlichen Ofen eine Retorte auszuschalten, und sie als Versuchsretorte zu benutzen. Mit besonderer Aufmerksamkeit scheint man in England den „Doppeltschwefelkohlenstoff" zu behandeln, seitdem die Parlamentsacte von 1860 vorgeschrieben hat, dass 100 c' Gas nicht mehr als 20 Grains Schwefel enthalten dürfen, und es dürfte vielleicht unseren Lesern nicht unerwünscht sein, wenn wir die beiden wesentlichsten Apparate, die dort zur Bestimmung desselben in Gebrauch sind, hier mittheilen. Der Apparat von *F. J. Evans* ist in nachstehender Zeichnung dargestellt:

*A* ist eine trockene Gasuhr, welche durch ein Uhrwerk oder ein Wasserrad getrieben wird, so dass sie als Pumpe wirkt, und das Gas oder atmosphärische Luft durch das Eingangsrohr einsaugt, und es durch das Auslassrohr hinausdrückt. *B* ist ein Condensator, in dessen Mitte sich ein Cylinder von Weissblech befindet, ähnlich wie ein 7zölliger Glascylinder für einen gewöhnlichen Argandbrenner. Der Cylinder ist am oberen Ende trichterförmig zusammengezogen und läuft in ein ¼zölliges Zinnrohr aus, welches spiralförmig gewunden im Condensator liegt und unten in das Rohr *c* mündet, von wo das schwanenhalsförmig gebogene Rohr *d* zum Eingang der Gasuhr führt. Am unteren Ende des Cylinders ist ein tassenförmiger Rand mit einem Abflussrohr angebracht, um alle Feuchtigkeit zu sammeln, die sich im Apparat niederschlägt. Ein Bunsenscher Kochbrenner wird mit einer Schale von Weissblech so umgeben, dass der Brenner durch die Mitte der Schale dicht hindurchgeht, und die Verbrennung unmittelbar oberhalb der Schale stattfindet. Er wird dann durch Röhren mit dem Ausgang des Experimental-Gasmessers *C* in Verbindung gebracht. Das Gas, was man untersuchen will, muss diesen Gasmesser passiren, und es ist gut, zwischen letzterem und dem Condensator einen kleinen Scrubber *b* einzuschalten, den man mit Kieselstücken, welche zuvor mit schwacher Schwefelsäure angefeuchtet sind, füllt. Bei *a* ist eine weitere Woulf'sche Flasche eingeschaltet, welche eine Lösung von kaustischem

Kali enthält. Der Condensator wird mit kaltem Wasser gefüllt, die Tasse am Brenner mit Salmiakgeist. Wenn der Gaszähler *A* in mässige Bewegung gesetzt ist, so zieht er zunächst die Luft durch den Apparat, alsdann bringt man den Brenner unter den Condensator, so dass die Flamme in den Cylinder hinaufgeht, und die Verbrennungsprodukte durch die spiralförmigen Röhren abgezogen werden. Die Condensationsprodukte, welche am untersten Theile der Röhren abfliessen, werden in einer Vorlage aufgefangen. Um den Stand des Salmiakgeistes in der Brennertasse stets constant zu erhalten, lässt man diesen durch eine kleine syphonartig gebogene Röhre in Tropfen zufliessen. So lässt man den Apparat 7 bis 8 Tage in Thätigkeit, regulirt den Consum auf etwa ½ c' per Stunde, bis man im Ganzen einen Verbrauch von etwa 100 c' erreicht hat. Der Wasserstoff des Gases verbindet sich mit dem Sauerstoff der Luft zu Wasser, der Kohlenstoff zu Kohlensäure, und der etwa vorhandene Schwefel und das Ammoniak bilden schwefelsaures Ammoniak. Die flüssigen Produkte der Verbrennung betragen 350 bis 400 Grains für jeden Cbf. verbrannten Gas. Dieselben werden mit reiner Salpetersäure gesättigt, um zunächst die Kohlensäure zu entfernen, bei welcher Manipulation man etwas Wärme anwendet. Dann wird die Flüssigkeit mit einem Ueberschuss von salpetersaurem Baryt oder Chlorbarium behandelt, wodurch ein weisser schwerer Niederschlag entsteht, der filtrirt, mit Wasser gewaschen, getrocknet und gewogen wird. 117 Gewichtstheile des Niederschlags zeigen 16 Gewichtstheile Schwefel an. Das angewandte Ammoniak in der Brennertasse hat den Zweck, die schweflige Säure zu binden, die bei der Verbrennung entsteht. Die Ammoniakdämpfe verbinden sich mit der schwefligen Säure, und werden dadurch condensirt.

Ein zweiter Apparat für denselben Zweck von Dr. *Letheby* ist in nachstehender Figur abgebildet.

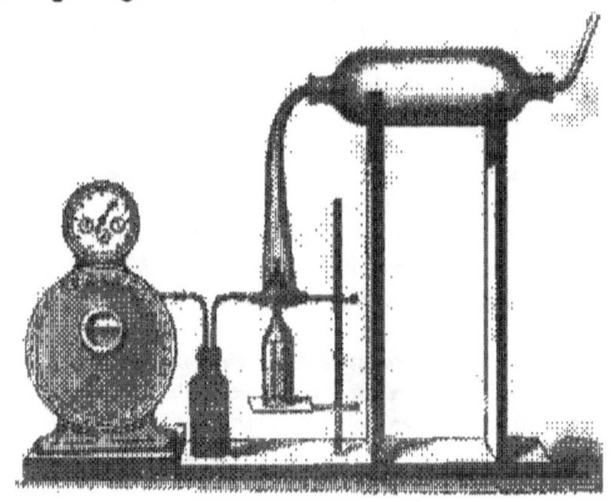

Das Gas geht wieder zuerst durch einen Gaszähler, und alsdann durch eine Flasche mit Kieseln, die mit Schwefelsäure angefeuchtet sind (20 Gewichtstheile concentrirter Schwefelsäure und 30 Theile Wasser. Die Flüssigkeit hat ein spec. Gewicht von etwa 1397, und werden 100 Theile derselben neutralisirt durch 54 Theile kohlensaures Natron oder durch 17 Theile Ammoniak). Das Einlassrohr reicht nur 1 Zoll durch den Kork, das Auslassrohr reicht nahezu bis auf den Boden. Nachdem das Gas auf diese Weise von Ammoniak befreit ist, wird es im Verhältniss von ½ c' per Stunde in einem Leslie-Brenner verbrannt, welcher unter einem langen trichterförmigen Rohr angebracht ist. Das Rohr ist mit einem grossen Glascondensator in Verbindung, am entgegengesetzten Ende des Condensators ist ein 4 Fuss langes Glasrohr angebracht, und zwar aufwärts gebogen, so dass alle etwa in demselben sich niederschlagende Flüssigkeit in den Condensator zurückläuft. Das Ammoniak wird der Flamme in folgender Weise zugeführt: Eine weithalsige Flasche mit dem stärksten Salmiakgeist wird unmittelbar unter den Brenner gestellt, und ein Trichter, den Becher nach unten, mit seinem kurzen Rohrende durch die Mitte des Brenner geführt, so dass das Ende etwa 2 Zoll über dem Brenner vorsteht. Der natürliche Zug des Apparates reicht hin, das Ammoniak zu verdunsten, und es den Verbrennungsprodukten zuzuführen.

---

## Instruction für die Prüfung und Stempelung der Gaszähler in München.

(Mit einer Abbildung auf Taf. 9.)

§. 1.

Zur Prüfung und Stempelung werden nur solche Gaszähler angelassen, welche auf dem Prinzipe einer um eine horizontale Achse rotirenden, zum Theil in Wasser oder einer anderen Flüssigkeit eintauchenden Trommel gegründet sind.

Trockene Gaszähler sind also von der Prüfung und Stempelung ausgeschlossen.

§. 2.

Der Hauptbestandtheil eines Gaszählers ist die um die horizontale Achse rotirende Trommel, welche von einem wasser- und luftdicht geschlossenen Gehäuse umgeben ist. Das Gehäuse dient als Wasser- und Gasbehälter und kann entweder aus Blech hergestellt oder aus gusseisernen und blechernen Theilen zusammengesetzt sein.

§. 3.

Da von der Lage der Trommelachse, ob horizontal oder mehr oder minder geneigt, der zur Aufnahme des Gases bestimmte Raum über dem Wasserspiegel sich ändert, so soll bei jedem Gaszähler die richtige Lage dieser Achse, also die richtige Stellung des Zählers dann stattfinden, wenn letzterer auf einer horizontalen Unterlage steht.

Bei der Aichung soll die Unterlage durch eine mit Stellschrauben versehene gehobelte Eisenplatte gebildet werden, welche jedesmal vor Beginn der Probe genau horizontal eingestellt wird.

§. 4.

Die Achse der Trommel setzt durch eine Schraube ohne Ende das Zählwerk in Bewegung.

Das Zählwerk zählt nicht die Anzahl der Achsendrehungen, sondern die Anzahl der Cubikfusse des Gases ab, welches mit der Drehung der Trommel in das Gehäuse entweicht, und von da zum Verbrauch fortgeleitet wird.

Das Zählwerk registrirt Einer, Zehner, Hunderter u. s. w., d. h. ist mit dezimaler Uebersetzung versehen. Auf dem Zifferblatt muss deutlich angegeben sein, welcher Werth in bayerischen, englischen oder etwa sonst gestatteten Cubikfussen ausgedrückt, die niedrigste Stellung der Zählwerksziffern angibt. Gewöhnlich begreifen die eigentlichen Zifferblätter als Minimum nur die Hunderte von Cubikfussen, da der Gasverbrauch nur nach solchen Raumeinheiten berechnet und bezahlt zu werden pflegt.

Zur Beobachtung einer geringeren Anzahl von Cubikfussen dient dagegen eine sich drehende horizontale Scheibe, welche rechts über den letzten Ziffern jener Zahlen sichtbar ist. Der Umfang dieser Einer-Scheibe ist je nach der Grösse der Gaszähler in 5, 10 und mehr gleiche Theile getheilt, so dass mit Hülfe einer davor angebrachten Zeigerspitze die einzelnen Cubikfusse verfolgt werden können.

§. 5.

Bei jedem neu aufzustellenden Gaszähler muss auf einem Schilde Nachstehendes angegeben sein:

a) Name und Wohnort des Verfertigers,
b) die Fabriknummer des Gaszählers,
c) der Gasverbrauch per Stunde, für welchen der Gaszähler construirt ist, entweder in Cubikfussen oder in Flammenzahl, wobei angenommen ist, dass eine Flamme 5 Cubikfuss Gas per Stunde verbraucht.

§. 6.

Der Gaszähler-Apparat muss in Verbindung mit dem obenerwähnten Trommelgehäuse durch eine feste Umwandung, welche nur an der Vorderseite die Zifferblätter mit der darüber befindlichen Einer-Scheibe hinter einer Glasplatte sichtbar werden lässt, der willkührlichen Veränderung entzogen sein. Bei den zur Aichung gestellten Gaszählern darf aber jene Verbindung noch nicht bewirkt, die Blechkästchen, welche die Umwandung bilden, dürfen vielmehr nur lose aufgesetzt sein, damit sie zur Prüfung der richtigen Anordnung des Zählwerkes abgenommen werden können.

§. 7.

Zur weiteren Prüfung der Gaszähler ist ein cubizirtes Gasometer erforderlich, welches mit Luft gefüllt, und von welchem aus diese Luft abdann durch die zu prüfenden Gaszähler geleitet wird. Die dieser Vollzugs-Instruction beigegebene Zeichnung wird das bei der Messung zu beobachtende Verfahren verdeutlichen.

In dieser Zeichnung ist *AA* das Gasometer, und auf dem Tische *B* stehen die zu prüfenden Gaszähler, auf der im §. 3 näher beschriebenen Unterlage horizontal aufgestellt. Das Bassin des Gasometers ist bis nahe zum Rande mit Wasser gefüllt, und in der Mitte desselben steigt eine Röhre senkrecht in die Höhe, die über dem Wasserspiegel mündet. Am Boden ist die Röhre unter 90° umgebogen und mit einer Röhre von gleichem Durchmesser, die an der äusseren Seite des Gasometers senkrecht in die Höhe gerichtet ist, verbunden.

Das letztere Rohr trägt an seinem oberen Ende ein Tförmiges Stück, welches mit zwei Hähnen *a* und *b* versehen ist. Von *b* aus führt eine Verbindungsröhre nach dem ersten zu prüfenden Gaszähler, oben auf dem Tförmigen Stück befindet sich ein Wassermanometer, an welchem der Druck der Luft im Gasometer jeden Augenblick abgelesen werden kann. Die Grösse dieses Druckes hängt unter sonst gleichen Verhältnissen von dem Gegengewicht *Q* ab, und kann daher durch Vermehrung oder Verminderung dieses Gewichtes, welches aus Metallscheiben besteht, vermehrt oder vermindert werden.

Die Ausgleichung des Gewichtsverlustes, welchen die Glocke beim Eintauchen in das Sperrwasser während ihres Niederganges erfährt, erfolgt durch das Gewicht des über das Rad gezogenen Kettenstückes.

Die Glocke *G* des Gasometers hat an ihrem oberen Ende Friktionsrollen und 2 Zeiger, die an den Skalen anliegen, welche an dem Rahmen *CD* aufgetragen sind. Der Rahmen dient zugleich zur senkrechten Führung der Glocke, die andererseits unten ein Kreuz mit einer kreisrunden Oeffnung trägt, und hiemit eine zweite Führung durch die Röhre findet, welche senkrecht in der Mitte vom Boden des Gasometers in die Höhe geht.

Der Inhalt des Gasometers beträgt beiläufig 30 Cubikfuss.

§. 8.

Der Gebrauch des Apparates ist folgender:

Der Hahn *b* des Gasometers wird geschlossen, der Hahn *a* aber geöffnet. Hierauf wird die Glocke in die Höhe gezogen, bis die Zeiger am Nullpunkt der Skalen stehen und das Gewicht *Q* so regulirt, dass das Wasser-Manometer einen Druck von 1½ Zoll anzeigt.

Zur Abkürzung des Aichgeschäftes ist es gestattet, mehrere Gaszähler gleicher Grösse gleichzeitig der Prüfung zu unterwerfen, indem man sie miteinander verbindet.

Jedoch dürfen von Gaszählern bis zu 50 Cubikfuss stündlichen Verbrauches höchstens 6, über 50 und bis 80 Cubikfuss stündlichen Verbrauches höchstens 3, über 80 und bis 200 Cubikfuss stündlichen Verbrauches höchstens 2 gleichzeitig geprüft werden. Gaszähler von mehr als 200 Cubikfuss stündlichen Verbrauches müssen einzeln geprüft werden.

Die zur Prüfung aufgestellten Gaszähler werden nun so weit mit Wasser gefüllt, bis dasselbe aus dem Abflussrohre auszufliessen beginnt, und auf die Ausströmungsöffnung des letzten Gaszählers wird ein mit einem Hahne versehenes Ausflussrohr luftdicht aufgeschraubt, welches die Stelle der Brenner vertritt, und nach Bedarf mehr oder weniger verengt werden kann. Nach dieser Vorbereitung öffnet man den Hahn *b* und lässt aus dem Gasometer so viel Luft durch den Gaszähler strömen, bis die niedrigste Zählwerkswelle eine ganze Umdrehung vollendet hat.

Ist der Gaszähler genau richtig, so muss die auf ihm angegebene Zahl der durchgegangenen Cubikfusse genau mit der Cubikfusszahl stimmen, welche durch die Zeiger des Gasbehälters als aus diesem ausgeströmt angezeigt werden. Gaszähler, welche um 2% in ihren Angaben hievon abweichen, werden zurückgegeben, und sind von der Stempelung ausgeschlossen.

Dieses Verfahren gibt nur unter der Voraussetzung, dass die Temperatur der Luft des Gasometers mit der des Gaszählers übereinstimmt, richtige Resultate. Bekanntlich ist dies im Winter in geheizten Zimmern schwierig zu erreichen. Es ist daher in allen Fällen erforderlich, die Temperatur der Luft des Gasometers und die Temperatur des Wassers des Gaszählers zu ermitteln. Ein Temperatur-Unterschied von 1° C. hat eine Volumsänderung der Luft von 0,003665 zur Folge, und eine Temperatur-Differenz von 3° C ändert das Volumen um beinahe genau 1%, d. h. wenn die Temperatur der Luft des Gasometers um 3° C höher ist, als die des Gaszählers, so gibt der Gaszähler 1% weniger an, als der Gasometer.

Die Temperatur der Luft des Gasometers wird durch ein in die Gasglocke luftdicht eingeschraubtes Thermometer bestimmt, und die Temperatur des Wassers im Gaszähler durch ein in das Wasser eingetauchtes Thermometer.

Ist ein Gasabgabs-Vertrag auf englisches Maass abgeschlossen, so wird zur Umwandlung dieses Maasses in bayerisches angenommen, dass 100 Cubikfuss englisch gleich 113,80 Cubikfuss bayerisch sind.

§. 9.

Da eine zu grosse Rotationsgeschwindigkeit der Trommel eine Schwankung des Wasserstandes und eine Unsicherheit in den Angaben der Gasmengen hervorbringt, so wird vorgeschrieben, dass ein Gaszähler für 3 Flammen oder 15 C' pro Stunde nicht mehr als 120, jeder grössere Gaszähler nicht mehr als 100 Umdrehungen pro Stunde machen soll. Hiezu ist erforderlich, dass die Gasquantität, welche die Trommel bei einer Umdrehung liefert, bei einem Gaszähler für

| | | | | | | | | |
|---|---|---|---|---|---|---|---|---|
| 3 | Flammen | (15 c') | pro | Stunde | betrage: | 1/8 | Cubikfuss | |
| 5 | " | (25 ") | " | " | " | 1/4 | " | |
| 10 | " | (50 ") | " | " | " | 1/2 | " | |
| 20 | " | (100 ") | " | " | " | 1 | " | |
| 30 | " | (150 ") | " | " | " | 1 1/2 | " | |
| 50 | " | (250 ") | " | " | " | 2 1/2 | " | u. s. w. |

Die Prüfung dieses Verhältnisses ist vom Aichmeister in folgender Weise vorzunehmen:

Man stelle den Zeiger der niedrigsten Zählwerkswelle auf Null, und bringe auf der Trommel durch die bei der Prüfung offene Ausgangsöffnung der Uhr eine sichtbare, nicht durch Wasser zu verwischende Marke an. Dann lasse man je nach der Grösse der Uhr einen oder einige Cubikfuss Luft durch die Uhr gehen, und notire, wie oft die Marke auf der Trommel vor der Ausgangsöffnung vorbeipassirt, d. h. wie oft die Trommel sich umdreht.

So erhält man durch unmittelbare Beobachtung und Ablesung direkt das gewünschte Verhältniss. Für 1 Cubikfuss darf ein Gaszähler von

| | | |
|---|---|---|
| 3 Flammen | (15 c' pr. Stunde) | 8 Umdrehungen |
| 5 „ | (25 „ „ „ ) | 4 „ |
| 10 „ | (50 „ „ „ ) | 2 „ |
| 20 „ | (100 „ „ „ ) | 1 „ |

machen u. s. w.

Ist die Umdrehungsgeschwindigkeit, welche erforderlich ist, um das für den Gaszähler normirte Gasquantum pro Stunde zu liefern, grösser, als hier angegeben, so ist der Gaszähler zurückzugeben und von der Stempelung auszuschliessen.

Bei der Aichung ist das auf dem letzten der zu prüfenden Gaszähler aufgeschraubte Ausströmungsrohr nur so weit zu öffnen, dass die Rotationsgeschwindigkeit der Trommel den oben angegebenen normalen Verhältnissen nahezu gleichkommt.

§. 10.

Genügen die zur Prüfung gebrachten Gaszähler den in §. 8 und 9 angegebenen Voraussetzungen, so wird zur Stempelung geschritten.

Es wird zuerst das im §. 6 erwähnte Blechkästchen über die Gasuhr gesetzt, und an drei Stellen seines unteren Randes vom Aichungsbeamten verloren festgelöthet, so dass die vollständige Verlöthung hinterher geschehen kann. Damit aber die Richtigkeit der Zählung sicher gestellt werde, muss auf eine der Löthstellen, die zu diesem Behufe etwas reichlich mit Zinn zu versehen ist, der Aichstempel geschlagen werden.

Hierauf wird die Schlussplatte des Vorderkastens des Gaszählers auf dem übergreifenden, ringsum verlötheten Rande an zwei Stellen mit dem Aichstempel auf vorher aufgeschmolzene Zinntropfen versehen.

Endlich wird die Rückwand des Gaszählergehäuses ebenfalls auf dem übergreifenden Rande mit einem Zinntropfen versehen, und der Aichstempel aufgetragen.

Diese Stempel müssen sämmtlich so angebracht werden, dass die eine Hälfte auf den einen, die andere Stempelhälfte auf den andern Rand der zu verbindenden Theile zu stehen kommt.

Gaszähler, deren Theile nicht durch Löthung, sondern durch Schrauben verbunden sind, wie diess bei allen gusseisernen Zählern der Fall ist, werden mit Stempel an einer Plombe versehen. Je zwei einander diametral gegenüberliegende Schraubenköpfe werden mit Löchern versehen, und durch sie wird eine Drahtschlinge gezogen, deren Ende durch die mit dem Aichstempel versehene Plombe verbunden wird

§. 11.

Für die Aichung der Gaszähler sind an Gebühren zu zahlen:

| Bei Gaszählern für Flammen | Bei einem Gasverbrauch pro Stunde von | Für noch nicht geaichte Gaszähler | | Für Revision früher geaichter Gaszähler | |
|---|---|---|---|---|---|
| | | fl. | kr. | fl. | kr. |
| 3 Flammen | 15 Cubikfuss | — | 36 | — | 18 |
| 5 „ | 25 „ | — | 48 | — | 24 |
| 10 „ | 50 „ | 1 | 12 | — | 36 |
| 20 „ | 100 „ | 1 | 36 | — | 48 |
| 30 „ | 150 „ | 2 | — | 1 | — |
| 40 „ | 200 „ | 2 | 24 | 1 | 12 |
| 50 „ | 250 „ | 2 | 48 | 1 | 24 |
| 60 „ | 300 „ | 3 | 12 | 1 | 36 |
| 80 „ | 400 „ | 3 | 36 | 1 | 48 |
| 100 „ | 500 „ | 4 | — | 2 | — |

Für je 20 Flammen mehr, oder 100 Cubikfuss grösseren stündlichen Verbrauch, werden 12 kr. — 6 kr mehr in Ansatz gebracht.

Werden 6 Gaszähler von 3 bis 10 Flammen, oder 3 Gaszähler von 20 Flammen, oder 2 Gaszähler von 30 oder 40 Flammen zugleich zur Aichung gebracht, so werden die Aichgebühren um ein Drittheil ermässigt.

Entspricht dagegen ein zur Aichung gebrachter Gaszähler keiner der oben angeführten Arten, so findet der Abgabensatz für die nächst höhere Gasmenge Anwendung.

§. 12.

Gaszähler, deren Angaben um mindestens 2 Prozent fehlerhaft sind und solche, bei denen die Achse der Trommel eine für die durchgehende Gasmenge zu grosse Geschwindigkeit besitzt, werden ungeaicht zurückgegeben.

§. 13.

Für Gaszähler, welche bei der Prüfung nicht entsprochen haben, ist nur die Hälfte der im §. 11 verzeichneten Gebühren zu entrichten.

Werden solche Gaszähler nach vorgenommener Verbesserung zum zweiten Male zur Aichung gebracht, so ist — wenn gleichzeitig die Quittung über die früher bezahlten Gebühren mit vorgelegt wird — nur die zweite Gebühren-Hälfte zu bezahlen.

§. 14.

Ueber die vollzogene Aichung eines jeden Gaszählers wird dem Betheiligten ein Aichschein ausgestellt, der zugleich als Quittung über die Bezahlung der Aichgebühr dient.

Für diesen Aichschein wird folgendes Formular vorgeschrieben:

„Aichschein über den Gaszähler für . . . . Flammen Nro. . . . (laufende Protokollsnummer.)

„Der Gaszähler für . . . . Flammen mit der Fabriknummer . . .
„verfertigt von . . . . . . . . (Name und Wohnort des Fabrikanten)
„wurde geprüft, richtig befunden und gestempelt.

„Ueber den Empfang der Aichgebühren von . . . fl. . . . kr. wird
„hiemit quittirt.

„N. N. den . . . . . . . . 18

„Der verpflichtete Aichmeister N. N."

Am Fusse des Aichscheines ist noch zu bemerken, ob der Gaszähler neu oder schon gebraucht war.

§. 15.

Ueber Gaszähler, die in der Prüfung nicht richtig befunden wurden, wird ein Rückgabeschein nach folgendem Formulare ausgestellt:

„Rückgabeschein über den Gaszähler für . . . Flammen Nro. . . .
(Protokollsnummer.)

„Der Gaszähler für . . . . Flammen mit der Fabriknummer . . .
„verfertigt von N. N. (Name und Wohnort des Fabrikanten) wurde geprüft.

„Er wurde als fehlerhaft in . . . . . . (Angabe des Grundes der
„Zurückweisung) zurückgegeben.

„Ueber den Empfang der Aichgebühren, bestehend in . . . fl. . . . . kr.
„quittirt.

„N. N. den . . . . . . . . . 18 . .

„Der verpflichtete Aichmeister N. N."

Am Fusse dieses Scheines ist weiters noch die Bemerkung beizufügen, dass — wenn ein zurückgegebener Gaszähler wiederholt der Prüfung unterstellt wird, auf Ermässigung der Prüfungsgebühr nur dann Anspruch gemacht werden kann, wenn der bei der ersten Prüfung ausgestellte Rückgabeschein producirt wird.

§. 16.

Ueber Gaszähler, welche bei der zweiten Prüfung richtig befunden wurden, wird ein neuer Aichschein nach dem Formular §. 14 ausgestellt.

Bei Berechnung der Aichgebühr wird der Grund der Ermässigung angeführt und der produzirte Rückgabeschein als Rechnungsbeleg bei den Akten behalten.

Die Aichscheine und die Rückgabescheine werden gestempelt.

§. 17.

Das von den Aichmeistern zu führende Protokoll ist in nachstehend tabellarischer Form einzurichten.

*Protokoll über die in N. vorgenommene Aichung von Gaszählern.*

| Jahr und Tag der Aichung | Nummer des Aichscheines | Name und Wohnort des Fabrikanten | Fabrik-Nummer des Gaszählers | Anzahl der Flammen, für welche der Gaszähler construirt ist | Anzahl der Cubikfusse, welche der Gaszähler pr. Stunde durchlassen soll | Erhobene Aichgebühren | | | Bemerkungen |
|---|---|---|---|---|---|---|---|---|---|
| | | | | | | fl. | kr. | dl. | |

Die Rückgabe unrichtig befundener Gaszähler ist in einem gesonderten, übrigens nach obigem Formular eingerichteten Protokolle zu verzeichnen, und hiebei in der Rubrik „Bemerkungen" der Grund der Zurückweisung anzugeben.

§. 18.

Die Verpflichtung der Aichmeister auf pünktliche Beobachtung dieser Instruction hat mittelst Handgelübde zu erfolgen und ist sonach die erfolgte Constituirung der Aichanstalt, der Name des Aichmeisters und der Aichgebühren-Tarif öffentlich bekannt zu machen.

Die vierteljährige Revision der Aichprotokolle hat sich auf die ganze Behandlung des Aichgeschäftes, insbesondere auf die Gebühren-Ansätze zu erstrecken.

Bei Wahrnehmung von Unregelmässigkeiten ist gegen die Aichmeister vom disciplinären Standpunkte aus einzuschreiten.

---

## Protokollarischer Bericht
### über den Befund der neu errichteten Gasanstalt in Rastatt.

Die Stadtgemeinde Rastatt war bei der heutigen Prüfung des neuen Gaswerks vertreten durch Herrn Oberschulrath Dr. *Frick* von Carlsruhe, der Unternehmer Herr *Morstadt*, durch Herrn *Simon Schiele*, Gasdirektor aus Frankfurt a. M., und diese beiden hatten Herrn Professor *Beylich* aus München als Obmann erwählt, der gleichfalls anwesend war.

Nach Einsichtnahme des Vertrags vom 25. Oktober 1862 und seiner Abänderungen nahmen die Experten in Anwesenheit des Herrn Gemeinderaths *Ellenbast* als Vertreter der Stadt und des Herrn *Morstadt* selbst, eine Besichtigung und Vermessung des Werkes und der Apparate vor und fanden, dass die Ausführung Aller im vollkommenen Einklange mit den Vertragsbestimmungen steht.

Die Hochbauten, aus Retortenhaus mit feuerfestem eisernem Dache, — aus Reinigungsgebäude mit Uhr, Regulator und Photometer-Raum, sowie mit einer Schmiedwerkstätte versehen, aus Wohngebäude, aus einem bedeckten Gange nach den Lagerräumen für Kohlen, Coaks und andere Materialvorräthe und aus diesen Räumen selbst bestehend, sind stark, solid und in ihrem Aeussern gefällig und schön ausgeführt.

Die unter der Erde liegenden Bauten, als: zwei Gasbehälter-Cisternen, eine Theergrube und ein Brunnen zeigen, was die ersten beiden betrifft, vollkommene Wasserdichtigkeit und soweit das letztern angeht, die in dem Vertrage vorgesehenen Verhältnisse.

Die Beurtheilung der Güte aller dieser von Herrn Werkmeister *J. Belzer* meisterhaft ausgeführten Bauten, welche nach der übrigen Ausführung zu urtheilen, gleichfalls untadelhaft sein werden, unterlagen der speciellen Beaufsichtigung Seitens der Stadtbehörde während des Baues und vernahmen die Experten gern die bezüglichen günstigen Erklärungen des Herrn Gemeinderaths *Ellenbast*.

Auch in den Apparaten zeigte sich überall die genaueste Uebereinstimmung mit den Vertragspunkten.

Im Retortenhause fanden sich vier constructiv völlig richtig und mit gutem Ansehen ausgeführte Retorten-Oefen vor, davon einer mit 5, einer mit 4, einer mit 3 und einer mit 2 Thonretorten (von 20" Weite, 12" Höhe im Lichten und 9 Fuss englisch ganzer Länge) versehen war.

Mundstücke, aufsteigende, Brücken und Tauchröhren nebst erster Vorlage, alle in gehöriger Weite und mit leicht abnehmbaren Deckeln versehen, waren vorhanden.

Der fünfretortige Ofen war im Gange und zeigte eine gleichförmige gute Hitze.

Jeder der 4 Oefen ist mit einem theils gemauerten, theils gusseisernen Kamine versehen, der über das Dach des Retortenhauses hinausreicht.

Bei dem liegenden Condensator aus 6zölligen mit den übrigen Verbindungsröhren der Apparate gleich weiten Röhren zusammengesetzt, ist gerade wie bei den ersten Vorlagen für einen leichten Theerabfluss nach der Theergrube gesorgt.

Der Wascher und die trockenen Reiniger, wie überhaupt alle Apparate sind vollkommen dicht aufgestellt, sorgfältig montirt und haben den Vorschriften des Vertrags gemäss bei 3½ Fuss Höhe, 4 Fuss Breite und 10 Fuss Länge.

In jedem der Reiniger liegen 4 Hortenreihen übereinander und ist zu deren beliebigen Umgangsetzung und Anschaltung die nöthige Anzahl Schieber-Ventile und Verbindungsröhren verwendet.

Die Stationsuhr, aus einer anerkannten Fabrik herrührend, vermag die vorgeschriebenen 2000 Cubikfuss in der Stunde vollauf zu bemessen und der im gleichen Raume stehende Regulator die gleiche Menge in gleicher Zeit unter gleichmässigem Drucke regelmässig nach der Stadt zu befördern.

Das Zuführungs-Ventil vor dem Regulator hat eine starke und schöne Säule und ist der Manometertisch in dem gleichen Zimmer mit 7 guten und schönen Druckmessern und ebensovielen davor liegenden Krahnen zur Prüfung des Gases auf seine Reinheit ausgestattet.

Bei dem in besonderem Zimmer stehenden Bunsen'schen Photometer ist eine Probiruhr mit Manometer aufgestellt.

Der Gasbehälter sind zwei, jeder von 31⅓ engl. Fuss Durchmesser und 13¼ Fuss Höhe, also von 10,400 engl. oder 10,900 badischen Cubikfuss Inhalt.

Zieht man hiervon wegen der Theile der Seitenwände, welche als Abschluss im Wasser bleiben müssen, 200 Cubikfuss ab, so ist der nutzbare Inhalt eines jeden Gasbehälters immer noch über 10,000 Cubikfuss.

Jeder Gasbehälter hat noch einen besonderen Röhrenbrunnen mit den 6zölligen Aus- und Eingangsröhren und die nöthigen Abschlussventile.

Die Gasbehälterführungen sind gusseiserne Säulen mit schmiedeisernen Verbindungsstäben.

Die Blechdicke der Gasbehälter-Glocken musste als richtig angenommen werden, da eine Messung nicht mehr wohl ausführbar war. Das geometrisch genaue Ansehen der Behälter macht deren Anfertigern alle Ehre.

Eine Wohlthat für den Betrieb des Werkes ist die Zuführung der städtischen Wasserleitung in dieselbe. Zum Auspumpen der Syphons in dem Werke und ausserhalb desselben ist statt einer eisernen eine messingene Pumpe üblicher Construction vorhanden.

Dafür dass die Röhren in den Strassen überall den Plänen gemäss in Weite und Länge gelegt worden sind, wird wohl die Ueberwachung der Gemeindebehörde gesorgt haben und lag es den Experten nur ob, die Dichtigkeit des Röhrensystems zu constatiren.

Der Versuch wurde öfters hinter einander angestellt und ergab bei einem Durchschnittsdruck von 7 Linien eine mittlere Durchströmung von:

34⅟₁₀ Cubikfuss engl. in der Stunde
826 „ „ in 24 Stunden
301,844 „ „ in einem Jahr.

Nach den vorgenommenen Rechnungen ergibt das Werk eine annähernde Leistungsfähigkeit von 28 bis 30,000 Cubikfuss in den längsten Winternächten, was einem Jahresverbrauch von 3 bis 4½ Millionen Cubikfuss entspricht.

Die gefundenen Entweichungen würden also, vorausgesetzt dass während des Versuches nirgends in der Stadt Gas verbraucht wurde, was nicht festgestellt werden konnte, einem Jahresverluste von 10 bis 6⅞ Prozent entsprechen, ein Verhältniss, das von den meisten Gasanstalten als ein ganz günstiges angesehen wird, bei einem neuen Röhrensystem aber als ein zufriedenstellendes immerhin zu bezeichnen ist.

Eine am Abend vorgenommene Druckprobe mit gleichzeitigen Beobachtungen auf dem Werke und an der Laterne Nr. 53 an der Wilhelmskaserne und an der Laterne Nr. 104 am Engel ergab während der Benutzung der ·sten Flammen in der Stadt einen Unterschied von ¾ Linien Abnahme für die erstgenannte hochgelegene Laterne und von 1¼ Linien Abnahme für die letztgenannte tief gelegene Laterne, so dass auch die Vertheilung des Röhrennetzes als dem vorhandenen Bedarfe entsprechend und als richtig betrachtet werden muss.

Dass die Bauzeit nicht nur ist eingehalten worden, sondern der Stadt das Werk auch konnte wesentlich früher als bedungen übergeben werden, geht daraus hervor, dass der Fertigstellungs-Termin in dem Vertrage auf den Oktober angesetzt war, die Uebergabe aber schon im September erfolgt ist.

Sollen die Unterzeichneten ein Schlussurtheil über die Anlage fällen, so geht es mit Einstimmigkeit und aus voller Ueberzeugung dahin: dass das Werk ein ganz vollkommenes und gelungenes darf genannt werden.

Der Herr Unternehmer *Morstadt* hat für den bedungenen niedrigen Preis etwas ganz Solides und Gutes hergestellt und nirgends eine die Dauerhaftigkeit des Werkes beeinträchtigende Sparsamkeit befolgt.

Der ausführende Ingenieur Herr *C. Lang* verstand es, eine zweckmässige, übersichtliche, den Betrieb sehr erleichternde Disposition in der Anlage des Ganzen zu treffen und das Werk systematisch, gut und schön dem jetzigen Stande des Faches angemessen durchzuführen.

Die Stadt aber besitzt neben einer schönen betriebsfähigen und dauerhaften, auch eine billige Anlage, die bei einer richtigen Verwaltung und Pflege und bei sorgsamer Instandhaltung sicher diejenige Rente abwerfen wird, die mit Recht von ihr erwartet werden darf.

So geschehen Rastatt am sechs und zwanzigsten September 1863.

gez. Professor *Beylich* als Obmann.
gez. Dr. *J. Frick* als Vertreter der Stadt Rastatt.
gez. *Simon Schiele* als Vertreter des Hrn. *Morstadt*.

Für die Richtigkeit der Abschrift:
Rastatt, den 27. September 1863.

Das Bürgermeister-Amt.
(L. S.) *Sallinger.*

---

# Die Gasbeleuchtung in Kiel.

## Betriebsbericht der städtischen Gasanstalt in Kiel

über das Jahr vom 1. April 1862 bis dahin 1863.

Dem mit ausführlichen tabellarischen Nachweisen versehenen Bericht entnehmen wir Folgendes:

Die Steigerung der Gasproduction stellt sich in den verschiedenen Betriebsjahren wie folgt:

| | | | | |
|---|---|---|---|---|
| $18^{57}/_{58}$ | an | Gas | producirt: | 11,332,250 c' |
| $18^{58}/_{59}$ | „ | „ | „ | 12,706,140 „ |
| $18^{59}/_{60}$ | „ | „ | „ | 13,000,000 „ |
| $18^{60}/_{61}$ | „ | „ | „ | 13,420,910 „ |
| $18^{61}/_{62}$ | „ | „ | „ | 14,408,930 „ |
| $18^{62}/_{63}$ | „ | „ | „ | 15,105,400 „ |

Bemerkenswerth ist die Zunahme **der Gasabgabe an Private, wie folgender** Vergleich darthut:

| | | | | | |
|---|---|---|---|---|---|
| $18^{57}/_{58}$ | abgegeben | an | Private: | 7,022,700 | c' |
| $18^{58}/_{59}$ | „ | „ | „ | 8,365,700 | „ |
| $18^{59}/_{60}$ | „ | „ | „ | 9,037,500 | „ |
| $18^{60}/_{61}$ | „ | „ | „ | 9,117,100 | „ |
| $18^{61}/_{62}$ | „ | „ | „ | 9,572,000 | „ |
| $18^{62}/_{63}$ | „ | „ | „ | 10,519,910 | „ |

Also gegen das Vorjahr eine Zunahme von 947,310 c' oder 9,9%.

Die Anzahl der Privatflammen, welche um 390 gestiegen, beträgt jetzt 4380 und es kommt auf jede einzelne an Gas pro anno 2394 c'. Der grösste Consum war am 13. Januar mit 82,960 c'. Hiervon fallen auf die Stunden von 4 bis 10 Uhr Abends 49,000, also pro Brennstunde 8,166 c', wovon auf den Privatconsum 6,200 c'. Der geringste Consum war am 11. Juni mit 12,120 c'.

Die Strassenflammen sind nicht vermehrt worden, und **ist deren Zahl** 344 geblieben. Der Consum hat sich günstiger gestellt, da

$18^{61}/_{62}$ selbiger betrug 3,647,748 c' bei 648,094 Brennstunden
$18^{62}/_{63}$ „ „ 3,583,028 „ „ 651,638 „

oder respective 5,62 und 5,49 c' pro Brennstunde. Da durch eine zu niedrige Berechnung des Consums der öffentlichen Laternen der Verlust sich grösser **stellen** würde, so sei bemerkt, dass dieser sehr günstig ausfällt;

nämlich $18^{61}/_{62}$ betrug der Verlust 4,01% der ges. Abgabe
$18^{62}/_{63}$ „ „ „ 3,34% „ „ „

Durch Zusatz guter Cannelkohlen wurde die Lichtstärke im Durchschnitt auf 15 Wachskerzen bei 6 c' stündl. Consum eines Argandbrenners erhalten. Nach dem Erdmann'schen Gasprüfer war die Ablesung an der Scala im Mittel 32½°, und das specifische Gewicht im Mittel 0,4.

Zur Entgasung kamen die cokenden Kohlen New-pelton-, Pelaw- und Waldridge-Kohlen von Newcastle. Es wurden mit diesen 3 Sorten vergleichende Versuche angestellt, und sind die Resultate folgende:

| | | | | ergaben an Gas | an Cokes | erforderten an Cannelzusatz |
|---|---|---|---|---|---|---|
| 300 | Pfd. | der | New-pelton-Kohle | 1760 c' | 1,6 Ton. | 6,5% |
| „ | „ | „ | Pelaw „ | 1810 „ | 1,65 „ | 6,6 „ |
| „ | „ | „ | Waldridge „ | 1840 „ | 1,68 „ | 5,7 „ |

**Die Versuche** wurden angestellt mit gut stehenden Oefen, die Cokes gemessen so wie sie gezogen waren, und der Cannelzusatz so regulirt, dass die Lichtstärke jedesmal = 15 Wachskerzen. Die Cokes der Waldridge waren zur Unterfeuerung die wirksamsten, in den Steigröhren schmutzte diese Kohle am wenigsten und hat sie die wenigsten Schwefelkiese. Es wird daher diese Kohle fortan bezogen. Die $18^{62}/_{63}$ bezogene New-pelton war weit besser als im Vorjahre, sie war gröber und weit ergiebiger. Im Jahresdurchschnitt ist die Gasausbeute folgende:

$18^{61}/_{62}$ ergaben 100 Pfd. Kohlen 504 c' Gas
$18^{62}/_{63}$ „ 100 „ „ 589 „ „

also in diesem Jahre ein plus **von 16,8%**.

Die vorstehend genannten 3 Sorten cokender Kohlen ergaben Cokes von guter Quantität und Qualität. Vergleichen mit dem Vorjahre hat man:

| 1 Tonne Kohlen zu 300 Pfd. ergab an Cokes: | $18^{61}/_{62}$ | $18^{62}/_{63}$ |
|---|---|---|
| a) zum Selbstverbrauch . . . . . . . . | 0,78 To. | 0,77 To. |
| b) zum Verkauf . . . . . . . . . . . | 0,75 „ | 0,82 „ |
| Summa | 1,53 To. | 1,59 To. |

Da weniger zerschlagene Cokes zum Verkauf kamen, so gestaltete sich die Einnahme günstiger, den die Cokes von 1 Tonne Kohlen ergaben

im Jahre $18^{61}/_{62}$ an Einnahme 58,2 β
„ „ $18^{62}/_{63}$ „ „ 64,6 „

also einen baaren Gewinn von 11%.

Die Theergewinnung war ähnlich wie im Vorjahre, nämlich:

von 100 Pfd. Kohlen 4,08 Pfd. Theer,
$18^{62}/_{63}$ „ 100 „ „ 4,06 „ „

Die Tonne Theer zu 300 Pfd. wurde im Durchschnitt verwerthet mit 2 Thlr. 77 β.*) Das Ammoniakwasser wurde nur theilweise abgegeben, und der im vorigjährigen Bericht erwähnte Contract wurde Seitens des Abnehmers gekündigt.

Es wurden die Oefen Nr. 3 u. 4 neu gebaut, theilweise mit belgischen Retorten (von *Boucher* in St. Ghislain), theils mit Flensburger (von *Niemann*) versehen. Sämmtliche Oefen arbeiteten gut, wie folgende Parallele zeigt:

| Die Ladung einer Retorte betrug | $18^{61}/_{62}$ | $18^{62}/_{63}$ |
|---|---|---|
| im Durchschnitt | 151,7 Pfd. | 150,78 Pfd. |
| Eine solche Ladung ergab an Gas | 767 c' | 923 c' |
| Jede Retorte lieferte in 24 Stunden | 3860 „ | 4296 „ |

Die Destillationszeit ist dieselbe geblieben, nämlich 4½ Stunden.

Zur Unterfeuerung waren erforderlich auf je 100 Pfd. Kohlen 27,82 Pfd. Cokes.

Die Maschine für den Exhaustor stand stille vom 11. Mai bis 23. Aug., war also 261 Tage in Betrieb. Für die Kesselfeuerung war erforderlich:

| | | |  |  |
|---|---|---|---|---|
| 70 Tonnen | Cokes zum Werthe von | | 68 Thlr. | 32 β. |
| 238 „ | Cannelcokes zum Werthe von | | 79 „ | 32 „ |
| 163,5 „ | Cokes-Lese „ „ „ | | 54 „ | 48 „ |
| 2,083 „ | Theer „ „ „ | | 5 „ | 80 „ |
| Es kostete also die Kesselfeuerung: | | | 198 Thlr. | — β. |
| Im Vorjahre | | | 264 „ | 27 „ |

Der milde Winter hat diese Ersparung wesentlich veranlasst, da für die Reinigungsräume und das Wasser in den Behältern, welche durch Dampf geheizt, resp. eisfrei gehalten werden, fast keiner erforderlich war. An den Apparaten ist nichts geändert, nur sind für die Reinigungsgefässe 2 Reservedeckel angefertigt.

Bisher wurde die Laming'sche Masse, sobald sie schwer regenerirte, abgebrannt, und somit der freie Schwefel entfernt. Da aber diese Operation einen sehr unangenehmen Geruch in der Nachbarschaft verbreitet, so ist selbige abgestellt. Dadurch wird die Ausgabe für Eisenvitriol und Kalk um Einiges erhöht. Es wurden mit 1 c' Masse 1760 c' Gas gereinigt.

Die Erweiterung des Röhrennetzes fand nur an 2 Punkten statt.

Es beträgt die gesammte Länge des Röhrennetzes 56,457 Fuss.

Die Selbstkosten betragen:

18⁶⁹/₇₀ pro 1000 c' Gas 1 Thlr. 26,59 β.

während 18⁶⁷/₆₈ „ „ „ „ 1 „ 50,51 „

also 23,92 β oder 16,6°/₀ geringer.

Der Brutto-Ertrag ergibt sich aus folgenden Zahlen:

| | | | |
|---|---|---|---|
| 1) Zinsen des Anlage-Capitals | 5040 | Thlr. | — β. |
| 2) Capitalabtrag | 10,200 | „ | — „ |
| 3) Surplus | 3121 | „ | 5 „ |
| 4) Mehrkosten der öffentl. Erleuchtung | 1613 | „ | 17 „ |
| Summa | 19,974 | Thlr. | 22 β. |

oder 11,749°/₀ des angeliehenen Capitals.

**Abrechnung.**

| | | Einnahme. | Special-Summe Rthlr. | β | Haupt-Summe Rthlr. | β |
|---|---|---|---|---|---|---|
| 1 | An | Cassa-Behalt am Schlusse des vorigjährigen Rechnungsjahres . . . . . . . . . . . | — | — | 2271 | 19 |
| 2 | „ | Vergütung für die öffentliche Erleuchtung pro 3,583,023 c' Gas . . . . . . . . . . | 4000 | — | | |
| 3 | „ | Gas von den Privatconsumenten laut Gaszähler 10,488,000 c' . . . . . . . . . . . | 27965 | 16 | | |
| 4 | „ | 6 Privat-Strassenflammen . . . . . . . . | 100 | — | | |
| 5 | „ | Cokes (6219 Tows 7 Spint.) . . . . . . | 5306 | 91 | | |
| 6 | „ | Asche (24 Tonnen) . . . . . . . . . . | 2 | — | | |
| 7 | „ | Theer (270,97 Tonnen) . . . . . . . . | 760 | 86 | | |
| 8 | „ | Cokes-Transport . . . . . . . . . . . | 64 | 3 | | |
| 9 | „ | diverse Betriebsproducte . . . . . . . | 187 | 15 | | |
| | | | | | 38389 | 20 |
| 10 | „ | Gaszählermiethe . . . . . . . . . . . | 920 | 91 | | |
| 11 | „ | verkaufte Gaszähler . . . . . . . . . | 448 | 40 | | |
| 12 | „ | neue Gaslichteinrichtungen . . . . . . | 4141 | 85 | | |
| 13 | „ | Verlängerungen und Reparaturen der vorhandenen Einrichtungen . . . . . . . . . . | 1117 | 31 | | |
| 14 | „ | verkaufte Fittingssachen . . . . . . . | 488 | 94 | | |
| | | | | | 7116 | 39 |
| 15 | „ | zufällige Einnahmen . . . . . . . . . | 809 | 92 | | |
| 16 | „ | vorigjährige Ausstände . . . . . . . . | 191 | 58 | | |
| 17 | „ | zurückbezahlte Capitalien . . . . . . | 7100 | — | | |
| | | | | | 8101 | 54 |
| | | Summa . . Rthlr. | | | 56878 | 76 |

| | Ausgabe. | Special-Summe Rthlr. | β | Haupt-Summe Rthlr. | β |
|---|---|---|---|---|---|
| | **A.** *Ausgaben für den Betrieb.* | | | | |
| 1 | Per Kohlen | 9347 | 76 | | |
| 2 | „ Reinigungsmasse | 108 | 44 | | |
| 3 | „ Arbeitslohn im Werke | 3540 | 69 | | |
| 4 | „ Laternenwärterlohn | 1100 | — | | |
| 5 | „ Oel, Dochte und Zündhölzer | 79 | 10 | | |
| 6 | „ diverse Ausgaben (Lehm, Sand, Theertonnen etc. | 307 | 90 | | |
| | | | | 14484 | 10 |
| | **B.** *Ausgaben für Unterhaltung des Werkes.* | | | | |
| 1 | Per Ofenbau und was dafür an Material eingegangen | 720 | 25 | | |
| 2 | „ Reparatur der Geräthe | 196 | 56 | | |
| 3 | „ Reparatur der öffentlichen Laternen | 220 | 60 | | |
| 4 | „ Reparatur der Apparate | 275 | 8 | | |
| 5 | „ Reparatur der Gebäude | 400 | 84 | | |
| 6 | „ diverse Ausgaben | 19 | 62 | | |
| | | | | 1832 | 91 |
| | **C.** *Generalunkosten.* | | | | |
| 1 | Per Gehalte | 2254 | — | | |
| 2 | „ Abgaben, Feuerversicherung | 173 | 91 | | |
| 3 | „ Drucksachen, Schreibmaterialien | 398 | 56 | | |
| 4 | „ Briefporto, Reisekosten | 22 | 5 | | |
| 5 | „ Zinsen | 5040 | — | | |
| 6 | „ Kapitalabtrag | 10200 | — | | |
| 7 | „ diverse Ausgaben | 144 | 13 | | |
| | | | | 18237 | 06 |
| | **D.** *Ausgaben für Privatleitungen, Werkstatt u. Magazin.* | | | | |
| 1 | Per Arbeitslohn für neue Gaslichteinrichtungen | 719 | 34 | | |
| 2 | „ „ für Reparatur derselben | 81 | 8 | | |
| 3 | „ Gasuhren | 270 | 1 | | |
| 4 | „ Fittinggegenstände | 3024 | 37 | | |
| 5 | „ diverse Ausgaben | 187 | 09 | | |
| | | | | 4283 | — |
| | **E.** *Ausgaben für Neubauten.* | | | | |
| 1 | Per Erweiterung des Strassenrohrs und neue Laterneneinrichtungen (excl. 427 Rthlr. 38 β für dem Lager entnommenes Material etc.) | 119 | 61 | | |
| | | | | 119 | 61 |
| | **F.** *Capitalien.* | | | | |
| 1 | Per temporär belegt | 11100 | — | | |
| 2 | „ ausstehende Forderungen | 2935 | 18 | | |
| 3 | „ Cassa-Behalt am 1. April 1863 | 2046 | 22 | | |
| | | | | 16081 | 40 |
| | **Rthlr.** | | | 55078 | 76 |

## General-Bilanz am 31. März 1863.

| Activa. | Rthlr. | β | Rthlr. | β |
|---|---|---|---|---|
| Werth der Anstalt nach vorigjähriger Rechnung | 148521 | 3⅓ | | |
| Dazu für Erweiterung des Strassenrohrs, Vermehrung der Laternen etc | 547 | 3 | | |
| | 149068 | 6⅓ | | |
| Davon für Entwerthung der Gebäude, des Strassenrohrs etc. | 2000 | — | | |
| | | | 147068 | 6⅓ |
| An Betriebsproducten laut Inventar | | | 548 | 64 |
| „ Kohlenvorrath „ „ | | | 2418 | 35 |
| „ Waarenlager „ „ | | | 8907 | 72 |
| „ ausstehende Forderungen | | | 2015 | 89 |
| „ Reserve- und Erneuerungsfond | | | 15000 | — |
| „ Zinseszinsen desselben bis ult. März 1863 | | | 1684 | 92 |
| „ temporär belegte Capitalien | | | 11100 | — |
| „ Cassa-Conto ult. März 1863 | | | 2946 | 22 |
| | | | 192674 | 33⅓ |

| Passiva. | Rthlr. | β | Rthlr. | β |
|---|---|---|---|---|
| Angeliehenes Capital | 170000 | — | | |
| Capitalabtrag bis zum 1. April 1862 17000 Rthlr. | | | | |
| Desgl. pro $18^{62}/_{63}$ 2550 „ | | | | |
| „ ausserordentlicher 7650 „ | | | | |
| | 27200 | — | | |
| Mithin Forderung der Stadtcasse am 1. April 1863 | | | 142800 | — |
| Gewinn der Anstalt bis ult. März 1858 | 1731 | 56⅓ | | |
| Desgl. pro $18^{58}/_{59}$ | 7098 | 49 | | |
| „ „ $18^{59}/_{60}$ | 8010 | 44 | | |
| „ „ $18^{60}/_{61}$ | 10186 | 55 | | |
| „ „ $18^{61}/_{62}$ | 8926 | 36 | | |
| „ „ $18^{62}/_{63}$ | 13321 | 5 | | |
| | | | 49874 | 33⅓ |
| Rthlr. | | | 192674 | 33⅓ |

**Bemerkung.** Der grössere Reingewinn von 13321 Rthlr. 5 β lässt sich aus folgenden Vergleichen mit dem Vorjahre erklären:

Der Gasertrag aus einer Tonne Kohlen ergab ein plus von . 16,8%
Das Kohlenquantum war minder um . . . . . . . . . . 10,12 „
und hatte eine Minderausgabe für Kohlen zur Folge von . . 11,10 „
Die Flammenzahl hat zugenommen um . . . . . . . . . . 9,77 „
Der Consum der Privaten ist gestiegen um . . . . . . . 9,9 „
Der Gasverlust stellt sich geringer um . . . . . . . . . 11,8 „
Im Werke ein geringerer Verbrauch von . . . . . . . . . 21,5 „
Die Productionskosten pro mille stellten sich geringer um . 16,6 „

und endlich kostete die öffentliche Erleuchtung 1153 Rthlr. 32 β weniger als im Vorjahre.

## Selbstkosten des fabricirten Gases 18⁶⁹/₇₀.

| | T. | β |
|---|---|---|
| Nach der Uebersicht III waren an Kohlen für die Production von 15,105,400 Cbf. Gas erforderlich: | | |
| Cokende Kohlen 7879,3 Tonn. à 1 Thlr. 21,4 β = 9553 Thlr. 62 β | | |
| Kirkeness-Cannel 310 „ à 2 „ 76,21 „ = 806 „ 9 „ | | |
| Cowdenbeath- „ 158,5 „ à 1 „ 59,7 „ = 257 „ 6 „ | | |
| Walliford- „ 194,5 „ à 1 „ 12,5 „ = 219 „ 80 „ | | |
| Versuchskohlen 16,7 „ 28 „ — „ | | |
| Also 8559 Tonnen Kohlen kosten 10024 Thlr. 61 β | | |
| Hievon ab die Einnahme für Nebenproducte: | | |
| Für Cokes 5372 Thlr. 84 β | | |
| „ Theer 760 „ 85 „ | | |
| „ diverse Betriebsproducte 186 „ 34 „ | | |
| 6320 Thlr. 21 β | | |
| **Hiezu der Mehrwerth an Betriebsproducte** 267 „ 43 „ | | |
| 6587 Thlr. 64 β | | |
| 3436 Thlr. 93 β | | |
| Demnach kosten **1000 c' Gas** an Kohlen | — | 27,58 |
| „ „ „ „ „ „ Reinigungsmaterial (108 Thl. 44 β) | — | 0,68 |
| „ „ „ „ „ „ Arbeitslohn (3540 Thlr. 60 β) | — | 22,50 |
| „ „ „ „ „ Unterhalt. d. Oefen (720 Thl. 25 β) | — | 4,57 |
| „ „ „ „ „ „ Unterhaltung der öffentl. Laternen (1360 Thlr 20 β) | — | 8,64 |
| „ „ „ „ „ Unterhaltung der Apparate, Geräthe, Gebäude (872 Thlr. 41 β) | — | 5,56 |
| „ „ „ „ „ „ Verwaltung, Bureaukosten (2669 Thlr. 58 β) | — | 16,96 |
| „ „ „ „ „ „ Abgaben (173 Thlr. 91 β) | — | 1,10 |
| „ „ „ „ „ „ Zinsen (5040 Thlr.) | — | 32,03 |
| „ „ „ „ „ „ diverse Ausgaben (471 Thlr. 69 β) | — | 2,96 |
| Summa Thlr. | 1 | 26,59 |

## Selbstkosten der öffentlichen Erleuchtung 18⁶⁹/₇₀.

| | Thlr. | β |
|---|---|---|
| Die öffentlichen **Laternen haben nach** der Bemerkung zu Tabelle I consumirt . . . . . 3,583,023 Cbf. also nach vorstehenden Selbstkosten zu berechnen mit 1 Thlr. 17,96 β pro mille | 4252 | 93 |
| Laternenwärterlohn | 1100 | – |
| Oel, Dochte, Zündhölzer etc. | 39 | 37 |
| Reparatur der Laternen etc. | 220 | 39 |
| Mithin gesammte Selbstkosten | 5613 | 17 |
| An Vergütung von der städtischen Casse erhalten | 4000 | — |
| Also Mehrkosten **der öffentlichen Erleuchtung** | 1613 | 17 |

## Auszüge aus der Haupt- und Betriebsrechnung der Gasbeleuchtungs-Gesellschaft zu Altenburg

### auf das Verwaltungsjahr vom 1. Juli 1862 bis ult. Juni 1863.

Der vorschriftsmässigen Veröffentlichung der Rechnungsauszüge stellen wir, wie zeither, einige wenige Bemerkungen über den Stand und Fortgang der hiesigen Gasbereitungs-Anstalt voran.

Das Anlagekapital hat sich von
88,222 Thlr. 6 Ngr. — Pf. im vorigen Jahre auf
88,533 „ 26 „ — „ also um
311 Thlr. 20 Ngr. — Pf. erhöht.

Dasselbe wurde aufgebracht mit
45,000 Thlr. — Ngr. — Pf. Aktienkapital von 900 Aktien à 50 Thlr. Lit. A.
25,000 „ — „ — „ Darlehenskapital herzogl. Landesbank,
1,488 „ 27 „ 3 „ verwendeter Betrag vom Reservefonds,
18,000 „ — „ — „ Einzahlungen auf die Aktien Lit. B.
89,488 Thlr. 27 Ngr. 3 Pf. in Summa.
Hievon ist jedoch der bei der Hauptrechnung vorhandene baare Kassabestand von
955 „ 1 „ 3 „ abzuziehen, wonach sich obiger Betrag von
88,533 Thlr. 26 Ngr. — Pfd. als Anlagekapital ergibt.

Das Hauptröhrennetz umfasst gegenwärtig
22,560 Leipziger Ellen, hat sich demnach gegen voriges Jahr. wo dasselbe nur
22,418 „ „ enthielt, um
142 „ „ erhöht, wovon 95 Ellen auf Privatleitungen und 47 Ellen zur öffentlichen Beleuchtung kommen.

An Gas wurden im Laufe des Jahres fabrizirt
8,765,200 sächs. c', dagegen nur
8,486,950 „ „ consumirt, so dass sich
278,250 sächs. c' als Verlust mit 3,18 % herausstellen gegenüber dem auf besonderen Verhältnissen beruhenden hohen Verlust von 11,78 % des vorigen Jahres.

Der Verbrauch vertheilte sich mit
2,352,554 c' auf die öffentliche Beleuchtung,
251,500 „ Beleuchtung in der Anstalt,
69,800 „ für die Nachtuhr am Rathhaus,
5,779,596 „ auf Privatconsumenten,
8,473,450 c', dazu im Vorrath:
13,500 „ Vorrath,
8,486,950 c' wie oben.

Der Verbrauch ist sonach gegen voriges Jahr, wo nur
8,244,780 c' consumirt wurden, um
242,170 c' abzüglich
13,500 „
228,670 c' gestiegen.

Aus einem Scheffel Zwickauer Steinkohlen wurden im Durchschnitt 812,84 c' Gas gegen 705,22 im vorigen Jahre gewonnen.

Die Zahl der öffentlichen Laternen hat sich um 5 erhöht und beträgt gegenwärtig 188, während nebenbei, wie voriges Jahr, noch 13 Oellaternen gebrannt werden.

Die Zahl der Privatconsumenten hat sich von 240 auf 248, also um 8, die der Privatflammen von 2514 auf 2553, mithin um 39 erhöht.

Eine Privatflamme verbrauchte jährlich im Durchschnitt 2204 c' gegen 2339 c' im vorigen Jahre, während das Konsum für alle Flammen, öffentliche und Privatflammen, 3091 c' gegen 3031 c' voriges Jahr betrug.

Der Preis für das an Privatabnehmer gelieferte Gas stellte sich im Durchschnitt auf 2 Thlr. 7 Ngr. 3 Pf. pro mille sächs. gegen 2 Thlr. 8 Ngr. 1 Pf. im vorigen Jahre. Mit dem neuen Verwaltungsjahre beginnt eine wesentliche Herabsetzung des Gaspreises dahin, dass der allgemeine Preis von 2 Thlr. 16 Ngr. auf 2 Thlr. 10 Ngr. pro mille, für Konsumenten von mehr als 20,000 c' von 2 Thlr. 12 Ngr. auf 2 Thlr. 5 Ngr., für Konsumenten über 40,000 c' von 2 Thlr. 8 Ngr. auf 2 Thlr. gemindert worden ist.

Ausser den schon im Vorjahre neuerbauten 3 Gasentwickelungsöfen wurde weiter ein Druckregulator aufgestellt und mit der Herstellung eines Exhaustors vorgegangen.

Als Reinertrag der Anstalt ergab sich 6792 Thlr. 28 Ngr. 4 Pf. gegen 6421 Thlr. 14 Ngr. 2 Pf. im vorigen Jahre und konnten deshalb ungeachtet der hohen Verwendungen für Vervollkommnung der Apparate noch 11⅓ %, Dividende zur Auszahlung an die Aktionäre gelangen.

Im Uebrigen verweisen wir auf den in der bevorstehenden Generalversammlung zu erstattenden ausführlichen Rechenschaftsbericht.

Folgende Uebersichten ergeben die Resultate des Rechnungswesens:

### I. Uebersicht der IX. Hauptrechnung.

#### A. Einnahme.

| | | | |
|---|---|---|---|
| 1229 Thlr. | 21 Ngr. | 3 Pf. | berichtigter Uebertrag aus vorjähriger Rechnung, |
| 168 „ | 8 „ | 0 „ | wiedererstatteter Privatleitungs-Aufwand, |
| 2 „ | 12 „ | — „ | Gaszählermiethe, |
| 44 „ | — „ | — „ | Zinsen vom Kassenbestande, |
| 1444 Thlr. | 12 Ngr. | 2 Pf. | Summa der Einnahme. |

#### B. Ausgabe.

| | | | |
|---|---|---|---|
| 317 Thlr. | 9 Ngr. | — Pf. | weiterer Aufwand für Herstellung des Druckregulators, |
| 61 „ | 29 „ | 6 „ | Hauptröhrenleitung, |
| 89 „ | 16 „ | 3 „ | Verlag für Privatleitungen, |
| 2 „ | 1 „ | — „ | Generalkosten, |
| 470 Thlr. | 26 Ngr. | 9 Pf. | Summa der Ausgabe. |

### C. Bilance.

| | | | |
|---|---|---|---|
| 1444 Thlr. | 12 Ngr. | 2 Pf. | Summa aller Einnahme, |
| 470 „ | 25 „ | 9 „ | „ „ Ausgabe, |
| 973 Thlr. | 16 Ngr. | 3 Pf. | Summa, davon |
| 18 „ | 15 „ | 3 „ | gewährschaftlich, |
| 955 Thr. | 1 Ngr. | 3 Pf. | Summa des baaren Kassenbestandes. |

## II. Uebersicht der II. Betriebsrechnung.

### A. Einnahme.

| | | | |
|---|---|---|---|
| 8567 Thlr. | 14 Ngr. | — Pf | Uebertrag aus vorjähriger Rechnung, |
| 15779 „ | 19 „ | 8 „ | Erlös vom verkauften Gas, |
| 3300 „ | 27 „ | 5 „ | Erlös vom verkauften Koaks, |
| 223 „ | 17 „ | 5 „ | Erlös vom verkauften Ammoniaksalz, |
| 716 „ | 11 „ | 5 „ | Erlös vom verkauften Theer, |
| 120 „ | 18 „ | — „ | Erlös vom verkauften Theeröl, |
| 1 „ | 4 „ | 2 „ | Erlös vom verkauften schweren Theeröl, |
| 2 „ | 7 „ | 5 „ | Erlös von verkaufter Wagenschmiere, |
| 6 „ | — „ | — „ | Erlös von verkaufter Patentwagenschmiere, |
| 282 „ | 17 „ | 6 „ | Erlös vom verkauften Theerpech, |
| 38 „ | 6 „ | — „ | Erlös von verkauften Ballons und Theergefässen, |
| 109 „ | 12 „ | 4 „ | Erlös vom verkauften alten Eisen und Schlacken, |
| 88 „ | 10 „ | — „ | Zinsen von Betriebsgeldern, |
| 40 „ | 3 „ | 2 „ | diverse Einnahme, |
| 568 „ | 15 „ | 9 „ | Bestand der Vorräthe, |
| 29845 Thlr. | 5 Ngr. | 11 Pf. | Summa der Einnahme. |

### B. Ausgabe.

| | | | |
|---|---|---|---|
| 6825 Thlr. | — Ngr. | — Pf. | Dividendenzahlung 1861—62, |
| 1010 „ | 17 „ | 2 „ | Ueberzahlung an Reserve- und Amortisationsfonds, |
| 3448 „ | 17 „ | 5 „ | Gaskohlen incl. Fracht, |
| 63 „ | 7 „ | 9 „ | Feuerkohlen incl. Fracht, |
| 995 „ | 14 „ | — „ | Koaks zur Feuerung der Retortenöfen, |
| 150 „ | 20 „ | 8 „ | Reinigungsmaterial, |
| 3 „ | — „ | — „ | Dampfkesselheizung, |
| 1116 „ | 15 „ | 2 „ | Betriebslöhne, |
| 53 „ | 28 „ | — „ | Aufwand bei der Theerdestillation, |
| 92 „ | 28 „ | 8 „ | Aufwand bei Bereitung des salzsauren Ammoniaks, |
| 41 „ | 12 „ | — „ | Aufwand beim Koaksverkauf, |
| 46 „ | 14 „ | 6 „ | Aufwand beim Theerverkauf, |
| 34 „ | 2 „ | 1 „ | Instandhaltung der Gebäude, |
| 713 „ | 24 „ | 8 „ | Reparatur der Apparate und Maschinen, |
| 204 „ | 12 „ | 3 „ | Unterhaltung und Ergänzung der Betriebsgeräthe, |
| 615 „ | 14 „ | 4 „ | Beleuchtungsaufwand in der Anstalt, |
| 13 „ | 26 „ | — „ | Koaks zum Filter der Senkgrube, |
| 510 „ | — „ | — „ | Gehalte der Beamteten, |
| 768 „ | 19 „ | 3 „ | Tantieme des Directoriums, des Inspectors und des Controleurs, |

| | | | |
|---|---|---|---|
| 980 Thlr. | — Ngr. | — Pf. | Verzinsung des Darlehnkapitals, |
| 239 „ | 20 „ | 2 „ | Steuern und Abgaben, |
| 44 „ | 3 „ | 8 „ | Brandversicherung, |
| 674 „ | 19 „ | 9 „ | Instandhaltung der öffentlichen Beleuchtung incl. für einen 5armigen Kandelaber, |
| 151 „ | 12 „ | 5 „ | Oelbeleuchtung, |
| 26 „ | 23 „ | — „ | Banquierprovision, |
| 140 „ | 2 „ | 1 „ | Expeditionsaufwand, |
| 47 „ | 15 „ | — „ | für angekaufte Mobilien, |
| 176 „ | 28 „ | 9 „ | allgemeiner Betriebsaufwand, |
| 1 „ | 15 „ | 6 „ | Kaducitäten, |
| 628 „ | 10 „ | 2 „ | vorjährige Naturalbestände, die in den betreffenden Kapiteln in Einnahme gestellt und deshalb wieder in Ausgabe zu bringen sind. |
| 19739 Thlr. | 1 Ngr. | 3 Pf. | Summa der Ausgabe. |

C. Bilance.

| | | | |
|---|---|---|---|
| 29845 Thlr. | 5 Ngr. | 1 Pf. | Einnahme, |
| 19739 „ | 1 „ | 3 „ | Ausgabe, |
| 10106 Thlr. | 3 Ngr. | 8 Pf. | Einnahme-Ueberschuss. |
| | | | Hiervon zunächst: |
| 64 „ | 27 „ | 4 „ | vorjähriger Rechnungsbestand, da hiervon bereits Reserve- und Amortisationsfonds, sowie Tantiemen gekürzt, verbleibt: |
| 10041 Thlr. | 6 Ngr. | 4 Pf. | Bestand; hiervon ferner ab |
| 1248 „ | 8 „ | — „ | nämlich: 175 Thlr. — Ngr. etatisirt für Abänderungen der Laternen, 1073 „ 8 „ für den Exhaustor verwilligte Summe für 1862—63, da beide Posten noch nicht verausgabt. Sa w. o. |
| 8792 Thlr. | 28 Ngr. | 4 Pf. | Bestand, davon weiter |
| 1056 „ | 4 „ | 6 „ | mit 527 Thlr. 17 Ngr. 3 Pf. für Reservefonds, 527 Thlr. 17 Ngr. 3 Pf. für Amortisationsfonds, } je 6% des Reingewinns, zusammen 12%. |
| 7737 Thlr. | 23 Ngr. | 8 Pf. | Bestand, hiervon weiter |
| 696 „ | 12 „ | — „ | Tantieme der Direktoren à 8% 619 Thl. — Ngr. 7 Pf. Tantieme des Inspektors à 1% 77 „ 11 „ 3 „ S. w. o. verbleibt in Summa |
| 7041 Thlr. | 11 Ngr. | 8 Pf. | u. nach Wiederzurechnung ob. Kassenbestandes von |
| 64 „ | 27 „ | 4 „ | |
| 7106 Thlr | 9 Ngr. | 2 Pf. | zur Vertheilung an die Aktionäre, so dass sich nach Gewährung einer Dividende von 11¼% |
| 7035 „ | — „ | — „ | nämlich |

| | | | |
|---|---|---|---|
| 5025 Thlr. | | | auf 900 Aktien Lit. A. à 5 Thlr. 17 Ngr. 5 Pf. |
| 2010 „ | | | auf 900 Aktien Lit. B. à 2 Thlr. 7 Ngr. |
| | | | w. o. |
| 71 Thlr. | 9 Ngr. | 2 Pf. | Uebertrag auf das Betriebsjahr 1863—64 ergibt. |

### III. Uebersicht des Reservefonds.

#### A. Einnahme.

| | | | |
|---|---|---|---|
| 3256 Thlr. | 6 Ngr. | — Pf. | Uebertrag aus vorjähriger Rechnung, |
| 150 „ | 22 „ | 5 „ | Zinsen von 3350 Thlr. Preuss. Anleihe zu 4½ % |
| 527 „ | 17 „ | 3 „ | Ueberzahlung von 6 % des Reinertrages der Betriebskasse von 8792 Thlrn. 28 Ngr. 4 Pf., |
| 3934 Thlr. | 15 Ngr. | 8 Pf. | Summa der Einnahme. |

#### B. Ausgabe.

| | | | |
|---|---|---|---|
| 15 Thlr. | 23 Ngr. | — Pf. | Koursavance auf angekaufte 600 Thlr. Preuss. Anleihe à 4½ % mit 2⅞ %, |
| 1 „ | 11 „ | — „ | dergl. auf Preuss. freiwillige Anleihe 50 Thlr. à 4½ % mit 2¾ % „ |
| 2 „ | 10 „ | — „ | Einkaufsspesen und Porto, |
| 9 „ | 3 „ | — „ | 112 Tage Zinsen à 4½ %. |
| 28 Thlr. | 17 Ngr. | — Pf. | Summa der Ausgabe. |

#### C. Bilance.

| | | | |
|---|---|---|---|
| 3934 Thlr. | 15 Ngr. | 8 Pf. | Einnahme, |
| 28 „ | 17 „ | — „ | Ausgabe, |
| 3905 Thlr. | 28 Ngr. | 8 Pf. | als Bestand des Reservefonds ult. Juni 1863. |

### IV. Uebersicht des Amortisationsfonds.

#### A. Einnahme.

| | | | |
|---|---|---|---|
| 505 Thlr. | 8 Ngr. | 6 Pf. | Uebertrag aus voriger Rechnung, |
| 527 „ | 17 „ | 3 „ | Ueberzahlung aus der Betriebsrechnung 1862—63 vom Reinertrag, |
| 1032 Thlr. | 25 Ngr. | 9 Pf. | Summa der Einnahme. |

#### B. Ausgabe.

| | | | |
|---|---|---|---|
| 503 Thlr. | 25 Ngr. | — Pf. | Abschlagszahlung an die Landesbank. |

S. p. s.

#### C. Bilance.

| | | | |
|---|---|---|---|
| 1032 Thlr. | 25 Ngr. | 9 Pf. | Einnahme, |
| 503 „ | 25 „ | — „ | Ausgabe, |
| 529 Thlr. | — Ngr. | 9 Pf. | Einnahmeüberschuss zur ferneren Abschlagszahlung an die Landesbank. |

Altenburg, den 30. Juni 1863.

**Nr. 11.** **November 1863.**

# Journal für Gasbeleuchtung

und

verwandte Beleuchtungsarten.

## Organ des Vereins von Gasfachmännern Deutschlands.

**Monatschrift**

von

**N. H. Schilling,**

Director der Gasbeleuchtungs-Gesellschaft in München.

**München. Verlag von Rudolph Oldenbourg**

**Abonnements.**

Jährlich 4 Rthlr. 20 Ngr.

Halbjährlich 2 Rthlr. 10 Ngr.

Jeden Monat erscheint ein Heft.

Das Abonnement kann stattfinden bei allen Buchhandlungen und Postämtern Deutschlands und des Auslandes.

**Inserate.**

Der Insertionspreis beträgt:

Für eine ganze Octavseite 8 Rthlr. — Ngr.

„ jede achtel „ 1 „ — „

Kleinere Bruchtheile als eine Achtelseite können nicht berücksichtigt werden; bei Wiederholung eines Inserates wird nur die Hälfte berechnet, für dieselbe jedoch auch die nebenstehende höhere Seite des Umschlages benützt.

Soeben erschien im Verlage des Unterzeichneten als Supplement zu *Schilling's* Handbuch für Steinkohlengas-Beleuchtung in ganz gleicher Ausstattung wie dieses Werk:

## Handbuch

für

# Holz- und Torfgas-Beleuchtung

und einigen verwandten Beleuchtungsarten

von

**Dr. W. Reissig.**

**Anhang zum Handbuche der Steinkohlengas-Beleuchtung**

von

**N. H. Schilling.**

Mit 11 lithographirten Tafeln und 35 Holzschnitten.

Preis cartonnirt: fl. 7 — oder Rthlr. 4.

Das obige Werk behandelt in neunzehn Capiteln, welche sich an die Anordnung des Schilling'schen Werkes über Steinkohlengas anschliessen:

Die Bereitung und Anwendung des Leuchtgases aus **Holz**

Ferner in einem Anhange:

Die Bereitung von Leuchtgas aus Sägemehl,

„ „ „ „ „ Rindentheilen,

„ „ „ „ „ Tannenäpfeln,

„ „ „ „ „ Samenflügeln aus verschiedenen Tannen- u. Fichtensamen,

„ „ „ „ „ Rückständen der Maceration trockner Rüben.

und endlich in einer grösseren Abhandlung:

Die Bereitung von Leuchtgas aus **Torf**

Zu beziehen durch jede Buchhandlung.

München. ***R. Oldenbourg.***

# J. von SCHWARZ
in
## Nürnberg,

Inhaber der Preis-Medaillen von der Industrie-Ausstellung in München (1854) und der Allgemeinen Industrie-Ausstellung in London (1862) empfiehlt seine anerkannt dauerhaften, in jeder beliebigen Form verfertigten

## Speckstein-Gasbrenner

zu bedeutend herabgesetzten Preisen, **Argand-** und **Bunsen-Brenner** mit und ohne Messing-Garnituren, von *Schwarz*'sche, von *Bunsen*'sche Röhren und Kochapparate.

---

Da ich von mehreren Seiten die Mittheilung erhalten habe, dass in neuerer Zeit Gasbrenner unter der Benennung

**Speckstein-Gasbrenner,**

verfertigt aus künstlichem Material, verkauft werden, so sehe ich mich veranlasst, die verehrlichen Gas-Directoren und das Publikum auf Nachstehendes aufmerksam zu machen:

„Ich als der einzige Besitzer von Speckstein-Gruben in Europa verfertige allein „nur aus dem Naturmaterial Speckstein-Gasbrenner, und durch die Einstellung „des Verkaufes des rohen Specksteins ist jedem Gasbrennerfabrikanten die Möglichkeit „benommen, aus Speckstein Gasbrenner anzufertigen.

„Bedient sich daher ein Fabrikant dieser Benennung, so hat er blos „den Zweck, ein schlechtes Fabrikat an den Mann zu bringen, und dadurch den bereits „überall anerkannten und erprobten Vorzügen der Speckstein-Gasbrenner zu schaden."

**J. v. Schwarz**
*Nürnberg.*

---

---

# H. J. Vygen & Comp.
**Fabrikanten feuerfester Producte**
zu
## Duisburg a. Rhein

empfehlen den verehrlichen Gasanstalten und Hüttenwerken ihre Retorten, Steine, Ziegel etc. mit Hinweis auf die in Heft 1—3 dieses Journals, Jahrgang 1862 abgedruckten Atteste und unter Zusicherung sorgfältigster Arbeit und billiger Preise. Die Ausdehnung und Einrichtung ihres Etablissements setzt sie in den Stand allen Anforderungen zu entsprechen.

# BEST & HOBSON

(früher ROBERT BEST)

**Lampen- & Fittings-Fabrik**
Nro. 100 Charlotte-Street
Birmingham

**Fabrik von schmiedeeisernen Gasröhren**
Great Bridge,
Staffordshire

empfehlen ihre Fabriken für alle zur Gas-Beleuchtung gehörigen Gegenstände. Eiserne Gasröhren und dazu gehörige Verbindungsstücke zeichnen sich besonders durch ihre Güte und billigen Preis aus.

Wegen Zeichnungen sowohl als Preislisten wende man sich gefälligst an den alleinigen Agenten auf dem Continent

***Carl Kusel.***
16 Grosse Reichenstrasse in Hamburg.

---

## Feuerfeste Producte, die nicht dem Schwinden unterworfen sind.

**Th. Boucher,** Fabrikant und Patentinhaber zu St. Ghislain, früher zu Baudour (Belgien).

*Th. Boucher* ist der einzige Fabrikant, welcher feuerfeste Producte dieser Art herstellt, und Inhaber der Medaillen von der allgemeinen Industrie-Ausstellung in London (1851 und 1862), in Paris (1855), sowie auch der Ehren-Medaille I. Classe der „Academie nationale" zu Paris (1856). Seine Anstalt ist die älteste auf dem Continent.

NB. Das Preisgericht der Londoner Ausstellung drückt sich in seinem Bericht folgendermassen aus: „Das Preisgericht hat Herrn *Th. Boucher*, welcher sehr gut verfertigte Retorten ausgestellt hat, eine Preismedaille zuerkannt, da selbe Retorten von ausserordentlicher Dünne, regelmässiger Form, und auf ihrer Oberfläche frei von allen Flecken und Blasen waren." Es heisst weiter: „Die Medaille ist diesem Aussteller in Anerkennung der unzweifelhaften Vorzüge seiner Retorten vor allen anderen derartigen Fabrikaten des Continents ertheilt worden."

---

## Avis.

On demande un comptable sachant parfaitement la tenue des livres, et initié par expérience à la comptabilité spéciale des usines à gaz.

La connaissance des langues française et allemande est de rigueur.

Adresser, de suite, les offres, renseignements et références, à Bruxelles, 6 Rue Ducale, à l'administrateur-gérant de la Compagnie générale d'éclairage par le gaz.

---

## Geschäfts-Verlegung.

Meine **Emaille-Zifferblatt-Fabrik** habe ich von der Kommandantenstrasse 56 nach der **Kürassirstrasse 22** verlegt, indem ich meine geehrten Auftraggeber bitte, hiervon gefälligst Notiz nehmen zu wollen, welches

Berlin, im Oktober 1863.

Mit aller Hochachtung ergebenst
**E. Landsberg,**
Zifferblattfabrikant.

---

Mein soeben erschienenes **Preisverzeichniss Nr. 5 der Bunsen**'schen **Apparate** nebst Anhang: Apparate für Aerzte und andere specielle Zwecke, das viel Neues enthält, wurde mit vielen Holzschnitten aus der trefflichen xylographischen Anstalt von **F. Vieweg & Sohn** in **Braunschweig** ausgestattet, und ist gegen portofreie Bestellung unentgeltlich bei mir zu haben.

***P. Desaga,***
Universitäts-Mechanicus und Opticus in Heidelberg.

---

### Rundschau.

In einem aus Amsterdam an uns gerichteten Schreiben werden wir ersucht, dem Leserkreise unseres Journals eine Frage zur gütigen Erörterung vorzulegen, welche gegenwärtig die gesammte Gasindustrie Hollands in nicht geringer Aufregung halten soll. Die Frage heisst:

> „Können durch Seewasser beschädigte Steinkohlen (10,000 Gewichtstheile Kohlen enthalten 7 Theile Kochsalz oder 4 Theile Chlor) bei der Destillation in Gasfabriken und bei gehörigem Waschen des Gases chlorhaltige Producte liefern, welche im Stande sind, den Kalk der Reiniger theilweise in Chlorcalcium zu verwandeln, und kann dieses Chlorcalcium den unzersetzten Kalk der Reiniger alsdann so fest zusammen kitten, dass der Durchgang des Gases dadurch verhindert wird?"

Wie aus dem Schreiben hervorgeht, wurde nemlich von Herrn Prof. *Mulder* in Utrecht die Behauptung aufgestellt, dass diess möglich sei, und wurde ein solcher Vorgang zur Erklärung einer Explosion im Reinigungshause der städtischen Gasfabrik zu Utrecht benützt. Herr Prof. *Mulder* sagt: „Es ist sehr gefährlich für Gasfabriken, durch Seewasser beschädigte Kohlen, selbst sind sie getrocknet, zu destilliren. Verstopfungen durch Clorcalciumbildung in den Kalkreinigern sind die unausbleibliche Folge."

Die Commission zur Untersuchung der Explosion scheint mit der Erklärung des Herrn *Mulder* allein sich nicht haben beruhigen zu können, und wandte sich noch an Herrn Director *A. R. Egeler* von der Imperial Continental Gas-Association in Amsterdam, welcher zur Behandlung des chemischen Theiles der Frage seinerseits Herrn Dr. *J. Cohen*, Ingénieur-Directeur der Nederlandschen Koolteerstokery zur Assistenz herbeizog. Beide letzteren Herren scheinen nun in der Erklärung des Herrn Prof. *Mulder* ein grosses Haar gefunden zu haben. Sie scheinen es mindestens für sehr gesucht zu halten, behaupten zu wollen, dass ein Gehalt von 7 Theilen Kochsalz in 10,000 Theilen Kohlen im Stande sei, so viel Chlor zu entwickeln, dass die Ammoniakproducte der Kohlen dieses Chlor nicht zu neutralisiren vermöchten. Die Gemüther mancher Fachmänner in Holland sind jedoch, wie unser Herr Gewährsmann sich ausdrückt, durch die Sache dermassen beängstigt, dass sie nicht mehr wagen, durch Seewasser feucht gewordene Kohlen zu vergasen, und es würde sehr zur Beruhigung dieser Herren beitragen, wenn sie erfahren könnten, wie weit sich anderswo etwa auch Erscheinungen gezeigt haben, welche auf eine Erklärung im Sinne der *Mulder*'schen Behauptung hinweisen. Da der Fall des Vergasens von Kohlen, welche von Seewasser nass geworden sind, jedenfalls in unseren norddeutschen Städten öfters vorgekommen ist, so erlauben wir uns hiemit, die an uns gestellte Frage den dortigen Herren ganz besonders an's Herz zu legen, und bitten, uns die betreffenden gütigen Mittheilungen recht bald zugehen lassen zu wollen.

Nachdem bei uns in Deutschland die Gasversammlungen bereits seit Jahren mit grösstem Erfolge bestehen, fängt man jetzt auch allmählig im Ausland an, sich im Gebiete unseres Faches zum gegenseitigen Verkehre die Hand zu reichen. So lesen wir jetzt wieder von einer Versammlung von Gasdirectoren (Gas-Managers), welche am 16. Sept. in Edinburgh in Schottland abgehalten wurde, nachdem schon im vorigen Jahre ebendaselbst eine erste Zusammenkunft stattgefunden hatte. Leider ist der Bericht über die Verhandlungen, wie er sich in dem englischen „Journal of Gas Lighting“ vorfindet, sehr dürftig. Der erste Gegenstand, mit dem man sich beschäftigte, scheint der trockene Gasmesser gewesen zu sein. Es wurde mehrfach bestätigt, dass der trockene Gasmesser in seinem gegenwärtigen Zustande den Ansprüchen, die man an ihn zu stellen habe, nicht entspreche. Wenn er stets im Gange bleibe, so habe man gute Resultate erhalten, wenn er aber längere Zeit stille stehe, so bilde sich auf den Ventilsitzen eine harte Kruste, und nachher schliesse dann das Ventil nicht mehr vollständig, sondern lasse einen kleinen Theil des Gases ungemessen durch. Auch sei es ein Irrthum, wenn man glaube, dass er durch die Kälte nicht leide. Es haben sich in manchen Gasmessern ziemlich bedeutende Quantitäten von Eis gefunden, indem die aus dem Gase niedergeschlagene Feuchtigkeit gefroren sei. Auch zeige sich, dass das Material, aus welchem der bewegliche Theil der Kammern gemacht werde, mit der Zeit erhärte.

Schliesslich sei das Gehäuse nicht so angeordnet, dass man eine bequeme Controlle über den Gasmesser habe, oder dass man Reparaturen an demselben vornehmen könne, wenn es nöthig sei. Man habe vielfach trockne Gasmesser gefunden, welche um 25 bis 30 Prozent falsch gingen, nachdem sie längere Zeit in Gebrauch gewesen waren. Weiter wird von einem Vortrag berichtet über ein Mittel, die Verhärtung des Theers in der Vorlage und das Verstopfen der Aufsteigeröhren zu vermeiden. Der Ingenieur der Gasanstalt zu Perth, Herr *Whimster*, brachte an der Unterseite seiner Vorlage ein halbkreisförmig gebogenes Abflussrohr an, und verband dieses mit einem gleichfalls halbkreisförmigen Rohr, welches in den Deckel der Vorlage mündete. An diesem Rohr befand sich in der Höhe des richtigen Wasserstandes das Teestück und das seitliche Abflussrohr für den Theer. Es wurde also nicht mehr der oberste leichteste Theil der Sperrflüssigkeit, sondern der unterste schwerste Theil abgeführt, und Herr *Whimster* war nicht allein den ganzen Uebelstand der Rohrverstopfungen los, sondern fand auch nach einem Jahre, dass er in seiner Hydraulik reines Ammoniakwasser hatte. Ueber weitere Vorträge, „die Behandlung des Steinkohlentheers mit überhitztem Wasserdampf" und das „Setzen von Retorten" betreffend, fehlen leider alle näheren Mittheilungen. Die Versammlung nahm die von einer Commission ausgearbeiteten Statuten an, und constituirte sich förmlich als Verein, besichtigte verschiedene ausgestellte Fabrikate, setzte die nächste Zusammenkunft auf den ersten Mittwoch im September 1864 fest, und beschloss dann das Fest mit einem gemeinschaftlichen Mittagessen.

Der Präsident der brittischen Gesellschaft zur Beförderung der Wissenschaften, Sir *William Armstrong*, weist in einer neuerlich gehaltenen Rede auf die Abnahme der Kohlen in dem Becken von Newcastle hin. Nehme man an, dass 4000 Fuss die grösste Tiefe sei, bis zu welcher sich der Abbau practisch treiben liesse, und vernachlässige man die Flötze, welche weniger als 2 Fuss Mächtigkeit haben, so calculire sich der Kohlenvorrath des Newcastler Beckens nach ihm auf etwa 80,000 Millionen Tonnen, welche bei einem Verbrauch, wie er gegenwärtig steht, 930 Jahre ausreiche, von dem man dagegen, wenn man einen jährlichen Zuwachs im Consum von 2¾ Millionen Tonnen per Jahr in Rechnung ziehe, annehmen dürfe, dass er schon in 212 Jahren erschöpft sein werde. Nun aber werde England, lange bevor die völlige Erschöpfung seines besten Kohlenbeckens eingetreten sein werde, schon aufgehört haben, die grösste Kohlenproduction zu besitzen. Andere Staaten, und namentlich Nordamerika, welches 37fach grössere Kohlenfelder besitze, als England, werden bei einem bequemeren Abbau billigere Kohlen produciren, und England von allen auswärtigen Märkten verdrängen. Stelle man daher die Frage nicht so, wie lange das Newcastler Kohlenbecken bis zu seiner gänzlichen Erschöpfung brauchen, sondern wie lange es dauern werde, bis die Newcastler Kohlen ihre bisherige Herrschaft über alle anderen Kohlen verlieren müssen, so dürfe diese Zeit keine 100 Jahre mehr entfernt sein. Herr *Armstrong* knüpft an seine Calculation die dringendsten Mahnungen zur Sparsamkeit im Kohlenverbrauch und deutet die verschiedenen Mittel und Wege an, welche nach seiner Ansicht dazu einzuschlagen sind. Die verbesserte Benutzung der natürlich vorhandenen Wasserkräfte statt des Dampfes, die Anwendung der *Siemens*'schen Gasfeuerung, die Beseitigung des Rauches bei den bestehenden Feuerungen, die Verbesserung der häuslichen Heizvorrichtungen scheinen ihm von besonderer Wichtigkeit. In Betreff der Gasbeleuchtung weist er darauf hin, dass *Berthelot* bekanntlich neuerdings einen neuen Kohlenwasserstoff aufgefunden habe, welcher die doppelte Leuchtkraft des gewöhnlichen Kohlengases besitze (das Acetylen $C_4H_2$, welches sich beim Durchleiten von Aethylengas, Alkohol-, Aether-, Aldehyd- oder selbst Holzgeistdampf durch eine rothglühende Röhre bildet.) *Berthelot* habe es erhalten, indem er den Wasserstoff zwischen den beiden Kohlenspitzen einer kräftigen Batterie hindurchgeführt habe. Dr. *Odling* habe ferner gezeigt, wie man dasselbe Gas darstellen könne durch eine Mischung von Kohlenoxydgas mit einem gleichen Volumen leichten Kohlenwasserstoff und starkes Erhitzen dieser Mischung in einem Porzellanrohr. In der allerneuesten Zeit habe endlich *Siemens* das gleiche Gas in den stark erhitzten Regeneratoren seiner Oefen entdeckt, und es sei aller Grund vorhanden anzunehmen, dass diesem Gase für die Zwecke des practischen Beleuchtungswesens eine Zukunft bevorstehe.

Der Director der Gasanstalt an der Ecclesstrasse in Liverpool, Herr *Cleland*, berichtet in einem Brief an das „Journal of Gas Lighting", dass er die Kosten seiner Gasreinigung mit natürlichem Eisenoxyd in Folge der Wiedergewinnung des Schwefels und Ammoniaks aus der abgenutzten Masse auf Nichts reduzirt habe. Er erhitzt das abgenutzte Material in einer eisernen geschlossenen Retorte auf etwa 600° Celsius. Ein Theil des Schwefels verbindet sich chemisch mit dem Eisen, das übrige geht als roher Schwefel über. Wenn die Entwickelung des Schwefels aufgehört hat, so wird das Material aus der Retorte gezogen, mit Wasser abgekühlt und angefeuchtet und in diesem feuchten Zustand der Luft ausgesetzt. Die Oxydation geht rasch vor sich, und es entsteht Selbstentzündung, wenn die Masse nicht umgestochen und nass gehalten wird. In wenig Wochen bekommt man schwefelsaures Eisenoxyd, welches 30 bis 40 Prozent Schwefelsäure enthält. Das Salz wird zersetzt, indem man Dampf von Ammoniakwasser durch dasselbe hindurchleitet, und man erhält einerseits schwefelsaures Ammoniak und andererseits eine Mischung von Eisenverbindungen, welche sich rasch in Eisenoxyd verwandeln. Das Ammoniaksalz wird durch Auslaugen und Krystallisiren in eine verkäufliche Form gebracht, das Eisenmaterial ist nach der Oxydation wieder auf's Neue zur Gasreinigung zu gebrauchen. Herr *Cleland* bestätigt, dass er bereits gegen 100 Tons Schwefel auf diese Weise gewonnen habe.

---

## Untersuchung über die chemische Zusammensetzung des Holzgases

von
Dr. *W. Reissig* in Darmstadt.

Der gegenwärtigen Arbeit, als dem Anfange einer grösseren Reihe von Untersuchungen, denen mit der Zeit die verschiedenen zur Beleuchtung dienenden Gase unterworfen werden sollen, liegt die Absicht zu Grunde, eine sichere Kenntniss über die chemische Zusammensetzung derselben zu erhalten und namentlich auch, soweit überhaupt möglich, die Ermittelung der quantitativen Verhältnisse zu versuchen, unter welchen die einzelnen Bestandtheile neben einander vorkommen.

Die Bestandtheile eines jeden Leuchtgases zerfallen, wenn wir von den verunreinigenden Stoffen absehen, in zwei Gruppen: in die der leuchtenden und der nicht leuchtenden Bestandtheile. Die letztere Gruppe, die, wie bekannt, aus leichtem Kohlenwasserstoff, Kohlenoxyd und Wasserstoff besteht und die Hauptmasse des Gases ausmacht, ist allen Leuchtgasen gemeinsam; auf ihre Nachweisung und quantitative Bestimmung erstreckt sich unsere Arbeit nicht, da diese aus den vorliegenden gasanalytischen Resultaten bekannt ist. Vielmehr sollen die folgenden Arbeiten namentlich zur Ermittelung der der ersteren Gruppe angehörigen Körper dienen, die für den Gasfachmann das besonderste Interesse beanspruchen, weil sie die Ursachen der Lichtentwicklung einer Flamme bilden.

Wir haben zunächst das Holzgas in diesem Sinne einer Untersuchung unterworfen, weil über die lichtgebenden Bestandtheile desselben ausser gasanalytischen Resultaten nichts mit Zuverlässigkeit bekannt ist.*)

---

*) Die Ergebnisse der chemischen Analyse für die bei —31,25° C. erhaltenen Condensationsproducte von Holzgas die Herr *Schiwarzschmidt* im Journale für Gasbeleuchtung 1862, Seite 350 veröffentlicht hat und welche Condensationsproducte zum grossen Theile aus den lichtgebenden Bestandtheilen bestehen, scheinen uns sehr ungenau und unzuverlässig und wollen wir Gründe hiefür anführen. Wer es je versucht hat, Körper von chemischer Reinheit durch fractionirte Destillation (wie geschehen) zu gewinnen, weiss es, dass dieses nur durch sehr zahlreiche Destillationen und nur mit grossen Mengen Materials gelingt, selbst wenn die Siedepunkte der Körper um eine hinreichende Grösse verschieden sind, wie die angeblich gefundenen. Die Arbeiten anderer Chemiker bestätigen alle diese Erfahrung; doch sei mir erlaubt, hier anzufügen, dass *Mansfield* (Annalen d. Chem. u. Pharmac. Bd. 69 Seite 168) z. B. zur Reindarstellung von nur 4, und zwar ebenfalls von *Schiwarzschmidt* gefundenen, Körpern 9 Litre Flüssigkeit der fractionirten Destillation unterwarf. Wenn aber nun gar aus 500 Grammen Flüssigkeit, welche noch viel Wasser enthielt!!! 8 Körper von chem. Reinheit dargestellt worden sind, unter welchen vier neue noch nicht bekannte Kohlenwasserstoffe sich finden, so wird ein jeder Chemiker diese Resultate mit ungläubigem Erstaunen hinnehmen müssen, so lange nicht bessere Nachweise geliefert sind. Auch müssen wir — beiläufig bemerkt — es nach unseren Versuchen als einen Irrthum bezeichnen, dass Anilin und Leucolin im gereinigten Holzgase sich finden. Wir haben dieselben vergebens daraus zu erhalten gesucht und eine Erklärung dieses Umstandes darin gefunden, dass so starke Basen wie die

Aber aus einem noch wichtigeren Grunde wählten wir das Holzgas zur ersten Untersuchung, weil die zu erwartenden Resultate uns eine sichere Basis zu liefern versprachen, auf die gestützt, es uns leichter wäre, den verwickelten Processen bei der Verbrennung dieses und anderer Gase zu folgen, wenn es zum Leuchten dienen soll.

Es ist bekannt, dass das Holzgas, wenn es vortheilhaft hiezu benützt werden soll, unter anderen Bedingungen — namentlich aus weiterer Brenneröffnung und geringerem Drucke — verbrannt werden muss, als das Steinkohlengas. Unter der Voraussetzung, dass unter den lichtgebenden Bestandtheilen beider Gase sich die nämlichen Körper wieder finden würden — eine Annahme, die bei der Analogie der Zersetzungsproducte der Steinkohlen und des Holzes in höherer Temperatur eine sehr grosse Wahrscheinlichkeit hat — versprach uns diese Untersuchung einen nicht unwichtigen Beitrag zur Erklärung der Frage zu liefern, woher, wenn eine so nahe Uebereinstimmung in der Zusammensetzung der beiden Gase stattfindet, die wesentliche Verschiedenheit in den Bedingungen liegt, denen man genügen muss, wenn man die grösstmögliche Lichtentwicklung erzielen will. Denn zugegeben, dass die in Rede stehenden Gase annähernd gleich zusammengesetzt sind, so kann offenbar ihr verschiedenes Leuchtvermögen, wenn unter gleichen Umständen verbrannt, nur daher rühren,

1) dass selbst die geringen Unterschiede des Vorkommens und quantitative Verschiedenheit der lichtgebenden Bestandtheile einen wesentlichen Einfluss auf die Lichtentwicklung ausüben; oder

2) dass die verdünnenden Bestandtheile, in quantitativer Beziehung betrachtet, von wesentlicherem Einfluss sind, als es den Anschein hat; oder dass (und diess scheint uns das Richtigste)

3) gewisse Beziehungen zwischen den beiden genannten Klassen von Körpern bestehen, die von der qualitativen und quantitativen Zusammensetzung des zur Verbrennung gelangenden Gases abhängen, und die in ihrer Gesammtheit, wenn auch in vielen einzelnen Beziehungen bekannt, doch noch näher zu ermitteln sind.

Es würde uns zu weit führen, die aus diesen Gesichtspunkten sich ergebenden Schlüsse, ohne die Grundlage analytischer Resultate weiter zu führen; wir behalten uns vor, wenn selbe vollständig und genügend beigebracht sind, später darauf zurückzukommen. Nur so viel wird uns wohl gestattet sein, an dieser Stelle auszusprechen, dass es als ein unumgängliches Erforderniss scheint, die Zusammensetzung irgend eines Gases genau und vollständig zu kennen, ehe wir uns zu Schlüssen über die Ursache der Lichtentwicklung desselben vollkommen berechtigt fühlen können. Wir beabsichtigen mit diesem Ausspruche keineswegs den Werth der dahin ab-

genannten Körper jedenfalls in dem Essige der Vorlage oder in den Condensationsapparaten der Anstalt, wohin immer noch Essigsäuredampf geführt wird, in essigsaure Salze übergeführt werden.

zielenden Arbeiten zu schmälern, die ein gleiches Ziel auf synthetischem Wege anstrebten, aber es scheint uns nicht unbedenklich, weil nicht zweifellos bewiesen, dass Thatsachen, die für die Körper, die in dem in seiner Zusammensetzung besser gekannten Steinkohlengase sich finden, ihre Richtigkeit haben, als auch für Holzgas ohne Weiteres als zutreffend angewendet werden, so lange man dieselben nicht wirklich nachgewiesen hat, wenn auch ihr Vorkommen eine ziemliche Wahrscheinlichkeit besitzt.

Die chemische Untersuchung eines Gasgemisches hat, wenn wir von den gasometrischen Methoden absehen, keine allgemein gültige Methode, alle die einzelnen Körper aus dem Gase in einer bestimmten Reihenfolge abzuscheiden und sie in quantitativer Beziehung zu bestimmen. Es ist sonach ein Erforderniss, dass man zunächst versuche, sich über das Vorkommen gewisser Gruppen von Körpern zu vergewissern, dieselben abzuscheiden und die einzelnen Glieder derselben zu trennen. Zur Anstellung dieser Vorversuche, wenn ich mich so ausdrücken darf, gehört es dann ferner, dass wir in's Auge fassen, welche Klasse von Körpern oder welche einzelnen Stoffe im Gase vorkommen können und welche nicht, und dass wir namentlich in letzterer Beziehung diess nicht eher annehmen, ehe wir uns von deren Abwesenheit wirklich verlässigt haben.

In den ersteren Beziehungen haben uns die auf Kohlengas bezüglichen Arbeiten und im Allgemeinen die Analogie unter den Zersetzungsproducten der Steinkohlen und des Holzes in höherer Temperatur nicht unwichtige Fingerzeige gegeben.

Die Körper, deren Vorkommen mit unzweifelhafter Gewissheit im Steinkohlengase bekannt ist, gehören mit Ausnahme des in neuerer Zeit von *Berthelot* entdeckten Acetylens, 2 Reihen von Körpern an:

1) der Kohlenwasserstoffe von der allgemeinen Formel $C_nH_{2n}$ und
2) der Kohlenwasserstoffe von der allgemeinen Formel $C_nH_{2n-4}$.

Wir haben desshalb zunächst die

**I. Bestimmung der in die Gruppe**
**$C_nH_{2n}$**
**gehörigen Kohlenwasserstoffe**

vorgenommen.

Die Leichtigkeit, mit welcher diese Körper (unter welchen als bekanntere Glieder das Aethylen $C_2H_4$, das Propylen $C_3H_6$, das Butylen (Ditetryl) $C_4H_8$ etc. gehören) bei dem Zusammenbringen mit Brom, sich mit diesem Körper zu den Bromüren der allgemeinen Formel

$$C_nH_{2n}Br_2$$

vereinen, welche Verbindungen in Waser unlöslich sind und darin zu Boden sinken, liess mich diesen Weg betreten, um diese Körper aus dem Holzgase abzuscheiden. Es schien mir diess um so räthlicher, als diese Bromüre hinsichtlich ihrer chemischen Zusammensetzung und Verhaltens genau bekannt sind und die vortreffliche Methode, die *Carius**) zur Analyse bromhaltender organischer Verbindungen veröffentlicht hat, eine genaue Analyse der erhaltenen Producte müsse.

Einige Vorversuche — die später Erwähnung finden werden — hatten mir die Gewissheit gegeben, dass neben den genannten Kohlenwasserstoffen sich noch Benzol und Naphtalin, sowie namentlich Aldehyde und Aceton im Gase sich finden. Da auch diese Körper mit Brom sich leicht vereinigen, so musste ich dieselben vorher abscheiden, um die Analyse nicht zu sehr zu erschweren. Um die beiden erstgenannten Körper zu entfernen, wandte ich absoluten Alcohol an, in welchem sie leicht löslich sind. Die letzteren wurden durch Waschen mit einer ganz concentrirten Lösung von saurem schwefligsaurem Kali entfernt. Das Gas, welches durch Ueberleiten über Chlorcalcium hinreichend getrocknet wurde, liess ich durch 2 Waschflaschen mit absolutem Alcohol gefüllt gehen. Um den bei dem Gasdurchgang mitgeführten Alcoholdampf zu entfernen, folgte eine kleine, mit reinem Wasser gefüllte Waschflasche; dieser zwei weitere mit der concentrirten Lösung des sauren schwefligsauren Alkalis. Um die Spuren von entweichender schwefliger Säure zu entfernen, wurde nochmals eine mit reinem Wasser gefüllte kleine Waschflasche angelegt. Durch dieses System von Waschapparaten wurde das von Kohlensäure möglichst freie Gas in einem sehr langsamen Strome geführt und trat dann in einen grösseren Ballon ein. Derselbe wurde als Aspirator benutzt und trat das Gas, welches die Waschflaschen passirt, in dem Maasse ein, als sich das Wasser durch den angebrachten Heber aus demselben entfernte. War er gefüllt, so wurde mittelst eines Trichters die zu einem geringen Ueberschusse nöthige

*) Annalen der Chemie u. Pharmac. Bd. 116. Es sei mir erlaubt, zur näheren Erläuterung des eingeschlagenen Verfahrens Folgendes anzufügen: 0,2 bis 0.4 Grm. der Substanz wurden mit möglichst wenig Luft in Glaskügelchen eingeschmolzen deren beide Enden sehr dünn im Glase und seitlich gekrümmt sind. Das Röhrchen wird in eine 10 bis 12 Millimeter weite, am Ende rund geschmolzene Röhre von schwer schmelzbarem Glase gebracht und letztere etwa zur Hälfte mit Salpetersäure von 1,2 spec. Gewicht und der nöthigen Menge salpetersauren Silberoxyds gefüllt. Die Glasröhre wurde dann am oberen Ende zu einem dickwandigen Capillarrohr ausgezogen, die Säure zum Sieden erhitzt und nach Austreten aller Luft das Capillarrohr zugeschmolzen. Nach dem Erkalten wurde das im Inneren befindliche Kügelchen durch Schlagen zerschmettert. Die Röhre wurde nun in ein eisernes, an einem Ende geschlossenes Rohr gebracht, letzteres schräg in einen als Luftbad dienenden Kasten von Eisenblech gelegt und darin auf 120°—140° während 3 Stunden erhitzt. Nach dieser Operation liess man das Rohr vollständig erkalten, erhitzte die äusserste Spitze zum Glühen, wo die Gase dann ruhig entwichen. Das Rohr wurde nun unterhalb der Spitze abgesprengt, die Flüssigkeit vorsichtig gesammelt, mit reinstem kohlensauren Natron beinahe vollständig gesättigt, schwach erwärmt und das ausgeschiedene Bromsilber gut ausgewaschen, getrocknet und gewogen. — Die Filterasche sammt Spuren von Bromsilber wurde so stark erhitzt, dass alles Silber reducirt war und aus dem Gewichte dieses das reducirte Silber resp. Brom bestimmt.

Menge Brom (die man durch einen Vorversuch ermittelt hatte) eingegossen, während der Boden des Gefässes noch mit einer geringen Schichte Wassers bedeckt war. Durch ein Hin- und Herbewegen des Ballons und Stehenlassen während 10 Minuten erhielt man eine von überschüssigem Brom gelb gefärbte Schichte, die sich unter dem Wasser ansammelte, mit diesem entfernt wurde, worauf der Apparat abermals in Thätigkeit gebracht wurde.

Auf diese Weise habe ich mir über 600 Grammen solcher Bromverbindungen dargestellt. Nachdem die Flüssigkeiten vereinigt waren, wurde der Ueberschuss des Broms durch eine im geringen Ueberschusse zugefügte Aetznatronlauge entfernt, die nun entfärbte schwere Flüssigkeit mit Wasser gewaschen (zur Entfernung des gebildeten Bromnatriums) und dann über Clorcalcium vollständig getrocknet. Das erhaltene Product wurde der Destillation unterworfen.

Die Flüssigkeit begann, unter Entbindung einer kleinen Menge Wassers bei 120° C. zu sieden. Der Siedepunkt stieg rasch auf 130° C., blieb längere Zeit bei dieser Temperatur constant; dann stieg das Thermometer langsam auf 134°, woselbst es sich wieder längere Zeit stationär erhielt. Da sich während der Destillation kein weiterer constanter Siedepunkt zeigte, so wurden die Portionen von 140°—150° und von 150°—160° getrennt aufgefangen. Als das Thermometer etwa 168° C. zeigte, begann eine reichliche Entwicklung von Bromwasserstoffsäure, die so heftig wurde, dass eine Schwärzung und Verkohlung des Rückstandes eintrat. Die Destillation musste demnach unterbrochen werden.

Die aufgefangenen Destillate wurden (und zwar die höher siedenden in bekannter Weise zuerst) wiederholt fractionirt. Es gelang mir, nach vielfach wiederholten Destillationen Producte darzustellen, die constant bei

129°
134°
144° und
156°

siedeten.

Da die Siedepunkte

das Aethylenbromür ($C_2H_4Br_2$) bei 129°,
das Propylenbromür ($C_3H_6Br_2$) bei 142°,
das Butylenbromür ($C_4H_8Br_2$) bei 166°

liegen, so wäre die Existenz dieser Körper schon mit hinlänglicher Sicherheit ermittelt gewesen. Es wurden aber demohngeachtet die erhaltenen Producte genau analysirt.

*a) Analyse der Flüssigkeit, deren Siedepunkt = 129° C.*

0.3907 Grm. Substanz gaben:

0.7765 Grm. Ag Br = 0.3305 Brom
0.0045 „ Ag = 0.0034 „

0.3339 Brom.

0.3052 Grm. Substanz gaben
(mit chromsaurem Bleioxyd verbrannt)
0.1471 Grm. Kohlensäure und
0.0615 „ Wasser

| | Berechnet | | Gefunden | |
|---|---|---|---|---|
| $C_2$ | 24 | 12.83 | 12.07 | — |
| $H_4$ | 4 | 2.14 | 2.28 | — |
| $Br_2$ | 160 | 85.03 | — | 85.40. |
| | 188 | | | |

Der untersuchte Körper war sonach
Aethylenbromür,
mit welchem er auch in seinen physikalischen Eigenschaften übereinstimmte.

b) *Analyse der Flüssigkeit, deren Siedepunkt 134° C.*

0.4017 Grm. Substanz gaben
0.7763 Grm. Ag Br = 0.3304 Brom
0.0035 „ Ag = 0.0025 „
0.3329 Brom.

0.2660 Grm. Substanz gaben
0.1482 Grm. Kohlensäure und
0.0628 „ Wasser.

Die procentische Zusammensetzung der Flüssigkeit ist daher:

| | |
|---|---|
| Kohlenstoff | 15.20 |
| Wasserstoff | 2.61 |
| Brom | 82.88 |

Es entspricht diese Zusamensetzung keiner bekannten reinen Bromverbindung, für welche auch ein solcher Siedepunkt nicht bekannt ist. Es ist sonach kein Zweifel, dass hier keine Verbindung, sondern nur ein Gemenge zweier Körper vorlag. — Als die Flüssigkeit bis —15° C. abgekühlt wurde, schieden sich Krystalle von Aethylenbromür aus, die aber auch bei wiederholtem Umkrystallisiren bei niederer Temperatur nicht rein zu erhalten waren. Ein grosser Theil des Ganzen blieb flüssig. Auch dieser war kein reines Propylenbromür.

(Schluss folgt.)

## Statistische und financielle Mittheilungen.

**Reichenbach** in Schlesien, den 9. Oct. 1863. Gestern fand die Eröffnung der hiesigen Gasanstalt statt. Dieselbe ist Eigenthum des Herrn *Julius Ebbinghaus* in Berlin und wurde nach den Plänen des Herrn Generaldirectors *W. Oechelhäuser* in Dessau, durch den Herrn Ingenieur *H. Menzel* erbaut. Das Rohrsystem erstreckt sich auch über einen Theil des an die Stadt angrenzenden Fabrikortes Ernsdorf. Einstweilen sind 58 öffentliche und circa 900 Privatflammen eingerichtet.

**Frankenstein.** Die hiesige Gasanstalt, im Besitze des Herrn *Jul. Ebbinghaus* in Berlin, wurde am 22. October eröffnet. Dieselbe wurde nach den Plänen des Herrn Generaldirectors *Oechelhäuser* in Dessau, durch den Ingenieur *H. Menzel* erbaut, und besitzt gegenwärtig 53 öffentliche und circa 500 Privatflammen.

**Augsburg.** Es hat sich hier, vorbehaltlich der landesherrlichen Genehmigung, eine Actiengesellschaft gebildet, welche die käufliche Uebernahme einer Anzahl dem Herrn *L. A. Riedinger* gehörigen Gasanstalten und deren Ausbeutung bezweckt. Es handelt sich vorläufig um folgende zwölf zu übernehmende Städte mit einem Kapital von 2 Millionen Gulden: Ancona, Brescia, Debreczin, Agram, Peschiera, Eichstädt, Kulmbach, Kaufbeuern, Donauwörth, Memmingen, Innsbruck und Sigmaringen, doch behält sich die Gesellschaft vor, ihren Wirkungskreis später noch auszudehnen, und dann das Actienkapital entsprechend zu vermehren. Herr *Riedinger* bleibt selbst in der Gesellschaft namhaft betheiligt und vertragsmässig Mitglied des Verwaltungsrathes; derselbe garantirt der Gesellschaft für die nächsten 10 Jahre eine jährliche Rente von 5%, ist jedoch von dieser Garantie befreit, wenn die Gesellschaft nach Ablauf der ersten 3 Jahre über 5% abwirft. Die Uebernahme der sämmtlichen Werke erfolgt am 1. Januar 1864.

---

## Siebente am 8. October 1863 in Triest abgehaltene General-Versammlung der allgemeinen österr. Gas-Gesellschaft.

Nachdem durch die erschienenen Herren Actionäre und durch die zu Protokoll gegebenen Vollmachten 3137 Actien mit 236 Stimmen vertreten waren, erklärte der Vorsitzende im Namen der Direction die Sitzung für eröffnet und verlas folgenden Vortrag:

*Geehrte Herren!*

Es ist ein Jahr verflossen, seitdem wir zuletzt die Ehre hatten, Sie zur Kenntnissnahme unserer Geschäftsgebahrung um uns zu versammeln.

Wir sind froh, auch diesmal unsern Bericht mit der Anzeige beginnen zu können, dass unser Unternehmen im abgelaufenen sechsten Betriebsjahre neue Fortschritte gemacht hat.

Zwar leidet das Smichower Werk noch immer an den Folgen der verderblichen Baumwollen-Conjunctur und auch das Reichenberger fand sich unter der Last ungünstiger Geschäftsverhältnisse in seiner Entwickelung gehemmt, dagegen nahm die Thätigkeit des Linzer Werkes durch Einbeziehung des Marktes Urfahr in den Beleuchtungsrayon einen befriedigenden Aufschwung und ebenso vermehrte sich der Gasabsatz in Pest und Ofen in erfreulicher Weise.

Die Gesammterträgnisse der Gaswerke überschritten daher jene der vergangenen Jahre, während andererseits die Ausgaben durch Zusammenwirken günstiger Umstände sich verringerten.

Bevor wir Ihnen die Bilanz vorlegen, gestatten Sie uns einige Worte über den Stand der einzelnen Unternehmungen.

Das Gaswerk Pest-Ofen versorgte im vorigen Jahre am

| | | | |
|---|---|---|---|
| 1. Juli 1862: | 1,582 öffentliche, | am 1. Juli 1863: | 1,695 öffentliche in Pest |
| | | | 84 „ in Ofen |
| | 17,283 Privat, davon | | 17,688 Privat „ Pest |
| | 352 in Ofen | | 910 „ „ Ofen |
| zusammen | 18,865 Gasflammen | zusammen | 20,377 Flammen |

Zunahme 1512 Flammen, gleich 8.01 %.

Der Zunahme der Flammenzahl folgte in befriedigendem Verhältnisse der Gasverbrauch, während die minder beträchtliche Vermehrung der Production die Folge einer weiteren Verminderung des Gasverlustes war, welcher mit Einschluss des eigenen Verbrauchs der Anstalt sich auf die sehr mässige Ziffer von 6,75 % (gegen 7,43 % im vorigen Jahre) reducirte.

| | | | |
|---|---|---|---|
| Im Jahre 1861/62 wurden erzeugt | 74,649,000 c', | verkauft | 69,133,000 c' Gas |
| „ „ 1862/63 „ „ | 78,724,000 c', | „ | 73,306,000 c' „ |
| Zunahme | 4,075,000 c' | „ | 4,173,000 c' |
| gleich | 5,45 %, | | 6,03 % |

Die Fabrikation blieb fortwährend günstig und auch die Verwerthung der Nebenproducte erfolgte zu guten Preisen; nur für das aus dem Ammoniakwasser bereitete schwefelsaure Ammonium war die Nachfrage in letzter Zeit schwächer und es mussten Erleichterungen im Preise gewährt werden.

Nach langjährigen Unterhandlungen haben wir endlich die Beleuchtung des Pester Bahnhofes, der jetzt für Gas eingerichtet wird, erhalten, und schon dadurch wird der Gasverbrauch eine wesentliche Zunahme erfahren; mehr aber wird der Bau so vieler neuer grossartiger Wohn- und Fabriksgebäude den Bedarf in nächster Zukunft schon erhöhen, und um rechtzeitig dafür Vorsorge zu treffen, haben wir uns veranlasst gefunden, das Röhrensystem in den betreffenden Stadttheilen entsprechend zu verstärken, eine empfindliche Auslage, die aber sicher reichliche Zinsen tragen wird.

Auch in Ofen ist der Gasbedarf in stetem Wachsen und wird passende Vorrichtungen zur Vermehrung der Abgabe erfordern. Vorläufig dürfte die Erbauung eines Gasbehälters im Sinne der geschlossenen Uebereinkunft genügen; der Wunsch der Gemeinde geht aber dahin, dass gleich ein vollständiges Gaswerk in Ofen errichtet werde, und insoferne unser Interesse dabei nicht benachtheiligt wird, werden wir uns bestimmt finden, diesem Ansinnen zu entsprechen.

Das Gaswerk Linz-Urfahr hat, wie in der Einleitung erwähnt, durch Erweiterung seines Wirkungskreises im abgelaufenen Betriebsjahre einen erfreulichen Aufschwung genommen.

Die Beleuchtung des Marktes Urfahr wurde im November v. J. eröffnet, und die Betheiligung des dortigen Publikums ist eine befriedigende.

Die Flammenzahl war

| am 1. Juli 1862: | | am 1. Juli 1863: | | |
|---|---|---|---|---|
| 445 öffentliche | | 490 öffentliche | in | Linz |
| | | 40 „ | „ | Urfahr |
| 2949 Privat | | 3297 Privat | „ | Linz |
| | | 311 „ | „ | Urfahr |
| zusammen 3394 Gasflammen | | 4138 Gasflammen | | |

Zunahme 744 Flammen, gleich 21,92 %.

Nicht ganz im gleichen Verhältnisse, aber in befriedigendem Masse vermehrten sich Gasverbrauch und Production.

| | erzeugt | verkauft |
|---|---|---|
| Im Jahre 1861/62 wurden | 11,411,000 c' | 10,496,000 c' Gas |
| „ „ 1862/63 „ | 12,709,000 c' | 11,954,000 c' „ |
| Zunahme | 1,298,000 c' | 1,458,000 c' „ |
| gleich | 11,37 % | 13,88 %. |

Der Betrieb war im Allgemeinen günstig; die Concurrenz anderer Brennstoffe erschwerte aber den Absatz der Holzkohle, so dass wir eine Preisermässigung eintreten lassen mussten.

An weiterer Zunahme des Gasverbrauches ist nicht zu zweifeln und kann daher eine fernere Erhöhung der Erträgnisse nicht ausbleiben.

Ueber das Gaswerk Smichow können wir Ihnen zu unserem Bedauern noch keinen günstigen Bericht erstatten. Die geringe Thätigkeit der Spinnereien und Kattunfabriken, welche die Hauptkunden jener Anstalt sind, haben einen empfindlichen Ausfall im Gasabsatze ergeben, der jedoch durch den ziemlich befriedigenden Mehrverbrauch der übrigen Consumenten und durch das Hinzukommen des Westbahnhofes theilweise aufgewogen wurde.

Der Zuwachs in der Flammenzahl ist auch im vergangenen Jahre ein ansehnlicher gewesen, denn es waren auf Gas eingerichtet:

| am 1. Juli 1862 | | am 1. Juli 1863 |
|---|---|---|
| 69 öffentliche | — | 81 öffentliche |
| 3131 Privat | | 3591 Privat |
| zusammen 3200 Flammen, | | 3672 Flammen. |

Zunahme 472 Flammen, gleich 14,75 %, aber Gasverbrauch und Production gingen wieder zurück.

| | | | | | |
|---|---|---|---|---|---|
| im Jahre 1861/62 | wurden erzeugt | 6,466,000 c', | verkauft | 5,868,000 c' | Gas |
| " " 1862/63 | " " | 5,880,000 c' | " | 5,228,000 c' | " |
| | Abnahme | 586,000 c' | " | 640,000 c' | |
| | gleich | 9,06 % | | 10,90 % | |

Hoffen wir, dass eine Besserung in nicht langer Zeit eintreten werde und trösten wir uns mit der sicheren Aussicht, dass jede günstige Wendung bedeutende Erfolge haben wird, indem ausser der Zunahme der Flammenzahl auch der Betrieb in Folge der Verarbeitung der Pilsener Kohlen sehr wesentliche Fortschritte gemacht hat.

Auch das Gaswerk Reichenberg hat im vergangenen Betriebsjahre mit ungünstigen Geschäftsverhältnissen zu kämpfen gehabt, die jedoch nicht einen Rückgang im Gasverbrauche verursachten, sondern nur den Aufschwung lähmten, den wir uns von der eingeführten Ermässigung des Gaspreises versprochen hatten.

Die Vermehrung der Flammenzahl und des Gasverbrauchs war immerhin befriedigend.

Es brannten:

| | | | | |
|---|---|---|---|---|
| am 1. Juli 1862 | 225 öffentliche | — | am 1. Juli 1863: | 232 öffentliche |
| | 3692 Privat | | | 3961 Privat |
| Zusammen | 3917 Gasflammen | | | 4193 Gasflammen. |

Zunahme 276 Flammen, gleich 7,04 %.

Erzeugt wurden:

| | | | | |
|---|---|---|---|---|
| im Jahre 1861/62 | 6,717,000 c' | verkauft | 6,031,000 c' | Gas |
| " " 1862/63 | 6,918,000 c' | " | 6,326,000 c' | " |
| Zunahme | 201,000 c' | " | 295,000 c' | " |
| gleich | 2,99 % | | 4,89 % | |

Bei Wiederbelebung des Geschäfts werden auch hier die günstigen Folgen für den Gasverbrauch nicht ausbleiben, unterdessen ist durch den Rückgang des Silber-Agios und durch die Ermässigung der Kohlenfrachten auf den preussischen Bahnen der Preis dieses Materials billiger geworden, ein wesentlicher Vortheil für den Betrieb, wenngleich der Coaksverkauf darunter litt und die Preise ermässigt werden mussten.

Im allgemeinen Interesse der Industrie wäre zu wünschen, dass auch die österreichischen Bahnen dem Beispiele folgen und ihre zum Theil noch sehr hohen Kohlentarife ermässigen möchten.

Die Production und Flammenzahl aller vier Gaswerke zusammen stellen sich wie folgt:

| | Production 1862/63 | | Flammenzahl am 1. Juli 1863 |
|---|---|---|---|
| Pest . . | 78,724,000 c' | Gas | 20,377 |
| Linz . . | 12,709,000 c' | " | 4,138 |
| Smichow | 5,880,000 c' | " | 3,072 |
| Reichenberg | 6,918,000 c' | " | 4,193 |
| Zusammen | 104,231,000 c' | " | 32,380 |

| | | | |
|---|---|---|---|
| im J. 1861/62 | 99,243,000 c' Gas | 1. Juli 1862 . | 29,376 |
| Zunahme . | 4,988,000 c' | „ | 3,004 |
| gleich . . | 5,02% | | 10,22% |

Der Gasverlust inclusive des eigenen Verbrauchs der Anstalten betrug im vergangenen Betriebsjahre im Durchschnitt 7,01% gegen 7,83% im Jahre 1861/62.

Der durchnittliche Verbrauch einer Gasflamme war im Jahre 1862/63:

| | | | | |
|---|---|---|---|---|
| in Pest . . . | pr. Strassenflamme | 12,782 c' | pr. Privatflamme | 3033 c' |
| in Linz . . . | „ „ | 12,257 | „ „ | 1988 |
| in Smichow . . | „ „ | 9,974 | „ „ | 1290 |
| in Reichenberg | „ „ | 4,181 | „ „ | 1379 |

| | | | | |
|---|---|---|---|---|
| in Pest . . . . | Totaldurchschnitt | 3600 c' | gegen | 3897 c' |
| in Linz . . . . | „ | 3057 | „ | 3130 |
| in Smichow . . | „ | 1483 | „ | 1806 |
| in Reichenberg . | „ | 1536 | „ | 1647 |

Totaldurchschnitt aller vier Gaswerke zusammen 3081 c' gegen 3287 c' im Jahre 1861/62.

Wie immer, ist auch in diesem Jahre ein Rückgang im Durchschnitts-Verbrauch der Gasflammen erfolgt; erinnern müssen wir hier daran, dass, wie oben bemerkt, des Stillstandes der Fabriken wegen in Smichow viele Flammen nur sehr kurze Zeit oder gar nicht zum Brennen gelangten, daher auch die wirklich sehr niedrige Verbrauchsziffer der Privatflammen jener Anstalt.

Der Betrieb unserer Gaswerke wurde auch im vergangenen Geschäfts-Jahre niemals gestört und die freundlichen Beziehungen zu den verschiedenen Stadtbehörden bleiben unverändert.

Nach diesen Mittheilungen erlauben wir uns, Ihnen den Rechnungs-Abschluss des sechsten Betriebsjahres 1862/63 vorzulegen:

**Einnahmen:**

| | | |
|---|---|---|
| Brutto-Erträgniss der vier Gaswerke Pest, Linz, Smichow und Reichenberg . . . . . . . . . | fl. 239,338. | 94 |
| Actien-Umschreibungsgebühren . . . . . . . . | „ 38. | — |
| | fl. 239,376. | 94 |

**Ausgaben:**

| | | |
|---|---|---|
| Interessen an die Actionäre u. auf die sonstigen Passiva . . . . . . . . . | fl. 99,371. | 68 |
| Bankprovisionen . . . . . . . . | „ 403. | 31 |
| Reisekosten . . . . . . . . | „ 1,936. | 85 |
| Gehalte bei der Centralverwaltung und Remunerationen . . . . . . . . | „ 2,735. | — |
| Stempel- und andere Gebühren . . . | „ 1,432. | 13 |
| Druck- und Insertionskosten . . . . | „ 497. | 02 |

| | | | |
|---|---|---|---|
| Baarsendungen, Briefporti und Telegramme . | fl. | 436. 08 | |
| Kanzleimiethe und andere Unkosten . . | „ | 525. 22 | |
| Technische Versuche . . . . . . | „ | 240. 32 | |
| Abnützung der Kanzleieinrichtung in Triest . | „ | 57. 94 | |
| Quote zum Amortisationsfond der Gaswerke . | „ | 12,008. 25 | |
| | | | fl. 119,643. 80 |
| bleibt Reinertrag . . | | | fl. 118,833. 14 |
| von welchem wir Ihnen vorschlagen nach §. 54 der Statuten wie folgt zu vertheilen: . . | | | „ 117,760. 42 |
| 10 pCt. in den Reservefond . . . . | fl. | 11,776. 05 | |
| 6 „ Emolumente an die sechs Directoren | „ | 7,065. 62 | |
| 12 „ Tantième des technischen Oberleiters | „ | 14,131. 25 | |
| 72 „ zur Tilgung der Maier'schen Tantième-Ablösung . . . . . | „ | 2,100. — | |
| an die Actionäre auf 7875 Actien à fl. 10. 50 pr. Actie . . . | „ | 82,687. 50 | |
| und den Rest von . . . | | | fl. 1,072. 72 |

wie in den letzten Jahren zur Verringerung des Saldos der Gründungsspesen zu verwenden.

Wie erwähnt, betrug das Brutto-Ergebniss der vier Gaswerke in diesem Jahre . . . . . . . . . . . fl. 239,338. 94
gegen im Jahre 1861/62 . . . . . . . . „ 225,827. 70

Es ergab sich demnach eine Zunahme von . . . fl. 13,511. 24
gleich 5,98%

die zwar die gleichzeitig erfolgte Zunahme der Flammenzahl von 10,22% nicht erreichte, jene der Gasproduction von 5,02% jedoch überschritt.

Die Ausgaben waren etwas geringer als im vorigen Jahre und zwar wurde die wesentlichste Ersparniss bei den Interessen und Bankprovisionen erzielt, indem die Wechsel-Operationen nach Möglichkeit beschränkt und die bedeutenden neuen Capital-Auslagen namentlich in Ofen und Urfahr vorübergehend durch die laufenden Einnahmen gedeckt wurden.

Der Saldo der Maier'schen Tantième-Ablösung erscheint auf fl. 24,472. 10 reducirt, jener der Gründungsspesen auf fl. 1,095. 37.

Dagegen erhöht sich der Reservefond, der auch in diesem Jahr unversehrt blieb, mit Zuschlag der Zinsen und der Bilanzquote auf fl. 31,464. 95 und der Amortisationsfond auf fl. 49,501. 35.

Die Reserven für unvorhergesehene Fälle und für die Abnützung der Gaswerke betragen sonach zusammen fl. 80,966. 30 gleich 5,14% des Actien-Capitals oder fl. 10. 28 per Actie.

Wir können nicht unerwähnt lassen, dass auch bei diesem Abschlusse von allen Geräthschaften und sonstigen Inventarstücken strenge Abschreibungen vorgenommen wurden.

Der Vermögensstand der Gesellschaft am 30. Juni 1863 war folgender:

**Activa:**

| | | |
|---|---|---|
| Gaswerk Pest Saldo seines Contos | fl. | 1,208,375. 78 |
| „ Linz „ „ „ | „ | 369,858. 48 |
| „ Smichow „ „ „ | „ | 247,201. 66 |
| „ Reichenberg „ „ „ | „ | 289,343. 35 |
| Geleistete Cautionen | „ | 5,228. 28 |
| Cassenbestand und Portefeuille | „ | 12,120. 32 |
| Forderungen auf Conto-Corrent | „ | 2,580. — |
| Reserve-Actien 7 Stück à fl. 200 | „ | 1,400. — |
| Kanzleieinrichtung in Triest | „ | 521. 48 |
| Maier'scher Tantième-Ablösungsconto | „ | 24,472. 10 |
| Saldo der Gründungsposten | „ | 1,095. 47 |
| | fl. | 2,162,196. 87 |

**Passiva:**

| | | |
|---|---|---|
| Capital, 7875 Actien à fl. 200 | fl. | 1,575,000. — |
| Prioritäts-Anlehen | „ | 339,472. — |
| Wechsel-Accepte | „ | 16,496. 14 |
| Unbehobene Coupons und fällige Zinsen | „ | 43,898. 25 |
| In Conto-Corrent zu leistende Zahlungen | „ | 2,450. 81 |
| Reservefond | „ | 31,361. 95 |
| Amortisationsfond | „ | 49,594. 35 |
| Ueberschuss | „ | 103,884. 37 |
| | fl. | 2,162,196. 87 |

Wir können unsern Bericht nicht schliessen, ohne der Hoffnung Ausdruck zu geben, dass Sie die gegenwärtige Lage unseres Unternehmens als befriedigend anerkennen und Ihr Vertrauen in die gedeihliche Zukunft desselben nun vollkommen begründet ist.

Wir sind Ihnen eine fernere Mittheilung schuldig.

Sie haben uns in der vorjährigen Generalversammlung die Ermächtigung ertheilt, eine andere Gasanstalt innerhalb der Grenzen der statutenmässig verfügbaren Geldmittel zu übernehmen.

Diese Ermächtigung bezog sich zunächst auf die damals schwebenden Unterhandlungen wegen Uebernahme der Gasbeleuchtung der Stadt Triest.

Dieselben wurden fortgesetzt und wir hatten die Genugthuung, zu sehen, dass die von uns gestellten Anträge grössere Vortheile für Stadt und Publikum boten als jene der mitconcurrirenden französischen Gesellschaft. Der Gemeinderath der Stadt Triest beschloss indessen, das Unternehmen für eigene Rechnung auszuführen, und obgleich die Angelegenheit noch nicht als definitiv erledigt betrachtet werden kann, so hat sie doch einen Weg betreten, auf dem wir ihr im Interesse der Gesellschaft nicht folgen zu können glauben.

Es kann sich uns jedoch, vielleicht in nicht ferner Zukunft, die Gelegenheit darbieten, von Ihrer uns ertheilten Ermächtigung zu Gunsten eines anderen Unternehmens Gebrauch zu machen, und wir ersuchen Sie neuerdings, die Versicherung entgegen zu nehmen, dass wir mit der grössten Vorsicht zu Werke gehen und die gegenwärtige günstige Lage der Gesellschaft nicht aus dem Auge verlieren werden.

Nach diesem Vortrage verlas Herr *A. Daninos* auf Einladung des Vorsitzenden folgenden Bericht:

*An die verehrliche General-Versammlung der Actionäre der Allgemeinen Oesterreichischen Gas-Gesellschaft.*

In Erledigung des von Ihnen erhaltenen Auftrages haben wir die das Geschäftsjahr 1862/63 betreffende sechste Bilanz der Gesellschaft geprüft und nach Vergleichung der Gesammtresultate mit den Rechnungs-Ausweisen der einzelnen Werke und den Registern der Centralverwaltung sie in allen ihren Theilen vollkommen genau und richtig gefunden.

Dieser Abschluss bestätigt neuerdings die Ansicht, die wir über die gedeihlichen Erfolge der Gesellschaft in der letzten General-Versammlung auszusprechen die Ehre hatten und zwar nicht allein durch die erzielte höhere Dividende, als auch durch die einzelnen Factoren der Bilanz selbst; es treten nämlich als bezeichnende Umstände besonders hervor: dass, während die Erträgnisse nur um ungefähr fl. 14,000 jene des Vorjahres überschritten, um den gleichen Betrag der Reingewinn, und die Dividende von fl. 9 auf fl. 10. 50 pr. Actie sich erhöhte, was den Fortschritt beweist, den der Betrieb der Anstalten sowohl im höheren Ertrage der Erzeugnisse, als in der Verringerung der Productionskosten gemacht hat, — dass die Erträgnisse wesentlich höher gewesen wären, wenn die ungünstigen Verhältnisse der Baumwollen-Industrie nicht ihren nachtheiligen Einfluss auf die Werke Smichow und Reichenberg ausgeübt hätten — dass endlich der Amortisationsfond zur Ersetzung des Werthverlustes bestimmt, den die Gasanstalten bei Aufhören ihrer Privilegien erleiden werden, auf fl. 40,594. 85 und der Reservefond für unvorhergesehene Fälle auf fl. 31,301. 95 gestiegen sind.

Die Lage der Gesellschaft ist demnach eine sehr günstige, und es bleibt uns nur die angenehme Pflicht übrig, sowohl der musterhaften Ordnung der Verwaltung als der strengen und sinnreichen Ueberwachung der einzelnen Anstalten und endlich der einsichtsvollen Thätigkeit der Direction unsere volle Anerkennung zu erneuern.

Triest, am 29. September 1863.

Gezeichnet *A. Daninos.*
„ *C. F. Burger.*

Hierauf sprach auch Herr *Raphael Padoa* unter Beistimmung der übrigen Actionäre einige Worte der Anerkennung, welche der Vorsitzende im Namen der Direction dankend erwiederte.

Da weiter keine Bemerkungen über den Rechnungs-Abschluss gemacht wurden, forderte der Herr Vorsitzende die Versammlung auf, die Bilanz gut zu heissen und der Direction im Sinne des §. 34 der Statuten das Absolutorium zu ertheilen, welcher Antrag einstimmig angenommen wurde.

Die Versammlung schritt sodann zur Wahl eines Directors für die nächsten 6 Jahre an die Stelle des austretenden Herrn *D. Mondolfo* und zweier Censoren und eines Ersatzmannes für die Bilanz 1863/64, und es wurden:

zum Director Herr *D. Mondolfo* einstimmig,
zu Censoren „ *C. F. Burger* „
„ *A. Daninos* mit 233 Stimmen,
zum Ersatzmann „ *J. Wollheim* mit 228 Stimmen wiedererwählt.

Bei der hierauf im Beisein des k. k. öffentlichen Notars Herrn *L. Pascolini* vorgenommenen Verlosung der nach dem Tilgungsplane des Prioritäts-Anlehens vom Jahre 1861 am 1. November d. J. zurückzuzahlenden 25 Stück Obligationen à fl 200 wurden nachstehende Nummern gezogen:

253, 255, 207, 487, 531, 559, 579, 598, 714, 908, 1030, 1103, 1179, 1277, 1305, 1310, 1331, 1495, 1625, 1726, 1934, 1938, 1964 2360, 2416.

Somit war die Tagesordnung erledigt und der Herr Vorsitzende erklärte die Sitzung für aufgehoben.

**Die Direction der Allgemeinen Oesterreichischen Gas-Gesellschaft.**

*F. v. Gossleth. H. v. Lutteroth. D. Mondolfo. E. v. Morpurgo. P. Revoltella. J. B. v. Serinzi.*

---

## V. Geschäftsbericht der Gasbeleuchtungs-Actiengesellschaft zu Glauchau auf das Betriebsjahr vom 1. Juli 1862 bis 30. Juni 1863.

Wenn wir auch dem diesjährigen Rechenschaftsberichte in üblicher Weise einen Bericht über den Stand des Unternehmens vorangehen lassen, so kann sich dieser nur auf einige kurze Notizen bezüglich der Erweiterung unserer Anstalt beschränken.

Den Ofenbau anlangend, bewährten sich die eingeführten Chamotte-Retorten in einer Weise, dass in diesem Jahre ein erheblicher Reparaturbau an den Oefen nicht vorgekommen ist.

Dagegen sahen wir uns genöthigt, unseren Schornstein der Vorsicht halber mit einem eisernen Schienennetze bekleiden zu lassen.

Bezüglich der Maschinen und Apparate ist zu erwähnen, dass dieselben durch Aufstellung einer vierten Reinigungsmaschine, die nebst den dazu gehörigen Hähnen und der Rohrverbindung aus Betriebsmitteln beschafft wurden, vermehrt worden sind.

Der im vorigen Jahre in Aussicht gestellte Bau eines zweiten Gasometers von 36,000 c' Inhalt ist in diesem Jahre in Angriff genommen und bereits soweit vollendet worden, dass das Werk nächstens dem Betrieb übergeben werden kann.

Durch Verlegung von Rohren in einem Theil der Schennenstrasse und in der Hermannstrasse, sowie in der Krankenhausgasse, der Wilhelmstrasse und Dorotheenstrasse ist die Länge des gesammten Rohrsystems von 50,000 Fuss gegen voriges Jahr auf 52,400 Fuss gewachsen, wovon 39,000 Fuss Länge auf das 1½—6zollige Hauptrohrsystem und 13,400 Fuss auf die gusseisernen Privat- und Laternenleitungen kommen.

Die Zahl der öffentlichen Gasflammen ist von 226 auf 231 Flammen, wovon 224 Flammen regelmässig im Betriebe sind, sowie die Zahl der Oellaternen von 4 grossen und 3 kleinen auf 7 grosse und 8 kleine Oellaternen erhöht worden.

Zu den 3460 diversen Privatflammen mit 144 Kochapparaten des vorigen Jahres, sind in diesem Jahre, nach Abrechnung der hier und da weggefallenen Flammen 400 Flammen mit 19 Kochapparaten gekommen, so dass die gesammte Zahl der Privatflammen gegenwärtig 3860 mit 163 Kochern beträgt.

Wie sehr endlich das Gasconsum hier gestiegen ist, ergibt sich aus folgender Aufstellung:

Im Betriebsjahre 1861/62 wurden abgegeben an 296 Consumenten 5,508,945 Cub.-Fuss, im Betrage von . . . 14,690 Thlr. 15 Ngr. 6 Pf.; die städtische Gasbeleuchtung betrug . . . 2,085 „ — „ — „

16,775 Thlr 15 Ngr. 6 Pf.

Im Betriebsjahre 1862/63 dagegen wurden abgegeben an 332 Consumenten 6,962,720 Cub.-Fuss, im Betrage von 18,035 Thlr. 1 Ngr. 6 Pf.; die städtische Gasbeleuchtung betrug . . . 2,225 „ — „ — „

20,260 Thlr. 1 Ngr. 6 Pf.

In Folge dessen ist seit dem 1. Januar 1863 der Preis des Gases für 1000 Cub.-Fuss von 3⅓ Thlr. auf 2½ Thlr. herabgesetzt worden, und vom 1. Juli 1863 an werden bei

| | | | | | |
|---|---|---|---|---|---|
| 20,000 bis | 39,999 | Cub.-Fuss | Gasverbrauch | 5 % |
| 40,000 „ | 79,999 | „ | „ | 7 „ |
| 80,000 „ | 159,999 | „ | „ | 10 „ |
| 160,000 „ | 319,999 | „ | „ | 12 „ |
| 320 und darüber | | „ | „ | 15 „ |

Rabatt gewährt werden.

Glauchau, am 17. August 1863.

Das Directorium der Gasbeleuchtungs-Actiengesellschaft.

Adv *Th. Golle.* *B. Kuhn.* *A. Lossow.*

## I. Hauptrechnung.

| | Thlr. | Sg. | Pf. | Thlr. | Sg. | Pf. |
|---|---|---|---|---|---|---|
| **A. *Einnahme.*** | | | | | | |
| 1. Actiencapital | | | | 60000 | — | — |
| 2. Erborgte Capitale | | | | 21000 | — | — |
| 3. Eingegangene Beiträge von Neubauten bei Einrichtung der Strassenbeleuchtung | | | | 729 | 14 | 9 |
| 4. Conventionalstrafen | | | | 17 | 15 | — |
| 5. Miethzinsen | | | | 117 | — | — |
| 6. Gasbeleuchtungs-Gegenstände und Privat-Einrichtungen | 37899 | 14 | 1 | | | |
| ab Ausgabe | 35156 | 29 | 8 | | | |
| | | | | 2742 | 14 | 3 |
| 7. Vom Betriebe zum Abschreiben überwiesene Beträge | 1992 | 23 | 9 | | | |
| 8. Betrag des bis 1. Juli 1862 angesammelten Reservefonds, der laut Beschluss der Generalversammlung dem Baucapitel überwiesen worden ist | 2973 | 1 | 9 | | | |
| | | | | 4965 | 25 | 8 |
| | | | | 89565 | 10 | — |
| **B. *Ausgabe.*** | | | | | | |
| 1. Grundstück und Gebäude | 30102 | 26 | 7 | | | |
| ab Erlös aus Gegenständen dieses Conto betr. | 136 | 10 | 7 | | | |
| | | | | 29966 | 16 | — |
| 2. Zinsen | | | | 46 | 10 | 1 |
| 3. Abgaben und Feuerversicherung | | | | 44 | 26 | 1 |
| 4. Gehalte | | | | 1516 | 15 | — |
| 5. Utensilien | | | | 775 | 4 | 2 |
| 6. Oefen und Retorten | 6452 | 2 | 6 | | | |
| ab für verkaufte alte Retorten | 262 | 21 | 4 | | | |
| | | | | 6189 | 11 | 2 |
| 7. Unkosten | | | | 2670 | 17 | — |
| 8. Strassenlaternen | 4143 | 16 | 3 | | | |
| ab für verkaufte Laternen | 414 | 7 | 5 | | | |
| | | | | 3729 | 8 | 8 |
| 9. Maschinen und Apparate | | | | 17704 | 15 | 4 |
| 10. Rohrsystem | 29806 | 27 | 9 | | | |
| ab verkaufte Rohre etc. | 1364 | 16 | 9 | | | |
| | | | | 28442 | 11 | — |
| | | | | 91085 | 14 | 8 |
| **C. *Bilanz.*** | | | | | | |
| Einnahme | | | | 89565 | 10 | — |
| Beitrag zum Bau des zweiten Gasometers vom Betriebe 1862/1863 | 2000 | — | — | | | |
| 5% vom Gewinn im Betriebsjahre 1862/63 | 434 | 20 | 5 | | | |
| | | | | 2434 | 20 | 5 |
| | | | | 92000 | — | 5 |
| Ausgabe | 91085 | 14 | 8 | | | |
| Baare Kasse | 914 | 15 | 7 | | | |
| | 92000 | — | 5 | | | |

## II. Betrieb.

| A. *Einnahme.* | Rthlr. | Ng. | Pf. | Rthlr. | Ng. | Pf. |
|---|---|---|---|---|---|---|
| 1. Vortrag aus voriger Rechnung | | | | 10 | 28 | 4 |
| 2. Coaks-Verkauf | 400 | 27 | 8 | | | |
| Aussenstände | 36 | — | — | | | |
| Vorrath 440 Scheffel Coaks à 4½ Ngr. | 66 | — | — | | | |
| | 502 | 27 | 8 | | | |
| ab Aussenstände am 1. Juli 1862 21 Thlr. 19 Ngr. 5 Pf. | | | | | | |
| ab Vorrath am 1. Juli 1862 133 „ 6 „ — „ | 154 | 25 | 5 | | | |
| | | | | 348 | 2 | 3 |
| 3. Theer-Verkauf | 737 | 29 | 8 | | | |
| Aussenstände | 26 | 3 | — | | | |
| Vorrath 50 Ctr. à 15 Ngr. | 26 | — | — | | | |
| | 790 | 2 | 8 | | | |
| ab Aussenstände am 1. Juli 1862 44 Thlr. 9 Ngr. 7 Pf. | | | | | | |
| ab Vorrath am 1. Juli 1862 43 „ 26 „ — „ | 88 | 5 | 7 | | | |
| | | | | 701 | 27 | 1 |
| 4. Spiritus- und Glycerin-Verkauf | 218 | 26 | 6 | | | |
| Aussenstände | 4 | — | — | | | |
| | 222 | 26 | 6 | | | |
| ab Aussenstände am 1. Juli 1862 | 1 | 9 | 8 | | | |
| | | | | 221 | 16 | 8 |
| 5. Schlacken-Verkauf | 2 | 26 | — | | | |
| ab Aussenstände am 1. Juli 1862 | — | 5 | — | | | |
| | | | | 2 | 21 | — |
| 6. Miethzinsen | | | | 77 | — | — |
| 7. Gas | 20401 | 23 | 4 | | | |
| Aussenstände | 386 | 28 | 4 | | | |
| | 20788 | 21 | 8 | | | |
| ab Aussenstände am 1. Juli 1862 | 528 | 20 | 2 | | | |
| | | | | 20260 | 1 | 6 |
| 8. Oelbeleuchtung | | | | 65 | — | — |
| 9. Zinsen | 191 | 24 | 9 | | | |
| Aussenstände | 70 | 8 | 3 | | | |
| | 262 | 3 | 2 | | | |
| ab Aussenstände am 1. Juli 1862 | 101 | 26 | — | | | |
| | | | | 160 | 7 | 2 |
| 10. Fuhrlohn für Theerfässer | 166 | — | 5 | | | |
| ab Aussenstände am 1. Juli 1862 | 2 | 27 | — | | | |
| | | | | 163 | 3 | 5 |
| 11. Zurückerstatteter Aufwand für Theerfässer | 19 | 15 | — | | | |
| Aussenstände | — | 22 | — | | | |
| | | | | 20 | 7 | — |
| 12. Fuhrlohn für Coaks | | | | 5 | — | — |
| 13. Wiedererstattete Unkosten | | | | 87 | 8 | — |
| | | | | 22123 | 8 | 9 |

| B. *Ausgabe.* | Thlr. | Ngr. | Pf. | Thlr. | Ngr. | Pf. |
|---|---|---|---|---|---|---|
| 1. Zinsen | | | | 650 | — | — |
| 2. Abgaben und Feuerversicherung | 330 | 18 | 6 | | | |
| ab am 1. Juli 1862 zurückgelegte | 60 | — | — | | | |
| | | | | 270 | 18 | 6 |
| 3. Instandhaltung der öffentlichen Gasbeleuchtung und Wärterlöhne | | | | 409 | 16 | 8 |
| 4. Unterhaltung der öffentlichen Oelbeleuchtung und Wärterlöhne | 108 | 6 | 9 | | | |
| Vorrath an Oel am 1. Juli 1862 | 53 | 3 | 5 | | | |
| | 161 | 10 | 4 | | | |
| ab Vorrath am 1. Juli 1863 | 34 | 27 | — | | | |
| | | | | 126 | 13 | 4 |
| 5. Aufwand für Theerfässer | | | | 4 | 19 | 8 |
| 6. Spiritus und Glycerin | | | | 172 | 2 | 4 |
| 7. Fuhrlohn für Coaks | | | | 5 | — | — |
| 8. Gasreinigungsmaterial | | | | 50 | 18 | — |
| 9. Gehalte incl. 264 Thlr. 5 Ngr. 4 Pf. Tantième dem Ingenieur | | | | 1364 | 5 | 4 |
| 10. Instandhaltung der Gebäude | 28 | 9 | 2 | | | |
| zurückgelegt zu einem Reparaturbau | 300 | — | — | | | |
| | | | | 328 | 9 | 2 |
| 11. Reparatur am Rohrsystem | | | | 30 | 13 | 6 |
| 12. Arbeitslöhne | | | | 1207 | 8 | 9 |
| 13. Kohlen | 4344 | 11 | 8 | | | |
| Vorrath am 1. Juli 1862 | 106 | 19 | 5 | | | |
| | 4451 | 1 | 3 | | | |
| ab Vorrath am 1. Juli 1863 | 87 | 22 | — | | | |
| | | | | 4363 | 9 | 3 |
| 14. Fuhrlohn für Theerfässer | 165 | 3 | 8 | | | |
| Unbezahlte Rechnung am 1. Juli 1863 | 23 | 27 | 2 | | | |
| | 189 | 1 | — | | | |
| ab unbezahlte Rechnung am 1. Juli 1862 | 22 | 20 | — | | | |
| | | | | 166 | 11 | — |
| 15. Reparaturen an Oefen und Retorten | 753 | 18 | 6 | | | |
| Zur Anschaffung v. Retorten etc. zurückgelegt | 400 | — | — | | | |
| | | | | 1153 | 18 | 6 |
| 16. Reparatur an Maschinen und für eine neue Reinigungsmaschine | 415 | 10 | 5 | | | |
| Zur Anschaffung einer Maschine zurückgelegt | 300 | — | — | | | |
| | | | | 715 | 10 | 5 |
| 17. Unkosten | | | | 386 | — | 4 |
| 18. Beitrag zum Bau des zweiten Gasometers | | | | 2000 | — | — |
| 19. Verlust-Conto | | | | | | |
| Verlust an nicht eingegangen Gasgeldern | | | | 17 | 18 | 8 |
| | | | | 13429 | 14 | 7 |

| C. *Bilanz.* | Rthlr. | Sg. | Pf. | Rthlr. | Sg. | Pf. |
|---|---|---|---|---|---|---|
| Einnahme . . . . . . . . . . . . . . . | 22132 | 3 | 9 | | | |
| Ausgabe . . . . . . . . . . . . . . . | 13429 | 14 | 7 | | | |
| Einnahme Ueberschuss | | | | 8603 | 19 | 2 |
| Hiervon sind 5% dem Bau mit . . . . . . . | 434 | 20 | 5 | | | |
| und 10% dem Reservefond mit . . . . . . . | 869 | 11 | — | | | |
| | | | | 1304 | 1 | 5 |
| überwiesen, bleiben | | | | 7389 | 17 | 7 |
| Davon kommen zur Vertheilung an die Actionäre 12% Dividende auf 60000 Thlr. . . . . . | | | | 7200 | — | — |
| bleibt Vortrag auf neue Rechnung . . . . . . | | | | 189 | 17 | 7 |
| Der nach Abzug der dem Bau und dem Reservefond überwiesenen 1304 Thlr. 1 Ngr. 5 Pf. verbleibende Bestand von . . . . . . . . . | 7389 | 17 | 7 | | | |
| wozu noch kommt der Betrag der in Ausgabe stehenden u. noch zu bezahlenden Reparaturen an Gebäuden . . . . . . . . . . . . . | 300 | — | — | | | |
| ferner der für Retorten etc. . . . . . . . . | 600 | — | — | | | |
| der für eine Maschine . . . . . . . . . | 300 | — | — | | | |
| und der für Fracht von Theerfässern . . . . | 23 | 27 | 2 | | | |
| zusammen | | | | 8613 | 14 | 9 |
| wird gewährt mit:<br>Aussenständen für Coaks 36 Thl. — Sg. — Pf.<br>" " Theer 26 " 3 " — "<br>" " Spiritus 4 " — " — "<br>" " Gas 386 " 28 " 4 "<br>" " Zinsen 70 " 8 " 3 "<br>" " Theerfässer — " 22 " — " | 524 | 1 | 7 | | | |
| Vorrath von Coaks 66 Thl. — Sgr. — Pf.<br>" " Theer 25 " — " — "<br>" " Oel 34 " — " 27 "<br>" " Kohlen 87 " — " 22 " | 213 | 19 | — | | | |
| baarer Casse . . . . . . . . . . . . . . | 7875 | 24 | 2 | | | |
| | 8613 | 14 | 9 | | | |

## III. Reservefond.

| | Rthlr. | Sg. | Pf. | Rthlr. | Sg. | Pf. |
|---|---|---|---|---|---|---|
| 10% vom Gewinn im Betriebsjahre 1862/63 . | | | | 869 | 14 | — |

## Gasbereitungsanstalt in Weimar.

### Uebersicht des 7. Betriebsjahres vom 1. Juli 1862 bis 1. Juli 1863.

*Oeffentliche Flammen 263, Privatflammen 2089.*

| | Ausgabe. | Rthlr. | Sg. | Pf. |
|---|---|---|---|---|
| 1 | Für Kohlen: 14936 Berl. Scheffel, à durchschnittlich 8 Sgr. 0,4 Pf. pr. Scheffel | 3999 | 21 | 7 |
| 2 | „ Feuerungskoaks: 9034 Berl. Scheffel Maschinenkoaks à 5 Sgr. 0,56 Pf.*) durchschnittlich und 805 Berl. Scheffel Gaskoaks à 5 Sgr. 4,80 Pf. | 1574 | 23 | 3 |
| 3 | „ Reinigungsmaterialien (Laming'sche Masse) | 56 | 7 | — |
| 4 | „ Lehm zum Verschluss der Retortendeckel | 9 | 6 | — |
| 5 | „ Reparaturen und Abschreibung der Gasöfen (69 Thlr. 1 Sgr. 5 Pf. Reparaturen und 1229 Thlr. 1 Sgr. 9 Pf. Abschreibung**) nach Abzug von 123 Thlr. 2 Sgr. 6 Pf. für verkaufte alte Materialien | 1175 | — | 8 |
| 6 | „ Betriebsarbeiter-Löhne | 760 | 11 | — |
| 7 | „ Reparaturen des Rohrsystems, der Gebäude und Hof-Einfriedigung | 210 | 15 | 8 |
| 8 | „ Instandhaltung der Privatbeleuchtungs-Einrichtungen | 106 | 11 | 6 |
| 9 | „ Aufwände an Gasometer, Stationsgaszähler, Reparaturen an der Theer- und Ammoniakwasser-Pumpe | 10 | 17 | — |
| 10 | „ Reparaturen und 10% Abschreibung an den Reinigungs-Apparaten und der Dampfheizung im Reinigungshause | 211 | 25 | — |
| 11 | „ Reparaturen, Oel u. s. w., 10% Abschreibung am Dampfkessel, der Dampfmaschine und am Exhaustor | 158 | 14 | 5 |
| 12 | „ 10% Abschreibung am Druckregulator | 16 | 25 | 1 |
| 13 | „ Reparaturen u. Ergänzung der kleinen Betriebsgeräthe | 209 | 22 | 9 |
| 14 | „ allgemeine Betriebsunkosten (Kehrbesen, Stroh, Pinsel, Bleiessig etc.) | 4 | 15 | 7 |
| 15 | „ Heizung und Beleuchtung des Bureaus, der Inspector- und Kassirer-Wohnung, Beleuchtung der Maschinenstube, des Ofen- und Reinigungshauses und der Gasometerscala | 440 | 9 | — |
| 16 | „ Steuern (56 Thlr. 21 Sgr. 11 Pf.) und Prämie (64 Thlr. 24 Sgr.) von 30,900 Thlr. Versicherungssumme | 121 | 15 | 11 |
| 17 | „ Bureau-Aufwand, Schreibmaterialien, Druckkosten, Buchbinderarbeiten, Insertionen und Porti's | 120 | 24 | 9 |
| 18 | „ Gehalte und Tantiemen | 1110 | 3 | — |
| 19 | „ Zinsen von 20,000 Thlr. Darlehen à 4½% | 900 | — | — |
| 20 | „ ausserordentliche Ausgaben, als rückerstatteter 12½% Rabatt an Konsumenten von wenigsten 500,000 c' Gaskonsum etc. | 625 | 6 | 5 |
| | Ausgabe-Summa | 11822 | 4 | 7 |

*) Wie bisher wurde auch in diesem Jahre zur Ofenfeuerung Maschinenkoaks gekauft, so lange Gaskoaks gut abgesetzt werden konnte.

**) Die Abschreibung ist an den Oefen IV u. V gleich wie voriges Jahr an den Oefen I, II u. III verstärkt worden, damit die ersteren ebenfalls auch mit 7" weiten Steigröhren und grossen Vorlagen versehen werden können. Die zahlreichen Theerverstopfungen, welche den Betrieb unsicher machten und die Retorten ruinirten, machten diese Umänderungen unerlässlich nöthig.

| | Einnahme. | Thlr. | Sg. | Pf. |
|---|---|---|---|---|
| 1 | Für verkauftes Gas, 5,234,345 c' à M. 2 Thl 18 Sg. 9 Pf. — 3 Thl. | 15140 | 7 | 9 |
| 2 | „ 14,345 Berl. Scheffel Koaks à 5 Sgr. 4,80 Pf — 7 Sgr. | 2743 | 9 | 6 |
| 3 | „ 678,6 Centner Steinkohlentheer | 324 | 14 | 9 |
| 4 | „ 137 Scheffel kleinen Koaksabfall und Schlacken | 31 | 21 | — |
| 5 | „ Gewinn an neuen Gasbeleuchtungs-Einrichtungen | 560 | 23 | 11 |
| 6 | „ sonstige Einnahmen als: Zinsen von temporär angelegten Betriebskapitalien, Ländereipacht u. s. w. | 234 | 20 | 8 |
| | Einnahme-Summa | 19035 | 7 | 7 |

**Vergleichung.**

19,035 Thlr. 7 Sgr. 7 Pf. Summa der Einnahme
11,822 „ 4 „ 7 „ Summa der Ausgabe

7,213 Thlr 3 Sgr. — Pf. Summa Reinertrag der Gas-Anst pr. 1862/63.

Von diesem Reinertrage sind zur statuarischen Bildung eines Reserve-Fonds von 8000 Thlr. 10% dem Reserve-Conto mit:

721 Thlr. 9 Sgr. 4 Pf und der Ueberschuss von:

6,491 „ 23 „ 8 „ sowie 75 Thlr. — Sgr. 11 Pf. unvertheilte Dividende aus dem Vorjahre, sind dem Dividenden-Conto zur Vertheilung unter die Actionäre zuzuweisen.

nte.

Bei einem Actienkapitale von 80,000 Thlr. sind dies 8% und ein Vortrag von 166 Thlr. 24 Sgr. 7 Pf. auf das Jahr 1863/64.

Aus Obenstehendem resultiren die Selbstkosten von 1000 c' Gas:

| | Ueberhaupt für 5,234,345 Cbf. Gas | | | Für 1000 Cbf. Gas | | |
|---|---|---|---|---|---|---|
| | Thlr. | Sg. | Pf. | Thlr. | Sg. | Pf. |
| 14,936 Berl. Scheffel Kohlen zur Vergasung Summa 3099 Thlr. 21 Sgr. 7 Pf. | | | | | | |
| Hiervon ab die Einnahmen für folgende Nebenproducte: | | | | | | |
| für 14,345 Scheffel Coaks 2743 Thlr. 9 Sgr. 6 Pf. | | | | | | |
| „ 678 Ctr. 60 Pfd. Steinkohlentheer 324 „ 14 „ 9 „ | | | | | | |
| „ 137 Scheffel Coaksabfall u. ca. 30 Wagen Schlacken 31 „ 21 „ — „ | | | | | | |
| Summa 3099 Thlr. 15 Sgr. 3 Pf. | | | | | | |
| Daher: | | | | | | |
| 1) Die Selbstkosten des zur Gasfabrikation verwendeten Materials | 900 | 6 | 4 | — | 5 | 1,91 |
| 2) Feuerungsmaterial der Gasöfen, 9339 Scheffel Coaks | 1574 | 23 | 3 | — | 9 | 0,31 |
| 3) Reinigungsmaterialien | 56 | 7 | — | — | — | 3,87 |
| 4) Lehm zum Verschluss der Retortendeckel | 9 | 5 | — | — | — | 0,63 |
| 5) Unterhaltung der Retortenöfen | 1175 | — | 8 | — | 6 | 8,81 |
| 6) Unterhaltung der Apparate, Betriebsgeräthe, Gebäude und der Röhrenleitung | 822 | 15 | 6 | — | 4 | 8,57 |
| 7) Instandhaltung der Privat-Gasbeleucht.-Einricht. | 106 | 11 | 6 | — | — | 7,32 |
| 8) Arbeiterlöhne | 760 | 11 | — | — | 4 | 4,29 |
| An Gasbeleuchtungskosten insbesondere | 5404 | 26 | 3 | 1 | — | 11,71 |
| „ Verwaltungskosten | 1792 | 23 | 8 | — | 10 | 3,30 |
| „ Zinsen v. 20,000 Thl. Darlehenskapital | 900 | — | — | — | 5 | 1,90 |
| „ Ausserordentliche Ausgaben | 625 | 6 | 5 | — | 3 | 7,00 |
| Selbstkosten, Summa | 8722 | 19 | 4 | 1 | 19 | 11,94 |

**Weimar, den 1. Nov. 1863.**

Der Director der Gasanstalt:
*W. Hirsch.*

# Deutsche Continental-Gas-Gesellschaft in Dessau.

## Betriebs-Resultate des III. Quartals 1863.

| Lauf. Nr. | Gas-Anstalten. | Gas-Production. Cubikf. engl. | Flammenzahl | |
|---|---|---|---|---|
| | | | am Schluss der Periode | Zunahme. |
| 1. | Frankfurt a. O. | 3,018,548 | 7929 | 177 |
| 2. | Mühlheim a. d. R. | 1,691,300 | 4627 | 124 |
| 3. | Potsdam | 3,092,200 | 7775 | 45 |
| 4. | Dessau | 671,740 | 3333 | 38 |
| 5. | Luckenwalde | 728,800 | 2096 | 259 |
| 6. | Gladbach-Rheydt | 1,830,800 | 7090 | 204 |
| 7. | Hagen | 1,788,300 | 9707 | 56 |
| 8. | Warschau | 7,422,600 | 10,798 | 167 |
| 9. | Erfurt | 1,880,800 | 5179 | 156 |
| 10. | Krakau | 2,607,800 | 3919 | 91 |
| 11. | Nordhausen | 859,066 | 2085 | 86 |
| 12. | Lemberg | 2,619,862 | 4410 | 69 |
| 13. | Gotha | 1,342,769 | 4303 | 88 |
| | Summa | 29,509,913 | 69,543 | 1742 |
| | In der gleichen Periode des Vorjahre | 27,770,583 | 64,417 | 1851 |
| | Zunahme Zahl | 1,739,330 | 5,126 | |
| | Zunahme Proc. | 6,26 | 7,96 | |

Dessau, den 20 Oct. 1863.

**Das Directorium der Deutschen Continental-Gas-Gesellschaft.**

**Nr. 12.** **December 1863.**

# Journal für Gasbeleuchtung

**und**

**verwandte Beleuchtungsarten.**

## Organ des Vereins von Gasfachmännern Deutschlands.

**Monatschrift**

**von**

**N. H. Schilling,**

Director der Gasbeleuchtungs-Gesellschaft in München.

---

**München. Verlag von Rudolph Oldenbourg.**

---

**Abonnements.**

Jährlich 4 Rthlr. 20 Ngr.

Halbjährlich 2 Rthlr. 10 Ngr.

Jeden Monat erscheint ein Heft.

Das Abonnement kann stattfinden bei allen Buchhandlungen und Postämtern Deutschlands und des Auslandes.

**Inserate.**

Der Insertionspreis beträgt:

für eine ganze Octavseite 8 Rthlr. — Ngr.

„ jede achtel „ 1 „ — „

Kleinere Bruchtheile als eine Achtelseite können nicht berücksichtigt werden; bei Wiederholung eines Inserates wird nur die Hälfte berechnet, für dieselben jedoch noch die nebenstehende innere Seite des Umschlages benützt.

---

# EDMUND SMITH'S IN HAMBURG PATENTIRTE GASUHR.

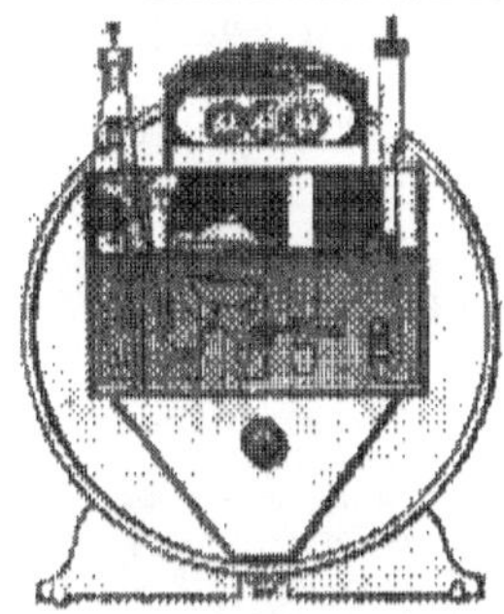

Diese Uhr, in England, sowie fast auf dem ganzen Continente patentirt, zeichnet sich durch die untrügliche Richtigkeit ihres Ganges vor allen bisher bekannten Gasuhren aus, das Princip dieser Uhr ist ein einfaches und doch vollkommen seinem Zwecke entsprechendes, wie solches von vielen Autoritäten durch Atteste anerkannt worden; man lese gefälligst vom vorliegenden Journal die Hefte Nr. 6 und 7 von 1869, welche eine eingehende Besprechung dieser Gasuhren enthalten.

Um eine besondere Eigenschaft hervorzuheben, wird bemerkt, dass eine Differenz des Gasconsums unter allen Umständen nie 2% übersteigen kann.

Ein fernerer Vorzug dieser Uhren ist, dass sich nasse Gasuhren anderer Construction ohne grosse Schwierigkeiten in dies quäst. Princip umändern lassen.

Wegen Zeichnungen, Erklärungen u. s. w., welche franco übersandt werden, wende man sich gef. an

**Edmund Smith, Hamburg, Grasbrook,**

Fabrikant von Patent-Gasuhren, Regulatoren, Experimentir- und Stationsuhren und aller zu dieser Branche gehörigen Gegenstände.

---

# J. L. BAHNMAJER in Esslingen am Neckar

empfiehlt

**schmiedeeiserne Röhren und Verbindungen,**

ferner Asphalt-, Blei-, Gummi-, Compositions-, Kupfer-, Messing- und andere Röhren zu den verschiedensten Zwecken, worüber detaillirte Preislisten zu Diensten stehen.

---

**Retorten und Steine**

von feuerfestem Thone in allen Formen und Dimensionen.

# J. SUGG & COMP. IN GENT

## BELGIEN,

(*vormals* ***Albert Keller.***)

Diese Fabrikate haben auf allen Gaswerken, wo sie benutzt worden, volle Anerkennung gefunden, und sind die Preise, trotz aller Sorgfalt, welche auf die Anfertigung verwendet wird, sehr vortheilhaft.

# DIE GLYCERIN-FABRIK

von

## G. A. BAEUMER IN AUGSBURG

empfiehlt ihr — **zum Füllen der Gasmesser** — seit Jahren **bewährtes Präparat** den sehr verehrlichen Herren Gaswerk-Besitzern und Directoren zu geneigter Verwendung.

Ihr sorgfältigst gereinigtes spiegelklares Glycerin schützt die Gasmesser vor Rost, gefriert erst bei einer Temperatur von — 25° R. und verdunstet äusserst wenig. — „In leicht gedeckten Blechgefässen hierorts gemachte Versuche zeigten, dass der Gewichtsverlust dieser Flüssigkeit pro anno nur 5 Procent betrug, während der des Wassers 75 Procent ausmachte, dabei ersteres Gefäss blank blieb, bei letzterem sich aber Rost abgesetzt hatte.“ — *Die Gasuhr, mit fraglichem Stoff gefüllt, ist für den Winter* — da die Flüssigkeit nicht gefriert — *wie für den Sommer* — weil das öftere Nachfüllen erspart ist, und die Uhr ihren gleichmässigen Gang behält — *stets vortheilhaft versorgt, und möchte gereinigtes Glycerin daher gleich zu erstmaliger Füllung jedes neuen Apparates sehr zu empfehlen sein.*

---

## Die Chamott-Retorten- und Stein-Fabrik

von

### F. S. OEST'S Wittwe & Comp.

in **Berlin**, Schönhauser-Allee Nr. 128,

erlaubt sich ihre Fabrikate, als Chamott-Retorten zur Gas- und Mineralöl-Bereitung, so wie Chamottsteine in jeder beliebigen Form und Grösse zu empfehlen. Von den gangbarsten Sorten wird Lager gehalten und für solche sowohl als für etwa bestellte Gegenstände die billigsten Preise berechnet. Aufträge werden ohne Verzug effektuirt.

---

Auf Verlangen bescheinige ich hiermit, dass die von **F. S. Oest's Wittwe u. Comp.**, hierselbst, *Schönhauser-Allee Nr. 128*, zu den hiesigen städtischen Gas-Erleuchtungs-Anstalten gelieferten Chamott-Gas-Retorten, sich bisher vorzüglich gut bewähren. Die Oefen mit den dazu gelieferten Chamottsteinen gebauet, fortlaufend, meist 2½ bis 3 Jahre im stärksten Feuer ausgehalten haben, so dass ich das Fabrikat zu dem besten zähle, was mir in der Praxis bekannt geworden ist, und solches nach meiner unvorgreiflichen Ansicht mit Recht als vorzüglich gut empfehlen kann.

Berlin, am 31. Januar 1859.

**Kühnell,**
Baumeister und technischer Dirigent
der Berliner Communal-Gaswerke.

---

Ein **Techniker,** der 10 Jahre im Gasfache thätig, sucht Stelle bei Neubau oder bei bestehender Fabrik als **Director** oder **Betriebsführer** zum sofortigen Antritte; derselbe ist im Stande, alle Arbeiten selbst auszuführen und zu leiten, worüber die günstigsten Zeugnisse zu Gebote stehen. Offerte ***H. H. 30.*** besorgt die Exp. d. Gas-Journals.

---

## Rundschau.

Laut Ausschreibung in verschiedenen Blättern soll die Concession Behufs Errichtung einer neuen Leuchtgas-Fabrik für die Stadt Luxemburg im Wege des öffentlichen Submissionsverfahrens vergeben werden, und werden Unternehmungslustige eingeladen, ihre versiegelten Offerten bis Donnerstag, den 7. Januar 1864, Vormittags 11 Uhr bei der Gemeindeverwaltung im Stadthause daselbst einzureichen. Es besteht in Luxemburg eine Gasanstalt seit 1841—42, deren Eigenthümer Herr *F. Fischer* ist, und deren Absatz im Jahre 1862 nicht ganz 100,000 Cubikmeter (3,531,658 c' engl.), nemlich 22,000 Met. für öffentliche, 75,000 Met. für Privat-Beleuchtung betragen hat. Der Preis des Gases war für Private 40 Centimes für 1 Cub.-Meter (circa 3 Thlr. 8 Sgr. pro 1000 c') und für die öffentliche Beleuchtung 30 Cent. pro Cubikmeter, für nächstes Jahr war eine weitere Reduction bis zu 37 und 27 Cent. in Aussicht gestellt. Es müssen bedauerliche Gründe sein, welche den Luxemburger Gemeinderath veranlassen konnten, für einen Gasbedarf von 3½ Millionen c' die Errichtung einer zweiten Gas-Anstalt in Aussicht zu nehmen. Soweit uns bekannt, sind die localen Verhältnisse der Stadt für den Betrieb einer Gasanstalt überhaupt ohnehin schon ungünstiger und schwieriger, als anderswo. Die ganze Stadt besteht aus der Oberstadt und drei sehr ausgedehnten Unterstädten. Die Bevölkerung vertheilt sich circa zu gleichen Hälften auf die Oberstadt und die drei Vorstädte. Letztere sind ohne Handel, und die Bevölkerung ist derart, dass sie nur eine sehr geringe, man kann sagen, gar keine Betheiligung verspricht. In der einen Unterstadt, wo bereits seit geraumer Zeit Gasleitung vorhanden ist, haben sich, wie wir hören, bloss 2 Abnehmer mit zusammen 4 Flammen gefunden. Für die Oberstadt und bloss zwei Unterstädte, welche letztere etwa 200 Fuss tiefer liegen, ist eine Hauptleitung von einigen 40,000 Fuss erforderlich. Unter solchen Umständen dürfte sich schwerlich ein Unternehmer finden, der Lust hätte, einen Gas-Consum von 3½ Millionen c' mit der bereits bestehenden Anstalt zu theilen.

Auf die im Novemberheft dieses Journals enthaltene Anfrage aus

Amsterdam sind uns von befreundeten Fachgenossen drei Zuschriften zugegangen, aus denen wir ersehen, dass diese Herren einstimmig die von Herrn Prof. *Mulder* gegebene Erklärung der Explosion im Gaswerk zu Utrecht für unwahrscheinlich halten. — Wir lassen hier die betreffenden Auszüge aus diesen Schreiben folgen.

Herr Baumeister *Schnuhr*, Betriebsdirector der städtischen Gasanstalten in Berlin, schreibt:

„In Betreff der Anfrage aus Amsterdam wegen der angeblich durch Bildung von Chlorcalcium in den Reinigern auf der Gasanstalt zu Utrecht erfolgten Explosion bin ich der Ansicht, dass eine derartige Ursache nicht anzunehmen ist. Verstopfungen in den Reinigern oder den zu denselben gehörigen Röhren mit ihrem Gefolge von erhöhtem Druck des Gases in den davor liegenden Röhren und Apparaten, der sich ja auch bei mangelnder Aufsicht leicht bis zu einer solchen Grösse steigern kann, dass aus den Wasserverschlüssen das Gas in die erleuchteten Räume des Gebäudes ausströmt, und dann durch irgend einen Zufall der Flamme zugeführt, eine Explosion zur Folge hat, ich sage also — Verstopfungen oder nur Verengungen des Querschnittes der Reiniger oder der Röhren derselben können durch mancherlei Ursachen herbeigeführt werden; gewöhnlich liegt dann die Schuld an der Nachlässigkeit der bei den Reinigern beschäftigten Arbeiter und an der ungenügenden Beaufsichtigung derselben; nach erfolgter Explosion wird es gewiss stets sehr schwer sein zu ermitteln, ob die Arbeiter und die Aufsichtsbeamten ihre Schuldigkeit gethan haben und ob die Vorkehrungen rechtzeitig geschehen waren, welche je nach der Einrichtung der Gasanstalt erforderlich sind, um Verstopfungen, z. B. Theer- und Wasseransammlungen zu verhindern. Dass eine chemische Vereinigung der im Steinkohlengase angeblich vorhandenen Chlordämpfe mit dem in den Reinigern gelagerten Kalkhydrat zu Chlorcalcium eine Verstopfung des Querschnittes der Reiniger herbeiführen können, scheint mir schon an und für sich sehr gesucht zu sein, aber ganz unmöglich, wenn man sich die in den durch Seewasser beschädigten Steinkohlen enthaltene Menge Chlor vergegenwärtigt und damit die zur Reinigung des Gases in den Reinigern aufgeschütteten Kalkquantitäten vergleicht! Doch ganz abgesehen hievon, bin ich der Ansicht, dass es ganz unmöglich ist, dass Chlordämpfe bis in die Reiniger gelangen können, weil dieselben, sobald sie aus der Retorte heraustreten, so viel Ammoniakdämpfe vorfinden, dass sie sofort mit denselben Salmiak bilden werden und derselbe sich in den Condensatoren, Scrubbern oder Wäschern als Krystalle oder flüssig von dem Leuchtgase trennen und zurückbleiben wird. Was nun die bei den hiesigen städtischen Gasanstalten in dieser Beziehung gemachten Erfahrungen betrifft, so ist hier noch kein derartiger Fall von Chlorcalciumbildung oder gar durch dieselbe herbeigeführte Verstopfung der Reiniger vorgekommen, obgleich wir bis 1861 nur mit Kalk gereinigt und bei der sehr grossen Anzahl jährlich mit englischen Steinkohlen für uns befrachteten Seeschiffe selbstverständlich auch manche Havarieen zu notiren hatten, ungerechnet die grosse Anzahl Seeschiffe, welche von Stürmen und hohem Seegang herumgeworfen, ohne beschädigt zu werden, von dem dabei erfolgten Nässen der Steinkohlen mit Seewasser gewiss auch keine Meldung an unsere Agenten machten. Wir haben bisher durch Seewasser genässte Steinkohlen nur um so viel schlechter gehalten, als man, wie bekannt, trockene Kohlen lieber zum Vergasen in die Retorten wirft als nasse!"

Herr *B. W. Thurston*, Director der Gasanstalt in Hamburg, schreibt:

„Während meiner Praxis habe ich manche hunderttausend Tons Kohlen vergast, welche über See gegangen sind, und es lässt sich wohl annehmen, dass ein Theil davon nicht ohne Berührung mit dem Seewasser geblieben ist. Ich habe auch zeitweise erhöhten Druck in den Reinigern gehabt, aber ich habe den Grund nie in dem Umstande gesucht, dass die Kohlen vielleicht eine geringe Quantität Seesalz enthielten. Es dürfte Herrn Prof. *Mulder* auch schwer fallen, mich zu überzeugen, dass ein solcher geringer Gehalt wirklich die Ursache der Druckerhöhung gewesen sein könnte.

Wenn ich recht verstanden habe, so liegt die Sache so: — Herr Prof. *Mulder* sagt, wenn Steinkohlen in solchem Maasse mit Seewasser getränkt sind, dass 10,000 Pfd. Kohlen 7 Pfd. Seesalz enthalten, so entwickelt sich bei der Destillation dieser Kohlen Chlorgas, dieses gelangt durch die zunächst folgenden Reinigungsapparate bis in die trockenen Kalkreiniger, verbindet sich mit dem Kalk und bildet Chlorcalcium. Das Chlorcalcium wird von so compacter Beschaffenheit, dass das Gas nicht mehr hindurchströmen kann, und eine Verstopfung mit all ihren Consequenzen ist die Folge davon.

10,000 Pfd. Kohlen sind circa 4½ engl. Tons, und 7 Pfd. Seesalz werden etwa 4 Pfd. Chlor enthalten. 1 engl. Ton Kohlen enthält also nicht ganz 1 Pfd. Chlor, welches sich daraus in Dampfform entwickelt, dieses Quantum aber, wenn es überhaupt den Kalkreiniger erreicht, ist nach meiner Ansicht viel zu gering, um den Kalk, der auf einen grossen Flächenraum vertheilt in den Apparaten ausgebreitet liegt, in der von Herrn Prof. *Mulder* behaupteten Weise zu afficiren, namentlich wenn der Kalk jeden dritten Tag erneuert wird u. s. w. Auch ist das Chlorgas sehr schwer und in Wasser leicht löslich, es ist daher nicht anzunehmen, dass es der Wirkung der Condensation und der Waschapparate entgeht, was geschehen müsste, wenn es überhaupt in die Reiniger gelangen sollte. Es wird condensirt und absorbirt werden.

Wenn die Frage wirklich von der Bedeutung sein sollte, wie es nach der Mittheilung im Journal der Fall zu sein scheint, so könnte man sie wohl durch praktische Versuche etwa in folgender Weise erledigen. Man nehme Kohlen, von denen man gewiss weiss, dass sie nicht durch Seewasser nass geworden sind, für den Betrieb von drei Tagen, lasse den Kalk für die Reinigung sorgfältig zubereiten und notire den Druck am Eingang der Reinigungsapparate, dann nehme man für die folgenden drei Tage Kohlen von derselben Sorte, die man zuvor mit Salzwasser — 7 Pfd. Salz auf 10,000 Pfd. Kohlen — genässt hat, behandle die Reinigung genau ebenso wie das erste Mal, und notire wieder den Druck u. s. w.; sollte sich dabei herausstellen, dass der letztere Druck bedeutend höher steigt als der erstere, so könnte man geneigt sein, anzunehmen, dass die Behauptung des Herrn Prof. *Mulder* nicht ganz ohne Grund sei. Man könnte auch, wenn darauf bestanden werden sollte, statt der Salzlösung wirkliches Seewasser herbeischaffen, und davon so viel zumischen, dass der bestimmte Salzgehalt erreicht würde.

Meine Meinung ist, dass die Verstopfung des Reinigers in Utrecht durch eine ganz andere Ursache herbeigeführt sein wird, als der Herr Professor annimmt. Nach meiner Erfahrung kommt sehr viel auf die Zubereitung des Kalkes an; je weniger Wasser man nimmt, um das Hydrat herzustellen, desto mehr Gas reinigt dasselbe, das ist zweifellos; nimmt man aber den Kalk zu trocken, so ändert er in dem Reinigungsapparat nach einiger Zeit seine Consistenz oder Form; anstatt pulverförmig zu bleiben, wird er körnig, vermuthlich durch die Einwirkung des warmen, ungereinigten Gases. Die unreinen Bestandtheile des Gases lagern sich mit einem kleinen Gehalt an Theer zwischen dem Kalk ab, und dies zusammen bildet nach Kurzem eine harte und undurchdringliche Masse, welche natürlich den Durchfluss des Gases nicht gestattet. Das beste Mittel dagegen ist, dem Kalk etwas mehr Wasser zu geben und ihn nicht zu trocken oder zu lange zu benutzen, auch dürfen die Roste der Reinigungsapparate stets gut rein gehalten werden. Wenn die holländischen Ingenieure diese Punkte sorgfältig beobachten, so wage ich vorauszusagen, dass sie Kohlen mit einem Gehalt an Seesalz von 7 Pfd. auf 10,000 Pfd. Kohle, so weit es die Reiniger betrifft, mit vollkommener Sicherheit vergasen dürfen."

Herr *W. Kornhardt*, Director der Gasanstalt in Stettin, schreibt:

„In Beziehung auf die in Rede stehende Frage bin ich zwar nicht Chemiker genug, um die Sache wissenschaftlich untersuchen zu können, aber die Erklärung des Herrn Professor *Mulder* leuchtet mir nicht ein. Kalk kann allerdings auch bei ganz guten Kohlen für Gas undurchdringlich werden, wenn derselbe entweder etwas zu dick liegt, oder zu trocken ist, in beiden Fällen habe ich bereits ähnliche Facta erlebt. Es kann ja auch sonst ein Versehen passirt sein. Wenn man den Ein- oder Ausgang, um die Scheidewand in der Maschine zu sparen, als Canal construirt, so legt man beim neuen Beschicken gewöhnlich denselben zu, damit kein Kalk hineinfällt. Was nun, wenn die Decke vergessen wird, abzunehmen? Hat man ferner keinen Clegg'schen Wechselhahn, sondern Schieber, so kann sehr leicht eine falsche Stellung der letzteren erfolgen, und auch dann muss das Gas sehr bald anströmen. Es können auch Wasserabflüsse verstopft sein, es kann der Gasometer festgesessen haben; an Alles glaube ich eher, als an die Chlorcalciumbildung. Doch hierüber müsste, meine ich, eine genaue Untersuchung bald Aufschluss gegeben haben. Ob ich schon öfters solche Kohlen verarbeitet habe, weiss ich nicht, und da ich mit Eisen reinige, so habe ich auch darin nichts erfahren. Laming'sche Masse, wenn sie neu und sehr fein ist, kann dieselbe Wirkung haben, das habe ich schon mehrere Male erlebt, und bin deshalb immer sehr vorsichtig."

Aus London wird von einem Unfall berichtet, der zur allgemeinen Warnung dienen kann. Ein Gasarbeiter wollte bei Licht einen Carburateur mit Naphta auffüllen, die Naphta gerieth in Brand und der Mann kam jämmerlich ums Leben. Die Untersuchung ergab, dass der Siedepunkt der Flüssigkeit, die ein spec. Gewicht von 0,680 hatte, bei 40° Celsius lag, die Verdunstung begann jedoch weit früher, die Dämpfe hatten sich an der brennenden Kerze, welche vom Gehülfen des Arbeiters gehalten wurde, entzündet, der Arbeiter liess vor Schreck die Flasche fallen, begoss sich mit dem Inhalt und stand augenblicklich in Flammen.

Die preussische Zeitschrift für Bauwesen berichtet in einem Aufsatz über die Betriebsmittel der englischen Eisenbahnen auch über die Beleuchtung der Bahnzüge mit Gas. „Bei mehreren Bahnen," heisst es dort, „ist auch die Gasbeleuchtung der Züge versuchsweise zur Einführung gekommen. Bei der unterirdischen Eisenbahn in London liegt auf der Decke eines jeden Wagens ein blasebalgartiger Gasbehälter, welcher mit gewöhnlichem Leuchtgas gefüllt, durch Gewichte beschwert und mit den Brennern durch Schläuche in Verbindung gesetzt ist. Eine etwas abweichende Einrichtung findet sich auf der Lancaster-Yorkshire-Bahn. Der Gasometer, welcher ebenfalls blasebalgartig sich zusammenlegt und mit Gewichten belastet ist, befindet sich in einem besonderen Coupé des Packwagens, nimmt die Breite und Höhe des Wagens bei der Länge von etwa 5 Fuss ein und steht mittelst einer über die Wagen wegreichenden durch Kuppelungen verbundenen Rohrleitung mit den Brennern in Verbindung. Derselbe soll 3 bis 4 Stunden für 12 Coupés ausreichen. Die Füllung des Gasometers geschieht in folgender Weise: An einer geeigneten Stelle neben den Geleisen ist ein eiserner cylindrischer Kessel von etwa 14 Fuss Länge und 3 Fuss Durchmesser aufgestellt, welcher einerseits mit der Gasleitung und andererseits mit der Wasserleitung in Verbindung steht. Man füllt den Cylinder zunächst mit Gas und giebt sodann durch Oeffnen der Wasserleitung einen Druck von einigen Zollen. Von dem Cylinder führt eine Gasleitung an dem Perron entlang, welche mit Ansatzstücken für einen Schlauch versehen ist. Wird der Schlauch mit dem Gasometer im Packwagen in Verbindung gesetzt, so lässt sich dieser durch Anheben des darauf lastenden Gewichtes leicht füllen. Nach einer Angabe rechnet man 3 c' Gas pro Stunde und Brenner."

In Boston wurde kürzlich die Leuchtkraft eines electrischen Lichtes photometrisch gemessen. Dasselbe war erzeugt durch eine Batterie von 250 Bunsen'schen Elementen, mit einer activen Zinkoberfläche von 85 Zoll und in 5 Parthieen von je 50 Elementen aufgestellt. Als Lichteinheit diente die Flamme einer Erdöllampe, welche im Focus eines parabolischen Hohlspiegels aufgestellt war, und ihrerseits die 10fache Leuchtkraft einer 20 Kerzen Gasflamme besass. Die Entfernung zwischen den beiden verglichenen Lichtquellen war 50 Fuss. Es ergab sich eine Leuchtkraft des electrischen Lichtes von 10,000 bis 12,000 Normalspermacetikerzen, wobei zu berücksichtigen ist, dass das erstere seine Strahlen frei nach allen Richtungen hin verbreitete. Grosse Schwierigkeit machte die verschiedene Färbung der Lichtstrahlen auf beiden Seiten des Schirmes.

Soeben vor Schluss des Heftes empfangen wir eine Zuschrift des Herrn Prof. *Mulder* in Utrecht, welche wir seinem Wunsche gemäss an einer anderen Stelle, unter der „Correspondenz", veröffentlichen. Wir danken Herrn *Mulder* für die gefällige Mittheilung der auf die Utrechter Angelegenheit bezüglichen Broschüren, erlauben uns übrigens zu bemerken, dass der Gegenstand nur insoweit unser Interesse in Anspruch nimmt, als er sich auf die rein sachliche Frage erstreckt, indem wir uns von der Polemik über locale und persönliche Verhältnisse fern halten. Die allgemeine Frage, ob durch Seewasser nass gewordene Kohlen durch Bildung von Chlorcalcium in den Reinigungsapparaten Verstopfungen herbeiführen können, ist für unser ganzes Fach von Interesse, und wir sind mit Vergnügen dem Ansuchen nachgekommen, die Ansichten und Erfahrungen unserer deutschen Fachmänner darüber einzuholen. Ob die Bemerkungen, welche in unserem Novemberheft zur Erläuterung der Frage beiläufig hinzugefügt waren, correct sind, dafür einzustehen, müssen wir dem Herrn Einsender jener Zeilen überlassen, uns steht kein Urtheil zu, und es würde auch zu nichts führen, wenn wir die Broschüren in diesem Sinne studiren wollten. Mit Bezug auf die Frage selbst werden wir übrigens wahrscheinlich im nächsten Hefte Veranlassung nehmen, auf den Inhalt der Broschüren zurückzukommen.

---

## Correspondenz.

*Antwort an Herrn Dr. Reissig.* Die Bemerkungen des Herrn Dr. *Reissig* im Novemberhefte dieses Journals (Seite 386) nöthigen mich zu folgenden Erklärungen:

Nachdem schon vor $1^1/_2$ Jahren in der Berliner Gasfachmännerversammlung die Resultate meiner Untersuchungen über die lichtgebenden Bestandtheile verschiedener Leuchtgase vorgelegt worden, spricht Herr Dr. *Reissig* erst heute denselben alle Zuverlässigkeit ab und zwar aus Gründen, die durchaus unstichhaltig sind.

Sein Erstaunen über meine Resultate konnte unmöglich grösser sein, als das meinige, da ich von ihm erst erfuhr: ich habe nur mit 500 Grm.

Flüssigkeit gearbeitet. Ich konnte mir Anfangs gar nicht enträthseln, wie der geehrte Herr auf diese Idee kommen konnte, bis ich zuletzt darauf kam, dass wohl Folgendes die Ursache hiervon sein konnte:

Als ich nämlich die Untersuchungen begann, suchte ich vor Allem die für den Gasfachmann so wichtige Frage festzustellen, wie viel in der Kälte verdichtbare Kohlenwasserstoffe in einer gewissen Anzahl Kubikfussen enthalten sind, und dies wird mir gewiss Niemand und sicherlich am wenigsten Herr Dr. *Reissig* als eine Ungenauigkeit im Experimentiren vorwerfen und fand ich auch als Resultat der Abkühlung von 200 c' Gas die besagten 500 Grm. Aber nur diese 500 Grm. zur Untersuchung anwenden zu wollen, konnte mir um so weniger einfallen, als mir ja so viel Material, wie ich wünschte, zur Verfügung stand und ich ja ebenso gut wie Herr *Reissig* die Schwierigkeiten der fractionirten Destillation kenne. Ich habe mir deshalb eine sehr grosse Menge Flüssigkeit dargestellt, hierbei die Uhr als unwesentlich ausgeschaltet und habe deshalb noch eine ziemliche Menge derselben vorräthig, trotzdem ich fast am Ende einer Reihe von eingehenden Versuchen über diese so interessanten Körper bin.

Die damals in Berlin veröffentlichten Resultate sollten blos als vorläufige Notiz dienen, und wurde dies auch ausdrücklich erwähnt, indem ich überzeugt war, dass bei genaueren Untersuchungen hie und da kleine Irrthümer zum Vorschein kommen könnten, wie dies auch meine demnächst zu veröffentlichende grössere Arbeit beweisen wird; allein Herr Dr. *Reissig* scheint da Fehler gefunden zu haben, wo solche gar nicht vorhanden. Ich muss trotz seines Dementis die Anwesenheit von Anilin und Leukolin aufrecht halten, wobei ich nur auf den William'schen Prozess der Anilinbereitung aufmerksam machen will. Uebrigens bin ich auch bereit, sie ihm persönlich nachzuweisen.

Frankfurt a. M., den 2. Dez. 1863.

*E. Silberschmidt*,
Chemiker der Neuen Frankfurter Gasgesellschaft.

*Herrn N. H. Schilling*, *Director der Gasbeleuchtungs-Gesellschaft zu München*. Im Novemberheft 1863 Ihres geschätzten Journals ist eine Frage aus Amsterdam, die Utrecht'sche Gasfabrik betreffend, aufgenommen.

Ich habe die Ehre, Ihnen hierbei vier Broschüren zu senden, zusammen Alles umfassend, was über diese Sache, sowohl für als gegen, ist veröffentlicht:

1) *Verslag der Commissie*, 4. Juni 1863.
2) *Twee memoriën van beantwoording* des Herrn van der Made, 28. Sept. 1863.
3) *De stedelijke gasfabriek van Utrecht* von mir, 10. April 1863.
4) *Voorlichting aan den Burgemeester* von mir, 22. Juni 1863.

Diese vier Broschüren werden Ihnen etwas Anderes zeigen, als im Novemberheft Ihres Journals aufgenommen ist.

Dass ich ganz etwas Anderes geschrieben habe, als „Es ist sehr gefährlich für Gasfabriken, durch Seewasser beschädigte Kohlen zu destilliren", zeigt sich deutlich aus S. 27—36 und S. 40—42 meiner Broschüre „*de stedelyke Gasfabriek*" und S. 70—79 meiner „*Voorlichting.*"

Ein wenig Behutsamkeit betreffend Fragen aus Amsterdam oder Utrecht über diese Angelegenheit wird durch den Empfang dieser vier Broschüren bei Ihnen nicht ausbleiben.

Uebrigens hat diese Sache nur einigen Werth für diejenigen, welche versucht haben, eine Explosion von keiner Bedeutung in der Utrecht'schen Gasfabrik zu ihrem eigenen Interesse anzuwenden.

Ich bitte Sie, diese Worte in Ihr geschätztes Journal aufzunehmen, und habe die Ehre, mich zu nennen

Utrecht, 2. Dez. 1863. Ihr ergeb. Diener

*G. J. Mulder.*

---

## Untersuchung über die chemische Zusammensetzung des Holzgases

von

Dr. *W. Reissig* in Darmstadt.

(Schluss.)

Dies Verhalten des Bromürs stimmt ganz mit der von *Bauer* *) bekannt gegebenen Erfahrung, wonach, wenn Aethylen- und Propylenbromür neben einander vorkommen, es durch fractionirte Destillation nicht gelingt, beide Bestandtheile der Flüssigkeit genau zu trennen, sondern dass neben denselben stets eine beträchtliche Menge von Flüssigkeit destillirt, deren procentische Zusammensetzung genau dem arithmetischen Mittel von der procentischen Zusammensetzung des Aethylenbromürs und Propylenbromürs entspricht, wie diess aus folgender Zusammensetzung ersichtlich ist:

| | Aethylenbromür Siedepunkt 129° | Flüssigkeit, deren Siedepunkt 134° | Propylenbromür Siedepunkt 142° |
|---|---|---|---|
| | Berechnet | Gefunden | Berechnet |
| G | 12.7 | 15.20 | 17.80 |
| H | 2.1 | 2.51 | 2.98 |
| Br | 85.2 | 82.38 | 79.22 |

c) *Analyse der Flüssigkeit, deren Siedepunkt = 144° C.*

1) 0.3533 Gr. Substanz gaben:

0.6600 Grm. Ag Br = 0.2808 Grm. Brom
0.0013 „ Ag = 0.0009 „ „

0.2817 Grm. Brom.

*) Annalen der Chemie u. Pharmac. Supplementband I. 1861. Seite 250.

2) 0.3692 Grm. Substanz gaben:

0.6919 Grm. AgBr = 0.2944 Grm. Brom
0.0011 „ Ag = 0.0008 „ „

0.2952 Grm. Brom.

0.2717 Grm. Substanz gaben

0.1709 Grm. Kohlensäure und
0.0644 „ Wasser.

Die Zusammensetzung der Flüssigkeit ist daher:

| | Berechnet | | Gefunden | | |
|---|---|---|---|---|---|
| $C_3$ | 36 | 17.82 | 17.16 | — | — |
| $H_6$ | 6 | 2.97 | 2.63 | — | — |
| $Br_2$ | 160 | 79.21 | — | 79.78 | 79.98 |
| | 202 | 100.00 | | | |

Die Uebereinstimmung der Analysen und die physikalischen Eigenschaften der Flüssigkeit beweisen, dass dieselbe

Propylenbromür

war.

d) *Analyse der Flüssigkeit, deren Siedepunkt = 156° C.*

0.2406 Grm. Substanz gaben

0.4291 Grm. AgBr = 0.1825 Brom
0.0003 „ Ag = 0.0002 „

0.1827 Brom.

0.3528 Grm. Substanz gaben

0.2842 Grm. Kohlensäure und
0.1159 „ Wasser.

Die procentische Zusammensetzung der Flüssigkeit ist daher:

| | Berechnet | | Gefunden | |
|---|---|---|---|---|
| $C_4$ | 48 | 22.22 | 21.97 | — |
| $H_8$ | 8 | 3.70 | 3.65 | — |
| $Br_2$ | 160 | 74.08 | — | 75.93 |
| | 216 | 100.00 | | |

Analyse und Siedepunktsbestimmung lassen keinen Zweifel darüber, dass die Flüssigkeit

Butylenbromür

war.

Wir haben noch des Rückstandes zu erwähnen, der bei der Destillation des ursprünglichen Materials in der Retorte zurückblieb. Er wurde in einen Glascylinder gegeben und der Ruhe überlassen. Nach längerem

Stehen hatten sich aus der öligen, braunen Substanz kleine, warzenförmige Krystalle an der Glaswand niedergeschlagen. Ihre Menge war zu gering, um eine Analyse zu gestatten. Sie zeigten übrigens in ihrem äusseren Ansehen ganz die Eigenschaften des Benzolbromürs ($\Theta_6 H_6 Br_6$), welches ich mir eigens darstellte und sie mit den fraglichen Krystallen unter dem Microscope verglich.

In der Flüssigkeit fanden sich ferner weisse, grosse, tafelförmige Krystallblättchen von dem Aussehen des Naphtalins in etwas bedeutenderer Menge. Sie lösten sich kaum in absolutem Alcohol. Von der Flüssigkeit getrennt, wurden sie mit solchem abgewaschen, dann in heissem absoluten Alcohol gelöst, worauf sich bei dem Erkalten die Krystalle wieder ausschieden. Es gelang mir übrigens nicht, selbst bei mehrfachem Umkrystallisiren, dieselben ganz farblos zu erhalten, und musste ich von weiterer Reinigung abstehen, da die Menge Materials zu gering war. Erwähnenswerth bleibt nur noch der durchdringende, augenangreifende, campherähnliche Geruch, den sie besassen. Auch waren sie in höherer Temperatur, wie es schien, unzersetzt flüchtig.

Es gaben 0.3271 Grm. Substanz:

| | | | | |
|---|---|---|---|---|
| 0.6514 Grm. | Ag Br | = | 0.2772 Grm. | Brom |
| 0.0022 „ | Ag | = | 0.0010 „ | „ |
| | | | 0.2783 Grm. | Brom. |

0.3848 Grm. Substanz gaben

0.1828 Grm. Kohlensäure und
0.0687 „ Wasser.

0.3401 Grm. Substanz gaben:

0.1672 Grm. Kohlensäure und
0.0700 „ Wasser.

Die procentische Zusammensetzung ist daher:

| | Gefunden | | |
|---|---|---|---|
| $\Theta$ | 13.11 | 12.98 | — |
| H | 2.23 | 1.98 | — |
| Br | — | — | 85.05. |

Es ist bis jetzt kein bromhaltiger Körper von obiger Zusammensetzung bekannt, der fest und crystallinisch wäre. Ich muss es daher vorerst noch unentschieden lassen, von welchem Kohlenwasserstoff derselbe derivirt, und behalte mir vor, später darauf zurückzukommen.

Von einer genauen Bestimmung, in welchen quantitativen Verhältnissen die gefundenen Kohlenwasserstoffe neben einander in dem Gase vorkommen, kann nach dem Mitgetheilten nicht die Rede sein. Doch bietet es immerhin ein Interesse, wenn auch nur ein ungefähres Bild der quantitativen

Mischungsverhältnisse zu erhalten und füge ich bei, dass bei Destillation der Gesammtmenge der Bromüre

bei 129° ca. 85 Grm. $C_2H_4Br_2$
„ 134° „ 190 „ $C_2H_4Br_2 + C_3H_6Br_2$
„ 144° „ 90 „ $C_3H_6Br_2$
„ 156° „ 50 „ $C_4H_8Br_2$

übergingen, während der Rückstand nahezu

220 Grammen

betrug.

Die Hauptmasse der in die Aethylenreihe gehörigen Kohlenwasserstoffe bilden sonach Aethylen und Propylen; Butylen ist nur in geringerer Menge vorhanden. — Welche Körper, neben den erwähnten, der braungefärbte Rückstand noch enthält, bleibt noch zu ermitteln. Sehr wahrscheinlich sind es die Bromüre der höher siedenden Kohlenwasserstoffe unserer Reihe.

### II. Die Nachweisung des Acetylens. ($C_2H_2$).

Das Acetylen bildet, wenn es mit einer ammoniakalischen Kupferchlorür-Lösung zusammengebracht wird, eine sich als rothbraunen Niederschlag ausscheidende Verbindung von Acetylenkupfer $C_2Cu_2H + n\,Cu_2O$.

Wir leiteten zu dem Zwecke möglichst kohlensäurefreies Holzgas in sehr langsamen Strome durch zwei Waschflaschen mit concentrirter Schwefelsäure, sodann durch eine Waschflasche mit reinem Wasser und endlich in eine ammoniakalische Kupferchlorürlösung. Es schied sich eine nicht unbedeutende Menge eines rothbraunen Niederschlags aus. Da Propylen und Butylen sich leicht in concentriter Schwefelsäure lösen, so konnten nur Acetylen oder Aethylen denselben hervorgebracht haben. *Berthelot* gibt an, die Verbindung des Acetylens mit dem Kupferoxydule werde durch Kochen nicht zerstört, während das Aethylen einfach in Lösung gehe und sich bei dem Erhitzen der Flüssigkeit wieder abscheiden liesse. Wir erhitzten desshalb die Flüssigkeit sammt Niederschlag eine kurze Zeit zum Sieden, filtrirten dann vom letzteren ab, der getrocknet ganz die explosiven Eigenschaften der Acetylenkupferverbindung zeigte. Da die Analysen der genannten Verbindung nie übereinstimmende Resultate ergaben, so haben wir darauf verzichtet, eine solche auszuführen. Wir glauben nichtsdestoweniger die Nachweisung des Acetylens mit genügender Sicherheit geführt zu haben und wollen nur anfügen, dass es uns nicht unwahrscheinlich scheint, dass auch neben Acetylen noch Homologe dieser Reihe im Holzgase sich finden.

### III. Bestimmung der in die Gruppe $C_n H_{2n-6}$ gehörigen Kohlenwasserstoffe.

### (Kohlenwasserstoffe der Phenylreihe.)

Die dieser Gruppe angehörigen Kohlenwasserstoffe bilden, wenn sie mit concentrirter Salpetersäure zusammengebracht werden, Nitrokörper von der allgemeinen Formel:

$$\left. \begin{matrix} C_n H_{2n-7} \\ NO_2 \end{matrix} \right\}$$ *)

die zwar in der concentrirten Säure löslich sind, sich aber bei dem Vermischen dieser Lösung mit viel Wasser als ölige Flüssigkeiten abscheiden, die den bekannten Geruch nach bitteren Mandeln besitzen.

Ich habe dies Verhalten benützt, um mich zunächst über deren Anwesenheit zu vergewissern. Durch mehrere Waschflaschen, die mit concentrirter rauchender Salpetersäure gefüllt waren, wurde Holzgas in sehr langsamem Strome geführt und ich erhielt nach längerem Durchleiten **) eine Flüssigkeit, die, nach dem Verdünnen mit Wasser, sich bedeutend trübte und die Nitroverbindungen fallen liess, deren charakteristischer Geruch nicht zu verkennen war. Es war somit bewiesen, dass der erwähnten Gruppe angehörige Körper im Gase sich finden. Aber da die zu erhaltenden Nitroverbindungen nur in sehr geringer Menge selbst aus grossen Volumina von Gas gebildet werden, dieselben nur schwierig rein zu erhalten und ein Theil derselben nicht ohne Zersetzung in höherer Temperatur flüchtig ist, so versuchte ich zuvörderst andere Wege zu ihrer Isolirung.

Ich gedachte dieselben durch Absorption in absolutem Alcohol abzuscheiden. Es lösten sich aber neben den zu bestimmenden Kohlenwasserstoffen so bedeutende Menge anderer, sauerstoffhaltiger Körper (Ketone, Aldehyde u. s. w.) auf und bei einem versuchsweise ausgeführten Abdestilliren des Alcohols liess sich der Rückstand so schwierig von diesem

---

*) Zum Beispiel:

| Benzol: | Nitrobenzol: | Toluol: | Nitrotoluol: | u. s. w. |
|---|---|---|---|---|
| $C_6 H_6$ | $\left. \begin{matrix} C_6 H_5 \\ NO_2 \end{matrix} \right\}$ | $C_7 H_8$ | $\left. \begin{matrix} C_7 H_7 \\ NO_2 \end{matrix} \right\}$ | |

**) Bei diesem Durchleiten des Gases durch rauchende Salpetersäure und nachheriges Waschen mit Kalilauge fand ich die bemerkenswerthe Thatsache, dass das Gasgemische seine Leuchtkraft nahezu vollständig verloren hatte. Es mussten sonach Aethylen, Propylen etc. durch die Säure absorbirt worden sein. Ich habe dieses Verhalten bei einigen, zur Constatirung Dieses angestellten Versuchen bestätigt gefunden und will die Resultate derselben in Kürze veröffentlichen. — Nur so viel will ich an dieser Stelle noch erwähnen, dass die Hydrüre ($C_n H_{2n+2}$) von niederem Atomgewicht nicht durch rauchende Salpetersäure angegriffen werden. Die Säure dagegen, durch welche Holzgas geleitet worden, entbindet noch lange Zeit hindurch Dämpfe von Untersalpetersäure, während sich nach und nach eine grosse Menge Oxalsäure ($C_2 H_2 O_4$, $2 H_2 O_4$) in Krystallen von beträchtlichen Dimensionen ausscheidet.

befreien, dass die Bestimmung jedenfalls eine sehr ungenaue geworden wäre. Keine besseren Resultate erhielt ich bei einem Versuche, die Dämpfe der genannten Kohlenwasserstoffe durch Abkühlen auf eine sehr niedere Temperatur aus dem Gase zu condensiren Bei dem Hindurchleiten desselben durch ein auf —27° C. abgekühltes Rohr schieden sich neben den vorerwähnten Ketonen etc. nur so wenige Kohlenwasserstoffe aus der Phenylreihe aus, dass auch diese Methode nicht versprach, zu einem Ziele zu führen.

Es blieb desshalb nichts übrig, als die Gesammtmenge dieser Körper im Gase durch Nitriren zu bestimmen und die Bestimmung der einzelnen Kohlenwasserstoffe, die in dem Gase zugegen sind, theils aus den erhaltenen Nitroverbindungen, theils aus den Condensationsproducten zu ermitteln, die sich in den Syphons des Rohrsystemes ausscheiden, in welchen sich die höher siedenden Kohlenwasserstoffe als minder flüchtig und dadurch leichter durch die Abkühlung des Bodens verdichtet, ansammeln.

Um zunächst die Gesammtmenge der vorhandenen Kohlenwasserstoffe im Gase als Nitrokörper zu bestimmen, wurde das Gas im höchst langsamen Strome durch eine Waschflasche mit concentrirter Salpetersäure geleitet und trat dann, um die Absorption vollständig zu machen, in eine Waschflasche mit rauchender Säure. Nach einem fast vierzehntägigen Durchleiten, während welcher Zeit nur 25 c' engl. Gas (von + 16° Cels.) die aufgestellte Uhr passirt hatten, wurden die Säuren vereinigt, sehr reichlich mit Wasser verdünnt und die erhaltenen Nitroverbindungen, nach mehrfachem Auswaschen, unter der Luftpumpe über Chlorcalcium getrocknet. Ihr Gewicht betrug = 14,394 Grammen.

Ein Theil der Flüssigkeit wurde nach dem Verfahren von *Hofmann* auf Benzol geprüft. Ich löste in Aether und gab die Lösung zu einer Mischung von Alcohol und Salzsäure, in die metallisches Zink gebracht wurde. Nach einiger Zeit wurde mit Kali übersättigt, mit Aether geschüttelt und die abgehobene ätherische Lösung auf einem Uhrglase verdunsten lassen. Auf den Zusatz einiger Tropfen einer Chlorkalklösung erschien die purpurviolette Färbung, die für das aus dem Nitrobenzol gebildete Anilin charakteristisch ist und es war sonach kein Zweifel, dass die Nitroverbindungen Nitrobenzol und Nitrotoluol enthielten.

In den Syphons der Gasleitung, namentlich in denen der den Gasbehältern zunächst gelegenen, scheiden sich, neben Wasser, nicht unerhebliche Mengen eines dünnflüssigen Oeles von durchdringendem Geruche aus. Um die voliegende Untersuchung zu vervollständigen, versuchte ich aus demselben die höher siedenden Kohlenwasserstoffe dieser Reihe zu isoliren. Grössere Mengen des entwässerten Oeles wurden der fractionirten Destillation unterworfen und die zwischen 80°—90°, zwischen 110° und 120°, 120°—130° und 140°—150° übergehenden Producte getrennt aufgefangen. Ich erhielt, mit Ausnahme des zwischen 120° und 130° siedenden Productes, nur sehr geringe Mengen von ölartigen Flüssigkeiten; ich verzichtete darauf, das Benzol und Toluol nochmals zu isoliren. Die beiden letzten Fractionen wurden erst mit verdünnter und später erst mit concentrirter Schwefelsäure behandelt, die ausserordentlich heftig bis zum Verkohlen der ganzen Masse einwirkte. Dann wurde mit Wasser vorsichtig verdünnt, mit Kalilauge das Abgeschiedene geschüttelt, wiederholt gewaschen und rectificirt. Das Verfahren wurde nochmals wiederholt, und die bei 126° Cels. und 152° Cels. übergehenden Antheile getrennt aufgefangen.

Das bei 126° C. siedende Product, (von welchem ich aus ca. 10 Pfd. ursprünglichen Materials kaum ebenso viele Gramme erhielt) erwies sich als Xylol.

0.1160 Grm. Substanz gaben:

0.3004 Grm. Kohlensäure und

0.1020 Grm. Wasser.

| | Berechnet | | Gefunden |
|---|---|---|---|
| $C_8$ | 96 | 90.56 | 90.81 |
| $H_{10}$ | 10 | 9.44 | 9.60 |
| | 106 | 100.00 | |

Das bei 152° C. constant siedende Product war ohne Zweifel Cumol (oder ein demselben isomerer Kohlenwasserstoff).

1) 0. 1470 Grm. Substanz gaben:

0.4840 Grm. Kohlensäure und

0.1218 Grm. Wasser.

2) 0.1208 Grm. Substanz gaben:

0.3983 Grm. Kohlensäure und

0.1027 Grm. Wasser.

| | Berechnet | | Gefunden I | Gefunden II |
|---|---|---|---|---|
| $C_9$ | 108 | 90 | 89.80 | 89.98 |
| $H_{12}$ | 12 | 10 | 9.22 | 9.44 |
| | 120 | 100 | | |

Die sehr bedeutenden Schwierigkeiten der Abscheidung grösserer Mengen von Nitroverbindungen aus dem Gase haben es mir nicht möglich gemacht, die Verhältnisse festzustellen, unter welchen Benzol, Toluol, Xylol und Cumol (?) neben einander vorkommen.

Indessen wird es wohl nicht uninteressant sein, wenn auch kein genaues, doch ein annäherndes Verhältniss ihres quantitativen Vorkommens im Gase zu ermitteln. Für diesen Zweck ist es wohl hinreichend genau, wenn wir die erhaltenen Nitroproducte als nur aus Benzol gebildet betrachten. Es entziffert sich dann folgendes Verhältniss:

15 Grammen Nitrobenzol ($C_6H_5NO_2$) sind gebildet aus 9,5 Grammen Benzol ($C_6H_6$). Diese 9,5 Grammen nehmen in Dampfform (spec. Gew. des Benzoldampfes = 2,70) einen Raum ein von 0.095 c' engl. Da wir diese Menge in 25 c' engl. gefunden haben, so enthielten:

100 c' Gas = 0.380 c' Benzoldampf oder

1000 c' Gas = 3.8 c' Benzoldampf.

Der Gehalt an den Körpern der Phenylreihe im Holzgase (aus Tannenholz) beträgt sonach 3 bis 4 pro Mille in Volumina ausgedrückt.

## IV. Nachweisung der in die Gruppe $C_nH_{2n+2}$ gehörigen Kohlenwasserstoffe. (Hydrüre.)

Wir haben bis jetzt die Bestimmung derjenigen Reihen (und einzelnen Glieder derselben) von Kohlenwasserstoffen verfolgt, die sich wie im Steinkohlengase, so auch im Holzgase finden.

Die Verschiedenheit, die in chemischer Beziehung zwischen Holz und Steinkohlen herrscht, gab der Vermuthung einige Berechtigung, dass auch die Producte der trocknen Destillation in qualitativer oder quantitativer Beziehung verschieden sein möchten und, wenn diess nicht der Fall, war es wohl der Mühe werth, zu constatiren, dass diese Annahme in der That unzulässig sei.

Unter den nicht leuchtenden Bestandtheilen der aus den beiden Stoffen dargestellten Gasen treffen wir stets den Methylwassertoff (Sumpfgas) $CH_4$, der einer anderen Gruppe von Kohlenwasserstoffen angehört, deren allgemeine Formel durch

$$C_nH_{2n+2}$$

ausgedrückt ist, und deren Glieder mit höherem Atomgewicht ein nicht unbedeutendes Leuchtvermögen zeigen.

Weil die Glieder einer homologen Reihe sehr oft neben einander vorkommen, schien es mir nicht unmöglich, dass nicht auch diese Körper im Holzgase vorkommen könnten, zumal die meisten derselben durch trockne Destillation organischer Substanzen gebildet werden.

Als Glieder dieser durch neuere Forschungen sehr ausgedehnten Reihe (sie finden sich zum grössten Theile in dem amerikanischen Petroleum) kennen wir:

| | Formel: | Siedepunkt: |
|---|---|---|
| 1) Methylwasserstoff | $C\ H_4$ | |
| 2) Aethylwasserstoff | $C_2\ H_6$ | |
| 3) Propylwasserstoff | $C_3\ H_8$ | |
| 4) Butylwasserstoff | $C_4\ H_{10}$ | 3° |
| 5) Amylwasserstoff | $C_5\ H_{12}$ | 30° |
| 6) Caproylwasserstoff | $C_6\ H_{14}$ | 68° |
| 7) Oenanthylwasserstoff | $C_7\ H_{16}$ | 92—94° |
| 8) Caprylwasserstoff | $C_8\ H_{18}$ | 116—118° |
| 9) Pelargonylwasserstoff | $C_9\ H_{20}$ | 136—138° |
| 10) Ruthylwasserstoff | $C_{10}\ H_{22}$ | 160—162° |
| 11) — — — | $C_{11}\ H_{24}$ | 180—184° |

| | | |
|---|---|---|
| 12) Laurylwasserstoff | $C_{12}H_{26}$ | 196–200° |
| 13) Coccinylwasserstoff | $C_{13}H_{28}$ | 216–218° |
| 14) Myristylwasserstoff | $C_{14}H_{30}$ | 236–240° |
| 15) — — — | $C_{15}H_{32}$ | 255–260° |

(Die vier letzten Glieder dieser Reihe sind in neuester Zeit von *Pelouze & Cahours* entdeckt worden. (Comptes rendus Tom. LVI. Mars 1863.)

Von diesen sind die vier ersten bei gewöhnlicher Temperatur gasförmig; die anderen Flüssigkeiten. Sie sind sämmtlich sehr schwer oder unlöslich in Wasser, lösen sich aber leicht in absolutem Alcohol und gewöhnlich nimmt diese Löslichkeit mit wachsendem Kohlenstoffgehalte zu. Concentrirte Schwefelsäure, Brom und Kupferchlorüre sind auf sie ohne Einwirkung.

Auf dieses Verhalten habe ich die Möglichkeit eines Verfahrens zu ihrer Nachweisung gegründet. Wie bekannt, lösen sich die Glieder der Reihe $C_nH_{2n}$ mit Leichtigkeit in concentrirter Schwefelsäure (mit Ausnahme des Aethylens); die Körper der Phenylreihe ($C_nH_{2n-6}$) lassen sich durch sehr concentrirte Salpetersäure entfernen; die Dämpfe von in dem Gase enthaltenen sauerstoffhaltigen Körper werden durch die concentrirte Schwefelsäure zerstört oder durch die Salpetersäure in Oxalsäure übergeführt. Es war daher die Möglichkeit vorhanden, diese Gruppe von Körpern aus dem Gase abzuscheiden. Das Acetylen, wenn nicht absorbirt, ebenso das Aethylen, welches vielleicht ohne vollständige Absorption die Salpetersäure passiren konnte, und von den nicht leuchtenden Bestandtheilen das Kohlenoxydgas ($CO$) wurde dann durch ammoniakalische Kupferchlorürlösung weggenommen. Es konnten sonach, wenn das Gas aus diesen sämmtlichen Absorptionsmitteln behandelt war, dasselbe nur aus Wasserstoff und den Hydrüren, wenn vorhanden, bestehen.

Nun verbrauchen, wenn mit Sauerstoff verbrannt,

1) 1 Vol. Methylwasserstoff ($CH_4$) = 2 Vol. Sauerstoff und geben 1 Vol. Kohlensäure. Contraction = 3 Vol.
2) 1 Vol. Aethylwasserstoff ($C_2H_6$) = 3½ Vol. Sauerstoff und geben 2 Vol Kohlensäure. Contraction 4½ Vol.
3) 1 Vol. Propylwasserstoff ($C_3H_8$) = 5 Vol. Sauerstoff und geben 3 Vol. Kohlensäure. Contraction = 6 Vol.
4) 1 Vol. Butylwasserstoff ($C_4H_{10}$) = 6½ Vol. Sauerstoff und geben 4 Vol. Kohlensäure. Contraction = 7½ Vol. u. s. w.

Wenn daher das nach den oben besprochenen Absorptionen resultirende Gasgemische, das nach der gewöhnlichen Annahme nur aus $CH_4$ und H besteht, bei seiner Verbrennung eine grössere Menge von Sauerstoff verbraucht, mehr Kohlensäure bildet und eine grössere Contraction zeigt, als einem Gemische von Methylwasserstoffgas und Wasserstoffgas entspricht, (von welchem, nach seinem sehr kleinen Absorptionscoefficienten in absolutem Alcohol, nur geringe Mengen zugegen sein können), so wird dadurch die Anwesenheit noch anderer Hydrüre im Leuchtgase nicht zu bezweifeln sein.*)

Um zu dem vorgesteckten Ziel zu gelangen, habe ich folgendes Verfahren angewandt. Das Holzgas wurde durch 2 Waschflaschen mit concentrirter Schwefelsäure geleitet. Diesen folgte eine kleinere Waschflasche mit reinem Wasser; sodann 1 Flasche mit concentrirter Salpetersäure, eine weitere kleine Waschflasche mit schwach alkalischem Wasser, endlich eine solche mit der ammoniakalischen Kupferchlorürlösung und nochmals eine kleine mit reinem Wasser gefüllte Flasche. Nachdem das Gas in möglichst langsamem Strome diese Apparate passirt hatte, wurde es, durch Ueberleiten über Kalk möglichst vollständig getrocknet, in absoluten Alcohol geleitet. Die nach achttägigem Durchleiten erhaltene alcoholische Lösung wurde in einen Kolben gegeben und die in derselben enthaltenen Gase nach dem Verfahren von *Bunsen***) durch Erhitzen in heissem Wasser auf 60° C. ausgetrieben und in bekannter Weise gesammelt. — Nachdem die aufgefangene Menge von Gas eine längere Zeit hindurch mit viel Wasser in Berührung gelassen war, welches die möglicherweise übergerissenen Spuren von Alcohol aufnehmen konnte (die Hydrüre sind bekanntlich nur schwierig in Wasser löslich) wurde dieselbe in ein Absorptionsrohr übergefüllt. Zur grösseren Vorsicht wurde dann das Gas nochmals mit rauchender Schwefelsäure, Aetzkali, mit Pyrogallussäure und Kali, sowie mit saurer Kupferchlorürlösung behandelt, um so auf ganz vollständige Weise alle übrigen Kohlenwasserstoffe, Kohlensäure und Kohlenoxydgas zu entfernen. — Das so erhaltene Gas wurde dann im Endiometer in gewöhnlicher Weise verbrannt.

Folgendes sind die Analysen von den bei zwei verschiedenen Operationen erhaltenen Gasgemengen.

---

*) Aus den Verbrennungserscheinungen allein lässt sich übrigens, wie schon *Berthelot* gezeigt, kein Schluss auf das Vorkommen oder Abwesenheit irgend eines bestimmten Gliedes unserer Reihe ziehen. Denn z. B. liefert der Methylwasserstoff bei seiner Verbrennung mit Sauerstoff die nämlichen Verhältnisse:

wie gleiche Volumina Wasserstoff und Aethylwasserstoff

$$2\,CH_4 = C_2H_6 + H_2 \text{ oder}$$

wie ein Gemisch von 2 Vol. Wasserstoff und 1 Vol. Propylwasserstoff

$$3\,CH_4 = C_3H_8 + 2\,H_2 \text{ oder}$$

wie ein Gemisch von 3 Vol. Wasserstoff und 1 Vol. Butylwasserstoff

$$4\,CH_4 = C_4H_{10} + 3\,H_2.$$

Ebenso kann bei seiner Verbrennung der Aethylwasserstoff $C_2H_6$ verwechselt werden:

mit einem Gemische von Wasserstoff und Propylwasserstoff

$$3\,C_2H_6 = 2\,C_3H_8 + H_2 \text{; oder}$$

mit einem Gemisch von Wasserstoff und Butylwasserstoff

$$2\,C_2H_6 = C_4H_{10} + H_2 \text{; oder}$$

mit einem Gemische von Methylwasserstoff und Propylwasserstoff

$$2\,C_2H_6 = CH_4 + C_3H_8 \text{ u. s. w.}$$

**) *Bunsen*, Gasometrische Methoden. Seite 16 u. ff.

I.

| | Vol. | Druck. | Temp. | Vol. bei 0° u. 1 M. Druck |
|---|---|---|---|---|
| Anfängliches Volumen | 107.5 | 0.2041 | 17.5 | 20.62 |
| Nach Zulassung von O | 241.5 | 0.3357 | 16.8 | 76.37 |
| „ „ „ Luft | 383.4 | 0.3934 | 17.2 | 170.10 |
| „ der Explosion (mit Knallgas) | 366.3 | 0.4482 | 16.1 | 155.10 |
| „ Absorption der C̈ | 342.0 | 0.4522 | 16.2 | 145.95 |
| „ Zulassung von H | 523.7 | 0.6246 | 16.4 | 308.58 |
| „ der Explosion | 338.8 | 0.4353 | 15.6 | 139.52 |

Daraus folgt, dass

20.62 Vol. — 15.51 Vol. N = 5.11 Vol. des brennbaren Gasgemisches zu ihrer Verbrennung 19.05 Vol. Sauerstoff gebrauchten und dabei 9.04 Vol. Kohlensäure gaben. Die Contraction = 15.06.

1 Vol. des Gemisches verbraucht daher = 3.70 Vol. Sauerstoff und gibt 1.77 Kohlensäure. Contraction = 2.97 Vol.

II.

| | Vol. | Druck. | Temp. | Vol. bei 0° u. 1 M. Druck |
|---|---|---|---|---|
| Anfangs-Volum. | 90.7 | 0.1834 | 14.0 | 15.82 |
| Nach Zulassung von O | 230.5 | 0.3201 | 14.6 | 70.04 |
| „ „ „ Luft | 317.9 | 0.4033 | 14.6 | 121.70 |
| „ der Explosion (mit Knallgas) | 307.0 | 0.3913 | 14.1 | 114.24 |
| „ Absorption der C̈ | 294.9 | 0.3925 | 15.4 | 109.57 |
| „ Zulassung von H | 526.2 | 0.6189 | 13.4 | 307.93 |
| „ der Explosion | 334.8 | 0.4382 | 14.0 | 139.55 |

Daraus folgt, dass

15.82 Vol. — 12.62 Vol. N = 3.20 Vol. des brennbaren Gasgemisches zu ihrer Verbrennung 8.92 Vol. Sauerstoff verbrauchten und dabei 4.67 Vol. Kohlensäure gaben. Die Contraction = 7.46.

1 Vol. des Gemisches verbraucht daher = 2.79 Vol. Sauerstoff und gibt 1.46 Vol. Kohlensäure. Contraction = 2.33 Vol.

Hält man die Ergebnisse der beiden Analysen mit den oben angegebenen Verhältnissen der Verbrennungserscheinungen des Methylwasserstoffes zusammen, so scheint es nicht zweifelhaft, dass in dem Holzgase Hydrüre von höherem Atomgewichte, wie der genannte, vorkommen. Ich habe mich aber wiederholt vergebens bemüht, die höher siedenden Glieder dieser Reihe aus den Condensationsproducten in dem Rohrsysteme zu erhalten. Entweder fehlen daher dieselben in dem Gase oder sie sind nur in sehr geringer Menge vorhanden, so dass sie nur aus den Condensationsproducten, die bei beträchtlichen Kältegraden erhalten werden, darzustellen sind.

### V. Bestimmung von sauerstoffhaltigen Körpern (Aldehyden, Ketonen u. s. w.) im Holzgase.

Wenn man gereinigtes Holzgas durch concentrirte frisch bereitete Kalilauge streichen lässt oder eine schwach befeuchtete harte Kalikugel in das Gas einführt, so bemerkt man sehr bald, dass die Flüssigkeit sich stark bräunt oder die Kugel sich mit einem braunen Häutchen überzieht. Da alle die bis jetzt aufgefundenen Körper keine solche Veränderung durch Kali erleiden, so schien mir der Vorgang auf die Anwesenheit von Acetonen oder Aldehyden zu deuten, deren grosse Mehrzahl der trocknen Destillation ihre Entstehung verdankt.

Die erstgenannten Körper sind mit Ausnahme des gewöhnlichen Acetons $C_3H_6O$ in Wasser unlöslich; die Aldehyde lösen sich, mit Ausnahme des gewöhnlichen Acet-aldehyds $C_2H_4O$, gleichfalls nicht oder nur sehr schwer in Wasser; es schien mir daher räthlich, beide Gruppen von Körpern in Weingeist zu lösen, die Lösung durch Zusatz von Wasser zu trennen und die genannten Körper von den Gliedern der Reihe $C_nH_{2n-6}$ durch Destillation zu isoliren.

Als ich so verfuhr und die alcoholische Flüssigkeit mit einer gesättigten Kochsalzlösung (zur besseren Abscheidung) im grossen Ueberschusse versetzte, löste sich aber die gesättigte Flüssigkeit unter Abscheidung von Chlornatrium vollständig im Wasser und nur sehr geringe Mengen einer öligen Flüssigkeit, (die Benzol enthielt), schied sich ab; die gelöst gewesenen Körper schienen sonach in sehr verdünntem Weingeist vollkommen und leicht löslich zu sein.

Der penetrante Geruch und der beissende Geschmack, den das Wasser in den Gasuhren zeigt, bewogen mich, dasselbe einer Destillation zu unterwerfen, weil ich hoffen durfte, wenigstens einen Theil der genannten Verbindungen zu gewinnen. In der That erhielt ich bei einer Operation, die in grösserem Masstabe ausgeführt wurde, eine geringe Menge einer öligen Flüssigkeit, die auf dem übergehenden Wasser schwamm, und beide, wässerige wie ölige Flüssigkeit, reducirten bei dem Erwärmen mit Leichtigkeit zugesetztes salpetersaures Silberoxyd zu metallischem Silber.

Diese Reaction liess auf die Anwesenheit von Aldehyden mit Sicherheit schliessen, sie wurde dadurch bestätigt, dass die von dem ersten übergehenden Antheile nochmals destillirte Flüssigkeit bei dem Vermischen mit saurem unterschwefligsaurem Natron Crystalle abschied.

Um diese Körper in grösserer Menge darzustellen, wurden die Füllungen mehrerer sehr grosser Gasuhren benützt, durch die seit längerer Zeit nur reines Holzgas gegangen war. Es wurden für eine Operation ca. 50 Pfd. Wasser aus denselben in eine Blase gegeben und so lange destillirt, bis der Rückstand in derselben fast vollständig Geruch und Geschmack verloren hatte. Die Menge des Uebergegangenen betrug in der Regel 10—12 Pfd. Auf demselben schwamm eine dickflüssige, ölartige Flüssigkeit, die mittelst einer Florentinerflasche gesammelt wurde. Die von derselben befreite wässerige Flüssigkeit (die sehr schwach sauer reagirte) wurde in der bezeichneten Weise wiederholt destillirt. Das aus 8 Operationen schliesslich erhaltene ölig dünnflüssige Product wurde durch kohlensaures Kali entwässert, da es sich zeigte, dass Clorcalcium selbst in der von Wasser vollständig befreiten Flüssigkeit sich mit Leichtigkeit löste. Die Ausbeute an wasserfreiem Materiale betrug von 400 Pfd. Wassers aus den Uhren nur 1120 Grammen.

Sie wurde der fractionirten Destillation unterworfen. Die Flüssigkeit begann bei 30° C. zu sieden; das Thermometer stieg dann rasch auf 55° C. und zwischen dieser Temperatur und 70° C. destillirte die grösste Masse der Flüssigkeit über. Was über 70° siedete, wurde in Portionen von 10° zu 10° aufgefangen. Ich bemerke nur noch, dass zwischen 80 und 90° noch eine etwas grössere Menge von Flüssigkeit destillirte und dass der Siedepunkt des letzten Antheils zwischen 160° und 170° lag.

Um die möglicher Weise vorhandenen Hydrüre, vielleicht den bei 39° C. siedenden Amylwasserstoff aufzufinden, von dem es *Frankland* wahrscheinlich gemacht hat, dass er unter den Destillationsproducten des Holzes vorkommt, wurde ein Theil der erhaltenen Flüssigkeit mit concentrirter rauchender Salpetersäure unter Abkühlen in grösserem Ueberschusse versetzt. Es trat eine sehr heftige Reaction ein und eine reichliche Bildung von Oxalsäure; aber es schied sich bei dem Vermischen mit Wasser auch nicht eine Spur von einer Flüssigkeit ab, die unzersetzt geblieben wäre. Es fehlten sonach auch in dieser Flüssigkeit die Hydrüre.

a) *Analyse des bei 30–40° übergangenen Productes.*

Diese farblose Flüssigkeit hatte einen durchdringenden erstickenden Geruch und reducirte salpetersaures Silberoxyd mit grösster Leichtigkeit. Es waren dies hinreichende Anzeigen, um eine Prüfung auf den gew. Acetaldehyd $C_2H_4O$ anzustellen, der bei 21° siedet. Die ohnedem sehr geringe Menge von Flüssigkeit wurde mit Ammoniakgas gesättigt und Aether zugefügt. Nach kurzer Zeit schieden sich deutlich zu erkennende Crystalle von

Aldehydammoniak $C_2H_7NO$,

aus und es ist sonach kein Zweifel, dass wirklich derselbe vorhanden war. Zum vollständigen Beweise hatte ich denselben durch Kochen mit Blausäure und Salzsäure in Alanin übergeführt; aber die Menge des Destillats war zu geringe, um die Ausführung dieser Operationen zu gestatten.

b) *Untersuchung der folgenden zwischen 60–70° siedenden Producte u. s. w.*

Unter die Körper, welche innerhalb der angegebenen Temperaturgränzen sieden, gehören

1) Aus der Gruppe der Aldehyde:

| | |
|---|---|
| Propylaldehyd $C_3H_6O$ | Siedepunkt 55–65° |
| Propylal (mit demselben isomer) | „ 60° |

Butaldehyd $\text{Є}_4H_8\text{Θ}$ Siedepunkt 68—75°
Butylal (mit demselben isomer) „ 95°

2) aus der Gruppe der Ketone:
Aceton $\text{Є}_3H_6\text{Θ}$ Siedepunkt 56°
Methylaceton $\text{Є}_4H_8\text{Θ}$ „ 75—77

3) ferner noch
Methylalcohol (Holzgeist) $\text{Є}H_4\text{Θ}$ Siedepunkt 60—66°
Essigsaurer Methylaether (essigsaures Methyloxyd) $\left.\begin{matrix}\text{Є}_2H_3\text{Θ}\\ \text{Є}H_3\end{matrix}\right\}\text{Θ}$ Siedepunkt 56°

Es ist dies, wie ersichtlich, eine sehr grosse Zahl von Körpern. — Zunächst wurde um eine bessere Scheidung zu haben, das Destillat, welches zwischen 50° und 70° C. siedete, in 2 Fractionen: in die von 50°—60° und die von 60°—70° geschieden.

Die erstere war die geringere an Menge. Zur Auffindung des Acetons $\text{Є}_3H_6\text{Θ}$ wurde der bei 56° übergehende und die Hauptmasse bildende Theil besonders aufgefangen und dann nochmals fractionirt, indem wiederholt das bei 56° C. constant Uebergehende getrennt aufgefangen wurde. — Als ich von dem letzt erhaltenen Producte eine kleine Probe mit einer concentrirten wässrigen Lösung von saurem schwefligsaurem Ammoniak versetzte, trübte sich dieselbe, schied aber keine Crystalle aus, sondern wurde bei längerem Stehen wieder klar. Ich wandte dann eine fast vollkommen wasserfreie Lösung von saurem schwefligsaurem Ammoniak in absolutem Alcohol an, die ich in grösserem Ueberschusse mit dem Destillate vermischte und einige Zeit stehen liess. Es schieden sich dann fächerförmig gruppirte, seidenglänzende Crystallnadeln von saurem schwefligsaurem Aceton-Ammoniak $(\text{Є}_3H_5(NH_4)S\text{Θ}_3 + H_2\text{Θ})$ aus, die eine ziemlich beträchtliche Grösse besassen und meines Wissens in dieser Form noch nicht beobachtet sind. Leider waren sie zu einer Messung nicht geeignet. Sie wurden mit Alcohol gewaschen, durch öfteres Pressen zwischen Filtrirpapier getrocknet und analysirt.

0.4685 Grm. Substanz gaben:
0.3891 Grm. Kohlensäure und
0.3090 „ Wasser.

0.9132 Grm. Substanz gaben 1.2167 Grm. schwefelsauren Baryt.

| | Berechnet | | Gefunden |
|---|---|---|---|
| $\text{Є}_3$ | 36 | 22.93 | 22.65 |
| $H_{11}$ | 11 | 7.01 | 7.33 |
| N | 14 | 8.91 | — |
| S | 32 | 20.38 | 20.57 |
| $\text{Θ}_4$ | 64 | 40.77 | — |
| | 157 | 100.00 | |

Siedepunkt und Analyse lassen keinen Zweifel darüber, dass die Flüssigkeit Aceton $\text{Є}_3H_6\text{Θ}$ gewesen ist. Essigsäure Methyläther $\left.\begin{matrix}\text{Є}_2H_3\text{Θ}\\ \text{Є}H_3\end{matrix}\right\}\text{Θ}$ konnte in dieser Fraction nicht nachgewiesen werden; die angestellten Reactionen sprachen für seine gänzliche Abwesenheit.

Von der die grössere Menge bildenden und zwischen 60° und 70° destillirenden Fraction wurde ein Theil zur Auffindung des Methylalcohols nach dem Verfahren von *Carius* verwandt, da die Auflösung des Chlorcalciums, die ich oben erwähnte, Grund dafür angab, zunächst auf diesen Körper zu prüfen.

In der Flüssigkeit wurde Benzoesäure gelöst, dieselbe in ein Kölbchen gegeben und durch die Lösung unter schwachem Erwärmen Salzsäuregas geleitet. Um die von diesem mitgeführten Dämpfe zu condensiren, wurden dieselben durch einen Kühlapparat geleitet und zum Rückfliessen gebracht. Nach längerem Durchleiten von Salzsäure wurde die Flüssigkeit im Wasserbade gelinde erwärmt, dann abdestillirt und das über 100° Uebergehende getrennt aufgefangen und mit Wasser vermischt. Die Flüssigkeit, die sich durch Ausscheiden des Benzoesäure-Methyläther $\left.\begin{matrix}C_7H_5O\\CH_3\end{matrix}\right\}$ milchig trübte, wurde decanthirt, die überschüssige Säure schwach abgestumpft und der Aether nach dem Entwässern durch Umdestilliren gereinigt. Der bei 199° C. übergehende Theil zeigte ganz genau die Eigenschaften und den charakteristischen Geruch des Benzoesäure-Methyläther. Die Analyse bestätigte diese Annahme.

0.3016 Grm. gaben

0.7742 Grm. Kohlensäure und

0.1622 „ Wasser.

| | Berechnet | | Gefunden |
|---|---|---|---|
| $C_8$ | 96 | 70.58 | 69.82 |
| $H_8$ | 8 | 5.88 | 5.98 |
| $O_2$ | 32 | 23.54 | — |
| | 136 | 100.00 | |

In der untersuchten Flüssigkeit war sonach

Methylalcohol $CH_4O$

enthalten.

Die Anzahl der oben zusammengestellten Körper, deren Vorkommen im Gase und darum auch in unserer Flüssigkeit nicht unwahrscheinlich, ist schon gross; es ist aber mit Sicherheit anzunehmen, dass auch noch andere Körper in derselben enthalten, die als nicht so leicht zu entfernende Antheile von Substanzen mit höheren Siedepunkten zugegen sind. Die Möglichkeit des Vorkommens anderer noch nicht oder nur wenig bekannter Körper ist, wie kaum zu erwähnen, ebenfalls nicht ausgeschlossen und endlich dürften durch die Anwesenheit des Methylalcohols in dieser und den anderen Fractionen noch verschiedene Stoffe in dem Gemenge enthalten sein, die in Wasser zwar ganz unlöslich, aber in der den Methyl-Alcohol enthaltenden Flüssigkeit zurückgehalten werden. Gegenüber dem Angeführten wird es wohl einleuchtend, – wovon mich eine lange und mühevolle, aber für die vorliegende Untersuchung resultatlos gebliebene Arbeit überzeugt hat — dass die Trennung so vieler Körper ausserordentlich erschwert ist. Sie wird dadurch fast zur Unmöglichkeit, soferne man als einzige Trennungsmethode nur die fractionirte Destillation benützen kann. Hiezu aber gehören nothwendigerweise sehr grosse Mengen von Material, deren Darstellung ausser dem Bereiche der Möglichkeit für mich liegt. Selbst dann scheint mir die Ausführung analytischer Bestimmung noch schwierig auszuführen, da einestheils viele hierher gehörige Körper (namentlich die in Wasser löslichen) noch wenig bekannt, und desshalb die wissenschaftlichen Methoden zu ihrer Auffindung und Trennung unzureichend sind, anderentheils diese Körper vielfach auch in isomeren Modificationen vorkommen.

Alle diese grossen Schwierigkeiten, die ich im Anfange unterschätzte und zu besiegen glaubte, haben mich trotz einer mehrmonatlichen und mühevollen Arbeit zu keinen positiven Resultaten gelangen lassen. Ich sah schliesslich — und dies gilt ebenso für die in Rede stehende Fraction von 60—70° C., wie für die in geringerer Menge noch vorhandenen — mein Bestreben dahin begrenzt, die weitere Untersuchung einzustellen, um später mit besseren Mitteln und im Besitze grösserer Mengen von Material dieselbe wieder aufzunehmen und auf diese übrigens sehr interessante Körper zurück zu kommen. Erwähnen will ich jedoch noch, dass das Vorkommen von Furfurol unter den höher siedenden Körpern nach den Anhaltspunkten meiner Untersuchung sehr wahrscheinlich ist.

Wenn nun auch die Trennung und Bestimmung der einzelnen im Gase vorkommenden sauerstoffhaltigen Körper nur als eine unzureichende anzusehen ist, so wäre es für unsere Zwecke doch wichtig, wenigstens annähernd die Menge derselben im Gase zu kennen. Aber hier stossen wir abermals auf sehr bedeutende Schwierigkeiten. Es ist wohl als gewiss anzunehmen, dass, wenn wir aus dem in Wasser löslichen Antheile der fraglichen Körper die Gesammtmenge bestimmen wollen, wir einen bedeutenden Fehler dadurch begehen, weil diese Stoffe im Wasser nur sehr schwer löslich, dies darum bald gesättigt sein wird, und dann ein grosser Theil im Gase zurückbleibt. Alcohol oder Aether statt Wasser als Lösungsmittel anzuwenden, geht schon aus dem Grunde nicht, weil das Lösungsvermögen dieser für die betreffenden Körper nicht bekannt ist, von den möglicherweise einige nur schwierig löslich sind; ausserdem aber die Methode an der Ungenauigkeit leiden würde, dass bei dem Verdunsten oder vorsichtigen Abdestilliren der Lösungsmittel sich dennoch ein Theil der gelösten Stoffe mit denselben verflüchtigen würde. Führen wir die Körper mit Hülfe von rauchender Salpetersäure in Oxalsäure über, was möglich wäre, so ergibt auch diese Operation kein Resultat, weil die Glieder der Gruppe $C_5H_{10}$ gleichfalls dadurch in die genannte Säure übergeführt werden.

Das einzige (freilich auch nicht scharfe) Verfahren habe ich folgendermassen ausgeführt: Bekanntlich oxydiren sich Aldehyde und Ketone mit

Leichtigkeit, wenn sie in alcalischer Lösung mit Luft in Berührung sind und bilden harzartige Producte. Aus dieser kalischen Lösung kann, nach stattgefundener Oxydation, durch schwaches Erwärmen, das gelöst gewesene Aethylen u. s. w., Acetylen, Benzol etc. ausgetrieben werden. Wenn man dann die Flüssigkeit mit rauchender Salpetersäure übersättigt und nach längerer Digestion die harzartigen Producte in Oxalsäure übergeführt sind, so kann man dieselben als solche bestimmen. Einen solchen Versuch habe ich ausgeführt. Ich liess in einem kleinen Gasometer genau 5 c' Holzgas mit etwa der doppelten Menge Luft zusammentreten und leitete dieses Gasgemische durch mehrere Waschflaschen mit concentrirter Kalilauge. Diese Operation dauerte 6 Tage. Dann wurden die kalischen Flüssigkeiten vereinigt und gewogen. Ihr Gewicht betrug 804 Grammen. 40 Grammen dieser Flüssigkeit wurden schwach erwärmt und dann tropfenweise mit Hülfe eines sehr langen Trichterrohrs auf den Boden eines grösseren Kolbens geführt, der circa 300 Grammen stärkste rauchende Salpetersäure enthielt. Als beide Flüssigkeiten, vermischt, längere Zeit der Ruhe überlassen waren, wurde das Ganze längere Zeit erhitzt, die Säure möglichst vollständig verjagt und im Rückstande die Oxalsäure als oxalsaurer Kalk gefällt. Dieser wurde dann geglüht und aus dem erhaltenen kohlensauren Kalke die Oxalsäure berechnet.

Aus diesen 40 Grm. der kalischen Lösung erhielt ich 0.0058 Grm. kohlensauren Kalk. 804 Grm. geben sonach = 0.1160 Grm. kohlensauren Kalk entsprechend 0.0835 Grm. Oxalsäure.

Diese Menge ist so gering, dass man wohl berechtigt ist, anzunehmen, dass diese Methode unzuverlässig und ungenau sein müsse. Diese Annahme stützt sich vornehmlich auf die Thatsache, dass bei Holzgasbereitung sich beträchtlichere Mengen von den in Rede stehenden Körpern in den Syphons ausscheiden, als von den Gliedern der Phenylreihe, dass sonach das Gas reichlich oder fast vollständig mit den Dämpfen der genannten Körper beladen sein müsse.

Dass übrigens diese sauerstoffhaltigen Körper, wenn sie in erheblicher Menge vorkommen, für das Leuchtvermögen eines Gases von Einfluss sind, lässt sich leicht erweisen. Lässt man durch das erhaltene Gemenge dieser Stoffe in einem geeigneten Carburisationsapparat ein nicht leuchtendes Gas, z. B. Wasserstoff, streichen, wie ich gethan, und dasselbe aus einer sehr weiten Brenneröffnung einer Glasröhre z. B. brennen, so ist die Leuchtkraft des Gases zwar nicht bedeutend, aber doch noch merklich vermehrt. Aus einer engen gewöhnlichen Brenneröffnung leuchtet es kaum. Es lässt sich aus diesem Verhalten noch nicht der Schluss ziehen, dass die genannten Körper die Lichtentwicklung des Gases vermehren. Vielmehr ist es sehr wahrscheinlich, dass sie, wenn sie mit den schweren Kohlenwasserstoffen in höherer Temperatur oder eigentlich dem aus diesen ausgeschiedenen Kohlenstoff zusammentreffen, dieselbe vermöge ihres Sauerstoffgehaltes reduciren und dieselben dadurch am Leuchten verhindern. Kommen vielleicht noch sauerstoffreichere Verbindungen im Holzgase vor, wie die vorliegenden, so werden dieselben effectiv schädlich wirken. Versuche müssen natürlich die Annahme oder Unzulässigkeit dieser Ansicht entscheiden.

Die Nachweisung einer Klasse von Körpern, deren Vorkommen im Gase bis jetzt noch nicht mit Sicherheit bekannt war und die auf der Grenze zwischen lichtgebenden und nicht leuchtenden Bestandtheilen stehen, im Grunde sonach als „überflüssige" zu bezeichnen sein dürften, wird immerhin nicht ohne Interesse sein.

Darmstadt, im October 1863.

Dr. W. Reissig.

---

## Dachconstruction zum Gasbehälter-Gebäude der Imperial-Continental-Gas-Association zu Berlin

von *W. Schwedler.*

(Auszug aus der Zeitschrift für Bauwesen von Erbkam, mit Zeichnungen auf Tafel 10.)

Das Gebäude, welches zur Aufnahme eines Telescop-Gasbehälters mit gusseisernem Wasserbassin dient, umschliesst einen cylindrischen Raum von 105½ Fuss Durchmesser und 60 Fuss Höhe. — Nach Vollendung der Mauern wurde ein Kegeldach über demselben nach der Fig. 4 dargestellten Construction auf einer von unten her aufgeführten Rüstung errichtet. — Es ist diese Construction bei mehreren anderen ähnlichen Gebäuden zur Ausführung gekommen. — 32 hölzerne Sparren stützen in der Kegelfläche gegen einen gusseisernen Muffenring und werden ihre Mauerschuhe durch ebensoviele schmiedeeiserne radiale Anker, die an einem zweiten gusseisernen mit Schmiedeeisen verstärkten Ringe befestigt sind, in der horizontalen Ebene gehalten, die Aussteifung der Sparren durch ein aus Dreiecken gebildetes Constructionssystem ist die übliche. — Die einzelnen Sparrensysteme erhalten ihre Aussteifung nach der Seite durch die in concentrischen Polygonen angeordneten Fetten und die darüber aufgenagelte Dachschalung. Leider wurde die Rüstung beseitigt, bevor Fetten und Schalung gehörig befestigt waren und liess die augenscheinliche Standfähigkeit der Construction wohl diesen Umstand unterschätzen, zumal da die Construction noch als Stützpunkt für die Hebemaschinen bei Beseitigung der Rüsthölzer benutzt wurde. — Es erfolgte der Einsturz während dieser Arbeit durch das Drehen des oberen mittleren Muffenringes um die verticale Centralachse.

Die Nothwendigkeit, den Gasbehälter dem Gebrauche zu überliefern, veranlasste demnächst das Gebäude unbedacht in Gebrauch zu nehmen und die inneren Einrichtungen zu vollenden. Fig. 1 stellt dieselben im Querschnitt dar. — Sie bestehen in dem gusseisernen Wasserbassin von 24 Fuss Tiefe und der schmiedeeisernen Glocke von 2 × 24 Fuss Höhe, die aus zwei in einander schiebbaren Theilen (Telescop) besteht. — Der Deckel der Glocke ist aus 1 Linie starkem Blech zusammengenietet und durch eine Eisenconstruction *A* Fig. 2 und 3 unterstützt. — Die Wände sind etwa ⅛ so stark und mit verticalen Aussteifungen versehen. — Die beiden cylindrischen Theile sind durch die am oberen Theile angebrachte Rinne (Tasse) verbunden, die mit Theer angefüllt ist und in welche der umgebogene Rand des unteren Theiles eintaucht. — Der Ueberdruck des Gases im Innern entspricht im gefüllten Zustande des Gasbehälters einer Wassersäule von 6 Zoll Höhe. — Beim Aufsteigen der Glocke durch Einlassen von Gas von entsprechendem Drucke wird dieselbe durch 12 Rollen, die auf verticalen Schienen laufen, geführt. Während des Winters von 1860 zu 1861 wurde das Wasser im Wasserbassin durch Einlassen von Dampf gewärmt. — Im Sommer 1861 sollte das Gebäude mit einer anderweiten Dachconstruction versehen werden, und geben Fig. 1 u. 3 Grundriss und Durchschnitt ausgeführten eisernen Dachconstruction. — Bei der Aufstellung wurden die einzelnen Theile so weit als thunlich zusammengenietet und einmal mit Mennig angestrichen zur Stelle gebracht. — Wegen des im Gebäude befindlichen Gasbehälters war die Herstellung einer sicher fundirten Rüstung bei der Dachhöhe von 80 Fuss mit Schwierigkeiten verbunden. — Es wurde daher der Gasbehälter selbst als Hebemaschine benutzt, um die Dachconstruction an Ort und Stelle zu fördern. Der Deckel der Glocke des Gasbehälters aus 1 Linie starkem Eisenblech genietet, ruht auf einer Eisenconstruction, die in Fig. 2 u. 3 sub $A$ im Durchschnitt und im Grundriss dargestellt ist. — Diese Eisenconstruction ist überhaupt nur im Stande, etwa 300 Ctr. zu tragen. — Das Eisenwerk der Dachconstruction wiegt aber über 500 Ctr. Es musste deshalb die Spannung der Gase im Innern des Gasbehälters zur Herstellung der Tragfähigkeit zur Hülfe genommen werden.

Es wurde zum grössten Theile das Gas aus der Glocke ausgelassen, wodurch diese ihren niedrigsten Stand bei $b$ Fig. 1 einnahm, ohne auf dem Boden des Wasserbassins aufzustehen. Zum Tragen der Glocke war ein innerer Druck des Gases von circa 3 Zoll Wassersäule erforderlich. — Dieselbe wiegt mithin pro □ Fuss $^3/_{12} \cdot 61,7$ oder rund 15 Pfund und bei 7000 □ Fuss Querschnitt 1050 Ctr. Zum Heben der Glocke wurden nun auf der Mitte ihres Deckels 4 gewöhnliche Schmiedeblasebälge zum Betriebe durch 8 Arbeiter hergerichtet, durch welche Luft in das im Centrum befindliche Rohr gepumpt wurde. Beim Emporsteigen der Glocke vermehrte sich der Druck, der an mehreren Stellen durch aufgeschraubte Manometer gemessen wurde, allmählig und wurde beim Ausheben der Tasse (des unteren Theiles des Gasbehälters) etwa 5 Zoll. Hierauf wurde die Glocke durch Ausblasen der Luft und des etwa noch vorhandenen Gases wieder auf ihren niedrigsten Standpunkt herabgelassen, ohne jedoch den Boden zu berühren. — Es war somit noch ein Luftdruck von 15 Pfund pro □ Fuss vorhanden, der den Deckel von unten nach oben aussteifte. — Hiernach wurde zur Herstellung der Rüstung über dem Gasbehälter geschritten, die meistens aus 1 Zoll starken Brettern bestand, verbunden durch 4 Zoll starke verticale Stiele. Zunächst wurde die Oberfläche des Gasbehälters mit Brettern belegt in radialer Richtung, um dieselbe auszusteifen und den Luftdruck aufzunehmen Fig. 2 sub $B$ ein Grundriss, Fig. 1 sub $B$ im Durchschnitt. Ueber diese Bretterlage wurden aus Brettern verbundene radiale Fachwerksysteme gestreckt, die wiederum oben und unten durch concentrische Ringe hochkantiger Bretter verbunden und durch Kreuze abgesteift waren. Ueber diesen wurde ein Bretterbelag zum Gehen und Aufstellen des Eisenwerkes angeordnet. Diese Construction hatte den Zweck, ausser der Herstellung einer Ebene den Druck auf einzelnen Punkten der Rüstung auf eine recht grosse Oberfläche des Gasbehälters zu übertragen und den Gegendruck von 15 Pfund pro □ Fuss daselbst in Empfang zu nehmen. — Es ist zu bemerken, dass die Rüstung aus 24 radialen Systemen zusammengesetzt war, weil die Construction des Deckels der Glocke aus 12 dergleichen Systemen besteht und ein Aufeinandertreffen wünschenswerth war, während die Dachconstruction 32 solcher Systeme besitzt, woher sich die Differenzen in der Theilung des Grundrisses erklären. — Es treffen daher die Eckpunkte der Dachconstruction nicht genau auf die Rippen der Rüstung und mussten daselbst bei der Ausführung noch ergänzende Stützen zwischen den oberen und unteren Bohlenringen angebracht werden. Die Richthölzer, sowie das Eisenwerk der Construction wurden durch die Fensteröffnungen

Fig. 1, an welche eine Rampe führte, hereingetragen und geschah die Zusammenfügung resp. Zusammennietung auf dem schwimmenden Gasbehälter. Das Manometer stieg auf 5 Zoll. Es war also das Gewicht von Rüstung und Dach $\frac{5}{12}$ . 61,7.7000 Pfund weniger 1050 Ctr. = 700 Ctr.

In Fig. 2 ist die Dachconstruction nach ihrer Zusammenstellung punktirt dargestellt. — Die Spitzen sämmtlicher Dachgebinde waren noch nicht angenietet, sondern etwas zurückgestellt, um die Gallerien passiren zu können. Das Einpumpen der Luft bei 5 bis 8 Zoll Druck ging mit Leichtigkeit und das Aufsteigen mit Sicherheit vor sich. — Beim Ausheben der Tasse des Gasbehälters stieg das Manometer auf 8 Zoll. — Es war mithin die gehobene Last $\frac{8}{12}$ . 61,7.7000 Pfd. = 2800 Ctr. Die Arbeit wurde etwa in 2 Tagen vollendet. Nachdem das Dach circa 1 Fuss höher, als seine definitive Lage werden sollte, gehoben war, wurden die Dachgebinde vollständig zusammengenietet. — Die Dachconstruction bildete hiernach ein fest vernietetes System und es sollten hiernach sämmtliche Auflager in einer horizontalen Ebene liegen. — Die Messung ergab, dass weder die Auflager in einer Ebene lagen, noch dass die mittlere Ebene eine horizontale war. — Die Abweichung der Auflagerpunkte von der mittleren Ebene war ± 1 bis 2 Zoll und zwar waren die Fehler bei sämmtlichen gabelförmig getheilten Sparren positiv, bei den andern negativ. Es liegt dies in der Nothwendigkeit zur Regulirung der Krümmung zwei Schablonen anwenden zu müssen, die nicht genau übereinstimmten. — Es wurden nun die Auflagerplatten in verschiedener Höhe untermauert und zwar so, dass nach dem Auflagern die mittlere Ebene eine horizontale sein musste. — Hiernach wurde das System auf die Lagerzapfen niedergelassen und der Gasbehälter etwa einen Fuss tiefer gesenkt, so dass die Construction sich frei trug. — Dabei zeigte sich nun an der Spannung der unteren Gurtungen, dass die 32 Stützpunkte nicht gleichmässig belastet waren. Es wurde daher eine römische Wage construirt, welche mit ihrem kurzen Schenkel das Ende jedes Gebindes mit $\frac{1}{32}$ des Gesammtgewichtes der Construction emporzog. Die so geschaffene Lage wurde durch Andrehen der Stellschrauben fixirt. Nachdem sämmtliche zu gering belastete Auflager in dieser Weise zum Druck gebracht, hatten sich die zu stark belasteten von selbst etwas regulirt und es konnte demnächst eine genauere Regulirung mit Leichtigkeit vorgenommen werden. Uebrigens war es interessant zu bemerken, wie die genietete Construction mit der Zeit den Druck auf die 32 Auflager von selbst gleichförmiger vertheilte und sich kleine Differenzen in den Spannungen der Diagonalen und unteren Gurtungen nach und nach ausglichen.

Das Gesammtgewicht der Eisenconstruction beträgt 530 Ctr. (excl. eines nicht in Rechnung gestellten Mehraufwandes, der wegen Verwendung stärkerer Eisensorten entstanden ist), wobei 17½ Ctr. Gusseisen zu den Auflagern und betrugen die Kosten incl. Aufstellung, aber excl. Heben mittelst Blasebälge pro Ctr. circa 11 Thlr.

Die Gesammtkosten betrugen ungefähr 7810 Thlr. excl. Dachdecker-Arbeit, Klempnerarbeit und Tischler-, Glaser-, sowie Anstreicherarbeiten.

---

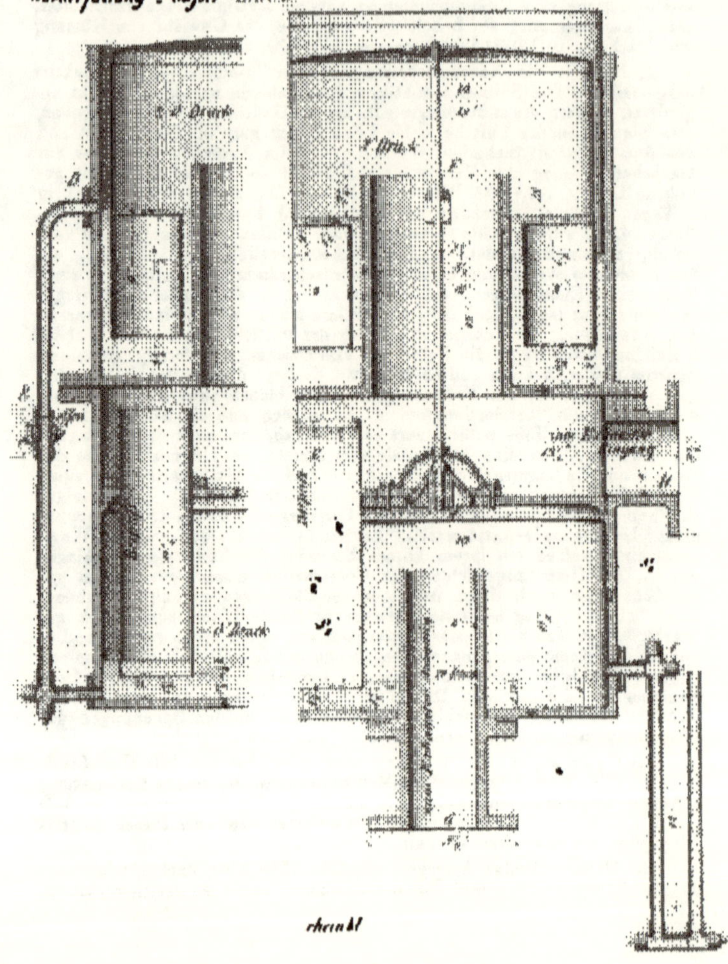

Fig 1.
Fig. 2
Exhauster geht.

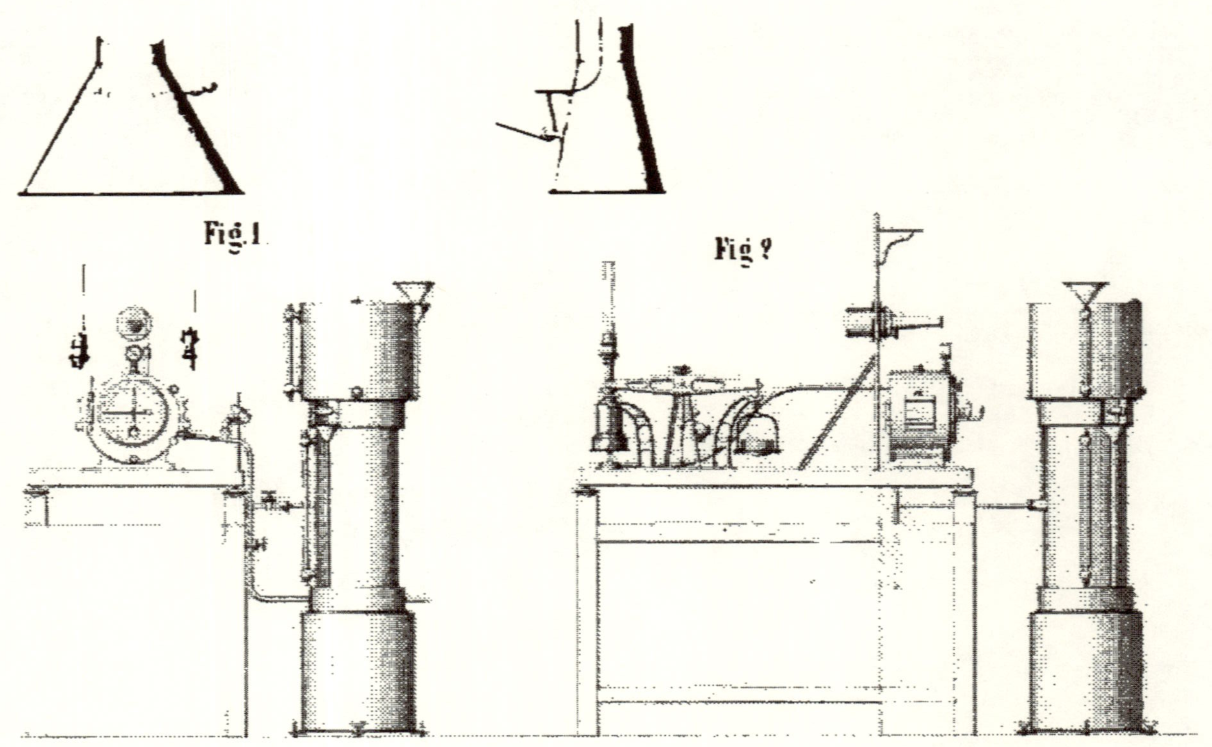
Fig.1
Fig.2

## Elektromagnetische Maschine zur Lichterzeugung von der Gesellschaft l'Alliance.

Fig. 1.

Fig. 2.

Fig. 7.

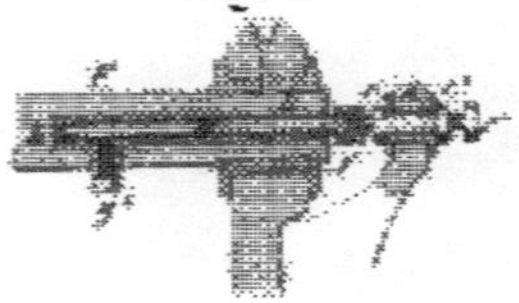

Fig. 6

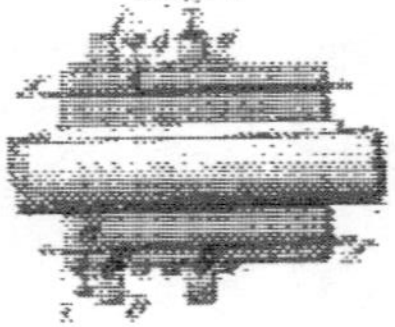

Fig. 8.

Fig. 9.

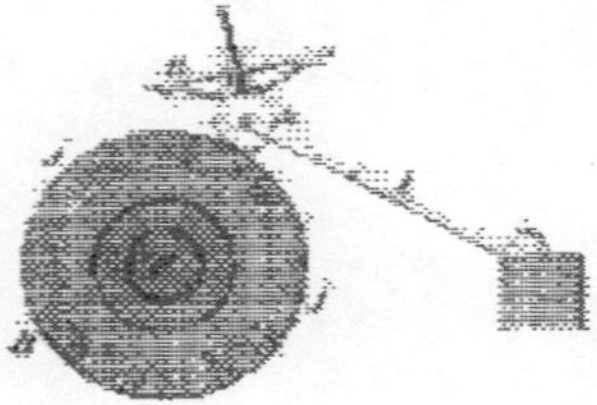

# Elektromagnetische Maschine zur Lichterzeugung von der Gesellschaft l'Alliance.

Fig. 1.

Fig. 2.

Fig. 7.

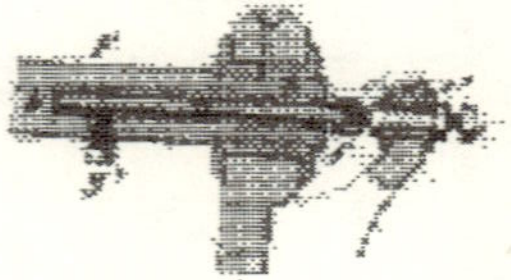

Fig. 6

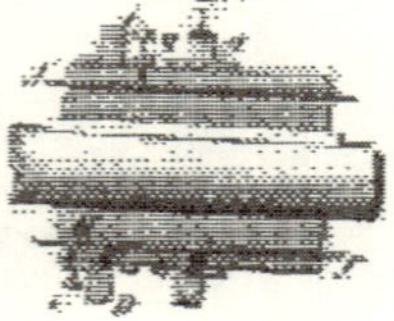

Fig. 8.

Fig. 9.

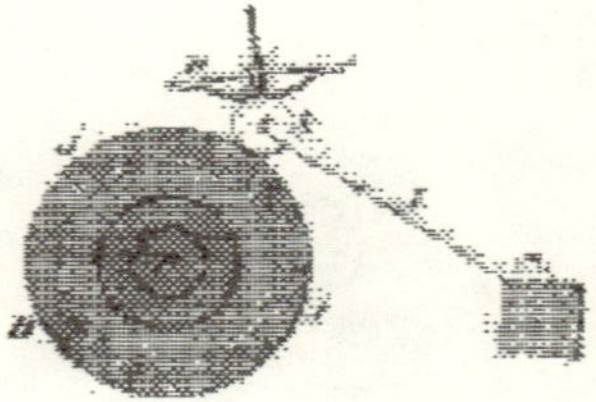

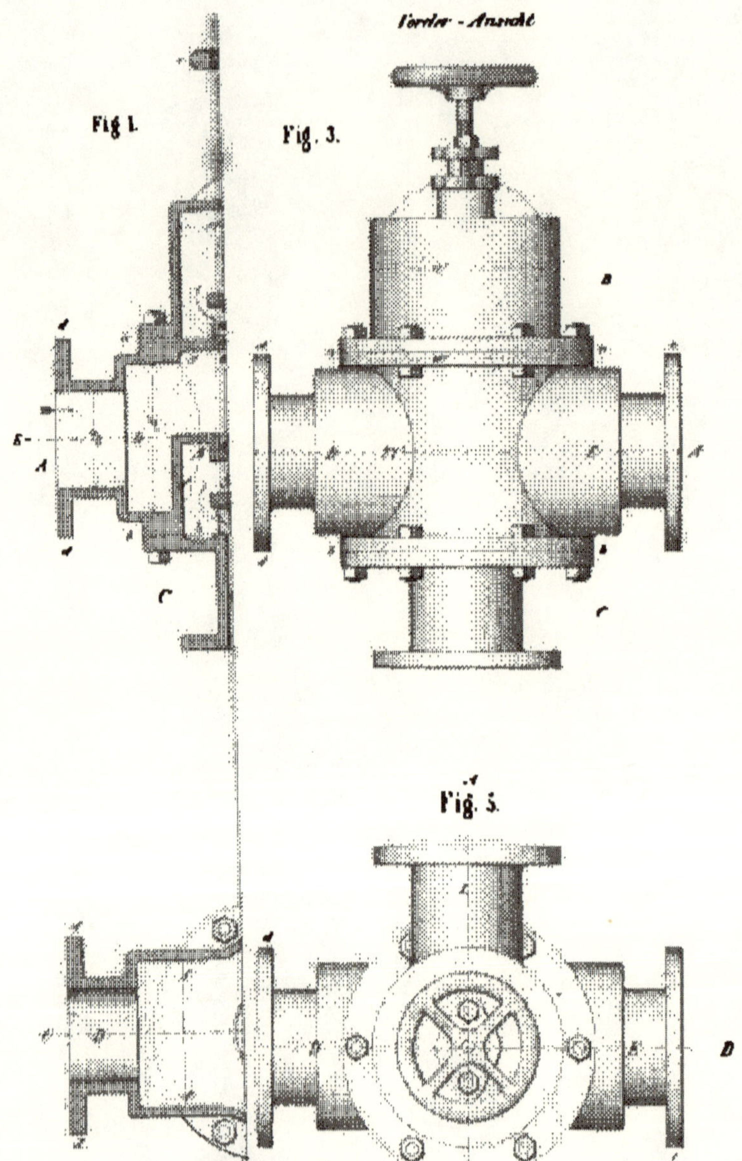
Vorder - Ansicht
Fig 1.
Fig. 3.
Fig. 5.
A
C
D

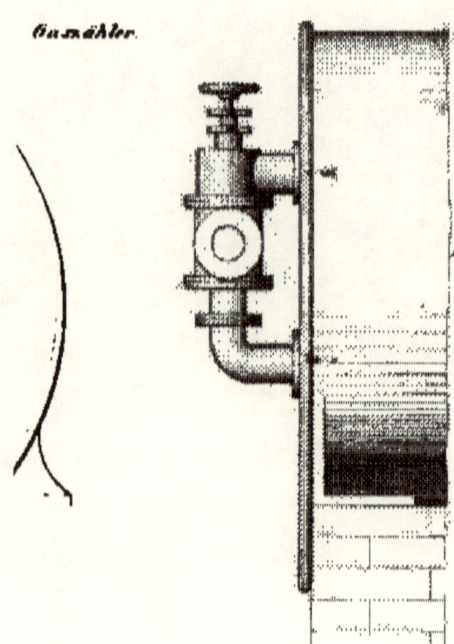


Regulator.

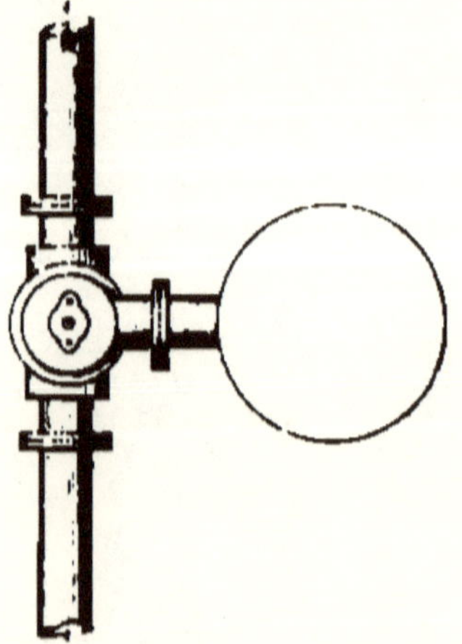

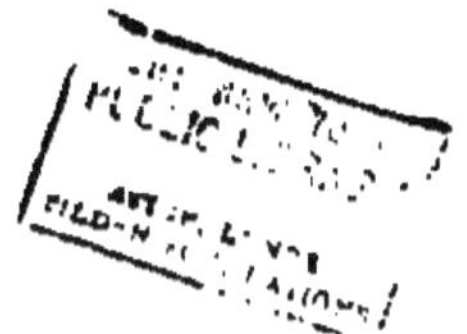

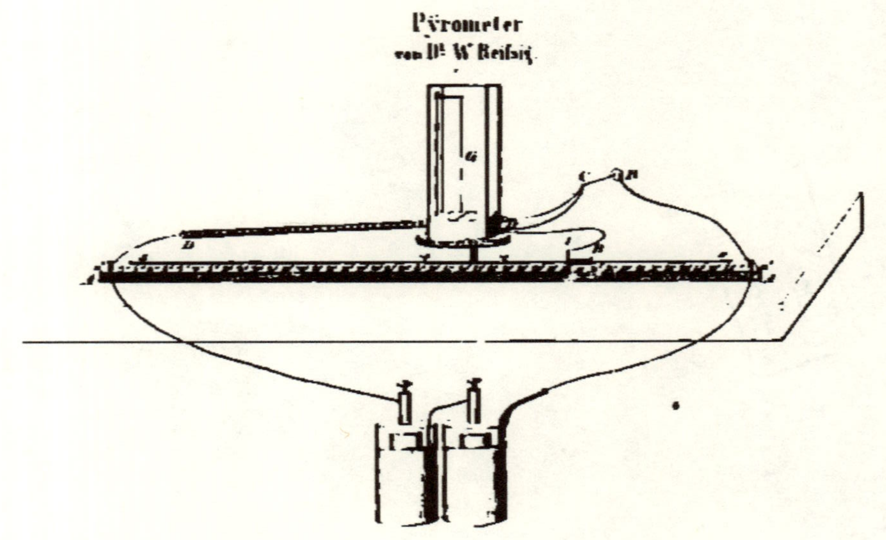

Pÿrometer
von Dr. W. Reisig.

## Münchener
## Gaszähler Aichapparat.

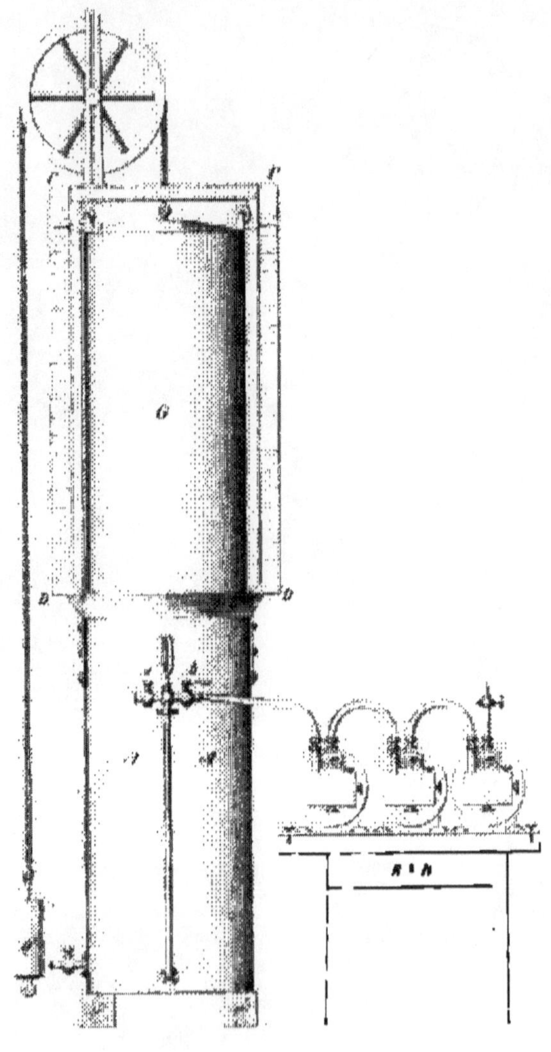

www.ingramcontent.com/pod-product-compliance
Lightning Source LLC
Chambersburg PA
CBHW031958300426
44117CB00008B/819

* 9 7 8 3 7 4 1 1 7 2 9 6 0 *